原州年鉴

2012

中共固原市原州区委员会 主办
固原市原州区人民政府
固原市原州区党史区志编纂委员会办公室 编纂

黄河出版传媒集团
宁夏人民出版社

图书在版编目(CIP)数据

原州年鉴.2012 / 固原市原州区党史区志编纂委员会办公室编纂. -- 银川：宁夏人民出版社，2012. 12
ISBN 978-7-227-05347-7

Ⅰ.①原… Ⅱ.①固… Ⅲ.①区（城市）—固原市—2012—年鉴 Ⅳ.①Z524.33

中国版本图书馆 CIP 数据核字（2012）第 301498 号

原州年鉴 2012 固原市原州区党史区志编纂委员会办公室 编纂

责任编辑 杨海军 马宗明
封面设计 杨祎霞
责任印制 张国祥

黄河出版传媒集团
宁夏人民出版社 出版发行

地　址 银川市北京东路 139 号出版大厦（750001）
网　址 http://www.yrpubm.com
网上书店 http://www.hh-book.com
电子信箱 renminshe@yrpubm.com
邮购电话 0951-5044614
经　销 全国新华书店
印刷装订 郑州中方印刷有限公司

开　本 720mm×980mm 1/16　印　张 20.75　字　数 600 千
印刷委托书号（宁）0010104　印　数 1000 册
版　次 2012 年 12 月第 1 版　印　次 2012 年 12 月第 1 次印刷
书　号 ISBN 978-7-227-05347-7/Z·162

定　价 198.00 元

固原市原州区行政区划图

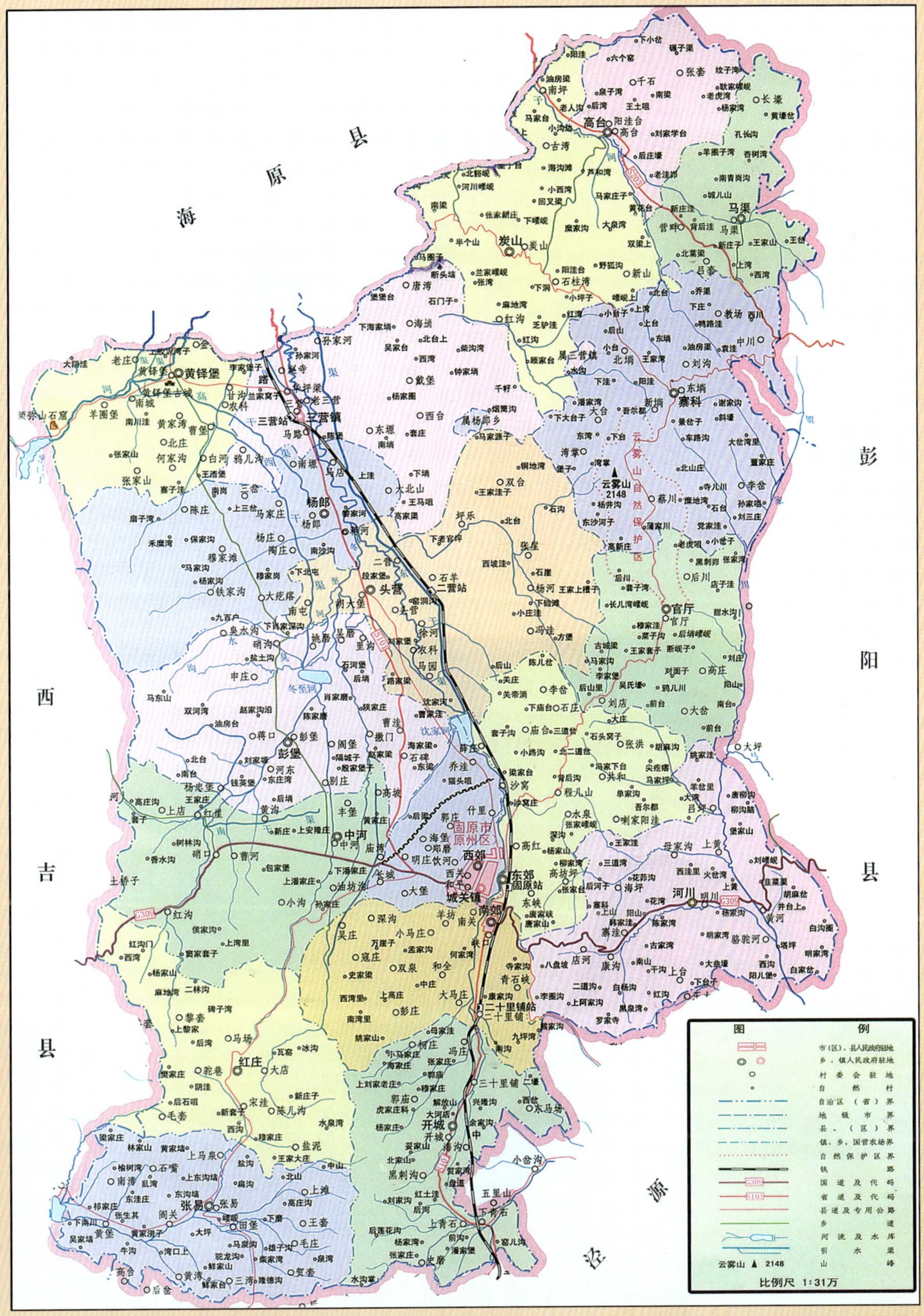

中央领导来原州区视察剪影

2010年9月10日全国人大常委会委员长吴邦国在原州区视察

2011年6月11日，中共中央政治局常委李长春（左三）在原州区视察

2010 年 9 月 8 日中央政治局常委政法委书记周永康在原州区视察

2011 年 5 月 28 日，中共中央政治局委员、国务委员刘延东(右一)在原州区四中考察营养早餐工程。

2010 年 7 月 26 日，自治区党委书记张毅（右）在原州区生态移民新村——团结村调研

2010 年 7 月 27 日，自治区党委书记张毅（右二）、自治区主席王正伟（右一）等领导在原州区中河乡马铃薯种薯繁育基地考察

2011 年 10 月 26 日，中国共产党固原市原州区第二次代表大会胜利召开

固原市委常委、原州区委书记吴万俊在中国共产党固原市原州区第二次代表大会上作报告

新当选的中国共产党固原市原州区第二次代表大会常委（左起郑宜成、马秀梅、马银轩、刘世生、房正纶、吴万俊、张戈、郭兆虎、李占科、何锟、李学军）

2011 年 12 月 25 日，固原市原州区第一届人民代表大会第五次会议在区政府礼堂举行

原州区区长张戈在第一届人民代表大会第五次会议上作政府工作报告

原州区人大常委会主任陈兴源在第一届人民代表大会第五次会议上作人大常委会工作报告

2011年12月24日，固原市原州区政协一届五次会议在区政府礼堂举行

原州区政协主席马彦明在政协一届五次会议上作报告

2012年2月14日，中共固原市原州区第二届纪律检查委员会第二次全体会议在政府礼堂举行

2011 年 6 月 11 日，区、市领导观摩原州区生态移民工作

2011 年 3 月 7 日，原州区四大机关主要领导调研冷凉蔬菜基地建设

2011 年 6 月 11 日，原州区生态移民工程正式启动

2011 年 6 月 9 日，总投资 2.1 亿元的招商项目固原农资城开工奠基仪式

招商项目“航空产业园”启动运作

2011 年 6 月 30 日，须弥山博物馆落成典礼

农民工技能大赛

改造后的宋家巷

精心打造城市亮点

精心构筑的小城镇——杨郎

农村义务教育阶段学生

营养早餐工程全面启动

土地流转催生现代农业，土地产出率提高2.5倍

设施农业规模达到9万亩，成为农民增收的主渠道之一

蔬菜种植面积达17.8万亩，原州区被授予“中国(西部)冷凉蔬菜之乡”

2011 年枸杞种植达
到 7 万亩，产值达 3 亿元

小杂粮喜获丰收

马铃薯种植面积达
到 42.99 万亩，规模种植
不断扩大

2011 年 8 月 8 日，原州区干部职工广播体操比赛暨全民健康生活方式启动仪式

群众文化丰富多彩——清河镇薛庄村文艺演出

西海子庙会

全年共争取并建成油路项目 25 条 266 公里，完成总投资 1.2 亿元，进一步改善提升了全区 31 个行政村 140 个自然村近 10 万农民群众的出行条件

大峁梁生态综合治理

须弥山石窟

——东方佛教艺术宝库

坚强有力的领导班子

须弥山石窟景区是全国重点文物保护单位，国家“AAA”级旅游景区，自治区级文明景点和风景名胜区。

须弥山石窟始凿于北魏孝文帝太和年间（477～499年），历经各代大规模营造修葺，其石窟艺术历时1500多年，成为固原规模最大的一处佛寺禅院。位列全国十大著名石窟之一，是宁夏境内最大的石窟群，现存洞窟162座，保存有各代造像雕刻品、彩绘、壁画、石刻题记的洞窟70余座，造像1000余躯，汉藏文题记12处，碑刻3方，残碑11块，在全国石窟造像中占有独特的地位，尤其以北周和隋唐开凿的大型庙窟石雕造像最为精美，雕凿技艺精湛，具有珍贵的科研史料价值，是研究我国石窟艺术、民族宗教历史不可多得的宝贵实物资料，是中国古代佛教艺术史上的一笔重要文化遗产。

修葺后的大佛楼

须弥山石窟群

近年来，须弥山景区围绕打造“西部独具特色的旅游目的地”和“宁夏王牌旅游景点”这一目标，深入宣传须弥山旅游整体形象和产品，举办了两届中国·六盘山（须弥山）山花旅游节和“中国·须弥山石窟文化旅游节”等节庆活动；投资6800万元建成须弥山博物馆、游客服务中心、景观水道等工程。目前须弥山已成为宁夏、西北乃至国内外游人慕名登临的石窟文化景观，是六盘山旅游区的重要景点之一。

须弥山博物馆开馆

须弥山博物馆是以“丝绸之路”与“石窟佛教艺术”为主题的专题博物馆。陈展中运用科技媒介、艺术创作、文化象征、信息传达等多种手段全面展示佛教石窟艺术和丝绸之路文化，达到了追溯历史、传播知识的目的。

待开发的禅塔山石窟

2011-2014年度

文明单位

固原市原州区精神文明建设工作委员会

二〇一一年十一月

《原州年鉴2012》编委会

《原州年鉴2012》编辑部

编辑说明

一、《原州年鉴 2012》是由中共固原市原州区委员会、原州区人民政府主办,原州区党史区志编纂委员会办公室编纂的政府公报性质的地方性综合资料，是列入国家新闻出版特殊系列的年刊。

二、本年鉴以马列主义、毛泽东思想、邓小平理论、“三个代表”重要思想、科学发展观为指导,坚持为改革开放、三个文明建设、构建富裕文明和谐新原州服务。

三、本年鉴主要反映原州区 2011 年各项事业发展状况、重大事件和主要成就。所刊载的资料由各乡镇、各部门(单位)供稿,为反映原州全貌,还收录了驻原州区的部分中央、自治区、固原市直属单位等有关单位的资料,所有资料都经供稿单位审核,真实、全面,具有重要的“资治、教化、存史”价值,为了解新原州、建设新原州提供信息服务咨询。

四、本年鉴采取分类编辑法,以类目、分目、条目组成框架结构的主体部分。少数分目中增设子分目层次。全书条目标题统一用黑体字加【 】表示,目录层次清晰,以便于检索。

五、本年鉴设特载、专载、组织与负责人名录、大事记、原州概览、乡镇概况、党派群团、政权政协、行政管理、军事、经济管理、司法公安、农业与农村经济、工业经济、财政税务、金融保险、商业贸易、交通信息、城乡建设、科教文卫、人物、荣誉榜、重要文献等 23 个部类。条目为主要信息载体和基本撰稿形式。

六、本年鉴“特载”、“大事记”为保持与《原州区志》的连续性,将记述时间调整为 2009 年 10 月 1 日~2011 年 12 月 31 日。其他部类记述时间为 2011 年当年。部分彩色图片未完全受此限制。

七、本年鉴表述形式有专文、条目、大事记、表格、图片等多种,其中条目为最基本的表述形式。

八、本年鉴严格施行出版物汉字使用管理规定、法定计量单位、出版物上数字用法的规定、标点符号用法等规定,力求规范化。

九、本年鉴使用“原州区”称谓时,有时称“全区”。需注意与使用“宁夏回族自治区”时称“全区”的区别。

十、《原州年鉴 2012》编写工作得到各乡镇、各部门(单位)和自治区、固原市直属单位以及有关方面、人士的大力支持,在此深表感谢!

目　录

乡镇概况

党派群团

政权政协

行政管理

军　事

经济管理

司法公安

农业与农村经济

工业经济

财政税务

金融保险

商业贸易

交通信息

城乡建设

科教文卫

人　物

荣誉榜

重要文献

特 载

让中南部贫困地区群众生活一天天好起来

——吴邦国委员长在原州区调研纪实

2010年9月10日，中共中央政治局常委、全国人大常委会委员长吴邦国深入宁夏中南部地区原州区调研。

宁夏中南部地区干旱缺水，自然条件恶劣，是全国扶贫攻坚的重点地区之一。吴邦国十分挂念贫困山区群众的生产生活，到宁夏调研的第一站就选在固原。一下飞机，他立即驱车数十公里，沿着崎岖的山路，来到原州区开城镇海沟村。这里居住着251户回族群众，由于山高坡陡、水土流失严重，全村人畜饮水困难尚未解决，年人均纯收入只有2700多元。吴邦国走进村民马进仓家，与一家人坐在坑上拉家常。从吃水从哪里来、孩子在哪里上学，到庄稼收成怎样、外出务工做什么，吴邦国问得十分仔细。听说委员长到来，村民们都围拢上来，吴邦国走上前去，同乡亲们亲切握手，祝贺开斋节快乐。他说："由于自然和历史的原因，大家现在生活还比较困难。党和政府会想办法解决大家的问题，相信通过上下共同努力，乡亲们一定能够过上幸福美好的生活！"

近年来，宁夏的全国人大代表在充分调查研究的基础上，围绕解决水的问题提出了不少建议，包括解决宁夏中南部地区饮水安全问题、发展干旱带高效节水补灌农业、建设马铃薯种薯基地、组织实施生态移民搬迁等。全国人大常委会从充分发挥代表作用、着力保障和改善民生的高度，对这些建议进行重点督办，国务院有关部门高度重视、认真办理，地方政府积极配合、共同努力，代表反映强烈、群众最为关心的问题正在逐步解决，取得了阶段性成果。

吴邦国强调，改善宁夏中南部地区生态环境和基本生存条件，既是一项长期的战略任务，又是一项紧迫的民生工程。他要求有关方面继续采取切实有效措施，争取用3年左右时间基本解决中南部地区城乡居民饮水安全问题，积极推动中南部地区生态移民搬迁安置，让中南部地区各族群众的生活一天天好起来。

调研期间，吴邦国反复强调，民族团结、社会稳定是各族人民的根本利益所在。要高度重视保障和改善民生，认真倾听群众呼声，下力气解决涉及群众切身利益的突出问题。要进一步加强民族宗教工作，促进各民族共同团结奋斗、共同繁荣发展，为改革发展创造稳定的社会环境。

吴邦国还专程瞻仰了六盘山红军长征纪念馆。

（《宁夏日报》2010年9月16日）

李长春在原州考察调研纪行

2011年6月11日，中共中央政治局常委李长春到固原市原州区三营镇团结生态移民新村考察调研。

李长春乘坐中巴驶进团结新村，村委会广场早就挤满了迎候的村民。李长春从簇拥的群众中拉过一个胖墩墩的小男孩，亲热地抱在怀里，在孩子的指点下，走进兰玉明整洁的小院，他笑着对兰玉明说："让我先看看你的产业！"看到兰玉明一家牛羊满圈，生活充裕，李长春比谁都开怀。

李长春指出，宁夏作为欠发达自治区，一个重要的区情就是贫困群众的面大，而且大都生活在生态环境恶劣的地区。宁夏要认真贯彻落实胡锦涛总书记的一系列重要指示精神，深入推进生态移民，把生活在不适宜居住、不适宜发展环境中的贫困群众搬迁出来，从根本上解决他们的生产生活困难，提高他们的自我发展能力，真正做到"搬得出、稳得住、能致富"。

在团结村考察时，群众告诉李长春，西海固地形复杂，靠接收闭路电视信号收视效果很差，现在，"村村通"工程把电视信号送到了村里，可以收看8个台，得到了各种文化享受，文化信息共享工程还让人们学到了科技知识、劳动技能和致富本领。李长春听后很欣慰。他说，广播电视村村通工程全部覆盖20户以上自然村，文化信息资源共享和农家书屋工程在西部率先实现行政全覆盖，宁夏做得不错。

调研期间，李长春专程来到六盘山红军长征纪念馆，缅怀革命先辈。他强调，要充分发挥爱国主义教育基地的作用，大力宣传我们党带领全国各族人民进行革命、建设、改革开放的丰功伟绩，大力弘扬伟大的长征精神等我们党在各个历史时期形成的宝贵精神财富，并赋予新的时代内涵，使之成为我们战胜前进道路上一切艰难险阻的强大精神力量，进一步坚定广大干部群众在中国共产党领导下，走中国特色社会主义道路，实现中华民族伟大复兴的信念和信心。

（摘自《宁夏日报》2011年6月16日）

周永康在宁夏考察时强调加快改善民族地区群众生活不断夯实社会和谐稳定根基

中共中央政治局常委、中央政法委书记周永康在宁夏考察时强调，要抓住深入实施西部大开发战略机遇，加快改善民族地区群众生活，不断夯实社会和谐稳定根基，努力实现跨越式发展和长治久安。

周永康十分关心困难地区群众。2010年9月6日上午，他驱车120多公里，来到位于深山沟壑之中的中卫市蒿川乡韩套村看望乡亲们。"十年九旱"的韩套村生产生活条件十分艰苦，群众收入大多来源于退耕还林补助和救灾救济款物。周永康在村口一下车，就与围拢过来的村民一一握手，表示亲切慰问。在村民马汉强家，他仔细询问家里生计、孩子上学和吃水等情况，并到水窖前打水察看水质。在村民马尚义家的院子里，周永康向围坐在一起的村民们说，要根本改变贫困面貌，出路是向更宜居的地方迁移，希望大家转变观念，同党和政府一起做好移民搬迁工作，祝愿乡亲们早日过上好日子。蒙蒙细雨中，村民们对周永康的一席话报以热烈掌声。固原市原州区团结村是一个统一规划、设计、建设的生态移民村，共安置地质灾害危险点和偏远山区困难群众503户。周永康走进村民马勇家里，向他了解住进新房花费了多少、享受退耕还林政策补助有多少、一年收入有多少，并一一察看牛圈、沼气灶和自来水。看到村民的生活有了很大改善，周永康十分高兴。8月中旬，同心县河西镇建新村遭受山洪袭击，因预警及时、抢险有力，群众全部安全转移并得到妥善安置，周永康对此给予充分肯定。在灾后重建工地，他说，要高标准高质量地规划建设，能一步到位的决不分两步，一步不能到位的也要留出发展空间，让受灾群众逐步住上舒适现代的新居。

近年来，宁夏通过加强生态治理、发展特色产业、开发优势资源，经济得到较快发展，群众得到更多实惠。在中卫市沙漠现代农业示范园区果蔬大棚，企业负责人和种植户告诉周永康，园区现有1200个沙漠大棚，每个大棚既用沙固沙，还带来万元收益，为农民解决了生计问题、开拓了致富门路。他听后称赞道，这是变害为宝的好做法，要着眼市场延伸产业链，努力取得持久的生态效益、经济效益、社会效益。在黄河岸边的沙坡头治沙工程，当看到经过多年治理实现人进沙退、生态环境明显改善时，周永康十分欣慰，他说宁夏富在水、穷也在水，要毫不放松地抓好生态建设，把黄河这一母亲河、生命河保护好。在中卫市罗泉村孙寨硒砂瓜种植基地，周永康对怎样利用山坡荒漠地压砂种瓜、如何保墒、瓜农收益等，问得很仔细。62岁的瓜农孙永和兴奋地说，过去全村每户年收入只有几百元，种瓜以后能达到上万元，让我们山里人拔掉了穷根。周永康走到瓜地里，亲手抱起一个大西瓜掂着重量，连声称好，勉励大家把这一特色产业做大做优。周永康还考察了神华宁煤集团煤基烯烃项目，希望地方和企业密切合作，尽快把资源优势变为经济优势，为推动宁夏发展、造福当地人民发挥更大作用。社会和谐安宁事关群众根本利益。周永康先后来到固原市泾源县六盘山镇派出所、原州区靖朔门社区、吴忠市信访局、灵武市宁东镇综合治理中心和银川市公安局巡特警支队，亲切慰问基层干部群众和政法干警，了解化解矛盾纠纷、创新社会管理等情况。所到之处，他特别关心困难群众、外来务工人员的就业和生活，特别关心矛盾纠纷能不能及时解决、群众有没有安全感，反复强调维护社会稳定关键是要解决好民生问题，从源头上预防和化解社会矛盾。

伊斯兰教传统节日开斋节将至，周永康来到永宁县纳家户清真寺，向广大穆斯林群众致以节日的祝贺，希望宗教界人士和广大信教群众紧密团结在党和政府周围，发扬爱国爱教传统，坚定不移维护民族团结，共同建设和睦和谐的大家园。

考察期间，周永康专程参观了六盘山红军长征纪念馆，深切缅怀革命先烈。8日上午，周永康听取了自治区党委、政府的工作汇报，充分肯定宁夏实施西部大开发以来取得的成绩，希望全区认真开展深入推进西部大开发大学习大讨论活动，总结好前十年，干好后十年，做好开发利用煤炭和水资源两篇大文章，统筹北部和中南部地区协调发展，把北部沿黄地区建成我国塞上明珠，全力推进干旱贫困地区扶贫移民、生态移民、教育移民，高起点科学规划建设，一年一年、一届一届，坚持不懈干下去，让全区各族人民逐步过上幸福美好生活，努力在西部地区率先建成全面小康社会。

（新华社）

深情的关怀 殷切的期许

——刘延东在原州考察调研侧记

2011年5月27日至28日，中共中央政治局委员、国务委员刘延东在原州考察调研。

5月27日15时50分，刘延东没有休息，一下飞机就直奔固原市原州区三营镇鸦儿沟小学。

此后，她又先后对三营镇黄铎堡中心幼儿园、固原四中、固原市幼儿园进行了深入细致的考察调研。

她一个学校接着一个学校地调研，一名学生接着一名学生地询问。

在固原四中的食堂里，刘延东坐到正在吃早餐的孩子们中间，摸摸这个的头，拍拍那个的肩，深入细致地了解营养早餐配备情况。

为提高中南部地区中小学生的营养健康水平，2010 年 9 月，宁夏启动学生“营养早餐工程”，免费为中南部 12 个县区、1500 多所中小学校的学生在校期间每天早餐提供一个熟鸡蛋。

“营养早餐工程”推动之初并不顺利，孩子们常常把这美味的吃食揣在怀里，悄悄带给弟弟妹妹或爷爷奶奶。老师们不得不用检查蛋壳的方式，保证孩子们能把这一个鸡蛋吃到肚里。

西海固的孩子话不多，只是争着把剥好的鸡蛋往刘延东的嘴里塞。作为全国最贫困的地区之一，党中央、国务院格外关注西海固的发展，这份深情已经深深铭刻在回汉各族群众心里。这就是为什么在孩子们眼里，这位北京来的奶奶格外亲的原因。

刘延东告诉随行的同志，要完善农村义务教育经费保障机制，加大对家庭经济困难学生补助力度，要采取切实措施加强农村寄宿制学校食堂建设，通过多种方式改善学生营养状况，保证他们每天锻炼一小时，不断提高体质健康水平。

在固原市幼儿园，刘延东把天使一样的孩子们揽在怀里，与回汉各族小朋友共庆“六一”儿童节。她一遍又一遍叮嘱：要发挥政府主导作用，精心组织推进学前教育 3 年行动计划，设计实施好农村学前教育发展项目，推动公办民办幼儿园共同发展，按幼儿成长规律办好学前教育。

5 月 27 日下午，原州区团结村村民宗福忠正在青果累累的番茄大棚里劳作，惊奇地看到门口涌进来一群人。作为宁夏实现全面建设小康社会目标的重大战略决策之一，宁夏中南部地区生态移民攻坚的实施牵动着党中央、国务院。调研中，刘延东临时动意，走进这个移民村考察农村科技推广项目。

刘延东和宗福忠一笔一笔地算起收入产出的细账。得知搬迁前水都没得喝的宗福忠一家，现在一个设施大棚一年就能收入 1 万元，她很欣慰。

“技术上有人指导吗？”刘延东问。

“有。”宗福忠一句话未完，很快又自豪地接了一句：“现在可是都会了。”

看完设施蔬菜的种植，刘延东又在村民的簇拥下走进宗福忠崭新的院落。女主人海正梅见家里来了尊贵的客人，急慌慌要去倒水，被刘延东亲热地拽住了：“别忙，我就是来看看乡亲们的日子过得怎么样。”

刘延东还考察了固原市博物馆、六盘山红军长征纪念馆。她指出：要以建党 90 周年为契机，加强革命遗址保护，大力宣传党的光辉历程，让革命传统代代相传。

（摘自《宁夏日报》2011 年 5 月 31 日）

专 载

解放思想 砥砺奋进
为建设富裕文明和谐新原州而奋斗

在中国共产党固原市原州区第二次代表大会上的报告

固原市委常委、原州区委书记 吴万俊

（2011年10月26日）

各位代表、同志们：

现在，我代表中共固原市原州区第一届委员会向大会作报告，请予审议。

这次大会的主要任务是：高举中国特色社会主义伟大旗帜，以邓小平理论和“三个代表”重要思想为指导，深入贯彻落实科学发展观，认真学习贯彻胡锦涛总书记在庆祝中国共产党成立90周年大会上的重要讲话和党的十七届六中全会精神，回顾总结第一次党代会以来区委的工作，提出今后五年的奋斗目标、主要任务和工作措施，选举产生中共固原市原州区第二届委员会和纪律检查委员会，选举出席中共固原市第三次代表大会的代表，进一步动员和组织全区各级党组织和广大党员干部群众，解放思想，锐意创新，抢抓机遇，扎实苦干，为建设富裕文明和谐新原州而努力奋斗！

过去五年的工作

区第一次党代会以来，在区、市党委、政府的坚强领导下，区委团结带领全区各级党政组织和广大党员干部群众，坚持以科学发展观统揽全局，认真贯彻落实中央和区、市党委、政府的重大决策部署，大力弘扬“不到长城非好汉”的六盘山精神，抢抓机遇，重点突破，统筹推进，奋力发展，开创了经济建设、政治建设、文化建设、社会建设以及生态文明建设和党的建设的新局面，提前完成了第一次党代会确定的各项目标任务。五年来，我区先后荣获多项国家和区、市表彰奖励。这些成绩的取得，标志着我区在全面建设小康社会的伟大进程中又迈出了新的坚实步伐，极大地增强了全区广大党员干部群众的信心和决心，必将激励我们在新的历史起点上奋发有为，奋勇前进！

五年来,我们致力培育壮大特色优势产业,推动经济结构调整,县域经济实力跃上新台阶。2011 年,预计实现地区生产总值 52.4 亿元, 五年年均增长 17.9%;地方财政一般预算收入 1.22 亿元,比 2006 年的 2635 万元翻了两番多,年均增长 35.9%;全社会固定资产投资 50.3 亿元, 比 2006 年的 17.5 亿元增长 1.9 倍,年均增长 23.5%;社会消费品零售总额 18.5 亿元,年均增长 18.6%;城镇居民人均可支配收入 1.6 万元, 比 2006 年的 8275 元增长近 1 倍, 年均增长 14.1%; 农民人均纯收入 4131 元, 比 2006 年的 1940 元翻了一番多,年均增长 16.3%。项目建设和招商引资突破发展。我们牢固树立"抓经济必须抓项目、抓项目必须抓招商"的理念,积极争投资、上项目、引资金,相继实施东部饮水安全、四中迁建等国投项目 464 个,完成投资 26.9 亿元,项目数量和投资规模均创历史最高;配合完成六盘山机场、热电厂、福银高速公路等关乎固原长远发展的项目; 先后引进雪洋粮油、西北农资城、邦德电动自行车等百个项目,到位资金 18 亿元,招商引资规模、质量和总体水平实现重大突破,连续三年被区、市评为"招商引资先进县"。特色优势产业提升发展。我们发挥优势,突出特色,抓规模、抓龙头、抓市场,加快传统农业向现代农业转变,促进农业增效、农民增收,连续三年荣获"全区农民增收先进县"称号。马铃薯产业以种薯繁育为重点,创新机制,引进企业,三级繁育体系建设全面提速。扩建组培室、原原种繁育温室,原原种繁育能力增长 20 倍;建成中河、张易、三营等万亩种薯繁育基地,实施高效节水和全程机械化作业,种薯繁育达到国内先进水平,荣膺"中国马铃薯种薯之乡"称号。坚持不懈抓设施农业,走园区化、产业化、品牌化发展路子,建成千亩园区 15 个,实现一园一品,总面积达到 9 万亩,成为宁南山区设施农业面积最大的县,2007 年、2008 年被评为 "全区设施农业先进县"。主打"六盘山"品牌,全区蔬菜年种植面积 18 万亩, 中河万亩供港蔬菜基地生产技术通过欧美认证,产品打入国际市场,我区被授予"中国冷凉蔬菜之乡"称号。草畜产业按照"以牛为主、多畜并举"思路,坚持龙头企业带动,推广"合作社+基地+养殖农户"石羊模式,扶持发展养牛专业村 83 个、千头养殖园区 1 个、500 头养殖园区 2 个,全区牛饲养量达到 20.5 万头。培育 10 万只养鸡园区 1 个,2 万只标准化养鸡场 5 个。我区连续两年荣获"全区草畜产业先进县"称号。劳务产业抓培训、建基地、促转移,实现了由体力型向技能型、分散型向集中型、打工型向创业型的"三大转变"。五年累计转移农村劳动力就业 50 万人次,创收 23 亿元,劳务收入占农民人均纯收入的 46%,获得"全国农村劳动力转移就业工作示范县"称号,连续三年荣获全市考核第一名。工业和服务业快速发展。我们坚定不移地推进"兴工强区"战略,扶持发展煤炭业和农副产品精深加工业, 积极发展新能源、新材料等战略性新兴产业,推动经济发展战略转型。配合盐化工循环经济扶贫示范区建设,优化清水河省级工业园区服务环境,兴建长城工业园区,打造布局合理、配套齐全、功能完善的产业聚集发展平台。注重发展循环经济,推动企业清洁生产,全面完成节能减排任务。加大工业技改力度,稳步推进国有(集体)企业改制,扶持培育一批规模以上企业,争创了"金糜子"、"庆原春"等宁夏著名商标。工业对经济增长的贡献率达到 46.6%,2009 年获得 "自治区工业保增长突出贡献奖"。我们坚持把服务业作为支撑工业化、提升城市化、带动农业产业化的重要产业,不断提升餐饮住宿等传统服务业,重点发展商贸物流业和旅游业,积极发展金融保险业,促进服务业提档升级。商贸物流业按照"立足宁南、辐射周边、对接三省"的思路,大力实施现代农村市场体系建设工程,建成固原马铃薯综合市场,开工建设西北农资城和三营五大物流市场,覆盖城乡、辐射周边的现代商贸物流服务网络体系初具规模。旅游业按照"完善规划、创新体制、打造品牌、优化服务、拓展市场"的思路,成功举办两届六盘山(须弥山)山花旅游节,综合整治须弥山景区及沿线环境, 配合完成须弥山博物馆等景区配套建设, 组织实施丝绸之路申遗点基础设施建设项目,投资建设西北农耕博物馆、红军长征青石嘴战斗纪念碑、毛家台子民俗文化村,完成固原古城墙、黄铎堡古城等保护工程,健全完善"吃住行、游购娱"等旅游要素,加强与周边主要景区(点)的接轨融合,提升了旅游产业化经营水平。第三产业增加值年均增长 15.9%。

五年来，我们致力夯实农村发展基础，加大强农惠农力度，统筹城乡发展取得新成效。新农村和小城镇建设成效凸显。按照新农村建设“20字”方针，以农民增收为核心，以村庄改造、环境整治、道路硬化、绿化美化为重点，规划建成70个新农村示范村，连续三年被自治区评为“新农村建设先进县”。紧紧抓住建设宁南区域中心城市的战略机遇，高标准建成张易、杨郎、黄铎堡小城镇，新规划建设三营小城镇，自治区在我区召开现场会推广建设经验。主动参与市区建设，筹资建成集休闲、娱乐、健身为一体的人民广场。圆满完成宋家巷拆迁改造、市区“村改居”等工程，鼓励引导有条件的农民进城当市民，城镇化进程加快。农村基础设施显著改善。大力实施“通达工程”，五年新修农村公路1000余公里，全区92%的行政村通沥青（水泥）路。大力推进农村危窑危房改造，2.4万名农村特困群众迁入新居。加快饮水安全项目建设，26万多人告别饮水困难的历史。组织开展大规模农田水利基本建设，大力发展喷灌、滴灌等现代节水新技术，建成4万亩现代节水高效农业示范基地，全区发展节水高效农业13万亩，成为宁夏现代节水高效农业发展的示范引领。扎实推进农村新能源、电网改造、通讯等工程建设，不断加大拆违治乱力度，综合整治农村环境，农村生产生活条件有效改善。我区先后被自治区评为“危窑危房改造工作先进县”、“环境综合整治先进县”和“农田水利建设先进县”，连续五年获得“农田水利建设‘黄河杯’竞赛奖”。林业生态建设成果喜人。坚持“生态立区”理念，相继实施大六盘生态经济圈、小流域治理、通道绿化、退耕还林等重点项目，完成贺家湾水源地绿化、须弥山景区沿线及“一河两山”绿化、福银高速公路两侧绿化、乡村主干道绿化等一批林业重点工程，不断巩固禁牧封育成果，创建了一批花园式单位、环境优美乡镇和生态文明村，初步形成了道路林荫化、农田林网化、城镇园林化、乡村田园化的喜人局面。五年累计营造林37.7万亩，义务植树665万株，生态环境明显改善。

五年来，我们致力保障和改善民生，推进基本公共服务均等化，社会事业发展达到新水平。生态移民取得新进展。坚持以群众满意为标准，全力推进生态移民攻坚工程，先后高标准建成团结、三和、利民、丰泽等移民新村和安置点，搬迁安置困难群众3630户1.5万人，按照住房与产业发展、基础设施配套、社区化服务管理相结合的原则，创建“七个一”模式，确保了移民群众发展有基础、增收有保障、致富有门路。中央和区、市媒体多次进行专题报道。教育科技卫生事业蓬勃发展。全面落实教育优先发展战略，高标准完成“两基”攻坚和“教育强区”创建目标任务，促进了教育事业跨越发展。大力实施校舍安全工程，新建改扩建中小学、幼儿园194所，“大班额”和“入园难”问题有效解决。全面落实义务教育“三免一补”政策，认真实施“营养早餐”工程和免费午餐试点工作，所有适龄儿童能“不花钱、有学上”。积极发展职业教育和学前教育，大力推进农村学校布局调整，推行校长聘任制、目标管理考核制、义务教育阶段教师绩效工资制，教育教学质量不断提高，中考合格率、高考录取率稳居全市首位。我区先后获得“全区两基工作先进县”、“全区教育工作优秀奖”等殊荣。深入实施科技特派员创业行动、科技承包服务和“科技入户”工程，引进推广一批先进实用的新技术新模式新设施，农民科技素质不断提升，科技对经济增长的贡献率不断提高。全面推进新农村信息化建设，实现了村村通互联网、有信息站的目标。先后荣获“全区新农村信息化建设先进县”、“全区农业科技进步先进县”和“全国科普示范县”称号。坚持把提高全民健康水平作为最大的民生和福利，积极推进医药卫生体制改革，深化“药品三统一”，国家基本药物制度实现城乡全覆盖。新建改扩建区医院综合楼及一批乡镇卫生院、村卫生室和社区卫生服务中心，方便了群众就医看病。全面开展“健康宁夏全民行动”、妇幼卫生“四免一救助”、统筹城乡居民基本医疗保险工作，群众看病难、看病贵问题有效缓解。人口和计划生育工作创新突破。积极创新工作思路，探索出“少生快富整村推进”和少数民族计划生育“两孩半”做法，为民族贫困地区实现“少生”与“快富”的有机结合开辟了新路，做法在全自治区推广，中央政研室《学习与研究》刊文向全国介绍。我区人口自然增长率由2006年的11.94‰下降到9.5‰，连续两年获得“全区计划生育目标考核一等奖”，被自治区评为

“计划生育优质服务先进县”。就业和社会保障工作扎实有效。建立创业带动就业和小额担保贷款联动机制，加强就业服务指导培训，大力开展“六大创业行动”，催生了一批创业园区和孵化基地，“大学生创业园”建设模式在全区推广。认真落实“三支一扶”政策，为大学生服务基层、实现就业创造条件。坚持购买公益性岗位，帮助城镇就业困难人员实现就业和再就业，城镇登记失业率始终控制在4.2%以内。提高城乡低保标准和补助水平，扎实推进新农保试点工作和“扶贫助残”工程，妥善解决城市低收入家庭住房困难和部分生态移民住房困难，对高考录取的农村大学生和城市低保家庭大学生全部予以资助，社会保障体系不断完善。强化食品药品质量监管，重视抓好安全生产，加强应急管理，有力保障了人民群众生命财产安全。扶贫开发事业迈上新台阶。高度关注贫困群众的生活改善，认真组织实施农业产业化经营、基础设施建设等扶贫项目，紧紧抓住闽宁协作等对口帮扶机遇，不断加强定点帮扶，广泛开展社会帮扶，全面完成整村推进村扶贫开发任务，村级互助资金实现贫困村和生态移民村全覆盖。我区荣获“全区贫困村‘互助资金’试点工作先进项目县”称号。五年累计减少贫困人口6.1万人，贫困面逐年下降。

五年来，我们致力维护社会和谐稳定，加强和创新社会管理，民主法治建设实现新进步。民主活力不断增强。区委充分发挥总揽全局、协调各方的领导核心作用，积极支持人大及其常委会依法履行职能，支持人民政协开展政治协商、民主监督、参政议政，支持审判机关、检察机关依法独立行使审判权、检察权。壮大统一战线，充分发挥民主党派和无党派人士作用，切实做好工商联工作，加强对工、青、妇等群团组织的领导，充分发挥其广泛联系群众的桥梁纽带作用。强化党管武装工作，国防教育、国防动员和后备力量建设取得新成绩，党管武装工作被宁夏军区树为十面旗帜。全面完成新一轮政府及乡镇机构改革和事业单位岗位设置管理工作，对行政区划进行调整，新成立官厅镇和黄铎堡镇等。推进党务、政务、村务、校务、厂务公开，完成了第八届村委会换届选举，认真开展村民“民主议政日”活动，基层民主管理和基层政权建设不断加强。民族团结的大好局面更加巩固。全面贯彻党的民族政策，深入开展民族团结进步宣传教育活动，唱响民族团结主旋律，“三个离不开”思想深入人心。加强少数民族干部队伍建设，促进各民族共同团结奋斗、共同繁荣发展。认真贯彻党的宗教工作基本方针，扎实开展“两创建、两争做”活动，依法加强宗教事务规范化管理，严厉打击境内外非法宗教渗透，维护了现有宗教格局和谐稳定。社会更加和谐稳定。牢牢把握“三个最大限度”的要求，深入推进社会矛盾化解、社会管理创新、公正廉洁执法三项重点工作，坚持信访工作联席会议、区委政府领导班子成员每周定期接访等制度，开展“县委书记大接访”、“矛盾纠纷大排查大调处”等活动，建立“三调联动机制”，有效化解了一批矛盾纠纷和信访积案。坚持依法治区，强化依法执政意识，全面推进依法行政。加大法律宣传普及力度，全面完成“五五”普法，启动实施“六五”普法。不断深化“平安原州”创建活动，进一步加强社会治安综合治理，严厉打击和预防各类违法犯罪活动，为经济社会发展营造了良好的社会治安环境。我区先后获得“全国铁路护路工作先进县”、“全区信访工作先进县”等殊荣。

五年来，我们致力推进文化事业繁荣发展，营造凝心聚力促发展的良好氛围，精神文明建设谱写新篇章。新闻宣传效果明显。坚持正确的舆论导向，加强和改进新闻宣传工作。创刊《新原州》报，开设原州新闻网，拓宽了新闻宣传渠道。加强与中央和区、市主流媒体联系，积极组织开展“媒体看原州”等采访活动，五年来各级各类媒体宣传报道我区稿件达到1.2万篇(条)，其中头条新闻近500条，提高了我区对外知名度。群众性创建活动丰富多彩。坚持用社会主义核心价值体系引领社会思潮，不断加强社会公德、职业道德、家庭美德、个人品德建设，加强对青少年思想政治教育，组织开展“文明单位”、“文明村镇”创建、“树新风、革陋习、争做文明市民”和道德模范评选等活动，大力宣传革命烈士白志林等先进典型。围绕庆祝自治区成立50周年、新中国成立60周年、建党90周年举办系列活动，在全社会唱响了“五个好”的时代主旋律。文化体育事业繁荣发展。坚持发展公益性文化事业，深入实施文化信息资源共享、广播电视“村村通”、农村数字电影放映、农家书屋等文化惠民工程，不断加强农村、社区文化阵地和文艺团队建设，广泛开展各类群众性文体活动。深入推进文化体制改革，改革文化馆管理机制，创建原州民族艺术团，创刊《原州》文学期刊，编纂出版《原州区志》，增强了地方文化影响力。不断加强文物和非物质文化遗产保护力度，继承和发扬了中华优秀文化传统。大力发展竞技体育，组织参加自治区第十三届运动会，取得历史最好成绩。我区先后获得“全国民间社火文化艺术之乡”、“全国实施农民体育健身工程先进县”、“全国阳光体育先进县”、“全区文化建设先进县”等殊荣。

五年来，我们致力加强党的执政能力建设和先进性建设，不断夯实党的执政基础，党的建设开创新局面。思想建设卓有成效。以建设学习型党组织为目标，不断完善落实党委（党组）中心组学习、领导干部理论大讲堂和“三个一”读书学习等制度，组织开展“三书三学”、“百场万人理论大宣讲”、“爱读书读好书善读书”等活动。深入学习实践科学发展观活动试点、深入实施西部大开发战略大学习活动和“思想大解放、树立新形象”活动取得重要成果，广大党员干部的思想政治素质、争先进位意识和推动科学发展的能力明显提高。领导班子和干部队伍建设不断加强。坚持德才兼备、以德为先标准，选拔任用了一批想干事、敢干事、干成事的优秀干部，优化了领导班子和干部队伍结构。五年共提拔干部196人，调整交流干部390人。不断加大年轻干部、妇女干部、少数民族干部、党外干部的培养选拔。完善和规范干部选任提名程序，坚持全委会、常委会票决乡镇（街道）和政府组成部门党政正职制度，改进干部考察工作，新提拔干部一律从后备干部中产生，提高了选人用人公信度，力求看准人、用对人。积极推进干部人事制度改革，在法检两院中层干部、中小学校长和乡镇卫生院院长中推行竞聘上岗。新招考一批公务员，增强了干部队伍活力。加强宣传教育，严肃换届纪律，圆满完成新一届乡镇党委换届工作。加强人才工作，各类人才队伍素质不断提高，为经济社会发展提供了有力的智力支持。基层组织建设取得新成效。坚持以“创先争优”活动为抓手，深入开展以“城乡党组织整合联建、城乡党员结对帮扶、农村党员分类联户”为主要内容的“连心工程”，为基层党组织加强和创新社会管理探索了新路，密切了党群干群关系，自治区召开现场会予以推广。深入开展“四联双定双评”、“评星定格”、“六型机关”、“星级社区创建”等活动，统筹推进机关、学校、社区、非公有制经济组织和新社会组织党建工作，基层党建工作水平有了新提高。我区被自治区评为“党员干部现代远程教育先进县”。老干部、老龄、党史等工作进一步加强，党员发展和管理工作取得新成效。反腐倡廉建设深入推进。深入贯彻中央《建立健全惩治和预防腐败体系2008-2012年工作规划》，认真落实党风廉政建设责任制，切实加强廉政风险防范管理，拓展了从源头上防治腐败工作领域。认真开展工程建设领域突出问题和“小金库”专项治理，严格控制压缩“三公”经费支出，加强对生态移民及各项惠农政策落实情况的监督检查，切实纠正损害群众利益的不正之风。加强国有资产管理，实行会计集中核算支付，成立工程招投标（政府采购）交易中心。深入实施“勤廉为民”工程，提升了农村基层党风廉政建设科学化水平。坚持领导干部离任审计和任期经济责任审计制度，严厉查处违纪违法案件，对46名科级干部进行了诫勉谈话，给予党纪政纪处分34人，为经济社会发展提供强有力的纪律保证。

五年来，区委坚持解放思想，实事求是，与时俱进，认真贯彻民主集中制，坚持重大事项和重点工作集体讨论、集体决定，不断提高决策科学化、民主化、规范化水平。坚持党的群众路线，严格落实市委关于作风建设的“十项规定”和“八办要求”，加强机关效能建设，加大治庸治懒治散力度，机关作风明显转变、行政效能明显提高、服务质量明显改善。不断完善“区委政府领导牵头包抓、人大政协领导督查督办、部门单位合力落实，周督查、旬通报、月评比、年考核”等制度，有力促进了重点工作和民生实事落实。

在看到成绩的同时，我们也要清醒地认识到存在的问题和不足。主要是：经济总量较小，自我发展能力和综合竞争力不强，农业基础薄弱，农民持续增收难度较大，转变经济发展方式和调整经济结构的任务依然繁重；社会事业发展相对滞后，统筹城乡发展任重道远，保障和改善民生以及扶贫开发的任务艰巨，加强和创新社会管理、维护社会稳定和谐的责任重大；基层组织建设还存在薄弱环节，少数党员干部思想观念不新、作风还不扎实等。对这些问题，我们一定要高度重视，采取有力措施，认真加以解决，努力把各项工作做得更好、更有成效，让人民群众满意！

总起来说，这五年，是我们齐心协力、负重拼搏、阔步前进的五年，是我区综合实力提升最快、城乡面貌变化最大、群众得到实惠最多的五年，也是各级党组织创造力、凝聚力、战斗力明显增强的五年。我们完成了一系列原来想干但没有能力干的大事、好事和实事，实施了一批顺民意、得民心、惠民生的重点工程和亮点工程，谱写了经济发展、民生改善、社会和谐、民族团结的光辉篇章。实践充分证明，五年来，区委的各项重大决策是正确的，我们的发展思路是符合实际的，原州的发展进步展现出美好的光明前景！

同志们！五年来，党和国家领导人多次莅临我区考察，给予我们深切关怀和巨大鼓舞。我们深深感到，五年来的成就，是党中央、国务院亲切关怀和区、市党委、政府正确领导的结果；是全区各级党组织和广大党员干部群众团结奋斗的结果；是全区各民主党派、工商联、人民团体、各界人士共同参与、鼎力支持的结果；是各位老领导、老同志关心指导鼓励的结果！在此，我代表中共原州区委，向所有关心支持原州发展的各级领导、同志们、朋友们表示衷心的感谢，并致以崇高的敬意！

成绩来之不易，经验弥足珍贵。五年的生动实践，给我们以深刻的启示：

必须始终坚持解放思想不动摇。我们坚持不懈地推进思想解放，在解放思想中统一思想，在改革创新中破解难题，走出了一条符合原州实际、具有原州特色的富民强区发展路子。“解放思想永无止境”，我们必须继续解放思想，以思想大解放引领大发展、树立新形象、推动新跨越！

必须始终坚持加快发展不动摇。我们始终扭住经济发展不松劲，办成了许多大事、好事、难事，让全区人民坚定了加快发展的信心和决心。“发展才是硬道理”，这是我们任何时候都必须坚持的第一要务！

必须始终坚持改善民生不动摇。我们始终把保障和改善民生作为一切工作的出发点和落脚点，倾注感情、竭尽全力办好民生实事，受到群众广泛欢迎。“民生无小事”，我们必须坚持以人为本、执政为民理念，聚精会神搞建设，一心一意谋发展，千方百计惠民生，让全区人民共享改革发展成果！

必须始终坚持维护稳定不动摇。我们坚持稳定第一责任，不断加强和创新社会管理，维护了民族团结、宗教和睦、社会和谐的大好局面。“稳定是硬任务”，我们必须更加注重把改革的力度、发展的速度和社会的可承受度科学地统一起来，妥善解决影响社会稳定和谐的各类矛盾和问题，让人民群众内心增强安全感、充满幸福感！

必须始终坚持苦干实干不动摇。我们坚持以“全责任、快节奏、满负荷”为工作主基调，埋头苦干，真抓实干，形成了心齐气顺、劲足风正、干事创业的生动局面。“苦干成业、实干兴邦”，我们要雷厉风行抓落实、奋发有为促发展，努力推动各项工作再上新水平、跃上新台阶！

必须始终坚持党的领导不动摇。我们坚持党要管党、从严治党，不断提高各级党组织的创造力、凝聚力和战斗力，为加快各项事业发展提供了坚强保证。“事业兴衰，关键在党”，我们必须不断加强和改善党的领导，加强党的执政能力建设和先进性建设，为科学发展、跨越发展凝聚强大合力！

今后五年的奋斗目标和主要任务

成绩属于过去，希望昭示未来。今后五年是我区爬坡追赶、乘势突破的关键时期，既存在严峻挑战，也面临难得机遇。从世界范围看，尽管国际形势风云变幻，发展的外部环境更为复杂，但和平、发展、合作仍是时代潮流，我国发展仍处于可以大有作为的战略机遇期；从全国范围看，随着西部大开发战略的深入实施和东部产业向西部梯次转移步伐的加快，将为我区上项目、争投资提供更为广阔的空间；从区、市范围看,国务院《关于进一步促进宁夏经济社会发展的若干意见》和自治区《关于促进固原经济社会加快发展的若干意见》、生态移民攻坚、宁南区域中心城市建设等一系列政策措施的深入实施,必将为我区加快发展产生较大的推动作用;就我区而言,区内丰富的矿产、人力、土地资源,独特的文化旅游优势,冷凉的气候条件,优越的地理区位,过去五年取得的发展成就和积累的宝贵经验,为我区抢抓新机遇、攀登新高峰奠定了坚实基础。只要我们认清形势,坚定信心,团结一心,奋勇拼搏,就一定能够在今后五年续写科学发展、跨越发展的华丽篇章!

今后五年区委工作的总体思路是:高举中国特色社会主义伟大旗帜,以邓小平理论和“三个代表”重要思想为指导,全面贯彻落实科学发展观,顺应全区人民过上更好生活新期待,以科学发展、跨越发展为主题,以加快转变经济发展方式为主线,围绕固原经济发展战略转型,大力弘扬“不到长城非好汉”的六盘山精神,强力推进现代生态农业,大力发展工业经济,倾力打造商贸物流重区,努力实现三次产业协调发展,注重解放思想,深化改革开放,保障改善民生,维护民族团结,促进社会和谐,加强党的建设,努力把原州区建成宁南山区统筹城乡示范区、产业聚集核心区、生态文明先行区、民族团结和谐区。

今后五年的奋斗目标是:到2016年,全区实现地区生产总值120亿元,年均增长18%;地方财政一般预算收入2.79亿元,年均增长18%;全社会固定资产投资154亿元,年均增长25%;城镇居民人均可支配收入2.8万元,年均增长12%;农民人均纯收入7300元,年均增长12%,基本消除贫困现象。

为实现上述奋斗目标,我们必须发扬“咬定青山不放松”的执著精神,集中力量重点解决影响科学发展和民生改善的主要问题,具体要在以下几方面取得重大突破:

一、努力建设宁南山区统筹城乡示范区,全面提升区域竞争力

我们要坚持把统筹城乡发展作为提升区域竞争力的内在要求,坚定不移地实施小城镇和中心村带动战略,全面推进城乡规划编制、基础设施、扶贫开发、公共服务和社会保障一体化,打破城乡二元结构,形成城乡良性互动、统筹协调发展的新局面。

1. 大力实施生态移民。实施生态移民,是我区加快发展的重大历史机遇,是我们拔掉穷根的重大民生工程,是各级组织肩负的重大政治任务。全区上下务必高度重视,认真总结经验,按照我区“十二五”生态移民规划,积极配合做好县外移民,全力以赴抓好县内移民,认真落实好移民住房、行路、饮水、上学、就医、发展生产等工作任务,如期全面完成1.5万户6.2万人的生态移民任务,使这部分群众与全区人民共同富裕,真正实现“搬得出、稳得住、逐步能致富”目标。

2. 加快城镇化步伐。围绕宁南区域中心城市建设的战略目标,主动参与城市建设与管理,推动管理重心下移,加强城市社区建设,完善城市功能,提升城市品位,优化城市宜居宜业环境。把小城镇建设作为拓展固原中心城市发展空间的重要补充,高标准完成三营小城镇建设,把三营打造成功能互补、产业发展、经济繁荣的宁南民族特色商贸物流重镇,规划建设开城、中河等小城镇,引导资金、技术、人才等生产要素和优势资源向小城镇集中,提升小城镇的集聚、辐射、带动能力。深化户籍制度改革,鼓励引导农民变市民,加快城镇化进程。到2016年,城镇化率达到40%以上。

3. 加快推进新农村建设。围绕新农村建设总目标,着力打造一批基础设施完善、产业特色鲜明、生态环境优美、农民生活富裕、农村社会文明的新农村示范村(中心村),力争5年内完成50个以上中心村新农村建设改造。按照推进城乡一体化的要求,推行农村社区化管理,加强农村基础设施建设,综合整治农村环境,实现水、电、路、气、房和优美环境“六到农家”目标,全面改善农村生产生活条件。

4. 扎实做好扶贫开发工作。要切实抓住国家推进六盘山集中连片扶贫开发新机遇,认真落实新一轮扶贫攻坚计划,扩大互助资金扶持面,加强对口帮扶、定点帮扶和社会扶贫工作,提高贫困群众的自我发展能力,加快脱贫致富步伐,让每一个扶贫对象都与全区人民同步迈入全面小康社会。

5. 扎实做好完善社会保障体系工作。建立与经济发展水平相适应的社会保障体系，是社会和谐稳定的重要保证。要坚持广覆盖、保基本、多层次、可持续的方针，完善城乡一体化社会保障服务体系，扎实推进统筹城乡居民社会养老保险和基本医疗保险工作，全面推行城乡困难群众医疗救助“一站式”服务，完善社会福利体系，加强妇女儿童权益保障、优抚安置、养老敬老、助学助残、救灾救助工作，切实解决好农村贫困群众、城市下岗职工、低收入家庭以及残疾人的生产生活问题，加大保障性安居工程实施力度，提高廉租房、经济适用房等社会保障房供应比例，改善城市低收入家庭居住条件，努力让困难群众生活得更加幸福、更有尊严。实施更加积极的就业政策，加强创业和就业培训，优化创业和就业环境，多渠道开发就业岗位，重点做好高校毕业生、农村转移劳动力、城镇就业困难人员和退役军人就业工作。城镇登记失业率控制在4%以内。

二、努力建设宁南山区产业聚集核心区，全面提升经济竞争力

我们要立足区位优势、资源禀赋和产业现状，牢牢抓住加快转变经济发展方式这条主线，围绕固原经济发展战略转型，树立新思维，采取新举措，调整优化经济结构，促进三次产业协调发展、整体推进、全面提升。

1. 提质增效，壮大农业。要抓住自治区建设13个特色优势产业带、固原市建设六盘山现代生态农业示范区的重大机遇，促进马铃薯、冷凉蔬菜、草畜、特色种植等特色优势产业提质增效。把产业基地作为壮大特色优势产业的重要载体，重点抓好以张易、中河、三营为中心的马铃薯生产基地，以头营、彭堡、官厅为中心的冷凉蔬菜基地，以彭堡、头营、寨科为中心的肉牛养殖基地，以三营、头营、黄铎堡为中心的枸杞生产基地建设，打造一批特色优势产业集群，扶持培育一批“农字号”龙头企业，扩大“中国冷凉蔬菜之乡”和“中国马铃薯种薯之乡”影响力，打响“六盘山”优质冷凉蔬菜、清水河清真牛肉、原州有机枸杞、红梅杏、河川酥梨等农产品品牌。认真落实“固原市农民收入倍增计划”，千方百计助农增收，使农民收入在未来五年有大幅提升。

2. 优化升级，振兴工业。坚持走新型工业化道路，着力构建以工业为主导的经济发展格局。大力发展盐化工及煤电一体化产业，壮大盐化工产业集群，把资源优势转化为经济优势。应用高新技术、先进工艺和新装备提升传统产业，促进产业优化升级和产品更新换代。抓住自治区实施战略性新兴产业“倍增计划”机遇，大力发展光伏发电、回药开发、装备制造等战略性新兴产业，打造县域经济新的增长极。进一步提高清水河工业园区承载能力，采取合作嫁接等方法，做大现有企业，启动二期建设，加快建设长城工业园区，充分发挥工业园区聚集平台作用。全面完成原有国有(集体)企业机制转换，实现工业的主导作用。

3. 突出重点，提升服务业。坚持把加快服务业发展作为调结构、转方式、促就业的重大举措，改造提升传统服务业，重点发展商贸物流、旅游和劳务产业，保持我区服务业经济总量不断扩大、拉动经济发展能力不断增强的良好势头。充分发挥区位优势，全面规划建设清水河市场物流带和三营市场物流带，积极发展特色市场，将我区建成西兰银交汇地物流集散中心。充分发挥文化旅游资源优势，加大项目争取、宣传推介、合作开发等工作力度，加快文化旅游产业融合发展。提升基础设施、生态绿化等建设水平，全力打造须弥山景区，创建国家5A级旅游景区。深度挖掘历史文化、民俗文化、民族文化内涵，开发建设安西王府、东岳山等旅游项目，实施小西湖园林景观建设工程，加强博物馆建设管理，打造旅游黄金线路，构建城市旅游经济圈，不断拓宽旅游业发展渠道。充分发挥区域中心城市优势，积极发展金融保险、科技信息等服务业，重视发展会展经济，扩大对外开放，增强发展活力。大力发展劳务产业，坚持劳动力资源开发和转移就业相结合，以技能型劳务基地建设为突破口，推动劳务产业向组织化、市场化、技能化、品牌化方向发展。

4. 重点突破，抓好项目。要牢牢扭住项目这个“总引擎”不松劲，积极向上争项目，加大力度引项目，激活民资上项目，以大项目带动大投资，以大投资推动大发展。要紧盯国家和自治区政策投资方向，全力以赴争取国家、自治区支持，精心谋划一批重大基础设施、特色优势产业、保障改善民生、统筹城乡发展项目。要在招商引资上深下功夫，坚持“引周边、接中东部、拓海外”，全面“走出去、请进来”，通过招商引进发展资金、先进技术和管理经验，助推产业转型优化升级。要进一步强化招商引资意识，树立“人人都是投资环境”理念，完善机制，加强服务，把我区打造成宁南招商引资的政策洼地和环境高地，吸引更多更大更好的项目落地生根、开花结果。要加大政策扶持，优化投资环境，切实激活民间资本，为拉动我区经济增长发挥更大作用。

三、努力建设宁南山区生态文明先行区，全面提升环境竞争力

良好的生态环境是经济社会持续发展的重要依托。我们要坚持生态为重、环保优先，加强资源节约型、环境友好型社会建设，着力打造山青、水秀、天蓝、地绿的美好人居创业环境，努力走出一条生产发展、生活富裕、生态良好的文明发展之路。

1. 加强生态建设。牢固树立生态文明观念，每年组织实施一批林业生态重点工程，努力建设彰显生机魅力的“绿色原州”。实施城乡环境绿化工程，开展全民义务植树和环境优美乡镇、生态文明村、花园式单位创建活动，加强小城镇、新农村示范村、生态移民新村绿化，加快以国道、省道、县乡道和行政村主干道为骨架的绿色通道建设，改善城乡人居环境。推进大六盘生态经济圈及特色经济林基地建设，培育以枸杞、红梅杏、早酥梨、设施果树、林木种苗等为主的特色优势林产业，走出一条经济与生态、民富与山绿“双赢”的可持续发展之路。积极争取政策支持，巩固扩大退耕还林成果，加大禁牧封育力度，遏制乱开荒等违法行为，实施清水河、沈家河等重点流域综合治理，加快移民迁出区生态恢复步伐，构建区域生态安全体系。到2016年森林覆盖率达到20.6%。

2. 加强资源保护和利用。认真做好“水”文章，以节水为中心，优化水资源配置，提高水资源利用效率和效益。抓住中央加快水利改革发展和自治区实施“三个百万亩节水改造工程”机遇，大力推广应用现代节水新技术，发展高效节水灌溉，把我区建设成宁夏高效节水灌溉示范区。加强重点水利工程建设，加快实施病险水库除险加固、中小河流治理、山洪灾害防治、人畜饮水安全等工程，增强防灾防洪能力，确保缺水地方群众喝上安全干净的水。加大节水宣传力度，增强全民节水意识，全面推进节水型社会建设。严格保护耕地，加强宅基地审批管理，确保基本农田总量不减少、质量不下降；坚持集约利用土地原则，加强矿产资源管理，提高土地、矿产资源综合利用效率。

3. 加强节能减排。强化生态、绿色、低碳、循环发展理念，侧重发展节约资源能源和保护生态环境的产业，强化污染源头防治，严格项目准入，下决心淘汰落后产能，严格落实节能减排各项政策措施，努力促进环境保护与经济发展的高度融合。

四、努力建设宁南山区民族团结和谐区，全面提升形象竞争力

一个地区的美好形象可以产生强大的吸引力，转化为现实生产力。我们要倍加珍惜、巩固维护全区经济发展、社会稳定、民族团结、宗教和顺的大好局面，在加快经济社会大发展的基础上，不断提高人民群众物质文化生活水平。

1. 全面抓好科技、教育、卫生事业。深入实施科技创新工程，创建一批技术水平高、带动能力强、产出见效快的科技示范基地，提升产业发展的科技支撑能力。加大科技投入力度，加快科技成果转化步伐，加强科普能力建设，提高全民科技意识和科技素质。到2016年，科技对经济增长的贡献率达到48%。坚持办人民满意教育，进一步加大财政为主的教育投入力度，高度重视发展学前教育，大力实施义务教育学校标准化建设工程，促进义务教育资源公平配置、均衡发展。加强教师队伍建设，开展“名师、名校、名校长”培育活动，不断提高教育教学质量和水平。巩固普及高中阶段教育成果，大力发展职业教育，加大实用人才培养，努力让考不上高中和大学的学生，有机会进入职业技术学校学习，成为有一技之长的劳动者。按照保基本、强基层、建机制的要求，进一步深化医药卫生体制改革，加强公共卫生基础设施建设，健全农村三级卫生服务网络和城市社区卫生服务体系，稳定基层医疗队伍，努力使人人享有方便可及的基本医疗卫生服务。切实加强食品药品监管，让人民群众饮食用药安全可靠。

2. 统筹做好人口和计划生育工作。坚持计划生育基本国策,完善推广“少生快富整村推进”和少数民族计划生育“两孩半”做法,构建计划生育优质服务网络体系,加强流动人口和移民新村计划生育管理,保持我区人口和计划生育工作良好态势。人口自然增长率控制在10‰以内。认真做好生殖健康教育工作,提高出生人口素质。加快人口信息化建设。结合生态移民和小城镇建设,引导人口合理分布。积极应对人口老龄化,构建多层次社会化养老服务体系,让众多老年人幸福安度晚年。

3. 切实加强文化建设。当今时代,文化的作用更加广泛而深刻,文化的地位更加重要而凸显。要以学习贯彻党的十七届六中全会精神为动力,坚持社会主义先进文化前进方向,推动我区文化大发展大繁荣,发挥文化引领风尚、教育人民、服务社会、推动发展的作用,增强全区人民的向心力和凝聚力。不断推进社会主义核心价值体系建设,健全“文明原州”创建长效机制,广泛开展“文明单位”、“文明村镇”等各类群众性精神文明创建活动,力争创建一批省级以上的精神文明建设先进单位;广泛开展道德模范评选、宣传活动,用道德模范的崇高精神引领文明风尚、凝聚奋斗力量。加强和改进新闻舆论工作,加强新型媒体建设管理,提高舆论引导能力,提升我区知名度和影响力,实现新闻效果、政治效果和社会效果的统一。深化文化体制改革,加大文化遗产保护力度,创作一批优秀文艺作品,推动形成文化事业和文化产业两手抓、两加强的工作格局,满足人民群众多样化精神文化需求。加强文化基础设施建设,完善公共文化服务网络,实施文化惠民工程,让人民群众广泛享有免费或优惠的基本公共文化服务。大力发展体育事业,深入开展全民健身运动,提高人民群众健康水平。

4. 扎实推进社会管理创新。整合社会管理资源,完善党委领导、政府负责、社会协同、公众参与的社会管理格局。加强对影响社会稳定因素的分析和把握,建立健全控面兜底的矛盾纠纷调解网络,有效防范各种潜在风险。加强和改进信访工作,引导群众以理性合法的方式表达利益诉求。加强基层基础建设,切实抓好流动人口和特殊人群管理工作。加强对非公有制经济组织、新社会组织和网络虚拟社会的管理服务。加强社会治安防控体系建设,深化“平安原州”创建活动,依法打击各种违法犯罪活动,切实增强人民群众的安全感。加强政法队伍建设,提升公正廉洁执法水平,积极开展法律援助,依法维护社会公平正义。加强应急管理,强化责任意识,抓好安全生产和防震减灾工作,积极应对自然灾害、事故灾难和公共卫生、食品安全事件,确保人民群众安居乐业、平安幸福。

5. 全力维护民族团结。贯彻落实党的民族政策,深入开展“民族团结月”宣传教育活动,大力创建民族团结进步模范村镇社区、学校和企业,进一步巩固和发展平等团结互助和谐的社会主义民族关系。认真贯彻党的宗教工作基本方针,依法加强宗教事务规范化管理,维护宗教格局稳定,确保宗教领域和谐,为各民族共同繁荣发展奠定坚实的思想基础,让民族团结之花在原州大地上艳丽绽放!

全面加强和改进新形势下党的建设

实现原州未来五年发展蓝图,关键在党,关键在广大党员干部。我们要以改革创新精神全面加强和改进新形势下党的建设,不断提高各级领导班子和党员干部推动科学发展、解决民生突出问题和维护社会稳定的能力,使各级党组织成为带领全区人民建设富裕文明和谐新原州的坚强领导核心。

1. 提升推动科学发展、跨越发展的能力水平。加强党员干部理想信念教育,增强为党和人民事业不懈奋斗的自觉性和坚定性。推进学习型党组织和学习型领导班子建设,大力营造重视学习、崇尚学习、坚持学习的浓厚氛围,自觉用中国特色社会主义理论体系武装头脑、指导实践、推动工作。坚持五湖四海、任人唯贤,坚持德才兼备、以德为先用人标准,注重从基层一线选拔干部,优化领导班子结构,加强领导干部队伍建设,创造让优秀干部在为原州发展、人民幸福贡献力量中脱颖而出的成长机制。深入推进干部人事制度改革,规范干部选任提名制度,全面推行干部任免票决制,扩大干部工作中的民主,加大竞争性选拔干部和干部交流轮岗力度，形成能上能下、能进能出的用人机制，不断激发干部队伍活力。严格贯彻落实党政领导干部选拔任用工作四项监督制度，提高选人用人的准确度、透明度和公信度。坚持从严管理干部，健全干部监督工作制度，完善领导班子和领导干部考核评价机制，加强考核结果的运用。认真做好老干部工作，进一步加强人才工作，努力形成人才辈出、人尽其才、才尽其用的生动局面。

2. 健全适应科学发展、跨越发展的体制机制。坚持和完善人民代表大会制度、中国共产党领导的多党合作和政治协商制度，支持人大、政府、政协和审判机关、检察机关以及工会、共青团、妇联等人民团体，依照法律和各自章程积极主动、独立负责地开展工作。加强统一战线工作，加强基层政权建设，推进党内民主建设，保障党的团结统一，增强党的创造活力。坚持党管武装原则，支持国防和预备役建设，做好“双拥”工作。认真贯彻民主集中制，牢固树立法律面前人人平等、制度面前没有特权、制度约束没有例外的观念，坚持用制度管权管事管人。完善落实县级领导包抓重点工作、民生实事责任制、目标管理考核责任制和周督查、旬通报、月评比、年考核的重点工作推进机制，以刚性的制度保障各项工作落实。

3. 夯实保障科学发展、跨越发展的执政基础。不断深化“创先争优”活动，建立健全长效机制，形成党组织履职尽责创先进、党员立足岗位争优秀的浓厚氛围。坚持“书记抓、抓书记”，落实党建工作责任制，全面推进农村、社区、机关、学校、非公有制经济组织和新社会组织等的基层党组织建设，夯实党的执政基础。按照守信念、讲奉献、有本领、重品行的要求，选好配强基层党组织书记，建设高素质基层党组织带头人队伍。坚持把服务群众、做群众工作作为基层党组织的核心任务和基层干部的基本职责，进一步深化“连心工程”，搭好党和群众“连心桥”，使基层党组织成为推动发展、服务群众、凝聚人心、促进和谐的坚强战斗堡垒。

4. 筑牢落实科学发展、跨越发展的纪律保证。贯彻“为民、务实、清廉”的要求，认真落实党风廉政建设责任制，扎实推进惩治和预防腐败体系建设，坚定不移地把反腐败斗争进行到底。严格执行党员领导干部廉洁从政有关规定，认真抓好廉政风险防范管理和党员干部勤政廉政承诺制落实，着力加强反腐倡廉宣传教育和制度建设，切实强化对权力运行的监督制约，认真解决影响原州形象和损害群众利益的突出问题，坚决查处违纪违法案件，以反腐败斗争的实际成效取信于民。各级党员干部特别是领导干部，要自觉接受党组织、广大党员和人民群众的监督，常修为政之德、常思贪欲之害、常怀律己之心，堂堂正正做人、扎扎实实工作、干干净净干事。

5. 形成服务科学发展、跨越发展的良好作风。坚持讲党性、重品行、作表率，继承优良传统，弘扬新风正气，以优良的党风促政风带民风。牢记党的宗旨，坚持群众路线，真诚倾听群众呼声，真实反映群众愿望，真情关心群众疾苦，多为群众办好事、办实事，做到权为民所用、情为民所系、利为民所谋。旗帜鲜明地鼓励创业者、支持改革者、保护干事者，给想干事的人以机会、给会干事的人以平台、给干成事的人以激励。进一步解放思想、开拓创新，跳出原州看原州，大胆革除一切陈规陋习，勇于冲破各种思想禁锢，只要有利于科学发展、跨越发展，就要大胆地试、大胆地闯、大胆地干，使创新精神成为推动发展的不竭动力。坚持求真务实作风，心无旁骛，真抓实干，不图虚名，埋头苦干，反对形式主义，反对弄虚作假，反对奢侈浪费，把主要精力集中在抓工作上，把满腔热情倾注在为民造福上，把有限的资源用在促发展上，扎扎实实做好各项工作，勤勤恳恳为人民服务！

同志们！乘风破浪正当时，直挂云帆济沧海。历史的车轮已将原州的发展推向一个崭新的起航点，努力实现全面建设小康社会宏伟目标、让全区 40 多万回汉各族人民过上更加幸福美好的新生活，是时代和人民赋予我们重大而神圣的责任。让我们更加紧密地团结在以胡锦涛同志为总书记的党中央周围，高举中国特色社会主义伟大旗帜，深入贯彻落实科学发展观，在区、市党委的坚强领导下，团结带领全区广大党员和干部群众，树立“奋发有为、敢为人先、开放包容、勇于创新、激情干事”的新形象，解放思想，砥砺奋进，抢抓机遇，务实苦干，奋力开创科学发展、跨越发展的新局面，为建设富裕文明和谐新原州而努力奋斗！

政府工作报告

2011 年 12 月 25 日在原州区第一届人民代表大会第五次会议上

原州区区长 张 戈

各位代表：

现在，我代表区人民政府向大会作工作报告，请予审议，并请政协委员和列席人员提出意见。

2011 年工作回顾

2011 年是深入实施新一轮西部大开发战略和“十二五”规划开局之年，也是全区上下抢抓机遇、奋力拼搏，经济社会快速发展的一年。一年来，在自治区、固原市党委、政府和区委的坚强领导下，在区人大、政协的监督支持下，区人民政府深入贯彻落实科学发展观，团结带领全区各族人民，紧紧围绕“建设宁南山区统筹城乡示范区、产业聚集核心区、生态文明先行区、民族团结和谐区”奋斗目标，大力弘扬“不到长城非好汉”的六盘山精神，以 12 项重点工作和 10 件民生实事为抓手，加快转变发展方式，积极调整经济结构，统筹推进城乡发展，努力构建和谐社会，全面完成了区一届人大四次会议确定的各项目标任务，在全面建设小康社会征程中迈出了坚实步伐。

一、突出转型升级，县域经济呈现实力提升、结构趋优的发展态势

2011 年，我区把推进科学发展、跨越发展作为首要任务，强力推进生态农业，大力发展工业经济，倾力打造商贸物流重区，三次产业协调推进，经济保持高位运行。预计全年完成地区生产总值 52.38 亿元，增长 18.1%；实现地方财政一般预算收入 1.45 亿元，增长 51.1%；完成全社会固定资产投资 50.32 亿元，增长 30%；全社会消费品零售总额达到 18.5 亿元，增长 18%；城镇居民人均可支配收入 16009 元，增长 12.3%；农民人均纯收入 4190 元，增长 19%。主要经济指标均保持了两位数增长，发展质量和经济增速实现了双提高。

农村经济稳步增长。围绕建设“现代生态农业示范县(区)”目标，引进龙头企业参与产业开发，培育壮大特色优势产业，农业综合生产能力显著提高。预计完成农业增加值 9.66 亿元，增长 8%。蔬菜产业快速发展。坚持走园区化、产业化、品牌化发展路子，充分利用冷凉气候资源，采取引进良种、强化“农超对接”、加快“冷链”物流体系建设等方式，蔬菜种植规模迅速扩张，效益明显提升，总面积达到 18 万亩。其中建成万亩露地蔬菜基地 3 个，新建日光温室、大中拱棚园区 13 个，设施农业面积达到 9 万亩，成为宁南山区种植规模最大的冷凉蔬菜示范基地。农民人均蔬菜收入占纯收入的 20%，成为农民增收的支柱产业。充分发挥“六盘山”牌冷凉蔬菜品牌效应，加大外销力度，中河万亩供港蔬菜基地生产技术程序通过欧美认证，产品首次打入国际市场，原州区被授予“中国(西部)冷凉蔬菜之乡”称号。草畜产业壮大提升。按照“以牛为主、多畜并举、扩大总量、提升质量”的发展思路，扩大牧草种植面积，加大补栏扩量力度，种植牧草 36.5 万亩，补栏肉牛 4.5 万头。新建肉牛养殖示范村 18 个，累计达到 83 个。新建存栏 200 头以上肉牛养殖园区 7 个，肉牛饲养量达到 20.5 万头。新建 10 万只养鸡园区 1 个、2 万只标准化养鸡场 5 个。新月养殖公司“阿敏”

牌商标获自治区著名商标，草畜产业规模不断扩大，效益进一步提升。马铃薯产业提质扩量。围绕建设“国家级马铃薯种薯繁育县（区）”目标，创新机制，引进企业，三级繁育体系建设全面提速，新建组培室5000平方米，繁育原原种4000万粒，发展原种田3500亩，一级种薯田6.25万亩，带动全区种植优质马铃薯53万亩。建成中河、张易、三营3个万亩种薯示范基地，采用高效节水灌溉技术和全程机械化作业，种植水平大幅提高，示范区种薯亩均产量2800公斤以上，得到全国马铃薯大会观摩团的充分肯定，原州区被授予“中国马铃薯种薯之乡”称号。“六盘山”牌马铃薯种薯、鲜薯获得第十一届中国国际粮油产品及设备技术展览会金奖。在全国马铃薯市场普遍低迷情况下，通过拓展外销、淀粉加工、扩大窖藏、种薯采购等措施，确保了马铃薯销售畅通，解除了企业和薯农的后顾之忧。枸杞产业效益凸显。实施“枸杞南移工程”，引进龙头企业参与基地建设，选用优良品种，推行有机栽培，强化科技支撑，新建甘沟、马店万亩枸杞园区2个。枸杞种植总面积达到7万亩，产值3亿元以上。劳务产业稳步推进。按照“抓培训、扩基地、促转移、增收入”的工作思路，着力提升劳务产业发展质量，全年培养劳务经纪人186名，开辟劳务基地15个，实现农村劳动力转移就业10万人，创收6.5亿元，劳务产业逐步由体力型向技能型、分散型向集中型、打工型向创业型转变。农民人均转移就业收入占纯收入的46.8%，位居自治区前列。

工业经济增效提速。按照培育发展新兴产业，改造提升传统产业要求，倾力打造工业发展平台，全力抓好招商引资，着力理顺企业产权关系，工业对县域经济支撑作用明显增强。全年实现工业增加值7.21亿元，增长95%。园区建设迈出新步伐。开展清水河工业园区土地集约节约利用专项整治，完善配套设施建设，提高土地利用率，湖南三一重工集团等5家企业入驻园区。开工新建长城工业园和通用航空产业园，场地平整及供电、供水、道路等基础设施建设有序推进，“一区两园”工业发展格局初步形成，平台聚集效应进一步显现。招商引资实现新突破。制定出台了《关于进一步加强招商引资工作的意见》，全面落实招商引资目标责任制和县级领导包抓负责制，项目引进呈现多门类、宽领域的良好局面。新能源、新材料、装备制造等一批新型业态填补了我区工业领域空白，工业经济结构发生了重大变化。农资城、邦德电动自行车、利隆钢构、通用飞机组装等项目落地建设。千头肉牛养殖，马铃薯、枸杞种植及深加工等7个农字号项目建成投产。凤凰国际飞行学院民航飞行员培训项目通过国家级运行资格审定，开始进行飞行员培训。宁夏发电集团10兆瓦光伏发电设备安装就绪，北京天润有限公司49.5兆瓦、浙江盾安集团48兆瓦2个风能项目获得核准。全年招商引资到位资金9.6亿元，增长3.6倍。在2011年宁洽会暨第二届中阿经贸论坛期间，我区再次被自治区人民政府评为“投资贸易项目洽谈签约先进单位”。企业产能得到新提升。投资6150万元，完成雪洋粮油、伊正回药等5家重点企业技术改造，新培育上规模企业3家，规模以上工业增加值增幅位居自治区第一。积极稳妥推进国有企业改制，完成固原家具厂等10家企业改制任务，276名困难企业职工得到妥善安置，区属国有（集体）企业改制基本完成。狠抓节能减排，强化企业监管，万元GDP能耗下降3%。积极配合市政府加快推进固原盐化工循环经济扶贫示范区、原州区至王洼运煤铁路专线等重点项目建设。工业对经济增长贡献率达到46.6%，提升了36个百分点。工业经济拉动第二产业增加值首次超过第一产业。

第三产业快速发展。以打造西兰银交汇中心物流集散地和宁夏旅游目的地为契机，充分发挥区位优势，改造提升餐饮住宿、批发零售、交通运输等传统服务业，积极发展连锁经营、中介代理、物流配送等新型业态，实现第三产业增加值29.74亿元，增长10.6%。加快推进“万村千乡市场”、“现代农村市场体系”和“三新”工程建设，建成物流配送企业2家、“农家店”80个。马铃薯综合批发市场投入运营，效益逐步显现。全面落实“家电下乡”、“以旧换新”等惠民政策，兑现补贴资金1600多万元，带动销售1.1亿元。汽车、电脑等高端消费品进入千家万户，城乡居民消费水平和生活质量明显提高。银行保险等金融业健康发展，存款余额87亿元、贷款余额67.9亿元，分别增长23.2%、

22.1%。着力提升旅游产业的内涵和档次，精心实施须弥山景区“一河两山”绿化工程，完成了须弥山博物馆及游客接待中心等基础设施建设。成功举办了宁夏六盘山(须弥山)山花旅游节，先后赴西安、银川、兰州开展旅游推介，须弥山旅游知名度进一步提升。对西北农耕博物馆进行了装修布展。全年接待游客14.8万人，实现旅游社会收入680万元。

二、突出项目带动，基础设施建设呈现全面提速、质量提升的崭新面貌

抢抓国家新一轮西部大开发和宁南区域中心城市建设机遇，大力实施项目带动战略，城乡基础设施显著改善，城镇化率达到35%。全年落实各类项目143项，投资25.1亿元，较上年净增16亿元，项目数量、投资规模均创历史新高。

新农村建设步伐加快。按照“一次规划、分期建设”的原则，全面实施三营民族特色小城镇改造，完成道路硬化、给排水管网铺设、河道整治绿化等配套工程，拆迁改造沿街房屋20万平方米。煤炭、农贸、活畜交易3个市场建成投入使用，物流、农资、家具3个市场完成征地和规划等前期工作，为打造宁南商埠重镇奠定了基础。完成杨郎、黄铎堡小城镇续建工程，小城镇辐射带动功能进一步提升。以中心村建设为突破口，认真实施水、电、路、气、房、环境“六到农家”工程，高质量完成开城吴庄等10个社区化新农村示范村建设。改造农村危房2100户，近万名困难群众迁入新居。大力实施农村环境连片整治示范项目和城乡环境综合整治，拆除建筑物3.7万平方米，粉饰亮化农村民居18万平方米，城乡面貌明显改观。

农田水利建设成绩卓著。突出水利基础地位，认真做好“水”文章，组织开展大规模农田水利基本建设，充分利用地表水、合理开发地下水、科学调度扬黄水，全面推广喷灌、滴灌等现代节水灌溉技术，新建扬黄调蓄水池13座，调蓄能力达到410万立方米，极大地提高了扬黄水利用效率。建成甘沟、鸦儿沟等4个万亩高效节水农业示范园区，对9万亩设施农业园区进行了节水改造，节水灌溉面积达到13万亩，成为宁夏现代高效节水农业发展的示范引领。建成张易盐泥等农村人饮工程22处，有效解决了6.6万人饮水安全问题。综合治理大红沟、杨达沟等流域面积45.1平方公里。农田水利建设连续五年获得自治区“黄河杯”竞赛奖。

林业生态建设成效明显。以打造“绿色原州”为目标，通过开展全民义务植树、项目配套绿化、林业部门重点绿化等活动，完成退耕还林补植补造10万亩、荒山荒沟造林2.4万亩、须弥山“一河两山”绿化5000亩，新建农田防护林带122条1500亩，绿化乡村道路310公里，启动实施禅塔山景区绿化工程，全年新增造林面积5.65万亩。加大禁牧封育力度，坚持造林与管护并举，强化全民绿化、护林、环保意识，将生态移民迁出区和林业重点工程纳入国营林场管护范围，新增林木管护面积65万亩，全区生态环境持续好转，初步形成了道路绿荫化、农田林网化、城镇园林化、乡村田园化的喜人局面。

公共服务设施显著改善。进一步加快农村道路改造建设步伐，硬化乡村道路36条288公里，全区92%的行政村通上了沥青(水泥)路。中河至黄铎堡连接西山畔13个村的农村公路全线贯通，极大地方便了群众的生产生活。投资1.6亿元，新建改扩建七中、十一小、三幼等城乡学校25所，加固64所，全区86%的校舍达到了抗震设防安全标准，自治区“校安工程”现场会在我区举行。区医院医技综合楼、开城卫生院门诊楼及开城镇、炭山乡政府办公楼建成投入使用。疾控中心和卫生监督所业务综合楼，人武部、司法局等6家单位办公楼完成主体工程。新建改建乡镇民生服务中心和社区服务中心14个，创建“星级社区”8个，基层办公条件和服务环境进一步改善。积极参与宁南区域中心城市和大县城建设，全力配合市区道路管网改造、宋家巷拆迁改造等全市重点工程建设，完成人民广场水电路等后续工程，广场服务功能更趋完善。

三、突出民生保障，社会事业呈现统筹发展、全面进步的繁荣景象

坚持以人为本，着力改善民生，加大财政投入，全区财政收入70%以上用于民生事业，集中办成了一批民生实事，社会各项事业全面进步。

生态移民工程扎实推进。认真实施《宁夏“十二五”中南部地区生态移民规划》，把生态移民作为最大的民生工程，整合各类资金1.8亿元，建成团结村、丰

泽村等13个县内生态移民集中安置点，开创了“七个一”安置模式，搬迁移民1674户6874人，率先在自治区实现了“当年开工建设、当年搬迁入住、当年发展生产”目标。加强与永宁、农垦等5地对接协调，年内搬迁安置县外移民100户411人。县内生态移民工程质量高、建设成本低、产业配套全、移民入住快，被中央和自治区多家媒体作为经验性实例进行了宣传报道。

教育事业持续发展。扎实开展“教育质量提升年”活动，巩固提高义务教育，深入推进素质教育，教育教学质量稳步提升。基本普及高中阶段教育工作顺利通过自治区验收。高考录取率继续保持全市领先地位。着力加强校园安全工作，及时排查整治校车安全隐患，为全区所有学校安装了监控系统，配备专兼职保安85名。大力实施校舍安全改造工程，新增教学班166个，有效解决了城区学校“大班额”和学前幼儿入园难的问题。争取社会资助项目22个，二本线以上农村家庭和城市低保家庭大学生全部受到资助，为4315名大学生争取生源地助学贷款2238.7万元。精心实施农村中小学营养早餐工程和免费午餐试点工作，4.5万余名学生营养早餐得到保障，试点学校1350名农村学生吃上了免费午餐。

科技服务成效显著。大力推进科技特派员创业行动、科技入户及农村信息化工程，引进推广先进适用技术30项。在全区11个乡镇及30个示范村实现了信息化服务基本数据共享和应用。科技对经济增长贡献率达到44%。我区荣获“全国科普示范(县)区”和“三农科技服务金桥奖”。

卫生事业深入发展。医药卫生体制改革顺利推进，健全完善了区、乡、村三级卫生服务体系。为7万多名50岁以上农民免费体检，为1.2万名农村适龄妇女免费进行了特殊病例检查。认真实施“人人享有基本医疗卫生服务”、妇幼卫生“四免一救助”等公共卫生项目，区医院通过“二级甲等”医院评审验收，城乡医疗水平和服务能力明显提高。

计生工作创新突破。完善计划生育利益导向机制，全年落实两项节育措施6351例，实施“少生快富”工程1000例，42个“整村推进”村目标人群落实率达到94.8%，高出自治区目标值近10个百分点。人口出生率、自然增长率和出生政策符合率分别达到13.6‰、9.4‰和88.3%，三项约束性指标均达到自治区平均水平。自治区、固原市少生快富工程“整村推进”现场观摩会在我区召开，“硝沟模式”在全国交流，在全自治区推广。

文体活动丰富多彩。认真实施全民健身及文化惠民工程，安装卫星地面接收系统1万余套，放映农村数字电影2000余场(次)，为全区194个行政村和50个社区自乐班采购配备了文化体育活动器材。新建农家书屋135家，实现了全区村级农家书屋全覆盖。充分发挥区民族艺术团和街道社区文体协会文化宣传主力军作用，积极组织开展广场文艺演出、全民健身登山比赛等群众性文体活动40余场次。成功举办了建党九十周年红歌大赛、第五届业余秦腔大赛等文体活动，全区文化体育事业呈现繁荣发展良好势头，荣获“全国民间文化艺术之乡”称号。

创业就业工作扎实有效。扎实开展“六大创业行动”，新建创业园区2个，发放小额担保贷款2182万元，扶持创办小企业217个，培育小老板302人，创造新岗位1677个。认真实施各项就业工程，安置大学生就业163人，开发公益性岗位215个，新增城镇就业3053人。城镇登记失业率控制在4.1%以内。

社会保障工作深入推进。加大对城镇职工基本养老、失业、工伤、生育保险及住房公积金征缴清欠力度，“四险一金”覆盖面达到100%。建立加快统筹城乡医疗保险制度，城乡居民参保人数达到34.1万人。深入推进城乡低保扩面工作，1.2万名困难群众享受到最低生活保障。14万名困难群众得到救助。为29639名60岁以上老人发放了基础养老金，为2770名80岁以上老人发放了高龄津贴。

扶贫开发工作效果明显。整合投入各类扶贫资金近亿元，新一轮30个整村推进村农业生产基础条件和生态环境明显改善。为32个贫困村投入互助资金824万元，互助资金发放总量达到5300万元，有效提高了贫困群众自我发展能力。扎实开展丰原对口扶贫协作，建成丰泽移民新村和金堡设施农业园区等重点工程，取得良好社会效益。深入推进铁道部定点帮扶和社会扶贫工作，全社会关注贫困、扶贫解困良好氛围日益浓厚。全年减少贫困人口1.5万人。

四、突出管理创新，政府自身建设呈现务实高效、勤政为民的良好形象

围绕政府职能转变，继续把增强责任心、提高执行力作为提升政府效能、落实目标任务、解决突出问题的重要举措，贯彻于政府工作的全过程。以深入开展“思想大解放，树立新形象”活动为契机，进一步完善学习制度，加强规范性制度建设，机关作风进一步好转，政府科学决策、依法决策、民主决策水平明显提高。认真贯彻区委决策，主动向人大报告工作，定期向政协通报情况，自觉接受人大、政协监督，加强与民主党派、工商联、无党派人士和人民团体的联系，认真办理人大代表议案、建议和政协委员提案。加强机关效能建设，优化区政务服务中心和乡镇民生服务中心环境，规范办事程序，行政效率和服务质量明显提升。成立工程招投标(政府采购)交易中心，政府采购和工程招投标行为规范运行。严格落实党风廉政建设责任制，行政监察、行政审计和效能建设工作进一步加强。合理调整乡镇区划，撤并清河镇、官厅乡，成立官厅镇，新设立黄铎堡镇。开展城中村“村改居”工作，将5288户2.07万名农民纳入城市社区管理，鼓励引导有条件的农民进城当市民，不断推进城镇化进程。加强社会治安综合治理，强化社会治安防控体系建设，依法严厉打击各类违法犯罪活动，群众安全感明显增强。加快推进依法治区进程，“六五”普法宣传教育全面启动。建立完善领导干部定期接访和包案化解信访积案制度，积极推行“一站式接待、一揽子解决”新模式，筹集资金816万元，化解信访积案7件，解决信访突出问题37件，全区信访维稳形势明显好转，被自治区评为“信访工作先进县(区)”。严格落实安全生产责任制，加强对重点领域、重要行业、重大危险源、人员密集场所的安全检查和监控，强化事故隐患排查整治，全区安全生产形势平稳。深入开展食品药品安全集中整顿和专项整治，群众饮食用药安全得到保障。积极开展消防救援、防震减灾、医疗救护等应急演练活动，应对突发性安全事件能力进一步提升。全面落实党的民族宗教政策，依法加强宗教事务管理，严厉打击境内外非法宗教渗透，维护了现有宗教和谐稳定格局。圆满完成了第六次全国人口普查和宁夏第一次残疾人普查工作，支持工会、共青团、妇联依照法律和章程开展工作，人防、双拥、档案、史志、供销、气象等各项事业都取得了新进展。

各位代表，时代赋予重托，奋斗铸就辉煌！过去的一年，我们齐心协力、开拓创新，完成了一系列顺民意、得民心、惠民生的大事、好事和实事，谱写了经济发展、民生改善、社会和谐、民族团结的光辉篇章。成绩的取得，是上级党委、政府和区委正确领导的结果，是人大、政协鼎力支持的结果，是全区上下奋力拼搏的结果。在此，我代表区人民政府，向支持原州发展的各位代表、各位委员，向各行各业辛勤工作的广大工人、农民、知识分子、干部，向各民主党派、工商联、无党派人士、各人民团体和社会各界人士，向自治区、固原市驻原各单位、人民解放军、武警官兵和公安干警，向所有关心原州区建设和发展的各界朋友，表示衷心的感谢和崇高的敬意！

在看到成绩的同时，我们也清醒地认识到，我区经济社会发展中还存在许多困难和问题，主要表现在：一是经济总量较小，自我发展能力和综合经济实力不强，农业基础薄弱，农民持续增收难度较大，工业对经济发展的支撑力较弱；二是对外开放水平低，招商引资难度大，服务水平、发展环境有待进一步优化；三是社会事业发展相对滞后，基本公共服务能力薄弱，保障和改善民生任务还很艰巨；四是干部的思想观念还不够解放，抓机遇、求发展、促跨越的意识还需进一步提高，机关效能建设有待加强等。对于这些困难和问题，我们将高度重视，制定切实可行措施，认真加以解决，努力把各项工作做得更好、更有成效，让群众更加满意！

2012年主要任务

各位代表，2012年是深入实施西部大开发战略和“十二五”规划的关键一年，也是我区继续抢抓机遇、推进跨越发展的重要一年。全区经济社会发展的总体思路是：认真贯彻落实中央和区、市党委、政府决策部署和区委二届二次会议精神，以科学发展、跨越发展为主题，以加快转变经济发展方式为主线，围绕固原经济发展战略转型，大力弘扬“不到长城非好汉”的六盘山精神，强力推进现代生态农业，大力发展工业经济，倾力打造商贸物流重区，努力实现三次产业协调发展，注重解放思想，深化改革开放，保障改善民生，维护民族团结，统筹推进经济、政治、文化、社会和生态文明建设，着力打造宁南山区统筹城乡示范区、产业聚集核心区、生态文明先行区、民族团结和谐区，努力建设富裕文明和谐幸福新原州。

主要预期目标和约束性指标是：实现地区生产总值59.7亿元，增长14%；全社会固定资产投资62.9亿元，增长25%；地方财政一般预算收入1.74亿元，增长20%；社会消费品零售总额21.3亿元，增长15%；城镇居民人均可支配收入17930元，增长12%；农民人均纯收入4777元，增长14%；城镇登记失业率控制在4.2%以内；人口自然增长率控制在10‰以内；完成区、市下达的节能减排约束性指标。

完成上述目标任务，要着力抓好以下几方面工作：

一、狠抓优势产业不放松，在农业增效农民增收上实现新突破

认真落实各项强农惠农政策，加快农业科技进步，加大土地流转力度，发挥农业产业化龙头企业示范带动作用，沿高速公路两侧建设蔬菜、马铃薯、枸杞等特色优势产业带，奋力打造宁南生态农业示范区。实现农业增加值10.4亿元，增长8%。

做优做强蔬菜产业。按照“扩规模、提质量、拓市场”的思路，着力抓好现有设施农业园区管理利用和效益提升，新建日光温室、大中拱棚3000亩。巩固提升万亩蔬菜基地1个，新建万亩番茄基地1个、3000亩蔬菜示范基地4个，全年种植蔬菜20万亩。精心筹备宁夏首届六盘山冷凉蔬菜论坛，扩大“中国（西部）冷凉蔬菜之乡”影响力，力促冷凉蔬菜批量进入国际市场。积极扶持龙头企业加快冷链体系建设，配套冷藏运输、检验检测设备，采取脱水加工、产地认证、品牌创建等措施，促进蔬菜产业扩量提质增效。

强力推进马铃薯产业。按照“区域化布局、专业化生产、规模化经营、市场化管理”的思路，加快产业优化升级，突出抓好马铃薯种薯三级繁育体系建设。重点抓好以张易、中河、三营、头营为中心的马铃薯生产基地建设，巩固提升现有种薯基地3个，新建万亩种薯基地2个，繁育原原种5000万粒，建设原种田4000亩、一级种薯田10万亩，推广种植一级种30万亩，马铃薯种植面积稳定在50万亩以上，脱毒种薯普及率80%以上，实现马铃薯由商品薯生产向种薯生产转变、种薯向全国推广的目标。

发展壮大草畜产业。围绕打造宁夏清真牛羊肉基地县（区）目标，推广“合作社+基地+养殖农户”的石羊模式，建成以彭堡、头营、寨科为中心的肉牛养殖集中连片区，新建高效肉牛养殖示范村10个，巩固提升养殖园区7个，肉牛饲养量达到21万头。大力发展养鸡业，新培育10万只养鸡园区1个，5万只养鸡园区3个。扶持发展清真肉类加工和流通企业，培育壮大羊只贩运专业合作社，实现草畜产业由养殖育肥向长途贩运、精深加工发展，打造宁夏清真肉制品加工和畜禽贩运集散地。

精心培育枸杞产业。按照“生态优先、特色培育、产业开发”思路，建设头营南屯、三营甘沟（二期）2个万亩有机枸杞基地，全区枸杞种植面积达到9万亩。引进枸杞精深加工龙头企业，延长产业链，提高附加值，打造宁南山区有机枸杞生产基地。

巩固提升劳务产业。坚持劳动力资源开发和转移就业相结合，以技能型劳务基地建设为突破口，推动劳务产业向组织化、市场化、技能化、品牌化方向发展。全年新建劳动力转移就业基地8个，转移劳动力就业9万人，创收6亿元。

二、狠抓项目建设不放松，在扩大工业经济总量上实现新突破

大力实施项目带动战略，紧紧抓住新一轮西部大开发、六盘山区集中连片扶贫开发、宁南区域中心城市和大县城建设等机遇，打好“扶贫牌”、“老区牌”和“生态牌”，全年争取项目资金增长25%以上。

大力推进招商引资。认真实施新兴产业“倍增计划”，按照“引周边、接东部、拓海外”的思路，进一步完善和落实招商引资优惠政策，围绕发展新能源、新材料、装备制造等新兴产业，深入推进项目对接、市场拓展和对外宣传,力争引进项目 50 个以上,到位资金 10 亿元。其中引进亿元项目 3 个、5000 万元以上项目 3 个、世界 500 强企业 1 个、外资企业 1 个。

全力加快园区建设。坚持把工业园区作为吸引项目、集聚要素、培育产业的平台,加大规划建设力度,继续完善清水河工业园区基础设施配套,启动二期工程建设。力争宁夏回族医药集团清真保健品生产线建成投产,年生产枸杞多维钙 1 亿片。雪洋粮油有限公司年加工生产面粉 3 万吨、胡麻油 1500 吨。完成长城工业园、通用航空产业园基础设施配套。完善园区准入机制,提升管理服务质量,督促入园企业投产达效,逐步形成集中度高、关联度大、竞争力强的园区特色产业集群。宁夏金凯信置业有限公司农资城项目向全国招商,引进 200 家以上农字号龙头企业参与投资经营,建成宁南唯一的现代化农资交易市场。邦德电动车有限公司年产 30 万辆电动自行车、利隆彩钢钢构有限公司彩钢钢构生产项目争取上半年建成投产。以天津飞人通用航空有限公司、凤凰国际飞行学院为投资主体,以宁夏通用航空产业服务基地为中心,大力引进相关企业,建成集飞行培训、飞机组装、商贸旅游航运为一体的一期航空产业集群。

着力提升工业效益。强化县级领导包抓企业责任制,加强对企业的监管和服务,引导企业开展新产品开发和技术改造,加快提升传统产业,年内完成 500 万元以上重点工业技改项目 5 个,新培育规模以上企业 2 家,争创宁夏著名商标 1 个。加快炭山煤矿三号井建设进度,争取年内投入运营。宁夏发电集团投资 1.6 亿元的 10 兆瓦光伏发电项目并网发电,年发电量 1500 万千瓦时以上。争取 1 个风电项目落地建设。以盘活国有(集体)资产、稳妥安置困难职工为出发点,全面完成国有(集体)企业改制和粮食流通体制改革。加强重点用能企业监督管理,促进工业企业节能减排。积极配合做好盐化工循环经济扶贫示范区、原州区至王洼运煤铁路专线建设等工作。全年实现工业增加值 9 亿元,增长 25%。

三、狠抓商贸旅游不放松,在增强第三产业活力上实现新突破

大力发展以物流、商贸、旅游为重点的第三产业,着力培育新的经济增长点,不断扩大第三产业总量,提升其对经济增长的强劲拉力,实现增加值 33.3 亿元,增长 12%。

加快发展商贸物流服务业。以打造西兰银交汇中心物流集散地为契机,充分发挥区位优势,配合建设清水河市场物流带,规划建设三营市场物流带。积极发展中介服务、信息咨询、商务会展、家政服务、金融保险等新兴服务业。依托市区和三营、张易等特色小城镇专业市场和物流园区辐射带动功能,改造提升批发零售、餐饮住宿、交通运输等传统服务业,不断活跃城乡商贸流通。全年新建"农家店"30 个,配送中心、仓储物流企业、流通合作组织 8 家。

全面提升旅游业发展层次。以启动创建须弥山国家 5A 级旅游景区为目标,突出"丝路重镇"主题,大力挖掘我区丰富的文化旅游资源,深度开发回乡风情、丝路文化、石窟艺术、生态观光等旅游项目。精心筹办通用航空旅游节、须弥山文化旅游节等节庆活动,加强旅游宣传促销,积极开拓客源市场,不断扩大须弥山旅游知名度。加快禅塔山景区开发建设和生态保护,开放西北农耕博物馆,着力建设一批标志性文化设施,提升原州旅游景区知名度和影响力。鼓励支持旅行社、星级酒店、农家乐等旅游配套产业发展,加快推进旅游产品多元化,将旅游与文化、生态、民俗有机融合,全面提升旅游业发展层次。全年接待游客 20 万人,实现旅游社会收入 1000 万元。

四、狠抓基础设施建设不放松,在统筹城乡协调发展上实现新突破

坚持把夯实经济基础作为提升区域竞争力的内在要求,坚定不移地实施林业生态、农田水利、小城镇和大村庄建设,统筹推进城乡协调发展。

全面加强林业生态建设。突出生态立区理念,实施林业生态建设"六大工程",完成禅塔山万亩绿化工程;小城镇、新农村示范村及生态移民新村绿化工程;100 公里乡村通道绿化工程;3 万亩荒山荒沟及移民迁出区绿化造林,5 万亩封山育林工程;6 万亩退耕还林补植补造工程;5000 亩针叶树和阔叶树新育苗工程。配合实施清水河国家湿地公园项目。大力开展全民义务植树活动,创建一批环境优美乡镇、生态文明村和花园式单位。加强禁牧封育工作，加大林木管护力度，不断巩固林业生态建设成果。

大力发展高效节水农业。抢抓国家加快水利改革发展的重大机遇，严格水资源管理，提高库井窖池调蓄能力，大力发展以滴灌、喷灌为主的现代高效节水农业，推进节水型社会建设。以建设高速公路两侧高效节水农业示范带为抓手，完成杨庄、陶庄、甘沟等5个集中连片万亩高效节水灌溉农业示范基地建设，全区节水灌溉面积达到18万亩。发展以秋覆膜为主的旱作节水农业27万亩，努力把我区建成宁夏高效节水灌溉示范县(区)。完成张易村等12处饮水安全工程、曹河、黑刺沟等5处水库除险加固及冬至河河道整治工程。完成巩固退耕还林成果基本口粮田和马渠项目区小流域综合治理工程。

扎实推进村镇社区建设。全面完成三营小城镇建设工程，建成物流、农资、家具等六大专业市场，把三营镇打造成宁南商埠重镇。完成头营镇头营村、张易镇红庄村等10个大村庄建设，重点实施水电路改造，配套建设新能源、村级活动场所、文化室、卫生室等基础设施，同步实施村庄绿化、美化、净化，建成布局合理、资源共享、特色鲜明的社区化新农村示范村。大力开展农村环境综合整治，完成官厅长城、寨科东淌等54个村农村环境连片整治示范项目，不断改善农村人居环境。加强村镇规划建设和农村宅基地管理，严肃查处违法用地和建设行为，依法严格保护耕地，营造良好的村镇建设环境。加快城市社区基础设施建设，完善服务功能，改扩建社区服务站5个，争创“五星级社区”1个，“四星级社区”3个。新建法院审判楼、北塬街道办公楼、区就业和社会保障服务中心和2个乡镇民生服务中心。城镇化率提高到37%以上。

加快实施农村道路建设。继续加大农村公路管护和改造力度，硬化彭堡申庄、官厅庙台等行政村沥青(水泥)路11条127公里，实现全区所有行政村通沥青(水泥)路目标，切实改善群众出行条件。积极配合做好309国道、101省道改造建设工作。

五、狠抓民生改善不放松，在推动社会事业全面进步上实现新突破

坚持把经济增长与保障改善民生相结合，以实施民生计划为抓手，健全基本公共服务体系，着力解决好群众最关心、最基本、最现实的利益问题。

加快推进生态移民工程。把生态移民作为一号民生工程，以群众满意为标准，坚持县内县外两手抓、两推进。围绕“水源、生态、开发、特色、转移”五个重点，按照“当年开工建设、当年搬迁入住、当年发展生产”的要求和“七个一”建设模式，扎实做好移民产业培育、技能培训、社会管理、政权建设等工作，确保移民群众“搬得出、稳得住、逐步能致富”。新建县内生态移民安置点6个，安置移民1496户。认真落实联席会议制度，向县外移民安置区派驻干部，加强对接，跟进服务，帮助移民尽快安家、发展生产，完成县外移民搬迁2200户。

全力打好扶贫开发攻坚战。组织编制《六盘山片区原州区区域发展扶贫攻坚规划》，认真实施新一轮扶贫攻坚计划，按照2300元扶贫新标准，采取整村推进、产业扶持、项目入户、社会帮扶等措施，圆满完成30个整村推进村扶贫开发任务。认真实施互助资金项目增量扩面工作，新增村级互助资金720万元，总额达到5500万元，实现贫困村和生态移民村互助资金全覆盖，努力提高贫困群众自我发展能力。积极做好铁道部定点帮扶、闽宁丰原对口扶贫协作及区、市单位包扶等工作，全年减少贫困人口1.8万人。

优先发展教育事业。突出教育优先发展地位，坚持办人民满意教育，大力发展学前教育，巩固提高“教育强区”和“普高”成果，推进义务教育均衡发展。认真实施中小学“校安工程”标准化建设、教师周转房建设等重点工程，迁建新建三中、四幼等中小学幼儿园15所，加固校舍20所，进一步化解城区学校“大班额”和幼儿入园难的问题。加强教师队伍建设，扎实开展“教育质量提升年”和“名师、名校、名校长”培育活动，不断提高教育教学质量。认真落实“三免一补”政策，全面实施农村义务教育学生营养改善计划。积极争取各类助学项目，继续对农村家庭和城市低保家庭大学新生全部予以资助。加强师生安全教育和学校安全监管，确保学校教育教学活动正常开展。

着力提升科技创新能力。认真落实科技富民强区专项行动计划，加快科技示范项目引领步伐，引进推广蔬菜新品种 20 个、新技术 8 项，建立科技示范基地 10 个，提升科技对产业发展的支撑力，争创“全国科技进步先进县（区）”。

深入实施文化惠民工程。深化文化体制改革，加强民族艺术团、文化馆、基层文化场所建设，扶持社会民间文艺团队健康发展，推动形成文化事业和文化产业两手抓、两加强的工作格局。大力实施文化信息资源共享、直播卫星公共服务“户户通”、农村数字电影放映等文化惠民工程，发放安装直播卫星公共服务地面接收设备 6 万套（户），放映数字电影 2700 场次。组织开展广场文艺演出、“三下乡”、“四进社区” 等群众文化活动，让人民群众广泛享有优质的基本公共文化服务。大力发展体育事业，深入开展全民健身运动，不断提高人民群众健康水平。

全面加强医疗服务体系建设。继续深化医疗卫生体制改革，进一步扩大国家基本药物制度覆盖面。认真做好重大传染病防控和突发公共卫生事件应急处置工作，加快推进 “人人享有基本医疗卫生服务”项目，全面落实妇幼卫生“四免一救助”政策和“健康宁夏全民行动”计划，为农村已婚育龄妇女和 60 岁以上老人免费健康检查，为 130 例白内障患者实施复明手术。切实加强食品药品和医疗机构监管，确保人民群众饮食用药安全。加强基层医疗队伍和卫生基础设施建设，改扩建彭堡等乡镇卫生院 3 个，新建标准化村级卫生室 50 所，招聘具有医学专业的大专毕业生充实到村医队伍，着力提高农村医疗卫生服务水平。巩固提升区医院“二甲医院”创建成果，为群众提供优质高效的医疗服务。

创新提升人口计生工作。大力推广“少生快富整村推进”和少数民族计划生育“两孩半”做法，在 22 个村实施“少生快富整村推进”，完成“少生快富”工程 800 例。落实两项节育措施 5100 例，出生政策符合率达到 86%以上。新建官厅、黄铎堡 2 个乡镇计生服务站。加强移民新村计划生育管理，创新流动人口计划生育服务管理机制，认真做好全员人口信息采集机制创新试点工作，争创“全国计划生育优质服务先进县（区）”。

积极完善社会保障体系。以建设城乡一体化社会保障服务体系为目标，加快推进统筹城乡居民养老保险和基本医疗保险参保工作，参保率分别达到 80%和 95%以上。加大对低收入人群的补贴和救助力度，抓好农村五保、城乡大病救助等保障制度的互补衔接，全面推行城乡困难群众医疗救助“一站式”服务，认真实施社会保障“一卡通”工程和保障性安居工程，完成危房改造 2000 户，对 100 户特困家庭群众实施救助。加快构建多层次社会化养老服务体系，新建城乡社区居家养老服务站 10 个。扎实做好优抚安置、社会福利、助学助残等工作。

大力实施创业就业计划。认真贯彻落实国家、自治区推进全民创业带动就业的各项政策，完善创业服务体系，积极搭建创业培训、项目推介、融资担保、政策扶持服务平台，加强职业技能培训和就业指导服务，重点做好高校毕业生、农村富余劳动力、城镇就业困难人员和退役军人就业工作，开展劳动力职业技能培训 2000 人。建立创业带动就业和小额担保贷款联动机制，新增发放全民创业小额担保贷款 1000 万元以上，发展小企业 160 家，培育小老板 160 人。新增城镇就业 2400 人。

六、狠抓社会管理不放松，在促进和谐原州建设上实现新突破

以解决影响社会稳定的突出问题为着力点，建立健全社会稳定风险评估机制、群众诉求表达机制、矛盾预防化解机制，整合社会管理和服务资源，实现行政管理与群众自治有效衔接和良性互动，确保社会既充满活力又和谐稳定。高度重视信访工作，严格实行领导包案制和重大信访问题联席会议制度，着力解决群众的合理诉求。扎实开展“六五”普法，提升依法治区水平，积极争创“自治区法治示范县（区）”。大力加强社会管理基层基础工作，做好流动人口、刑释解教人员等特殊人群及非公经济组织和新社会组织服务管理工作。深入推进“平安原州”建设，加强社会治安综合治理，依法防范和打击各类违法犯罪活动。加大对招商引资企业的保护力度，增强服务企业和客商意识，严肃查处破坏发展环境的各种行为。加强对校园周边、城乡接合部等重点区域的专项整治，确保社会治安大局持续稳定。全面落实安全生产目标责任制和

“一票否决制”，建立安全生产长效机制，强化安全隐患排查整治，杜绝重特大安全生产事故发生。完善突发公共事件应急管理体系，加强综合应急演练，不断提高突发公共事件应急处置能力。全面落实党的民族宗教政策，依法加强宗教事务管理，扎实开展民族团结进步创建和宣传教育活动，促进民族和睦、宗教和顺、社会和谐。

七、狠抓自身建设不放松，在提高公共服务水平上实现新突破

实现经济社会科学发展、跨越发展是全区人民的迫切愿望，也是政府肩负的神圣使命。我们将把政府自身建设放在更加突出的位置，以人民满意为衡量标准，扎实推进学习型、服务型、法治型、效能型、廉洁型政府建设，全面开创政府工作新局面。

坚持科学执政。把科学执政作为为政之首，深入推进“思想大解放、树立新形象”活动和成果转化，做到“五个破除、五个树立”，转变发展理念，提振发展信心，鼓舞发展斗志。以“六个环境、一个重点”为主要任务，深入推进营造风清气正发展环境活动，着力破除思想观念保守、发展信心不足、执行政策教条等问题，用开放理念、前瞻眼光和科学思维，创造性地开展工作，以新理念研究新问题，以新思路落实新任务，以新举措开创新局面，以发展环境的大改善推动经济社会大发展、快发展。

坚持依法行政。把依法行政作为为政之纲，自觉接受人大依法监督和政协民主监督，广泛听取各民主党派、无党派人士、工商联和社会各方面意见，主动接受新闻舆论和人民群众监督，加强内部监督，确保权力依法公正行使。健全民主决策机制，完善重大行政决策程序，加强对重大政策实施情况的跟踪评估。规范行政执法行为，强化执法监察、效能监察和廉政监察，推进严格执法、公正执法、文明执法。加大政务公开力度，全面推行政府信息公开和办事公开，切实保障人民群众的知情权、参与权、监督权，努力打造阳光政务。

坚持务实勤政。把务实勤政作为为政之基，深入推进服务型政府建设，大力推行“驻一线工作”制度，尽心竭力为群众办好事、为企业解难题。加强政务服务中心和民生服务中心建设，清理和规范行政审批事项，落实首问负责、限时办结、公开承诺、责任追究制度。加快电子政务建设，减化办事程序，推行“两集中、两到位”审批服务模式，提高服务效率。扩大效能建设范围，强化效能监督和绩效考核，着力解决机关中存在的不作为、慢作为、乱作为等突出问题，确保政府各项工作有序推进和高效运转。

坚持廉洁从政。把廉洁从政作为为政之要，全面落实党风廉政建设责任制，遵守廉政建设各项规定，坚持原则，秉公办事。加大对重大项目、重点环节、重点部位监督检查力度，从源头上防治腐败。加强对全区行政事业单位非税收入、固定资产及“三公经费”开支情况的监督检查，突出抓好专项资金管理和国有资产监管。完善政府采购、工程招投标、土地和房屋征用等领域的管理制度和机制，严厉查处各类违法违纪行为，坚决纠正损害群众利益的不正之风，努力打造为民、务实、廉洁、高效的政府。

各位代表，蓝图已经绘就，目标催人奋进！站在新起点，推进新跨越，是时代赋予我们的神圣职责和光荣使命。让我们在区委的坚强领导下，紧紧依靠全区各族人民，以更加开放的理念、更加饱满的热情、更加扎实的作风，抢抓机遇，励精图治，团结协作，务实苦干，为建设富裕文明和谐幸福新原州而努力奋斗！

人大常委会工作报告

——2011 年 12 月 25 日在原州区第一届人民代表大会第五次会议上

原州区人大常委会主任 陈兴源

各位代表:

现在,我受原州区第一届人民代表大会常务委员会委托,向大会报告工作,请予审议,并请区政协委员、列席人员提出意见。

2011 年的主要工作

2011 年是实施“十二五”规划的第一年,也是全区上下团结一心、攻坚克难,经济和社会发展取得长足进步的一年。一年来,区人大常委会在区委的坚强领导下,以党的十七大,十七届三中、四中、五中、六中全会精神为指导,深入贯彻落实科学发展观,紧扣中心谋发展,关注民生促和谐,突出重点求实效,依法履行工作职责,较好地完成了区一届人大四次会议确定的各项工作任务。全年共召开常委会 11 次,听取和审议“一府两院”专项工作报告 18 个,开展视察调查和执法检查 25 次,提出审议意见 75 条,对“一府两院”4 个专项工作报告进行了满意度测评,有效发挥了地方国家权力机关的作用,为促进全区经济社会科学发展、和谐发展、跨越发展作出了积极贡献。

一、围绕中心,突出重点,深化监督求实效

常委会始终把监督工作放在首要位置,以支持的思维谋划监督,用支持的方式开展监督,积极探索改进监督形式,使监督工作真正做到议根本、指关键、督要害,依法推动突出问题得到彻底解决。

围绕计划与预算执行开展监督。计划与财政预算的编制和执行是关系全区经济社会发展和人民群众根本利益的重大事项。常委会注重加强沟通、主动参与全区国民经济和社会发展计划与财政预算的编制,认真监督其执行,先后对全区经济运行情况和财政预算执行情况进行广泛深入的调研,听取和审议了区人民政府关于 2011 年上半年国民经济和社会发展计划执行情况的报告、2011 年上半年财政预算执行情况的报告、2010 年财政决算的报告和审计报告,批准了 2010 年财政决算。充分发挥审计监督作用,对预算执行情况和审计中发现的问题提出了整改意见,实现了人大监督与审计的有机结合,促进了财政监督从程序性向实质性转变。通过认真分析我区上半年经济发展形势,对固定资产投资增速缓慢、企业发展后劲不足、农民增收渠道单一、物价涨幅居高不下等问题,建议区人民政府要把握国家政策导向,坚定不移地调结构、转方式、保增长、惠民生,千方百计争取项目,加快项目建设进度,加强价格监测和预警分析,稳定市场物价,促进了我区国民经济的健康稳定运行。

围绕农业增效、农民增收开展监督。常委会高度关注农业增效、农民增收,听取和审议了区人民政府关于冷凉蔬菜基地建设及设施农业建设情况的报告,督促区人民政府及有关部门要加快设施农业提质增效步伐,优化蔬菜区域布局,推进蔬菜产业结构调整,加快绿色食品认证,推进无公害化生产进程、加大科技支持,提高产品质量和效益。针对农业灌溉中农民节水意识不强、资金短缺、管理不善等问题,常委会专门听取和审议了区人民政府关于节水灌溉的工作报告,要求区人民政府及有关部门要围绕建设“宁南山区高效节水灌溉区”目标，积极争取国家支持，加大资金投入，加快新技术推广应用，大力宣传节水知识，牢固树立节水意识，加强节水灌溉项目竣工后的管理和维护，提高水资源利用率，促进我区农业生产方式转变、农业效益提升和农民收入增加。

围绕群众关注的热点、难点开展监督。常委会高度关注生态移民工程，在认真调研的基础上，听取和审议了区人民政府关于生态移民工作的报告，提出了要进一步落实责任制，坚持标准、精心施工、严把工程质量关和培育产业、完善配套、全心全意为移民服好务的审议意见。区人民政府高度重视，认真研究并加以改进，确保了我区生态移民工作的顺利推进，实现了“搬得出、稳得住、逐步能致富”的目标。围绕事关群众切身利益的学前教育、小学教育、医疗救助一站式服务等工作，听取和审议了区人民政府关于学前教育工作及城区学校“大班额”问题化解情况、新型农村社会养老保险和统筹城乡居民基本医疗保险工作、医疗救助一站式服务和中心敬老院管理工作的报告，提出了审议意见，促进了民生问题的有效解决。

围绕法律法规实施开展监督。先后开展了《中华人民共和国残疾人保障法》、《宁夏回族自治区价格管理条例》、《宁夏回族自治区清真食品管理条例》、《宁夏回族自治区食品生产加工小作坊和食品摊贩管理办法》等6部法律法规贯彻实施情况的执行检查，要求区人民政府及有关部门要继续大力宣传法律法规，加强对物价的管理和监督，加大对生产加工小作坊和食品摊贩的监管力度，保障残疾人的合法权益。通过检查工作，有力推动了法律法规的贯彻实施。

围绕公正司法开展监督。常委会先后听取和审议了区人民政府关于法律援助和人民调解工作、区人民法院关于刑事附带民事审判和执行工作、区人民检察院关于查办和预防职务犯罪工作情况的报告，建议区人民政府及有关部门要进一步提高认识，加强法律援助工作的宣传，健全各级调解网络组织，保障社会弱势群体权益。建议法检“两院”要加强法官和检察官队伍的学习培训，进一步提高案件执结率，加大涉及重点项目建设和重要民生工作职务犯罪的查办力度，推进依法行政、公正司法，维护社会稳定，为构建和谐社会提供有力保障。

围绕审议意见办理开展监督。为提高常委会审议专项工作报告的质量，增强审议意见的监督效果，常委会组织对今年常委会审议意见落实情况进行跟踪监督和专题调研，有力地促进了审议意见的办理工作。如通过对小吃城脏乱差问题的跟踪督办，使小吃城及周边环境卫生得到明显改善。

二、以人为本，为民谋利，倾情民生创和谐

常委会牢固树立以人为本理念，把保障民生、为民解忧、维护民权贯穿于工作全过程，切实维护了人民群众的根本利益。

高度关注12项重点工作及10件民生实事的落实。今年我区确定的12项重点工作和10件民生实事，涉及群众切身利益，事关全区经济社会发展大局。常委会高度重视，先后两次深入调研，组织部分代表进行视察，听取和审议了专项工作报告。针对部分工作没有项目支持、资金短缺、宣传不到位、进展不平衡等问题，建议区人民政府和有关乡镇、部门进一步完善工作措施，强化责任落实，加大资金投入，严把工程质量，确保12项重点工作和10件民生实事如期高标准完成，向全区人民交一份满意的答卷。区人民政府高度重视，进一步健全了工作推进机制，细化了目标任务，层层落实责任，确保了重点工作和民生实事的顺利实施。

着力维护民权。常委会把群众来信来访作为了解社情民意、维护群众利益的重要渠道。全年接待群众来访30人次，办理群众来信20件，认真做好受理、转办和督办工作，使群众的一些合理诉求得到有效解决，化解了一些不稳定因素，维护了人民群众的合法权益。常委会信访工作经验在自治区信访工作座谈会上进行了交流。

三、坚持原则，依法办事，科学决策促发展

常委会围绕区委中心工作，认真行使重大事项决定权和人事任免权，保障了区委重大决策部署的有效落实。

依法行使重大事项决定权。常委会就事关我区经济、政治、法治等方面的重大事项作出决议、决定9项。为适应全面建设小康社会和“十二五”时期经济社

会发展需要，进一步弘扬社会主义法制精神，增强社会法制观念，加快我区法治建设，常委会及时作出了《关于进一步加强法制宣传教育的决议》。听取和审议了区人民政府《关于调整部分乡镇行政区划的议案》，作出了《关于调整固原市原州区部分乡镇行政区划的决议》、《关于调整头营等乡镇本级人大代表名额的决定》，确保了“六五”普法的顺利实施，保障了乡镇行政区划调整工作以及乡镇人大主席团工作的顺利开展。

依法行使人事任免权。常委会坚持党管干部与人大依法任免相结合的原则，进一步规范和加强人事任免工作。严格供职发言、民主选举和任后监督等工作程序。全年共依法任免“一府两院”领导干部8名，政府组成部门负责人和“两院”工作人员19名，常委会机关工作人员5名，为全区经济社会发展提供了坚强的组织保证。

积极完成区委交办的其他工作。常委会一班人在做好本职工作的同时，按照区委的安排部署，定期对新农村示范村建设、马铃薯种薯繁育、小城镇建设、冷凉蔬菜基地和设施农业园区建设、社区服务体系建设等重点工作和民生实事进行专项督查，并对工作中存在的问题提出合理化意见和建议，确保了各项重点工作和民生实事的如期完成。认真落实《县级领导联系乡镇工作责任制》，促进了乡镇各项工作的圆满完成。

四、密切联系，保障权利，激励代表重履职

常委会始终坚持依靠代表开展工作，重视发挥代表作用，激励和支持代表依法履职，探索和改进代表工作方式，丰富代表活动内容，努力为代表依法履职提供服务。

构筑活动平台，提高代表履职成效。进一步发挥代表活动小组作用，积极组织开展代表“五个一”活动，使“人民选我当代表、我当代表为人民”的承诺真正落到实处，全年组织代表开展检查、视察和调研活动25次，增强了代表活动实效。头营镇代表小组活动经验在自治区第十届人民代表大会代表小组活动座谈会上进行了交流。

构筑服务平台，保障代表履职权利。完善常委会组成人员联系代表、邀请代表列席人大常委会议和参加人大常委会有关活动等制度，组织代表参与视察、评议、检查等活动，不断拓宽代表知情知政、依法履职渠道。注重加强与代表联系，了解和掌握代表所求、所盼、所需，促使代表行使职权得到广泛支持，代表合法权益得到有力保障，代表主体作用得到充分发挥。

构筑督办平台，提高议案办理质量。严格落实办理责任，切实加强跟踪督办，增强代表议案建议办理实效。召开代表议案建议表彰工作会议，对30名优秀议案提案人和4个议案办理先进单位进行了表彰奖励，有效提高了议案办理质量。

构筑联系平台，指导乡镇人大工作。常委会十分重视对乡镇人大主席团的指导，先后对乡镇人代会召开情况和代表小组活动情况进行了专门检查，对乡镇人大主席团主席、副主席分别进行了培训，提高了乡镇人大主席团的工作水平。按照《代表法》的规定，将区、乡人大代表活动经费列入财政预算，保障了乡镇人大主席团活动的正常开展。积极争取自治区人大支持，对我区11个乡镇人大主席团配备了电脑、打印机，改善了办公条件。

五、强化学习，务实创新，自身建设增活力

常委会始终把自身建设作为一项重要任务，着力推进思想、组织、作风、制度建设，深入开展“创先争优”活动、“连心工程”和“思想大解放、树立新形象”活动，部署开展进一步营造风清气正发展环境活动，不断增强常委会组成人员的使命感、责任感，努力提高依法履职水平。

激发活力，提升机关工作水平。大力推进机关工作责任制的落实，加强党风廉政建设，不断提高机关后勤管理、服务和保障能力。以建设学习型机关为目标，认真落实中心组学习、领导干部理论大讲堂和“三个一”读书学习等制度，大兴学习之风，学以致用，以学促干，使学习成为一种生活态度、工作责任和精神追求。通过学习，常委会组成人员和机关工作人员的理论素养、履职能力有了很大提高，为履行好宪法赋予的职权奠定了坚实基础。

注重调研，增强依法履职能力。组织常委会组成人员开展学习研讨、参观考察等活动，提出有价值、有份量的意见建议。坚持议题选择求精，议题开展求深，常规议题求高，新定议题求新的原则，加大调研力度，在调研内容上善于把握重点、敢于触及热点、勇于攻克难点、及时化解疑点、真实反映亮点，力求把问题找准，把思路理清，把建议定科学。

重视宣传，扩大对外交流。全年编发常委会会刊6期，会情通报6期，工作通讯30期，在各种刊物宣传人大工作的文章31篇。加强与兄弟市县人大的联系，成功接待全国人大有关领导以及兄弟市县人大来我区考察工作。宣传了我区经济社会发展成果，交流了工作经验，促进了相关工作。

一年来，常委会各项工作取得了一定成绩，但也存在一些问题和不足。主要是重大事项决定权还没有充分发挥好，代表依法履职作用发挥还不够到位，人大常委会审议意见的整改落实机制还不够完善，监督工作的实际效果还有待进一步提高等。这些问题我们一定高度重视，认真研究解决。

各位代表，区一届人大常委会今年取得的成绩，是在区委坚强领导下，全体代表和常委会组成人员共同努力的结果，是“一府两院”、社会各界和广大人民群众大力支持的结果。在此，我代表区人大常委会表示衷心感谢！

2012年工作任务

2012年是建设富裕文明和谐新原州的重要一年，人大常委会将紧紧围绕全区工作大局，认真依法履行职责，全面推进各方面工作再上新台阶。常委会工作的指导思想是：以邓小平理论和“三个代表”重要思想为指导，全面贯彻落实科学发展观，坚持党的领导、人民当家作主、依法治国的有机统一，围绕原州区第二次党代会和区委二届二次全会确定的奋斗目标，以科学发展、跨越发展为主题，以加快转变经济发展方式为主线，以保障和改善民生为落脚点，大力弘扬“不到长城非好汉”的六盘山精神，依法行使宪法和法律赋予的各项职权，努力为把原州区建成宁南山区统筹城乡示范区、产业聚集核心区、生态文明先行区、民族团结和谐区做出更大贡献。根据这一指导思想，2012年人大常委会将重点抓好以下几项工作：

一、着眼于加快科学发展，进一步把握人大工作的正确方向

人大常委会始终服从和服务于全区工作大局，正确处理监督与支持的关系，充分运用宪法和法律赋予的各项职权，积极主动开展工作，促进全区经济社会又好又快发展。依法决定重大事项。进一步探索和完善行使重大事项决定权的方式方法，对事关全区大局和长远发展的重大事项，以及关系人民群众切身利益的重大问题，在深入调研的基础上，适时依法作出决议、决定，把区委的主张依法转化为全区人民意志，转化为群众的自觉行动，确保区委的决策部署得到贯彻实施。认真行使好人事任免权。坚持党管干部与人大依法任免相统一的原则，严格按照干部任免程序，把党的意图通过法律程序变成人民意志，从组织上保证国家机关的正常运转。推进“一府两院”依法行政、公正司法。听取和审议“一府两院”专项工作报告，跟踪落实审议意见的办理情况，进行满意度测评，加强对选举和任命干部的监督，促进“一府两院”依法行政、公正司法。

二、着眼于改进监督方式，进一步增强监督实效

常委会将从全区工作大局出发，把区域经济发展的重点作为监督的切入点，把群众关心的热点作为监督的关注点，把代表呼吁的焦点作为监督的着力点，加大监督力度，改进监督方式，提高监督水平，增强监督实效。加强经济运行情况监督。密切关注固定资产投资完成情况、重点工程建设等方面工作，适时听取和审议计划执行、区级财政预算执行、审计工作、重点工程建设等工作报告，作出决议决定，提出审议意见，加快转变经济发展方式，促进县域经济发展。突出对民生问题的监督。对生态移民、林业生态建设、农村安全饮水、城乡居民最低生活保障、教育资源配置等工作，组织人大代表视察，听取审议专项工作报告，促进群众最关心、最直接、最现实的利益问题的解决，保障人民群众共享改革发展成果。加大对农业增效、农民增收的监督。听取区人民政府关于设施农业等主导产业发展以及节水灌溉等工作报告，促进农业生产方式转变、农业效益提升。围绕依法行政、公正司法开展监督。重点对《食品卫生法》、《安全生产法》等法律法规的贯彻实施情况进行执法检查，对区人民政府“六五”普法工作开展情况及法检“两院”执行工作和查办预防职务犯罪工作进行检查，进一步促进社会和谐稳定。

三、着眼于发挥主体作用，进一步加强代表工作

认真贯彻落实《代表法》，充分尊重代表主体地位，进一步密切联系代表、认真服务代表，积极支持代表履行职责，为代表发挥作用创造良好环境。做好三级人大代表的选举工作。根据新选举法的规定，坚持发扬民主和依法办事，完善工作机制，规范选举程序，积极稳妥地做好固原市、原州区及乡镇三级人大代表的选举工作。丰富代表闭会期间活动。继续坚持代表列席常委会会议，适时组织开展代表参加区人民政府的听证会、座谈会，旁听法院庭审活动以及监察部门组织的行风评议活动，有计划地安排部分代表参与视察、调查、执法检查，拓宽代表知情知政渠道，为代表搭建履职平台。加大代表议案建议督办力度。完善承办责任制，严格办理程序，做好优秀议案和先进议案承办单位评选，开展代表建议办理“回头看”，不断提高代表议案建议办理的质量和效率。加强对乡镇人大工作的指导和联系。对乡镇人大主席团主席进行培训，帮助乡镇人大解决工作中遇到的困难和问题，进一步加强代表小组活动，不断提高乡镇人大工作水平。

四、着眼于提升履职水平，进一步加强自身建设

常委会主动适应新形势和新任务的要求，突出完善和规范工作机制，进一步加强人大常委会自身建设，不断提高依法履职的能力和水平。切实做到思想建设再加强。发挥常委会党组作用，继续坚持机关学习制度，拓宽学习渠道，丰富学习内容，更加自觉地深入学习科学发展观、学习党的十七届六中全会精神，学习区、市党委、政府以及区委的重大决策部署，学习做好人大工作所必备的理论知识，提高人大机关工作人员的业务素质和工作水平。切实做到作风建设再推进。结合人大机关工作实际，创新载体，深入开展进一步营造风清气正发展环境活动，努力营造良好的政务、法治、人文、市场、金融和发展环境。注重调查研究，形成深入基层、深入群众调查研究的良好风气，重视调研成果的总结提炼，促进调研成果的转化。切实做到制度建设再完善。在总结实践经验的基础上，根据新形势新任务和人大工作的规律及特点，继续完善常委会主任会议和常委会党组及机关工作制度，促进人大工作的科学化、规范化和程序化。进一步拓宽人大工作的宣传途径。深化对人民代表大会制度、人大工作和代表执行职务情况的宣传报道。加强与省内外各级人大的沟通联系，相互交流借鉴工作经验，提高人大工作水平。

各位代表，时代赋予我们的使命神圣而光荣，人民寄于我们的期望殷切而厚重。让我们在原州区委的坚强领导下，紧紧依靠全区人民和各级人大代表，进一步解放思想、锐意创新，团结奋进、扎实工作，认真履行宪法和法律赋予的各项职权，为建设富裕文明和谐新原州作出新的更大贡献！

中国人民政治协商会议
固原市原州区第一届委员会常务委员会工作报告

——2011年12月24日在固原市原州区政协一届五次会议上

原州区政协主席 马彦明

各位委员：

我受政协固原市原州区第一届委员会常务委员会委托，向大会报告工作，请予审议，并请列席会议的同志提出意见。

2011年工作回顾

2011年，是我区抢抓新一轮西部大开发战略机遇、推进跨越式发展的重要一年。一年来，我会在上级政协的指导下，在中共原州区委的坚强领导和人大、政府及社会各界的大力支持下，高举中国特色社会主义伟大旗帜，认真贯彻落实党的十七大和十七届三中、四中、五中、六中全会精神，深入贯彻落实科学发展观，牢牢把握团结和民主两大主题，大力弘扬“不到长城非好汉”的六盘山精神，围绕中心，服务大局，团结和带领全区广大政协委员，认真履行政治协商、民主监督、参政议政职能，充分发挥“协调关系、汇聚力量、建言献策、服务大局”的重要作用，全面完成了原州区政协一届四次会议确定的各项任务，为建设富裕文明和谐新原州做出了积极贡献。

一、围绕中心，服务大局，政治协商取得新成效

政治协商是发扬社会主义民主的重要形式，也是党和政府广集民智、科学决策的重要环节。常委会紧紧围绕区委、政府中心工作，通过全体会全面协商、常委会专题协商、专委会对口协商的形式，提出了许多富有成效的意见和建议。一是全体会议谋大局。在一届四次会议期间，组织委员认真听取政府工作报告及其他工作报告，围绕事关全区发展大局的重大问题进行协商讨论，积极建言献策。区委、政府领导及有关部门负责人到会听取委员发言和意见建议，解答有关问题。委员们在分组讨论中，针对区委、政府的决策部署、全区经济社会发展目标、群众关注的热点难点问题积极咨政建言。二是常委会议议大事。全年召开7次常委会议，重点围绕我区经济社会发展和文化、教育、卫生、农村道路等基础设施建设进行了协商建言，促进了相关工作。三是对口协商求实效。通过召开政协委员情况通报会，听取政府关于全区经济社会运行情况及12项重点工作、10件民生实事实施情况通报，听取法院、检察院工作开展情况通报，委员们围绕如何支持政府、法检两院工作进行协商建言。各专门委员会就危房改造、新农村建设、计划生育等重点工作和民生实事，认真开展与政府职能部门的对口协商，提出的绿化农村道路、提高农村危房改造补助标准等建议受到有关部门的重视采纳。

二、突出重点，畅通渠道，民主监督取得新进展

民主监督是人民政协的一项重要职能，是我国社会主义监督体系的重要组成部分。一年来，常委会重点加强和改进了提案督办、调研视察、民主评议、社情民意工作，认真履行民主监督职能。一是切实加大提案督办力度。一届四次会议以来，共收到委员提案53件，经审查立案19件，其中确定主席督办案2件。对管理权限不在原州区范围内的15件提案，由原州区

的市政协委员向市政协会议提交。采取主席督办、重点督办、跟踪督办、联合督办、现场督办等多种形式,促进了提案的办理落实。提案办复率达100%,委员满意,群众满意。为进一步提高提案承办单位和委员工作的积极性,今年对交通、农牧、教育等提案办理先进单位和4名先进个人,6名优秀提案委员进行了表彰奖励。二是不断畅通委员民主监督渠道。积极组织委员参与区委、政府的调研视察。推荐54名政协委员担任教育、工商、法检等部门的特邀监督员、监察员、评议员。组织委员对全区法院、检察院等56个行业部门进行了行风评议和民主测评,促进了行业工作作风转变和工作效率提升。三是高度重视反映社情民意工作。坚持把反映社情民意作为履职为民的重要渠道,充分发挥政协委员群众基础扎实、联系面广的优势,深入基层,掌握信息,了解民情,反映民意,以《政协通讯》、《建言》的形式及时反映群众关注的热点、难点、焦点问题,为区委、政府科学决策提供了依据。加强信访工作,积极协助党委政府做好维护稳定工作,全年办理办结群众来信来访11件。

三、深入调研,广集良策,参政议政取得新成绩

常委会紧紧围绕区委、政府确定的重点工作和民生实事,通过组织委员调研视察,各主席参加、列席上级政协、区委、政府及相关部门会议,认真履行了参政议政职能。一是在调研视察过程中建言献策。常委会组织相关界别委员先后对我区残疾人工作、生态移民攻坚及危房改造工程、马铃薯种薯繁育基地建设、“少生快富”工程实施情况以及一届四次会议以来委员提案办理情况进行了专题视察,向区委、政府提交视察调研报告7份,提出意见建议28条。二是在参与中心工作过程中建言献策。各主席在列席和参加上级政协常委会、座谈会、经验交流会及政协联谊会上,围绕会议议题,就如何充分发挥政协职能、促进地方经济社会和谐健康发展建言献策。积极参加区委常委会、政府常务会及相关部门召开的重要会议,就关系全区重大经济社会发展问题参与讨论,献智出力。认真执行“区委政府领导牵头包抓、人大政协领导督查督办”的工作落实制度,积极参与区委、政府各阶段中心工作和各自联系的乡镇、部门、企业工作,认真开展生态移民、危房改造、小城镇建设、教育、卫生、社会治安综合治理、计划生育、设施农业、企业改制等重点工作的督查、验收、考核工作,认真履行了参政议政职能。

四、把握主题,协调关系,团结和谐呈现新局面

牢牢把握团结和民主两大主题,多形式、多渠道、多领域开展合作与交流,共同营造良好的发展氛围。一是协助区委、政府做好民族和宗教工作。认真贯彻党的民族政策和宗教工作基本方针,充分发挥民族、宗教界委员的作用,围绕宗教与社会主义社会相适应、《宗教事务条例》贯彻落实等情况开展调研,为做好新形势下的民族、宗教工作献计献策。提出的关于加强生态移民区宗教场所布局的建议,得到了区委、政府领导的高度重视和积极采纳。二是充分发挥民主党派、人民团体的重要作用。通过走访各民主党派、工商联、人民团体和政协参加单位,听取对全区经济社会发展、政协工作的意见和建议,畅通民主渠道,发扬民主作风,努力营造民主和谐、合作共事的政治氛围,增进了统一战线内部的团结。三是广泛开展联谊交流活动。先后协调区委、政府及相关部门接待了自治区、固原市政协16项调研、视察活动,确保了对我区贯彻落实《中共中央关于加强人民政协工作的意见》、社会办旅游、农村文化建设、推进经济发展战略转型构建工业主导型经济新格局、新兴产业发展、宁南山区雨养农业、招商引资工作、特色产业高效节水灌溉、移民迁出区宗教活动场所布局情况等专题调研视察活动的顺利进行。接待了惠农区、贺兰县政协考察团,华兴时报采风团、香港福建基金会访问团等来访工作,扩大了交流,增进了共识,宣传了原州。利用节假日、民族节日等对宗教人士、离退休老干部、困难群众进行慰问,密切了关系,加深了友谊。四是积极开展扶贫济困活动。支持政协委员积极争取项目,参与区委、政府重点工作。协助政协委员陈云山为我区成功引进了邦德电动自行车生产项目,争取香港希望工程基金会投资35万元,援建了原州区三营镇港闽希望小学,争取自治区政协“兴华成才”助学金3.6万元,资助我区9名贫困大学生迈入了大学校门,争取香港贩商社团联合会捐款4.5万元资助我区15名贫困高中学生。组织机关干部职工捐资捐物,为对口扶贫的彭堡镇清水湾村贫困户送面粉、衣物。积极实施“连心工程”，为彭堡镇石碑村、别庄村劳务输出家庭和“少生快富”户送去了慰问金，解决了部分群众的实际困难，促进了社

五、与时俱进，开拓创新，自身建设呈现新面貌

常委会把加强自身建设摆在重要位置，不断夯实政协工作创新发展的基础。一是扎实开展理论学习。组织委员、机关干部职工认真学习了胡锦涛总书记在十七届六中全会上的重要讲话精神，贾庆林主席在全国政协十一届15次常委会议上的讲话精神，自治区党委政协工作会议精神及原州区第二次党代会精神。通过学习，统一了思想，提高了认识，凝聚了力量。二是注重发挥委员主体作用。为加强与委员的广泛联系，由政协各主席分别牵头，采取信函、电话联系、召开座谈会、上门走访等形式，详细了解委员工作、生活和履行职责情况。常委会在组织开展政协各项活动时，按界别合理安排委员参与，为委员参政议政创造条件。对工作成绩突出的政协委员以《政协委员风采》刊发他们的事迹，表彰奖励了16名政协常委、委员，激发了委员参政议政的积极性。三是加强专委会建设。各专委会加强与党政部门的联系与交流，互通情况、沟通信息。围绕政协的重点工作，积极主动联系委员、反映社情民意，为政协履行职能发挥了重要的基础性作用。四是加强政协信息宣传工作。研究制定了信息宣传工作奖惩办法，分解了宣传报道任务，并从政协各参加单位、民主党派、工商联、人民团体聘请了信息宣传员，加强信息宣传工作。一年来，围绕政协开展的各项视察、调研、提案、会议等，在《人民政协报》、《宁夏日报》、《华兴时报》、《宁夏政协网》、《固原日报》等多家新闻媒体刊发稿件100余篇，进一步扩大了政协的影响。五是加强机关自身建设。进一步加强机关思想建设、制度建设、队伍建设和作风建设，扎实开展学习型机关创建、创先争优、“思想大解放、树立新形象”和进一步营造风清气正发展环境等活动，激发了干部的激情和单位的活力。

各位委员！过去的一年，政协坚持在继承中创新，在开拓中前进，各项工作取得了新成绩。这些成绩的取得是中共原州区委正确领导和上级政协精心指导，人大、政府及社会各界大力支持的结果，是广大政协委员、政协各参加单位和政协工作者共同努力的结果。在此，我代表政协常委会向所有关心支持政协工作的各级领导和社会各界，向所有为政协事业辛勤工作的委员们、同志们表示衷心的感谢，并致以崇高的敬意！

在肯定成绩的同时，我们也要清醒认识到，我们的工作与新形势、新任务的要求相比，还存在一些不足，如，如何总结运用成功经验推动政协工作；如何进一步加强民主监督；如何更好地发挥政协委员的主体作用；如何更好地加强各专门委员会与各部门的联系沟通等，对于这些问题，我们一定高度重视，认真研究，在今后的工作实践中努力加以改进和解决。

2012年主要工作

2012年，是实施“十二五”规划承上启下的重要一年，也是我区抢抓新一轮西部大开发战略机遇、奋力推进科学发展、跨越发展的攻坚之年。新的一年，政协工作的指导思想和总体要求是：高举中国特色社会主义伟大旗帜，以邓小平理论和“三个代表”重要思想为指导，坚持以科学发展观统领全局，大力弘扬“不到长城非好汉”的六盘山精神，在中共原州区委的坚强领导下，按照中共固原市原州区第二次代表大会提出的目标任务，围绕中心，服务大局，坚持履职为民，坚持创新实践，认真履行政治协商、民主监督、参政议政职能。继续坚持“区委想什么、政协议什么，政府干什么、政协帮什么”的原则，切实发挥协调关系、汇聚力量、建言献策、服务大局的重要作用，为着力打造宁南山区统筹城乡示范区、产业聚集核心区、生态文明先行区、民族团结和谐区，努力为建设富裕文明和谐新原州作出应有贡献。

为实现上述目标要求，必须着力抓好以下五项重点工作，奋力开创我区政协工作新局面。

一、抓学习，强素质，进一步促进思想认识统一

要围绕加强政协履职能力建设，以不断提高参谋、协调和服务水平为目标，把学习贯穿于政协工作的全过程。要全面贯彻党的十七届四中、五中、六中全会精神，系统学习胡锦涛总书记在庆祝人民政协成立

60周年大会上的重要讲话、自治区党委政协工作会议、中共固原市原州区第二次代表大会精神,党的统一战线理论及政协相关知识。通过常委会议、主席会议、委员培训、印发学习资料和自学等方式,开展内容丰富、形式多样的学习活动。通过学习,增强大局意识,确保政协工作始终坚持正确政治方向;增强宗旨意识,把实现和维护人民群众根本利益作为政协工作的出发点和落脚点;增强责任意识,始终保持奋发有为的精神状态。

二、抓重点,促发展,进一步提升服务大局水平

努力把促进科学发展作为政协履行职能的第一要务,主动围绕发展大局开展工作,努力形成推动科学发展的强大合力。组织好协商议政工作。以全体会议、常委会议、主席会议、专委会议为平台,对我区"十二五"规划的实施、2012年财政预算编制、全区经济运行情况进行协商,提高协商质量和水平。发挥好主席会议的重要作用,组织好协商议政工作,并就有关重大问题,向区委、政府提出建议案。依据政协章程规定,组织筹备好政协换届工作。搞好"四项视察"。各专门委员会牵头,组织有关单位及政协委员,对全区学前教育发展情况、工商联工作、水利工作和社区社会治安综合治理工作进行专题视察。抓好"四项调研"。按照"选题要精、调研要深、分析要透、观点要新、建议要准"的要求,对区委、政府确定的2012年重点工作及文化体制改革、招商引资、城乡居民最低生活保障情况进行专题调研。提案工作实现"三个转变"。将2012年确定为"提案工作质量年",推进提案由数量型向质量型转变,由大会集中征集向常年征集转变,由政协主席牵头督办重点提案向区委、政府、政协领导联合督办重点提案转变,使提案办理过程成为承办单位与政协委员增进沟通、形成共识的过程,成为改进工作、改善民生、促进发展的过程,进一步提高提案征集、审查、督办、反馈工作的质量和水平。加强社情民意信息工作。设立"民情热线",认真倾听民声,及时反映民意,广泛集聚民智,为区委、政府决策提供可靠的信息资源,实现信息资源共享。充分发挥社情民意信息员的作用,加大信息报送力度,力求在自治区、固原市信息采用的数量和质量上双提升、双突破。开展"三下乡"、"四进社区"活动。立足政协自身特点和优势,准确把握为构建和谐社会服务的着力点,广泛开展不同层次、不同群体、形式多样的教育资助、医疗救助、法律援助、就业扶助和送法律、送科技、送文化、送医药下乡、进社区活动。开展扶贫济困活动。积极争取"兴华成才"助学金资助贫困大学生。支持政协委员发扬扶贫济困的优良传统,积极倡导开展扶贫济困和爱心救助等社会公益活动。认真做好对口帮扶工作,深入实施"连心工程",倍加关注困难群众的生产生活,尽力为广大人民群众特别是困难群众解难事、办实事、做好事。

三、抓民生,聚人心,进一步增强共谋发展合力

要把关注民生摆在履行职能的重要位置,把推动民情民生问题的解决作为履行职能的重要内容和抓手,在关注民情民生中为构建和谐原州献计献策。加强政协组织与社会各界、各阶层的沟通联系,积极引导广大群众理性合法表达利益诉求,为促进和谐原州建设减少阻力,增加助力,形成合力。加大对民生问题提案的督办力度,及时反映并推动解决群众生产生活中的实际困难和问题。充分发挥政协委员广泛联系群众的优势,深入基层、深入一线、深入群众,体察民情、关注民生、反映民意,使委员真正成为党和政府联系各界群众的桥梁和纽带。积极开展联络联谊活动,鼓励政协委员为引资、引智、引技牵线搭桥。组织委员紧紧围绕区委、政府中心工作开展"大调研"活动,每位委员要围绕一个主题撰写一篇调研报告,常委会将选择有质量、有份量的调研报告报送区委、政府及相关部门。

四、抓团结,求稳定,进一步推动和谐原州建设

维护团结稳定是广大人民群众的最大期盼,也是人民政协的重要职能。要宣传民族政策,促进民族团结。深刻理解和把握中共中央关于当前民族工作形势的科学判断和民族工作的重大方针政策,牢牢把握各民族共同团结奋斗、共同繁荣发展的主题,充分发挥人民政协在民族工作中的独特作用,不断巩固和发展全区民族团结进步事业的良好局面。充分发挥民族、宗教界委员在人民政协中的作用,组织委员通过走访群众、举办培训班等形式,贯彻落实好党的民族和宗教政策，做好民族宗教工作，努力推动各民族和睦相处、和衷共济、和谐发展，为原州区的和谐稳定贡献力量。要维护社会稳定，促进社会和谐。始终把维护社会和谐稳定作为政协组织义不容辞的责任，摆在履行职能的突出位置，落实到开展工作的各个环节。积极协助区委、政府做好社会矛盾排查化解和维护稳定工作，积极做好协调关系、理顺情绪、说服教育、增进共识的工作，为促进全区社会稳定、和谐安宁的大好局面献计出力。不断完善界别联系群众等工作机制，协助党委、政府做好团结群众、联系群众、服务群众工作。要加强联系，增进沟通。坚持在共同的政治基础之上民主协商、平等议事的原则，加强与各民主党派、工商联、人民团体的联系，走访政协参加单位，拓宽参政议政的渠道；加强与区内外客商的联系，积极招商、引资、引智；加强与政协委员的联系，走访政协委员，增进了解，加深感情，增强互信；加强与区内外政协组织的联系，积极配合做好在原州区的调研视察活动，组织委员外出学习考察，借鉴先进经验，全力推进政协工作制度化、规范化、程序化建设。适时召开政协参加单位座谈会，增进联系沟通。

五、抓自身，带队伍，进一步夯实履行职能基础

努力探索政协工作的新思路、新举措，切实加强自身建设，增强政协组织的活力。加强常委会建设。完善常委评价考核机制，教育引导常委会组成人员在围绕中心、服务大局，求真务实、调查研究，增进团结、凝聚人心，与时俱进、开拓创新，关注民生、反映民意，遵章守纪、爱岗敬业六个方面发挥表率作用。发挥委员主体作用。继续在委员中深入开展“三深入”（深入基层、深入实际、深入群众）、“三个一”（提一件提案、反映一条社情民意、参加一次社会公益活动）活动，倡导委员做到“四个带头”，即：带头学习实践，提高素质；带头宣传政策，化解矛盾；带头调查研究，积极建言；带头招商引资，共谋发展。加强委员管理，建立委员履职档案。加强委员培训，注重教育引导。虚心听取、及时反映和认真采纳政协委员对经济社会发展和政协工作的意见建议，发挥好政协委员在促进发展、关注民生、维护稳定中的积极作用。强化专委会基础作用。探索加强和改进专委会工作的新思路、新方式，完善专委会对口联系部门和界别委员制度，健全专委会与委员日常联系沟通制度，以专委会为依托开展学习交流、调研视察和文体活动。重视政协宣传工作。加强与各级媒体的联系，通过报纸、电视、网络等途径，大力宣传政协的亮点工作，营造浓厚的宣传氛围。编好《原州政协通讯》工作简报，做好政协例会和经常性工作的宣传报道。与区宣传部合力办好“优秀委员风采录”专栏，扩大政协影响力。提高机关服务水平。加强政协机关内部管理和思想作风建设，全面提升机关干部工作能力和服务水平，不断提高办文、办会、办事的质量。增强政协机关干部的全局观念、服务意识，提升服务能力和统筹协调能力，为政协有效履行职能，顺利开展工作提供有力的保障。积极完成中心工作任务，力争各项工作再上新台阶。

各位委员！扬帆起航正当时，砥砺奋进又一春。让我们高举中国特色社会主义伟大旗帜，深入贯彻落实科学发展观，在中共原州区委的坚强领导下，大力弘扬“不到长城非好汉”的六盘山精神，发扬民主，增进团结，以更加开阔的视野，更加振奋的精神，更加务实的作风，为共同推进原州区经济社会科学发展、和谐发展、跨越式发展作出新的更大贡献！

全面履行纪律检查职能　切实做好反腐倡廉工作

——在中共固原市原州区第二次代表大会上的报告

原州区纪检委书记　郭兆虎

2011年10月26日

各位代表：

我代表中共固原市原州区纪律检查委员会向中共固原市原州区第二次代表大会作工作报告，请予审议。

一、过去五年工作回顾

五年来，在区委和市纪委的坚强领导下，原州区纪委坚决贯彻执行上级党委、纪委和区委的重大决策部署，全面履行纪检监察职能，党风廉政建设和反腐败工作取得了一定成效，为我区科学发展、和谐发展、跨越发展提供了有力保障。

一是狠抓责任落实，反腐倡廉整体合力不断增强。按照“党委统一领导，党政齐抓共管，纪委组织协调，部门各负其责，依靠群众支持和参与”的反腐败领导体制和工作机制要求，将党风廉政建设工作与经济、业务等工作同部署、同落实。每年年初，召开纪委全会，制定下发《党风廉政建设和反腐败任务分工》，将各项任务分级、分口、分项地细化量化到班子，分解到成员，落实到乡镇、街道、部门，并层层签订责任书，明确目标任务，形成“横向到边、纵向到底、上下联动”的责任网络体系。年中召开全区党风廉政建设工作通报暨经验交流会，对责任制落实情况进行通报，分析形势，强化责任。年末全面考核、总结验收。通过抓责任制的落实，各乡镇、街道、部门都能把党风廉政建设放在发展稳定的大局中去认识、去把握，抓党风廉政建设的自觉性进一步增强；业务主管部门把党风廉政建设纳入行业管理之中，与业务工作一起部署、同步推进，增强了反腐倡廉工作的整体合力。

二是强化作风建设，领导干部从政行为进一步规范。坚持把落实“三项报告制度”、“三项谈话制度”作为领导干部廉洁自律工作的重点，纳入到党风廉政建设责任制考核内容之中。参与监督干部提名、推荐、选拔、调整各个环节，有效防止干部带病提拔、带病上岗。五年来先后对提拔调整的500多名领导干部进行了廉政谈话，纪委领导同下级党政负责人定期谈话80多人（次）、诫勉谈话46人（次）。严格落实《固原市原州区党政领导干部问责办法（试行）》，强化审计问责，对在经济责任审计中发现存在问题的18名党政领导干部进行了行政告诫和通报批评。制定下发了《关于加强对党政机关权力运行监督管理的意见》，对重大事项集体决策、财务审签管理、公务接待、公车管理等做出了明确规定，督促各级党政组织和领导干部严格遵守执行，确保把有限的财力和资源用在发展经济和改善民生上，把主要精力用在推动工作上。倡导推行“村民议政日”和“一线工作法”，着力解决群众反映强烈的突出问题。扎实推进机关效能建设，在区政务大厅和乡镇民生服务中心安装了电子监察网络视频监督摄像头和监督电话，对工作人员在岗情况、工作状态、服务态度和办事效率随时进行监控，提高了服务窗口工作人员的工作效率。坚持每季度进行一次机关效能和政务公开督查活动，针对督查中发现的问题，督促限期整改。先后对存在落实工作不力、干部职工管理松懈等问题的37个部门（单位）进行了实名通报，对80多名违犯工作纪律的干部职工进行了通报批评、诫勉谈话、效能告诫和经济处罚，有力促进了机关作风的明显转变，干部干事创业激情明显提高。

三是加强宣传教育，党员干部拒腐防变能力进一步提高。采取以会代训、远程教育等各种方式，强化对全区党员干部的教育培训。组织全区副科级以上干部到宁夏黑城监狱、乡镇级预防教育基地、廉政教育基地接受警示教育，让干部思想产生震动，提高拒腐防变能力。以廉政文化“六进”活动为抓手，督促乡镇、街道、部门、学校在大厅、楼道走廊，张贴廉政格言警句、书画，建立廉政板报、专栏，设立廉政牌匾。在各街道、沿路、景观区建立了廉政文化长廊、廉政文化墙、设立了廉政灯箱广告牌。积极调动城市社区和乡村文艺团体，结合春节、“五一”、“七一”和国庆节等重大节庆日，举办群众喜闻乐见的廉政文艺演出100余（场）次，营造了良好的廉政文化氛围。

四是加强防范管理，源头治腐工作取得新成效。扎实推进廉政风险防范管理工作。全区各乡镇、街道、部门制定了具体措施，从岗位自查、科室自查、单位自查、分管领导评查、领导小组审查五个方面，全面细致的排查廉政风险点，实行分级与分类监控相结合的办法进行防范管理，形成了制度约束与个人自律相结合，内部监督与外部监督相结合的良好局面，增强了党员干部的风险意识和廉政意识。扎实推进反腐倡廉制度建设。先后开展了反腐倡廉制度建设推进年和反腐倡廉制度建设落实年活动，全区各乡镇、街道、部门积极修订完善规章制度549项、废止269项、新建23项。通过建立健全和严格执行各项制度，增强了广大党员特别是党员领导干部廉洁从政意识。在区政务大厅建立了“区招投标交易服务中心”和“区政府采购中心”，强化对工程招投标和政府采购活动的全程监管，共参与工程招投标项目218项，节约资金5070万元；参与监督政府采购232次，节约资金1726万元。

五是纠正不正之风，政风行风建设进一步加强。坚持标本兼治、纠建并举的方针，采取专项检查和明察暗访的形式，加强对教育收费、“三免一补”政策执行情况监督检查，并对相关责任人员进行了严肃处理。纠正医药购销和医疗服务中的不正之风，严格落实药招“三统一”惠民政策。加强对支农惠农政策监督检查力度，坚决查处截留、挪用及克扣涉农补贴款等问题。强化对损害农民工权益问题进行集中整治，有效维护了农民工合法权益。加大“小金库”专项治理力度，对全区163个部门（单位）的银行账号、非税收入、固定资产进行拉网式排查，规范各类收费项目28项。开展民主评议政风行风和“民主评议政风行风群众意见建议办理实名通报”活动，组织清理达标评比表彰活动，规范各类庆典、研讨会及论坛，行政成本明显下降。

六是履行监督职责，执法监察工作稳步推进。强化对区委、政府确定的各项重大工作和民生实事办理情况的督查。加强工程建设领域突出问题专项治理，排查2008~2011年工程项目419个，整改解决突出问题52个。制定了生态移民项目建设实施全程监督办法，并采取明察暗访、现场督办等方式，对发现问题及时进行约谈反馈和清理整顿，对群众反映移民住房分配不公的乡镇及责任人进行了通报批评和问责处理。强化对中央扩大内需政策落实的监督检查，重点对涉及农村学校校舍改造、医疗卫生、人畜饮水等项目进行了执法检查，通过发专项通报、整改通知书等形式，促使8个部门（单位）整改解决各类问题16个，确保了每项民生工程的安全有效。

七是突出工作重点，农村基层党风廉政建设扎实开展。一是认真开展“勤廉为民”工程，研究制定了《“五好”乡（镇）、村创建标准》和原州区争创“勤廉为民”工程先进县（区）“135”工作思路。通过认真开展创建达标活动，进一步提升了农村党风廉政建设工作水平。我区先后被固原市命名7个“五好”乡镇、7个“五好”村，3个牵头示范单位。彭堡镇和头营镇杨郎村分别被自治区表彰命名为“勤廉为民”工程“五好”乡镇和“五好”村。二是健全了区、乡镇、村、组四级民生服务网络，把农民群众生产、生活息息相关的信访、民政、土地、计生等服务项目集中起来进行“一站式”服务，方便群众，切实解决了群众办事难、办事远的问题。五年来，区政务服务中心共受理各类服务事项110905件，提供各类信息咨询36140件；乡镇便民服务中心共受理服务事项158180件，提供各类信息咨询76528人次。三是强化“三务”公开。健全公开制度，对政务、村务、党务公开内容、公开形式、民主管理等进行了规范。在全区建立了统一的“公开日”制度，将每季度第一周的星期一确定为全区统一公开日，同时将这一天确定为督查日和整改日，实行“当日公开、当日督查、全区通报、限期整改”。在全区11个乡镇建立127个村民监督委员会，切实加强村民监督，使村级事务管理工作进一步规范。

八是加大惩处力度，党纪政纪的严肃性得到有力维护。积极拓宽信访举报渠道，在全区11个乡镇、3个街道办事处和52个区直部门（单位）统一设立了30个信访举报箱，将每月的20日确定为下访日，主动帮助群众解决困难。实行查办案件定领导、定人员、定时限、定方案、包办案质量的“四定一包”责任制，案件查处工作质量进一步提高。五年来，共受理信访件204件，初核84件，办结195件，给予党纪政纪处分34人，其中政纪处分9人(其中开除公职5人)，党纪处分25人(党内警告4人、严重警告6人、开除党籍15人)。通过查办案件，维护了党纪政纪的严肃性。

九是强素质树形象，纪检监察机关自身建设取得新进展。积极开展“做党的忠诚卫士、当群众的贴心人”和“强素质、树形象、促工作”实践活动，坚持抓班子、带队伍，多渠道加强干部教育，教育纪检监察干部做到政治上靠得住、工作上有本事、作风上过得硬。争取中央和自治区纪委支持，为区纪委配备了车辆、电脑、摄像机等办公办案设备，纪检监察机关办公办案装备得到改善。在11个乡镇和3个街道办事处设立纪委，在全区52个部门(单位)设立了8个纪委、17个纪检组，分别配备了纪委书记和纪检组长。实行了村纪检干部工资保障制度，将386名村纪检员和廉政监督员的工资纳入财政预算，从2010年开始按每人每年500元发放，提高了基层干部工作的积极性。

五年来，我区党风廉政建设和反腐败工作取得新的突破和进展，纪委监察局的工作也得到了上级纪委的充分肯定，先后被自治区纪委评为全区纪检监察信访举报工作先进单位、全区纪检监察宣传教育先进集体和全区纪检监察系统先进集体。这些成绩的取得是区委和上级纪委坚强领导的结果，是各级党政组织齐抓共管、各部门相互协作和广大人民群众支持、参与的结果。在肯定成绩的同时，我们也清醒地看到，党风廉政建设和反腐败工作还存在一些薄弱环节，同区委的要求和人民群众的期望还有一定的差距。党风廉政建设工作还有待创新，责任制落实还不够彻底扎实；廉政教育形式较为单一，效果与实际预期还有一定距离；党员干部违纪违法，损害群众利益的问题时有发生；纪检监察干部素质和能力与新形势的要求还有一定的差距等。这些问题和不足，我们将在今后的工作中要认真加以解决。

二、五年来工作的主要体会

五年历程，成绩来之不易，经验弥足珍贵，概括起来主要有：

第一，反腐倡廉必须坚持围绕中心，服务大局。纪检监察机关始终把反腐倡廉摆到区委、政府的工作大局中加以把握，时刻与区委、政府目标同向、措施同步，做全面发展的有力促进者和良好经济发展环境的积极营造者。把预防腐败的政策措施寓于重大经济活动和重大建设项目之中，坚决查处干扰经济发展的行为，为改革和发展保驾护航。实践证明，只有始终不渝地围绕中心、服务大局，才能保证反腐倡廉的正确方向。

第二，反腐倡廉必须坚持以人为本，执政为民。纪检监察机关认真受理人民群众的来信来访，努力解决群众反映强烈的热点、难点问题，严肃查处党员干部以权谋私、与民争利、办事不公、索拿卡要等典型案件，促进了社会和谐稳定。实践证明，只有始终不渝地以人为本、执政为民，反腐倡廉工作才有广泛的群众基础。

第三，反腐倡廉必须坚持齐抓共管，形成合力。区委、政府把反腐倡廉纳入党的建设和经济发展的总体部署，落实反腐倡廉任务的分解、督促检查和考核评比，全面落实党风廉政建设责任制。各级党政主要负责人积极承担反腐倡廉的领导责任，带头做出廉政承诺，自觉接受监督。纪检监察机关认真履行党章和行政监察法赋予的职责，当好各级党委、政府的参谋助手，组织协调落实反腐倡廉各项任务。区人大、政协、社会各界和广大党员干部群众积极参与支持反腐败工作。实践证明，只有始终不渝地齐抓共管、形成合力，反腐倡廉工作才有可靠的领导保证和支持力量。

总结过去，是为了开创未来。我们要坚持和完善已经取得的经验，不断开拓进取，把正在做的工作做得更好。

三、今后五年工作建议

今后五年，我们要在区委的坚强领导下，把思想和行动统一到上级党委、纪委关于反腐倡廉决策部署上来，切实增强工作责任感和使命感，强化工作措施，狠抓任务落实，为实现全区第二次党代会提出的目标任务提供坚强的政治保证。重点抓好六方面工作：

（一）加强监督检查，着力保障政令畅通。坚决贯彻《党章》，把各级党组织和领导干部执行党的路线、方针、政策的情况作为监督检查的首要任务，重点加强对区委、政府重大决策部署贯彻落实情况的督查，坚决纠正有令不行、有禁不止行为，保证政令畅通。认真贯彻执行党内监督条例，加强对权力运行的制约和监督，保证权力正确行使。进一步规范办事公开制度，保证群众的知情权、参与权和监督权。继续在全区党员干部中开展“整风肃纪，治庸问责”主题作风建设活动，解决个别领导干部和工作人员存在的不学习、不作为、不进取、不碰硬、不守纪律等问题，引导党员干部提振干事创业激情。强化机关效能建设，加大明查暗访力度，严肃查处损害发展环境的人和事，着力解决少数乡镇、部门（单位）纪律松懈、作风不实、执行力差、效率低下、公信度不高等问题，全力优化投资发展环境。

（二）推进制度创新，着力推进惩防体系建设。扎实推进反腐倡廉教育、监督、预防、惩处等制度建设，努力形成用制度管人、管事、管权的有效机制，提高反腐倡廉制度化、规范化水平。继续推进廉政风险防范管理和党员干部勤政廉政承诺制，突出抓好人、财、物重点岗位和权力运行关键环节的监管。继续推进党政领导干部经济责任审计工作、财政资金及重大投资项目审计制度，强化行政问责和行政告诫工作，促使领导干部忠于职守、廉洁奉公。进一步规范工程项目招投标、产权交易、政府采购行为。加大对企业改制工作的监督，督促机关事业单位全面开展国有资产清查，加强国有资产监管。把党风廉政建设责任制和党政领导干部问责结合起来，科学分解责任，严格绩效考核，严肃责任追究，进一步巩固党风廉政建设和反腐败工作的良好局面。

（三）践行执纪为民，着力改进党风政风行风。围绕服务民生、保障民生，认真解决群众反映强烈的突出问题。加强对各项惠民政策和资金落实情况的监督检查，强化救灾救济、扶贫资金、退耕还林、粮食直补等专项资金的监管，确保资金安全使用。加强对教育“三免一补”、药招“三统一”惠民政策、新农合医疗基金管理使用等情况的监督检查，进一步纠正教育乱收费、医疗服务、土地征用、房屋拆迁、环境保护和安全生产等方面侵害群众利益的突出问题。继续深入开展工程建设领域突出问题专项治理工作，全面排查工程建设领域重点部位和关键环节存在的突出问题，严肃查处工程建设领域违纪违法问题。继续抓好“小金库”

的扩面治理工作，完善治理工作的长效机制。深入推进民主评议政风行风工作，充分发挥特邀监察员和校风、医德医风、政风行风特邀监督员作用，健全群众和社会监督机制，推动部门和行业风气的转变。认真贯彻落实《农村基层干部廉洁履行职责若干规定（试行）》，规范农村基层干部行为。积极争创“勤廉为民”工程先进县（区），对“五好”乡（镇）、村创建工作高标准、严要求，全面提升农村基层党风廉政建设工作水平。

（四）强化廉政宣教，着力优化反腐倡廉人文环境。继续坚持教育为先、警示在前，深入开展党性党风党纪教育，加强示范教育、警示教育、岗位廉政教育和勤政廉政典型宣传，积极引导党员干部讲党性、重品行、作表率。大力推进廉政文化进机关、进社区、进家庭、进学校、进企业、进农村“六进”活动，努力提升廉政文化的覆盖面和影响力。加大廉政教育基地建设力度，培育典型，打造品牌，努力营造勤政廉洁的良好氛围。

（五）严肃党的纪律，着力保持查办案件的高压态势。认真贯彻党要管党、从严治党方针，加大查办案件工作力度，净化党风政风和社会风气。一要突出办案重点。严肃查办滥用职权、贪污贿赂、腐化堕落的案件；严肃查办工程建设、土地管理等腐败现象易发多发领域的案件；严肃查办农村基层干部侵害群众利益，贪污挪用扶贫救灾、低保、计划生育等专项资金的典型案件；严肃查办严重违反政治纪律和组织人事纪律的案件；严肃查办挥霍浪费、以权谋私、失职渎职和行政不作为、乱作为的案件，始终保持惩治腐败的高压态势，坚决遏制腐败现象蔓延势头。二要整合办案力量。进一步加强与检察、公安、法院、审计等部门的协调配合，健全案件线索共享制度，完善大要案件查办协作机制；通过信访举报、执法监察、纠风治乱、专项治理等途径，拓展案源渠道；发挥乡镇（街道）、部门（单位）纪委（纪工委）、纪检组的优势，在全系统统一调配力量，加强协调协作，形成查办案件的整体合力。三要放大办案效应。注重发挥查办案件的治本功能，把办案与教育、建章立制及专项整治相结合，努力取得查处一案、教育一片、整治一线的效果。注重查处与保护并重，对在工作中积极进取、勇于开拓的同志，坚决予以支持；对受到错告、误告、诬告的同志，及时为他们澄清是非；对敢闯敢试、勇于创新，在探索过程中有失误甚至犯了错误的同志，最大限度地予以教育和保护，努力营造宽松的干事创业环境。

（六）强化队伍建设，着力提升服务保障发展的能力。切实加强思想政治建设和能力建设，纪检监察干部要始终保持谦虚朴实、奋发有为的精神状态，把心思集中在想干事上，把责任体现在敢干事上，把才气展现在会干事上，把目标落实到干成事上。进一步解放思想、转变观念，把思想认识从那些不符合、不适应科学发展的观念做法、思维定势和体制机制中解放出来，破除畏难、僵化思想，树立进取、创新意识，敢于突破“惯例”，坚持用发展的思路、创新的理念、改革的办法推进纪检监察工作，使纪检监察工作更加适应形势、更加有利发展、更加富有活力、更加具有时代气息。

各位代表、同志们，区第二次党代会为我们描绘了原州经济社会发展新蓝图，吹响了新征程的新号角。全面履行党章赋予的职责，坚决惩治和有效预防腐败，全力保障和服务党代会提出的目标任务顺利实现，是全区纪检监察工作的永恒主题。让我们在市纪委和区委的坚强领导下，紧紧依靠全区广大人民群众和党员干部，以新状态、新气势、新开拓，继续忠诚履责，为我区的改革发展和谐稳定大局保驾护航。

原州区2011年重点工作和民生实事完成情况公示

一、12项重点工作完成情况

项　　目	一、新农村示范村建设
目标任务	选择10个100户以上村开展新农村示范村建设。重点实施水电路改造,配套建设新能源、村级活动阵地、文化室、卫生室等基础设施,同步实施村庄绿化、美化,建成布局合理、资源共享、产业特色鲜明的社区化新农村。
完成情况	实施开城镇吴庄村,头营镇南屯村、胡大堡村,三营镇甘沟村、老三营村,张易镇红庄村,彭堡镇河东村,官厅镇长城村,中河乡小沟村,寨科乡东淌村10个新农村示范村建设,具体完成情况为: 旧村改造:开城镇吴庄村改造旧院落79户,硬化绿化道路4公里,完成破旧房屋拆除、村庄环境整治和自来水入户;头营镇胡大堡村完成村庄主干道、巷道硬化绿化2.5公里及拆旧工作;三营镇老三营村改造建设围墙127户,新建牛棚127栋,硬化绿化巷道9公里,完成了拆旧、村庄环境整治和自来水入户工程;甘沟村改造旧院落47户,绿化道路2.5公里,完成村庄环境整治,对沿路房屋墙体刷青涂白亮化美化;张易镇红庄村改造旧院落84户,硬化巷道1公里,绿化道路2.8公里,完成西海子沿线村庄环境整治。 居民点建设:头营镇南屯村建设150户居民点1处,硬化绿化巷道2公里,对围墙进行粉饰亮化,完成自来水入户工程;彭堡镇河东村建设78户居民点1处,新建牛棚78栋,硬化绿化道路5公里;中河乡小沟村新建80户居民点1处,新建牛棚80栋,硬化巷道2.5公里,绿化道路5公里,完成自来水入户工程;寨科乡东端村新建50户居民点1处,硬化巷道1.5公里,绿化道路2.5公里;张易镇红庄村建成11户居民点1处。 各示范村建设因村制宜,一村一个特色。建成的头营南屯示范村突出民俗建筑风格;张易红庄示范村突出传统庄院特色;彭堡河东、中河小沟示范村,以生态移民为主,突出社区化;寨科东端示范村融入小城镇,突出商住特色。在建设中,各乡镇和农牧、科技、扶贫等部门注重培育壮大优势特色产业。红庄村重点抓马铃薯种植,河东村发展养牛和蔬菜产业,南屯村、甘沟村种植枸杞。2011年全区农民人均纯收入达到4138元,各示范村农民人均纯收入突破4500元。
存在问题	一是开城镇吴庄村、三营镇甘沟村乱堆乱放没有彻底得到清理,环境卫生较差,需进一步加强整治;二是中河乡小沟村排水渠仍未修整,开城镇吴庄村道路边沟未修整,还存在道路断头现象;三是个别村产业特色不显明,如开城镇吴庄村。
总体评价	好
责任领导	房正纶
牵头部门	政研室

<table>
<tr><td>项　目</td><td colspan="2">二、生态移民及扶贫开发工程</td></tr>
<tr><td>目标任务</td><td colspan="2">年内完成三营镇鸦儿沟村 300 户、老庄村 200 户和头营镇、彭堡镇、中河乡五个县内移民集中安置点建设等,利用市区廉租房安置劳务移民 200 户,配合完成县外移民任务。县内移民安置点推行社区化管理服务,完成水电路和新能源建设,配套建设村级活动阵地、文化室、卫生室、小学、幼儿园等公共服务设施,对移民庄点和村道进行绿化美化。扶持移民户重点发展设施农业、特色种植、养殖业及庭院经济,确保每户有 1 栋日光温室或大拱棚、掌握 1~2 门实用技术、转移 1 名劳动力就业。加快实施扶贫开发项目,做好铁道部、闽宁丰原对口协作项目的争引和落实工作。新增村级发展互助资金 700 万元,总额达到 4800 万元,实现贫困村和生态移民村互助资金全覆盖。全年减少贫困人口 1.5 万人,贫困面控制在 25%以内。</td></tr>
<tr><td rowspan="3">完成情况</td><td>县内移民</td><td>2011 年共建设县内移民安置区 11 个,1590 户 6519 人搬迁入住,入住率 95%。建成住房 1874 套(含 200 套城市廉租房),院落围墙 43765 米,修建卫生厕所 1500 个,安装电视接收器 304 面。开发农田 4238.5 亩,建调蓄水池 26 万立方米。修建大拱棚 347 栋(451.1 亩),日光温室 166 栋(415 亩),其余调整为养殖圈棚,共完成圈棚建设 1183 栋。新建幼儿园 2 所 769 平方米,改扩建小学 6 所 2940 平方米。铺设自来水管道 43 公里,入户 1662 户。架设 10 千伏供电线路 9.5 公里,380/220 伏线路 62.49 公里。新建通村油路 6.6 公里,居民点主干道及巷道硬化 31.91 公里。新建村级活动场所及附属设施 1 处 428 平方米,硬化活动广场 7100 平方米,新建移民新村门牌楼 2 座,修建公用垃圾池 140 个,移民安置点环村道路、主干道及巷道绿化 210 亩。举办各类培训班 84 期,培训 8100 人次,实现了每户移民家中至少有 1 名掌握 1~2 门实用技术的务农、务工人员。</td></tr>
<tr><td>县外移民</td><td>通过对接共落实搬迁移民 2867 户,其中:惠农区安置劳务移民 300 户;农垦局安置生态移民 302 户;贺兰县安置移民 500 户(劳务移民 125 户);永宁县安置移民 765 户(其中劳务移民 265 户);红寺堡区安置生态移民 1000 户。各安置区住房及配套设施已完成,2011 年不具备搬迁条件,只有向永宁搬迁 100 户 411 人。</td></tr>
<tr><td>扶贫开发工程</td><td>全年争取各类扶贫资金 9949.91 万元,顺利实施了各项扶贫开发工程,全年减少贫困人口 1.6 万人,贫困面控制在 25%以内。累计向新一轮首批 30 个整村推进村整合投入各类资金 9478.67 万元;为 32 个互助资金项目村投放 824 万元,完成计划任务 720 万元的 114%,互助资金总量达到 5300 万元,实现了生态移民村和重点贫困村全覆盖;各级帮扶(部门)单位为贫困村投资物款 3297.51 万元,其中铁道部帮扶 500 万元,闽宁协作 137 万元,丰原对口帮扶 958 万元,部门定点扶贫投入 1464.51 万元;为生态移民村平整土地 1.35 万亩,整修道路 18 公里。</td></tr>
<tr><td>存在问题</td><td colspan="2">一是县内移民入住率不稳定,仍存在“两头跑”现象;二是批复资金到达迟缓,安置点太阳能、太阳灶没有完成任务;三县外移民建设进度慢;四是按新扶贫标准测算,我区目前有贫困人口 17 万人,投入扶贫资金不足,影响了扶持项目的进度。</td></tr>
<tr><td>总体评价</td><td colspan="2">县内移民、扶贫开发完成好,县外移民完成一般。</td></tr>
<tr><td>责任领导</td><td colspan="2">房正纶　刘世贤</td></tr>
<tr><td>牵头部门</td><td colspan="2">发改局　移民办</td></tr>
</table>

项　　目	三、招商引资工程
目标任务	完善招商引资优惠政策，创优招商环境，扩大招商宣传，年内组织召开招商引资推介会不少于2次。突出“项目落地、资金到位”两个重点，抓好西北通用航空产业园、清真养生小杂粮精深加工、枸杞产业、建材城、农资城等一批签约项目的落地建设。引进2个“农字号”龙头企业，落地资金分别达到2000万元以上；引进2个投资达3000万元以上企业；引进1个亿元企业。全年招商引资额不低于10亿元，到位资金不低于4亿元。
完成情况	完善招商政策，优化招商环境：制定出台了《关于进一步加强招商引资工作的意见》，全面推行招商引资目标责任制和县级领导全程负责制，制定优化投资环境政策，切实强化服务意识。 扩大招商宣传，召开招商引资推介会：及时更新原州区招商网内容，制作专题片，充分利用媒体和节会广泛宣传。招商引资工作分别在福建《泉州日报》、《宁夏日报》、《固原日报》、《固原新闻网》等多家新闻媒体宣传报道50次，编发招商信息28期，发放宣传材料4000余份。储备招商项目80个，编印《原州区招商项目册》、《原州区投资指南》各5000份。分别在福建泉州市、莆田市、浙江杭州市开展招商引资推介会3次。 签约项目落地建设：西北通用航空产业园、邦德电动自行车、固原农资城、光伏发电、有机枸杞种植基地、马铃薯种薯繁育基地等一批投资大、科技含量高的项目落户我区。引进“农字号”龙头企业8家，超出计划数6家，落地资金2.76亿元；投资3000万元以上企业3家，超出计划数1家，到位资金8360万元；亿元企业8家，超出计划数7家，到位资金3.78亿元。 招商指标完成：全年共引进并实施招商项目40个，总投资37.3亿元，到位资金9.6亿元，完成目标任务的240%。
存在问题	一是各单位之间招商引资工作进展不平衡，全区有28家单位未完成招商引资任务；二是落地项目建设进度缓慢，年内投产企业较少。
总体评价	好
责任领导	李占科
牵头部门	招商局

<table>
<tr><td>项　　目</td><td colspan="2">四、冷凉蔬菜基地和设施农业建设</td></tr>
<tr><td>目标任务</td><td colspan="2">以打造“冷凉蔬菜之乡”为目标，新建头营三和等 8 个千亩大拱棚示范园区，扩建三营孙家河等 3 个日光温室园区，实现“一园一品”；建设 1 个万亩出口蔬菜（洋葱、胡萝卜）基地，3 个 3000 亩以上芹菜示范园区，争取优质农产品产地认定 2 个，产品认证 2 个。在区外开辟特色农产品直销网点 2 个以上。全区蔬菜种植面积达到 18 万亩，产值达到 4.5 亿元。大力推广覆膜保墒措施，完成覆膜 20 万亩。</td></tr>
<tr><td rowspan="4">完成情况</td><td>设施农业</td><td>建成三营镇孙家河园区（二期）、头营镇陶庄园区、彭堡镇闫堡园区（三期）、黄铎堡镇丰泽园区、金堡园区 5 个日光温室园区；头营镇三和园区、利民园区、杨庄园区，三营镇团结园区，黄铎堡镇金堡园区、丰泽园区，彭堡镇姚磨园区，官厅镇什里园区，张易镇黄堡园区，中河乡高坡园区 10 个大拱棚园区，均超额完成任务。设施农业建设质量进一步提升，园区生产和管理科学规范，经济效益显著。其中 10 个大拱棚园区排在前三名的是利民园区、姚磨园区和金堡园区；5 个日光温室园区好的是孙家河园区、丰泽园区，较好的是闫堡园区、陶庄园区和金堡园区。</td></tr>
<tr><td>冷凉蔬菜</td><td>建成中河乡万亩供港蔬菜基地园区和闫堡、徐河和马园 3 个 3000 亩西芹种植园区。被授予“中国（西部）冷凉蔬菜之乡”称号。冷凉蔬菜建设规模大，灌溉设施配置先进，生产机械化程度高，园区特色优势明显。其中好的园区有中河乡万亩供港蔬菜基地，闫堡、徐河西芹种植园区，较好的是马园西芹种植园区。</td></tr>
<tr><td>优质产品产地认定、产品认证及开辟农产品直销网点</td><td>无公害蔬菜基地、无公害马铃薯基地通过自治区农产品产地认定，西红柿、黄瓜、辣椒、大蒜等 18 种产品通过产品认证，在西安、兰州开辟特色农产品直销网点 2 个。</td></tr>
<tr><td>秋覆膜</td><td>完成 20.6 万亩，各乡镇都有规模较大、集中连片的点。其中排在前三名的乡镇是张易镇、彭堡镇、头营镇。</td></tr>
<tr><td>存在问题</td><td colspan="2">一是由于自然灾害和管理不善，大拱棚各园区的棚架和棚膜都不同程度地受到损坏，降低了设施农业的净收益；二是在日光温室建设生产中，新建的金堡园区和陶庄园区群众积极性不高，存在等靠要思想；三是受全国经济形势和蔬菜价格波动的影响，冷凉蔬菜经济收益未能达到预期效果。</td></tr>
<tr><td>总体评价</td><td colspan="2">好</td></tr>
<tr><td>责任领导</td><td colspan="2">杨生俊</td></tr>
<tr><td>牵头部门</td><td colspan="2">农牧局</td></tr>
</table>

<table>
<tr><td>项　　目</td><td colspan="2">五、养殖示范园区建设</td></tr>
<tr><td>目标任务</td><td colspan="2">围绕建设“宁夏清真牛羊肉基地县(区)”目标,重点发展养牛业和养鸡业。新建1000头以上肉牛养殖园区1个、500头以上养殖园区2个,全区肉牛饲养量达到20.5万头以上;培育10万只养鸡园区1个,2万只标准化养鸡场5个。全区种植牧草34万亩。</td></tr>
<tr><td rowspan="3">完成情况</td><td>肉牛养殖示范园区</td><td>建成头营镇瑞森1000头肉牛养殖园区、黄铎堡镇昊利源500头肉牛养殖园区和彭堡镇腾西500头肉牛养殖园区,三个园区的牛舍、贮草棚、青贮池、消毒室等基础设施健全,养殖规模大,示范带动作用强。</td></tr>
<tr><td>养鸡示范园区</td><td>建成三营新月10万只养鸡示范园区,彭堡镇硝沟,三营镇老三营联众,开城镇呱呱蛋、永新,官厅镇石庄5个2万只养鸡示范园区,6个园区的标准化鸡舍、饲料库、兽药室、消毒室、饲料加工机组等设施健全。</td></tr>
<tr><td>牧草种植</td><td>完成牧草种植36.5万亩,其中,一年生牧草29.3万亩,多年生牧草7.2万亩。</td></tr>
<tr><td>存在问题</td><td colspan="2">一是优质多年生牧草存在着减退的趋势,旧草周期性退化,新草补给不足;二是由于牧草种植相对分散、集中连片的点少。</td></tr>
<tr><td>总体评价</td><td colspan="2">好</td></tr>
<tr><td>责任领导</td><td colspan="2">杨生俊</td></tr>
<tr><td>牵头部门</td><td colspan="2">农牧局</td></tr>
<tr><td>项　　目</td><td colspan="2">六、城市社区服务体系建设工程</td></tr>
<tr><td>目标任务</td><td colspan="2">完善城市社区服务体系,建成新区街道办事处办公楼,新建军民路、南寺巷2个社区服务中心,改建工农巷、清河路、和平门、北环路、西环路5个社区服务中心。加强社区规范化建设,提高社区服务质量,争创“星级社区”6个,其中东海园区社区争创“五星级社区”,西城路、中山北街社区争创“四星级社区”,中心路、宋家巷、北关路社区争创“三星级社区”。提高社区工作者待遇,加强社区服务人员培训力度,建设高素质的社区服务队伍。</td></tr>
<tr><td>完成情况</td><td colspan="2">新区街道办事处办公楼于2011年5月开工,完成主体框架工程建设。新建社区服务中心2个,其中:军民路社区(三里铺碧水兰亭小区)已竣工并交付使用;南寺巷社区(南塬府邸小区)由中恒公司代建完成,于2010年11月与南关街道办事处达成移交协议。按标准(200平米)扩建改造社区5个(北环路、西环路、清河路、和平门、工农巷社区),已搬入新址办公。向自治区申报的东海园社区“五星级社区”,由于自治区社区建设领导小组每两年审批一次,年内未批复;向固原市社区建设工作领导小组申报的西城路、中山北街、军民路、宋家巷、中心路、清河路6个“四星级社区”已全部命名,超额完成年初计划数4个;原州区已验收通过北关路、南寺巷2个“三星级社区”。对社区工作者进行了2次集中培训。社区工作者待遇由908元提高至1125元。</td></tr>
<tr><td>存在问题</td><td colspan="2">一是新区街道办事处办公楼与市卫生服务中心合建,由于市卫生服务中心建设资金到位迟,加之我区建设资金缺口较大,影响了工程进度;二是军民路、南寺巷社区服务中心目前已建成投入使用,但缺少桌椅等办公设备。</td></tr>
<tr><td>总体评价</td><td colspan="2">较　好</td></tr>
<tr><td>责任领导</td><td colspan="2">师淑莲</td></tr>
<tr><td>牵头部门</td><td colspan="2">民政局</td></tr>
</table>

<table>
<tr><td>项　目</td><td colspan="2">七、马铃薯种薯扩繁工程</td></tr>
<tr><td>目标任务</td><td colspan="2">扩建原州区马铃薯繁育中心，新建5000平方米组培室，全年生产原原种4000万粒以上；发展原种田3000亩，一级种薯田6万亩，全区马铃薯种植面积稳定在50万亩以上。建成三营鸦儿沟万亩种薯繁育基地，实施中河、张易、三营3个万亩种薯繁育基地轮作倒茬。精心打造全国马铃薯大会原州区观摩点。</td></tr>
<tr><td rowspan="3">完成情况</td><td>原种繁育</td><td>建成4000平方米繁育网室并投入生产。原原种繁育完成4492万粒，完成原计划任务的112.3%。原计划5000平方米组培室于6月底建成并投入使用，实际情况为截止12月中旬，组培室完成了土建工程、屋面防水工程、内墙面粉刷工程及部分水电路安装，未完成地坪铺设、仪器设备安装，不能投入使用，未完成任务。</td></tr>
<tr><td>原种基地建设</td><td>建设原种基地3500亩，完成原计划任务的116.7%，其中张易镇红庄村1000亩，中河乡中河村、丰堡村1500亩，三营镇鸦儿沟村1000亩，平均单产2113.6公斤/亩，繁育原种7397.6吨。</td></tr>
<tr><td>一级种薯繁育</td><td>全区建设一级种基地6.2万亩，完成原计划任务的103.3%，平均单产2016公斤，生产一级种12.5万吨。其中：张易镇在陈沟、大店、驼巷、红庄、马场村建设一级种基地2万亩，种植品种为庄薯3号、陇薯3号，平均单产1892公斤，生产一级种3.78万吨。六盘山薯业公司、丰禾种苗公司在中河乡建设一级种基地1万亩，种植品种为青薯9号、庄薯3号、大西洋、费乌瑞它、克新18号、宁薯12号、夏波蒂，平均单产1918公斤，繁育一级种1.92万吨。丰禾薯业公司在三营镇鸦儿沟村、晋悦公司在新三营村建设一级种基地2.1万亩，种植品种为克新1号、庄薯3号、陇薯3号、夏波蒂、948-A，平均单产2538.8公斤，繁育一级种5.33万吨。开城镇在开城、黑刺沟村建设一级种基地0.5万亩，种植品种为冀张薯8号、陇薯3号、中联红，平均单产1333公斤，繁育一级种0.67万吨。官厅镇在刘店村、共和村，寨科乡在新淌村，炭山乡石在湾村共建设一级种基地0.6万亩，种植品种为宁薯4号，平均单产1329.3公斤，繁育一级种0.8万吨。
我区被授予“中国马铃薯种薯之乡”称号，全国马铃薯大会与会代表在我区观摩。</td></tr>
<tr><td>存在问题</td><td colspan="2">一是中河乡、三营镇原种基地及一级种繁育基地，由于全部为企业大面积繁育基地，虽然全部完成原计划任务，但按照各个阶段任务完成时限要求，都有不同程度的滞后；二是马铃薯繁育中心组培室建设没有完成，同时按照原计划各个建设时限一直滞后。</td></tr>
<tr><td>总体评价</td><td colspan="2">好</td></tr>
<tr><td>责任领导</td><td colspan="2">杨生俊</td></tr>
<tr><td>牵头部门</td><td colspan="2">农牧局</td></tr>
</table>

<table>
<tr><td>项 目</td><td colspan="2">八、林业生态建设工程</td></tr>
<tr><td>目标任务</td><td colspan="2">实施林业“四大工程”，完成境内福银高速公路两侧50公里100条农田林网建设，成活率不低于90%；完成须弥山河道及两侧山体5000亩绿化工程，成活率不低于80%；实施乡村绿色通道建设，每个乡镇绿化道路不少于20公里，全区完成道路绿化250公里；实施退耕还林补植补造及经济林建设工程，完成退耕还林补植补造10万亩，荒山造林2万亩，封育5万亩，完成高速公路、须弥山沿线补植补栽，建成河川500亩酥梨高产示范区，新建河川、头营2个200~300亩红梅杏示范园，建成甘沟、马店2个万亩枸杞园。</td></tr>
<tr><td rowspan="7">完成情况</td><td>农田林网建设</td><td>完成福银高速公路两侧129条83公里农田林网建设，栽植新疆杨、刺槐、柳树，苗木成活率在91%以上。</td></tr>
<tr><td>须弥山河道及两侧山体绿化工程</td><td>5000亩绿化任务全部完成，栽植云杉、漳河柳、沙枣、山桃等苗木108万株，苗木成活率为86%。</td></tr>
<tr><td>乡村道路绿化</td><td>各乡镇共完成乡村道路绿化326.8公里，共栽植柳树、新疆杨、刺槐等17.87万株，新建的10个新农村示范村全部绿化。其中前三名为张易镇、彭堡镇、头营镇。</td></tr>
<tr><td>退耕还林补植补造</td><td>春季完成12.48万亩，并已通过国家验收，秋季完成10万亩。排在前三名的是官厅镇、寨科乡、炭山乡和头营镇。</td></tr>
<tr><td>荒山荒沟治理</td><td>任务全部完成，其中林业局完成0.88万亩，各乡镇完成1.54万亩，完成好的是林业局、寨科乡、头营镇、炭山乡、张易镇，其他乡镇较好。封山育林由林业局和张易镇、开城镇共同实施，共完成5.3万亩。</td></tr>
<tr><td>高速公路、须弥山沿线补植补栽</td><td>任务全部完成，共补造5万株苗木。</td></tr>
<tr><td>经果林基地建设</td><td>在头营镇徐河村建成200亩红梅杏基地1个，在河川乡上黄村建成200亩红梅杏基地1个，在河川乡明川村建成500亩早酥梨基地1个，3个基地全部被评为好；建成三营镇甘沟万亩枸杞园区和头营镇马店万亩枸杞园区。</td></tr>
<tr><td>存在问题</td><td colspan="2">退耕还林补植补造受原来早期规划的影响，整地栽植无法达到高标准，为了迎接国家验收，部分乡镇在一个坑穴中栽植三种树木，实用而不科学。在迎接国家验收方面，今后两年的压力会加重。</td></tr>
<tr><td>总体评价</td><td colspan="2">较 好</td></tr>
<tr><td>责任领导</td><td colspan="2">杨生俊</td></tr>
<tr><td>牵头部门</td><td colspan="2">林业局</td></tr>
</table>

<table>
<tr><td>项　　目</td><td colspan="2">九、高效节水灌溉工程</td></tr>
<tr><td>目标任务</td><td colspan="2">巩固完善中河万亩喷灌示范区及其他节水灌溉区域，建设鸦儿沟、甘沟2个万亩滴灌高效农业种植区及沈家河、南塬2个节水灌溉区。以高速公路为轴线，实施土地整理3万亩，发展现代高效节水生态农业。加快水资源综合开发利用，完成一批节水灌溉配套工程，努力把原州区建成宁夏高效节水灌溉示范区。</td></tr>
<tr><td rowspan="2">完成情况</td><td>高效节水灌溉工程</td><td>鸦儿沟万亩高效节水灌溉区、甘沟万亩高效节水灌溉区、中河万亩高效节水灌溉区及沈家河节水灌溉区、南塬节水灌溉区五项工程全部完成。实施的高效节水灌溉工程规划布局合理，技术先进，节水效果好，增产效益明显，特别是中河、鸦儿沟、甘沟实施的喷灌和滴灌工程在全区处在先进地位。</td></tr>
<tr><td>土地整理</td><td>完成5万亩，其中水务局完成2万亩，即甘沟万亩枸杞基地（二期）和南屯万亩枸杞基地；扶贫办实施完成了3万亩，即白河万亩马铃薯基地、杨郎万亩马铃薯基地、杨庄万亩番茄基地。</td></tr>
<tr><td>存在问题</td><td colspan="2">一是国土局因项目未批复，2万亩土地整理任务未完成；二是蓄水池虽然数量较多，但大都规模较小，布局分散，影响灌溉效果。</td></tr>
<tr><td>总体评价</td><td colspan="2">好</td></tr>
<tr><td>责任领导</td><td colspan="2">杨生俊</td></tr>
<tr><td>牵头部门</td><td colspan="2">水务局</td></tr>
<tr><td>项　　目</td><td colspan="2">十、兴工强区工程</td></tr>
<tr><td>目标任务</td><td colspan="2">稳妥推进企业改制，年内完成国有（集体）企业改制10家；完成4家技改资金过500万元企业技术改造。按照壮大做强优势特色产业，培育发展新兴产业，改造提升传统产业的要求，立足盐化工和煤炭资源优势，发展附属产业，延长产业链条，大力发展农副产品精深加工和新型建材业。扶持壮大骨干企业，新培育规模以上（年产值2000万元以上）企业3家。炭山煤矿开工生产。全年工业增加值增长26%以上。</td></tr>
<tr><td>完成情况</td><td colspan="2">完成固原家具厂、彭堡供销社、寨科供销社、中河供销社、河川供销社、炭山供销社、粮食清真食品厂、固原通用机械有限公司、万方糖烟酒公司、商业大厦10家企业改制，完成任务的100%。实施天隆生物科技、雪洋粮油、博江炭山煤业、源通环保、三鼎马铃薯制品5家投资过500万元企业技术改造，共投入技改资金6150万元。扶持培育出了宁夏天隆生物科技有限公司、固原新月养殖有限公司、固原长城淀粉有限公司3家（年产值2000万元以上）规模企业。并通过招商引资，引进了西北通用航空产业服务基地、邦德电动自行车、利隆彩钢钢构材料、宁夏发电集团10千伏光伏发电等一批重大项目落户我区，填补了我区工业领域空白。博江炭山煤业新建三号井累计完成投资3800万元，完成掘进900米，由于原采矿证于2011年5月20日到期以及自治区国资委重新配置资源，采矿证未按期延续，致使未能投产。</td></tr>
<tr><td>存在问题</td><td colspan="2">一是推进企业改制难度较大，部分企业改制不彻底；二是生产企业融资困难，技改企业规模小，新产品研发能力弱，导致我区规模以上企业数量少。</td></tr>
<tr><td>总体评价</td><td colspan="2">较　好</td></tr>
<tr><td>责任领导</td><td colspan="2">李占科</td></tr>
<tr><td>牵头部门</td><td colspan="2">发改局</td></tr>
</table>

项　　目	十一、三营小城镇建设	
目标任务	按照“一次规划、分期建设”的原则，完善三营集镇规划，实施集镇改造，完成道路工程、上下水工程、河道整治和绿化工程，建设活畜交易、建材、农产品贸易三大市场，把商贸物流作为重要产业支撑，努力将三营建成原州区及固原市商贸物流重镇。	
完成情况	道路工程	新修须弥山延伸段、化坪梁路、煤炭市场路、老三营巷、新营街延伸段、第二商业街、市场路、三寨路、第四商业街、市场北路、医院巷、工商巷十二条街道，约 6 公里，确定新修的道路和街道全部完成；计划硬化人行道 4.2 万平方米，完成 2 万平方米，完成任务的 47.6%。
	给排水工程	安装给水主管道 10 公里，设检查井 290 座；排水管道 10 公里，设检查井 180 座，雨水井 360 座。新修的街道和道路需安装给排水管道的，已全部安装完成，质量合格。
	市场建设工程	按照设计，三营民族特色小城镇需建设六大市场，因为是两年的建设任务，2011 年完成了活畜交易、煤炭交易、农产品贸易三大市场建设。农贸市场完成了原农贸市场改扩建，硬化市场地坪 2.4 万平方米，新建市场货棚 3 栋，建筑面积 2600 平方米；新建煤炭市场占地 12 万平方米，经营户 20 户；新建活畜交易市场占地 4.4 万平方米，完成 70%，已投入使用。其他三个市场 2012 年建成。
	河道整治和绿化工程	由水利部门负责实施的清水河三营镇区段清淤、拉坡整治，弯曲河道进行拉直砌护工程（2 公里），已全部完成；林业局负责实施的银平公路复线、须弥山路两侧栽植 30 米宽幅林带绿化，工程栽植各种树木 28000 棵。全部完成，质量合格。
	拆迁改建及沿街商业房新建工程	房屋拆迁两年计划拆迁 744 户 22 万平方米，2011 年拆迁 654 户 17.8 万平方米，完成任务的 85%。房屋新建两年计划新建 12 万平方米，2011 年已建 8 万平方米，完成任务的 66%。坡屋面墙面改造工程，两年计划改造 9.5 万平方米，2011 年已改造 6.2 万平方米，完成任务的 65%。
	粉刷亮化工程	沿银平公路（赵寺—杨郎段）、高速公路出口至须弥山路口段两侧粉刷亮化约 20 万平方米。
	楼牌建设	计划建设二、三、四商业街南入口，活畜交易市场、煤炭市场、三营镇区南入口市场、农贸市场东侧，改造农贸市场西侧共八座牌楼。新建的二、三、四商业街入口三座牌楼及改造原市场西门牌楼已全部建成；煤炭市场和活畜交易市场的牌楼基础已做好，其他未建。
存在问题	一是由于缺乏资金，群众自建存在一定困难，影响沿街房屋新建和改造进度；二是第一商业街在拆迁范围内的经营户仍然在营业，影响了整体建设进度；三是拆迁难度较大，影响工程总体进度。	
总体评价	较好	
责任领导	康建宁	
牵头部门	交通和乡镇建设局	

<table>
<tr><td>项　目</td><td colspan="2">十二、校舍安全工程</td></tr>
<tr><td>目标任务</td><td colspan="2">进一步加大学校布局调整和教育资源优化整合力度，新建原州区第七中学和第十三小学，完成第十小学和三营一小扩建工程，巩固和扩大城区“大班额”治理效果。大力发展学前教育，完成一幼、二幼、三幼工程，新建四幼，规范乡镇幼儿园，使全区乡镇幼儿园实现全覆盖。新建、扩建生态移民新村小学和幼儿园，解决移民子女上学问题。实现普及高中阶段教育目标。</td></tr>
<tr><td rowspan="2">完成情况</td><td>校舍建设</td><td>共改造中小学 80 所，建设总面积 108535 平方米。完成了二小教学楼建设。在确定实施的其他“校安工程”中，除十一小和七中由于移交迟、动工晚，还在建设之中外，其他工程均已竣工，全区新增教学班 166 个，城区“大班额”问题进一步化解，农村办学实力不断增强。完成了一幼、二幼续建，三幼新建。四幼由于七中没有建成，三中未搬迁，2011 年没有开工建设。全区乡镇中心幼儿园实现了全覆盖。扩建三营镇鸦儿沟、黄铎堡镇老庄、三营回小、头营大疙瘩、南屯、大北山等 6 所小学，新建鸦儿沟、大疙瘩 2 所幼儿园，有效解决了生态移民子女上学问题。调整撤并农村中小学、教学点 25 所，其中撤并学校 13 所（完小 2 所，初小 4 所，教学点 6 所，中学 1 所），改制完小为初小 8 所，初小改为教学点 4 个，进一步优化了资源配置，促进教育质量效益提升。</td></tr>
<tr><td>普高工作</td><td>认真落实自治区高中招生制度改革，顺利通过了自治区政府验收，高中阶段毛入学率、初中巩固率、初中毕业生升学率分别达到 93.8%、98.4%、96.8%。</td></tr>
<tr><td>存在问题</td><td colspan="2">十一小和七中动工迟，没有按年度计划完成建设任务。教育局已将这两所学校列入 2012 年“校安工程”建设计划，确保建成投入使用。</td></tr>
<tr><td>总体评价</td><td colspan="2">好</td></tr>
<tr><td>责任领导</td><td colspan="2">何　锟</td></tr>
<tr><td>牵头部门</td><td colspan="2">教育局</td></tr>
</table>

二、10 件民生实事完成情况

项　　目	一、学前教育促进
目标任务	新建 2 所公立幼儿园。规范公立幼儿园收费标准,投资配套设备设施。对年检优秀的民办幼儿园给予奖励扶持,加快发展学前教育,提高学前教育普及率,缓解“入园难”问题。
完成情况	完成一幼、二幼续建,迁建三幼,新建杨郎幼儿园、鸦儿沟幼儿园、头营大疙瘩幼儿园;区委、政府投资 100 万元,购置配套幼儿园设施设备,解决了 2300 余名学前幼儿入园问题。规范公办幼儿园收费管理,加强监督监管,严格按照自治区物价局、财政厅宁价费发〔2009〕54 号文件规定标准收费。加强民办幼儿园监管,组织人员完成了民办幼儿园年检工作,推动民办幼儿园不断步入良性发展的轨道。
存在问题	一是四幼由于三中没有搬迁未建成;二是对民办幼儿园监管不是很到位。
总体评价	好
责任领导	何　锟
牵头部门	教育局
项　　目	二、大学生助学计划
目标任务	积极争取各类助学项目,整合资金对 2011 年全区高考录取(含高职院校)的农村大学生和城市低保家庭大学生全部予以资助。积极争取国家生源地信用助学贷款,帮助 1700 名家庭经济困难大学生顺利完成学业。
完成情况	2011 年,原州区籍农村户口和城市学生共 1611 人,其中:二本以上院校录取 689 人(农村 291 人,城市低保 28 人),高职录取 922 人(农村 398 人,城市低保 14 人)。经过积极争取,共争取陈逢干、金秋助学、铁道部等社会救助项目 17 个,资金 209.49 万元,资助 2011 年录取大学生 731 人,实现了高考录取农村和城市低保家庭大学生资助全覆盖。认真落实生源地贷款工作,受理并签订合同 4315 人,其中 2011 年录取大学生 2075 人,贷款总金额 2238.7 万元。
存在问题	资助金额偏低,覆盖面不够广。
总体评价	好
责任领导	何　锟
牵头部门	教育局

项　目	三、校园安全计划
目标任务	进一步加强校园安全防范措施，为城区中小学、幼儿园、乡镇中心小学、农村寄宿制学校安装电子监控系统，配备一定数量专业保安人员。对农村使用炉具取暖的学校教师、学生宿舍安装一氧化碳报警装置，不断完善学校安全管理制度，切实提高校园安全防范能力。
完成情况	争取教育厅资金230万元，区政府安排资金80万元，对区直中小学、幼儿园，乡镇中心小学、幼儿园，农村寄宿制学校共45所校(园)安装摄像头283个、液晶监视器、硬盘录像机和操作台各42台，现全面完成安装并投入使用。为全区中小学、幼儿园配备专业保安15名、兼职保安70名。为使用炉具取暖的农村学校师生宿舍全部安装了一氧化碳报警装置，并组织进行了全面检修。对部分存在安全隐患的学校校门、围墙等设施进行了维修，提高了校园安全防范能力。
存在问题	监控系统虽已安装，但部分学校在使用上还不到位。
总体评价	好
责任领导	何　锟
牵头部门	教育局
项　目	四、信息服务体系建设
目标任务	整合各类信息资源，完善网络平台建设，形成区有信息中心，乡镇有信息服务站，村有信息点的三级农村信息化服务体系。规范建设乡镇民生服务中心，提高运行服务质量。加快电子政务建设，实现公文传输网络化。选择30个行政村进行试点，建立集人口计生、劳动保障、科技信息、党建村务等为一体的农村信息化服务站，不断提高村务综合管理能力和便民服务效率。
完成情况	完成彭堡镇、中河乡、寨科乡、张易乡、河川乡、开城镇、炭山乡7个乡镇民生服务中心建设，官厅镇和黄铎堡镇因新建政府办公楼，2011年未完成；三营镇、头营镇因征地、选址和搬迁原因2011年未建。已建成的7个乡镇服务中心，财政局正在安装配备调试设备，有的已投入使用，这项任务完成了73.6%。原州区电子政务网络已建成。村级信息示范点已完成30个行政村信息化服务站示范应用“电话会议、短信群发、新农村村务管理”三项新的信息化服务功能软件安装、人员培训、数据录入等工作，但信息点网络不稳定，电脑和其他硬件设备落后是制约此项工作顺利开展的主要因素。
存在问题	一是大部分村级示范点信息化设备配置低，运行速度慢；二是官厅镇沙窝村、郑磨村及头营镇农科村等示范村信息化设备损坏或丢失，影响了示范效果的发挥。
总体评价	较　好
责任领导	师淑莲
牵头部门	科技局　财政局

项　目	五、卫生健康行动	
目标任务	优化公共卫生服务，提高基层医疗机构服务能力。全面实施“健康宁夏全民行动”，为1万名农村适龄妇女免费做特殊病例检查，为全区50岁以上农村群众免费进行健康体检，实施白内障复明手术130例。探索开展乡镇卫生院内部改革，建立激励机制，方便群众就医。	
完成情况	为全区农村50岁以上群众进行免费体检，这项工作难度大，摸底有7万名，实际体检70043名，各乡镇卫生院的医务人员带上设备到村委会采取发放洗衣粉、毛巾、香皂等办法进行体检，有些不能前来体检的就主动到老百姓家里体检。为10000名农村适龄妇女进行宫颈癌筛选，实际筛查12067人，疑似7例，复查7例，确诊1例；免费为187例白内障病人做复明手术。以上三项任务全面完成。	
存在问题	有些群众对卫生健康行动认识不足，缺乏参与的主动性。	
总体评价	好	
责任领导	何　锟	
牵头部门	卫生局	
项　目	六、“少生快富”工程	
目标任务	完善计划生育利益导向机制，实施“少生快富”整乡推进达到3个乡镇，其余乡镇均要有1个整村推进试点村，全年实施少生快富工程1000例。创建自治区级“星级乡镇”4个，出生人口政策符合率达到88%以上。全面提升人口和计划生育工作水平，争创国家计划生育优质服务先进县（区）。	
完成情况	“少生快富整村（乡）推进”工作	2011年寨科、河川、官厅（原）3个乡实施少生快富“整乡推进”，其余乡镇均有1个少生快富“整村推进”试点村，寨科、河川、官厅（原）3个乡“少生快富”目标人群落实率达到98.6%，9个“少生快富整村推进”村目标人群落实率为97.4%，高出自治区规定（85%）的12.4个百分点。
	“少生快富”工程完成情况	截止2011年12月底全区完成少生快富工程1024例，完成任务的102.4%。
	□“星级乡镇”创建	彭堡镇被命名为“五星级乡镇”、头营镇被命名为“四星级乡镇”。
	国家计划生育优质服务先进县（区）创建	我区因未达到“推荐的全国计划生育优质服务先进单位须获得自治区计划生育优质服务先进单位称号三年以上”要求，自治区不予上报验收。
存在问题	一是计划生育利益导向机制宣传不到位；二是出生政策符合率虽然完成预定目标，但横向比较仍然偏低；三是“少生快富”补偿资金到位不及时。	
总体评价	好	
责任领导	刘世贤	
牵头部门	计生局	

项　目	七、创业就业计划
目标任务	推进全民创业,大力促进就业。整合各类培训资源,创新培训方式,全年培训城乡劳动力 1 万人,完成职业技能鉴定 3000 人,就业率达到 90%以上。建立创业带动就业和小额担保贷款联动机制,全年发放全民创业小额担保贷款 1500 万元。新建创业园区和孵化基地 2 个,培育小老板 160 人,发展小企业 160 个,新增城镇就业 3000 人。新建劳务基地 15 个。
完成情况	全年培训城乡劳动力 1.78 万人,完成任务(1 万人)的 178%,开展职业技能鉴定 3012 人,完成任务(3000 人)的 100%。培训后就业率达 96%,高出任务 6 个百分点。建立创业带动就业和小额担保贷款联动机制,为全区 324 名创业者发放小额担保贷款 2182 万元,完成放贷任务(1500 万元)的 146%。新建彭堡镇硝沟养殖创业孵化园、新时代购物中心创业孵化园,拓展提升 2 个,共计 4 个,完成任务(2 个)的 200%;培育和发展小老板 302 人,完成任务(160 人)的 189%;培育小企业 217 个,完成任务(160 个)的 136%;创造新就业岗位 1677 人,完成任务(1600 个)的 105%;新增城镇就业 3002 人,完成任务 100%。新建山东东方海洋科技公司等劳务基地 15 个,完成任务。
存在问题	创业小额担保贷款数额小,不能满足创业发展需求。
总体评价	好
责任领导	刘世贤
牵头部门	人社局
项　目	八、民生保障工程
目标任务	完善城乡一体化社会保障服务体系建设,突出抓好新型农村养老保险和统筹城乡居民基本医疗保险工作,参保率分别达到 85%和 93%以上。推行城乡困难群众医疗救助“一站式”服务,为身患重病、大病的群众提供优质便捷的服务。面向全社会公开招聘 50 名社会工作者,为社区残障、孤老人员提供经常性的保健咨询服务。
完成情况	2011 年新型农村养老保险参保 133359 人,参保率达到 88%,超额完成 85%的任务,比自治区规定试点第一年参保率达到 50%的目标任务高 38 个百分点，统筹城乡居民医保参保 340185 人,参保率为 96.84%,超额完成了任务。筹资 200 万元作为大病医疗救助基金。面向社会公开招聘 50 名社会工作者,为社区残障、孤老人员提供经常性的保健咨询服务,此项工作任务完成。
存在问题	由于有户无人或常年在外务工人员较多,给“两保”信息采集及基金征缴带来一定难度。
总体评价	好
责任领导	刘世贤
牵头部门	人社局

项　目	九、全民健身及文化惠民工程
目标任务	加强文体和广电基础设施建设，繁荣先进文化。为全区所有行政村配备篮球、象棋等体育活动器材。实施广播电视“村村通”、农村数字电影放映工程，发放安装卫星地面接收设备10000套（户），全年放映数字电影2784场。为街道社区和村级配备50个自乐班音响、乐器和服装。继续推进文化体制改革，提升民族艺术团演出水平，全年公益性演出不少于20场次。加强街道社区文化建设，各个街道社区都要组建文艺演出队，全年开展广场文艺演出不少于30场次。乡镇要发挥文化站作用，每个乡镇开展公益性演出不少于5场次。西北农耕博物馆6月份开馆运营。
完成情况	实施全民健身工程，为全区193个行政村配备篮球、羽毛球、象棋等体育活动器材，全部完成。发放安装卫星地面接收设备10676套，全面完成任务。完成农村数字电影放映2304场，农林牧场、广场社区放映480场，全面完成。为57个农村配备音响、乐器和服装等设备，全面完成任务。完成进社区公益演出81场，组织广场文化演出42场，指导农村、社区自乐班演出900多场次，每个乡镇均完成5场以上公益性演出任务。西北农耕博物馆建设完成内外装修及附属工程，正在开馆前的布展调整工作，布展布局调整完成后即可开馆。
存在问题	一是文化体育活动经费普遍短缺，致使所配备的文化体育设备不能满足当前开展活动的需要；二是西北农耕博物馆布展进度慢。
总体评价	较　好
责任领导	刘世贤
牵头部门	文体局
项　目	十、危房危窑改造工程
目标任务	不断改善农村人居环境，按照新的抗震设防标准，改造农村危窑危房1000户。筹集资金对100户特困家庭实施全额救助，一次性改善住房条件。
完成情况	经过积极争取，自治区共下达我区危房改造任务2100户。第一批任务1500户，其中危房改造800户，生态移民建房700户；第二批任务600户，主要对C级危房进行加固维修和粉刷亮化。在实施过程中，结合我区实际，经请示自治区住房和城乡建设厅同意，将建设任务调整为：危房改造700户，生态移民800户，C级危房加固600户。目前，共完成危房改造2164户，其中，生态移民建房824户，C级危房加固维修和粉刷亮化600户，危房改造完成740户，并对100户特困家庭实施了全额救助的“交钥匙”工程。
存在问题	危房危窑改造工程中普遍存在底数不清的现象，部分极度贫困户得不到及时全额救助，需要进一步做好摸底调查工作。
总体评价	较　好
责任领导	康建宁
牵头部门	交通和乡镇建设局

固原市原州区国民经济和社会发展第十二个五年规划纲要

序 言

“十二五”时期(2011~2015年)是我国全面建设小康社会,加快社会主义现代化建设的关键时期,也是原州区应对挑战、加快发展的重要时期。站在新的历史起点,面对新的历史机遇,编制一个具有战略前瞻性、政策导向性和实际可操作性的《原州区国民经济和社会发展第十二个五年规划》,对于贯彻科学发展观,高起点推进全区经济和社会新一轮发展,实现到2020年与全国同步进入全面小康社会的奋斗目标具有重要意义。

《纲要》主要依据《国家“十二五”规划重大问题研究指南》、《国务院进一步促进宁夏经济社会发展的若干意见》,自治区党委、政府《关于进一步促进固原经济社会加快发展的若干意见》、《固原市人民政府办公室关于做好固原市“十二五”规划编制通知》及国家关于第二轮西部大开发的相关意见和有关法律法规进行编制。

《纲要》贯彻党的十七大、十七届三中、四中、五中全会精神,全面阐述了原州区经济社会发展的指导思想、发展思路、战略定位、战略目标和政府的工作重点,是今后五年乃至更长时期原州区国民经济和社会发展的宏伟蓝图,是全区人民为之共同奋斗的纲领性文件。政府将通过年度计划、专项规划,综合运用经济、法律和行政等手段,动员组织全社会力量,努力保证“十二五”规划目标任务的完成。

第一章 原州区“十一五”经济社会发展回顾

“十一五”时期,原州区在自治区、固原市党委、政府的正确领导下,全面落实科学发展观,认真贯彻执行自治区第十次党代会和第三次、第四次固原工作会议精神,抢抓西部大开发发展机遇,大力发展特色农业,加速发展工业,着力提升第三产业,不断加快基础设施建设和社会事业发展步伐,经济和社会事业全面快速发展。

一、“十一五”经济社会发展取得成就

(一)经济快速增长,综合实力明显增强

预计2010年,全区实现地区生产总值44.6亿元,是2005年的1.3倍,年均增长17.7%。其中一、二、三产业增加值分别达到7.5亿元、8.8亿元、28.3亿元,年均增长12.5%、18.5%和19.3%。2010年全区完成固定资产投资44亿元,年均增长22.6%;地方财政一般预算收入达到1.005亿元,年均增长35.5%,主要经济指标提前一年完成“十一五”规划目标,综合经济实力大幅度提升。

(二)三次产业发展稳步推进,产业结构逐步优化

针对农业为主,工业经济基础薄弱的实际,“十一五”期间,积极调整产业发展思路,突出发展工业经济,产业结构趋向优化。农业方面:以做大、做强草畜和马铃薯“两大产业”,扩大蔬菜和特色种植“两大基地”为种植业工作重点,建成设施农业7.2万亩,成为宁南山区设施农业第一县,增收带动作用逐年显现,已基本形成了以马铃薯、草畜、特色种植和蔬菜四大优势特色农业产业体系;工业方面:以工业园为发展平台,着力培育发展重点企业和龙头骨干企业,一批科技含量高,技术水平先进、上档次、上规模的企业入驻清水河工业园区和中河乡马铃薯淀粉园区。截至目前,清水河工业园区共引进企业76家,其中68家投产发挥效益。2010年全区实现工业增加值达5.2亿元,已形成了以农产品加工、建材、铸造等为主导的工业体系;服务业方面:2010年,在改造提升餐饮住宿、

交通运输等传统服务业的同时，积极发展市场物流、中介服务、金融保险等新型业态，全社会消费品零售总额达到17亿元，年均增长19.2%，商贸流通市场建设卓有成效，商贸经济快速提升；通过加大旅游业开发力度，完成旅游景区基础设施建设项目和丝绸之路申报工作，建设了青石碑红军长城纪念碑，黄铎堡古城门楼等旅游景点，成功举办了须弥山旅游推介会和文化旅游周活动，红色旅游业发展得到迅速提升，"十一五"期间，接待游客将近35万人(次)。

(三)基础设施投资力度加大，小城镇建设取得良好成效

"十一五"期间，原州区累计完成固定资产投资123亿元，围绕建设"宁南山区经济核心区、文化中心区、宜居创业和谐之区"的目标，大力推进新农村建设步伐，新修农村砂砾路63条718公里，新建油路78条814公里，通油路的行政村达到149个，占行政村总数的77%。新建漫水桥45座，农村客运站12个；通过狠抓机场建设，优化交通体系，逐步形成了以公路、铁路及航空为主导的多种运输方式相互支撑、共同发展的格局；加固病险水库12座，新增灌溉面积8.8万亩。通过东部农村人饮安全工程通水和各类小型人饮工程的实施，解决安全饮水人口13.8万人，农田灌溉和人饮供水保障水平得到提升；加大小城镇规划建设力度，已完成了张易等小城镇建设，小城镇发展初见成效。

(四)生态建设步伐加快，生态环境明显改善

"十一五"期间，原州区通过实施退耕还林、三北防护林、天然林资源保护等重点工程，累计完成人工造林面积125.58万亩，其中退耕还林面积105.15万亩，封山育林4.5万亩，绿化乡村道路132公里，森林覆盖率达到12.7%以上；通过加大水土流失治理力度，开展小流域综合治理和淤地坝建设，治理小流域水土流失面积477平方公里。生态功能逐步修复。新建3个县内生态移民新村，搬迁移民1720户8246人，实现了当年建设，当年入住，并加大了移民迁出区生态恢复力度，人居环境明显得到改善。

(五)人民生活水平不断提高，社会事业统筹发展

"十一五"期间，原州区城乡居民收入水平快速提高。2010年城镇居民人均可支配收入达到14200元，比"十五"末净增6954元，年均增长14.4%。农民人均纯收入3546元，比"十五"末净增1619元，年均增长13%，超出规划目标6个百分点。

"十一五"原州区社会事业发展基本情况

类　别	完成工作	取得成就
教育事业	全面完成"两基"攻坚工作和教育强区创建工作。	2006年提前一年实现了"普九"目标，2008年顺利通过国家评估验收，并荣获国家"两基工作先进县"。2010年实现教育强区目标，小学适龄儿童、少年入学率分别达到99.9%和99.1%，青壮年非文盲率达到98.9%；高考录取率达到65.7%；中考合格率为78.2%，超出全市平均水平16.15个百分点。
科技事业	实施科教兴区战略，建设高标准科技示范园区17个，推广设施农业5.6万亩，开展科技实验示范51项，引进动植物新品种100多个，实现了村村通宽带，以信息化带动农民致富。	科技进步对经济增长贡献率达到43%，农业科技覆盖率达到92%，科技推广率达到95%，科技普及率96%，农村信息化点覆盖面达到100%，并顺利通过国家9部委验收。"全国科普示范县"创建工作全面启动。
医疗卫生事业	完成11个乡镇卫生院和黄铎堡等3个村级卫生院改扩建和原州区医院综合业务楼的建设；全面落实药招"三统一"政策，国家基本药物制度落实，"四免一救助"工作逐步展开，重点卫生项目开始实施。	全区药品"三统一"三方合同签订率为100%；农村合作医疗参合率达到88.4%。适龄儿童疫苗接种率98.7%以上，各种地方病得到有效控制，住院分娩率达到99%，新生儿疾病筛查率达到100%。

类　别	完成工作	取得成就
文化事业	建成乡镇文化站8个，建设毛家台子农家乐(民俗村)和青石嘴战斗纪念碑。	城乡文化基础设施明显改善，红色旅游、人文景观游、民俗风情游等旅游业进一步发展。
计划生育	建成张易、彭堡、河川、寨科、头营等乡镇计生站。	2010年，预计全区人口自然增长率为9.43‰，全区总人口为44.5万人，预期实现了人口自然增长率控制在13‰的目标。
劳动就业和社会保障	全面落实“五险一金”制度，城镇居民医疗保险和农民最低生活保障制度全面推行。全面启动了新型农村医疗合作制度，多途径促进大中专毕业生就业。	2010年“五险一金”覆盖率达到96%，城镇居民医疗参保率达到95%。“十一五”期间，累计实现城镇新增就业1.6万人。登记失业率控制在3.95%以内。
扶贫开发	顺利完成了三批104个整村推进村的扶贫开发工作。	“十一五”期间，五年内贫困人口减少了7.8万人。

总体而言，“十一五”规划实施以来，原州区坚持以科学发展观统领发展全局，抢抓发展机遇，注重发挥中长期规划的指导作用，加强政府职能转变和推动各项工作重点任务，在经济社会发展和社会公共服务管理等各个方面都取得了明显成效。

二、存在问题

在充分肯定原州区“十一五”期间经济社会发展取得显著成绩的同时，也要清醒地认识到，全区经济社会发展还面临较多的困难和问题。主要表现在：

一是经济总量较小，发展基础薄弱。2010年全区人均GDP为10136元，接近自治区平均水平的一半，经济总量较小。全区发展基础薄弱，固定资产投资不足，制约了经济和社会的跨越式发展。

二是资源优势转化不突出，发展层次低。传统产业比重偏大，工业发展没有规模效应和品牌效应，自然资源优势难以转化为经济优势，全社会缺乏投资活力，现有企业规模普遍偏小，基本属于资源加工型企业。产业加工层次低，产品附加值不高，科技含量偏低，总体上还处于高消耗、高排放、难循环、低效率的增长方式。

三是农业效益低下，农民增收任务还很艰巨。农业产业化程度较低，龙头企业带动能力不强，设施农业发展起步较晚，产业体系还不完善，农村特别是山区农民生产、生活条件还比较落后。

四是水资源短缺，供需矛盾尖锐。原州区人均水资源占有量仅为全国人均水资源占有量的十分之一，为自治区人均占有量的三分之一，资源型缺水和工程型缺水并存，水资源供需矛盾日益尖锐，水利基础设施薄弱，防汛抗旱形势依然严峻，水土流失和水污染防治任务艰巨。

五是城乡基础设施配套不足，投资环境有待改善。目前，原州区农村灌溉及安全饮水设施还未全面普及，部分村镇道路路况条件较差，有待进一步改善。同时，区内公共服务基础设施建设滞后，投资环境档次低，难以为招商工作提供较好支撑。

六是社会事业发展相对滞后，公共服务水平偏低。教育、卫生人才紧缺，城乡差距大；科技人才力量薄弱；人口形势依然严峻，计划生育任务艰巨，人口整体素质与经济发展不相适应；文化资源挖掘开发不够，产业发展滞后；城镇待业青年、高校毕业生、复退军人等就业问题突出；部分山区贫困居民住房问题难以解决，依然存在居住高危房现象，社会保障水平普遍较低。

第二章　“十二五”经济社会发展面临形势

一、发展机遇

“十二五”是我国深入推进西部大开发战略的重要历史时期，全球一体化进程的加快和我国对促进西部地区发展的政策倾斜力度的进一步加大，西部地区经济发展将会面临空前的历史机遇。

一是国际国内产业大转移,为我国经济提供了广阔发展空间。在国际国内产业新一轮大转移趋势的带动下,原州区可积极依托本地特色资源,制定优惠政策,主动和有针对性地承接产业转移,促进和带动地方经济发展。

二是新一轮西部大开发战略的实施,为原州区经济发展提供了新的政策机遇。西部大开发第二次会议指出:2010年要继续加大中央财政对西部地区的转移支付和各类专项资金支持力度,积极推进社会事业发展和改善民生,加大对六盘山地区的扶贫开发力度,原州区将被列为重点扶持地区。

三是中央扩大内需有关措施等一系列决策部署,为原州区重大项目建设提供资金支持。近年,国家扩大内需政策提出,要大力加强基础设施建设,尤其是促进西部大交通网络体系的形成,着力改善民生。这对原州区优化基础设施建设,改善投资环境,提供了重要支撑。

四是国务院《关于进一步促进宁夏经济社会发展若干意见》的出台,为原州区经济发展提供方向引导和项目支持,《意见》指出,要大力扶持宁中南地区发展,对固原等地区要给予必要的政策和资金支持,切实解决贫困问题,这对促进原州区经济社会发展提供了重要的外部推动力。

五是国家加大对陕甘宁革命老区的扶持力度,为原州区经济发展带来契机。国家正在加紧编制《陕甘宁革命老区振兴规划》,随着规划的出台实施,将对原州区产业发展提供有利的政策与资金支持。

六是呼包兰经济带发展的日益成熟,为原州区经济发展做好产业协作配套,接受增长极产生的辐射效应,提供了重要的基础前提。同时,自治区沿黄城市带规划的出台,为原州区发展生态移民,吸纳富余劳动力提供新的机遇。

二、面临挑战

"十二五"期间,原州区经济发展面临着众多国内外发展机遇,同时也将面临着各方面的挑战:

一是产业转移带来的挑战。国内外产业转移虽是机遇,但同时也是挑战。发达地区向不发达地区转移的主要是污染大,能耗高的落后产业。原州区生态环境脆弱,怎样有选择的承接产业转移,合理处理好经济发展与环境保护相协调的问题,将是一个重大挑战。

二是激烈市场竞争带来的挑战。我国改革开放三十年来,市场经济全面推行,西部地区也在逐步受到来自国外和国内发达地区市场的冲击,这势必给作为后发的原州区扶持龙头企业,培育企业核心竞争力带来挑战。

三是是生态环境保护与经济发展的相互协调带来的挑战。"十二五"时期,加大生态修复力度,着力改善民生,提高居民生活质量将是国家经济社会发展重点关注问题,原州区水资源匮乏,生态环境脆弱,工业经济发展刚刚起步,地方财力有限,一方面要治理污染,保护环境,改善民生;另一方面加大资源开发力度,促进工业经济发展,如何争取和协调资金的投入,将是一个重大挑战。

四是大量富余劳动力与农村劳动力老龄化带来的挑战。"十二五"期间,原州区劳动力数量还会有所增加,大量劳动力转移输出带来的就业问题、管理协调问题、安全问题以及后续相关问题给服务管理部门会带来较大工作压力,也将对劳务中介组织和技能培训部门的管理与协调提出更高要求。同时,随着农村劳动力老龄化程度加快,劳动力素质下降,将为新农村建设带来一定困难和挑战。

第三章 "十二五"指导思想及总体要求

一、指导思想

深入贯彻落实科学发展观,抢抓第二轮西部大开发机遇,以党的十七大五中全会精神以及国务院进一步促进宁夏经济社会发展的意见为指导,按照宁夏回族自治区"坚持以自主创新提升产业结构、坚持以绿色发展改善生态环境、坚持以发展民生构建和谐社会"的总体要求,紧紧围绕第四次固原会议精神实现追赶发展和全面建设小康社会的目标。以经济建设为中心,以改善民生为出发点和落脚点,以科学发展为主题,突出重点抓生态,调整结构创特色,依靠科技增效益，改革开放求发展，精神文明促和谐，民族团结促进步、民主政治保稳定，改善民生促繁荣，推动经济持续、快速、健康发展和社会全面进步。不断开创原州区经济、政治、社会、文化、生态建设的新局面。

二、总体要求

一是以经济持续发展为重点。坚持发展是硬道理，牢牢把握固原市第四次工作会议确定的五大产业基地建设的战略机遇，以产业建设为中心，充分发挥比较优势，加快推进工业化和城市化进程，努力保持原州区国民经济又好又快发展，在加快发展中解决经济社会矛盾和问题，努力缩小与全国、全自治区的发展的差距。

二是以生态移民为重点。全面推进民生工程，加快原州区扶贫攻坚步伐，扩大社会就业，完善社会保障，促进基本服务均等化，统筹山川城乡协调发展，促进民族团结，走和谐发展之路。

三是以加快对外开放为重点。抢抓宁夏加快对外开放契机，积极建设发展内陆开放型经济，主动融入更大空间、更高层级的区域系统发展。加强原州区同国内外区域合作，加入世界经济一体化发展进程，开创改革开放新局面。

四是以建设节水型社会为重点。加大节水力度，珍惜水资源，加强节水农业基础设施建设，利用先进的节水技术，改造提升农业发展水平，促进农业高效、持续快速发展。

五是以培育发展特色产业为重点。依托优势资源，引进高新技术企业，大力培育和发展特色产业，积极开拓发展战略性新兴产业，积极推进新型工业化发展，促进工业快速转型和升级，使之成为经济增长重要支柱。

六是以改善生态环境为重点。加大退耕还林力度，加强水土流失综合防治，提高森林覆盖率。狠抓节能减排，推行清洁生产，加大污染治理，发展循环经济，走可持续发展之路。

三、发展思路

“十二五”期间，以科学发展为主题，以加快转变经济发展方式为主线，紧抓建设固原为次中心城市发展契机，坚持“率先突破、跨越发展、创新转型、绿色增长、和谐推进”发展理念，贯彻“助升级壮农业、促转型强工业、扬文化兴旅游、求创新提科教、稳基础重城乡、重民生抓保障”方针，立足“宁夏民俗风情与历史文化名区、西兰银交汇地物流中心、宁夏盐化工循环经济示范基地、宁夏生态农业示范基地”定位。实施“生态农业富民、新型工业强区、文化旅游名区”三大战略，着力发展“清真食品及穆斯林产品、新型盐化工、现代旅游、现代物流、劳务产业”五大产业，构建现代产业体系；强化城乡统筹发展，着力改善民生，切实提高城乡居民收入水平，共建文明和谐社会。通过“十二五”时期的发展，使原州区综合经济实力、社会事业和人民生活水平再上一个新台阶，成为宁南地区经济发展的重要窗口和增长极，基本达到小康社会要求，打造成和谐、开放、幸福的生态经济强区。

概括来讲，即：坚持“一个理念”，围绕“一个总体方针”，立足“一区一心两基地”定位，实施“三大战略”，发展“五大主导产业”。打造和谐、开放、幸福的生态经济强区。

四、战略定位

结合区自然、区位、经济社会发展的实际，充分挖掘和发挥资源优势，未来五至十年原州区总体战略定位是：

宁夏民俗风情与历史文化名区。借助宁夏“南大门”区位优势，充分挖掘原州区历史文化名城特色，加快文化遗址、文物、民俗风情开发。成就特色，铸就品牌，发挥优势，将原州区发展成为宁夏集悠久历史文化底蕴与民俗风情特色于一体的独具异域特色，又不失中国传统文化的历史名区。

西(安)兰(州)银(川)交汇地物流中心。充分利用原州区处于兰州、西安、银川三大城市中心的区位优势，大力发挥物流仓储，物流中转加工等物流功能优势，打造成连接西兰银交汇地的重要物流枢纽中心区。

宁夏盐化工循环经济示范基地。充分吸收西安、兰州、银川三大城市经济发展的辐射效应，紧紧围绕三大省会城市的主导产业和重点骨干产业，依托原州区现有的盐资源禀赋优势，发挥产业分工协作配套职能优势，重点发展盐化工产业，打造宁夏盐化工循环经济示范基地，带动当地经济快速发展。

宁夏生态农业发展示范基地。抢抓国家发展生态农业历史机遇，依托原州区农业大区基础优势，积极构建生态农业发展体系，率先突破实现农业现代化和生态化，不断提高农民收入，形成窗口示范作用，打造原州区宁夏生态农业示范基地。

五、发展目标

“十二五”时期原州区经济社会发展的总体目标是：

综合经济实力实现新跨越。地区生产总值达到102亿元，年均增长18%；第一产业增加值达到11亿元，第二产业增加值达到25.7亿元，第三产业增加值达到65.3亿元，年均分别增长8%、24%、18%；人均生产总值达到21474元，比2010年翻一番。地方财政一般预算收入达到2.11亿元，年均增长16%；全社会固定资产投资达到134.3亿元，年均增长25%。

经济发展方式进一步转变。高效生态农业稳步发展，新型工业和现代服务业加快发展，结构调整为11:25:64，二、三产业占总产值的比重达到89%以上，城乡结构进一步优化，城镇化率达到40%，年均增长2%；科技运用能力明显提升，科技进步贡献率达到46%以上，率先进入宁南山区科技示范区行列。

人民生活水平和质量进一步改善。城镇居民人均可支配收入年均增长12%，达到25025元；农民人均纯收入年均增长12%，达到6250元，基本消除农村贫困现象。

和谐社会进一步发展。基本普及高中阶段教育，高中阶段教育毛入学率达到85%，巩固扩大教育强区创建成果，促进教育均衡发展。公共卫生服务功能和水平进一步增强，新型农村合作医疗全面普及。社会保障体系更加完善，社会保险覆盖面达到100%，城镇登记失业率控制在4%以内。公路、能源、水利基础设施基本满足群众需求，防灾减灾能力进一步增强，安全生产和社会治安状况进一步好转。民主法制建设和精神文明建设取得新进展。

可持续发展能力进一步提高。到“十二五”末，全区人口自然增长率控制在10‰以内，总人口控制住46.5万人以内。资源利用率显著提高，万元地区生产总值能耗下降20%。城镇环境设施总体完善，污水处理率达到80%以上，城镇垃圾集中处理率达到100%，COD指标、SO_2排放量全部达标。充分发挥生态碳汇效应，加大生态林建设，森林覆盖率达到25%以上。人居环境明显改善，生态文明建设成效显著。

原州区“十二五”主要经济社会发展指标

指 标		单位	2015年	年均增长(%)	指标属性①
经济目标	生产总值	亿元	102	18	预期性
	人均生产总值	元	21474	16.7	预期性
	地方财政一般预算收入	亿元	2.11	16	预期性
	全社会固定资产投资(累计)	亿元	134.3	25	预期性
	三次产业增加值比重		11:25:64		预期性
社会发展目标	城镇化率	%	40	2	导向性
	城镇基本社会保险覆盖率	%	100		约束性
	新型农村合作医疗覆盖率	%	100		约束性
	高中阶段教育普及率	%	85		约束性
	城镇登记失业率	%	4		约束性
	人口自然增长率	‰	10		约束性
	科教文卫支出占财政支出比重	%	20		约束性

指 标		单位	2015年	年均增长(%)	指标属性①
人民生活质量目标	城镇居民人均可支配收入	元	25025	12	预期性
	农民人均纯收入	元	6250	12	预期性
	行政村柏油路通达率	%	100		约束性
	城镇自来水普及率	%	90		约束性
	农村“三通”入户率	%	60		约束性
资源环境目标	森林覆盖率	%	25		导向性
	常用耕地面积指数	100	99		导向性
	建成区人均公共绿地面积	m^2	12		导向性
	城镇生活污水处理率	%	80		预期性
	万元GDP能耗			降20%	约束性
	万元GDP水耗			降20%	约束性
	生活垃圾集中处理率	%	100		预期性
	COD排放指标		达标		约束性
	SO_2排放量		达标		约束性

①指标属性

● 导向性指标。政府希望的发展方向，主要依靠市场主体的自主行为实现的指标。政府通过创造良好的宏观环境、制度环境和市场环境，使市场主体的行为方向与政府希望的发展方向尽可能一致。

● 预期性指标。在导向性基础上进一步强化了实现意愿的指标。政府综合运用财政、产业、投资和价格等政策引导社会资源配置，努力争取实现。

● 约束性指标。在预期性指标基础上进一步强化了政府意志的指标。是政府公共服务的职责要求，政府通过合理配置公共资源和有效运用行政力量，确保实现。

远景目标：到2020年，实现生产总值比2015年再翻一番，突破200亿元，人均GDP达到35800元，城镇化率达到50%，二、三产业所占比重超过90%。与全国同步实现全面小康社会目标。

第四章 积极发展生态农业，促进城乡统筹发展

一、优化农业产业结构，做大农业示范基地

“十二五”期间，农业总体发展思路是“一稳二提三促进”，即经过五年的建设和发展，继续稳定农作物播种面积，加强农业基础设施和生态农业生产基地建设，增产增收，确保粮食安全生产；提升清真牛羊肉和马铃薯两大主导产业发展，扶持壮大有较强竞争力的龙头企业，打造原州区清真牛羊肉、马铃薯品牌；促进蔬菜(冷凉、设施)、葵花、枸杞3个优势特色产业做大做强。通过企业带动和农产品物流配送，内联基地外联市场，形成以经济作物种植和肉牛肉羊养殖为主的农业产业化发展格局，促进原州区农村经济持续、稳定、协调和健康发展。

“十二五”期间，充分利用自然资源优势，按照“区域布局、注重品质、集中连片、规模发展”要求，集中做大做强一批农业示范基地。形成以头营、彭堡为中心的生态型冷凉蔬菜生产和肉牛养殖基地，以三营为中心的枸杞生产基地，以张易为中心的马铃薯种薯生产基地，以开城为中心的中药材生产基地，以河川为中心的经果林生产基地；加强农业基础设施建设，扶持和培育龙头企业，推进农业产业化经营，重点打造草畜和马铃薯产业集群，构建优质、高效、生态的农业产业体系。

力争到“十二五”末，农业总产值达到26.6亿元，年均递增9.6%，种植业产值达到15.12亿元，年均递增10.4%，畜牧业产值8.6亿元，年均递增8%；农作物

播种面积稳定到174.2万亩以上(含复种面积18.7万亩)，粮、经、饲比例为44:29:27，粮食总产量达到22140万公斤，畜禽饲养总量达到289万羊单位，逐步打造成为宁夏发展生态农业的重点示范基地。

专栏1:生态农业生产基地

养殖业生产基地建设:建设千头肉牛养殖园区10个,500头肉牛养殖园区90个;建设20个养殖规模达到2500头奶牛园区;建设8个养殖规模达到20万只养鸡园区；建成年出栏育肥猪达到5000头的生物环保养猪场(区)50个;建设年产5万吨草产品的加工厂4个。

马铃薯脱毒种薯三级繁育体系建设:建设原原种繁育中心300亩,原种、一级种薯繁育基地建设2万亩,田间工程平整土地7万亩,配套基础设施等。

生态型冷凉蔬菜生产基地:以打造宁南山区冷凉蔬菜第一县为目标,形成2个产业带,覆盖3个乡镇,建设外向型万亩冷凉蔬菜基地2个,建设千亩日光温室园区3个,带动发展冷凉蔬菜发展10万亩。

中药材生产基地：在全区四个不同类型区形成2个中药材GAP生产基地,4个中药材高效种植示范基地和1个试验示范基地,建成以枸杞、黄芪、柴胡、葫芦巴等重点品种为主的中药材基地10万亩，其中枸杞8万亩,中药材商品量达到1500万公斤。

经果林生产基地:建设红梅杏、早酥梨等小杂果种植面积5万亩,建设林木种苗基地1万亩。

二、加快农业服务体系建设,提升综合生产能力

积极扶持发展农民专业合作社经济组织,突出抓好各类专业协会、专业合作社和农民经纪人队伍建设,提高农产品进入市场的组织化程度。加快专业批发交易市场建设,逐步形成以头营、三营中心批发市场为龙头,专业批发市场为骨干,农民购销队伍为补充,各乡镇集贸型初级市场为基础的多层次、网络化农产品流通体系。抓住信息服务、仓储保鲜、冷链物流、市场营销等关键环节,大力发展农村连锁经营、冷链、电子商务等现代流通模式。力争到2015年,大型农贸市场达到5个以上,60%以上的农民专业合作社实现标准化生产、品牌化经营、规范化管理,“农超对接”达到50%以上。

专栏2:农业服务体系建设项目

农贸市场建设:建设三营农贸市场和彭堡镇姚磨村冷凉蔬菜农贸市场,加大基础设施建设,配套附属设施和机械设备等;扩建固原嘉泰薯业马铃薯综合批发市场。

农产品加工企业技术改造:新建、改造规模以上马铃薯、粮油等加工企业10家,主要是技改提升生产线,配套污水处理系统。

特色农产品冷链物流配送:在头营、三营新建中型预冷保鲜库2~3个,建设主库2000平方米,制冷工作间600平方米;钢结构大棚6000平方米,转运站台2800平方米,配套建设附属设施和预冷设备。

三、统筹城乡一体化建设,促进城乡共同繁荣

坚持统筹城乡发展的战略思路，通过农业产业化,创办工商企业,发展非农产业,把工业化、城镇化同农村经济变革融合在一起,使农村生产力水平得以大幅提高。在改造小农生产和自然经济增长方式的同时,使工业化、城镇化同促进农村全面发展融合在一起,从根本上逐渐消除城乡间的界限和差别。

(一)加快城镇化建设步伐,优化城乡空间布局

强调空间集聚,改变分散状态,促进人口和生产要素向城区、中心镇、中心村集中,淡化行政体制和区划,形成合理的市域城镇体系。加强规划引导,以改、扩建市场为基础,力争完成三营、头营、开城、彭堡等小城镇基础设施建设以及开城镇政府搬迁及小城镇建设,启动中和乡小城镇建设项目,提升商贸中心集镇地位。同时,稳步加强农村中心村建设,推进原州区城乡一体化发展进程,缩小城乡差距。到2015年,小城镇人口达到18.9万人,城镇化率达到40%,小城镇建成区面积达到26.66平方公里,自来水普及率达到75%;85%行政村完成整村规划,45%行政村完成基础设施建设。实现小城镇面貌“一年一变样、五年大变样”。

专栏3:城镇体系布局及小城镇建设

中心集镇:打造形成张易、开城、清河、彭堡、头营、三营六个中心集镇;

一般乡镇:寨科、炭山、河川、官厅、中河五个为主体的一般城镇群,寨科乡小城镇建设：道路工程4KM，给水管道15KM，排水管道8KM，垃圾填埋场1处，燃气管道30KM；供热工程30KM，绿化工程15KM，电力工程、亮化安装路灯230盏，市场硬化1600平方米，征地8亩，建货棚2000平方米，商业用房5000平方米，围墙3000米，厕所三处180平方米。对沿街220户商业房进行改造，改造面积19800平方米。

彭堡镇小城镇建设：道路工程5KM，给水管道10KM，排水管道5KM，垃圾填埋场1处，燃气管道20KM；供热工程10KM，绿化工程10KM，电力工程、亮化安装路灯300盏，市场硬化1800平方米。

开城镇小城镇建设：道路工程5KM，给水管道20KM，排水管道10KM，垃圾填埋场1处，燃气管道30KM；供热工程20KM，绿化工程20KM，电力工程、亮化安装路灯300盏，市场硬化1200平方米，公共设施、配套设施等。

三营镇集镇建设：道路工程5KM，给水管道20KM，排水管道10KM，垃圾填埋场1处，燃气管道40KM；供热工程20KM，绿化工程20KM，电力工程、亮化安装路灯200盏，市场硬化1800平方米。

头营镇小城镇建设：道路工程6KM，给水管道15KM，排水管道8KM，垃圾填埋场1处，燃气管道30KM；供热工程15KM，绿化工程15KM，电力工程、亮化安装路灯200盏，市场硬化1600平方米，附属工程、公共设施。

（二）健全城乡统筹发展机制

健全城乡产业统筹发展机制。把工业化、城市化和农业现代化结合起来，推进产业联动，形成三次产业相互促进、协调发展的现代产业体系，形成“以城带乡、以乡促城”的良好发展局面。

促进城乡基本公共服务均等化。统筹教育、卫生、文化、社会保障等公共资源在城乡之间的均衡配置，重点加强农村社会事业建设。

健全城乡劳动就业发展机制。坚持劳动力资源开发与转移相续合，坚定不移地走组织化、市场化、技能化、品牌化路子，构建城乡一体化的就业平台，建立劳动就业管理、培训、服务体系，以及就业服务网络和市场体系，制定农村劳动力进城创业的优惠政策，加强城乡就业者特别是进城务工的农村劳动者的权益保护。

第五章 推进新型工业化发展，加快工业转型升级

一、重点培育支柱产业

（一）发展地方特色，培育清真食品及穆斯林产品产业集群

充分利用原州区粮油作物、药用植物和蔬菜等丰富资源，扶持和培育清真牛羊肉、淀粉、制药、面粉、枸杞等地方特色产业，采用先进适用技术，努力实现关键技术和重要产品研制的新突破，积极延长产业链，开发新产品，提高产品档次，打造和培育清真产品产业集群，化资源优势为经济优势。

发展重点：通过技术改造、延伸产业链，实现产业升级，重点生产马铃薯精淀粉、全粉、变性淀粉、休闲食品等产品，形成马铃薯深加工产业基地；引进牛羊肉加工项目，形成风味牛羊肉、五香肉、肉罐头等清真肉制品深加工产业基地；充分利用小杂粮生产的自然优势，完善杂粮物流服务功能，建设清真养生小杂粮系列开发园，引进小杂粮精深加工项目，打造小杂粮功能食品基地。中药材加工业向回药制药等领域拓展，重点开发保健药品，建设年产1亿片枸杞多维钙和年产2亿粒回药开发与应用项目，培育具有民族区域特色的新型特色产业；亚麻籽加工在已有的初级加工规模基础上，向亚麻精加工和亚麻籽系列产品深加工领域迈进；积极提高产品档次、打造品牌、形成规模效益，打造清真产品集群。

（二）大力发展盐化工及煤电一体化产业，将资源优势转化为经济优势

“十二五”期间，原州区将主要依托本地区发现的岩盐、煤炭和石灰石等资源，大力发展盐化工产业。通过政府合作，开拓工业发展新理念，大力发展“飞地经济”，在资源条件好的地方，科学规划、合理开发建设原州区盐化工循环经济示范区，实现资源优势向经济优势的转化。

发展重点：以岩盐矿资源开发、煤炭资源开发、石灰岩资源开发为先导，以煤炭深加工、热电联产为基

础,构筑形成以“氯碱化工”和“煤炭深加工”为主体产品框架;以烧碱、纯碱、电石乙炔、聚氯乙烯树脂、煤炭加工产品五大系列为主导产业的盐化工紧密产品链,将盐化工发展成为工业发展的重点突破口,力争在“十二五”末,将原州区发展成为宁夏盐化工循环经济示范基地。

(三)发展新能源产业,积极培育新兴产业

抢抓国家西部大开发发展机遇,以打造宁夏能源基地为契机,大力培育新能源产业,将新能源产业发展为新的经济增长极。

发展重点:以发展风能和太阳能为主导,着力发展风力发电和太阳能电池生产,并围绕新能源逐步向上游延伸产业链。风电前向延伸发展风电零部件制造;光伏发电前向延伸重点发展单晶硅拉棒和切片,光伏电池组件生产。将新能源产业发成原州区重要新兴产业。

(四)发展现代建材产业,实现循环经济发展

按照建材绿色化的要求,依托原州区建材行业发展的良好基础,通过限制淘汰高耗能、高污染的传统建材产业,优化建筑材料产业与资源、环境、社会发展的关系,实现建材产业的可持续发展。大力发展尾矿综合利用,以煤矸石、粉煤灰及工业废渣等工业固体废弃物为原料,发展现代建筑材料,形成“尾矿渣(工业废渣)—新型建材”产业链条,建设和形成煤矿、电厂与盐化工等深加工业相互配套、协调发展的产业集群;胜金水泥力争5年内将水泥生产能力扩大到100万吨、建祥和瑜丰商品混凝土加工能力扩大到80万立方米;改造搬迁建材公司等建材企业,在头营镇建立建材工业园区,发展空心免烧砖为主的轻型建筑材料。

二、优化产业布局,加快工业园发展

(一)明确园区产业定位

按照资源共享、龙头项目带动、企业集群协作的要求,强化政策引导,促进产业链密切相关的企业向工业园区聚合,增强园区吸纳和带动能力。以头营镇为重点,着力规划盐化工循环经济产业园区,积极发展烧碱、纯碱、电石乙炔、聚氯乙烯树脂、煤电等产品,后期以盐及真空盐产品为依托,大力发展电石下游精细化工产品,着力将其打造成省级盐化工循环经济示范基地。

同时,积极发挥盐化工示范基地的引领和带动作用,逐步带动通用航空产业园、清水河工业园、黄铎堡工业小区、杨郎工业小区等其他工业区发展。其中,航空产业园重点发展航空人才培训、飞机装备制造;清水河工业园区重点发展农副产品深加工、物流配送、中医药加工和新型建材;黄铎堡工业小区重点发展淀粉和机砖制造;杨郎工业小区重点发展酿酒和铸造业。

通过合理定位园区主导产业,构建各具特色的产业体系,带动全区工业快速健康发展。

(二)加快园区基础设施建设

积极加快清水河工业园(二期)扩建项目,加快全民创业园建设步伐,加大园区基础设施建设力度,修建园区河道护堤,新建园区大桥、园区污水及垃圾处理厂以及园区管委会大楼建设项目,完善园区供排水管道、供电线路、道路及绿化建设。到2015年末,实现园区基础设施“七通一平”,积极营造良好的招商环境,搭建坚实的基础服务平台。

三、提高创新能力,优化工业组织,加速工业转型

提高工业创新能力。坚持信息化带动工业化,加快转变经济增长方式,促进工业快速转型。一是力争在技术创新上有较大突破,建立起以企业为主体的技术创新体系,使骨干企业和主要产业的技术创新能力达到国内先进水平;二是力争在企业制度和管理上有较大突破,形成更具发展活力和潜力的现代企业基础;三是力争在品牌创新上有较大突破,打响“清真品牌”;四是力争在加工模式创新上有较大突破,着力发展资源节约型和环境友好型经济,实现节约发展、清洁发展和可持续发展。

优化工业产业组织。着眼于工业产业升级,不断推动工业产业组织朝合理化方向发展。着力培育主业突出、拥有自主知识产权、法人治理结构完善、核心竞争力强、在行业发展中体现主导力量的大企业集团;重视培育成长型中小企业;进一步形成以大企业为主导、中小企业为基础、专业化分工协作为纽带的新型产业组织结构,着力提升以块状经济为特征

的产业集群。

专栏 4:工业发展重点项目

清真产业项目:宁夏天隆生物科技有限公司马铃薯产业化项目、宁夏卓凡枸杞制品项目、固原金亚 5 万吨生化综合饲料项目、雪洋粮油 15000 吨葵花籽加工项目、宁夏伊正年产 1 亿片枸杞多维钙项目、日处理 50 吨胡麻籽项目和 1 万吨小杂粮生产项目、年产 1 万吨小杂粮外贸出口项目、年产 5000 吨水晶粉丝项目、枸杞深加工项目、葵花和无公害脱水蔬菜深加工项目、清真牛羊肉加工项目、年生产 1 亿片枸杞多维钙生产项目和年产 2 亿粒(片)回药加工技改项目。

盐化工项目:天然气及盐化工产品生产项目,建设年生产乙炔 5 万吨、甲醇 10 万吨、烧碱 6 万吨、聚氯乙烯 10 万吨、天然气 2 亿立方、原盐 20 万吨的天然气化工和盐化工相结合的综合化工厂。

新能源项目:建设 135 万 KW 风力发电厂项目、风力发电项目、太阳能电池板项目

新型建材项目:胜金水泥固原分公司技改项目、瑜丰混凝土公司技改项目、年产 20 万方商品砼项目、新型环保建筑材料生产项目。

园区建设项目:新建宁南山区穆斯林产品产业园、建设清水河工业园中小企业创业园项目、工业园区河道护堤建设项目、工业园区综合办公楼建设项目、工业园区大桥建设项目、工业园区污水及垃圾处理项目。

第六章　加速发展现代服务业,完善原州区城市功能

“十二五”期间,原州区将聚集固原市的人流、物流、信息流和资金流,以发展商贸流通、特色旅游业、劳务经济、现代金融和现代物流为突破口,实现生产性服务业和生活性服务业发展升级,努力提高现代服务业增加值,打造宁夏民俗风情与历史文化名区和宁夏劳务培训转移第一区品牌,并逐步建立西兰银交汇地物流集散中心。

一、提升商贸流通业

积极改造优化传统商贸流通业,提升档次和品味。借助原州区为固原市政府所在地优势,发挥市区商业积聚辐射能力优势,积极构建二级网络辐射体系。以重点乡镇为网络节点,构建头营、中河、开城、河川四个二级网络配送中心,逐步形成辐射全区的商贸流通格局。

大力培育龙头企业,活跃商贸流通市场。积极引进各种连锁店、连锁超市、便利店、物资转运和交易市场在头营、中河、开城、河川四个二级网络配送中心落户,加大二级网络配送中心的商业积聚力度,增加人气,培养和提升商业氛围,增强商业辐射力度。实施商业数字化,网络化改造工程,加快商贸流通业改造步伐,提升传统商业经营水平;加快农村物流网络体系建设,通过在中心村新建超市、批发市场、物资配送点等,优化农村商贸网络节点布局,逐步完善农村物资集散和运转的节点建设。力争在“十二五”末,形成比较完备的物资转运体系。

二、发展壮大旅游业

“十二五”期间,以市场开拓和产品开发为两翼,以改革创新为动力,以优化环境为主导,以旅游人才队伍培养为基础,深入挖掘文化历史底蕴,大力发扬回族风情特色和历史文化优势,按照大旅游、大市场、大产业的思路,以发展国际、国内旅游为核心,重点规划建设一批符合资源特点、具有时代特征、牵动作用大的标志性旅游项目。以大力开发六盘山红色与生态旅游景点为重点,加大安西王府开发力度,力争建成国家遗址公园,充分挖掘须弥山旅游资源,创建并打造 5A 级须弥山石窟旅游胜地。依托自治区内陆开放型经济,新建回族特色的民俗风情文化村,积极配套餐饮、住宿等各种符合回俗习惯的基础设施。充分吸引阿拉伯、东南亚国家游客来原州区观光、游玩和居住。将原州区发展成为一个既具回族风情特色,又不失中国文化传统的特色旅游目的地和国际穆斯林旅游目的地。到“十二五”末,旅游总收入和旅游增加值比 2010 年翻两番,旅游总收入占服务业总收入的 5%,接待国内外游客 100 万人次以上,实现旅游经济直接收入 500 万元以上、经济社会总收入 2.3 亿元以上。

专栏 5:旅游业发展重点

围绕三种旅游类型:历史文化游、清凉度假游、回

族风情游。

打造四条旅游线路：黄铎堡古城—须弥山石窟—禅塔山丹霞地貌；中河大营城—战国秦长城—固原古城；叠叠沟—西海子—水沟林场；开城安西王府遗址—二十里铺拱北—东岳山。

建设发展八个旅游景区：青石嘴战斗纪念碑、须弥山石窟景区、战国秦长城景区、西海子景区、开城安西王府遗址景区、廿里铺拱北景区、东岳山景区、固原古城景区。

三、建设现代物流业

“十二五”期间，以国家实施《物流业调整和振兴规划》为契机，充分发挥原州区位于西安、兰州、银川交汇处的区位优势，积极整合现有物流资源，加强与银川、西安和兰州的物流衔接，统一考虑制造、运输、销售等市场情况，完善基础设施建设，夯实机场建设，构建公路、铁路和航空多渠道、多层次的运输网络体系。加大物流园区建设力度，建设清水河综合物流带和三营物流带。充分利用三营南部山区旱码头的优势，通过改善硬件设施，软件条件，建设原州区大型综合物流园地，引进一批专业化的物流企业，确定不同区块之间的功能定位和分工，重点围绕宁夏能源基地、甘肃陇东能源基地、兰州与白银新材料、陕西装备制造业等重点产业，积极完善物流中转、加工、集散、展示、金融信息服务等配套功能，着力将原州区打造成以煤炭、盐化工、新材料等工业产品和农产品、日用百货、穆斯林用品为主要对象的集配送、仓储运输、信息服务、电子商务、融资结算等多种功能于一体的现代物流中心。到“十二五”末，培育形成1~2家年销售收入过亿元的物流企业。

四、大力发展劳务产业

坚持劳动力资源开发与转移相结合，大力转变传统劳务产业发展观念，以技能型劳务基地建设为突破口，以外向型输出劳务为主线，以发展劳务技能培训为重点，不断拓宽劳务输出渠道，坚定不移地走组织化、市场化、技能化、品牌化路子。强化技能培训、信息中介、组织管理、维权服务、形象塑造等关键环节。“十二五”期间，突出打造宁夏劳务技能培训第一品牌。围绕打造劳务品牌搞好劳务技能培训，将原州区不仅发展成固原市的劳务技能培训基地，更要发展成宁夏乃至西北地区的技能培训基地。

一是发展技能培训，通过兴办职业学校、技能培训中心等机构，突出重点优势工种，打造电焊电工、清真餐饮、电子装配、缝纫制鞋、家政保安、建筑装潢“六大品牌”。同时，积极新建阿语学校，引进阿语人才，将原州区清真品牌做大做响。

二是加快形成福建、新疆和内蒙古、京津唐、长三角和珠三角、宁东及沿黄城市带、中东涉外“六大板块劳务输出基地”。特别要加大向沿黄城市带经济区的“劳务移民”力度，加速体力型向技能型、务工型向创业型“两个转变”。

到2015年，以发展劳务培训为重点，使外出转移就业人员培训总数达到15万人以上（引导性培训10万人，职业技能培训5万人），通过职业资格鉴定人数占专业技能培训人数的80%以上，参加引导、技能培训后转移就业率达到90%以上。主区农村劳动力转移就业市场化率达到75%以上。打造宁夏劳务转移培训第一区品牌。

五、加快发展现代金融业

加快推进农村金融体制改革，着重解决金融网点少，农业保险滞后，农村金融服务水平低等问题。积极稳妥推进农村信用社改革，增强支农实力。积极扩展邮政储蓄银行支农服务功能，引导邮政储蓄资金回流农村。着力推进农村村镇银行、贷款公司和农村资金互助社试点，建立健全农民小额信用贷款和农户联保贷款。增加支农再贷款额度，完善扶贫贴息贷款管理，提高资金使用效率。加快农村担保体系建设，建立农业贷款风险基金，积极开展设施农业、特色种养等农业保险，扩大覆盖面。大力发展证券、期货、保险、担保、信托等非银行金融机构，构建多元化金融服务体系。促进金融创新，全面发展创业基金，信托投资，金融融租赁，票据承兑，质押典当等金融服务业，建立产权交易市场，鼓励发展创业投资企业，积极吸引民间投资。加强社会信用体系建设，强化金融监管，防范金融风险。

专栏6：现代服务业重点建设项目

商贸流通：华祺大型酒店休闲娱乐城及住宅楼项

目、大型休闲综合购物中心广场项目、建设头营、中河、开城、河川四个二级商贸网络配送中心节点项目。

文化旅游：固原文化城建设、非物质文化遗产博物馆建设、西海子叠叠沟生态旅游建设项目、禅塔山生态旅游游区建设项目、原州区开城马场生态旅游项目、须弥山景区基础设施及周边环境治理项目、开城安西王府国家遗址公园建设项目、固原城隍庙建设项目。

现代物流：三营民族物流园区建设项目、清水河畔物流园区项目、盐化工物流园区项目、三营火车站工业区商品物流园区项目。

第七章　加快城乡基础设施建设，优化经济发展环境

充分利用国家继续扩大内需、实施第二轮西部大开发的有利时机，抢抓机遇，通过加强区域交通、城乡公共设施、水利、信息化等重大设施建设，不断提高基础设施建设水平。

一、构筑便捷、畅通的交通网络体系

“十二五”期间，为进一步完善交通网络体系，计划扩建固原铁路新客站，三营货运站，完成原州区王洼铁路建设，改建宝中铁路和中宝复线建设；充分利用国家对通用航空放开的政策机遇，依托六盘山机场跑到优、净、空、好的条件，加快固原航空服务业基地建设；加大县乡公路的改造提升力度，加快实施“村村通”延伸工程，逐步实现行政村之间、行政村与自然村之间通柏油路或水泥路，形成完善通畅的农村道路体系。条件好的乡镇要硬化乡镇内所有道路，努力实现“乡镇村内通”。到2015年，全区公路总里程达到2000公里，村级公路、专用公路总里程达到1800公里，力争所有的行政村通上油(水泥)路，并在全区范围内初步建立快速高效、服务优良、公平竞争、充满活力、安全运行的客货运输体系，实现全区交通运输持续、快速、健康发展。

专栏7：交通网络体系重点建设项目

公路通道：农村公路改造项目，改造农村公路962公里；固原三里铺至火车站公路，新建一级油路5公里；市区跨铁路立交桥，建设桥长100米，S203线改建50公里，S203线，改建20公里。改建固将线、固西线等5条县道181.6公里，上坪至康沟等33条村道408公里。

铁路通道：宝中铁路改建130公里，中宝复线改建150公里。

机场建设：机场提升改造，用地面积1000亩。

二、改善城乡公共基础设施

坚持产业支撑、基础配套、整合项目、抓点带面，加强城乡规划，建设布局合理、资源共享、各具特色的城乡体系。加大城镇区道路、绿化、广场、街道门面等市容、市貌的综合整治工作，加大城区棚户区改造力度，改善人居环境，提升生活档次。到“十二五”末，实现建城区绿化率突破30%，街道干净、整洁，基本消除断头路，主城区有大型绿化体育休闲娱乐广场一座，各乡镇有小型绿化休闲广场一座。同时，加强农村“水、气、路、电、房和优美环境”等“六到农家”工程建设，继续做好农村沼气建设，保障农村用水、用气安全，对部分地区因地制宜发展太阳能、风能供电；对山区居住条件较好的村组农户，采取集中点和危房危窑相挂钩的方式搞居民点建设，加大危旧房改造力度，提高危旧房补助标准。力争到“十二五”末，全区农民群众全部告别无抗震性能住房；各行政村都有居委会办公场所，全部建成农村警务室、卫生室、广播室、便民超市、农民书屋和健身广场；全部解决不通电行政村用电问题，切实改善农村生活条件。

专栏8：城乡基础设施重点建设项目

城乡综合改造项目：城周围劳务基地居民点建设、城中村棚户区房屋改造项目(涉及11个乡镇，改造房屋5000户，征地面积325000平方米，配套附属设施，道路建设、燃气管道、绿化亮化、硬化等)、宋家巷回民新村建设（涉及原州区11个乡镇193个行政村1149个自然村改造危旧房7110户）、大村庄综合整治建设、农村能源项目、原州区行政中心建设项目。

城乡绿化建设项目：东岳山公园建设项目、小西湖公园扩建项目、三营清水河河畔公园建设项目。

三、完善水利设施建设

按照开源节流、城乡统筹发展的原则，积极践行可持续发展治水思路，着力推进节水型社会建设，以

节水、节能、增效为中心,以提高灌溉水利用率和效益为目标,着力解决民生水利问题,保障水利建设和改革的成果惠及全体人民群众。

原州区耕地总面积155.47万亩，其中水浇地19.05万亩,仅占12.25%,土地资源在农业发展利用方面潜力很大,而宁夏水资源县级初始水权分配给原州区当地水资源可利用量为0.78亿立方米，黄河水为0.48亿立方米，水资源可利用总量为1.26亿立方米,各类水利工程的现状供水能力仅为0.6亿立方米,资源型缺水、工程型缺水是制约原州区经济和社会发展的瓶颈,因此“十二五”期间水利建设的重点一是水源工程:突出抓好吕坪、高台、大红沟3座中型水库,杨河、双台等6座小(一)型水库建设,除险加固小型病险水库11座。二是饮水安全工程：着力抓好西部引水、张易农村饮水安全等7处工程的实施,2013年末基本解决农村安全饮水问题，60%以上的乡镇实现户户通自来水。三是库井灌区配套与节水改造工程:规划到2015年使原州区节水灌溉面积达到31万亩,大力推广节水灌溉技术,使库灌区灌溉水利用系数由现状0.36达到0.46，田间水利用系数由现状0.6达到0.9,渠道砌护率库灌区渠道总砌护率达到60%,井灌区低压管道配套率达到100%。四是小流域综合治理工程:重点实施杨忠堡、峁头沟等6条小流域治理工程,治理水土流失面积218平方公里。五是中小河流综合治理工程:治理河道196公里。

专栏9:水利重点工程

水源工程:新建吕坪、高台、大红沟等中型水库3座,杨河、张崖等小(一)型水库6座、骨干坝53座,除险加固小(一)型水库11座、水保骨干坝30座,实施彭堡地下水源保护工程和沈家河水库湿地保护工程。安全饮水工程:新建人饮工程7处,截流9处,入户配套人饮工程31处,改扩建人饮工程31处。

节水灌溉工程:实施原州区境内冬至河、郭庙等14座水库灌区、井灌区节水改造配套工程和小型扬水灌溉工程,改善灌溉面积8万亩,恢复灌溉面积10万亩,新增灌溉面积1.5万亩。

水土保持工程:新修基本农田17.5万亩,实施杨忠堡、寺口子、峁家沟、古家湾、渭河、青石等6条小流域治理工程,治理水土流失面积683.8平方公里。

中小河流综合治理工程：新建堤防196公里、护岸392公里,新建各种建筑物126座,建岸边湿地保护区5处。

设施农业供水工程:实施中河至杨郎、头营至孙家河和彭堡3片区设施农业供水工程,发展设施农业节水灌溉面积6.5万亩。

四、加强电力与信息基础设施建设

“十二五”期间,进一步加大城镇与农村电网改造力度,综合提高电力供应能力;积极实施中小企业信息化示范应用和温棚自动化控制技术示范,推进数字化设计和智能化管理,提高企业自主创新及市场竞争力和设施园区效益。加快原州区信息化三级服务管理平台建设，建成一个区级信息管理中心,11个乡镇和3个街道办事处的二级管理中心,194个行政村和11个居委会的终端管理运营服务中心。加大农村信息化综合接入技术示范推广力度,拓宽服务范围,开发应用服务站的多项功能,整合信息资源设备,形成信息服务互动机制,提升农村信息社会服务功能。

专栏10:电力与信息基础设施重点建设项目

信息工程建设:中国联通固原WCDMA网新建工程项目,中国联通固原GSM网新建工程、中国联通固原本地地域城域网传输网新建工程、中国联通固原市客户接入网新建工程、农村信息化建设工程、农村宽带接入网络建设工程、城区及集团单位信息化设施工程、城区宽带网络实施工程。

电力工程建设:城市配电网改造工程、农村配电网改造工程

第八章 加强社会公共服务,实现公共服务均等化

一、大力发展教育事业,不断提高居民文化知识水平

积极贯彻《国家中长期教育改革和发展规划纲要》精神,加大教育事业资金支持力度,努力改善城乡办学条件,加强教师队伍建设,提高教育信息化、现代化水平,推进素质教育,提高教育教学质量,促进人民文化知识水平上升。

（一）基本普及学前教育

积极发展学前教育，把学前教育纳入城镇和新农村建设规划。发挥政府在幼儿学前教育发展中的主导作用。鼓励和支持社会力量采取多种形式举办幼儿园，形成以公办幼儿园为主体和示范，公办与民办幼儿教育相结合的发展格局。到2015年，全面普及学前一年级教育，基本普及学前两年教育，有条件的地区普及学前三年教育。

（二）巩固提高义务教育水平

全面提高普及水平和教育质量，建立义务教育质量基本标准和监测制度，深化课程与教学方法改革。改革考试招生评价制度，切实减轻中小学生过重课业负担。进一步加强中小学生英语、音乐、体育、美术、艺术、科技及心理健康教育，培养学生的创新精神和实践能力。建立城乡一体化的义务教育发展机制，建立外来工子女、农村留守儿童和困难群体子女平等接受义务教育的长效机制。力争到“十二五”期末，小学适龄儿童入学率达100%；初中学龄人口入学率达99.9%以上；高质量、高水平普及九年义务教育，人均受教育年限预期达到10年。

（三）提升高中阶段教育质量

深入推进高中课程改革，全面落实课程方案，保证学生全面完成国家规定的必修课程学习。创造条件开设丰富多彩的选修课，提高课程的选择性；逐步改革高考评价体系，实现高考评价多元化。建立学生发展指导制度，加强对学生的理想、心理、学业等多方面的指导，全面提高普通高中学生综合素质。到2015年，全区高中阶段毛入学率达到85%以上，初中毕业生升学率达到95%以上，基本满足初中毕业生接受高中阶段教育需求。

（四）大力推进职业教育

增强职业教育吸引力，完善家庭经济困难学生资助政策，成立原州区职业教育家庭经济困难学生资助中心，采取多种方式对家庭经济困难学生进行资助；新建原州区职业技能培训中心，统筹中等职业教育与高等职业教育发展，开展多种形式的联合办学，在专业设置上，加大阿语人才培养力度，促使职业教育规模、专业设置与经济社会发展需求相适。到2015年，使区内外中等职业学校招生达到3000人以上，农村实用技术培训覆盖面达农业从业人数的85%以上。

（五）加强教育信息基础设施建设与应用

以快校园网建设为重点，加大信息基础建设力度，全面实现学校学籍管理、人事管理、教务管理、财务资源管理、招生考试管理、图书管理等项目的电子化。到2015年，基本建成覆盖城乡规模以上学校的教育信息化体系，全区各学校基本建成能够实现教学、管理和学习功能的校园网络。区直中小学、乡镇中心小学实现“班班通”、“堂堂用”；小学三年级以上开齐信息技术教育必修课，规范开课率达100%。

（六）全面加强教师队伍建设

继续实施农村特岗教师计划，按照新修订的中小学教职工编制标准，及时补充农村教师。实施新一轮“千百十”园丁工程，有计划地选拔培养一批骨干教师、学科带头人和本地化教育专家；建立激励长效机制，重奖“优秀校长”、“优秀班主任”、“优秀教师”和“先进教育工作者”，形成全社会关心教育、关心人才成长的良好氛围。健全城乡教师队伍交流机制，实施农村区域内、城市区域内教师交流制度，积极推行城区优质学校教师对口支援山区、农村薄弱学校的制度，充分调动广大教师的工作积极性。

（七）强抓机遇，保障投入，不断改善办学条件

紧紧抓住党中央、国务院关于深入实施西部大开发和实施《国家中长期教育改革和发展规划纲要》的战略机遇，争取重大项目投入。建立和完善保障教育优先发展的保障机制，健全以政府投入为主、多渠道筹集教育经费的体制，加大教育投入，落实教育投入“三个增长”。

二、加快科技与人才发展，提升整体创新水平

加大科技投入力度，加快科技成果转化步伐，大力提高全民科技意识和科技素质。按照“自主创新、重点跨越、支撑发展、引领未来”的方针，全面贯彻执行科技法律法规，积极发挥科技对农业、工业、第三产业的支撑作用。力争到2015年，科学技术教育，传播与普及有较大发展，公民科学素质明显提高，科技进步贡献率达到46%以上。

（一）建立科技创新体系

坚持科技进步和科技创新作为加快转变经济发展方式的重要支撑，以体制机制创新为动力，以人才队伍建设为保障，以引进消化吸收再创新和先进实用技术推广为重点，实现关键领域的突破和技术跨越。一是科技创新团队发展到10个，在高层次人才引进和科技创新领军人才、中青年优秀人才培养方面取得实效，显著提高创新人才保障能力；二是创建5个技术服务中心，聚集科技创新要素，夯实科技基础条件，推进科技资源共享；三是培育发展30家中小科技型企业，加快新技术、新工艺、新产品的研究开发、引进创新和推广应用，显著提高企业核心竞争力；四是实施8大科技项目，着力攻克一批具有全局性的关键共性技术，应用示范一批技术水平高、带动能力强、产出见效快的科技成果，显著提高经济社会发展的科技支撑能力。到2015年，力争全社会研究与试验发展投入占国内生产总值达到1.0%以上，动植物良种及先进技术覆盖率达到95%以上，率先在宁南山区通过科技进步考核。

（二）重视科技人才队伍培养、提高科技信息化服务

加强山区信息化建设工程关键性技术的集成与开发，加快农业信息平台和应用数据库建设，开发社区政务、医疗卫生、财务、教育、文化、旅游、社保等管理信息系统，提高社区的管理和服务能力。充分发挥"三农"呼叫中心和农业科技110等信息平台的作用，实现科技信息服务进村入园到户。积极开发利用农业资源数字化管理和生产过程数字化控制、气象预测预报和灾害预警等农业信息服务技术，逐步完善三级信息网络平台建设，以信息化推进农业现代化发展。

三、积极发展文化和体育事业，丰富居民精神生活

按照构建社会主义核心价值体系的根本要求，坚持以人为本和贴近基层、贴近群众、贴近生活原则，围绕提高全区文化"软实力"和人民群众整体素质这一重点，一手抓公益性文化、体育事业，一手抓繁荣，一手抓管理，为推动全区文化、体育大发展、大繁荣提供良好的智力支持和优越的发展环境。

（一）构建并完善公共文化体系，广泛开展文化活动

"十二五"期间，区、乡、村三级公共文化体系全面建成投入使用，图书馆、文化馆、博物馆、影剧院等公益文化设施初具规模，达到国家或自治区级以上管理标准。乡镇综合文化站创建合格率达95%以上。全区各行政村文化活动室文化设施明显改善。积极开展群众喜闻乐见的各种文化活动，着力建设孔子文化、城市社区文化、农村文化、园林文化、广场文化、生态文化、企业文化、校园文化、军民共建文化等，繁荣文化事业。到2015年，村村建有文化书屋，可为群众提供网上浏览、书籍借阅、实用培训、政策咨询、文化娱乐公益性文化服务。

（二）积极保护文化遗产，提高文化产业整体实力

坚持"保护为主，抢救第一，合理利用，传承发展"的方针，加大向上申报项目力度，争取使优秀非物质文化遗产进入国家、省、市名录体系，使更多非物质文化遗产传承人被国家、省、市予以命名，得到上级的政策扶持；采取灵活多样的传习方式，努力提高非物质文化传承的保护水平，推动非物质文化遗产保护工作有成效的开展；加大文物普查工作力度，在巩固现有普查成果的基础上，积极做好文物保护申报工作，争取命名公布一批国家、省、市级以上文物保护单位，并争取使开城安西王府国家遗址公园得以开发保护利用，提高全区文物保护管理工作水平；加大文化与旅游整合力度，以文化为灵魂，以旅游为载体，努力构建集历史文化游、生态休闲游等为主体的市场化、产业化、规模化、集约文化发展体系，着力提高文化产业在区国民经济中占的比重。强化对文化娱乐、印刷、创意、广告设计、包装、演艺、展览、传媒等文化经营产业的引导和培育，催生一批文化产业强势企业。积极开展文化市场综合执法体系改革，加大执法管理力度，促进原州区文化市场规范化、制度化、法制化、科学化发展。

（三）积极发展体育事业

继续实施《体育法》和《全民健身计划纲要》，积极开展以体育健身娱乐、竞技比赛为主体的体育活动，建设一批现代化的体育基础设施，填补空缺。加快各类体育设备的投入，初步形成与基本现代化的中等县

区相匹配、布局合理、装备标准、功能完善的体育设施体系。进一步完善农民体育健身工程配套设施建设项目。“十二五”末,实现社区公共体育设施全覆盖,80%的行政村建有体育健身设施。

四、加强医疗卫生体系建设,提高医疗服务水平

以建设基本医疗卫生制度为核心,加强基层医疗卫生体系、公共卫生服务体系、药品供应保障体系和医疗保障体系建设,提高医疗服务质量和管理水平,加强卫生人才队伍建设,促进全区卫生事业持续、协调、健康、快速发展。

(一)加强医疗卫生服务体系建设,促进城乡卫生事业协调发展

进一步完善基层医疗卫生服务体系建设,保障基层医疗卫生机构的业务用房、基本设备、人力资源、财政投入、服务功能、管理制度、信息系统的正常运行,使之与基本医疗卫生服务需要相适应;加大卫生基础设施建设力度,改善医疗卫生服务条件,实现“两有三配套”(有业务、生活用房;人员、设备和管理相配套)的目标;建立和完善基层医疗卫生的提供、筹资、运行、评价、监管等机制,保障基层医疗卫生服务体系有效规范运转;建立以乡、村、社区卫生服务为基础,以区人民医院为中心的三级卫生服务体系,实现“小病不出乡、大病不出区”的目标。

(二)加强公共卫生服务体系建设,促进公共卫生服务均等化

建立健全公共卫生服务网络,在城乡基层医疗卫生机构普遍落实居民健康档案、健康教育、免疫规划、传染病防治、儿童保健、孕产妇保健、老年人保健、慢性病管理、重性精神疾病患者管理等9类33项国家基本公共卫生服务项目。落实基本公共卫生服务覆盖城乡居民,全面实施妇幼卫生“四免一救助”惠民政策,继续推进健康宁夏全民行动,认真做好重点传染病、地方病防治管理和适龄儿童国家免疫规划工作,逐步实现基本公共卫生服务均等化。

(三)加强药品供应保障体系建设,满足城乡居民基本医疗需求

全面贯彻落实国家基本药物制度,切实抓好药品“三统一”与国家基本药物制度的科学衔接,强化药品招标采购、统一配送、申购使用和监督管理等工作机制,落实基本药物价格和使用报销政策,健全与公共卫生、医疗服务、信息平台、医疗保障体系为基础的药品供应保障体系,进一步提高药品供应保障能力。

(四)加强卫生人才队伍建设,提高卫生服务质量和管理水平

加强对基层医疗卫生机构医务人员及管理人员培训。免费为农村定向培养全科医生;完善城市医院对口支援农村制度,不断提高医疗卫生单位医疗卫生水平;实行能进能出的人员聘用制,建立以服务质量、服务数量和群众满意度为核心的考核机制,严格落实绩效考核办法和人员绩效工资制度。建设结构合理、分布均衡、素质精良的卫生技术和卫生管理人才队伍。

专栏 11:社会事业重点建设项目

教育重点建设项目:

◆实施义务教育学校标准化建设工程:新建城区小学5所、城区中学2所,改扩建五中。新建寄宿制中小学宿舍食堂浴室等生活用房、购置生活设施设备、购置安装集中供暖设施设备。为100所农村中小学各新建科技楼1幢、艺术楼1幢、体育馆(或风雨操场)、标准操场,为169所农村中小学新建教师周转房,为206所中小学采购教学仪器、设备、器材及图书等。

◆实施校舍安全工程:校舍建设总面积1185080平方米(其中新建1055310平方米,加固129700平方米)。

◆实施农村学前教育推进工程:迁建现有3所城区幼儿园、改建2所城区幼儿园、新建城区8所幼儿园,新建37所农村幼儿园,新建园舍总面积326100平方米;新建原州区教师培训中心,建筑面积9200平方米,购置仪器设备,建设附属设施;新建原州区职业技能培训中心,建筑面积17800平方米,建设教学仪器设施、实习设备及附属设施;新建青少年校外活动中心,建设10所青少年校外活动中心,总建筑面积44000平方米,建设体育、健身、娱乐及附属设施。

科技重点建设项目:

原州区循环经济科技创新示范园建设项目、马铃薯关键技术集成示范项目、宁南山区设施园艺高效生产综合技术集成与示范项目、宁南山区冷凉露地园艺产业技术集成与开发项目、原州区草畜产业技术集成示范项目、小杂粮新品种引进及高产栽培技术示范项目、原州区信息化服务体系建设与示范项目、中小企业技术引进及节能减排技术应用项目、退耕还林后续产业综合开发与示范项目、中药材产业开发项目。

卫生重点建设项目：

卫生监督所迁建项目、疾病预防控制中心迁建项目、区医院中医康复楼建设项目、医疗急救中心建设项目、传染病防治中心建设项目、三营中心卫生院迁建项目、医疗卫生设备配置更新项目、乡镇卫生院基础设施建设项目、村级卫生服务站建设项目、社区卫生服务(中心)站建设项目、原州区医疗保健康复中心

计生重点建设项目：

乡镇计生服务站项目、村计生服务室建设项目。

文化重点建设项目：

文化馆综合楼项目、24个社区文化室项目、3个街道办事处文化活动中心项目，清河镇、中和乡综合文化站项目、古韵雕塑抟土瓦塑扩建项目。

体育重点建设项目：

体育活动中心项目、全民健身中心综合馆项目、体育休闲广场项目、3个街道办事处健身中心项目、清水河畔半岛体育健身公园。

第九章 完善社会保障，缩小差距，促进社会和谐

以实现全面构建和谐社会为总目标，以维护民利、保障民主、落实民权为总要求，积极扩大城乡就业，着力提高人民收入，健全社会保障体系，提高社会管理水平，注重社会公平，保持稳定安全的发展局面，努力构建民主法治、公平正义、诚信友爱、充满活力、安定有序、人与自然和谐相处的和谐社会。

一、加大扶贫开发力度，实现共同富裕

紧紧抓住国家实施新一轮扶贫开发和“三西”资金增量延期的机遇，加大扶贫开发力度和资金投人，努力改善贫困群众生产、生活条件，提高贫困地区自我发展能力；实施劳务移民补助，继续对贫困村因地制宜地实施整村推进和连片开发，按照新农村建设总体要求，加强村庄规划。东部以炭山、寨科、官厅、河川，南部以张易、开城，西部以中河、彭堡，北部以三营、头营、清河的东山畔为片区，共规划10个项目建设区。全面完成1.5万户6.2万人的移民安置工作；继续争取并做好福建省丰泽区对口协作扶贫和铁道部定点扶贫及定点帮扶单位的部门包村工作，把社会扶贫工作推向一个新的阶段；积极争取产业化项目发展资金，支持贫困地区龙头企业带动各种农副产品增产、增收、增值与发展；支持贫困区农民培训中心建设，使更多的贫困农民享受到农民实用技术技能培训。“十二五”末，使城乡居民最低生活保障运行更加规范、顺畅，保障面占应保障面的100%，确保所有符合条件的城乡特困居民的生活都得到有效保障。

专栏12：扶贫攻坚工程项目

“县为单位，整合资金、整存推进、连片开发”试点项目：在南部贫困山区的3个集中片带、东部贫困山区的5个集中片带、西部贫困山区的2个贫困片带，紧紧围绕农业增效、农民增收的主题，提高扶贫资金整体效益。力争在4~5年时间内，把该区域建成特色产业。

两项制度有效衔接识别出的贫困户到户项目：农村最低生活保障与扶贫开发两项制度有效衔接识别出的25%贫困人口，按照每户国家投资3.5万元，扶持发展增产、增收。

县内务工移民项目：在市区周围新建10个“卫星”村，计划每村安排500户2500人。实施移民新居、道路硬化绿化、配套公益设施等基础设施，方便进城务工，使5000户25000余人受益。

机修旱作基本农田及小流域治理项目：机修基本农田30万亩。对“山、水、田、林、草、路”统一规划，统一标准，统一实施。结合退耕还林(草)工程的实施，集中连片治理，使之形成规模。每亩综合投入600元。

贫困村发展互助资金项目：在124个未实施贫困村村级发展互助资金的村每村按国家投入50万元，群众入股30万元，扶持困难农户发展种植、养殖项目。

自然村道路整修及绿化：为原州区贫困村整修准四级砂砾路面的自然村道400公里，实施道路绿化

400 公里，植造以漳河柳为主的绿化树种。

贫困地区农民培训中心建设：建立集“教学+实习+住宿”为一体的多功能培训中心，占地 15 亩，总建筑面积 4500 平方米及设备购置。

“红梅杏”国家标准化无公害示范基地建设项目：在东部干旱、西部贫困山区示范推广种植“红梅杏”国家标准化无公害基地 10000 亩，每亩补贴 400 元。

二、健全社会保障体系，平衡多元利益关系

“十二五”期间，围绕“人人享有基本生活保障”、“全体人民学有所教、劳有所得、病有所医、老有所养、住有所居”的目标，通过构筑多层次社会保障体系和继续加大社保投入力度，建立与社会主义市场经济相适应的社会保障体系。

一是构筑多层次社会保障体系。建立由国家普惠性的基本保障、企业福利性的补充保险和个人商业保险构成的多层次社会保障体系，满足不同收入水平人群的保障需求；健全城乡居民最低生活保障制度，积极推进机关事业单位养老、医疗和失业保险制度改革，依法扩大各项社会保障覆盖面。

二是继续加大社保投入力度。随着经济发展和财力增强，加大财政资金向社会保障事业投入力度，继续做实基本养老保险个人账户；积极发挥公共财政的转移支付功能，提高财政补充社保资金的预算比重，完善国有资产收益和国有土地有偿使用收入充实社保资金的办法，努力增加公共财政的社会保障投入。到“十二五”末，原州区“五险一金”覆盖率达到 100%，参保率达到 100%。

三、健全社会救助和救灾救济体系

一是健全完善城乡医疗保障政策体系，逐步提高医疗保障水平，提高救助封顶线，取消救助病种限制，切实抓好参保参合率；二是坚持“党政主导、社会参与、全民关怀”的方针，构建以家庭养老为基础、社区服务为依托、政策保障为支撑、社会化运作为导向的社区居家养老服务体系，提升老年人的生活水平和生活质量；三是加快建立健全社会捐助制度工作步伐，落实相关优惠政策；四是加强临时救助制度建设，将定量救助与临时救助有效结合起来，不断提高困难群众的生活水平；五是建立城乡特困群众住房援助制度，积极探索和研究农村住房保障问题；六是做好城乡特困学生教育救助工作，制定并完善符合实际的教育救助政策；七是建立并完善救灾工作机制，进一步强化灾害应急管理，完善灾害协调机制，落实灾害防御措施和救灾物资储备；八是完善重点优抚对象优待抚恤补助标准自然增长机制，提高抚恤补助标准，建立“城乡一体”的退役士兵安置制度体系，加大退役士兵就业培训力度，拓宽就业范围。

专栏 13：救助救灾重点建设项目

社区服务建设项目：优抚对象危房改造建设、光荣院建设、老年活动中心项目、社区居家养老服务中心建设项目、社区居家养老服务站建设项目、社区居家养老服务信息平台站建设项目、婚姻服务中心项目、老年公寓建设项目、殡仪馆服务中心建设项目、救助站建设项目、残疾人康复中心建设项目、敬老院建设项目、乡社区服务体系建设项目

社会救灾建设项目：救灾物资储备库建设项目

四、建立健全培训、就业和创业体系

实施培训强民、就业惠民和创业富民工程。完善培训、就业、维权“三位一体”的工作模式，完善公共就业服务体系建设，积极争取项目和资金，建立面向城乡全体劳动者的统一、规范、开放的人力资源市场。完善劳务输出市场化运用机制，实现劳务输出由政府主导向政府、市场主导转变，打造具有原州特色的劳务品牌，实现品牌优势和规模效益；深入落实就业援助政策，扩大就业容量，促进高校毕业生、农民工、下岗失业人员、长期失业人员等困难群体就业再就业，稳步推进双拥优抚安置工作，深化退役士兵安置改革，每年按照一定比例，将自谋职业补助经费和职业技能培训经费列入预算，使退役士兵得到妥善安置；落实现有的创业促就业政策，建立创业带动就业和小额贷款联动机制，支持有创业愿望和创业能力的各类创业者成功创业，产生创业促就业的倍增效应。

五、加强精神文明与法制建设，创建文明有序社会

（一）加强公民精神文明教育

认真贯彻落实公民精神文明建设实施纲要，加强公民文明教育，重点加强未成年人精神文明教育，积

极开展爱国主义、集体主义、社会主义和艰苦奋斗教育等教育形式，运用报刊、图书出版、广播影视、互联网、文化馆（站）等媒体和阵地，宣传和普及科学知识、科学思想，提高公民文明意识；坚持不懈地开展“扫黄”“打非”斗争，加强文化市场监管，坚决查处传播淫秽、色情、凶杀、暴力、封建迷信和伪科学等地下出版物。加强网吧、电子游戏厅、录像厅等文化场所的管理。建立健全学校、家庭、社会相结合的未成年人精神文明教育体系。营造一个文明、守德、诚信的社会环境。

（二）健全地方法制体系建设

以切实提高地方的法治化管理水平为目标。认真贯彻《行政许可法》和国务院《全面推进依法行政实施纲要》，转变政府职能，规范行政行为，强化行政执法监督，创建多方式、多渠道的政务公开平台，及时便捷地把政府决策程序、服务方式、办事途径向社会公布，自觉接受人民群众监督，进一步提高政府办事效率和服务水平；以“法治城市”、“法治县（区）”创建活动为载体，围绕平安建设、和谐区域建设以及群众特别关注的社会热点、难点问题，积极建设新时期农村管理工作的新路子，全面推进地方和区域性法治建设，实现法治建设与经济建设的和谐发展。

（三）促进民族团结

“十二五”期间，积极坚持“三个不动摇”，维护原州区民族团结、社会稳定的良好局面，为全区经济社会发展创造和谐稳定的社会环境。一是深入开展民族团结进步宣传教育活动，夯实团结稳定的基础，落实中阿经贸论坛精神，分层次多形式开展培训学习，提升“三支队伍”素质；二是进一步开展“两创建、两争做”活动；三是用活民族优惠政策，加快民族地区经济发展；四是依法管理宗教事务，维护宗教领域和谐稳定。

六、维护社会公平，加强公共安全，营造平安稳定环境

树立发展是第一要务，稳定是第一任务观念，维护社会公平正义，强化民主法治建设，提高保障公共安全和处置突发事件的能力，构建全方位的社会稳定防控体系，促进原州区社会和谐稳定发展。

（一）维护社会公平正义

继续深入开展平安建设、法律援助为民办实事工程，依法维护社会公平正义，深入改进工作方式方法，深入基层，体察民情，了解民意，努力化解各类不稳定因素；搭建社会矛盾的法律表达和反映平台，加大涉法涉诉信访问题的处理力度；妥善协调改革发展中的矛盾，促进利益关系的和谐，统筹兼顾不同社会群体的利益，坚决纠正损害群众利益的行为，维护和实现社会公平。

（二）提高保障公共安全和处置突发事件的能力

高度重视和研究社会发展中的深层次矛盾和问题，采取有效措施，及时消除和化解影响发展的不稳定因素，妥善处置各类群体事件。分级编制和修正应急预案，形成统一指挥、分工明确、协调一致的预案框架体系。建立健全矛盾纠纷排查调处预测预警机制、社区矫正和安置帮教风险管理体制。完善“三调联动”工作机制等社会预警机制和高效信息传递机制，建立统一指挥、功能齐全、反应灵敏、运转高效的应急机制，提高应对危机和突发事件的能力。面对突发性的公共危机和社会风险能够迅速反应，使整个社会始终处于有效的控制之中。

（三）强化安全监管工作

建立和完善安全生产监管体系，强化安全监控和管理，开展企业全员安全管理活动，遏制发生重特大安全事故，保障人民群众的生命财产安全。加强卫生监督机构建设，强化对食品、药品、餐饮卫生的监督，保障人民群众健康安全。

第十章　推进节能减排，保护生态，实现经济绿色增长

“十二五”期间，原州区生态环境保护和建设应紧紧抓住推进经济转型升级重要战略机遇期，以构建“环境友好型和资源节约型社会”为目标，以重点生态环境保护与建设工程为突破口，着力巩固造林绿化成果，大力开展植树种草活动，加大污染综合整治力度，防止水土流失。大力节约资源和能源，发展循环经济，努力提高资源的综合利用水平，实现原州区经济、社

会、环境"三效"和谐统一。

一、提高资源利用效率,强化节能降耗

坚持开发节约并重、节约优先,按照减量化、再利用、资源化的原则,制定并落实对资源综合利用的优惠政策,调动企业开展资源综合利用的积极性。大力推进节能、节水、节地、节材,加强资源综合利用,全面推行再生资源回收利用和清洁生产,提高粉煤灰、各种工农业废渣、废水、废气、废纸的综合利用率,形成低投入、低消耗、低排放和高效率的节约型增长方式。加大对环保产业的扶持力度和资源回收利用企业的扶持力度,力争培育起一批发展循环经济的示范企业,使万元GDP能耗在"十一五"的基础上再下降20%。

建立节能降耗目标管理责任制,加大节能投入,实行能耗指标公报和节能考核、评价、奖惩机制。加快重点节能项目和工程的实施,对重大节能工程和重点示范项目和高效节能产品予以财政资金支持。加强对工业、建筑、交通以及矿产开发等重点领域和行政事业单位能耗监管,严格遵守国家和自治区高耗能企业准入政策,对重点企业,实施污染物排放总量控制制度,坚决淘汰落后工艺、技术和设备。

二、着力加强生态建设,切实改善区域生态环境

按照"生态立区"战略要求,以国家深入推进西部大开发战略为契机,大力加强生态建设和环境保护工作力度。到2015年区域内完成营造林150万亩,使森林覆盖率提高到25%以上,活立木蓄积量达到40万立方米以上,使区域内生态环境明显好转,水土流失得到进一步遏制,全区城乡绿化水平普遍提高。

(一)继续争取退耕还林工程建设任务,实施好退耕还林成果巩固项目

积极争取国家退耕还林政策支持,逐步将全区所有25度以上坡耕地及生态脆弱区耕地全面纳入退耕还林工程,力争到2015年使全区退耕地面积达到100万亩以上。实施好退耕还林成果巩固项目,切实做到退耕下、稳得住、能致富、不反弹。

(二)加快生态公益林建设力度,营建不同类型的林业生态体系

以小流域综合治理为重点,实施好三北五期防护林体系工程、水源涵养林工程等林业重点生态工程,搞好城乡绿化和环境整治工作,力争到2015年在全区营造生态公益林150万亩。即:以叠叠沟为中心,沿东西两山"U"型区域人工营造50万亩水源涵养林;以云雾山为中心,在东部黄土丘陵区人工营造60万亩水土保持林;以清水河河谷川塬区为中心,营造农田防护林10万亩。实施封山育林20万亩。

(三)优化林业产业结构,加快培育优势特色林产品

推进枸杞、红梅杏、早酥梨、苹果、设施果树、林木种苗等特色经济林基地和林业产业化建设,到2015年全区新增枸杞种植面积5万亩,红梅杏、早酥梨等小杂果种植面积5万亩,建设林木种苗基地1万亩,实现经果林总产值5亿元。走林业产业化发展之路,引进龙头企业,发展林果产品深加工,使林果业成为原州区的支柱产业之一。

(四)加强森林资源管护,巩固生态建设成果

实施森林资源管护面积157.8万亩,实施公益林补偿面积68.3万亩,加强林业基础设施建设,做好林木有害生物防治、中幼林抚育、护林防火工作。至2015年使重点公益林补偿面积达100万亩,林业有害生物监测率达95%以上,成灾率控制在15‰以下,无公害防治率达到87%以上,违法违规毁林案件查处率达到97%以上。

(五)加大科技推广力度,实施科技兴林战略

加大优良品种和抗旱造林、容器苗造林等适用技术,组装集成配套应用集流整地、树盘覆膜、塑筒套杆、护顶涂白、生根粉保水剂蘸根等先进技术的试验与推广力度,加速科技成果转化。到"十二五"期末,林木种苗良种率达90%以上,林业适用技术及抗旱造林技术在适宜地区的推广率达到70%以上,林业技术标准执行率达到85%以上,造林成活率和保存率分别提高到90%以上和75%以上。力争使林业科技得到全面推广,林业建设技术含量大幅度提升。

(六)继续推进生态移民工程,带动农民增收

组织实施生态移民工程,对居住分散、偏僻、自然条件差的干旱片带及地质灾害险点15204户61948人实施易地搬迁,迁出村房屋进行拆除,退耕绿化,封育管护。鼓励山区农民向沿黄城市带等经济较好地区转移,加强农民技能培训,为沿黄城市带输送劳动技能人员。以沿黄城市带的快速发展带动农民收入提高。

专栏 14:林业生态工程与移民工程重点建设项目

清水河水源地生态保护与恢复建设项目:以叠叠沟为中心,在清水河东、西两山,新建"U"字形水源涵养林 50 万亩。

枸杞基地建设及深加工项目:按照企业集中经营和农户分散种植相结合的方式,在三营、头营、彭堡三乡镇发展枸杞 5 万亩,使原州区的枸杞种植面积达到 10 万亩以上。同时,引进大型枸杞深加工企业,带动枸杞种植提质、增效、增收。

防护林体系建设项目:按照植树围着城转、围着人转、围着水转,坚持上大苗、栽大树、一次造林、立马见效的原则,结合道路绿化和生态村镇建设,在全区营造防护林 10 万亩,使区域生态环境明显改善。

云雾山外缘黄土丘陵沟壑区生态综合治理项目:以小流域为单元,根据不同立地条件类型,在云雾山外缘黄土丘陵沟壑区营造水保林 60 万亩,使区域内水土流失现象得到有效控制,生态环境明显改善。

生态移民项目:移民区生态恢复建设项目(实施退耕还林 25.3 万亩,宜林荒山人工造林 15 万亩)、生态移民工程项目(安置 15204 户,61948 人)

三、合理实施资源的开发利用

(一)节约水资源

以引黄灌区、库井灌区农业节水为重点,加大节水灌溉工程建设,大力推广先进节水灌溉技术,统筹地表地下水调配,控制地下水过度开采,严格把关取水许可和水权转让制度。积极建设雨洪水和污水资源利用工程,并推广各项工业节水技术和各类器具和设备,到"十二五"末,实现万元 GDP 水耗下降 20%的目标。

(二)矿产资源的有序开发

依法规范矿产资源的开发秩序,深化资源有偿使用制度改革,严格执行矿产资源开发的准入制度,全面实施矿区环境综合整治。切实做到矿产资源合理有序开发,实现炭山煤炭及矿产资源合理有序开发和综合利用。

(三)节约土地资源

坚持集约利用土地原则,强化入区用地项目评审制度,把好项目用地审批、合同签约、开工建设等监督管理环节,做好项目用地的风险控制,严格控制项目用地数量,努力做到土地审批决策的最优化;严格执行国家土地管理法律、法规,及时清理闲置土地。每年进行一次土地利用效益分析,在此基础上制定盘活优化利用土地资源的引导政策,使土地资源顺畅流向最需要的和效益更好的用地项目,走出一条不断提高土地利用效益的内涵式发展之路。

促进农村集体建设用地和农业用地的严格管理,依照城市化的发展方向控制集体土地上的项目建设和住宅建设,引导促进农村建设用地的集约利用。坚决制止乱搭乱建、非法交易、非法用地以及毁田烧砖、挖沙、取土、倾倒垃圾的现象,提高对土地的保护力度和利用率。

四、治理环境污染

严格执行环境影响评价和"三同时"制度。对老工业污染的治理应紧紧围绕环境质量,结合经济结构和工业结构优化升级,积极开展节能降耗、防治污染,推行清洁生产,研究制定经济适用的综合治理方案。新扩建的企业要加强环保规划实施与污染防治,做到污染物各项达标排放。积极实施污水资源淡化和回水利用工程,尤其对马铃薯淀粉企业实现废水的循环利用,使清水河环城段水质达标率达到 100%,废水重复利用率达到 70%。大力改善城市生活用水和空气质量,控制和治理噪声污染、垃圾污染,增强城市可持续发展能力。到"十二五"末,全区化学需氧量指标及二氧化硫排放量等各项指标均达到环保相关要求。

第十一章 深化行政体制改革,进一步扩大对内对外开放

一、深化行政体制改革,完善发展支撑体系

深化行政管理体制改革,强化社会管理和公共服务,加快建立公共服务型政府的体制和机制;推进政府行政的公开化、程序化和法治化,建立完善政府决

策咨询制度和听证制度；实行负责决策机构与负责执行机构相对分离，提高决策的科学性和执行的效率；深化财税体制改革，健全和完善部门预算、国库集中支付和政府采购制度，健全公共财政体制，防范财政风险。加强税收征管，增加财政收入，进一步完善财政扶持政策，支撑重大基础设施建设和优势产业的发展，做强支柱财源，培育新的财源增长点。

二、扩大开放，引导多种经济形式共同发展

抓住经济全球化的战略机遇，进一步扩大对外开放，积极与国际国内其他城市建立友好城市。积极加大招商引资力度，扩大招商引资规模。大力发展非公有制经济，着力提高利用外资的质量和水平，促进原州区经济持续快速健康发展。

（一）稳步提高招商引资水平

借“东产西移”有利契机，积极实施互惠双赢的招商引资战略，树立“大招商引大项目、大项目促大发展”的理念，抓住中央管理的国有大中型企业参与西部特色优势产业发展的有利机遇，制定最优惠的招商引资政策，精心打造“诚信原州”、营造诚信服务和“富商、亲商、安商”的投资环境。“十二五”期间，引进招商引资项目 80 个，到位资金 25 亿元。以盐化工基地和清水河工业园区为承载地，将盐化工、煤化工、新型能源、飞机制造产业和农副产品精深加工等特色优势资源作为招商重点，积极引进资本密集、技术密集、基地型、旗舰型项目。密切关注招商引资重点项目和签约项目，切实搞好后续服务，对辐射带动强的重大招商引资项目，制订“一企一策”的扶持措施，确保合同签约履约率。同时，着力引导中小企业主动与重点项目协作配套，营造适合产业集群发展的良好环境。

（二）着力提高利用外资水平

不断优化利用外资结构，促进产业结构调整升级。结合国家产业结构调整方向和经济发展需要，鼓励外资重点投向高新技术产业、现代服务业、生态农业和新能源产业。注重引进高附加值、高辐射力、低能耗和处于产业高端的外商投资项目，鼓励外商投资企业加强原材料、零部件等需求环节本地化配套并积极延长增值产业链条。推动外商企业带动传统产业的改造和技术升级。同时严格限制高污染、高能耗和国内产能过剩的外资项目进入。

（三）大力发展非公有制经济

强化县域经济就是民营经济的理念，进一步优化发展非公有制经济的政策和措施，加强扶持，放松管制，降门槛，开绿灯，解决“非禁即入”问题，营造公平、公正、公开的政策环境，拓宽中小企业和非公有制经济发展空间。建立健全非公有制企业融资服务体系，完善资产评估制度，降低费用，简化手续。推动全民创业，深入挖掘民间资本的潜力，加快中小企业发展，壮大非公有制经济总量规模。围绕农产品加工、设施农业、商贸流通、餐饮服务、建筑建材等领域，培育创业园、孵化创业基地。积极开展民营企业家、大学生、返乡农民工、复退军人、下岗失业人员、农村能人“六大创业行动”。到 2015 年，建立创业园区和孵化基地 12 个以上。

（四）实施面向阿拉伯国家及穆斯林地区的开放战略

依托中阿论坛和发展内陆开放性经济新机遇，通过搭建平台和打造清真食品及穆斯林用品基地，大力发展清真产品产业和民俗风情旅游产业，把原州区打造成自治区面向阿拉伯国家和穆斯林地区开放的重要地区之一。

第十二章　保障措施

积极运用政府掌握的公共资源配置手段，制订实施好公共政策，为市场主体提供正确导向，促进发展目标的实现。

一、产业政策

抓紧制定符合国家大政方针和原州区实际的产业政策目录，促进产业合理布局、结构升级，提升产业竞争力。对原州区工业园区不同的产业区，按照投资强度、产业类别、技术标准、排放标准等，制定产业准入政策，鼓励和引导企业向不同类别的产业区集中。淘汰技术落后、浪费资源、污染严重的企业。对清真产品生产类中小企业，尤其对马铃薯深加工企业，应加大扶持力度，采取税费减免、土地优惠等政策，进行大力扶持。

二、资源环境政策

对盐、煤资源的开发，应坚持有限、有序和有偿开发，未按照固原市矿产资源规划和环境评估的不予开发，严禁各种资源的乱采滥挖，对可再生、可循环资源，严格按照国家法律法规和规划进行综合利用、合理开发。在明晰产权的基础上，通过价格、税收等经济办法，健全资源的有偿使用机制和补偿机制。

三、投融资政策

一是优化投资结构。保持投资适度增长，鼓励政府投资重点投向水利建设、道路、生态保护等基础设施，以及马铃薯、清真食品等优势产业。在盐化工开发上要鼓励和引导市场主体投资新建符合国家产业政策、技术含量高的资源深度的项目，鼓励企业进行技术改造。同时，转变思路，发展飞地经济，将煤盐化工转移到水资源较好地区，严禁不符合产业政策和产业布局的低水平重复建设项目。

二是加大融资力度。建立银企、银政合作平台，充分利用银行、非银行金融机构和投资机构融资，重点利用国家开发银行等政策性银行贷款。积极设立产业投资基金和专业政府基金，鼓励发展风险投资，推进项目融资。积极探索整合基本建设投资渠道，集中有限资金支持重点项目建设。

四、财政支持政策

调整和优化财政支出结构，建立公共财政体系，重点加大农业基础设施、民生工程的投入力度，加大对清真食品以及盐化工等重点产业的扶持力度；积极培植和壮大财源，狠抓骨干财源，培育新兴财源；深化财政改革，努力构建节约型财政；坚持五个统筹，构建公共财政和透明财政体系；以人为本，支持促进广大农民就业和完善社会保障体系；依法理财，增强政府的宏观调控能力，不断提高财政管理水平，稳定增加地方财政收入。

五、消费政策

积极扩大内需，促进城乡消费升级。提高城乡居民消费水平，积极发展贴近和方便居民生活的便利店、折扣店。以中小城镇为重点，加强农村地区商贸基础设施建设，扩大农村消费市场。探索实行集资建房政策，规范集资建房行为。增加消费信贷品种，完善消费品二级市场。改善居民消费环境，加快清理和取消限制消费的各种政策规定，维护消费者权益，增强消费者信心。

六、积极引进关键技术和人才

着眼关键领域，大力向发达地区引进农业新品种、农业种植新技术以及工业发展关键技术，提高产业、产品技术含量，发展高附加值产业；同时，制定优惠的用人政策，完善用人机制，大力引进高技术人才支持原州区建设。

七、实施重大项目

按照集中力量办大事的原则，突出重点，搞好项目储备。加强重点项目前期工作，组织实施好一批关系全局和长远发展的重大项目，不断提升产业竞争力，增强服务功能、改变城乡面貌，优化投资环境。抓好项目的研究、调度和建设，突出重大项目对规划实施的支撑作用。建立区级项目库，实行动态管理、滚动发展。

2011 年原州区国民经济与社会发展统计公报

固原市原州区统计局

2012 年 2 月 29 日

2011 年，是深入实施新一轮西部大开发战略和“十二五”规划的开局之年，一年来，全区上下按照区委、政府年初确定的工作任务，认真贯彻落实科学发展观，始终坚持以富民强区、社会和谐为宗旨，加快转变经济发展方式，加强和创新社会管理，大力弘扬“不到长城非好汉”的六盘山精神，破难题、转方式、促发展、惠民生，全区经济社会发展呈现“增长较快、转型加速、优势提升、民生改善”的积极态势，胜利实现了“十二五”规划的开门红。

一、综合经济

综合实力实现新跨越。据初步测算，全年全区实现地区生产总值 56.38 亿元，按可比价格计算，比上年增长 18.0%。其中，第一产业实现增加值 9.96 亿元，增长 4.7%；第二产业实现增加值 14.49 亿元，增长 55.9%；第三产业实现增加值 31.93 亿元，增长 10.5%，三次产业的比重由上年的 19.8:19.1:61.1 变化为 17.7:25.7:56.6，第二产业增加值占地区生产总值比重比上年提高 6.6 个百分点，三次产业比例变化较大，产业结构优化明显。人均地区生产总值为 12709 元/人（按常住人口计算）。

表 1　2011 年原州区地区生产总值分行业情况

指标名称	单位	本年实际	同比增长
地区生产总值	亿元	56.38	18.0
第一产业	亿元	9.96	4.7
第二产业	亿元	14.49	55.9
工　业	亿元	9.09	76.8
建筑业	亿元	5.40	30.0
第三产业	亿元	31.93	10.5
交通运输、仓储和邮政业	亿元	5.05	11.3
批发和零售业	亿元	4.58	8.4
住宿和餐饮业	亿元	2.95	13.1
金融业	亿元	1.81	6.1
房地产业	亿元	2.77	4.4

二、农业、农村

农林牧渔业全面发展。全区认真落实强农惠农政策,新农村建设迈出新步伐。全年实现农林牧渔业增加值9.96亿元,比上年增长4.7%。其中,农业增加值7.28亿元,增长4.7%;林业增加值0.22亿元,增长13.0%;畜牧业增加值1.75亿元,增长1.2%;农林牧渔服务业增加值0.71亿元,增长10.6%。

种植业结构调整成效显著。全年农作物播种面积17.2万亩,同比增长0.9%。粮食种植面积89.94万亩,粮食总产量17.02万吨,分别比上年减少0.2%和3.6%;其中夏粮种植面积29.61万亩,同比增长1.9%,秋粮种植面积60.33万亩,同比减少1.2%。

农业产业调整积极推进。农业结构调整和产业化经营步伐进一步加快,全面落实具有抗灾避灾和市场竞争力的特色优势农产品瓜菜、油料、玉米种植的各项优惠政策,重点实施蔬菜、葵花"南移"战略,开展品种优化布局、轮作倒茬、病虫害防治、无公害生产等技术培训、实地指导。全区全年油料播种面积为21.90万亩,产量达3.50万吨,同比分别增长5.2%和11.8%;蔬菜种植面积17.80万亩,产量达55.30万吨,同比分别增长38.9%和19.2%;瓜类种植面积为0.60万亩,同比增长1.2%,产量1.60万吨,下降8.4%;枸杞种植面积为7.0万亩,同比增长74.0%,总产量达0.75万吨,同比增长25.0%。主要农产品产量如下:

表2 2011主要农产品播种面积和产量

品 种	面积(万亩)	增减(%)	产量(万吨)	增减(%)
粮食	89.94	–0.2	17.02	–3.6
#夏粮	29.61	1.9	3.54	–13.4
秋粮	60.33	–1.2	13.48	–0.6
#玉米	16.99	9.0	6.64	–4.0
马铃薯(折主粮)	42.99	3.6	6.81	5.8
油料	21.90	5.2	3.50	11.8
蔬菜	17.80	38.9	55.30	19.2
枸杞	7.0	74.0	0.75	25.0

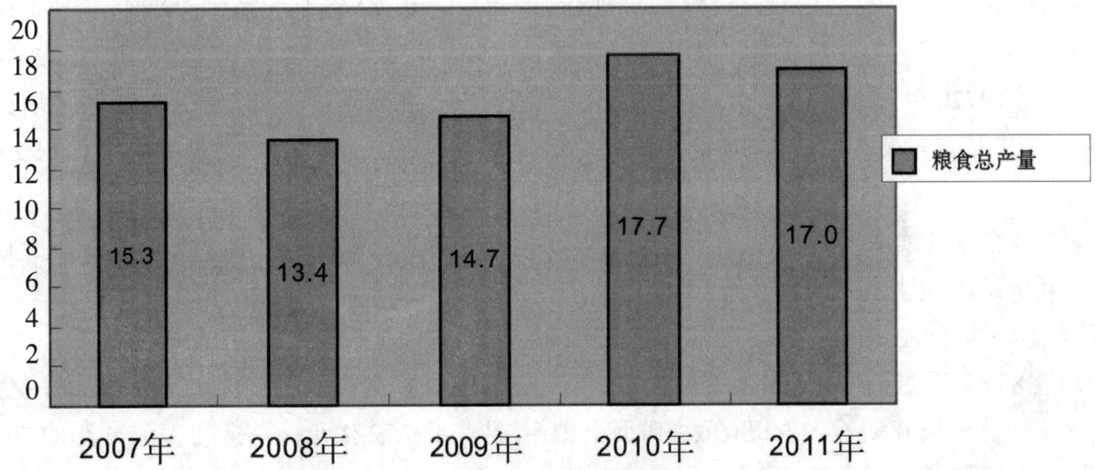

图1 2007~2011年粮食总产量(万吨)

畜牧业产业总体稳定。全区紧紧围绕打造“宁夏清真牛羊肉基地县(区)”的目标,按照“以牛为主、多畜并举、扩大总量、提升质量”的发展思路,扩大牧草种植面积,加大补栏扩量力度,种植牧草 36.5 万亩,补栏肉牛 4.5 万头。新建肉牛养殖示范村 18 个,累计达到 83 个。新建存栏 200 头以上肉牛养殖园区 7 个,肉牛饲养量达到 20.5 万头。新建 10 万只养鸡园区 1 个、2 万只标准化养鸡场 5 个。年末大家畜存栏 8.5 万头,比上年增长 1.3%;出栏 4.87 万头,同比减少 1.4%。其中:牛存栏 8.09 万头,同比增长 3.7%,出栏 4.72 万头,增长 2.8%;羊存栏 25.24 万只,同比增长 4.9%,出栏 27.12 万只,增长 1.3%;生猪存栏 2.97 万头,同比减少 14.0%,出栏 3.79 万头,同比减少 18.9%。全年禽蛋总产量达 1236 吨,减少 6.6% ;肉类总产量 910 吨,同比减少 7.9%;奶类总产量 1.6 万吨,同比减少 2.3%。

林业生态建设成效明显。坚持“生态立区”的理念,以打造“绿色原州”为目标,全面完成退耕还林补植补造、荒山荒沟治理、农田林网、新农村及移民新村绿化、乡村道路绿化等一批林业重点生态工程。全年完成退耕还林补植补造 10 万亩、荒山荒沟造林 2.4 万亩、须弥山“一河两山”绿化 5000 亩,启动实施禅塔山景区绿化工程,全年新增造林面积 5.65 万亩,新增林木管护面积 65 万亩。森林覆盖率达到 12.7%,森林资源得到有效保护。

农村能源建设不断推进。按照“巩固成果、优化结构、建管并重、强化服务、综合利用、提高水平”的总体思路,突出抓好“建、管、用”三个环节,修缮“户用沼气”571 座,示范推广太阳灶 6000 台、太阳能热水器 800 台、节柴灶 1220 台、采暖炉 115 台,实现了太阳能利用、省柴节能炕灶升级换代和生物质能开发利用新突破。

农村基础条件继续改善。年末共有农业机械总动力 36.05 万千瓦,农用拖拉机 1.05 万台,农用运输车 1.02 万台。全年化肥施用量(折纯)2.37 万吨,农用塑料薄膜使用量 85.66 万公斤。年末自来水受益村 101 个,农村自来水普及率 85.0%。全区农田有效灌溉面积 21 万亩,高效节水灌溉面积 13 万亩。实现村村通电话、通汽车率均为 100%。

劳务产业稳步发展。2011 年全区紧紧围绕按照“抓培训、扩基地、促转移、增收入”的工作思路,着力提升劳务产业发展质量, 全年培养劳务经纪人 186 名,开辟劳务基地 15 个,通过各种渠道实现农村劳动力转移就业 10 万人,实现工资收入 6.51 亿元,比上年增长 4.8%。农民人均劳务收入 1992.4 元,比上年增长 21.1%。

三、工业和建筑业

工业经济取得突破。2011 年,工业经济由于受六盘山热电厂的强劲拉动,全年一路高歌,助推了全区经济的高位运行。全年辖区内实现全部工业增加值 9.09 亿元,同比增长 76.8%,工业增加值首次接近两位数,工业对经济增长的贡献率达到 45.1%。其中原州区属工业增加值 4.58 亿元,同比增长 76.8%。规模以上工业增加值 5.21 亿元,增长 300.4%。

工业产销衔接良好。规模以上工业企业产品销售率为 92.8%,其中,国有企业为 100.0%,股份制企业为 93.9%。

工业经济效益不佳。全区 7 家规模以上工业企业中,实现主营业务收入 3.96 亿元,比上年增长 4.2%;亏损企业 3 家,亏损面为 42.8%,亏损企业的亏损额为 2130 万元,同比增亏 2094 万元,实现利润和利税总额分别为-132 万元和 537 万元, 分别下降 103.9%和 86.2%。

建筑业生产效益不同步。全区资质内建筑业企业实现建筑业总产值 13.74 亿元,增长 29.7%,其中,建筑工程产值 12.65 亿元,增长 29.8%;实现工程结算收入 15.82 亿元,增长 46.1%;实现利润总额 1337 万元,下降 8.4%。实现建筑业竣工产值 9.33 亿元,增长 13.1%,房屋建筑施工面积 64.37 万平方米,增长 51.2%。

四、固定资产投资

投资实现快速增长。2011 年,全区全社会完成固定资产投资 50.89 亿元,比上年增长 31.5%。其中:厅局反馈完成投资 7.65 亿元,同比下降 6.3%。在地方项目完成中,分产业看:第一产业完成 2.61 亿元,第二产业完成 7.72 亿元,第三产业完成投资 22.79 亿元。

房地产市场理性发展。2011 年全区房地产开发总体平稳,呈现投资增幅较快、施工规模正常、房价基本平稳，销售显著下降的局面。全年完成房地产开发投资10.13亿元，比上年增长41.1%，商品房新开工面积增长55.5%。商品房销售面积下降7.0%，其中住宅销售面积下降16.3%。

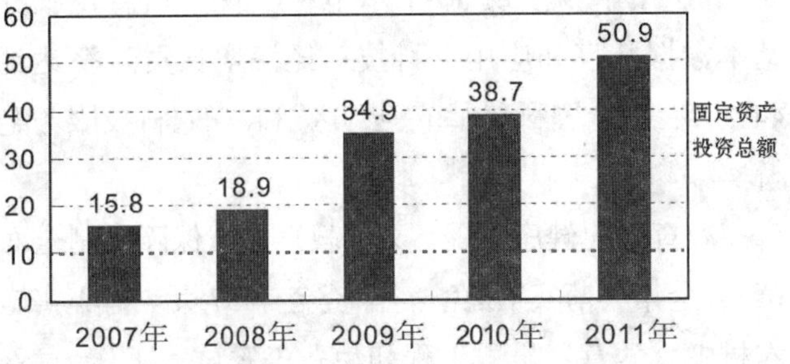

图2　2007~2011年固定资产投资总额(亿元)

五、国内贸易和市场物价

消费市场趋活走旺。在节日因素、物价相对高位及旅游业快速发展等因素推动下，全区消费市场稳步持续走高。全年实现社会消费品零售总额18.33亿元，比上年增长17.8%。按经营单位所在地分，城镇消费品市场实现零售额11.32亿元，增长20.9%；农村消费品市场实现零售额7.01亿元，增长12.9%。按消费形态分，批发零售业实现零售额14.78亿元，增长18.8%；住宿餐饮业实现零售额3.55亿元，增长13.4%。按消费规模分，限额以上企业实现零售额5.45亿元，增长30.7%，限额以下企业实现零售额12.88亿元，同比增长13.0%。限额以下企业仍然是支撑我区消费品市场的脊梁。

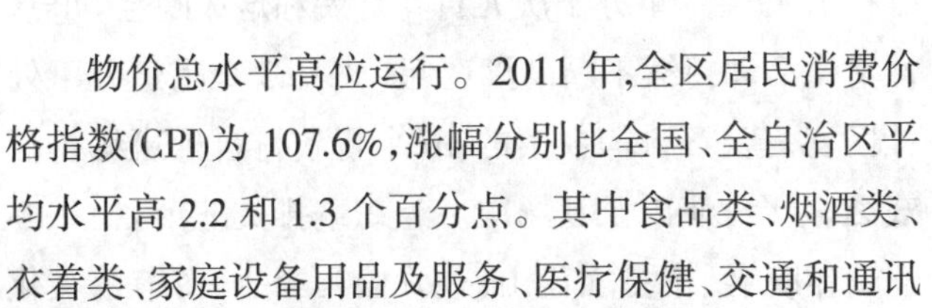

图3　2007~2011年社会消费品零售额(亿元)

物价总水平高位运行。2011年，全区居民消费价格指数(CPI)为107.6%，涨幅分别比全国、全自治区平均水平高2.2和1.3个百分点。其中食品类、烟酒类、衣着类、家庭设备用品及服务、医疗保健、交通和通讯类、居住类分别上涨16.0%、2.3%、6.7%、3.0%、3.8%、1.5%和5.3%；教育文化娱乐服务类同比下降0.4%。商品零售价格上涨7.4%。工业生产者购进价格上涨14.6%，工业生产者出厂价格上涨9.7%。工业生产购进价格与出厂价格“倒购”现象比较突出。房地产价格涨势同比回落，房屋销售价格上涨2.8%，涨幅比上年回落10.8个百分点。

表3　2011年居民消费价格涨幅

指　标	比上年涨幅(%)
居民消费价格总指数	7.6
一、食品	16.0
二、烟酒及用品	2.3
三、衣着	6.7
四、家庭设备用品及维修服务	3.0
五、医疗保健和个人用品	3.8
六、交通和通信	1.5
七、娱乐教育文化用品及服务	–0.4
八、居住	5.3

六、交通、邮电和旅游

交通发展有序推进。2011年末，全区公路通车里程达1412.7公里，其中，高速公路通车里程达68.5公里。机动车保有量3.3万辆，其中，个人拥有汽车近3万辆。全区公共汽车线路达41条，营运公交车161辆(包括乡道公交车辆)；出租车2585辆。全年全社会完成旅客周转量6.5亿人公里，增长3.2%；完成货物周转量9.54亿吨公里，增长11.0%。

邮电业务有增有降。全年全区邮电业务总量2.80亿元，增长1.4%；年末固定电话用户11.3万户，下降24.2%；年末移动电话用户33.7万户，同比增长22.1%；互联网宽带用户（包括手机联网用户）达到21.7万户，较上年增长69.5%。年末邮政储蓄余额7.05亿元，比上年增长18.3%。

旅游经济快速前行。着力提升旅游产业的内涵和档次，精心实施须弥山景区“一河两山”绿化工程，完成了须弥山博物馆及游客接待中心等基础设施建设。成功举办了宁夏第七届六盘山(须弥山)山花旅游节，积极开展旅游推介，有效提升了旅游产业的整体素质和竞争实力。2011年以来，全年共接待区内外游客

14.8 万人(次),直接门票收入 89 万元,比上年增长 58.9%。实现旅游社会收入 680 万元。

七、财政、金融、保险

财政收支较快增长。全年完成地方财政收入 14981 万元,比上年增长 56.0 %。其中地方财政一般预算收入 14967 万元,增长 56.0 %;财政总支出 19.15 亿元,比上年增长 32.4 %,其中地方财政一般预算支出 18.67 亿元,增长 31.9 %。财政支出结构进一步优化,科技支出增长 58.8%,教育支出增长 34.7%,社会保障和就业支出增长 98.9%,文化体育与传媒和医疗卫生支出分别下降 7.9 %和 21.4%。

金融存贷均衡发展。截止 12 月末,全区金融机构各项存款余额为 87.35 亿元,同比增长 16.9%,其中,储蓄存款余额 46.08 亿元,同比增长 18.7%。各项贷款余额 66.61 亿元,同比增长 17.7%,其中,短期贷款余额 17.99 亿元,同比增长 15.7%,中长期贷款余额 45.78 亿元,同比增长 11.4%。

保险事业健康发展。全年实现保费总收入 14682 万元,增长 82.3%。其中,财产险保费收入 6751 万元,增长 17.6%;寿险保费收入 7931 亿元,增长 3 倍。服务能力进一步提高,支付各项赔款与给付 4191 万元,增长 46.4%,其中,财产险赔付金额 3167 万元,增长 27.8%;寿险赔付金额 1024 万元,增长 1.7 倍。

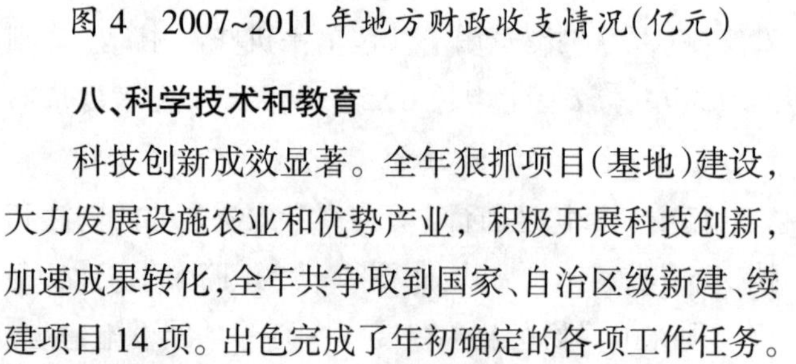

图 4　2007~2011 年地方财政收支情况(亿元)

八、科学技术和教育

科技创新成效显著。全年狠抓项目(基地)建设,大力发展设施农业和优势产业,积极开展科技创新,加速成果转化,全年共争取到国家、自治区级新建、续建项目 14 项。出色完成了年初确定的各项工作任务。积极开展试验示范 12 项,各项试验示范初见成效。科技特派员共投入资金 6700 万元,引进新品种 120 个,推广新技术 20 余项,带动示范户 4210 户,示范面积 21500 亩,辐射带动各类受益户 25000 户,受益农民人均增收 400 元。认真组织企业申报自治区、国家科技项目,申报国家科技型中小企业创新基金项目 2 项,申报资金 240 万元。原州区科技计划项目立项 2 个。在全区 11 个乡镇及 30 个示范村实现了信息化服务基本数据共享和应用,科技对经济增长贡献率达到 44%。荣获"全国科普示范(县)区"和"三农科技服务金桥奖"。

教育事业健康发展。义务教育经费保障机制全面落实,全年共落实"三免一补"资金 4457 元。精心实施农村中小学营养早餐工程和免费午餐试点工作,营养早餐工程惠及 181 所农村中小学 44709 名学生,免费午餐试点学校惠及 1350 名农村学生,营养早餐和免费午餐工程的实施,有效改善了农村学生营养状况。2011 年全区有各级各类学校 248 所(包括宁夏师范学院和固原民族职业技术学院),在校学生 105902 人,教职工总人数为 4963 人,其中专任教师 4812 人,全区高中阶段毛入学率、初中巩固率、初中毕业生升学率分别达到 93.8%、98.4%、96.8%。"全区适龄儿童、少年、残疾儿童入学率分别达到 100.0%、99.3%、92.0%,15、17 周岁完成率分别达到 99.9%、92.6%,青壮年非文盲率达到 99.0%。教育强乡镇覆盖率达到 100%。高考录取总人数达到 3682 人,录取率 74.2%,比上年提高了 4.6 个百分点。"普高"工作顺利通过了自治区政府验收,推动各级各类教育进入协调发展的新阶段。

九、文化、卫生和体育

文化事业欣欣向荣。以活动促工作,先后协助、联络区内外 10 个演出团体在我区演出 78 场。组织文化下乡、进社区演出 81 场次。组织各种广场文化演出 40 场次。抽调群文专业技术人员 11 人次先后深入农村、社区、企事业单位开展社火、社戏的编排辅导,指导编排社火 11 台。举办了庆元宵花灯展和焰火晚会。群众性文化活动持续不断高潮迭起,来自 3 个街道办事处社区,头营、寨科等乡镇的 16 个行政村自乐班编排社戏 20 余台,演出 536 场次。组织编排文艺节目、举办迎新年晚会、宁夏六盘山(须弥山)山花旅游节等文化宣传演出 6 场。成功举办了建党九十周年红歌大赛、第五届业余秦腔大赛等文体活动,全区文化体育事业呈现繁荣发展良好势头，荣获“全国民间文化艺术之乡”称号。组织各类放映单位放映电影2854场，观众达46.23万人次。其中农村数字电影2344场，观众达37.97万人次。积极发挥图书馆文化传播主阵地作用。接待各类读者6.55万人(次)。借阅各种图书资料7.38万册(次)。

卫生事业注重民生。全面实施基本药物制度，基层医疗机构综合改革进展顺利，加快建设覆盖城乡的公共卫生服务体系。全区公立医疗卫生机构100%执行基本药物制度，2家县级医院基本药物使用平均率达到90%以上，卫生院(社区服务中心)、村卫生室均达到100%；全区各级各类医疗卫生机构23家，其中医院、卫生院18家；专业卫生技术人员1667人；卫生机构医疗实有床位2036张。城乡居民参保人数达到34.10万人，参保率达到96.84%。截止8月底，共报销医药费用1918.17万元，其中门诊核销302.33万元，住院报销1509.97万元，人均报销2270元。新生儿死亡率、婴儿死亡率、5岁以下儿童死亡率分别为4.67‰、5.77‰、6.32‰，与去年同期相较明显下降。

体育事业发展平稳。群众体育事业发展活跃，先后组织举办了庆元旦职工环城赛，宁夏“体彩杯”全民健身与奥运同行“千村”农民篮球赛，原州公安系统职工运动会，固原市区老年门球邀请赛，全区职工广播体操大赛等体育赛事6次。积极争取体育项目，在我区规划新建灯光球场4个，目前工程正在实施之中。

十、人口、人民生活和社会保障

人口增长控制有效。据公安人口年报统计，年末全区户籍人口45.87万人，其中男性人口23.39万人，女性人口22.48万人，分别占总人口的50.99%和49.01%，回族人口22.41万人，占总人口的48.8%；全区非农业人口12.55万人，农业人口33.32万人，分别占总人口的27.4%和72.6%。据2011年人口变动抽样调查数据显示，2011年全区人口出生率15.79‰、死亡率4.63‰，人口自然增长率11.16‰。全区计划生育率为87.0%。

居民生活持续改善。据调查数据显示，2011年全区城镇居民人均可支配收入16311.1元，同比增长14.4%，人均消费性支出11137.03元，增长15.9%，恩格尔系数为34.8%，比上年提高2.0个百分点；全区农村居民人均纯收入4137.7元，同比增长16.7%，人均生活消费支出4122.6元，增长37.3%，恩格尔系数为46.3%，比上年下降1.4个百分点，城镇居民人均住房建筑面积34.45平方米，农村居民人均住房面积18.29平方米。实际分别增长9.3%和3.4%。年末境内各单位共有从业人员21227人，下降0.7%，累计发放工资总额8.3亿元，同比增长9.5%，人均年工资38616元，同比增长13.2%。

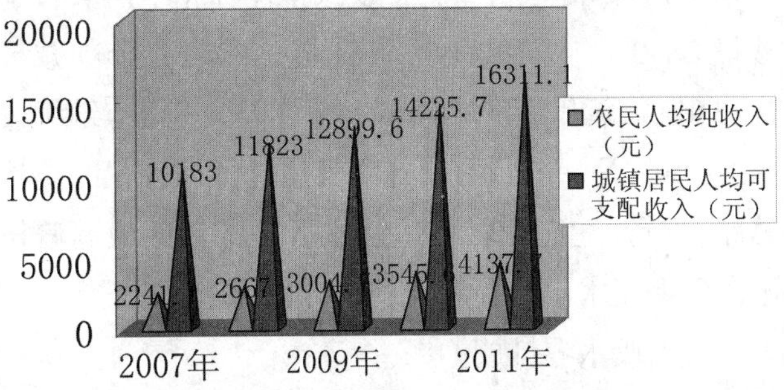

图5　2007~2011年城市居民收入水平

社会保障覆盖面不断扩大。2011年，全区参加失业保险参保的职工为22739人，征缴和清欠失业保险金938.62万元，为符合条件的286名失业职工按时足额发放失业保险金121.17万元；为1145名“4050”灵活就业人员申请发放社会保险补贴218.08万；向领取失业保险金人员发放临时物价补贴2.4万元。新增农村低保3605户10814人，新增城市低保409户1076人，使我区农村低保对象增至16176户38471人、城市低保对象增至8383户21550人，保障面分别达11.5%、18.0%，全年发放农村低保金3520万元，城市低保金3735万元，农村医疗救助金1131万元，城市医疗救助金359万元。有效保障了困难群众的基本生活，缓解了城乡困难群众看病贵的问题。全年共保障城乡80岁以上老年人2770人，共发放城乡高龄津贴216万元。

创业就业工作扎实有效。扎实开展“六大创业行动”，新建创业园区2个，为324名创业者发放小额担保贷款2182万元，扶持创办小企业217个，培育小老板302人，创造新岗位1677个。2011年全区共实现城镇新增就业3053人。其中城镇就业困难人员就业482

人，公益性岗位安置 215 人，引导高校毕业生自主创业自谋职业 73 人，引导高校毕业生区外就业 103 人。登记在册的城镇失业人员 1383 人，城镇登记失业率控制在 4.1%以内，实现了零就业家庭“动态消零”。

十一、生态环境和安全生产

环境质量总体得到改善。严格环保准入，大力推进现有工业企业的污染治理，关停不符合环保要求的马铃薯淀粉加工企业。加强固原市污水处理厂等重点污染企业的日常监管。通过加强督查，落实工程、管理和结构减排等措施，完成年度减排任务化学需氧量削减量 2890 吨、氨氮削减量 51 吨、二氧化硫削减量 1783 吨、氮氧化物削减量 370 吨的 95% 以上。继续按照“实事求是、因地制宜、着眼长远，注重当前”的防治思路，推行“适时、适地、适量、适作物”休闲地灌溉技术。确保废水不进入河流、水库和水源地造成污染，实现了淀粉废水零排放。

“平安原州”建设取得新进展。2011 年全区共发生各类事故 112 起，同比下降 17.6%，死亡 27 人，同比下降 12.9%，受伤 104 人，同比下降 8.8%，直接经济损失 79.66 万元，同比上涨 100.4%，实现了安全生产四项指标三降一升。亿元国内生产总值生产安全事故死亡率为 0.55；工矿商贸企业就业人员 10 万人安全生产事故死亡率为 2.52；道路交通万车死亡率为 2.25；煤矿百万吨死亡率为 0。

注：

[1]本公报所列部分数据为年度初步统计数据。

[2]地区生产总值和各产业增加值总量按现价计算，增长速度按可比价计算。

[3]人均地区生产总值按年平均常住人口计算。

[4]从 2011 年开始，全区纳入规模以上工业统计范围的工业企业起点标准从年主营业务收入 500 万元提高到 2000 万元。

[5]从 2011 年开始，固定资产投资统计的起点标准从计划总投资 50 万元提高到 500 万元，2011 年固定资产投资总量与 2010 年不可比，本公报中比上年增速按可比口径计算。

[6]限额以上批发零售企业是指年销售额 2000 万元及以上的批发企业和年销售额 500 万元及以上的零售企业。

[7]本公报所列增加、增长、减少、下降均系与上年比较。

[8]部分数据因四舍五入的原因，存在与分项合计不等的情况。

组织机构与负责人名录

（2011年12月31日前在职）

中共固原市原州区第二届委员会

书　记　吴万俊(回)

副书记　张　戈　房正伦

常　委　郭兆虎　刘世生

李占科　马银轩

陈伟群(挂职)　何　锟(回)

马秀梅(回,女)　李学军

郑宜成

委　员(按姓名笔画为序排列)

马　武(回)　马　俊(回)

马占明(回)　马永春(回)

马志忠　马国明(回)

马秀梅(女,回)　马彦明(回)

马银轩　王海清

王淑玲(女)　尹利民

刘世生　刘世贤

安继海(回)　李占科

李学军　杨生俊(回)

杨锦泉　吴万俊(回)

别志俊　何　锟(回)

宋　权　张　戈

张恭昌　陈兴源

郑宜成　房正纶

赵向辉　郭兆虎

海　丽(女,回)　黄如明

康建宁

候补委员(按得票多少为序排列)

白　莉(女,回)　杨　荣(回)

张玉峰　海保虎(回)

马静乾(回)　李国英(女)

顾荣科　李成祺(回)

固原市原州区第一届人民代表大会常务委员

主　任　陈兴源

副主任　王占川　马登芳(回 女)

杨志平(回)　马国民(回)

固原市原州区人民政府

区长、党组书记　张　戈

副区长、党组副书记　李占科

副区长　何　锟(回)

陈伟群(挂职)　师淑莲(女)

康建宁　杨生俊(回)

刘世贤　马文军(挂职)

区长助理　杨晓宏　李晓灿

中国人民政治协商会议固原市原州区第一届委员会

主席、党组书记　马彦民(回)
副主席　马良志(回)　张　雪　毛启媛　冯赵绪

中共固原市原州区第二届纪律检查委员会

书　记　郭兆虎
副书记　海保虎(回)　邓彦斌
常　委(按姓名笔画为序排列)
邓彦斌　刘孝斌
杨文霞(女)　张进茂
郭兆虎　海保虎(回)
董　斌(满)
委　员(按姓名笔画为序排列)
马　勇(回)　王凤玲(女)
王怀凌　邓彦斌
白素玲(女,回)　刘孝斌
祁志雄　李玉宏(回)
李宏霞(女)　李菊霞(女)
杨文霞(女)　张进茂
栾志慧(女)　郭兆虎
海保虎(回)　黄占斌
梁俊辉　董　斌(满)
褚广宏

原州区人民武装部

部　长　李学军
政　委　赵振云
副部长　杨立成(回)

原州区人民法院

党组书记、院长　黄如明
副书记、纪检组长　张　才
党组成员、副院长　尹　鹏　杨春荣(回)

原州区检察院

检察长、党组书记　马占明(回)
党组副书记、纪检组长　范继学
党组成员、副检察长　黄占斌　毛忠林

原州区党委部门

区委办公室

主　任　刘世贤
副主任　郑宜成
副主任、区委督查室主任　柳永良
副主任、区委保密办主任、区国家保密局局长
张宏羽

副主任　何生虎(回)　董　奇

组织部

部　长　马银轩

副部长、兼机关工委书记、党群部门纪检组长　马静乾(回)

副部长　祁志雄

宣传部

部　长　郑宜成

副部长兼精神文明办主任　王凤玲(女)

副部长　马文东(回)

统战部

部　长　马秀梅(回 女)

副部长　沙德彪(回)　毛俊林　锁少武(回)

政法委

书　记　房正纶

副书记、秘书长　王怀凌

副书记、综治办主任　陈学伟

副秘书长　贾国剑　薛慧玲(女)

综治办副主任、主任科员

政策研究室

主　任　郑宜成

副主任　海俊峰(回)

编　办

主　任　白素玲(回女)

副主任兼事业单位登记管理局局长　杨天明(回)

副主任　钱勇慧(女)

信访局

局局长　余再兴(回)

局书记　李玉宏(回)

副局长　赵秀娥(回,女)

副局长　张万忠

老干部局

书记、副局长　沈云峰(女)

副书记、局长兼关工委办主任　戴江宏(回)

副局长　夏莲芳(女)

关工委办副主任　杨建军

原州区党委直属事业单位

档案局

局　长　赵秉明(女)

副局长　马林巧(回女)

原州区人大常委会工作部门

办公室

主　任　姚保生(回)

财政经济委员会

主　任　陈　健(女)

科教文卫委员会

主　任　王秀芳(女)

选举委委员会

主　任　李晟文

法制委员会

主　任　李振基(回)

原州区人民政府工作部门

原州区人民政府办公室
主　任　尹利民
副主任　年平安　何　伟
副主任、法制办主任　罗永耀

人民政府政务服务中心
主　任　白雪梅(回女)
党支部书记　何步亮
工程招标(政府采购)交易中心主任　李翔宇

发展和改革局
党委副书记、局长　高正荣(回)
副局长、经贸局局长　张君禄(回)
副局长　倪志林　海成瀛(回)　邓彦峰　黄丽萍(女)

物价检查所
所　长　马耀富(回)

移民办
常务副主任(兼)　海成瀛(回)
副主任(兼)　杨志文

教育局
党委书记、纪委书记、副局长　金占海(回)
党委副书记、局长　田　力
副局长　魏冠南　赵忠全
教育督导室主任　倪万赤

科技局
党支部书记、纪检组长、副局长　马正发(回)
局　长　岳国军
副局长　马　武(回)　张　辉

宗教局
局　长　锁少武(回)
党支部书记、纪检组长、副局长　马荣助(回)
副局长　王国军

民政局
局　长　丁永安(回)
社会组织工作委员会书记、纪检组长、副局长　张东亮
副局长　李志仁
社会组织工作委员会副书记　胡学海

司法局
党组书记、局长　王世杰
纪检组长、副局长　李国虎
副局长　范忠于

财政局
党支部书记、纪检组长、副局长　李宏霞(女)
局　长　张恭昌
副局长　马秀元(回)
副局长　吕晓燕(女)

人力资源和社会保障局
党支部书记、纪检组长　贾进林
局　长　张玉峰
副局长　庞　智

劳动就业服务局
局　长　贾进林
副局长　李春琴(女)

交通和乡镇建设局
党委书记、纪委书记、副局长　吴俊贵(回)
党委副书记、局长　马　武(回)
副局长　刘利平　张志升
工会主席　王　瑞(回)

水务局
党委书记、纪委书记、副局长　金　琳(回)
党委副书记、局长　李广平
副局长　薛光成　刘杏萍(女)

农牧局

党委书记、纪委书记、副局长 戴培义

党委副书记、局长 张孝林

副局长 张　福　杨　波

文化体育旅游局

局　长 马玉福(回)

纪检组长、副局长 李志文

副局长 徐巧荣(女)　祁学斌

卫生局

党委书记、纪委书记、副局长 马　芳(回女)

局　长 张　立

副局长 戴玉文

人口和计划生育局

党支部书记、纪检组长、副局长 马　勇(回)

局　长 顾继勤

副局长 李庆炜　何　刚

审计局

局　长 李国英(女)

副局长 张晓龙　李果仁

安全生产监督管理局

局　长 梁俊辉

副局长 王正奇　孙　平

统计局

党支部书记、纪检组长、副局长 李德海

局　长 顾荣科

副局长 杨廷龙(回)

林业局

党委书记、纪委书记、副局长 王　伟

党委副书记、局长 徐　璞

副局长 孙建强　柳志勇

扶贫办

党支部书记、纪检组长、副主任 蔡东学

主　任 苏明珊(回)

副主任 李含刚　马红元

原州区政府直属事业单位

地震局

局　长 丁永虎(回)

副局长 秦卫国　罗成华

招商局

局　长 张宗诚

副局长 拜　瑞(回女)

党史区志编纂委员会办公室

主　任 魏国营

副主任 汤明星

扶贫扬黄灌溉管理局

局　长 李　彪

副局长 孙志旺　何文章　杨志文(兼)

固原清水河工业园区管委会

主　任 段贵忠

党工委副书记 张治军

副主任 韩立成　罗　天

原州区政协工作部门

办公室

主　任 杨仲武

提案委

主　任 刘吉祥

科教文卫委

主　任　　李继农

经济委

副主任主　　马继王

民族群团委

主　任　　苟国孝

原州区民主党派

民盟固原市原州区总支部委员会

主任委员　　张　立

副主任委员　　郭宝军

民进固原市原州区总支部委员会

主任委员　　苟俊杰

原州区群众团体

总工会

工会主席　　马国明(回)

常务副主席　　孙志勤

副主席　　刘万恩　邓志海

团　委

团委书记　　李成祺(回)

副书记　　陈雪芬(女)

妇　联

主　席　　白　莉(回女)

副主席　　张珍珠(女)

科　协

主　席　　刘世沛

副主席　　王正兵

文　联

主　席　　马明君(回)

副主席　　王小军

残　联

理事长　　杨世凯(回)

副理事长　　张　信

工商联

书　记　　毛俊林

主　席　　蒋广秀

副主席　　侯彩风(女)

伊　协

常务副会长　　马汉清(回)

副会长　　王　旭(回)

自治区、固原市直属机构

公安局原州分局

局　长　　刘世生

政　委　　石永忠

副局长　　李思学　高金昌(回)　罗永和

国家税务局

党组书记、局长　　段永刚

副局长　　张万金　杨志刚　苗　泉

工商局

局　长　　王宏亮

副局长　　杜亦兵　姬　雄　李　博

质量技术监督局

局　长　　罗　斌

副局长　　刘　煜　高泽胜

人民银行

党委书记、行长　　杜瑞平

副行长　　李尚武　王　浩　康彦华

银监局

党组书记、局长　蔡　斌

副局长　赵巍德

农业银行

行　长　柳　鹏

副行长　佘文举　周吉宁

李云峰

建设银行

行　长　田新民

副行长　杨立成　张志锋

张　伟

工商银行

行　长　岳臻煜

副行长　邵忠宁　刘全忠

李　斌

信用联社

理事长　景海昆

监事长　雷有川

主　任　杨海成

副主任　曹永国　白义军(回)

农业发展银行

党委书记、行、长　夏　明

副行长　吴治国　黄宁生

气象局

局　长　杜　鑫

副局长　韩世涛

邮政局

局　长　冯小迅

副局长　王国俊　柳　娟

电信局

党委书记、总经理　孙晓东

副总经理　马金生(回)　黄贵强

思　博　高进奎

盐业局

局　长(经理)　王志顺

书　记　陈正坤

副局长　马润峰

烟草专卖局

局　长　邹振军

副局长　马福明(回)　丁少海(回)

人寿保险

总经理　李　伟

副总经理　李宏学

财产保险

总经理　丁　宇(回)

副总经理　郭海成

乡、镇

官厅镇

党委书记、人大主席　海　丽(回女)

党委副书记、镇长　张玉海

党委副书记、纪委书记　马少龙(回)

党委委员、人大副主席　倪秉裕

党委委员、副镇长　海廷寿(回)　马彦东(回)

鲁双秀(女)

党委委员、人武部部长　刘会宁

开城镇

党委书记、人大主席　马志忠

党委副书记、镇长　于金红(回女)

党委副书记、纪委书记　樊振勇

党委委员、人大副主席　邢学富(回)

党委委员、副镇长　武继柏　安荣升　金创明

党委委员、人武部部长　高占荣(回)

头营镇

党委书记、人大主席　杨　荣(回)

党委副书记、镇长　王　磊

党委副书记、纪委书记　刘晓军

党委委员、人大副主席　曹广岳

党委委员、副镇长　田　华　马登斌(回)

申学庚

党委委员、人武部部长　马万录(回)

张易镇

党委书记、人大主席　马永春(回)
党委副书记、镇长　罗小宁
党委副书记、纪委书记　郭　辉
党委委员、人大副主席　苏克仁(回)
党委委员、副镇长　李廷郡　唐建华(女)　金玉河(回)
党委委员、人武部部长　王永名

三营镇

党委书记、人大主席　别志俊
党委副书记、镇长　何尚军(回)
党委副书记、纪委书记　杨学峰(回)
党委委员、人大副主席　李成兴(回)
党委委员、副镇长　连廷智　王晓玲(女)　柯秀斌(回)
党委委员、人武部部长　赵海军

彭堡镇

党委书记、人大主席　安继海(回)
党委副书记、镇长　陈锡仓
党委副书记、纪委书记　马志强(回)
党委委员、人大副主席　马占海(回)
党委委员、副镇长　王　霆　张卫强
副镇长　张　丽(回女)
党委委员、人武部部长　宁兴成

黄铎堡镇

党委书记、人大主席　王淑玲(女)
党委副书记、镇长　马文军(回)
党委副书记、纪委书记　冯晓明
党委委员、人大副主席　何彦学
党委委员、副镇长　马生军(回)　杨志武(回)　潘　海
党委委员、人武部部长　白春龙(回)

中河乡

党委书记、人大主席　宋　权
党委副书记、乡长　刘荣贵(回)
党委副书记、纪委书记　马荣福(回)
党委委员、人大副主席　姚虎福(回)
党委委员、副乡长　任俊林　罗晓娟(女)　马清平(回)
党委委员、人武部部长　何仁学

寨科乡

党委书记、人大主席　赵向辉
党委副书记、乡长　丁保民(回)
党委副书记、纪委书记　张天明
党委委员、人大副主席　强贵成(回)
党委委员、副乡长　杨启木(回)
副乡长　雪翠红(女)
党委委员、人武部部长　高云天(回)

河川乡

党委书记、乡长　马　俊(回)
党委副书记、人大主席　任全宝
党委副书记、纪委书记　田小利(回)
党委委员、人大副主席　穆晓成(回)
党委委员、副乡长　张世林　罗玉明(女)
党委委员、人武部部长　薛学军

炭山乡

党委书记、乡长　王海清
党委副书记、人大主席　汤爱国(回)
党委副书记、纪委书记　王　刚
党委委员、人大副主席　丁成章(回)
党委委员、副乡长　李志成
副乡长　何秀霞(女)
党委委员、人武部部长　雷福林(回)

北塬街道办事处

党工委书记、人大联络办公室主任　杨锦泉
党工委副书记、办事处主任　马建国(回)
党工委副书记、纪委书记　虎淑梅(女)
党工委委员、办事处副主任　海连明(回)

马明宝(回)

党工委委员、人武部部长 杜志忠

新区街道办事处

党工委书记、人大联络办公室主任 马志清(回)

党工委副书记、办事处主任 刘万平

党工委副书记、纪委书记 贾旭林

办事处副主任 庞英丽(回女)

马　波(回)

党工委委员、人武部部长 薛正涛

南关街道办事处

党工委书记、人大联络办公室主任 魏志斌

党工委副书记、办事处主任 刘克虎(回)

党工委副书记、纪委书记 吕维兵

党工委委员、办事处副主任 胡晓霞(女)

张文华(女)

人武部部长 夏全军

大事记

2009 年

10 月

11~12 日　由香港福建希望工程基金会捐资 80 万元港币援建的头营镇明彩、张易镇林英达、开城镇南益希 3 所希望小学举行落成剪彩仪式。自治区政协副主席张乐琴、市政协主席邓向贵、副市长陈莉萍、香港福建希望工程基金会主席陈勇等参加剪彩仪式，并就 3 所希望小学的建设情况开展调研。

12 日　宁夏中节能新材料有限公司固原烧制品项目开工奠基仪式在原州区头营镇马园村举行。自治区领导王正伟、刘晓滨，中国节能投资公司、中节能新材料有限公司领导及固原市、原州区有关领导和当地数千名干部群众参加仪式。

12~15 日　自治区司法厅副厅长陈福勇就原州区基层司法工作进行调研。

14 日　自治区卫生厅厅长刘天锡一行在原州区清河镇卫生院等医院，就原州区卫生系统第三批学习实践科学发展观活动和重大疫情防护工作进行检查指导。

同日　自治区党委常委、纪委书记刘晓滨、自治区纪委副书记陶进一行，在市领导刘小河、丁卫东及原州区主要领导的陪同下，对原州区阳光村务工作进行调研。

15 日　宁夏胜金水泥有限公司固原分公司高细水泥粉磨项目在原州区清水河工业园区开工建设。

16 日　香港福建希望工程基金会援建的原州区头营镇铁钩村、张易镇毛庄村、开城镇青石村 3 所希望小学举行竣工剪彩仪式。福建省全国政协委员考察团、香港福建希望工程基金会访问团以及自治区、固原市、原州区有关领导出席了剪彩仪式。

同日　国务院授予原州区开城镇“全国民族团结进步模范集体”称号。

21 日　自治区副主席李锐带领山区农村危房危窑改造工程督查组，实地督察原州区农村危房改造情况。市区主要领导陪同检查。

26 日　原州区红军长征青石嘴战斗纪念碑，被自治区命名为第三批爱国主义教育基地。

25 日　固原市医院急诊科收治一例甲型 H1N1 阳性患者。

28 日　原州区消防大队荣获全国公安消防部队“国庆六十周年消防安全保卫工作先进集体”称号。

28~29 日　铁道部扶贫开发领导小组副组长佟立军一行来原州区检查指导定点帮扶工作。

29 日　原州区彭堡镇撒门小学校长马彦文被评为宁夏“60 位新中国成立以来感动宁夏人物”之一。

11 月

9 日　自治区人大副主任马瑞文、张小苏带领“民生计划宁夏行”视察组在原州区委书记王文宇的陪同下，对自治区要求实施的 10 项民生计划、30 件为民办的实事情况进行视察。

17日 自治区巡回检查组副组长杨茂科一行来原州区检查指导第三批学习实践科学发展观活动。检查组先后深入头营镇马园村和头营镇机关，实地检查学习实践活动开展情况，并听取了原州区委的工作汇报。

18日 自治区党委副书记于革胜带领自治区相关厅局负责人在市委常委、原州区委书记王文宇的陪同下，先后来到天启马铃薯开发研究中心、大学生创业园区，调研我区马铃薯购销加工和设施农业建设情况。

19日 原州区四中一期工程竣工暨搬迁仪式隆重举行。自治区党委副书记于革胜，秘书长蔡国英，固原市委常委、原州区委书记王文宇等出席了搬迁仪式。

23日 自治区副主席陈守信一行在市委常委、原州区委书记王文宇的陪同下，在原州区东郊等小学调研留守儿童的生活学习情况。

26~27日 自治区党委书记陈建国及相关厅局负责人在市委常委、区委书记王文宇、区长吴万俊的陪同下，在须弥山旅游景区、盐化工基地、宋家巷民族特色商业居住区一期工程现场、固原机场等地调研。

27日 宁夏中南部严重缺水地区地下水勘查与饮水安全工程在原州区彭堡镇陈家磨村正式启动。自治区党委书记陈建国及相关厅局负责人出席了启动仪式。

29日 由铁道部援建的原州区马铃薯综合批发市场铁路专用线历时两年建设正式开通。铁道部扶贫领导小组、兰州铁路局、自治区扶贫办及固原市、原州区有关领导和相关部门负责人参加了开通仪式。

12月

2日 据宁夏地震台网测定，2009年12月2日北京时间11时19分17秒，固原市区（东经106.3度，北纬36.0度）发生MS3.0级地震，原州区普遍有震感。

8日 原州区“国家科技富民强县专项行动计划”项目顺利通过国家科技部验收。该项目总投资639万元，共引进新品种56个、引进新技术7项，建立各类蔬菜示范点27个、示范面积3182亩，推广冷凉无公害蔬菜标准化技术示范4.2万亩，涉及8个乡镇52个行政村。

14日 原州区法院荣获“全区法院集中清理执行积案工作先进集体”称号。

22日 东饮工程石庄隧洞以后标段主管道试通水到唐家坪泵站蓄水池，沿线官厅、寨科等乡村同时陆续通水入户。这是自去年9月2日东饮工程源头开闸放水，石庄隧洞（8标段）以前管道试通水以来，东饮工程建设的又一阶段性成果。

2010年

1月

1日 由区委、政府主办，区委宣传部承办的周报《新原州》正式创刊。这是宁夏第三份县（区）级报纸。中国书协副主席、宁夏文联副主席吴善璋为本报题写刊名。

9日 政协原州区一届三次会议召开。政协主席马彦明主持大会并作政协工作报告，副主席张雪作了关于政协一届二次会议以来提案工作情况的报告，固原市委常委、原州区委书记王文宇作了总结讲话。

10日 原州区人大常委会主任陈兴源主持召开原州区一届人大三次会议。政府区长吴万俊作政府工作报告。

17日 在自治区农村工作会议上，原州区获自治区党委、政府授予的2009年度“社会主义新农村建设先进集体”和“农民增收先进集体”两个奖项，分获奖金50万元、30万元。

20日 在自治区召开的2009年度人口和计划生育工作表彰大会上，原州区荣获自治区计划生育目标考核一等奖，寨科乡达到“五星级”标准。

21日 宁夏红十字会、宁夏慈善总会在联合开展的2010年“慈善博爱送温暖”活动启动仪式上向原州区捐赠了价值110万元的物资。

26日 自治区学习实践科学发展观活动第二巡

回检查组组长李文录一行在原州区委常委、组织部长马银轩的陪同下，在清河镇检查指导工作。

28日 原州区开城镇小马庄村农民王成吉被评为2009年“感动宁夏”十大人物。

30日 原州区召开领导干部大会。大会宣布了自治区党委、固原市委的干部任职决定：张戈任原州区委委员、常委、副书记，提名为政府代区长，吴万俊任原州区委书记，原任区委书记王文宇调离。

2月

11日 《原州区志》审稿会召开。原州区四大机关领导、自治区、固原市及周边市县的史志专家出席了会议，与会人员就《原州区志》进行了全面客观的评价，并提出了一些修改意见。

17日 须弥山旅游线路绿化和产业带工程启动仪式在三营镇举行。此次植树造林活动，有2000名干部职工参加，计划在三营至须弥山12公里的旅游专线旁栽植各类苗木47万株，面积达3000亩，这一工程被列入固原市2011年经济社会发展15件大事中的重点景区主干道绿化工程之一。

19日 原州区重点建设项目正式启动。将实施6大类116个建设项目，其中重点建设项目21项，概算总投资8亿元，内容涉及生态移民、农田水利、道路交通、教育、卫生、文化等民生领域，建设项目计划10月底完工。

20日 自治区专家验收组对原州区文化先进区、开城镇历史文化名镇进行验收。

24日 《宁夏日报》报纸集团党委委员、副社长刘文英来原州区调研。主要就《宁夏日报》在原州区的发行、投递情况及县区通联工作等内容进行了座谈。

25日 自治区人大常委会副主任何学清带领“4个百万亩”工程建设二组，对原州区头营镇马园村农业科技设施园区、彭堡镇石碑村万亩秋季全覆膜示范区进行调研。固原市领导李守银、原州区领导李占科等陪同调研。

29日 自治区党委书记陈建国在固原市委书记刘小河、市长白尚成、原州区委书记吴万俊、区长张戈的陪同下，深入头营镇杨郎设施园区和须弥山景区进行调研。

31日 自治区党委政研室副主任、农发办副主任邱玉忠率领调研组，在区委常委、副区长李志菊的陪同下对原州区生态移民工作进行调研。

4月

9日 原州区南城拐子县内生态移民项目三期工程启动仪式在头营镇南塬村举行。市领导刘小河、白尚成及自治区有关厅局领导出席了启动仪式，并为工程开工培土奠基。工程计划搬迁炭山、寨科、官厅、河川等干旱带及地质灾害险点的困难群众720户共3240人，开发土地1820亩。

14日 自治区纪委副书记陶进来到原州区开城镇就农村基层组织实施的“清廉为民”工程、村务公开、便民服务代理、村级党风廉政制度建设、勤政廉政承诺等工作进行调研。

14~15日 自治区党委副书记于革胜带领自治区有关厅局负责人在原州区主要领导陪同下，就我区小城镇建设、设施农业发展、大学生和农民创业就业等项工作深入调研。

15日 原州区派出由5人组成的医疗小分队，赶赴青海玉树地震灾区参与抗震救灾和医疗救治工作。

16日 原州区举行《新原州》暨《原州书画》、《风吹西海固》发行仪式。市委常委、宣传部部长周庆华，市政协副主席罗永红出席发行仪式。各级文学艺术界专家、学者和乡镇部门负责人115人就两书一报进行了座谈交流。

20~21日 原州区开展向青海玉树地震灾区献爱心活动，共捐赠17.5万元。工商联组织民营企业家、经营户捐款9万元。

22日 自治区主席王正伟深入原州区调研须弥山旅游产业发展，并指出要把须弥山石窟打造成继沙湖、沙坡头之后，宁夏又一个王牌景点。

30日 在自治区召开的宣传大会上，原州区被自治区党委、政府评为“全区文化建设先进区”，获得奖金50万元。

5月

6日 香港爱心人士钟德贤先生捐资25万元援建的头营镇“铁沟希望小学”落成。

11日 自治区党委书记陈建国、自治区主席王正伟及自治区有关厅局负责人一行，在原州区委书记吴万俊、政府区长张戈的陪同下，深入原州区马铃薯繁育中心调研。

同日 自治区党委督查室调研原州区节水农业发展情况。调查组先后实地查看了三营镇新三营村节水灌溉设施农业园区、团结村枸杞节水灌溉基地、头营镇杨郎村及彭堡镇姚磨村节水灌溉拱棚园区。

13日 区委、政府在银川举办须弥山文化旅游活动周推介会。

6月

3日 自治区党委副书记于革胜带领自治区“贫困村互助资金使用情况观摩交流团”在原州区人大主任陈兴源、区长张戈的陪同下，就三营镇羊圈堡村的互助资金使用情况进行调研。

9日 原州区开城镇小马庄村农民王成吉入围“2009年绿色中国年度人物”人选。

15日 兰州市23家旅行社、《兰州晚报》、《兰州晨报》等媒体组成的采风采线团，到须弥山景区进行一天的旅游考察。

26日 自治区人大执法检查组深入原州区张易、头营两镇，对《宁夏回族自治区乡镇人民代表大会工作条例》颁布以来的执行情况进行抽查。

7月

2日 自治区政协秘书长、机关党组书记朱玉华一行来原州区张易镇毛庄村慰问困难党员。

5日 原州区人大主任陈兴源主持召开人大常委会第24次会议。会议对2010年国民经济和社会发展计划执行情况进行了审查，听取了区人民政府2010年上半年民生计划执行情况等9个报告，表决通过了区人大常委会关于批准2009年原州区财政决算(草案)。

7日 自治区党委办公厅副秘书长杜银杰前来调研原州区马铃薯产业发展情况。

10日 民政部康复辅具研究中心专家姚娟、朴小兰在原州区城区中心敬老院实施“福康工程”项目，为5名残疾老人免费制作安装了断肢模具。

同日 原州区国税局财税库银横向联网电子缴税系统上线，从而实现了财政、税务、国库、银行的信息共享。

12日 自治区人大原副主任张立志、韩有为一行到原州区马铃薯繁育中心实地考察，原州区领导吴万俊、张戈、景清海陪同考察。

15日 固原东部农村饮水安全重点供水工程整体建成并试运行。支管线原州区境内共21条已全部建成试通水，项目区所有乡镇90%的行政村实现通水，完成供水入户7120户，总受益人口近7.5万人，累计完成投资1.5亿元。

19日 第二届中国宁夏国际文化艺术旅游博览会在银川国际会展中心开幕。原州区参展的六盘山抟土瓦塑作品《黄土窑史话》、《羊把式》，受到斐济群岛共和国驻华大使何志美的高度赞誉。

26~27日 自治区党委书记张毅、政府主席王正伟深入原州区生态移民新村团结村、中河乡万亩马铃薯种薯繁育基地进行考察。

27日 以《人民日报》社经济社会部副主任江夏为首的记者采访组，在自治区主席助理屈冬玉及固原市和原州区有关领导的陪同下，先后到原州区马铃薯繁育中心、开城镇深沟村覆膜积水补灌技术示范区、中河万亩马铃薯种薯繁育基地进行实地采访。

8月

9日 原州区组团参加由农业部、自治区政府共同主办的第二届中国园艺博览会。在宁夏园艺产业园，原州区展示台的特色农业引起参观者关注。

10日 国土资源规划司巡视员殷为平带领检查组来原州区检查巩固退耕还林成果项目实施情况。

12日 自治区第十三届运动会闭幕,原州区获得4金1银4铜的好成绩。

18日 原州区文联召开第二届代表大会,选举产生新一届委员会领导机构。中国曲艺家协会副主席、自治区文联主席郭刚、市文联主席尹文博及原州区区委书记吴万俊等出席了会议。会议选举马明君为新一届文联主席,祁学斌为兼职副主席,殷同东为秘书长。同日,又举行了《原州》文艺杂志首发式。

20日 自治区党委书记张毅、主席王正伟带领全区县域经济观摩团,深入中河乡万亩马铃薯种薯繁育基地、头营镇徐河村设施农业基地及杨郎小城镇进行观摩。

同日 宁夏慈善总会在原州区举行爱心助学慈善项目发放仪式,为2010年300名录取的大学贫困生每人发放4000元助学金。自治区人大原副主任、宁夏慈善总会副会长余今晓出席了发放仪式。

20~21日 原州区工会召开撤县设区后第一次代表大会,会议选举马国明为新一届工会主席,孙志勤、刘万恩、杨文霞为副主席,张绪彤当选为新一届经审会主任。

26日 国家文物局领导检查原州区第三次文物普查工作。

29日 沿黄城市带移民工作全面启动。我区存在地质隐患的8个行政村57个自然村440户将逐批搬迁至沿黄城市永宁县。

9月

5~8日 中共中央政治局常委、中央政法委书记周永康一行来原州区视察。

6日 原州区张易中学教师杨秀花荣获"全国教书育人楷模"提名奖。

10日 全国人大常委会委员长吴邦国来到原州区开城镇海沟村视察。

11日 自治区地震局局长张思源一行,为成立海原地震博物馆前来原州区查阅相关资料。原州区档案局(馆)提供馆藏的《民国固原县志》胶印刻板线装本供其参考利用。并交换收集到有关固海大地震珍贵照片及光盘、书籍共计12件。

13日 全国人大常委会副委员长、民建中央主席陈昌智一行就全国人大议案《关于支持宁夏建设马铃薯种薯基地的建议》办理进展情况和解决南部山区人畜饮水及水源工程建设等问题来原州区视察。区、市有关领导及原州区主要领导陪同视察。

20日 自治区党委组织部副部长、创先争优活动领导小组办公室主任沈凡一行,在原州区委书记吴万俊、区委常委、组织部部长马银轩的陪同下,深入北塬街道办事处、中山北街社区和开城镇深沟村调研创先争优活动开展情况。

同日 原州区一届人大常委会第25次会议通过了原州区第一届人民代表大会常务委员会公告,决定任命陈伟群为原州区人民政府副区长,杨生俊为原州区人民政府副区长,免去上官蓝波原州区人民政府副区长、冶三奎原州区人民政府副区长职务。

25日 原州区政府与中航工业郑飞公司签订了清真养生小杂粮深加工项目框架协议,标志着1.8亿元的小杂粮深度开发项目正式落户原州区。固原市领导刘小河、白尚成及原州区领导吴万俊、张戈等出席了签字仪式,原州区区长张戈与中航郑飞集团副总经理齐剑飞签署了合作协议。

27日 在2010年宁洽会暨首届中阿经贸论坛项目签约仪式上,原州区共签约2项,项目总额41万元。区长张戈出席了签约仪式。

10月

2日 具有代表性的非物质文化遗产《原州区非物质遗产保护工程丛书》正式出版发行。本丛书共有《原州民间旅游》、《原州民间信仰》、《原州民间民歌》、《原州非遗图解》4本,分15大类、55项。

19日 原州区举行"树新风、革陋习、争做文明市民"活动暨人民广场竣工仪式。自治区宣传部副部长李克强,固原市领导刘小河、白尚成,原州区领导吴万俊、张戈等出席了竣工仪式。新建的人民广场占地4

万多平方米，总投资3000多万元。

同日 在吴忠市召开的自治区农村党风廉政建设工作大会上，原州区彭堡镇、头营镇杨郎村分别荣获“全区实施‘清廉为民’工程先进乡（镇）、村”称号，获得以奖代补奖金15万元。

22~24日 自治区外专局聘请荷兰马铃薯专家乌斯特曼和希波斯先生来原州区给农牧系统65名专业技术人员讲授马铃薯早晚疫病预测、综合防治技术及贮藏原理，并深入种薯繁育基地进行现场指导。

23日 原州区检察院干警惠王亮获“全区检察机关侦查监督优秀检察官”技能竞赛十佳殊荣。

25日 自治区文明办未成年人处处长胡建国，在市、区有关领导陪同下，先后来到彭堡镇、六中、三中，就原州区未成年人思想道德建设和社会文化环境整治及绿色网吧的安装使用进行调研。

11月

1日 自治区党委常委、秘书长蔡国英带领自治区党委政研室、扶贫办、发改委等部门负责人在市、区领导刘小河、董玲、吴万俊、张戈等的陪同下来原州区调研生态移民工程，并征求关于自治区“十二五”发展规划意见。调研组一行在开城镇马场村查看了退耕还林及生态恢复情况。

2日 自治区党委政研系统工作现场会在原州区召开。参会人员考察了人民广场、杨郎小城镇建设、生态移民点利民新村、须弥山景观大道等原州区重点亮点工作。

同日 国家人力资源和社会保障部授予原州区“全国农村劳动力转移就业工作示范县”称号。

同日 原州区开城镇马场村护林员马养德人选“感动宁夏2010年度十大人物”候选人。

3日 区长张戈主持召开第48次政府常务会议。会议研究审定了《三营镇小城镇建设方案》，原则通过了《原州区进一步扶持生态移民新村发展实施方案》。

4日 宁夏慈善总会在原州区举行“百名爱心人士抚育千名孤儿”资助金发放仪式。原州区110名孤儿获得10.3万元资助金，并可连续3年获得资助，这是宁夏慈善总会在南部山区首次实施的资助项目。

13日 自治区主席助理屈冬玉带领农牧厅、旅游局有关领导调研原州区马铃薯产业，原州区领导吴万俊、张戈、杨生俊陪同调研。

14~24日 由全国老龄委指导的老年学会和中国长寿工程基金会发起的“全国百岁希望工程”固原站在东海社区正式启动。社区老年群众80人参加了启动仪式，这是首次以百岁为主题命名的国家级希望工程。

22~23日 自治区人民政府评估验收原州区教育创强工作。自治区副主席郝林海及有关厅局领导参加验收，固原市领导刘小河、周庆华，原州区领导吴万俊、张戈等陪同。

24日 自治区文明办来原州区重新确认2007年以来自治区级文明单位和乡镇。验收组先后对固原市工商行政管理局原州分局、头营镇马园村各项精神文明指标进行验收。最后参观了赫光纪念馆、杨郎村农民公园。

24~25日 自治区计划生育工作考核验收组一行在原州区彭堡镇硝沟村、政务服务中心检查计划生育工作，并听取工作汇报。

25日 中宣部、中央文明办、教育部、工信部、文化部5部委联合举办的“绿色电脑进西部”活动在原州区举行。原州区获赠的150台电脑全部发放到位，区委常委、宣传部部长李鹏霄参加了发放仪式。

29日 自治区党委副书记于革胜、自治区副主席郝林海带领自治区有关厅局、部门负责人，在市、区领导刘小河、白尚成、吴万俊、张戈等的陪同下，就原州区农业农村经济发展情况及“十二五”规划、明年工作思路和重点工作进行了调研。

12月

1日 自治区人民政府在山西太原举办了宁夏·山西（太原）经贸合作推介会暨项目签约仪式。原州区政府与北京天润新能源投资有限公司签订了总投资

20 亿元的风力发电项目。

同日 原州区史志办负责编纂的《原州区志》由方志出版社出版发行。

8 日 由日本利民工程援建的河川小学宿舍楼落成仪式举行。日本驻华大使馆、自治区商务厅、原州区教育局有关负责人出席了竣工仪式。该工程建筑面积 1500 平方米，总投资 216.39 万元，其中日本“利民工程”援助资金 60 余万元，原州区政府配套资金 156 万元。

9 日 自治区党委常委、自治区副主席刘慧带领人社厅、财政厅、民政厅等相关厅局负责人来原州区调研全民创业和社会保障工作。市领导刘小河、白尚成、董玲、李守银，原州区领导吴万俊、张戈、叶宏伟、冯赵绪等陪同调研。

同日 原州区第十小学被公安部、教育部评选为全国 2010 年度“全国消防安全教育示范学校”。

22 日 原州区委一届十三次全体会议在政府礼堂召开。会议听取讨论了区委书记吴万俊代表常委会作的工作报告；审议通过了《中共原州区委关于制定国民经济和社会发展第十二个五年规划的建议》和《原州区委 2011 年工作要点》；区委常委、组织部部长马银轩作了干部选拔任用情况报告。

2011 年

1 月

5 日 原州区政协第一届委员会第四次会议开幕。

6 日 原州区一届人大四次会议开幕，政府区长张戈向大会作政府工作报告。

11 日 原州区举行与天津飞人通用航空有限公司、宁夏机场有限公司联合建设西北通用航空产业园签约仪式。

12 日 在自治区召开的农村工作会议上，原州区被授予“社会主义新农村建设先进集体”、“农民增收先进集体”和“农业科技进步先进集体”荣誉称号，获奖金 110 万元。

27 日 自治区副主席姚爱兴在固原市副市长刘佳、自治区计生委领导及原州区领导吴万俊、张戈、李鹏霄的陪同下，对原州区彭堡镇硝沟村“少生快富”项目示范户进行慰问。

2 月

17 日 原州区举办大型社火巡演、焰火晚会、花灯展会，欢度元宵佳节。

22 日 农业部科技教育司司长白金明率“百乡万户”调研组对原州区强农惠农政策落实情况进行考察。

28 日 原州区项目推介会在福建泉州市举办。市委常委、副市长陈永共，原州区区委书记吴万俊等带领农牧、招商等有关部门及雪洋粮油等企业负责人前往参加。原州区与福建省 4 家企业签约，引入资金总计 13.2 亿元。

同日 原州区学子王景光获 2010 年度“感动宁夏人物”荣誉称号。

3 月

3 日 自治区图书馆副馆长张欣毅与宁夏社科院图书馆馆长李希文来原州区进行古典藏书鉴定。原州区图书馆馆藏图书《天圣明道本国语二十一卷》清同治已巳(1896)刻本、《后汉书一百三十卷》明崇祯十六年汲古阁刻本、《陈书三十六卷》明万历至清康熙、《北史一百卷》明刻明清选修本被鉴定确定为《国家珍贵古籍名录》推荐书目。

7 日 银川市委常委、贺兰县委书记马凯带领贺兰县相关负责人来原州区对接移民工作。

10 日 自治区政协副主席张乐琴来原州区调研移民安置区宗教活动场所布局工作。

18 日 自治区科协副主席刘国民一行对原州区创建全国科普示范县工作进行验收。

23 日 自治区党委书记张毅，党委常委、秘书长蔡国英带领水利及移民等厅(局)负责人来原州区调研生态移民工作。区委书记吴万俊、人大主任陈兴源、区长张戈、政协主席马彦明陪同调研。

同日 自治区团委张惠一行调研原州区党建带团建和创先争优工作。

4月

2日 自治区政府第90次常务会对原州区部分乡镇行政区划作了调整，撤销原州区清河镇、官厅乡，合并设立官厅镇，另设立黄铎堡镇。

同日 中国宁夏第七届六盘山（须弥山）山花旅游节新闻发布会在银川举行，原州区领导房正纶、李志菊、李鹏霄、马登芳、毛启媛参加新闻发布会。

6日 市委书记刘小河看望原州区炭山乡舍身救人的回族农民白志林遗属并送上慰问金。

7日 自治区妇联主席李金英及其党组成员一行调研原州区妇女工作，区委副书记房正纶陪同调研。

同日 吴忠市红寺堡区移民考察团来原州区对接移民工作。

13日 宁夏第七届六盘山山花旅游节在须弥山石窟景区开幕。

14日 原州区炭山乡农民白志林先进事迹首场报告会在政府礼堂举行。

16日 原州区在西安举行须弥山文化旅游推介会，区领导张戈、李志菊、马登芳、毛启媛等及相关部门负责人前往参加。

19日 自治区司法厅副厅长刘新华带领评估组来原州区检查《妇女发展规划纲要》、《儿童发展规划纲要》的贯彻落实情况。

20日 自治区党委副书记于革胜一行调研原州区甘沟万亩枸杞高效节水示范区、鸦儿沟万亩马铃薯基地、利民新村设施农业、徐河冷凉蔬菜基地和原州区马铃薯种薯繁育中心。

28日 西北通用航空产业园项目奠基仪式、宁南区域中心城市暨大县城建设大会战启动仪式在原州区举行，自治区领导王正伟、李锐、马国权，固原市及原州区主要领导参加了启动仪式。

同日 自治区主席王正伟一行在固原市领导李文章、白尚成，原州区领导吴万俊、张戈的陪同下，调研原州区马铃薯种薯繁育基地、生态移民安置点和生态农业示范区。

29日 自治区政府第92次常务会议研究决定追认原州区炭山乡石湾村农民白志林为革命烈士。

5月

10日 自治区人民政府新闻办公室当日发布宁夏第六次全国人口普查主要数据，原州区常住人口达41.1854万人。

27日 中共中央政治局委员、国务委员刘延东一行来到原州区三营镇鸦儿沟小学、团结移民新村、黄铎堡中心幼儿园、原州区第四中学考察调研。

30日 在中国科协第八次全国代表大会闭幕式上，原州区获“全国科普示范县区”荣誉称号。

6月

11~12日 中共中央政治局常委李长春在自治区党委书记张毅、主席王正伟陪同下莅临固原视察。李长春视察了原州区三营镇团结移民新村和大堡马铃薯繁育中心，区委、政府主要领导陪同并汇报。

17日 区委书记吴万俊主持召开第11次常委（扩大）会议，主要传达学习中共中央政治局常委李长春来宁夏视察工作时重要讲话精神；研究审定了原州区《关于加强和创新社会管理的若干意见》及成立官厅镇、黄铎堡镇党委和撤销清河镇、官厅乡党委的有关事宜。

21日 自治区政府主席助理刘云来原州区调研旱情，区委书记吴万俊陪同。

25日 自治区党委常委、组织部部长徐松楠一行在区委书记吴万俊陪同下，前来原州区慰问建国前老党员张秉发、突出贡献老党员韩秉杰、基层一线老党员毛生才和革命烈士遗属白云付。

28日 自治区“少生快富”现场观摩会在原州区

召开，自治区副主席姚爱兴出席了观摩会，市委常委、区委书记吴万俊、政府区长张戈陪同观摩。

7月

5日　市委常委、区委书记吴万俊主持召开了第12次常委(扩大)会议，主要研究审定了政府党组提交的《固原市区城中村“村改居”实施方案》和《关于调整原州区部分乡镇行政区划的报告》等事宜。

15日　原州区获“中国(西部)冷凉蔬菜之乡”光荣称号。

21日　原州区被自治区授予“全区党员干部现代远程教育工作先进县”称号。

22日　全国人大内务司法委员会副主任陈建国一行前来原州区调研工作。

23日　国务院扶贫办开发指导司司长海波带领调研组对原州区扶贫及计划生育工作进行调研。

8月

2日　自治区党委常委、统战部部长马三刚调研原州区统战宗教工作。市委副书记张柱，市委常委、区委书记吴万俊，市政协副主席、统战部部长王明亮陪同调研。

4日　原州区举行黄铎堡镇、官厅镇成立揭牌仪式。仪式由区长张戈主持，市厅级领导李文章、吴万俊、姜文奎、罗永红分别为两镇成立揭牌。

4~5日　中宣部、文化部、国家新闻出版总署等六部门组成的调研组对原州区基层文化建设工作进行了调研。

5日　原州区“少生快富”工作经验在《人民日报》上刊登宣传。

11日　国家发改委西部开发司巡视员张亚丹一行对原州区生态移民及退耕还林工作进行调研。

18日　自治区副主席郝林海，自治区政府主席助理刘云调研原州区马铃薯种薯繁育和生态移民工作，市委常委、区委书记吴万俊，区长张戈陪同调研。

19日　宁夏电视台现场直播原州区2011年生态移民搬迁入住仪式。自治区人大副主任冯炯华，自治区副主席郝林海，自治区政协副主席安纯仁，自治区主席助理刘云，市委书记、人大常委会主任李文章等区、市领导出席了仪式。市委常委、区委书记吴万俊致辞，区长张戈主持，首批来自彭堡、河川等乡镇的移民喜迁新居。

24日　全国驻宁新闻单位联合会组织记者采访团对原州区进行“红绿六盘、文化固原”专题新闻采访活动。

28日　福建省泉州市丰泽区党政代表团来原州区考察对口帮扶工作。市委常委、区委书记吴万俊，政府区长张戈陪同考察。

9月

8日　十届全国人大常委会副委员长盛华仁调研原州区生态移民、高效节水农业和马铃薯繁育工作。自治区人大常委会副主任马瑞文，自治区副主席屈冬玉，市委书记李文章，市长白尚成，市委副书记张柱，市委常委、区委书记吴万俊陪同调研。

同日　上海长海医院、福建医科大学附属协和医院、福建医科大学附属第一医院、武警宁夏总队医院和原州区医院对口帮扶协作联席会议在原州区举行。

10日　截至当日，原州区地方财政收入完成1.0263亿元，自设立县区以来首次突破亿元大关。

14日　自治区党委组织部在原州区召开基层党组织加强和创新社会管理工作现场会。实地观摩了原州区头营镇杨郎村、彭堡镇姚磨村实施“连心工程”、加强和创新社会管理工作的做法。市委常委、区委书记吴万俊出席会议并在会议上做了交流发言。

19日　中央电视台、人民日报、新华社、深圳、山东、河南、陕西、内蒙古、青海、甘肃等20多家电视台领导及记者对原州区须弥山景区、生态移民团结村和杨郎小城镇乡村文化建设等进行参观访问。

20日　国土资源部地质环境司、中国地调局水环部等六部门创先争优“6+1”联创齐争惠民项目暨基层

“三同” 锻炼进点授旗启动仪式在黄铎堡镇丰泽村进行。国土资源部部长徐绍史，自治区党委常委、组织部部长徐松楠，自治区副主席姚爱兴，自治区地矿局局长徐占海，市委书记李文章，市政协主席邓向贵，市委常委、政府副市长黄雅杭，市委常委、区委书记吴万俊等领导出席活动。

21日 区长张戈参加中阿经贸论坛会，并分别与陕西利隆彩钢，国电科技环保集团签约，签约项目资金19.54亿元。

22~26日 市委常委、区委书记吴万俊率团参加固原市在福建、浙江举办的招商引资项目推介大会，分别就闽宁商贸批发城建设项目、清真肉食品加工项目、鑫泰特种玻璃制造项目进行签约，签约资金11.25亿元。

23日 原州区举行市区城中村“村改居”移交仪式，并于当日签订移交协议书，将官厅镇的城郊村、和平村、郭庄村、东郊村、什里村划入北塬街道办事处；将西关村、明庄村、饮河村、海堡村、大堡村3组划入新区街道办事处；将开城镇南关村、峡口村、青石峡村、羊坊村和官厅镇东红村划入南关街道办事处。

27日 自治区副主席李锐调研原州区航空产业园区。

同日 自治区创建环境友好示范社区领导小组对原州区创建工作检查验收，确认合格。

30日 内蒙古自治区党政考察团考察原州区移民工作。

10月

9日 自治区马铃薯机械化收获现场会在原州区三营镇万亩马铃薯全程机械化示范园区召开。现场演示会分机具作业演示和技能大赛两部分，来自全区9个队、18名代表参赛。

11日 自治区党委政法委副秘书长陈凤龙带领自治区党委第三督察组就原州区加强和创新社会管理工作开展情况进行督查。

11~12日 中央文明办调研组副组长董青带领全国村务公开和民主管理“难点村”治理工作成果调研组，在原州区三营镇老三营村、黄铎堡镇金堡村就村务公开、“难点村”治理工作情况进行检查验收。

12日 自治区人大常委会副主任冯炯华带领调研组在张易镇红庄村卫生室、马场村卫生室、市区宋家巷社区卫生服务中心，重点了解医药卫生体制改革工作任务的完成情况和存在的主要问题。

17日 中南部地区生态移民现场观摩会召开期间，自治区领导崔波、马秀芬、郝林海、解孟林等带领相关厅局，各市、县（区）有关领导来原州区，对2011年建成的鸦儿沟移民新村进行观摩。

25日 中国共产党固原市原州区第二次代表大会召开。出席会议代表315人，列席33人。会议听取和审议了吴万俊代表上届区委作的题为《解放思想，砥砺奋进，为建设富裕文明和谐新原州而奋斗》的工作报告，郭兆虎代表上届纪律检查委员会作的关于《全面履行纪律检查职能，切实做好反腐倡廉工作》的报告。

27日 中国共产党固原市原州区第二次代表大会圆满闭幕。大会通过了关于中国共产党原州区第一届委员会工作报告和中国共产党原州区纪律检查委员会工作报告的决议，选举产生了原州区出席中国共产党固原市第三次代表大会代表。会议通过无记名投票选举的方式选举吴万俊为中国共产党原州区第二届委员会书记；张戈、房正纶为区委副书记；吴万俊、张戈、房正纶、郭兆虎、刘世生、李占科、马银轩、何锟、马秀梅、李学军、郑宜成当选为区委常委；郭兆虎当选为原州区纪委书记。

11月

1日 区领导张戈、马彦民、康建宁、杨生俊等深入三营小城镇建设现场、禅塔山植树造林点、甘沟农田建设点、杨郎万亩马铃薯种薯基地、宁夏发电集团头营光伏并网电站工程点等工地，对各项目建设进展情况进行检查。

同日 自治区文化厅厅长杨玉经带领文化系统观摩团来原州区观摩，固原市副市长李守银，原州区委常委、宣传部部长郑宜成陪同观摩，观摩团先后观摩了原州区文化馆改制工作、六盘山土瓦塑基地等。

4日 市委常委、区委书记吴万俊在郭兆虎、马国民、康建宁、张雪等的陪同下，深入三营小城镇建设现场进行调研。三营小城镇建设是2011年原州区确定的12项重点工作之一，按照“一次规划、两年建成”的要求，计划财政投资1亿元，群众自筹和招商引资3.5亿元，全面进行基础设施改造。

9日 为了进一步加强管理，方便群众办事，改善开城基础设施建设，充分利用现有的贺家湾水库、开城安西王府、二十里铺拱北、青石嘴纪念碑等旅游资源，把开城镇打造成旅游重镇、生态强镇、民族团结模范镇。经区委、政府决定，开城镇政府办公地址从峡口迁至开城街道。

11~12日 原州区“普高”工作全面接受自治区人民政府验收。原州区辖区有普通高中4所，中职学校1所，初级中学9所，九年制学校4所。在校高中生12406人，中职生9206人，初中生24630人。中学、中职专职教师2302人、154人。高中阶段毛入学率93.8%；招生普职比例5.9:4.1，在校生普职比5.8:4.2；初中阶段在校生巩固率98.4%，升学率96.8%，中职生源转移率105%，毕业生一次性就业完成率98.2%，基本达到自治区验收标准。

11日 市政府督察原州区卫生体制改革。截止2011年11月，原州区城镇职工医疗保险市本级参保人数3.67万人，完成目标任务103%，按时足额为2.96万名60周岁以上

老人发放基础养老金981.44万元，全区22所公立医疗卫生机构、210家村卫生室全部执行基本药物制度，2家县级医院基本药物使用均达90%以上。

16日 自治区村务公开和民主管理及社区建设检查考评组深入原州区各村检查考评村务公开等工作。区委常委、副区长李占科陪同考核。

19日 原州区举行第十二批县级文明单位、文明村居和十星级文明户授牌仪式。何锟、郑宜成、马登芳、毛启媛及市文明办专职副主任陈显出席授牌仪式。

30日 原州区召开进一步营造风清气正发展环境活动动员大会，贯彻落实自治区党委提出的以优化中小企业发展环境作为重点，用一年时间，在全区营造勤廉高效、服务优良的政务环境，公开正义、执法为民的法制环境，诚实守信、尊重规则的人文环境，规范有序、公平竞争的市场环境，灵活便捷、服务发展的金融环境和公正民主、风清气正的用人环境。市委常委、区委书记吴万俊作重要讲话，区委常委、纪委书记郭兆虎主持会议。

12月

6日 自治区党委常委、政法委书记、公安厅厅长苏德良来原州区调研社会管理创新和社会治安综合治理工作，市区领导张柱、吴万俊、李守银、房正纶、刘世生等陪同调研。

8日 原州区第二届委员会第二次全体会议召开。市委常委、区委书记吴万俊作了重要讲话，区长张戈主持会议。会议的主要任务是：认真学习贯彻党的十七届六中全会和原州区第二次党代会精神，讨论通过《中共原州区委2012年工作思路》

9日 市长白尚成带领市人口计生工作党政线考核组对原州区2011年人口和计划生育工作进行考核。市领导马玉芳、刘佳、刘乐伟参加考核。原州区领导吴万俊、张戈、陈兴源、马彦民、马登芳、崔明堂、刘世贤、毛启媛参加考核。

同日 原州区人民政府召开第五次全体会议，讨论《2011年政府工作报告》、《2011年国民经济和社会发展计划执行情况与2012年国民经济和社会发展计划（草案）报告》、《2011年全区财政预算执行情况和2012年全区财政预算（草案）报告》及2012年重点工作和民生实事。区长张戈作了重要讲话，常务副区长李占科主持会议。

13日 自治区党委副书记崔波来原州区调研农业农村发展、文化体制改革等工作。市区领导李文章、白尚成、吴万俊、张戈、杨生俊陪同调研。

15日 原州区直播卫星公共服务户户通安装培训暨动员培训会在黄铎堡镇丰泽村举行，这是原州区在自治区首个全面启动直播卫星公共服务户户通的行政村。

21日 中国风景名胜区副会长曹南燕一行来原

州区实地考评须弥山申报国家级风景名胜区工作。市区领导赵旭辉、房正纶、郑宜成、崔明堂、刘世贤及市区相关部门负责人陪同考评。

24日 原州区政协一届五次会议在政府礼堂开幕。大会由政协主席马彦民主持。受政协原州区第一届委员会常务委员委托，马彦民向大会作了报告，吴万俊作了重要讲话，张雪受常委会委托向大会作了一届四次会议以来提案工作报告。

25日 原州区第一届人民代表大会第五次会议召开，大会的主要任务是：听取并审议区人民政府工作报告、区人民代表大会常务委员会工作报告、区人民法院工作报告、区人民检察院工作报告、审议2011年国民经济和社会发展计划执行情况与2012年国民经济和社会发展计划草案、2011年全区财政预算执行情况和2012年全区财政预算（草案）的报告、审议2012年原州区民生计划报告。会议由人大常委会主任陈兴源主持。区长张戈受区人民政府委托，向大会作政府工作报告，区人大常委会主任陈兴源代表区一届人大常委会作了工作报告。

原州概览

【地理位置】 固原市原州区位于黄土高原中西部，宁夏回族自治区南部，六盘山东北麓。东与甘肃环县、宁夏彭阳县接连，南与宁夏泾源、隆德县毗邻，西与宁夏西吉县相连，北与宁夏海原县接壤。地处东经106°00′~106°30′，北纬35°50′~36°20′。地势南高北低。海拔1450~2500米。总面积2739平方公里。西南为六盘山山地，占20.55%；东北为黄土丘陵，占32.94%；中北部为清水河谷平原，占46.49%。

【地貌特征】 原州区处于祁连山地槽东翼与鄂尔多斯地台西缘之间，是黄河流域的中上游，黄土高原的中间地带。境内海拔在1450~2942米间。县城海拔为1753.2米。在黄土堆积之前，地壳各期构造运动在固原范围均有强烈表现，黄土丘陵区下伏基岩，多为中生代砂岩和页岩——六盘山拔地而起，屹立于陇东和陇中二盆地之闻，成为径河、渭河、清水河的主要分水岭。燕山运动晚期褶皱隆起，喜马拉雅山运动再度褶断抬升，形成东部山岭重叠，丘陵起伏，沟壑纵横。西部为狭谷槽形川台地区，清水河纵贯于其中，六盘山横亘于西南。沿山脉、河流走向，地势成西南、东北高，东南、西北低。长期的水土流失使地形结构成为六盘山土石山馐，黄土丘陵沟壑第二副区、第五副区。

从地形地貌、气候上明显形成三类不同地区：(1)六盘山土石山区(或称六盘山阴湿山区)，行政区划上的南2镇(开城镇、张易镇)，亦称南乡。(2)清水河灌区(清水河上辨冲积的河谷川台区)，行政区划上的6乡镇(头营镇、三营镇、黄铎堡镇、彭堡镇、官厅镇、中河乡)，亦称北川。(3)东部丘陵沟壑区(或称东部山区)行政区划上的3乡镇(河川乡、炭山乡、寨科乡)，亦称东山。

【气候特征】 境内气候属暖温带半干旱区。由于地处内陆，地势高拔，又受欧亚大陆及青藏高原气团控制，形成冬季漫长寒冷，春季气温多变，夏季短暂凉爽，秋季降温迅速，春夏雨量偏少，灾害性天气多等气候特征。受地理环境影响，全区年平均降水量由南向北逐渐减少，南部六盘山年平均降水量在600毫米左右，为降水中心区，也是本区地表水的来源区。中部年平均降水量在420毫米，北部干旱片带炭山乡年均降水量227毫米。境内多晴朗天气，日照充足。年日照百分率为59%。12月日照百分率达73%为最高；9月54%为最少。日照时数由北向南递减，北部清水河谷平原地势平坦，可达全日照；西南六盘山区和东北丘陵区，因山丘阻挡日照时数相对减少，尤其是六盘山阴湿区，因地势高亢，阴雨天气较多，日照时数减少更为明显。境内年平均气温6.8℃，最冷处六盘山顶为1.6℃。常年最冷月为1月，平均气温为-8.0℃，极端最低气温为-30.9℃；常年最热月为7月，平均气温为19.6℃，极端最高气温为34.1℃。境内因地形、海拔不同，区域气温差异较大。

【自然资源】 境内已探明的矿产资源有16种，煤炭、矿石、石英砂储量丰富。天然气、石油具有开采价值。有木本植物200多种，草本植物360多种，药用植物4000多种，粮油作物19种，盛产小麦、玉米、土豆、胡麻、向日葵等农作物和枸杞、党参、黄芪、柴胡等中药材。其中胡麻颇具优势；土豆以其抗灾、高产稳产而备受青睐，是原州区四大支柱产业之一，也是西北最大的马铃薯种植基地之一；蕨菜、枸杞走俏国内、国际市场，清真牛羊肉、蜂蜜、亚麻、豆类、荞麦、山货、皮毛等地方土特产在区内外享有盛誉。

【历史沿革】 原州历史悠久，曾先后称乌氏、高平、原州、萧关、平凉、镇戎、开城、固原等。早在新石器时代，就有以农业为主的氏族部落在此生息繁衍。西周时称大原，地入版籍。战国时期，属秦国版图。秦惠文王首置乌氏县。西汉武帝元鼎三年析北地郡置安定郡，郡治高平县(今原州区)。夏龙升元年，赫连勃勃在高平县拥兵自立大夏国，自称大夏天王。北魏太延二年，改高平县为高平镇。正光五年，改高平镇置原州，州治高平。宋太宗至道三年，置州郡级军政合一机构镇戎军，为宋代固原最高指挥中枢。元至元十年，设立开成路，治开成县(今开城镇开城村)。明成化三年，迁开成县治于固原城。弘治十五年，升开成县为固原州。清同治十二年，升固原州为固原直隶州，直属甘肃省。

民国2年(1913年)，废固原直隶州，改置固原县，属甘肃省平凉专区辖。民国32年(1943年)，划固原所属硝河全乡和张易乡部分地，新设西吉县。1949年8月2日，固原县全境解放。中华人民共和国成立后，1953年，甘肃划平凉专区固原县及定西专区西吉、海原两县，组建甘肃省西海固回族自治区。1955年11月，改称甘肃省固原回族自治州，固原县为州治地。1958年10月，宁夏回族自治区成立，固原回族自治州划归宁夏，设固原专区，后又改称固原地区，固原县属其管辖，地区行政公署驻固原城内。1983年7月，从固原县析置彭阳县。2002年7月，撤销固原地区，成立固原市，固原县相应撤销，设立固原市辖原州区。2003年，原州区大湾乡、蒿店乡、什字路镇划归泾源县。2008年，七营镇、黑城镇、甘城乡划归海原县。现辖清河镇、开城镇、彭堡镇、头营镇、三营镇、张易镇、炭山乡、寨科乡、官厅乡、河川乡、南关街道办事处、北塬街道办事处、新区街道办事处6镇5乡3个街道办事处。194个行政村1151个自然村，26个居民委员会。

【民族人口】 全区有汉族、回族、满族、壮族、土族、藏族、土家族、维吾尔族、裕固族、苗族、布依族、朝鲜族、东乡族、彝族共14个民族。户籍总数137594户，年末全区户籍人口45.87万人，其中男性人口23.39万人，女性人口22.48万人，分别占总人口的50.99%和49.01%，回族人口22.41万人，占总人口的48.8%；全区非农业人口12.55万人，农业人口33.32万人，分别占总人口的27.4%和72.6%。据2011年人口变动抽样调查数据显示，2011年全区人口出生率15.79‰、死亡率4.63‰、人口自然增长率11.16‰。全区计划生育率为87.0%。

【国民经济】 2011年，全年全区实现地区生产总值56.38亿元，按可比价格计算，比上年增长18.0%。其中，第一产业实现增加值9.96亿元，增长4.7%；第二产业实现增加值14.49亿元，增长55.9%；第三产业实现增加值31.93亿元，增长10.5%，三个产业的比重由上年的19.8:19.1:61.1变化为17.7:25.7:56.6，第二产业增加值占地区生产总值比重比上年提高6.6个百分点，三次产业比例变化较大，产业结构优化明显。人均地区生产总值为12709元/人(按常住人口计算)。实现地方财政一般预算收入1.4967亿元，增长56.0%；完成全社会固定资产投资50.89亿元，增长31.5%；全社会消费品零售总额达到18.33亿元，增长17.8%；城镇居民人均可支配收入16311.1元，增长12.3%；农民人均纯收入4137.7元，增长16.7%。

【旅游产业】 原州区历史悠久，文化积淀厚重，独具特色，历史文化遗产丰富，境内有古建筑遗址400多处，其中有国家级重点文物保护单位3处，自治区级重点文物保护单位9处，县级重点文物保护单位7处，收藏历代文物4000多件，诸多的人文历史资源使原州区具有发展旅游产业的巨大潜力。境内著名景点有：须弥山石窟、蝉塔山林区、毛家台子民俗村、黄铎堡古城、战国秦长城、固原古城墙、固原博物馆、东岳山公园、西海子、二十里铺拱北、红军长征青石嘴战斗纪念碑等。2011年，着力提升旅游产业的内涵和档次，精心实施须弥山景区"一河两山"绿化工程，完成了须弥山博物馆及游客接待中心等基础设施建设。成功地举办了宁夏第七届六盘山(须弥山)山花旅游节，对西北农耕博物馆进行了装修布展，积极开展旅游推介，有效提升了旅游产业的整体素质和竞争实力。全年共接待区内外游客14.8万人(次)，直接门票收入89万元,比上年增长58.9%。

【计生工作】 全年落实两项节育措施6351例,实施“少生快富”工程1000例,42个“整村推进”村目标人群落实率达到94.8%,高出自治区目标值近10个百分点。人口出生率、自然增长率和出生政策符合率分别达到15.79‰、11.16‰和87.0%,三项约束性指标均达到自治区平均水平。自治区、固原市少生快富工程“整村推进”现场观摩会在原州区召开,“硝沟模式”在全国交流,在全自治区推广。

【工业经济】 全年实现工业增加值9.09亿元,增长76.8%。开展清水河工业园区土地集约节约利用专项整治,完善配套设施建设,提高土地利用率,湖南三一重工集团等5家企业入驻园区。开工新建长城工业园和通用航空产业园,场地平整及供电、供水、道路等基础设施建设有序推进,“一区两园”工业发展格局初步形成,平台聚集效应进一步显现。投资6150万元,完成雪洋粮油、伊正回药等5家重点企业技术改造,新培育上规模企业3家,规模以上工业增加值增幅位居自治区第一。积极稳妥推进国有企业改制,完成固原家具厂等10家企业改制任务,276名困难企业职工得到妥善安置,区属国有(集体)企业改制基本完成。狠抓节能减排,强化企业监管,万元GDP能耗下降3%。积极配合市政府加快推进固原盐化工循环经济扶贫示范区、原州区至王洼运煤铁路专线等重点项目建设。工业对经济增长贡献率达到46.6%,提升了36个百分点。工业经济拉动第二产业增加值首次超过第一产业。

【农业与农村经济】 粮食种植面积89.94万亩,蔬菜产业总面积达到18万亩。其中建成万亩露地蔬菜基地3个,新建日光温室、大中拱棚园区13个,设施农业面积达到9万亩,成为宁南山区种植规模最大的冷凉蔬菜示范基地。农民人均蔬菜收入占纯收入的20%。中河万亩供港蔬菜基地生产技术程序通过欧美认证,产品首次打入国际市场,原州区被授予“中国(西部)冷凉蔬菜之乡”称号。种植牧草36.5万亩,补栏肉牛4.5万头。新建肉牛养殖示范村18个,累计达到83个。新建存栏200头以上肉牛养殖园区7个,肉牛饲养量达到20.5万头。新建10万只养鸡园区1个、2万只标准化养鸡场5个。新月养殖公司“阿敏”牌商标获自治区著名商标。新建组培室5000平方米,繁育原原种4000万粒,发展原种田3500亩,一级种薯田6.25万亩,带动全区种植优质马铃薯42.99万亩。建成中河、张易、三营3个万亩种薯示范基地,采用高效节水灌溉技术和全程机械化作业,种植水平大幅提高,示范区种薯亩均产量2800公斤以上,得到全国马铃薯大会观摩团的充分肯定,原州区被授予“中国马铃薯种薯之乡”称号。“六盘山”牌马铃薯种薯、鲜薯获得第十一届中国国际粮油产品及设备技术展览会金奖。实施“枸杞南移工程”,引进龙头企业参与基地建设,选用优良品种,推行有机栽培,强化科技支撑,新建甘沟、马店万亩枸杞园区2个。枸杞种植总面积达到7万亩,产值3亿元以上。

【第三产业】 全年实现第三产业增加值31.93亿元,增长10.5%。加快推进“万村千乡市场”、“现代农村市场体系”和“三新”工程建设,建成物流配送企业2家、“农家店”80个。马铃薯综合批发市场投入运营。全面落实“家电下乡”、“以旧换新”等惠民政策,兑现补贴资金1600多万元,带动销售1.1亿元。汽车、电脑等高端消费品进入千家万户。

【招商引资】 制定出台了《关于进一步加强招商引资工作的意见》。农资城、邦德电动自行车、利隆钢构、通用飞机组装等项目落地建设。千头肉牛养殖,马铃薯、枸杞种植及深加工等7个农字号项目建成投产。凤凰国际飞行学院民航飞行员培训项目通过国家级运行资格审定,开始进行飞行员培训。宁夏发电集团10兆瓦光伏发电设备安装就绪,北京天润有限公司49.5兆瓦、浙江盾安集团48兆瓦2个风能项目获得核准。全年招商引资到位资金9.6亿元,增长3.6倍。在2011年宁洽会暨第二届中阿经贸论坛期间,我区再次被自治区人民政府评为“投资贸易项目洽谈签约先进单位”。

【扶贫开发】 整合投入各类扶贫资金近亿元,新一轮30个整村推进村农业生产基础条件和生态环境明显改善。为32个贫困村投入互助资金824万元,互助资金发放总量达到5300万元。开展丰原对口扶贫协作,建成丰泽移民新村和金堡设施农业园区等重点工程,深入推进铁道部定点帮扶和社会扶贫工作,全年减少贫困人口1.5万人。

【公共服务设施建设】 硬化乡村道路36条288公里,全区92%的行政村通上了沥青(水泥)路。中河至黄铎堡连接西山畔13个村的农村公路全线贯通。投资1.6亿元,新建改扩建七中、十一小、三幼等城乡学校25所,加固64所,全区86%的校舍达到了抗震设防安全标准,区医院医技综合楼、开城卫生院门诊楼及开城镇、炭山乡政府办公楼建成投入使用。疾控中心和卫生监督所业务综合楼、人武部、司法局等6家单位办公楼完成主体工程。新建改建乡镇民生服务中心和社区服务中心14个,创建"星级社区"8个,

按照"一次规划、分期建设"的原则,全面实施三营民族特色小城镇改造,完成道路硬化、给排水管网铺设、河道整治绿化等配套工程,拆迁改造沿街房屋20万平方米,煤炭、农贸、活畜交易3个市场建成投入使用,物流、农资、家具3个市场完成征地和规划等前期工作。完成杨郎、黄铎堡小城镇续建工程,小城镇辐射带动功能进一步提升。以中心村建设为突破口,实施水、电、路、气、房、环境"六到农家"工程,高质量完成开城吴庄等10个社区化新农村示范村建设。改造农村危房2100户,近万名困难群众迁入新居。实施农村环境连片整治示范项目和城乡环境综合整治,拆除建筑物3.7万平方米,粉饰亮化农村民居18万平方米,城乡面貌明显改观。

【劳务产业】 按照"抓培训、扩基地、促转移、增收入"的工作思路,着力提升劳务产业发展质量,全年培养劳务经纪人186名,开辟劳务基地15个,实现农村劳动力转移就业10万人,实现工资收入6.51亿元,比上年增长4.8%,农民人均劳务收入1992.4元,劳务产业逐步由体力型向技能型、分散型向集中型、打工型向创业型转变。农民人均转移就业收入占纯收入的46.8%。

【生态环境保护】 严格环保准入,大力推进现有工业企业的污染治理,关停不符合环保要求的马铃薯淀粉加工企业。加强固原市污水处理厂等重点污染企业的日常监管。通过加强督查,落实工程、管理和结构减排等措施,完成年度减排任务化学需氧量削减量2890吨、氨氮削减量51吨、二氧化硫削减量1783吨、氮氧化物削减量370吨的95%以上。继续按照"实事求是、因地制宜、着眼长远,注重当前"的防治思路,推行"适时、适地、适量、适作物"休闲地灌溉技术。确保废水不进入河流、水库和水源地造成污染,实现了淀粉废水零排放。

完成退耕还林补植补造10万亩、荒山荒沟造林2.4万亩、须弥山"一河两山"绿化5000亩,新建农田防护林带122条1500亩,绿化乡村道路310公里,启动实施禅塔山景区绿化工程,全年新增造林面积5.65万亩。将生态移民迁出区和林业重点工程纳入国营林场管护范围,新增林木管护面积65万亩。森林覆盖率达到12.7%,森林资源得到有效保护。

充分利用地表水、合理开发地下水、科学调度扬黄水,全面推广喷灌、滴灌等现代节水灌溉技术,新建扬黄调蓄水池13座,调蓄能力达到410万立方米。建成甘沟、鸦儿沟等4个万亩高效节水农业示范园区,对9万亩设施农业园区进行了节水改造,节水灌溉面积达到13万亩。建成张易盐泥等农村人饮工程22处,有效解决了6.6万人饮水安全问题。综合治理大红沟、杨达沟等流域面积45.1平方公里。农田水利建设连续五年获得自治区"黄河杯"竞赛奖。

【生态移民工程】 整合各类资金1.8亿元,建成团结村、丰泽村等13个县内生态移民集中安置点,开创了"七个一"安置模式,搬迁移民1674户6874人,率先在自治区实现了"当年开工建设、当年搬迁入住、当年发展生产"目标。加强与永宁、农垦等5地对接协调,年内搬迁安置县外移民100户411人。

【科技创新】 全年狠抓项目(基地)建设,大力发展设施农业和优势产业,积极开展科技创新,加速成果转化,全年共争取到国家、自治区级新建、续建项目14项。出色完成了年初确定的各项工作任务。积极开展试验示范12项,各项试验示范初见成效。科技特派员共投入资金6700万元,引进新品种120个,推广新技术20余项,带动示范户4210户,示范面积21500亩,辐射带动各类受益户25000户,受益农民人均增收400元。认真组织企业申报自治区、国家科技项目,申报国家科技型中小企业创新基金项目2项,申报资金

240 万元。原州区科技计划项目立项 2 个。在全区 11 个乡镇及 30 个示范村实现了信息化服务基本数据共享和应用,科技对经济增长贡献率达到 44%。荣获“全国科普示范(县)区”和“三农科技服务金桥奖”。

【教育事业】 义务教育经费保障机制全面落实,全年共落实“三免一补”资金 4457 元。精心实施农村中小学营养早餐工程和免费午餐试点工作,营养早餐工程惠及 181 所农村中小学 44709 名学生,免费午餐试点学校惠及 1350 名农村学生，营养早餐和免费午餐工程的实施,有效改善了农村学生营养状况。2011 年全区有各级各类学校 248 所(包括宁夏师范学院和固原民族职业技术学院),在校学生 105902 人,教职工总人数为 4963 人,其中专任教师 4812 人,全区高中阶段毛入学率、初中巩固率、初中毕业生升学率分别达到 93.8%、98.4%、96.8%。全区适龄儿童、少年、残疾儿童入学率分别达到 100.0%、99.3%、92.0%,15、17 周岁完成率分别达到 99.9%、92.6%，青壮年非文盲率达到 99.0%。教育强乡镇覆盖率达到 100%。高考录取总人数达到 3682 人,录取率 74.2%,比上年提高了 4.6 个百分点。“普高”工作顺利通过了自治区政府验收,推动各级各类教育进入协调发展的新阶段。

【文化事业】 以活动促工作, 先后协助、联络区内外 10 个演出团体在原州区演出 78 场。组织文化下乡、进社区演出 81 场次。组织各种广场文化演出 40 场次。抽调群文专业技术人员 11 人次先后深入农村、社区、企事业单位开展社火、社戏的编排辅导,指导编排社火 11 台。举办了庆元宵花灯展和焰火晚会。群众性文化活动持续不断高潮迭起，来自 3 个街道办事处社区,头营、寨科等乡镇的 16 个行政村自乐班编排社戏 20 余台,演出 536 场次。组织编排文艺节目,举办迎新年晚会、宁夏六盘山(须弥山)山花旅游节等文化宣传演出 6 场。成功举办了建党九十周年红歌大赛、第五届业余秦腔大赛等文体活动,全区文化体育事业呈现繁荣发展良好势头,荣获“全国民间文化艺术之乡”称号。组织各类放映单位放映电影 2854 场，观众达 46.23 万人次。其中农村数字电影 2344 场，观众达 37.97 万人次。积极发挥图书馆文化传播主阵地作用。接待各类读者 6.55 万人次。借阅各种图书资料 7.38 万册次。

【卫生事业】 全面实施基本药物制度,基层医疗机构综合改革进展顺利,加快建设覆盖城乡的公共卫生服务体系。全区公立医疗卫生机构 100%执行基本药物制度,2 家县级医院基本药物使用平均率达到 90%以上,卫生院(社区服务中心)、村卫生室均达到 100%;全区各级各类医疗卫生机构 23 家,其中医院、卫生院 18 家;专业卫生技术人员 1667 人;卫生机构医疗实有床位 2036 张。城乡居民参保人数达到 34.10 万人,参保率达到 96.84%。截至 8 月底，共报销医药费用 1918.17 万元，其中门诊核销 302.33 万元，住院报销 1509.97 万元,人均报销 2270 元。新生儿死亡率、婴儿死亡率、5 岁以下儿童死亡率分别为 4.67‰、5.77‰、6.32‰;与上年同期相较明显下降。

【体育事业】 群众体育事业发展活跃,先后组织举办了庆元旦职工环城赛,宁夏“体彩杯”全民健身与奥运同行“千村”农民篮球赛,原州公安系统职工运动会,固原市区老年门球邀请赛,全区职工广播体操大赛等体育赛事 6 次。积极争取体育项目,规划新建灯光球场 4 个,工程正在实施之中。

【社会保障】 2011 年,全区参加失业保险参保的职工为 22739 人，征缴和清欠失业保险金 938.62 万元,为符合条件的 286 名失业职工按时足额发放失业保险金 121.17 万元;为 1145 名“4050”灵活就业人员申请发放社会保险补贴 218.08 万;向领取失业保险金人员发放临时物价补贴 2.4 万元。新增农村低保 3605 户 10814 人,新增城市低保 409 户 1076 人,使我区农村低保对象增至 16176 户 38471 人、城市低保对象增至 8383 户 21550 人,保障面分别达 11.5%、18.0%,全年发放农村低保金 3520 万元，城市低保金 3735 万元,农村医疗救助金 1131 万元，城市医疗救助金 359 万元。有效保障了困难群众的基本生活,缓解了城乡困难群众看病贵的问题。全年共保障城乡 80 岁以上老年人 2770 人,共发放城乡高龄津贴 216 万元。

【创业就业】 扎实开展“六大创业行动”,新建创业园区 2 个，为 324 名创业者发放小额担保贷款 2182 万元,扶持创办小企业 217 个,培育小老板 302 人,创造新岗位 1677 个。2011 年全区共实现城镇新增就业

3053人。其中城镇就业困难人员就业482人,公益性岗位安置215人,引导高校毕业生自主创业自谋职业73人,引导高校毕业生区外就业103人。登记在册的城镇失业人员1383人，城镇登记失业率控制在4.1%以内,实现了零就业家庭“动态消零”

【金融保险】 截至12月末，全区金融机构各项存款余额为87.35亿元,同比增长16.9%,其中,储蓄存款余额46.08亿元，同比增长18.7%。各项贷款余额66.61亿元，同比增长17.7%，其中，短期贷款余额17.99亿元，同比增长15.7%，中长期贷款余额45.78亿元，同比增长11.4%。全年实现保费总收入14682万元,增长82.3%。其中,财产险保费收入6751万元,增长17.6%;寿险保费收入7931亿元,增长3倍。服务能力进一步提高,支付各项赔款与给付4191万元,增长46.4%,其中,财产险赔付金额3167万元,增长27.8%;寿险赔付金额1024万元,增长1.7倍。

【交通邮电】 2011年末,全区公路通车里程达1412.7公里,其中,高速公路通车里程达68.5公里。机动车保有量3.3万辆,其中个人拥有汽车近3万辆。全区公共汽车线路达41条,营运公交车161辆(包括乡道公交车辆),出租车2585辆。全年全社会完成旅客周转量6.5亿人公里,增长3.2%;完成货物周转量9.54亿吨公里，增长11.0%。全年全区邮电业务总量2.80亿元，增长1.4%；年末固定电话用户11.3万户，下降24.2%；年末移动电话用户33.7万户，同比增长22.1%；互联网宽带用户（包括手机联网用户）达到21.7万户，比上年增长69.5%。年末邮政储蓄余额7.05亿元,比上年增长18.3%。

【平安原州建设】 2011年全区共发生各类事故112起,同比下降17.6%,死亡27人,同比下降12.9%,受伤104人,同比下降8.8%,直接经济损失79.66万元,同比上涨100.4%，实现了安全生产四项指标三降一升。亿元国内生产总值生产安全事故死亡率为0.55;工矿商贸企业就业人员10万人安全生产事故死亡率为2.52;道路交通万车死亡率为2.25;煤矿百万吨死亡率为零。

【精神文明建设】 全力抓好“社会主义核心价值体系宣传普及年”活动,先后在头营镇杨郎村、新区街道西城路社区、北塬街道中山北街社区等建固定宣传栏16个,发放社会主义核心价值体系宣传材料1.5万份。农耕博物馆命名为自治区爱国主义教育基地。组织开展“全区中小学生童谣歌词征集活动”,推荐上报童谣作品11首,歌词作品11篇;组织开展社会主义核心价值体系基本内容进校园活动和清明节“缅怀烈士”、国庆节“向国旗敬礼、做一个有道德的人”网上节日签名寄语、送祝福活动。组织全区广大干部群众、青少年参与第三届全国道德模范评选投票活动，共投票6068张。组织第九个“公民道德宣传日”活动,制作道德模范宣传年历30000份,发放到社区、村镇及每户居民家庭。表彰了原州区第二届十大道德模范,选树了白志林、王景光、杨秀花等一批全国、自治区级先进典型,白志林、王景光荣获第三届全国道德模范提名奖,白志林等4人荣登全国好人榜，组织开展了好公婆、好儿媳、好女婿评选活动,完成了全国文明单位、第十五批自治区文明单位、2011年度市级文明单位和原州区第十二批文明单位、文明村镇(社区)、十星级文明户评选工作,新命名全国文明村居1个,自治区级文明单位4个,自治区级文明村居1个,市级文明单位8个,市级文明村镇4个,县级文明单位32个,文明村居14个,十星级文明户53户,组织开展文明单位捐资助学活动,共筹资6万元,资助贫困大学生30名。认真实施“西部开发助学工程”,受助大学生5名、宏志生13名,向街道社区、城区中小学校发放“绿色电脑”150台。

乡镇概况

开城镇

【概况】 开城镇是2003年撤乡并镇时由原来的开城乡和南郊乡合并而设立,平均海拔约2420米。东邻彭阳县古城镇,南接泾源县大湾乡,西与张易、中河乡相连,北接市区,总土地面积269平方公里,耕地面积97581亩,人均耕地3.02亩,退耕还林33920亩。全镇辖20个村民委员会,116个自然村,总人口7229户32213人,其中回族16063人,占总人口的49.9%。开城镇政府有在职在编工作人员59人,其中公务员29人,事业编制人员30人,内设计划生育服务中心、科技文化体育服务中心、民生服务中心、特色产业服务中心四个站所。

【种植业】 种植冬小麦3万亩,464.6万公斤;种植油料9180亩,产量56.6万公斤;种植地膜覆盖2.2万亩,其中地膜玉米1.3万亩;种植洋芋5.08万亩,产量1529.9万公斤。

【草畜业】 2011年全镇牛存栏12276头,羊存栏11482只,猪存栏4796头,禽存栏5万只,各项防疫密度均达到100%。

【非公有制经济】 全镇个体私营企业、工商户发展到1099户,从业人员3755人;完成总产值15827万元。

【农村经济总收入】 农业经济总收入20075万元,其中第一产业11477万元,第二、三产业及其他1975万元,转移性收入852万元。

【农民人均纯收入】 2011年全镇农民人均纯收入达到4308元,比上年增长19%。

【劳务经济】 全镇共输出剩余劳动力11103人次,创收7437.7万元,新建劳务基地3个,完成引导性培训3456人,完成技能培训399人。

【退耕还林(草)】 完成退耕林地补植补造2万亩。其中打造高标准退耕还林补植补造点2个5000亩、中幼林抚育管护30000亩、封山育林10000亩、荒山造林2000亩、道路绿化31.5公里、植树70000多株,并对机关单位绿化美化等。

【新农村建设】 投入资金200余万元,完成吴庄村新农村建设。危房危窑改造28户,改造围墙2024.58米,更换脊瓦2965平方米,改造统一标准大门82户,打通硬化村道4公里,铺设自来水管道4.7公里,绿化村道5公里。

【扶贫攻坚】 积极实施好新一轮整村推进扶贫开发工程,争取扶贫资金90万元新增村级发展互助基金组织3个,争取西部机场、自治区妇联、市政府、原州区部门单位支持,投资投物37万余元进行扶贫帮困。

【基础设施建设】 投资900多万元,完成镇政府办公室迁建工作。积极争取项目资金硬化村道23.6公里,整修村道57.7公里;完成下青石、郭庙、和泉3个村1536户7000多人的自来水入户工程。完成危房危窑改造78户。

【生态移民】 完成马场、海沟、上青石、黑刺沟4个村399户1421人摸底建档和宣传动员工作,收缴搬迁费471万元,做好移民前期准备工作。

【计划生育】 人口自然增长率10‰,出生率12.27‰,

死亡率 4.9‰。全年完成计划生育两项节育措施 670 例,其中结扎 242 例,完成任务的 144%,上环 428 例,完成任务的 105%;实施少生快富项目 107 例,完成任务的 102%,纯女户结扎 22 例,完成任务的 100%。同时在深沟、吴庄实施少生快富项目整村推进,使两村少生快富目标人群落实率达到 98%。固原市深化少生快富工程推广"硝沟模式"现场会在开城镇深沟、吴庄两村召开。

【社会保障】 全面建立健全低收入困难群众社会救助体系,进一步完善各项保障制度。全镇有 1244 户 3218 人享受低保,优抚对象 22 人,有 224 人享受高龄老人津贴。积极开展"阳光工程",对全镇 1525 名残疾人进行普查登记,体检鉴定 884 名,发放残疾人燃油补贴 10000 元,发放轮椅 34 辆、拐杖 15 把、坐便器 6 个,扶持残疾人养殖户 50 户,扶持 11 户残疾人进行危房危窑改造。

【社会治安】 全年接待群众 156 起 240 人次,做到事事有结果,件件有回音。办理上级交办信访事项 5 件。

【文化教育】 开展"户户通"工程,对全镇 6000 多农户每户发放地面卫星接收器一台,在 20 个村建立农家书屋,完成农村数字电影放映 252 场,为 20 个村配发 5 种文体器材。争取资金 10 万余元,完成和泉村远程教育信息化建设,购买微机 1 台,打印、复印机各 1 台,投影仪 1 部,照相机 1 部,多媒体文化娱乐音响 1 套,安装 10 平方米的电子显示屏 1 个,建立覆盖全村的无线广播一套。争取资金 60 万元建成镇政府篮球场一处。全面实施校园安全计划,加固 6 所小学校舍 1141 平方米、重建 2 所小学校舍 400 多平方米,并为 18 所学校建设免费午餐食堂。

【招商引资】 2011 年完成招商引资项目 2 个。一是总投资 300 万元的 3000 平方米聚乙烯泡沫保温板生产线;二是总投资 400 万元的旭明生猪养殖专业合作社。

【村改居】 按照区委、政府时限要求,成立由分管领导带队的"村改居"领导小组,抽调镇、村干部历时一多月,全面完成南关、羊坊、峡口、青石峡村的摸底、清理、登记、移交工作。 （别万红）

官厅镇

【概况】 官厅镇位于固原市郊区,东至彭阳交岔,南临开城,北与头营镇毗邻,西延至中河乡。全镇有 15 个行政村为干旱山区,平均海拔 1750 米,年平均气温 6 摄氏度,年降雨量 250~450 毫米,自然灾害频繁。全镇辖 22 个行政村,97 个村民小组,区域面积 288.9 平方公里,全镇总人口 23399 人,汉族 12298 人,回族 11101 人,占总人口的 47%,劳动力 14252 人。全镇以农业为主,兼营畜牧业、二、三产业和劳务产业。2011 年,农村经济总收入 7780.9 万元,全镇耕地面积 81501.4 亩,历年退耕还林面积 78475.4 亩,水浇地 2950 亩,大家畜存栏 12412 头,生猪存栏 3087 头,羊 20164 只。2011 年农民人均纯收入 3963 元。全镇现有小学 23 所,卫生院 2 所,非公有制经济企业 1638 个。

境内硅砂矿藏丰富,含有白烙岩和石英石,是建筑和制造玻璃的最佳原料。境内东岳山、古雁岭是保护固原市生态的天然绿色屏障,也适宜游人观赏,群众进行文化交流、运动健身。

【劳务产业】 狠抓"铁杆庄稼",突出抓好劳务输出和技能培训,拓宽就业渠道,引导发展劳务基地 4 个,解决了 700 多人的就业问题。突出抓好劳务输出和技能培训,举办了农民工技能培训,增进农民素质,提高就业能力,劳务收入占农民人均纯收入的 48%;引导性培训 2900 人,劳务经纪人培训 31 人,带领 100 人以上经纪人 3 名,带领 50 人以上经纪人 17 名,新建劳务基地 4 个,示范村 2 个,示范户 8 户。就业典型 7 个,经纪人典型 7 个,回乡创业典型 4 个,培育小老板 11 人,发展小企业 11 个。充分发挥了支柱产业的优势,增加了农民收入,全年转移就业人数 10302 人,创收 6387.7 万元。

【社会保障】 2011 年,不断完善保障机制,切实将高龄老人、五保供养对象、孤儿等特殊人群纳入保障体系,落实医疗、贫困学生、五保户、优抚人员等救助政策,对其他困难群众及时救助帮扶。发放大病救助款,农资、低保扩面 377 户 1017 人;信息录入 8957 条,收集照片 7005 张;60 周岁以上农村籍退役士兵摸底 47

人,重点优抚对象核查26人,优抚对象体检14人;五保户核查97人,高龄老人244人,孤儿33人。并对城乡低保进行清理清查,共清理出13户59人,新增19户46人,户中增人12人。家电下乡补贴等1000多万元,发放残疾人燃油补贴2万元。积极开展“阳光工程”,对全镇1607名残疾人进行普查登记,发放轮椅32辆,扶持10户残疾人进行危房危窑改造。2011年全镇参加新型农村养老保险的农民达到14407人,占77%。参加新型农村合作医疗的农民达到21821人,占83.16%。

【生态移民】 广泛宣传对宁夏中南部地区生态移民的目标、规划设计、方法职责及政策支撑;通过扎实摸底,对涉及9个自然村34个自然村的1399户4982人建立档案;深入宣传动员移民优惠、后续政策,收缴计划搬迁户搬迁费174万元。群众自筹款按要求全部收缴,待移民办统一安排后搬迁。

【扶贫工作】 坚持把扶贫资金用于共享性多、受益面广的项目上,推进农业规模化、产业化、品牌化、标准化生产。将扶贫资金覆盖到9个村,在石庄、李岔、官厅、刘店等村扩大养殖规模;郑磨、乔洼、薛庄扩大设施、特色种植片区,并形成了生产、运销一体化,真正解决群众关心和关注的问题,进一步夯实产业基础。

【计划生育】 以稳定低生育水平,提高人口素质为核心,严格执行计划生育“一票否决制”。做好外出流动人口管理工作,搞好育龄妇女生殖保健服务。坚持国策,稳定现行政策,强化人口和计划生育利益导向政策吸引力。2011年完成结扎214例占任务192例的111%,附环400例占任务387例的103%,少生快富101例占任务98例的103%,纯女户16例占任务16例的100%。

【退耕还林】 全年完成4.2万亩退耕还林补植补造任务,其中春季29800亩已顺利通过国家验收。在庙台、石庄各建立2000亩集中连片退耕还林补造示范点各1个;完成荒山造林1000亩;集雨微灌2079.5亩;小畦节灌4626亩。进一步宣传禁牧封育条例,加大禁牧封育巡查力度。

【征地拆迁及环境整治】 协助固原市征用农资城、戒毒所、邦德电动自行车厂、高科技工业园区等项目共2637亩,配合运煤专线征地协调工作。加大违章建筑监管力度和打击力度,共查处各种违章建筑105户,拆除14369平方米,使辖区内违章建筑势头得到有效遏制,狠抓城乡环境整治,投资40万元对银平路、固寨路、固蒋路、固胡路两侧的环境卫生进行了专项整治。

【产业结构调整】 一是大力推进传统农业产业化、规模化、机械化、良种化进程,不断壮大马铃薯、玉米等传统产业规模化生产,确保粮食丰产增收。二是大力发展特色农业产业。积极引导和鼓励农民发展特色产业,在清水河谷川道区的什里、郑磨等村新建日光温棚300亩,大中拱棚1500亩,种植露地蔬菜2.1万亩。在郑磨建千亩西芹点1个。在东部丘陵山区的石庄、阳洼等村完成早春覆膜5365亩,秋覆膜20210亩;完成马铃薯种植面积60070亩,在刘店建2000亩集中连片一级种薯基地1个。

【基础设施建设】 顺利完成危房危窑改造65户;农渠清淤9公里;筹资19万用于维修水窖,加固庙台、高坊坪水坝,维修人饮工程。监测地质灾害区和辖区骨干水库水坝汛情,确保人民生命财产安全;新修了薛庄、后川等7个村的柏油路、水泥路54公里,扩修阳洼、高庄等村的公路68公里;道路绿化52.4公里,其中固寨路两侧道路绿化38.7公里,马铃薯繁育基地道路绿化4.5公里,李岔村级道路绿化9.2公里。

【招商引资】 2011年共引进招商项目7个,签约资金7.1亿元,其中长城工业园项目6个:帮德电动自行车项目投资7000万元;农资城一期项目投资3.2亿元;彩钢钢购保温材料项目1.5亿元;清真肉食品深加工项目投资4500万元;枸杞深加工项目6000万元;马铃薯贮藏和交易项目投资1600万元。在郑磨村二组投资建设“固原立稳建材有限公司”,主要生产空心砖,总投资1000万元。 (张廷岐)

头营镇

【概况】 头营镇位于固原市区以北20公里处,辖28个行政村,175个自然村,地域面积371.6平方公里,耕地面积14162公顷,退耕面积4693.79公顷,大家畜

共青团原州区委员会

YBC 项目资金发放

领导班子慰问困难党员

共青团原州区团委是区委、政府所属群团组织，下辖 1 个少年宫。共有基层团委 27 个、团工委 3 个、团总支 10 个、团支部 21 个，团员总数 2.7 万人。

近年来，在区委、政府的正确领导和上级团委的指导下，按照“组织青年、团结青年、服务青年、维护青少年合法权益”的总要求，做大“希望工程”和“志愿服务”两大品牌，不断提高团组织联系青年、服务青年的能力。争取资金 625 万元建设希望小学(希望幼儿园)15 所；资助大中小学生 1900 多名 6100 万元，实现生态移民贫困学生资助全覆盖；实施“广发希望厨房”项目 10 个，建设“盛世开元电脑教室”4 个，“神华爱心书屋”17 个，“快乐体育”15 个项目；举办城乡青年创业意识技能培训班 12 期，培训青年 1600 多人；为青年提供“YBC”等创业贷款 200 多万元，带动就业 700 多人。举办了“移动杯”青少年健身舞大赛、青年歌手大赛、广场文化演出等。开展“党建带团建”，在 14 个乡(镇、街道的村、社区)建立“青年之家”184 个，实现“青年之家”建设全覆盖，建立驻外团工委 3 个。

2010 年以来，先后被自治区团委评为“五四红旗团委”、全区“五五”普法先进集体，2010、2011 年连续两年被评为“全区共青团工作目标考核先进单位”等荣誉称号。

资助贫困大学生圆梦行动

团委负责人在留守儿童关爱中心给孩子们讲故事

原州区财政局

团结务实的领导班子

原州区财政局是原州区人民政府管理财政收支、实施财政监督和参与全区国民经济运行调控的职能部门，下设 1 个副科级单位和 11 个股室（中心），全局现有干部职工 69 人。

近年来，财政局充分发挥财政宏观调控和监督管理职能，紧紧围绕区委、政府工作大局，全面落实科学发展观，创新理财思路，不断深化财政改革，狠抓增收节支，强化财政管理，调整优化支出结构，提高资金使用效益，切实提高财政保障能力，全力支持农业支柱产业的培育壮大、新农村建设、生态移民、公共卫生医疗、扶贫开发等关系全区发展的重点项目建设，促进了全区经济建设和社会各项事业的和谐发展。2011 年全区财政总收入突破 20 亿元，达到 205198 万元，其中地方财政一般预算收入 14967 万元，同比增长 51%。全区财政总支出突破 19 亿元，达到 191485 万元，其中一般预算支出 188089 万元，同比增长 33%。实现了收支平衡，略有结余。先后被国家体育总局评为“全民健身先进单位”；被中国科协、财政部评为“2011 年全国科普惠农兴村先进单位”；被自治区扶贫开发领导小组评为“扶贫开发定点帮扶先进单位”；被自治区财政厅评为“全区财政系统干部教育培训工作先进单位”；被中共固原市委法制委员会、固原市社会治安综合治理委员会评为“社会治安综合治理工作先进单位”；被固原市农村妇女“双学双比”活动协调小组、固原市妇女联合会授予“固原市巾帼示范基地”；被固原市财政局评为“2011 年度县区财政目标考核先进集体（一等奖）”；被原州区委、政府评为“目标管理考核先进集体”、“综治目标考核先进集体”、“少生快富项目捆绑实施先进单位”和“全民创业先进集体”；被原州区社会治安综合治理委员会评为“平安单位”；被原州区人大常委会办公室评为“代表议案建议办理先进单位”。同时，荣获市、区庆祝建党 90 周年红歌唱响六盘山大型歌会一等奖。

开展“连心工程”

项目建设的乡镇政府

全区基层组织建设“连心工程”观摩现场

项目管理年培训班

农业综合开发项目

水利设施

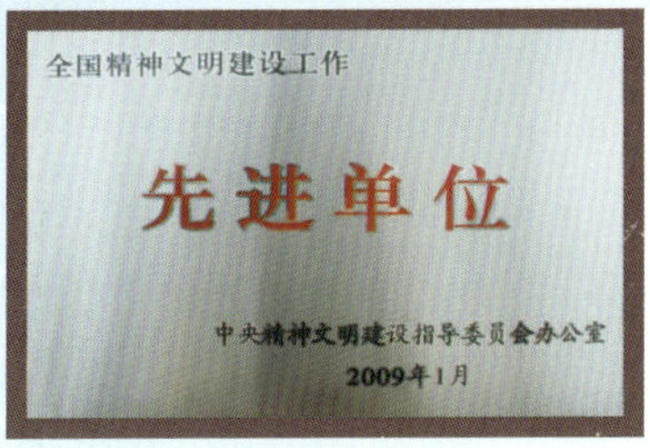

原州区农业畜牧局

马铃薯脱毒种薯组培苗生产

原州区农牧局是原州区人民政府的农业行政职能部门，下设农业技术推广服务中心等32个区、乡级事业单位，在职职工513人，其中技术干部457人。

近年来，原州区农牧局在区委、政府的坚强领导下，以农业增效、农民增收为目标，以优化调整农业结构为主线，狠抓冷凉蔬菜、马铃薯、草畜、特色种植四大产业提升，有力推动了农村经济持续、快速发展，原州区被授予“中国(西部)冷凉蔬菜之乡”、“中国马铃薯种薯之乡”称号。2011年，全区实现农业增加值9.66亿元，比2008年增长25.9%；农民人均纯收入4137元，比2008年增长55.1%。全区蔬菜种植总面积达到18万亩，比2008年增加10.5倍，其中设施农业面积达到9万亩；全区畜禽总量185万个羊单位，其中牛饲养量20.5万头，与2008年相比，分别增长3%、5%；突出加快马铃薯三级繁育体系建设，2011年繁育原原种4000万粒，建设原种田3500亩，一级种薯田6.25万亩，分别比2008年增长8倍、7倍、6倍。全局党建、精神文明及其他各项事业也稳步发展，并取得较好成绩，得到了区、市业务主管部门和原州区委、政府的充分肯定和表彰奖励。

舍施养殖

万亩马铃薯基地

秋覆膜技术推广

马铃薯种薯基地

拱棚娃娃菜

露地蔬菜种植

蔬菜外运

日光温室甜瓜

温棚蔬菜

原州区林业局

原州区林业局主要职责是协助政府制定全区林业发展规划和年度计划，组织和指导国营、集体、个人开展林业生产经营活动；宣传、贯彻、执行各类林业法律、法规，依法保护和管理森林资源，查处破坏各类森林资源和野生动物资源的案件；负责全区林业科技推广、森林防火、林木检疫、森林病虫害防治、森林资源调查、造林检查验收、林业统计和森林资源档案管理工作。

原州区林业局下设办公室、综合业务股、财务审计股、林业技术推广服务中心、林业总场、林木检疫站、林业行政执法大队7个办事机构。有8个基层林业站，16个基层国营林场，其中10个封山育林场，6个"工资田"改革林场。全系统职工814人，其中在职人员450人，离退休人员364人。有专业技术人员390人，其中林业工程师以上114人，助理工程师265人，技术员11人。

原州区林业用地面积157.8万亩，有林地4.42万亩，灌木林地29.8万亩，未成林地81.1万亩，森林覆盖率12.7%。2005年以来，原州区以建设道路林荫化、农田林网化、城镇园林化，乡村田园化的"绿色原州"为目标，坚持造管并重，生态建设与林业产业同步推进的可持续发展道路，在东部山区实施了以水土保持林为主的荒山荒沟治理工程，在清水河流域实施了以福银高速公路绿化、须弥山旅游线路绿化、镇村道路及小城镇建设绿化、须弥山"一河两山"绿化、北部农田林网、万亩枸杞基地建设等重点工程，在西部山区实施了大六盘生态经济圈水源涵养林工程、贺家湾水源地生态保护工程、禅塔山绿化工程等一批林业重点工程，累计完成造林面积45.97万亩，投资2.6亿元，已初步形成了原州区"U"字型生态屏障，全区城乡生态面貌得到了明显改善。

林下苗圃

枸杞种植

经果林种植

须弥山景区绿化

绿色通道

青石嘴战斗纪念碑环境绿化

桃花盛开大峁梁

贺家湾水库水源保护工程

原州区生态移民办公室

生态移民工程启动

原州区生态移民工作领导小组办公室成立于 2011 年 2 月，共有工作人员 11 人。主要职责是：贯彻落实国家和自治区有关移民工作的方针、政策；参与编制移民重大项目的前期论证、规划和年度建设计划并组织实施、管理和检查验收工作；负责拟定移民项目资金筹措、下达资金拨付计划和资金使用的监督管理；协调指导移民安置区产业发展和移民技能教育培训；组织开展移民安置区对口帮扶工作；负责移民迁出区公共财产处置、搬迁移民的户籍、学生学籍、计划生育、医疗保险和社会保障等手续迁转及管理服务工作以及迁出区生态恢复工作等。

2011 年在县内共建移民点 8 个，搬迁安置移民 1456 户 5889 人。荣获自治区发改系统创先争优活动“生态移民工作先进单位”；荣获固原市 2011 年度生态移民工作考核一等奖；荣获自治区中南部地区生态移民工作领导小组“2011 年度生态移民工作先进集体一等奖”。

生态移民村——团结村

自来水通进移民村

踏上新家园 走上幸福路

移民用上了太阳能

搬出大山天地宽

搬新家了

移民村拱棚蔬菜生产园区

移民村超市

生态移民村——利民村

张易：宁南山区小城镇建设的典范

张易镇位于固原市原州区西南 38 公里，六盘山脉西侧，地处西吉县、隆德县和原州区两县一区交汇处，固将、隆张两条公路穿境而过，是周边三县（区）十乡的商贸物流中心集镇。全镇区域面积 294.3 平方公里，下辖 22 个行政村，总户数 11040 户 50855 人，全镇经济以农业为主，主要农作物有马铃薯、冬小麦、胡麻等，个体私营经济以淀粉加工、木材贩运、百货批零为主。2011 年农民人均纯收入 3715 元，实现地区生产总值 1.85 亿元。

镇党委、政府主导发展马铃薯、劳务两大产业，发展商贸物流业。积极推进马铃薯种薯繁育体系建设，全力打造“宁南山区种薯繁育第一镇”，全镇马铃薯种植面积每年都稳定在 10 万亩以上。同时打造“勤劳、诚信”的劳务品牌，实现劳务大镇向劳务强镇的转变。

2008 年，张易镇实施了小城镇改造，沿街仿“明清”商住楼拔地而起，造型古朴典雅，蕴涵着张易镇悠远的贸易历史和张易人若隐若现的“儒道”风格。一个“功能分区合理、设施配套齐全、环境整洁优美、主导产业明显”的现代化小城镇初步形成，被宁夏政研室誉为宁南山区小城镇建设的“一颗明珠”。2010 年获自治区环境优美乡镇；2010 年被评为固原市“文明乡镇”和“平安乡镇”；2011 年获自治区依法治理先进单位称号。

马铃薯种植

率先在全区实现村村通油路

秋覆膜

农民交售马铃薯

西海子风光

民俗文化活动

希望的田野

商贸流通市场

“三跑田”变“三保田”

宁南商埠重镇——三营镇

镇领导班子研究工作

三营镇位于固原市北端 38 公里处，东倚寨科乡，南接头营镇，西连黄铎堡镇，北邻海原县三河镇。宝中铁路、银武高速公路、银平公路穿境而过，交通便捷，集贸繁荣，丝路古镇历史文化特色凸显，素有宁南商埠重镇之称。辖 14 个行政村，2 个居委会，95 个自然村，总户数 6735 户，常住人口 30991 人，其中回族 23528 人，占总人口的 76%，区域面积 177.6 平方公里，耕地面积 87559 亩。2011 年底农民人均纯收入 5012 元。

2011 年，在区委、政府的坚强领导下，扎实推进三营民族特色小城镇建设，强力推进生态移民工作，大力发展高效节水生态农业，全方位开展招商引资工作，使全镇经济社会各项事业快速发展。被国务院扶贫开发领导小组评为全国扶贫开发先进集体；被宁夏回族自治区人民政府评为全区 2010 年人口和计划生育“四星级乡（镇、街道）”；被宁夏回族自治区依法治区领导小组评为全区“五五”普法先进集体；被宁夏军区司令部、政治部评为“使命行动 2011 保交支前先进单位”；被自治区环境保护厅评为自治区级“生态乡镇”；被固原市农村基层党风廉政建设协调领导小组评为农村党风廉政建设“勤廉为民”工程“五好”乡（镇）；被中共固原市委员会评为“全市先进基层党组织”。

镇政府办公大楼

全区第一个生态移民村

建设中的三营民族特色小城镇

高效节水马铃薯种植

设施农业园区

商业街一隅

林业生态建设

招商引资项目——精英驾校

文化广场

彭堡镇政府

坚强有力的领导班子

拱棚辣椒喜获丰收

彭堡镇位于固原市区西北约 20 公里处，辖区面积 197 平方公里，有 13 个行政村，92 个自然村，7357 户 27824 人，其中回族 12027 人，占全镇人口 42.3%。全镇拥有耕地 12 万亩，其中退耕还林 2.9 万亩。近年来在镇党委政府的正确领导和全镇干部的努力下，全镇工作呈现出新的亮点。一是计生工作硝沟模式在全自治区推广；二是冷凉蔬菜产业成为原州区冷凉蔬菜的重要基地；三是畜牧业呈现出规模化和产业化新格局；四是苗圃产业发展势头强劲。

硝沟养鸡园区

“少生快富”示范创业村

肉牛育肥基地

露地西芹种植

村级道路绿化

闫堡温室蔬菜育苗

镇内生态移民村一隅

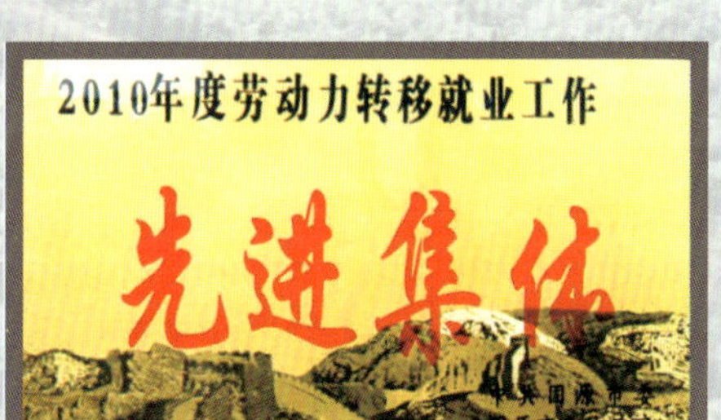

开城镇政府

团结奋进的镇领导班子

开城镇是2003年撤乡并镇时由开城乡和南郊乡合并设立，总面积269平方公里，耕地97581亩，人均耕地3.02亩，退耕还林33920亩。全镇辖17个村民委员会，109个自然村，总人口7229户32213人，其中回族16063人，占总人口的49.9%。

近年来，镇党委、政府立足镇情，以促进回汉民族经济共同发展和共同繁荣，提高农民收入、切实改善民生为目标，大力发展草畜、劳务、马铃薯、苗圃等优势产业，加快扶贫攻坚，推动了全镇经济社会的跨越发展。在全镇建设养牛示范村7个，肉牛养殖园区1个，年肉牛饲养量达25900头。强力推进马铃薯产业，每年种植马铃薯5万亩以上；大力拓展劳务产业，全镇年劳务输出1万人次以上，创收7000万元以上；坚持退耕还林、加强封山禁牧、加快苗圃基地建设，全镇森林覆盖率由“十五”初的8.4%提高到“十一五”末的14.8%；全镇实现村村通油路，18个村3万多群众通上自来水；实施危房危窑改造工程近千户，17个行政村都建立标准化卫生室和农家书屋；直播卫星公共服务“户户通”工程全面实施。全镇各项经济总收入从五年前的12744万元增长到2011年的17963万元，增长率为40.95%，农民人均纯收入由五年前的2562元提高到2011年的4308元，增长率68.15%。围绕发展民族经济，维护社会稳定，扎实开展民族团结和宗教事务规范化管理，围绕“两个共同”主题，牢固树立“三个离不开”的思想，坚持抓民族团结宣传教育，促进了各民族之间的团结。2008年被自治区授予“全区民族团结进步先进集体”荣誉称号，2009年被国务院授予“全国民族团结进步模范集体”荣誉称号。

村村通油路

危房危窑改造集中安置点

群众文化活动

宝中铁路、福银高速、银平公路绿化工程

2011年迁建的政府办公楼

存栏18686头，养存栏33248只，全镇共有12641户，56639人(其中回族6648户31627人)。镇党委下设1个党总支，38个党支部，共有党员1277名。全辖区共有26所学校（两所中学，23所完小，1所幼儿园)，教职工509人，在校学生9217人。2011年实现地方生产总值达4.9亿元，同比增长20.9%；农民人均纯收入3874元，增长20%。（王　华）

【设施农业】 通过强化政府推动、项目扶持、农民主体、企业参与、科技支撑等措施，坚持扩规增量和提质增效并举，新建日光温室1200亩，新建移动拱棚2000亩，打造徐河千亩西芹基地1个，完成秋覆膜3万亩。（王志怀）

【草畜产业】 按照“以牛为主、多畜并举”的思路，坚持基础母畜扩繁增量和短期育肥相结合，农户分散养殖与大户示范带动相结合，全年共建标准圈棚517栋，黄牛饲养量达到2.96万头、基础母牛存栏6500头，黄牛冷配改良4710头，种植禾草32000亩，建青贮池11576立方，贮草22500吨。在巩固提升冯洼、石羊养牛专业村基础上，新建南塬和陈庄2个养牛专业村，培育50头以上牛存栏户5户，100头以上牛存栏户1户，发展养牛专业合作社5个。（王　华）

【特色产业】 按照政府引导、市场调节、群众自愿的原则，在全镇种植葵花3.8万亩，枸杞2000亩，蔬菜22000亩，瓜类3000亩，增加农民人均收入820元。形成重点突出，各具特色的经济版块，不断提高农民在特色种植上的收入。（王　华）

【劳务经济】 劳务输出作为农民增收的一项主要措施，镇政府采取多渠道、多方位输出原则，建立相对稳定的劳务基地，拓宽输出领域。“抓两头带中间”，以春季福建沿海、秋季进疆拾花输出为抓手，带动全镇有组织劳务输出。新建乌海、宁东2个劳务基地，以杨郎、二营创业园区为平台，促就业促增收。全年输出务工人员1.6万人，创收过亿元。（王　华）

【新农村建设】 按照新农村建设“20”字方针，着力在加强基础设施建设、整治村容村貌上下功夫，建成陈庄、三岔新农村示范村，建设高标准居民点100户，居民点硬化道路8条1600米。（王　华）

【小城镇建设】 按照杨郎镇区建设总体规划思路，紧紧围绕“布局合理、集镇美观、功能齐全、特色突出、一次规划、分步实施”的建设原则，规划建设集生态移民、危旧房改造和商贸流通为一体的杨郎镇区，建农民新居84户，生态移民50户，新修道路7公里，安装路灯80盏，建成占地面积120亩集农贸、畜禽、建材及煤炭转运和销售为一体的综合性市场。（王志怀）

【退耕还林】 全镇完成退耕还林补植补造4.8万亩，春季秋季义务植树58万株，荒山荒沟整地造林1万亩，并在马园路梁、穆滩打造千亩退耕补造点，绿化杨郎、利民村道路13公里。加大封山禁牧处罚力度，使封山禁牧和退耕还林成果进一步巩固，生态环境持续好转。（王志怀）

【道路建设】 新修徐河、杨庄、二营、冯洼等村级道路60公里，交通运输更加通畅。（王　华）

【农田水利】 新增基本农田6900亩，农渠清淤22公里，畦田建设3.2万亩，集雨微灌5000亩。在沈河灌区建设高标准节水农田5000亩，引导农户种植枸杞、蔬菜等比较效益高的作物。在南塬、杨郎集中连片通过土地整理、渠系配套，建设4000亩高标准节水灌溉农田。（王志怀）

【计划生育】 落实计划生育奖励扶助政策上，大力实施“少生快富”工程，推进“一无”达标乡镇建设，采取党政一把手亲自抓，负总责，上下联动，奖罚分明，三级包抓，完成结扎408例占任务的100%，置环562例占任务的105%，纯女户31例，完成“少生快富”193例任务的132.2%。（王　华）

【文化教育】 加快广播电视“村村通”和文化资源共享工程建设步伐，广泛开展文化体育进村和文化服务进农家活动，群众文化生活不断丰富。精神文明创建活动广泛开展，思想道德建设水平进一步提高。（王　华）

【民生保障】 坚持把保障和改善民生放在更加突出的位置，配合项目实施单位，克服各种困难，建成三期移民住房400户，建成陈庄、三岔、南屯危房危窑及零散户改造294户，在大北山等6个村集中建抗震房694户。（王志怀）

【民主法制】 坚持依法行政，自觉接受人大和社会各界监督，认真办理人大代表议案、提案和建议。全面落实党风廉政建设责任制，加大专项资金监管力度，政府廉政建设进一步加强。以提高执行力为突破口，加强政府效能建设，实行行政问责制度，严明机关工作纪律，全面推行政务公开，依法行政水平和办事效率不断提高。深化以村务公开、民主管理为核心的村民自治活动，基层民主法治建设深入推进。认真排查调处矛盾纠纷，着力解决信访突出问题，强化社会治安综合治理，严厉打击严重刑事犯罪活动，扫除黄赌毒等社会丑恶现象。（王　华）

【基层组织建设】 通过"城乡联动双诺整推"活动，机关(部门)9个支部与头营镇14个村结对帮扶，承诺办结农村基础建设、产业发展等方面实事58件；机关86名党员为结对村党员承诺办结实事286件。新建村级活动场所13个，为20个村级活动场所配桌椅300套，档案柜40个，办公桌40张。在杨郎、马园、徐河、石羊4个村为50名的贫困党员发放致富基金15万元，帮助他们发展种养殖业。全镇涌现出党员种养殖科技示范户54户，发展科技示范基地25个，设施农业、工程建设、企业生产一线都活跃着广大党员的身影，党员已成为带动群众脱贫致富的重要力量。

（王志怀）

三营镇

【概况】 三营镇地处固原市原州区以北38公里处，西北邻海原县三河镇、九彩乡和李俊乡，东靠寨科乡，西邻西吉县沙沟乡，南接本区头营镇，地处西安、兰州、银川三省会的区域中心位置，境内有宝中铁路、银武高速公路、银平公路纵贯南北，交通便利，物流畅通，集贸繁荣，是固原市最大的商贸重镇之一，也是建设部确定的全国500个、自治区确定的全区20个重点建设镇之一。全镇总面积177.56平方公里，辖14个行政村、2个居委会，共98个自然村，总户数6735户，常住人口30991人，其中回族23528人，占总人口的76%。镇党委下辖23个党支部，其中农村党支部14个。有党员692名，其中少数民族党员452名，女党员102名。全镇耕地面积83365亩，其中水浇地28580亩，占总面积的34.3%，现有机井96眼。

2011年，围绕社会主义新农村建设，以产业结构调整为主线，以增加农民收入为核心，大力转变生产经营方式，着力培育壮大蔬菜、草畜、马铃薯、特色种植等特色优势产业，积极推进农业产业化经营，推动全镇农业和农村经济又好又快发展。全镇已初步形成以枸杞、设施农业、养殖贩运、移民搬迁、劳务输出、市场物流等发展经济模式，素有原州"旱码头"的称号。2011年实现人均纯收入5012元，同比增长24.3%。2011年获原州区综合考核第一名。

（马进仁　撒彦山）

【种植业】 建成了新三营、孙家河和团结等设施农业园区3个、面积3500亩(其中日光温室645栋，大中拱棚360栋)，实现"一园一品"规模化发展。新品种、新技术得到全面推广运用，生产效益逐年增加，成为农民增收的新亮点，加快推进高效节水灌溉农业建设，加大土地流转力度，充分发挥龙头企业示范带动作用，打造以高速公路为轴线的万亩特色种植产业带，建成甘沟、鸦儿沟、新三营高效节水示范基地，发展壮大马铃薯种薯繁育、枸杞种植等特色优势产业。特色种植上，重点发展冷凉地区无公害蔬菜和设施蔬菜生产、粮油高产基地建设，不断扩大以玉米、葵花、枸杞、胡麻为主的特色基地，逐步形成重点突出，优势明显的特色种植业。（连廷智）

【养殖业】 走以草定畜，草畜双赢的路子。年均种植一年生牧草在2.5万亩以上，多年生牧草留床面积稳定在5万亩；通过以奖代补、项目到户、大户倾斜、科技支撑等措施，建设肉牛养殖专业村(园区)2个；牛饲养量达到1.7万头以上，基础母畜存栏达到0.5万头；扶持养殖贩运合作社，建成以马路村为主的养羊、育肥、贩运专业合作社8个，发展贩运大户180家，年贩运量120多万只，创收近亿元，成为新的经济增长点；养鸡规模不断扩大，培育出了新月等一批集养殖、屠宰、加工为主的养鸡园区，形成宁南山区乃至周边地区最大的清真牛羊肉及禽蛋集散地。（连廷智）

【退耕还林】 以无公害枸杞园区种植、退耕还林补植补造等工作总揽全局，进行科学规划，合理布局，认真开展工作，取得了明显成效。协助林业局完成甘沟万亩枸杞园区建设任务，绿化华坪梁至甘沟路段及复线路段7.5公里；完成复线、须弥路740绿化用地丈量工作；完成三寨路两侧道路绿化8.7公里，栽植树木5800株。完成煤炭市场、活蓄交易市场绿化工作。认真实施生态移民点道路绿化工程，在团结、老三营等移民点栽植树木9450株；完成设施农业园区道路绿化12公里，栽植树木8000株；完成老庄村1000亩枸杞补造示范点建设，栽植树木2000株；认真组织实施退耕还林补植补造工作，确保退耕还林成果，完成退耕还林春秋季补植补造22600亩，夏季柠条补植3600亩；完成镇院内23500棵树木花草栽植工作；完成3800只鼢鼠的扑打任务；巩固提升封山禁牧成果，加大巡查力度，杜绝偷牧、溜牧发生，充分保护生态建设，荣获自治区级“生态乡镇”荣誉称号，团结村被自治区环境保护厅评为自治区级“生态村”。农田水利、生态建设等工作在原州区目标管理考核中获奖。

（王海宾　撒彦山）

【新农村建设】 立足甘沟、老三营两村村情实际，主要采取“拆违、治乱、刷新、硬化、绿化、美化”等六项措施，拆除旧土房1050平方米，硬化村级道路7公里，绿化村级道路12公里，粉刷亮化1.5万平方米，新建垃圾池25个，村容村貌焕然一新。通过土地流转，在甘沟建成万亩有机枸杞示范园区，增加了农民收入。

（马进仁　撒彦山）

【民族特色小城镇建设】 2011年原州区区委、政府把三营民族特色小城镇建设作为全区12项重点工作之一，倾力打造三营商贸重镇，重塑“宁南旱码头”新形象。围绕“布局优化、道路硬化、河道净化、镇区绿化、路灯亮化、镇貌美化”的建设目标，加大基础设施改造工程，硬化道路20.2公里、铺设给排水管道21.9公里、安装路灯140盏，新建改造商业用房30万平方米，改扩建农贸市场、新建活畜交易和煤炭市场，拆除道路两旁破旧房屋654户17.8万平方米，高标准建成绿化带9公里，粉刷亮化1.5万平方米。为适应城镇管理服务职能提升新要求，成立城镇管理办公室，狠抓环境卫生、市场秩序监管。加大招商引资力度，城镇企业发展，聚集吸纳能力进一步增强，人居、创业环境有效改善。

（马进仁　撒彦山）

【生态移民建设】 坚持移民新村与新农村建设、产业培育、扶贫开发、土地流转相结合，完成危房危窑改造88户。按照“七个一”(每户1栋54平方米的房子，1栋养殖圈棚，1亩大拱棚，1座卫生厕所，1台太阳能热水器，1面卫星接收器)的建设模式，完成团结二期等三个生态移民点建设，共搬迁640户2701人，实现了当年建设、当年入住、当年发展生产的目标。团结村共搬迁移民809户3699人，是全自治区规模最大、产业配套齐全、组织机构健全、管理规范的移民新村。自治区生态移民现场会在团结村召开，全区移民搬迁入住仪式被宁夏卫视面向全国直播。中央电视台、宁夏电视台、《宁夏日报》等多家新闻媒体对团结村进行了多次专题报道。党和国家领导人贾庆林、李长春、周永康、刘延东及自治区主要领导先后莅临团结村视察。

【非公有制经济】 全镇有个体工商户1432户，从业人员2474人；临时设摊摆点430户，餐饮服务业75家，汽车修理37家(较大的有两家)，洗车行30家，长途汽车运输280户。

（撒彦山）

【集市贸易】 有综合农贸市场一处，始建于1987年，2011年民族特色小城镇开工建设，对市场进行了全面改造升级，硬化场地2万多平方米，新建煤炭、活畜交易两大市场13万平方米、改扩建农副产品贸易市场5万平方米，建成大型货棚4栋3000平方米，农资、汽配、物流、建材、粮油等市场建设正在紧张有序推进，是宁南山区最大的农村市场，已基本形成了10多个专业区域，即清真牛羊肉、粮油、肉禽蛋类、活畜交易、皮毛、瓜果蔬菜、服装、布匹、木器、小吃、轻工产品、调味品、干鲜果、日杂百货及其他各种零售十四大类300多个品种。其中，尤以牛羊贩运和清真牛羊肉屠宰最为活跃，逢集日贩运羊4000多只、牛200多头，屠宰清真牛羊肉5~7吨。集市以灵活多样的经营方式，吸引了众多客商来此贸易营销，集日上市人数平均超过2万人，高峰期达2.6万之多，集日交易额达140万元。

（马进仁　撒彦山）

【农业机械】 通过近年的农机推广、农机补贴和农业机械化强农惠农政策的实施，三营镇农业机械装备水平得到了大幅提高，农机作业水平显著提升，农业综合生产能力进一步增强。截至目前，全镇农业机械总动力达到 35000 千瓦,其中耕作机械总动力 11700 千瓦,粮食生产的机械化程度越来越高,逐步实现生产环节机械化。 (连廷智)

【劳务经济】 三营镇党委、政府把劳务输出作为增加农民收入的一项支柱产业来抓,建立了党政一把手亲自抓,分管领导具体抓,组织镇村干部进村入户深入抓的工作格局。加强劳务输出管理服务,根据实际情况,在认真做好辖区劳动力资源的外出务工档案管理工作的同时,摸清底数,切实做到每个务工人员"在家有登记、就业有培训、输出有合同、走后有服务"的科学化管理,促使劳务经济工作沿着健康稳定的方向发展。2011 年,全镇劳务输出人数达 14215 人,占输出任务 14213 人的 100%。其中劳务中介组织及劳务经纪人输出 9817 人, 占输出任务 9238 人的 106.26%(其中:中介组织输出 2589 人,经纪人组织输出 7228 人),劳务创收 8813 万元,占任务 8812 万元的 100%。新建劳务基地 3 个,建立劳务输出示范户 11 户,示范村 2 个;树立具有一定影响力的务工先进典型 5 个,先进创业人员 5 个,优秀经纪人 5 人,带领 100 人以上劳务经纪人典型 2 个, 带领 50 人以上劳务经纪人典型 23 个。 (丁玉明 撒彦山)

【扶贫工作】 在扶贫开发整村推进过程中,注意结合新农村建设、农村危房危窑改造、县内生态移民、农村环境综合整治的民生工程来进行, 努力做到一次到位,一次成型,多项目整合,整体推进,避免重复建设和多头绪多次数投入。先后建成了团结移民新村、老三营抗震房建设等规模大、设施全、产业配套的移民新村,安置偏远山区贫困群众 1449 户 6400 人,投入互助资金 215 万元,实现了贫困村全覆盖,被国务院扶贫开发领导小组评为全国扶贫开发先进集体。

(撒彦山)

【文化教育】 生态移民等重点工作被中央及地方主流媒体宣传报道 50 余次;举办了建党 90 周年红歌大赛、清凉夏日文艺演出、秦腔、花儿大赛等活动,群众文化活动丰富多彩;建成鸦儿沟文化大院、三营民族文化交流中心,深入村组和周边乡镇巡回演出,深受群众喜爱,得到区、市等各级领导好评。深入推进"户户通"、农村数字电影放映等工程,团结村荣获"全国直播卫星公共服务第一村"。教育强镇工作顺利通过上级政府验收。 (马进仁 撒彦山)

【医疗卫生】 逐步完善村级医疗卫生保健网络,镇村卫生医疗条件和服务水平稳步提升,全镇基本实现群众"小病不出村,大病不出镇"的医疗要求。同时,随着新型合作医疗参合率的不断提高,农民健康状况也得到极大改善, 因病致贫因病返贫的现象得到有效遏制。 (王晓玲)

【计划生育】 不断加大计生政策宣传力度,完善人口信息化管理,落实计生奖励扶助政策,通过强措施,抓落实,使计划生育少生快富工作步入快车道,全年共完成结扎 320 例,附环 506 例,纯女户结扎 28 例,少生快富 175 例,分别完成任务的 145%、120%、121%、100%, 计划生育率达到 89%以上。人口出生率为 15.5‰,自增率为 12.6‰,被自治区评为全区 2010 年人口和计划生育"四星级乡(镇、街道)"。

(任旭利)

【社会治安】 按照"预防为主、教育疏导、依法处理、防止激化"的原则,把人民调解、行政调解、司法调解紧密结合起来,将工作重心放在最基层,坚持重大纠纷快报制度和社情分析制度,积极探索"三调联动"工作机制,充分发挥法庭、公安、司法、信访的职能优势,互相补位、联调联动,有效解决了小城镇建设、征地拆迁、土地流转等群众反映强烈的热点难点问题。深入实施"平安三营"创建活动,荣获自治区铁路护路先进集体、自治区"五五"普法先进集体和固原市社会治安综合治理先进集体。扎实推进民族团结进步创建活动,团结村被自治区评为民族团结进步示范村。2011 年,共排查各类矛盾纠纷 51 起,调处 51 起,调处成功 49 起,成功率为 96%。2 起调处不成提起诉讼。三营镇共有刑释解教人员 80 名,其中刑释 78 名,解教 2 名,全部建档立卡, 在全镇 80 名刑释解教人员中, 衔接人员 52 人, 未衔接人员 28 人, 建档不见人且去向不明的 28 人,已衔接人数中帮教和安置均为 52 人,安置率和帮教率均为 65%。有社区矫正人员 11 人,均建档立卡并定时定期进行矫正改造。 (杨建平 撒彦山)

【社会保障】 城乡统筹居民医疗保险个人参保资金 863000 元已全部上缴财政专户,信息录入按要求已基本完成。新型农村养老保险档案资料确定了专人管理，按照要求对全镇14个行政村缴纳的养老保险的资料进行了归档整理，并逐步进行完善。60岁以上人员养老金已发放到位。全镇机关事业单位职工养老保险、医疗保险、失业保险、生育保险、工伤保险征缴都已完成。（白丽 张晓燕）

【基层组织建设】 全镇960多名农民党员和区直机关有14个部门在职党员结对，通过建立帮扶机制，帮助解决帮扶支部热点难点问题，走访群众200多户，投入帮扶资金80多万元，转移农村剩余劳动力3000多人。庆祝建党90周年之际，镇党委表彰了7个先进基层党组织和37名优秀共产党员；七一期间，举办"弘扬六盘山精神，创建学习型党组织讲比赛"、"清凉夏日文艺演出"等活动2场次，参加比赛人员60多人，组织全镇党员干部180多人到全国廉政教育基地六盘山红军长征纪念馆接受廉政教育和重温入党誓词活动。镇党委严格按照原州区"六个统一"标准新建村级组织活动场所14个。三营镇确定甘沟、孙家河等村实施"双带"资金，投入资金15万元，帮助50户农民党员发展养殖、温棚蔬菜种植等致富项目，通过党员带头，激发广大群众科学发展、激情创业的信心和决心，孙家河村被自治区评为"全区党员干部现代远程教育工作示范站点"，获得固原市农村党风廉政建设"勤廉为民"工程"五好"乡（镇）、"全市先进基层党组织"等称号。（撒彦山）

黄铎堡镇

【概况】 黄铎堡镇于2011年8月4日挂牌成立，辖黄铎堡、农科、黄湾、白河、张家山、羊圈堡、北庄、南城、丰泽、金堡、曹堡、何沟（以上12个行政村由三营镇划出）、陈庄、山岔、穆滩、铁家沟（以上4个行政村由头营镇划出）16个行政村，84个自然村，实有人口5253户26396人，区域面积192.1平方公里，耕地面积91684亩，人均有粮1172公斤，人均纯收入4691元。距固原市区46公里。

【农牧业】 积极培育壮大特色优势产业，在西大路及须弥山景区沿线形成了以枸杞、玉米、葵花、马铃薯、瓜菜和胡麻等为主的特色种植产业带。设施温棚596栋；巩固提升老庄村的肉牛养殖基地，完善了何沟、南城2个养牛示范村，新建白河、曹堡肉牛养殖专业村和肉牛养殖园区。全镇畜禽饲养总量达到13.6万个羊单位，黄牛饲养量达14800头，基础母畜存栏达到0.86万头、黄牛冷配2200头，建标准圈棚720栋，扩大多年生牧草种植面积，种植禾草21000亩，新建"三贮一化"池2470立方米，调整饲草3600立方米，春秋两季动物防疫均达到100%。

【林业生态建设】 对退耕还林工程进行"回头看"，完成补植补造7100亩，工程整地1500亩，共种植各类苗木35万株；完成白河—护城河（西大路）—丰泽等村道路绿化33.8公里，种植苗木22360株；同时建立封山禁牧长效机制，动员各村实行"分户造林、联户管理"，从严从重处罚偷牧、溜牧行为，退耕还林成果得到有效巩固。退耕还林补植补造6500亩。

【水利水保】 完成高效节水灌溉基地建设2732亩，支斗农渠清淤7条20公里，维修改造农渠24条12公里，整修农路3条7.7公里，畦田建设4200亩，新增基本农田1640亩。

【生态移民】 坚持"搬得出、稳得住、逐步能致富"的原则，完成张家山、羊圈堡移民搬迁入住丰泽村207户。2011年12月代表原州区接受自治区、固原市的考核验收。

【劳务经济】 向新疆输送拾花工339人（其中：有组织输送66人，分散输出153人，经纪人带领输出120人），创收210万元。

【教育】 全镇有14所小学（13所完小，1个教学点）、1所幼儿园；全镇现有教学班98个，在校学生3512名，其中女童1658名，回族3146名，回族女童1499名，幼儿园在园生116名，适龄儿童2638人，入学率100%；15周岁完成率98.7%；现有专任教师119人，其中女13人，专科以上57人，小学高级教师76人；特岗教师7人，"三支一扶"12人，学历合格率和任职资格率均为100%。

【非公有制经济】 有个体工业企业8个，从业人员156人，工业总产值4599万元，增加值1379万元，利润1045万元，上交税金12万元。个体户291户，从业员343人,营业收入5291万元。

【医疗养老保险】 收缴医保资金78万元，参保率达%。收缴农保资金84万元，参保9437人，参保率达77.4%。

【计划生育】 在主攻纯女户结扎和“少生快富”工程两个重点工作的同时，狠抓避孕节育措施的落实和“三查”优质服务工作。完成结扎93例,上环146例,“少生快富”37例,2011年生育妇女节育措施落实及时率达到95%以上,合格村委会达标13个。

【基础设施建设】 完成西山沿线村级道路79公里和镇政府所在地道路4.7公里的硬化工作,政府办公楼、民生服务中心及附属工程主体已完工,新建垃圾集中处理点1个,维修下水管道1500米,新建公厕1所,同时对占街为市乱设摊点的情况进行集中整治,拆除违章建筑11处。

【危房改造】 高标准完成黄铎堡、白河等10个行政村危窑危房改造150户,顺利通过自治区验收。

【民政工作】 民政资金专户储存、专款专用,镇村两级政务、财务按月公开。低保对象审核、高龄老人及孤儿档案资料及相关证件齐全,全镇共有低保对象2457人,高龄老人183人,孤儿65人,优抚对象的抚恤费及时发放。

【安全生产】 不定期在各企业、学校开展安全检查3次;加大对非煤矿山的安全监管力度,对辖区内砖厂、石料厂及淀粉加工企业下发整改通知书10份；上街宣传农机安全生产2次,发放宣传单1300余份,有效防止了各类道路交通安全事故的发生。

【基层组织建设】 深入推进“连心工程”，扎实开展“创先争优”和“两管三评一推优”活动,不断加强党的思想、组织、作风建设。配合国土资源部在丰泽村实施了“创先争优6+1联创齐争”活动;严格执行中组部关于严肃换届纪律的要求，顺利召开了黄锋堡镇第一次党代会。顺利通过了中组部、民政部对金堡村难点村的考核验收，通过了自治区民政厅对金堡社区的验收。

【民族宗教】 全镇60所清真寺教职人员都能持证上岗,持证率和聘任率均达到100%;完成和谐宗教场所创建20处，和谐村2个，发放各类文化书籍450余册。

【科技管理】 共建立3个农业科技示范基地,举办各种培训30余场次,参加培训人数达2000余人。全镇科普文明户达200余户，科技示范户100余户,60余人取得了农民技术职称。

【综治信访】 加大了矛盾纠纷的排查调处力度,加强对刑事案件的查处和邪教组织的排查打击力度,建立了村、组、户三级治安防控网络,社会治安综合治理状况良好,共清理无证、占道经营摊点22个。在宣传造势上,共举办各种法制讲座、培训班、法律知识竞赛等6期,参加群众达700人(次)。认真做好矛盾纠纷排查调处工作,村级每周排查1次,镇上每月排查1次。16个行政村都设立了调解领导小组,共调解各类矛盾纠纷3件,受理上级转办信访件1件,结案率达100%。

（桑瑞云）

张易镇

【概况】 张易镇位于固原市原州区西南38公里,六盘山脉西侧,地处西吉县、隆德县和原州区两县一区交汇处,固将、隆张两条公路穿境而过,是周边三县(区)十乡镇的商贸物流中心集镇。镇域面积294.53平方公里,耕地面积142560亩,辖上滩、毛庄、王套、贺套、田堡、三湾、张易、闫关、黄湾、黄堡、南湾、石咀、盐泥、宋洼、陈沟、大店、红庄、马场、驼巷、黎套、毛套、上马泉等22个行政村150个自然村。

2011年底共有农户10922户，人口50257人,其中回族人口16947人。党支部24个,1007名党员,其中预备党员47名，妇女党员130名，少数民族党员203名。全镇耕地面积159915亩,其中:退耕还林草49896亩。2011年农民人均纯收入3715元，设施农业、马铃薯种植、劳务输出、种草养畜已成为农民增收的有效途径。

【特色产业】 建设“三个万亩”基地:在上滩、毛庄、田堡和张易等村集中建成1万亩优质胡麻基地;在红庄村、盐泥村、上马泉村集中连片种植冬小麦1万亩,建成万亩冬小麦基地;在毛套、驼巷、陈沟、大店等村连片种植马铃薯一级种薯1.2万亩，建成万亩马铃薯种薯繁育基地。在黄堡村搭建大拱棚100栋。在田堡、毛庄、黄堡等村集中连片秋覆膜11220亩。建设马铃薯原种繁育基地1000亩,一级种薯繁育基地2万亩,全镇马铃薯种植面积稳定在10.2万亩以上。扶持黄堡村的养殖大户成立了"伊牧养牛合作社",吸收养殖大户12户,养牛240头,年产值50万元。全年种植禾草15600亩,新增多年生牧草2000亩,新建"三贮一化"池1000立方米,新建标准化圈棚152栋,黄牛冷配改良3510头。全镇牛饲养量24400头,羊饲养量32000只,猪饲养量8400头。

【劳务产业】 2011年新建劳务基地3个,引导性培训3243人,技能培训462人,输出劳务人员16066人,创劳务收入实现9961万元。

【新农村建设】 2011年确定红庄村为新农村建设示范村,惠及农户108户498人,新建集中居民点12户,拆建和整修房屋268间,新砌围墙6150米,新建大门73座,动员群众拆除旧房、圈舍1368平方米,拆除残墙断壁3100米,硬化村道1.2公里,绿化村道5公里,居住条件得到有效改善。

【计划生育】 采取党政一把手亲自抓,负总责,上下联动,奖罚分明,三级包抓,完成结扎241例,置环606例,完成"少生快富"85例。

【社会保障】 2011年共发放冬小麦补贴资金201万元、农资直补资金4600余万元、退牧还草资金251万元、退耕还林资金579万元;为困难群众发放救助资金120余万元、玉米补贴5万元、摩托下乡补贴365918元、家电下乡补贴162729元。民政工作以低保扩面和清理清查为抓手,积极开展重点优抚对象调查摸底、机动轮椅车燃油补贴摸底和残疾人康复需求调查摸底工作,清理死亡低保及婚嫁38人,孤儿、高龄新增分别17人、99人,民政对象信息录入工作已完成,共为农村低保户发放低保资金及其他补贴334万元。

【小城镇建设】 实施了道路绿化工程和供排水工程,改建维修供排水管道5处62米。并按照《张易小城镇管理办法》,定期组织保洁人员对红庄、张易两个集镇的街面、路沟进行垃圾清理、扫除,对商户门前实行卫生"三包"。同时成立集镇管理办公室,定期开展巡查,并加强镇域内环境综合整治,美化、亮化小城镇,树立对外新形象。集镇内现有人口5400人,机关单位13家,文化、通信、卫生等基础设施齐全。集镇内有个体工商经营户375户,其中百货零售130家、建材15家、餐饮38家、服装37家、各类小摊点600多个。逢集日人流量达2万多人,最多可达3万人。2011年7月16日,召开了第二届清凉夏日小商品交流大会,活跃了市场。

【社会管理】 落实人防、物防、技防"三防"措施。坚持每月召开一次综治、平安创建及信访联席会,听取成员单位汇报前一阶段社会治安综合治理、平安创建、矛盾纠纷排查调处及维稳工作开展情况,针对存在的问题督促制定相关防范措施,安排布署下一步工作任务。加强校园安全防范,对事关校园安全隐患的人员确定专人进行监管,确保校园安全。深入开展矛盾纠纷排查,及时化解各类矛盾纠纷。2011年全镇共调处各类矛盾纠纷93起,成功调处93起,调处成功率100%。为全镇31名刑满释放人员逐人建立档案,掌握释放人员的现实表现,对特殊情况造成生活困难的给予生活补助,并开展劳动技能培训,创造就业机会。

(阎红菊)

彭堡镇

【概况】 彭堡镇位于固原市区西北约20公里处。北与头营镇相连,南与中河乡为邻,东接头营镇、清河镇,西与西吉县沙沟乡为界。地跨东经106°18′,北纬36°05′,南北长22公里,东西宽20公里,无霜期约120天左右,年降雨量约300~400毫米,干旱少雨,风多,蒸发量大,昼夜温差大,气候干燥,属温带大陆性气候,冷冻、干热风、冰雹等灾害性天气时常发生。镇域总面积197平方公里。现辖15个行政村,分别为:彭堡村、闫堡村、别庄村、河东村、杨忠堡村、蒋口村、申庄村、清水湾村、肖沟村、姚磨村、吴磨村、里沟村、曹洼村、撒门村、石碑村,共有94个自然村7357户27824人,其中回族12027人,占总人口的42.5%,总耕地面积为16.2万亩,其中历年退耕还林28743.7亩。多年生牧草留床面积20630亩,有可耕地10.08万亩,其中水浇地15000亩,人均耕地3.5亩。

2011年，彭堡镇党委政府立足镇情、村情和民情，牢固树立科学发展观，从全镇长远发展的战略高度出发，依靠“近郊型”的地理优势，立足东、中、西部三个区域，以发展种植业、养殖业和劳务输出等经济形式为主的发展总体思路，筹谋全局，大力调整和优化农业结构和布局，突出草畜产业，扩大蔬菜经济为主的设施农业发展，积极发展苗圃产业，做大做强劳务产业，使草畜、设施农业、苗圃、劳务成为促进全镇经济发展、农民增收的四大支柱产业，2011年农民人均纯收入达到4165元。

【种植业】 动员群众及时调整种植结构，春覆膜完成8000亩，秋覆膜完成22215亩。种植葵花20400亩，种植覆膜玉米31020亩，种植胡麻15250亩。

【蔬菜种植】 借助实施农业综合示范区建设的机遇，发展以西芹为主的特色蔬菜种植，在闫堡新建日光温棚130栋，在姚磨新搭建中型拱棚100栋，使全镇日光温室园区达到3个340栋，中型拱棚园区2个280栋，全部配套滴灌和膜下微灌设备，按照一园一品的发展思路，种植辣椒和西芹，棚均收入过万元。同时，新建冷凉有机芹菜示范基地3000亩，建成蔬菜交易批发市场45亩，冷库1000平方米，辐射带动6个村发展冷凉蔬菜1.5万亩，使蔬菜种植逐步走上产业化发展的路子。

【草畜产业】 新建圈棚547栋，种植苜蓿6770亩，种植禾草31577亩，畜禽饲养总量达到18.895万个羊单位。牛饲养量22896头，出栏14317头。基础母牛存栏4159头，黄牛冷配改良3257头。建设“三贮一化”池11595立方米，饲草调制13055立方米。培育10头以上母牛扩繁户6户。发展引进建成年产值近亿元的肉牛屠宰场1个，培育养牛100头以上养殖园区5个，带动全镇发展养牛专业村5个，全镇养牛5~10头的养牛户231户，养牛10头以上的18户。使草畜产业率先步入了生产、加工为一体的产业化发展路子。

【劳务经济】 进一步完善《彭堡镇劳务输出考核办法》、《彭堡镇劳务输出工作制度》等管理制度，共完成转移就业9126人，劳务创收5210万元，完成全年转移就业任务103.5%。其中政府集中有组织转移就业6013人，占全年任务的104.7%。深入推进全民创业工作，培育和发展小老板42人，创办小企业30个，新增就业岗位687个。

【计划生育】 以自治区、固原市、原州区召开现场会，在全区推广“硝沟模式”为动力，结合实际，充分发挥“连心工程”部门结对帮扶的优势，新建“少生快富”创业园一个，初步形成以集约化养鸡为主、分散养牛为辅的“少生快富”整村推进致富产业链。全年完成结扎140例、附环315例，完成“少生快富”88例，其中完成够胎次纯女户结扎16例。顺利通过自治区“五星级乡（镇）”达标验收。

【科技推广】 积极引进推广先进实用技术5项，举办各类实用技术培训班4期，培训农民1850人次，培育科技示范村2个，培养科技带头人2名。为4个村安装了信息化服务系统，完成了基本信息录入工作。

【文化活动】 充分利用镇文化大院和村文化室、农家书屋等活动阵地，常年开展图书阅读、宣传教育和科普培训。利用农闲时节和节庆日积极组织开展社火、秦腔自乐班和农民运动会等群众喜闻乐见的文化娱乐活动。全面完成农村电影放影220场次任务。安装地面卫星接收设备997套，丰富群众的文化生活。

【社会保障】 进一步完善医疗、养老保险管理制度，组织统筹城乡居民医保参保22700人，参保率达到90%，养老保险参保12320人，参保率达76%。

【精神文明建设】 精神文明系列创建活动深入开展，创建自治区级文明户村1个；市级文明村1个，县级文明村3个；十星级文明户30户 。

中河乡

【概况】 中河乡距固原市区西5公里。区域面积201.3平方公里，其中耕地面积129670亩。辖11个建制村，65个自然村。北接彭堡镇，南靠张易镇，东邻清河镇，西与西吉县沙沟乡接壤，属六盘山脉体系半阴湿半干旱乡镇。境内矿藏主要有岩盐、芒硝。兰宜、福银公路穿境而过。固原支线飞机场位于高坡村。2011年底总人口28986人，其中农业人口26544人，非农人口2442人，回族人口23478人，占81%。全年完成地方生产总值29000万元，同比增长13%，农民人均纯收入3716元,比上年增长16%。

【供港蔬菜基地】 充分利用冷凉气候资源优势,坚持走园区化、产业化、品牌化的发展路子,新建高坡设施蔬菜园区1个、中河万亩露地蔬菜基地1个,全乡蔬菜种植面积达到1.8万亩。提升"六盘山"无公害农产品品牌效应,中河万亩供港蔬菜基地生产技术通过欧美认证,产品进入国际市场。

【马铃薯种薯繁育】 围绕马铃薯种薯繁育提质扩量的目标,适度规模流转土地,完成马铃薯基地北扩面积700亩,建成1个万亩一级种薯基地,带动全乡种植马铃薯56000亩,总产量达7万吨。2011年中河万亩种薯繁育基地举办了全国马铃薯产业现场会重点观摩会。

【种植业】 年内,共完成农作物种植面积19.50万亩,其中:粮食作物12.76万亩,占农作物播种面积的65.4%;经济作物3.24万亩,占农作物播种面积的16.6%;饲草作物3.5万亩,占农作物播种面积的17.9%。粮食总产量30996吨,较上年减少652吨。

【草畜产业】 坚持政府引导、科技服务、示范带动、重点扶持的草畜产业发展思路,新建高坡养牛专业示范村,调购优质基础黄牛240头,新建圈棚120栋,建青贮池1200立方米。2011年,完成多年生牧草和禾草种植36000亩。全乡畜禽饲养总量达11.8万个羊单位。高致病性禽流感和口蹄疫防治免疫密度均达到100%。农民人均草畜业纯收入达到550元以上。

【生态移民工程】 把生态移民作为最大的民生工程,坚持生态移民与产业发展、基础设施配套、社区化服务管理相结合,建成小沟村地震断裂带生态移民集中安置点,搬迁移民80户312人。

【新农村建设】 柏油硬化309国道至固将路村级道路5公里,使油坊村2000多群众受益。加大中心村建设力度,配套水、电、路等基础设施,完成小沟村新农村建设任务;实施危房危窑改造53户。扎实开展农村环境美化亮化工程,对高速公路中河段、银平公路、309国道、西大路、固将路、村级主干道两侧垃圾不间断进行了清理,人居环境质量明显改善。

【农田水利】 突出水利基础地位,合理开发利用水资源,大力发展喷灌、滴灌等现代节水灌溉新技术,改造中低产田700亩,新增节水喷灌面积1600亩,滴灌400亩。完成上店水库干渠、支渠建设16公里,实施自来水入户150户。

【林业生态】 完成退耕还林补植补造4100亩,异地调整造林面积1840亩,农田林网建设8条100亩,道路绿化23.6公里。新增叠叠沟造林面积160亩,栽植花椒树10000株。大力开展农村环境卫生整治,不断巩固和加强禁牧封育成果,生态环境得到持续改善。

【非公有制经济】 全乡从事商贸流通的个体私营业主达到1186家,从业人员1915人,非公有制经济实现总产值11935万元,工业产值7950万元,分别增长12.4%和13.2%。

【劳务经济】 坚持抓培训、建基地、促转移,不断发展壮大劳务中介组织,全年实现农村劳动力转移就业8720人,创收5210万元。培养劳务经纪人16名,新开辟劳务基地1个。劳务产业基本实现了由体力型向技能型转变。秋季组织了107人的进疆拾棉队伍,人均摘棉收入超过4000元。劳务产业对人均纯收入的贡献为1850元,占52%。

【招商引资】 引进全太农业科技、丰禾种苗、豫新建材、新疆石油工程等4家企业,投资1434万元,建设蔬菜种子培育、农业产业化、建材经营、中卫—贵阳联络线固原气压站等项目,超额完成区政府下达的招商引资任务。

【扶贫开发】 实施扶贫开发项目,新增高坡村村级发展互助资金30万元。加强与自治区安全厅、煤监局、财经学院、区扶贫办等帮扶单位联系,落实帮扶资金、物资24.5万元,有效改善了整村推进扶贫开发重点村的农业生产基本条件。

【公共设施】 完成上店小学迁建工程,新建三层框架结构教学楼一栋1480平方米。加固硝口小学教学楼一栋530平方米,加固中河、曹河、包堡、黄沟、硝口小学砖木结构教室9栋。新建380平方米中河乡民生服务中心,基层办公服务环境得到进一步改善。

【文化教育】 实施文化惠民工程,推进"户户通"建设,完成6712套直播卫星"户户通"地面卫星电视接收设施安装调试工作。放映数字电影144场次,在元旦、春节等节日期间举办全民健身暨农村篮球运动会

62场次。为庙湾、中河2个村文化大院配备了音响、乐器和服装等文化娱乐设备。为12个行政村配备了篮球、象棋等体育活动器材，新建农家书屋8个，全面完成直播卫星公共服务“户户通”推广摸底登记工作，登记户数6217户。积极组织业余戏曲爱好者参加市区组织的文体大赛活动并荣获多项奖励。深入推进素质教育，促进了农村教育均衡发展。联系文明办、团委、工会、扶贫办、民政局等单位对升入各类大专院校的36名应届困难大学生实施了助学金计划，落实资助资金12万元。

【医疗卫生】 全面实施“卫生健康行动”，扎实推进“人人享有基本医疗卫生服务”、妇幼卫生“四免一救助”等公共卫生项目，为全乡1600名农村适龄妇女进行了免费特殊病例检查，为4115名60岁以上农村群众健全了免费健康体检档案，全年享受“四免一救助”政策612人，农村群众医疗保健水平进一步提高。

【计划生育】 创新机制，强化措施，全年落实两项节育措施406例、实施“少生快富”工程103例。人口出生率和自然增长率较去年下降了0.8和0.6个千分点，出生政策符合率达到85%。

【社会治安】 全年共排查各类矛盾纠纷75起，成功调处化解75起。加强治安管理，开展了联防互保，防范了各种案件的发生。接待群众来信来访300多人次。加强社会管理创新，完善领导干部接访制度和包案化解信访积案制度，变上访为主动下访，一批信访重点案件和信访当事人利益诉求问题得到有效化解，有力地维护了农村社会稳定。

【基层组织建设】 以创先争优活动和“连心工程”为抓手，营造了城乡党组织共建互动的良好氛围。2011年6个部门党组织共筹措投入资金近10万元，通过组织党员外出考察学习、解决贫困党员群众生产生活实际问题、维修党员活动室、兴办实用技术培训班、党员培训教育等方式开展共建活动，为基层农村党组织建设注入了生机活力。

【社会保障】 加大新型农村养老保险和统筹城乡居民基本医疗保险政策宣传，2012年度农村养老保险和统筹城乡居民基本医疗保险参保率分别达到40%和75%。落实救助资金43万元，对因灾、因病、因伤、残疾的1075户家庭生活困难群众给予了临时救助，将失地、生活特困的360户720人纳入低保救助范围。

（雍彦平）

河川乡

【概况】 河川乡地处原州区东南24公里，总面积202.5平方公里，全乡辖10个行政村，63个村民小组，总人口16003人，其中回族人口8423人，占人口总比例的52.6%。截至2011年全乡共退耕82772.8亩(其中经果林6000亩)，有可耕地约50000亩，有水浇地1000亩；全乡主要以抓生态建设为主，主营种植业、养殖业，经济基础薄弱，群众生活较为艰苦，2011年全乡经济总收入达1.03亿元，农民人均纯收入达4068元，比上年增长20.7%。乡政府下设三办四中心（即三办为：党政办、计划生育办、综治办；四中心为：民生服务中心、科技文化服务中心、计划生育服务中心、特色产业服务中心），核定编制37人，2011年实有人员28人，其中行政编制15人，事业编制13人。

【种植业】 2011年种植覆膜玉米2.6万亩(其中秋覆膜2.4万亩)、马铃薯3.1万亩、胡麻9000亩、小秋杂粮8200亩；新建300亩红梅杏示范区和500亩高效酥梨园区，并积极拓宽销售渠道，帮助群众促销，

【养殖业】 继续巩固寨洼、上坪、上台、海坪四个专业村的基础，新增康沟专业村，全乡新建棚圈160栋，建青贮池820立方米，扶持10头牛以上养殖大户2户，黄牛饲养量达1.88万头，羊存栏达3.25万只，动物防疫工作均达到100%。

【劳务产业】 通过巩固老劳务基地和创建新劳务基的措施，加强劳务基地建设，对新疆、银川、东南沿海三大老劳务基地选聘专人负责，培养专门的劳务经济人8名，全年共输出劳务人员5322人次，其中有组织输出4284人，向新疆输出“拾花工”45人，总创收3801.69万元，人均劳务收入1125元，占总收入的28.5%。

【生态建设】 集中对2003年以来的32774.4亩退耕进行补植补造，补植树苗180万株；绿化官河公路、兰宜路河川段、上台、寨洼村级道路等共33公里，栽植

樟河柳13000株;在机关院内栽植柏树100株。

【生态移民】 2011年重点安排了骆驼河和上台两村自然灾害险点及部分偏远区群众进行生态移民,全年共搬迁202户751人,其中县外20户,县内182户。县内移民全部迁至三营鸦儿沟,其中上台村106户,骆驼河村39户,吕坪村33户,黄河村2户,店河村2户

【基础设施建设】 硬化上坪、母家沟、海坪至309国道村级道路29公里,建漫水桥4座,为上黄村打机井1眼,建骆驼河村小高抽1处,畦田建设1050亩,建成乡便民服务中心1处,乡计生站加盖二层。

【计划生育】 2011年共完成"少生快富"52例,完成全年任务的106%,纯女户节扎9例,完成全年任务的100%,正常节扎85例,完成全年任务的110%,附环176例,完成全年任务的103%,三查"服务率在100%以上,及时率在98%以上,基础知识知晓率100%,人口和计划生育工作取得全区单项考核第一名。

【社会保障】 完成危房改造31户,发放各种救灾救济、优抚资金23.7万元,棉衣500件,调整低保327户847人,现全乡享受低保684户1574人;农村两保参人数15233人,两保任务均能完成85%;实施农村互助资金项目村达7个,共争取政府扶持资金90万元,群众入股集资9.2万元,发放农户330户。

【扶贫开发】 协调扶贫资金约8万元在康沟居民点修建集雨场40个,联系区委组织部、检查院、宣传部、供销社、区残联、安监局、工商联等对口帮扶单位为各帮扶村捐助衣物、面粉,帮助维修村党员活动室,建漫水桥,资助困难大学生,慰问困难群众等帮扶资金约12万元。

【综合治理】 通过开展"平安乡镇"创建,普法培训、依法治理 、"六五普法"等工作,群众学法、守法意识明显提高;组建乡村两级信访协同调处机制,形成了上访事件乡村两级互动处理,有效控制了越级上访和集体上访事件,全年无一起越级上访和聚众事件发生,全乡社会稳定。

【基层组织建设】 全乡共有支部12个。其中村党支部10个,机关支部1个,企业单位支部1个,共有党员460名;2011年基层组织建设主要以创先争优活动为依托,认真落实廉政"双诺双评"制度,通过实施"城乡联动双诺整推"和"四联双定双评"、党员"评星定格"等活动,推进了基层党建工作的深入开展,领导干部及各村支部共承诺事项52项,为群众共解决热难点问题46件,吸收新党员10名。 (刘 婧)

寨科乡

【概况】 寨科乡位于固原市原州区东部,距市区53公里,区域面积322.8平方公里,辖东塘、新塘、北塘、湾掌、蔡川、大台、李岔、教场、刘沟、中川、马渠、营畔、吕套14个行政村,109个自然村,3656户,16457人,回族人口占总人口64.9%。全乡耕地面积96202亩,退耕还林面积58000亩。2011年全乡农民人均经济收入3697元。全乡共有中小学15所,乡党委下设18个党支部,其中村党支部14个,共有党员504名,乡政府下设2个办公室,3个站所,4个服务中心,驻乡单位10个。

【草畜产业】 全乡畜禽饲养总量达到14.8万个羊单位,其中牛饲养量1.91万头,新增基础母牛365头,黄牛冷配改良1880头,扶持新建高标准圈棚300栋,新增养牛示范村1个,培育扶持30头以上扩繁户20户。扶持獭兔养殖户2家3200只,山东布尔山羊1家400只。发展1000只以上养鸡户5家,形成了以肉牛养殖为主、多畜并举的养殖模式。建成千亩禾草集中连片示范点2个,千亩多年生牧草集中连片示范点1个,带动全乡种植禾草4.5万亩,复壮更新多年生牧草0.9万亩,草畜产业效益进一步提升。

【劳务经济】 全年发展劳务经纪人14名,开辟劳务基地4个,输出劳务人员4995人,实现劳务创收3096.64万元,人均劳务收入1884元。完成引导性培训1462人,举办技能培训班3期,通过技能鉴定157人。加大就业创业扶持力度,培育小企业5家、小老板79个,220多人转为城市产业工人。

【小城镇建设】 以建成东部山区商贸流通中心乡镇为目标,以乡内生态移民建设项目为契机,按照小城镇"一次规划、分步实施"的原则,在老街道以东征地67亩,建成商户安置点1个(62户),新修西环路、文化

街、商业街 3 条主街，构建“三纵两横”的路网结构，积极争取环保建设项目，铺设 1 米下水管 1 公里，预留下水口 20 个，在此基础上，将连接新老街道深约 2 米的自然沟填平，挖填土方 6 万余方，仅此一项投资 120 余万元，彻底解决了寨科街道的扩容难题。同时硬化人行道 10000 平方米。完成房屋建设 62 栋，总建筑面积约为 3348 平方米，院落围墙 1600 米，新修巷道 0.5 公里，卫生厕所 62 座，供水管道 1 公里，总投资额约为 1200 万元。

【小秋杂粮基地】 按照区域化布局、规模化生产、标准化管理、市场化营销、社会化服务的思路，在北淌、中川建立 1000 亩荞麦集中连片示范点 2 个，带动全乡种植小秋杂粮 1.1 万亩，建成了原州区最大的优质小杂粮基地。

【新农村建设】 按照新农村建设“20 字”方针，以村庄改造、环境整治、道路硬化、绿化美化为重点，突出“拆违、治乱、刷新、硬化、绿化、美化”六项重点整治内容，狠抓环境综合整治，道路绿化 36 公里，栽植苗木 1.42 万株。新修大台、湾掌、教场、刘沟道路 24.7 公里，着力改善群众出行难、产品外运难题。

【农田水利建设】 实施大台流域和马渠流域治理工作，完成马渠、长壕和教场等村机修农田 1.2 万亩、扶埂 1.2 万亩。充分利用农田大会战有利时机，积极发动组织群众，完成集雨微灌 1900 亩，秋覆膜 12150 亩。

【荒山荒沟治理】 2011 年湾掌村被确定为农田基本建设的重点村之一。农田大会战开展以来，推行“664312”水平沟整地模式，完成荒山造林 2000 亩，栽植榆树 10 万株，山桃 2 万株，成为原州区第一个完成荒山荒沟治理的乡镇。

【小流域治理】 全乡共计完成大台子流域治理以及基本农田建设 12500 亩，其中：湾掌村 1700 亩，长壕村 5000 亩，中川村和马渠村分别为 2900 亩。

【公共服务设施】 建成集办公、信息、培训为一体的乡民生服务中心，面积 430 平方米。硬化乡政府院坪，维修党员活动室。改造完善各村支部值班室，购置新添办公设备，基层办公条件和服务环境得到进一步改善。

【计划生育】 少生快富”整乡推进覆盖率达 95.3%，充分发挥蔡川、北淌 2 个村整村推进的带动作用，全年正常结扎 116 例，其中“少生快富”63 例、纯女户 9 例、附环 187 例，分别完成全年任务的 114%、107%、100% 和 111%。人口自然增长率控制在 12‰以内，“三查”服务率、基础知识知晓率均达到了 98%以上；

【社会保障体系】 全乡享受低保 789 户 1946 人，占总人口的 11.84%，60 岁以上享受养老保险人数 1535 人，享受高龄津贴 41 人，占总人口 0.86%。严格落实各项惠农、惠民政策，关注弱势群体，及时足额发放农业直补、退耕还林、教育“三免两补”、高龄补贴、家电下乡等各类政策性补贴资金；完善村级医疗卫生保健网络，支持乡卫生院加强村卫生室制度建设和规范化管理，乡村卫生医疗条件和服务水平稳步提升。巩固提升“两基”成果，全乡适龄儿童入学率达 99.8%。

【社会管理】 开展矛盾纠纷排查，加大调处力度，及时调处各类矛盾，全年共开展矛盾纠纷排查调处 28 次，排查各类矛盾纠纷 56 件，已调处结案 18 件，成功调处 3 起历年积案努力把矛盾纠纷化解在萌芽状态；开展平安创建活动，建立健全社会治安防控体系，着力改善党群、干群关系，着力减少社会矛盾。认真处理群众来信来访，无一例越级上访事件发生。扎实开展“民族团结月”宣传教育活动，充分发挥党员干部和宗教人士的作用，大力推进宗教事务规范化管理，维护宗教领域稳定。开展文明村、文明单位、文明户评选及群众性精神文明创建活动。开展“十星级”文明户、文明村和“好公婆”、“好女婿”、“好儿媳”评选活动。结合建党 90 周年活动，制作宣传画册 3000 余份，做到全体党员干部人手一份，确保了宣传思想和精神文明建设深入发展。成立寨科乡文体协会，积极组织巡回放映，数字电影放映 168 场，完成 100%。深入推进广播电视“户户通”、农村文体活动中心、农家书屋建设等文化惠民工程。

【党建工作】 充分发挥党委的核心领导作用，建设精干高效、廉洁自律、善抓落实的领导班子，圆满完成乡党委、纪委班子换届工作。抓好党委班子和村级组织建设，建立“民主议政日”制度，帮扶部门、包村领导、包村干部和村“两委”班子成员集中办公，研究解决有关困难和问题。推进“两管三评一推优”管理考核机制。发挥乡纪委和效能办职能,开展进一步营造风清气正发展环境活动,实行月考核、季测评、年考评,形成了目标细化、工作量化、责任到人的工作推进和落实机制。全年评选优秀干部7名,处罚3名。加大村务、政务、财务和重大事项的公开力度,深化创先争优,扎实开展"连心工程",认真落实党风廉政建设责任制,制定工作措施,明确工作目标和责任人,强化责任意识。建立述职述廉、民主评议和工作考勤制度。强化效能监督和责任追究制度,坚持用制度管人理事,提高办事效率,形成了激情干事,赶超比学的良好氛围。 (王小琴)

炭山乡

【概况】 炭山乡位于原州区东北75km,地处北纬36°12′,东经106°25′,西南、东南与三营镇、寨科乡接壤,西北、东北与宁夏海原县甘城乡、甘肃省环县毛井乡毗邻。区域面积250.9平方公里,辖炭山、石湾、红沟、新山、古湾、南坪、阳洼、高台、千石、张套10个行政村65个自然村。全乡总户数3313户,总人口15467人,其中回族占99%,农村劳动力7419人,人口密度62人/平方公里。炭山乡属黄土丘陵区,地处中温带干旱区。年平均气温5.7~7.4℃,平均海拔1780米。全乡耕地面积70018.7亩,全部为旱地,主要种植马铃薯、玉米及其它小秋杂粮。退耕地40214.8亩,区域内有一条省级道路(惠平公路)和一条县级道路(潘寨公路)。2011年全乡人均纯收3450元,比上年提高12%。

【种植业】 全乡按照"节水、高效、优质、特色"的路子,2011完成春覆膜2100亩;种植马铃薯40600亩,其中一级种薯基地2000亩,占计划任务的100%;种植胡麻10200亩,占计划任务的102%;种植玉米6300亩,占计划任务的126%,完成秋覆膜12000亩,占计划任务的100%。

【草畜产业】 始终把发展畜牧业作为脱贫致富、增加农民收入的主导产业来抓,按照"家家种草、户户养畜、小群体、大规模"的发展思路,在巩固南坪、石湾两个养牛专业村的基础上,积极培育扶持各类养殖大户。在石湾村新建成"启有养殖园"一处;培育养牛10头以上母牛扩繁户2户;50头以上养殖大户1户,新建圈棚120栋,黄牛改良706头;种植各类饲草20000亩,复壮更新多年生牧草3000亩,新建"三贮一化"池320立方米,全乡牛饲养量达到11060头,畜禽饲养总量达8.8万个羊单位,南坪新型养牛园区正在筹划建设,初步规划养牛500头以上,石湾村三黄鸡养殖已初具规模,达到12000只以上,投放散养点2个,分别为10000只和2000只以上。

【劳务经济】 把劳务输出作为抗旱、救灾、增收的"铁杆庄稼"来抓,2011年全乡共转移就业4980人,其中:有组织输出3180人,自发转移输出1710人;输前培训10期,培训1015人次;组织开展农村劳动力转移专业技能培训3期186人,培训合格112人,参加职业技能鉴定102人。全年可实现劳务创收3100万元以上,占农民人均纯收入的比重逐年上升。

【社会保障】 2011年,全乡低保对象审核确定601户1641人,87名高龄老人及44名孤儿档案资料及相关证件齐全,7名优抚对象的抚恤费发放及时。2011年移民办安排炭山乡移民96户,其中永宁县70户,红寺堡26户。

【计划生育】 2012年全乡共出生人口219人,人口出生率控制在家15‰以内,计划生育率91%;落实结扎手术89例,完成任务67例的132.8%;放环155人,完成任务152例的102%;少生快富66例,完成任务62例的106%;够胎次纯女户结扎8例,完成任务8例的100%。

【平安创建】 2011年,建立健全综合治理工作长效机制,在经济稳定,公共安全、森林防火等方面制定了专项工作应急预案,提高了处置突发事件的能力。深入开展严打斗争和扫黄打非、打拐、禁毒、禁赌活动,明确社会治安综合治理目标任务,并与辖区的村、企事业单位签订了"综治"目标责任书,共排查调解民间纠纷58件,结案55起,调解成功率100%,没有一件纠纷恶化,有效将群众纠纷化解在基层,基本做到了小事不出村,大事不出乡,有效促进了社会和谐稳。

【环境整治】 按照原州区整治城乡环境专项行动方案要求,在全乡范围内开展环境综合整治活动,把炭山街道、马台农贸市场和潘寨公路、炭南公路、炭高公路三条公路沿线环境及南坪新农村建设示范村的环境卫生作为重点，积极组织群众对村道两侧垃圾、残土、草垛、粪土等进行了集中清理，要求农户做到“六不”，即垃圾残土不外倒、柴草不外堆、粪肥不外晒、“白色污染物”不外丢、家禽不散、道路不乱占。同时对炭山街道、马台街道两边乱搭乱建、影响村容村貌的违章建筑依法予以拆除，对街道两旁农民的垃圾等环境污染物统一布局和规划，修建了专用垃圾点，对垃圾进行集中销毁，使街道形象明显地发生了变化，人居环境有了显著的改善。

【安全生产】 与各企事业单位共签订 58 份安全生产和消防安全责任书。与各村农机驾驶员签定安全责任书，开展全乡安全生产大检查共 30 次，共排查出 6 个单位存在事故隐患，根据整改对象和行业性质进行逐个落实整改措施并进行跟踪整改。召开安全生产工作专题会议 2 次，召开安全生产动员大会和安全生产培训班共 4 次。悬挂安全生产横幅 87 条，张贴安全生产标语 400 张，发放安全生产宣传资料共 11000 份，联系上级相关部门单位开展安全生产图片巡回展览 2 天，参观、教育人员达 50000 多人次；出动安全生产宣传车对全乡 10 个村进行巡回宣传 4 天，使安全生产工作深入千家万户

【基础设施建设】 认真组织实施，发动群众积极投工投劳，整修全乡自然村主干道，积极开展环境整治工作，方便群众生产生活。争取一事一议项目，在南坪村修建漫水桥一座，修建红沟、千石、张套沙石路 37 公里，修建炭山煤矿到潘寨公路、古湾至高台柏油路 30.1 公里。

【招商引资】 2012 年全乡共落实招商项目 2 个，完成招商引资任务 342 万元。其中：新建项目 2 个。一是启有养殖园项目总投资 60 万元，一期投入 20 万元，二期投入 18 万元；二是广源石料厂项目总投资 600 万元，到位资金 305 万元。

【基层组织建设】 在机关全面推行“两管三评一推优”管理考核机制，在 10 个行政村重点推行党员承诺制度，使乡村两级干部队伍素质得以整体提升。同时以拓展基层党组织的服务领域为重点，着力实施和推进“便民服务工程”，全乡各村都建立了村便民服务点，完善了各项服务制度，提高了办事效率，为群众办理事情累计达到 1600 余件；积极推行“民主议政日”活动开展。畅通群众反映问题的渠道，在每月 25 日进行的民主议事活动，按照“一事一议”的原则，对涉及村务公开、计划生育、低保救助等与村民密切的事项进行商议；开展“评星定格”活动和“无职党员设岗定责”制度。根据村情和党员个人条件，确立了科技示范、计划生育、社会治安监督、民事调解、劳务输出等岗位，使全村全体党员成为有职有责有位有为的党员。

南关街道办事处

【概况】 南关街道办事处成立于 2010 年 1 月。位于市区中心，辖区东起东岳山，西至西关路，南临田洼林场，北至文化街。街道辖南寺巷、中心路、工农巷、中山南街、军民路、清河路、宋家巷、政府巷、西湖路、羊坊、南关、峡口、青石峡和东红 14 个社区(已建立 12 个)。有常住城镇人口 14803 户 57109 人，其中回族 21415 人，占总人口的 37.5%。驻辖区单位 129 家，个体商业网点 2812 家。街道党工委下设 10 个党支部，其中机关党支部 1 个，社区党支部 7 个，非公有制企业和社会组织党支部 2 个，共有党员 936 名。

【社区阵地建设】 年内解决了 4 个社区服务站建设。新建的军民路社区服务站，建筑面积 461 平方米；800 平方米的宋家巷会所交付社区长期使用；中恒公司在南苑府邸为南寺巷社区建成 300 平方米服务站，正在协商移交；区财政将民族风情街的三套上下楼 330 平方米划拨给中山南街作为社区办公场所。

【环境整治】 组织街道、社区党员干部和居民群众对 15 条街巷集中治理 8 次，清除卫生死角 83 处，清运垃圾70 多吨。与辖区 650 个个体经营户签订了“门前三包”责任书，督促共驻单位“创园林城市”，易地绿化 55 亩。查处违章建筑 137 处，拆除面积近 2 万平方米。

【计划生育】 以流动人口管理与服务为重点，充分利用人口信息平台对服务对象进行管理，狠抓各项人口指标达标。全年完成结扎 47 例、上环 261 例，分别占任务的 109.3%、100.4%，街道人口出生率 8.68‰，政

策符合率99.72%，流动人口持证率85.2%，验证率100%。

【劳动保障】 根据居民和用工单位多层次、多样化的需求开展培训，搭建创业就业平台。2011年新增就业1080人，培养小老板38人，培育小企业38个，开展劳动力职业技能培训360人，创业能力培训72人，将城镇失业登记率控制在4.2%以内，各项指标均超额完成了任务。中心路社区被自治区评为“充分就业星级社区”。

【社会救助】 按期完成了2900户低保户的全员信息录入，对2170户廉租住房户进行审核，对31名孤儿、1503名残疾人和104人名高龄老人分别建立了电子档案，落实了惠民政策。同时，严把申报和审核关，新办理廉租住房992户、住房补贴202户、城市低保124户。

【文化活动】 充分发挥街道文体协会的作用，以宣传党的各种惠民政策和促进民族团结为主导思想，自编自演多个健康文明、积极向上的文艺节目，不断充实居民文化生活。结合建党90周年，成功举办了《颂党情》和《民族团结》广场文化专场演出2场次，献上了《颂廉政》、《做人就要做好人》等精彩节目，大合唱、广播体操、元旦小品等均取得了较好的成绩，得到了广大观众的认可。8月5日，中宣部、文化部等六部委对我街道群众文化活动进行了调研指导。11月1日，自治区各大主流媒体进行采风，并于11月8日在宁夏电视台进行报道。固原电视台也多次采访报道。

【文明创建】 通过文明社区、星级文明户、好公婆、好儿媳的评选，大力弘扬了中华民族的传统美德，提升了辖区居民的整体素质，为创建“文明街道”营造了良好氛围。中心路社区被自治区评为“民族示范社区”，区市统战宗教部门组织系统人员进行了观摩。宋家巷等4个社区通过了“四星级社区”验收，3户居民被评为“十星级文明户”，1个社区被命名为区级文明社区。

【辖区治安】 一是配齐配强了街道、社区两级综治队伍，形成上下联动、群防群治的社会治安综合治理网络。启动“六五”普法，成立了150人的义务巡逻队，狠抓校园周边等重点地段的整治，对吸毒人员进行排查摸底，安排专人帮助48名刑释解教人员。峡口居委会被自治区综治委评为“铁路护路先进集体”；工农巷被固原市评为“平安社区”。二是高度重视安全生产工作。制定了应急预案，与辖区内110家企事业单位签订安全生产目标责任书，对辖区23家企业安全生产进行定期检查，并于5月12日联合教育、卫生、消防等部门举办了防震防灾应急综合演练，辖区内未发生一起安全生产事故。三是加强信访调解工作。对上级交办的信访件，及时派人核实，集体研究化解方案。实行领导轮流接访制，全年接访107人次。积极推行“变上访为下访”工作方法，成功调解了因宋家巷商住楼顶板裂缝引起的200多人集体上访和100多户拆迁户因回迁房到期不能入住等多起集体上访，抽调6名干部参与宋家巷回迁安置工作，随时掌握居民上访动态，对拆迁户做解释安扶工作，把矛盾化解在萌芽之中。

【连心工程】 协调民政局党总支为宋家巷社区党支部投入2万元，建成一站式服务大厅，向贫困党员发放救助面粉56袋；联系卫生局党组织为军民路社区接通了暖气；联系市农牧局解决社区室外健身器材9套；党工委班子成员每人结对帮扶2名社区困难党员，58名普通党员干部每人结对帮扶1名困难党员，办实事36件，解决资金1.7万元。

【群团组织】 以党群共建为平台，积极探索灵活的工作方法，把劳务工、青年、妇女纳入各自群团组织的网络体系之中。目前工会组织已从街道覆盖到每一个社区和95%以上的企业，新组建私企工会组织76家，在2个社区建立了维权救助工作站，为职工维权12次，救助困难职工91人，发放救助慰问金1.2万元。宋家巷已申报为“全国妇联基层组织建设示范社区”，3家庭被市妇联评为“平安家庭”。

北塬街道办事处

【概况】 原州区北塬街道办事于2009年经市政府批准成立，为原州区政府派出机构，下辖中山北街、北关路、东关北路、火车站、文化巷、北环路、和平门7个社区居民委员会和城郊村、和平村、什里村、东郊村、郭庄村5个村民委员会。常住居民5.2万人。街道社区现有干部职工86人,其中:领导班子成员6人。街道机关内设股室站所8个。辖区内共有行政、企事业单位84个。街道党工委下设19个党支部,其中机关支部1个、社区支部12个、非公有企业支部6个(其中:新社会组织支部2个、新经济组织4个),共有党员750人。街道办事处内设党政办公室、社区管理办公室、社会治安综合治理办公室、人口与计划生育服务中心、城市居民最低生活保障中心、社区与劳动保障服务中心、司法所。主要承担基层组织建设、城区居民的人口与计划生育、社会治安综合治理、城镇居民最低生活保障、廉租住房保障、就业和社会保障服务、社区文化管理与服务等工作。 (常玉玲)

【党的建设及精神文明创建】 认真落实党工委中心组学习制度、干部每周集体学习制度、“三个一”读书学习制度及学习激励制度等开展党建系列活动。获得了 “固原市十佳书香机关”、“自治区学习型机关”称号。积极扎实开展创先争优活动,认真推行“两管三评一推优”制度,在社区认真推行“居民代表议事会”制度。2011年街道和社区党组织共承诺事项57条(其中党工委承诺8条,机关和社区党组织承诺49条),完成57项;60名党员干部共承诺事项225项,完成225项。街道党工委高度重视“连心工程”,确保了活动的有序有效开展。在“双向互助”活动中,街道领导带头引领党员干部深入联系户开展互助活动。街道社区60名党员干部共结对180名党员群众,坚持走访联系户540人(次),帮助社区居民解决实际问题318件。同时,积极开展查找126名改制企业退管党员工作,并将已找到的党员纳入到“双向互助”与“七一”慰问中,慰问困难党员22户,建立起了联系帮扶机制。积极开展宣传及精神文明建设工作。各党组织及党员干部都开展了征求干部群众意见活动,并制定了整改措施。街道完成党报党刊征订工作(其中:《宁夏日报》完成100%、《固原日报》完成106%)。新闻宣传报道共44条,(其中:宁夏电视台2条、《固原日报》10条(头版2条)、固原电视台2条、《新原州》22条、固原新闻网7条、宁夏新闻网1条)。 (常玉玲)

【社区建设和服务】 列入区委、政府12项重点工作中的4个社区建设项目已落实。完成改造社区两个:北环路社区和和平门社区办公用房已解决,完成改造资金20万元。两个创星级社区项目:中山北街社区(四星级)和北关路社区(三星级)。北塬街道社区服务中心建设项目工作启动,在中山北街延伸段东侧,完成征地6亩,并向自治区发改委申报立项。并实施“村改居”方案,完成5个村的“村改居”调整任务。中山北街社区积极完成并顺利通过自治区环境友好示范社区达标验收。组织开展社区群众文化活动文艺演出166场次,观众达4万多人次,以及街区环境卫生整治活动和创园林城市的牵头协调工作。协调辖区22个单位完成创园绿化任务2.4万平方米。组织“世界艾滋病宣传日” 等社会宣传6次,增强了居民的防范意识。(常玉玲)

【社会治安综合治理】 以创建平安社区为抓手,切实开展“平安街道”建设,并通过市上的达标验收。一是加强领导,街道综治委协助区综治委今年共与辖区的52家单位签订了《社会治安综合治理责任书》。二是强化检查职能,对辖区单位的综治工作实行平时抽查、季度检查方式,提高防范力度。完成对“紫竹家园”事件重点对象的稳控工作。三是共排查调处各类矛盾纠纷320起,调解成功311起,调解率和调解成功率分别为100%和97%。四是对辖区的6所学校,12所幼儿园、学前班,7所民办学校的周边环境开展“三排查、三整治”专项行动,对排查出的隐患,下发通知书,要求限期整改。五是在宣传活动期间,共挂横幅16条、张贴标语100条、发放宣传材料1000余份、出简报7期。六是结合创建“安全文明校园、和谐校园、警校共建活动”,街道在所辖校园进行“高高兴兴上学、平平安安回家”为主题的宣传活动。七是开展社区矫正管教累计接收49人,矫正期满8人。 (常玉玲)

【社会救助】 认真完成本辖区民政对象信息采集工作,共录入1102户,3194人,一是对享受城市低保待遇户进行了全面复核,入户率为90%以上;二是对辖区低收入家庭中80岁以上高龄老人进行摸底调查出51人,上报民政局享受高龄津贴;三是对辖区具有非农业户口家庭中事实无人扶养的孤儿进行普查上报;四是对辖区所有城市低保户进行清理清查实行动态管理,上报取消和户中减人共79户102人,暂停39

户107人。廉租住房工作共审核发放785户(其中:新增廉租住房租金补贴324户，上报实物配租保障户461户),完成全年任务的93%;五是配合相关部门对因重点疾病引发家庭经济困难的特困家庭,及时给予救助,全年共救助255户,救助资金达5万元。

(常玉玲)

【计划生育】 全年结扎30例,上环176例,分别完成任务的111.1%和107.9%。加强社区计生服务,开展计划生育政策宣传,发放宣传资料3000余份。签订管理合同500余份。发放避孕药具8050只(板),口服药1020盒。B超“三查”279人,其中“查孕”、“查环”81例,“查病”143例,未见异常55人,办理《流动人口婚育证明》73人,发证率为91.3%。 (常玉玲)

【创业就业】 坚持以创业带动就业，采取领导包片、社区包户、干部包人等措施,深入摸底、认真统计,累计帮助辖区困难人员就业117人,完成任务127%。城镇零就业家庭动态清零55户完成任务100%。城镇新增就业完成964人,完成任务的104%,就业率98%。组织各类城镇失业下岗人员职业技能培训300人。完成灵活就业人员社会保险补贴申报登记321人。在全民创业方面,培养小老板49人,完成任务116%,培育小企业28家,完成任务100%,创造新岗位359个,完成任务128%。报送创业就业简报11期。根据市社会保险局的工作要求,截至11月中旬对辖区离退休人员养老金领取资格累计认证1027人，比上年的410人增涨了617人。为5个“村改居”社区的2652名农户办理了医疗保险，完成90%。12个社区已开展办理养老保险1500人，信息采集和电脑录入工作也同步跟进,完成80%。实现“两保”工作网络化动态管理。 (常玉玲)

【党风廉政建设】 街道社区党员干部都认真结合各自工作和岗位特点,着力查找廉政风险点,共查找风险点190条,制定切实可行的防范措施260条。认真组织街道社区干部学习《廉政准则》等法律法规及各级纪委文件精神,坚持街道重要工作集体研究,听取各方面意见,全年共召开党工委会议15次,扎实开展了领导班子及领导干部民主生活会活动。定期公开党务、居务、财务公开制度,增强街居工作透明度。创新载体,深入开展各项主题实践活动。严格落实《街道干部管理制度》,共对机关、社区5名干部进行了通报批评,扣发了一定比例的月度奖金,街道纪工委还同相关人员进行了诫勉谈话,收到了很好效果。

(常玉玲)

【城镇化建设】 积极主动参与宋家巷二期工程拆迁及参与城市规划区内违章建筑拆除工作。完成宋家巷拆迁143户;从9月27日以来,累计完成市规划区违章建筑拆除133户21315平方米，遏制乱建户150户,面积达32000多平方米。 (常玉玲)

【招商引资】 完成招商引资530万元,引资项目是银川客商在新时代公司四楼建设“迪士龙亲子广场”商场占地740平方米,投资额520万元,提供就业岗位30多人。 (常玉玲)

新区街道办事处

【概况】 原州区新区街道办事处于2009年经市政府批准成立,为原州区政府派出机构,辖区范围东起西关路,西至小川子西,南到高速公路,北至北海子;辖区10845户36306人,单位117个,辖12个社区居委会,即:靖朔门社区、西塬社区、东海园社区、西城路社区、金城花园社区、西环路社区、警民路社区、小川子社区、西关社区、海堡社区、饮河社区、明庄社区居委会。街道办事处内设党政办公室、社区管理办公室、社会治安综合治理办公室、人口与计划生育服务中心、城市居民最低生活保障中心、社区与劳动保障服务中心、司法所。共有干部26人,主要承担基层组织建设、城区居民的人口与计划生育、社会治安综合治理、城镇居民最低生活保障、廉租住房保障、就业和社会保障服务、社区文化管理与服务等工作。(李　润)

【党的建设】 加强街道社区党组织队伍建设,督促党员履行义务,保障党员的权利不受侵犯;对党员进行监督,严格执行党的纪律,加强党风廉政建设,对入党积极分子进行教育、培养和考察,做好发展党员工作。

【精神文明创建】 把深入开展创先争优活动作为推进中心工作的强大动力,坚持把服务群众、改善民生作为创先争优活动的经常性工作来抓,以“创先争优、服务居民、构建和谐”为主题,扎实开展“三百行动”,即“进百家门、知百家情、解百家难”活动,动员街道社区广大干部职工争做和谐社区带头人,争当和谐社区服务之星,努力为群众办实事、好事。组织开展了评选好公婆、好儿媳、好女婿活动,为辖区居民树立了良好榜样。（李 润）

【社区建设和服务】 垫资 10 万元对西塬社区进行了维修,筹资 1 万余元租借房屋使西环路社区有了办公场所。东海园、西城路社区顺利通过四星级达标验收。以环境友好示范社区创建活动为契机,大力开展环境综合整治，粉刷亮化楼面 2300 余平方米，清扫路面 17940 平方米,清除建筑垃圾和生活垃圾 850 吨。加强对违法建筑的巡查、拆除力度,专门成立巡查小组,对违法建筑不间断巡查、拆除,10 月份以来,共拆除 2.8 万多平方米违法建筑，阻止了 170 户群众的抢建、违建行为。创建了社区“五点半课堂”和“绿色网吧”,为辖区青少年提供了文明、安全、健康的学习环境。

（李 润）

【社会治安综合治理】 以创建平安社区为抓手,与辖区 117 家单位签订综治目标管理责任书，签订率 100%。先后两次对辖区单位落实目标责任情况进行全面考核,对领导重视不够、责任落实不力单位,在全市范围内进行通报,限期整改。“五一”、“国庆”长假期间,抽调 15 人,组成 1 个督查组,5 个检查组,对辖区 117 家单位、35 处大型小区、800 个商业网点依次进行了检查。组织开展夜间巡逻 45 次。认真落实人防、物防、技防措施,充分发挥街道、社区、居民三级联动调解网络作用，全年排查调处矛盾纠纷 15 起，调解率 100%,平安社区创建成效明显。（李 润）

【社会救助】 把保障和改善民生作为重中之重,2011 年落实廉租房实物配租 631 户 1298 人，补贴 367 户 815 人。辖区内享受城市低保 730 户,低保人口 2044 人。为城市困难群众办理大病救助 231 户、24 万元,审核上报民政局救助 131 户 131 人，临时救助 493 户、救济金 255882 元。（李 润）

【计划生育】 全年完成结扎 36 例、上环 196 例,分别完成任务的 120%和 110.7%。我们坚持标准、严格程序,按期完成残疾人普查入户登记、审核录入、汇总上报工作任务。确定流动人口严管一条街,切实加强对商场、超市、沿街门店、工地流动人口清理清查。2011 年被区委、政府评为“全员人口宏观管理信息化建设先进街道”。（李 润）

【创业就业】 坚持以创业带动就业,加大社区就业援助力度,全年共举办各类培训班 4 期,培训 340 人次;培养小老板 37 人,发展小企业 32 个,创造新岗位 325 个;完成新增就业 1010 人,高校毕业生区内自主创业 22 人,办理灵活就业 159 人,开发新增就业岗位 691 个,创建就业实体 3 个,创业能力培训 68 人。完成技能培训 340 人。认证企业退休人员 840 名,认证率为 100%。医保完成 5164 人,完成任务的 96%,养老保险完成 2787 人,完成任务的 98%。促进城乡劳动力就业综合考核获二等奖。（李 润）

【社区文化体育】 积极创建社区精神文明、发展社区群众团体组织、整合社区文体资源、开展社区文体活动。文化活动协会于 2010 年 5 月 26 日正式成立。协会共有 11 个文艺团队,500 余人,会长 1 名,副会长 3 名,秘书长 1 名,理事 22 名。2011 年组织了 116 场次社区文艺巡演和各类大型广场文艺演出及电影文化进社区活动,观众达 1.8 万人次。切实丰富了居民文化生活。（李 润）

【党风廉政建设】 认真贯彻执行党风廉政建设责任制和反腐倡廉各项规定，坚持党政主要领导负总责，“一把手”亲自抓,组织街道社区干部职工参观韩练成将军展览馆,进行爱国主义教育。到原州区法院学习党风廉政建设工作先进经验、观看警示宣传长廊和警示教育片,召开预防职务犯罪警示教育座谈会,提高了党员干部反腐倡廉意识。认真执行党风廉政各项制度,保障了街道办事处各项事业的健康有序发展。

（李 润）

党派群团

中共固原市原州区委员会

综　述

【概况】 2011年，原州区认真贯彻落实中央和区、市党委、政府一系列决策部署，以科学发展为主题，以转变经济发展方式为主线，以12项重点工作和10件民生实事为抓手，以创先争优和“思想大解放、树立新形象”活动为载体，抓机遇、调结构、稳增长、惠民生、促和谐，全面完成了各项目标任务，实现了“十二五”良好开局。地区生产总值、规模以上工业增加值、农民人均纯收入三项指标增幅居全区第一。先后荣获“中国冷凉蔬菜之乡”、“中国马铃薯种薯之乡”、“自治区农民增收先进县”、“自治区生态移民工作先进县”、固原市目标管理考核第一名等多项殊荣。

【县域经济】 一是项目建设和招商引资取得重大突破。全年落实各类项目143项，投资25亿元。坚定不移抓招商，加大目标考核力度，严格落实招商引资县级领导全程负责制，组团参加宁洽会、宁港经贸文化旅游活动周，赴上海、福建、浙江、山东、甘肃等地开展招商引资，引进西北农资城、邦德电动自行车等一批大项目、好项目，全年签约落地项目30多个，总投资37.3亿元，到位资金9.6亿元。二是农业特色优势产业发展壮大。设施农业实现“一园一品”、规模发展，新增1.8万亩，累计达到9万亩，成为宁南设施农业第一县。依托气候资源优势，主打“六盘山”冷凉蔬菜品牌，全区蔬菜总面积达到18万亩，部分产品打入国际市场，原州区被授予“中国冷凉蔬菜之乡”称号。马铃薯产业围绕建设“国家级马铃薯种薯繁育县”目标，新建5000平方米组培室，繁育原原种4000万粒，引进6家龙头企业，建设原种基地3500亩，种植一级种薯6.3万亩，带动全区种植马铃薯53万亩，种薯繁育达到国内先进水平，原州区被授予“中国马铃薯种薯之乡”称号。草畜产业以建设“宁夏肉牛基地县”为目标，推广石羊模式，新建千头肉牛养殖园区1个，500头以上养殖园区2个，全区饲养肉牛20.5万头，全年转移劳动力就业10万人，创收6.5亿元。三是工业发展提档升级。完成雪洋粮油、伊正回药等5家企业技术改造，培育规模以上企业3家，争创宁夏著名商标1个。稳妥完成10家国有(集体)企业改制。积极配合盐化工循环经济扶贫示范区、运煤铁路专线建设。重视产业园区建设，清水河工业园区承载功能不断提升，长城工业园、航空产业园建设全面启动。实现工业增加值7.2亿元，增长95%，工业对经济增长贡献率达到46.6%。四是第三产业快速发展。围绕建设西兰银交汇中心物流集散基地，开工建设西北农资城和三营六大物流市场，实施“双百市场”、“万村千乡市场”工程，新建改造农家店80家、农资配送中心2家。成功举办第七届六盘山(须弥山)山花旅游节、须弥山博物馆等景区配套建设、西北农耕博物馆布展完成，实施须弥山景区沿线环境综合整治工程，在西兰银召开旅游推介会，扩大旅游影响力，须弥山申报国家级风景名胜区通过验收评估。实现第三产业增加值29.7亿元，同比增长10.6%。

【改善民生】 坚持把保障改善民生作为根本出发点和落脚点,全力实施民生计划,全面完成10件民生实事,使改革发展成果普惠于民。一是教育、科技、卫生事业全面发展。加大教育投入,认真实施"中小学校舍安全"工程,新建改扩建七中、十一小等一批中小学校,城市学校"大班额"问题有效缓解。扩(迁)建二幼、三幼,乡镇中心幼儿园实现全覆盖,学前教育发展成效明显。撤并、改制农村中小学25所,农村学校结构布局更加合理。全面落实义务教育经费保障机制,认真实施"营养早餐"工程和免费午餐试点工作,落实"三免一补"资金4457万元,新补充教师108名,"普高"通过自治区验收,高考录取率在全市保持领先。深入实施科技特派员创业行动、科技承包服务和科技入户工程,引进推广先进实用技术30项,科技支撑力不断增强,科普示范工作得到新加强,积极推进医药卫生体制改革,实现了基层医疗卫生机构基本药物零差率销售。全面实施"健康宁夏全民行动",免费为8万余名50岁以上农民和农村适龄妇女进行健康体检。加强公共卫生基础设施建设,区人民医院医技综合楼建成投入使用,并顺利通过"二级甲等"评审验收,基本公共卫生均等化服务水平不断提高。二是人口计生工作实现新突破。以争创全国"计划生育优质服务先进县"为抓手,以降低生育水平为目标,在2个乡镇和42个村开展"少生快富整乡、整村推进",完成"少生快富"1000例,人口出生率、自然增长率、出生人口政策符合率分别达到13.09‰、9.0‰、88.13%。深入推进全民创业工作,建立了创业带动就业和小额担保贷款联动机制,积极帮助城镇就业困难人员实现就业和再就业,新增城镇就业3000多人,城镇登记失业率控制在4.1%以内。四是社会保障水平迈上新台阶。进一步完善城镇职工基本养老、医疗、失业、工伤、生育保险制度,统筹城乡居民社会养老保险和基本医疗保险参保率稳中有升。按时足额为近3万名60周岁以上老人发放基础养老金,城乡低保实现动态管理下的应保尽保。农村家庭和城市低保家庭大学新生资助实现全覆盖,双拥、优抚、社会福利和老龄工作不断加强,认真做好安全生产、食品药品质量监管、地震监测预警和防灾减灾工作,有力保障了人民群众生命财产安全。

【精神文明建设】 认真贯彻落实党的十七届六中全会和自治区党委十届十四次全会精神,深入推进文化大发展大繁荣。一是新闻宣传扎实有效。坚持团结稳定鼓劲、正面宣传为主方针,切实加强和改进新闻宣传工作,先后开展生态移民、招商引资、"少生快富"等系列宣传战役,一些重点工作和亮点工作被各类媒体广泛报道,主流舆论引导成效明显。深入挖掘、广泛宣传白志林等先进典型,激励动员全区广大干部群众以更加饱满的热情,积极投身经济社会各项建设。二是群众性创建活动丰富多样。深入开展"社会主义核心价值体系宣传普及年"活动,实施"礼仪、诚信、和睦、爱心"四大工程,命名表彰了原州区第二届道德模范。积极开展"文明原州"创建活动,推荐申报了一批文明乡镇、文明村居和文明单位,公民道德素质和社会文明程度进一步提高。三是文化体育事业繁荣发展。举办庆祝建党90周年系列活动,组织开展了首届文化艺术节暨广场文化活动。发挥民族艺术团、乡镇文化站作用,推进文化下乡进社区经常化制度化,认真实施农村数字电影放映、直播卫星户户通、农家书屋等文化惠民工程,举办全区职工广播体操大赛等体育赛事,体育活动器材配备实现行政村全覆盖,群众文化体育活动活跃丰富。原州区被授予"全国民间文化艺术之乡"称号,获得"自治区文化工作贡献奖"。

【和谐原州建设】 扎实推进民主政治建设,区四大机关目标同向、思路同轨、工作同力,各民主党派、工商联、无党派人士作用和工会、共青团、妇联、科协、残联等群众组织桥梁纽带作用有效发挥。扎实推进公正司法,"五五"普法顺利完成,"六五"普法全面启动。举办国防形势报告会,国防教育、国防动员和后备力量建设取得新成绩,双拥共建工作成效明显。撤销官厅乡,新设立官厅镇、黄铎堡镇,行政区划更加合理。深入推进党务、政务、村务、校务、厂务公开,坚持村民"民主议政日"制度,基层民主管理和基层政权建设不断加强。紧紧围绕"共同团结奋斗、共同繁荣发展"主题,深入开展“两创建、两争做”和民族团结进步宣传教育活动,创建了一批民族团结进步示范村、示范社区、示范机关、示范学校、示范企业和“和谐宗教场所”,进一步唱响了民族团结主旋律。认真贯彻党的宗教工作基本方针,依法推进宗教事务规范化管理,严厉打击境内外非法宗教渗透,维护了现有宗教格局和谐稳定。深入推进社会矛盾化解、社会管理创新、公正廉洁执法三项重点工作,研究出台《关于加强和创新社会管理的实施意见》,制定落实信访工作联席会议、区委政府领导班子成员每周定期接访等制度,深入开展“矛盾纠纷大排查大调处”活动,化解了一批矛盾纠纷和信访积案。不断深化“平安原州”创建活动,加强流动人口、特殊人群、非公有制经济组织和新社会组织以及网络虚拟社会管理,严厉打击和预防各类违法犯罪活动,切实维护了良好的社会治安环境,增强了人民群众的安全感。

【党的建设】 认真贯彻落实胡锦涛总书记“七一”重要讲话精神,坚持以改革创新精神全面加强党的建设。一是深入推进思想建设。以建设学习型党组织为目标,坚持中心组学习、领导干部理论大讲堂和“三个一”读书学习等制度,区委中心组集体学习30次,举办领导干部理论大讲堂7期、专题学习班2期。扎实开展“思想大解放、树立新形象”和“进一步营造风清气正发展环境”活动,广大党员干部抢抓机遇、破解难题、争先进位的意识更加明晰、行动更加自觉。二是加强制度建设。坚持民主集中制原则,修订完善区委全委会、常委会议事决策规则,全面推行“三重一大”事项集体研究决定制度。制定出台《关于加强对党政机关权力运行监督管理的意见》等制度,完善乡镇干部“两管三评一推优”管理考评制度,继续实行“区委政府领导牵头包抓、人大政协领导督查督办、部门单位合力落实,周督查、旬通报、月评比、年考核”的重点工作和民生实事推进制度,用制度管权管事管人的良好机制逐步形成。三是加强领导班子和干部队伍建设。坚持德才兼备、以德为先用人标准,注重在维护社会稳定、完成重大任务、解决复杂矛盾中考察选拔干部,提高了选人用人公信度。不断深化干部人事制度改革,扩大干部工作民主化程度,全面推行干部任免票决制。加大年轻干部、妇女干部、少数民族干部、党外干部的培养选拔。圆满完成区、乡两级党委换届工作。统筹抓好各类人才队伍建设,党员干部教育培训工作得到新加强。我区被评为“自治区党员干部现代远程教育工作先进县”。四是统筹推进基层组织建设。以创先争优活动为抓手,统筹推进农村、机关、社区、学校、非公有制经济组织和新社会组织党建工作。深入开展“四联双定双评”、“六型机关创建”、“四比三优两满意”等载体活动,扎实推进“连心工程”,民生党建品牌整合打响。自治区“连心工程”推广现场会在我区召开,我区制作的“连心工程”电视专题片《在希望的土地上》被评为“全国党员教育电视片观摩交流活动优秀作品”。老干部、老龄、党史、保密等工作进一步加强,党员发展和管理工作取得新成效。五是加强反腐倡廉建设。扎实推进惩防体系建设和党风廉政建设责任制落实,全面推行廉政风险防范管理、廉政承诺等制度,坚持领导干部离任审计和任期经济责任审计制度,加强审计结果运用。加强对强农惠农资金管理使用情况的监督检查,开展工程建设领域突出问题专项治理和“小金库”扩面治理,严格控制压缩“三公”经费支出,加强财政资金和固定资产管理,实行会计集中核算支付,成立工程招投标(政府采购)交易服务中心,规范了招投标和采购行为,全年节约资金2000余万元。扎实推进“勤廉为民”工程,制定《围绕“一个目标”做到“三个到位”实现“五个提升”创建“勤廉为民”工程先进县(区)工作方案》,深入开展“五好”乡镇、“五好”村创建活动,全面推行民主议政日等制度,农村党风廉政建设水平不断提高。深入开展“整风肃纪、治庸问责”活动,严厉查处了一批违纪案件,为经济社会发展提供了有力的纪律保证。全面落实市委改进干部作风“十项规定”和“八办要求”,形成了高标准、严要求、快节奏干事创业的良好氛围。

重要会议

【第1次常委(扩大)会议】 2011年1月25日,区委书记吴万俊主持召开。会议学习了《中共中央、国务院关于加快水利改革发展的决定》、自治区农村工作会议精神;传达学习了自治区“两会”精神;传达学习了十七届中央纪委六次全会和自治区十届纪委六次全会精神,研究审定了《原州区一届纪委七次全体会议方案》;传达学习了中央纪委、中组部《关于严肃换届纪律保证换届风清气正的通知》和严肃换届纪律视频会议精神;研究审定了《原州区经济工作暨2010年度表彰大会方案》);研究了原州区拟推荐中央扶贫工作会议表彰的先进单位、个人和自治区五一劳动奖章获得者人选;研究了干部事宜。

【第2次常委(扩大)会议】 2011年2月10日,区委书记吴万俊主持召开。会议传达学习了习近平、李源潮在全国组织部长会议上的讲话精神;传达学习了贺国强在学习贯彻《关于实施党风廉政建设责任制的规定》座谈会上的讲话精神;传达学习了中共中央办公厅、国务院办公厅关于印发《党政机关公务用车配备使用管理办法》的通知;传达学习了《自治区党委关于加强新形势下意识形态工作的意见》;传达学习了《自治区党委创先争优活动领导小组2011年工作要点》和徐松南同志在全区创先争优活动经验交流会上的讲话精神;研究审定了原州区2011年12项重点工作、10件民生实事;研究审定了《人口和计划生育工作会议方案》、《发展劳务产业暨全民创业工作会议方案》、《生态移民动员大会方案》、《组织、宣传、统战工作会议方案》、《政法综治工作会议方案》等;听取了干部公示情况汇报。

【第3次常委(扩大)会议】 2011年2月17日,区委书记吴万俊主持召开。自治区传达学习了自治区教育工作会议精神;传达学习了自治区党委副书记于革胜在自治区农村工作会议上的讲话精神;传达学习了自治区组织部长、宣传部长、统战部长会议精神;传达学习了刘小河、白尚成、杜正彬在固原市生态移民动员大会上的讲话精神

【第4次常委(扩大)会议】 2011年2月24日,区委书记吴万俊主持召开。传达学习了胡锦涛总书记在省部级领导干部社会管理及其创新专题研讨班开班式上的重要讲话;传达学习了全区维稳工作会议精神;研究了迎接自治区验收原州区创建全国科普示范县(区)有关事宜。

【第5次常委(扩大)会议】 2011年3月12日,区委书记吴万俊主持召开。会议传达学习了张毅在2011年全区国家安全工作领导小组(扩大)会议上的讲话;传达学习了固原市委《关于开展向陈瑞祥同志学习活动的决定》;听取了制定加强村镇建设意见情况的汇报;听取了原州区今后五年生态移民工作特别是2011、2012年移民安置方案汇报;研究审定了《原州区三营民族特色小城镇建设实施方案》;研究审定了《原州区关于进一步加强人口和计划生育工作的意见》;研究审定了《原州区关于进一步加强招商引资工作的意见》;研究了伊协换届有关事宜;研究了干部事宜。

【第6次常委(扩大)会议】 2011年3月22日,区委书记吴万俊主持召开。会议传达学习了全国“两会”精神;传达学习了自治区领导干部专题学习班精神;研究了《2011年原州区党风廉政建设和反腐败主要任务分工方案》。

【第7次常委(扩大)会议】 2011年4月9日,区委书记吴万俊主持召开。会议传达学习了温家宝总理在国务院第四次廉政工作会议上的讲话精神和自治区党委转发《自治区纪委关于进一步加强基层党风廉政建设的意见》的通知;传达学习自治区党委书记张毅书记来固原调研时重要讲话精神;传达学习了自治区党委《关于认真做好市、县、乡党委换届工作的通知》、自治区市县乡党委换届工作会议精神;传达学习了固原市2010年度目标管理考核总结表彰大会精神;听取了全区第一季度国民经济运行情况汇报;研究了《原州区加强信访和维稳工作的意见》;研究了《原州区党政领导干部问责办法(试行)》、《关于加强对党政机关权力运行监督管理的意见》;研究了原州区拟上报全国、自治区、固原市表彰的先进基层党组织和优秀共产党员、党务工作者名单;研究了干部事宜。

【第8次常委(扩大)会议】 2011年4月29日,区委书记吴万俊主持召开。会议传达学习了中共中央办公厅转发《中央纪委、中央组织部、中央宣传部关于加强

领导干部反腐倡廉教育的意见》的通知；传达学习了中纪委张惠新副书记来固原调研党建工作讲话精神；传达学习《中央维稳办关于云南省孟连县开展新形势下群众工作的调研报告》；传达学习自治区党委办公厅《关于认真学习贯彻胡锦涛同志重要批示精神广泛开展向杨善洲同志学习活动的通知》；传达学习自治区党委副书记于革胜来固原市调研时讲话精神；传达学习了徐松南在固原市领导干部大会上的讲话；传达学习自治区主席王正伟来原州区调研时讲话精神；传达学习固原市委书记李文章来原州区调研时讲话及第10次市委常委会议精神；听取了冷凉蔬菜基地和设施农业建设督查情况汇报；听取了林业生态建设督查情况汇报。

【第9次常委(扩大)会议】 2011年5月6日，区委书记吴万俊主持召开。会议传达学习了中共中央转发《中共全国人大常委会党组关于形成中国特色社会主义法律体系有关情况的报告》的通知；传达学习了《中共中央办公厅关于做好全国市、县、乡人大、政府和市、县政协换届选举有关工作的通知》；传达学习了李源潮在中国浦东、井冈山、延安干部学院2011年春季开学典礼上的讲话精神，自治区纪委、自治区党委组织部关于转发中央纪委、中央组织部《转发山西省纪委、省委组织部〈关于张兵生同志严重违反选举纪律问题的通报〉的通知》；传达学习了张毅在创先争优活动联系点青铜峡镇调研座谈时的讲话精神；传达学习了于革胜同志在全区社会定点帮扶工作大会上的讲话精神；传达学习了自治区《关于加强对生态移民工程监督检查的意见》；传达学习固原市委办公室《关于对固原市县(区)市直部门班子和县处级干部进行考核的通知》；研究审定了《原州区中长期人才发展规划(2010~2020年)(讨论稿)》；研究了干部事宜。

【第10次常委(扩大)会议】 2011年6月10日，区委书记吴万俊主持召开。会议传达学习了中共中央政治局委员、国务委员刘延东来固原市视察工作的情况通报；传达学习了市委书记李文章在市直部门工作汇报会结束时的讲话精神；听取了固原市经贸代表团参加宁夏(香港)经贸活动周情况汇报；传达学习了市委《关于市、县(区)四套领导班子开展廉政风险防范管理工作的通知》，安排部署了原州区四套领导班子开展廉政风险防范管理工作；传达学习了自治区"五五"普法总结表彰暨"六五"普法动员大会精神；研究审定了《原州区关于信访工作责任制的规定》、《原州区信访工作联席会议制度》；研究审定了《原州区纪念中国共产党成立90周年活动安排》；研究审定了《关于召开纪念中国共产党成立90周年暨全区先进基层党组织、优秀共产党员和优秀党务工作者表彰大会方案》、《关于开展"七一"前慰问生活困难党员、老党员活动方案》；研究审定了《原州区委和乡镇党委换届工作动员部署会议方案》、《原州区委换届工作实施方案》、《原州区乡镇党委换届工作实施方案》。

【第11次常委(扩大)会议】 2011年6月17日，区委书记吴万俊主持召开。会议传达学习了中共中央政治局常委李长春来宁夏视察工作时讲话精神；传达学习了贺国强同志在开展党政机关公务用车问题专项治理工作和清理规范庆典、研讨会、论坛活动工作电视电话会议上的讲话精神；自治区党委办公厅、人民政府办公厅印发《关于开展清理和规范庆典、研讨会、论坛活动工作的实施意见》的通知；传达学习了《自治区党委、人民政府关于鼓励引导农民变市民进一步加快城镇化的若干意见》；听取了各重点工作督查组督查情况汇报；研究审定了《原州区关于贯彻落实自治区〈关于加强和创新社会管理的若干意见〉的意见》；研究审定了《全区先进基层党组织、优秀共产党员和优秀党务工作者推荐名单》；研究审定了组织部《关于成立官厅镇、黄铎堡镇党委和撤销清河镇、官厅乡党委的请示》。

【第12次常委(扩大)会议】 2011年7月5日，区委书记吴万俊主持召开。会议传达学习了胡锦涛在庆祝中国共产党成立90周年大会上的讲话精神；传达学习了自治区禁牧封育工作会议精神；研究审定了《固原市区城中村"村改居"实施方案》；研究审定了《关于调整原州区部分乡镇行政区划的报告》；研究审定了《原州区"五五"普法总结表彰暨"六五"普法动员大会方案》和《关于在全区公民中开展第六个五年法制宣传教育、深入推进依法治区进程的实施意见》。

【第13次常委(扩大)会议】 2011年7月21日,市委常委、区委书记吴万俊主持召开。会议传达学习了《中共中央、国务院关于加强和创新社会管理的意见》以及固原市加强和创新社会管理工作会议精神;传达学习了中央水利工作电视电话会议精神和《自治区党委、人民政府关于加快水利改革发展的决定》;传达学习了自治区2011年上半年经济形势分析会和全市县域经济观摩暨上半年经济形势分析会议精神;听取了新农村示范村建设、生态移民工程和危房危窑改造工作督查情况汇报;研究审定了《原州区庆祝建军84周年活动实施方案》;研究审定了《原州区乡镇党代表大会代表名额和结构比例分配方案》。

【第14次常委(扩大)会议】 2011年7月27日,市委常委、区委书记吴万俊主持召开。会议传达学习了自治区生态移民村党建工作座谈会议和自治区远程教育工作表彰暨"双创双争"活动动员会精神;传达学习了市纪委、市委组织部《关于开好2011年度县以上领导班子党员领导干部民主生活会的通知》;研究审定了《全区教育工作会议暨第二十七个教师节表彰大会方案》;研究了干部事宜。

【第15次常委(扩大)会议】 2011年8月4日,市委常委、区委书记吴万俊主持召开。会议传达学习了徐松南同志在自治区严肃换届纪律集体谈话会议上的讲话精神;传达学习了自治区党委办公厅、人民政府办公厅《关于进一步加强"三公"经费支出管理的通知》;研究审定了《原州区2011年县内生态移民搬迁安置方案》;研究审定了《原州区2011年农村中小学布局结构调整方案》;研究审定了《原州区黄铎堡镇、官厅镇党政群及事业单位职能配置机构设置和人员编制规定》和《原州区乡镇、党政机关及事业单位科级领导职数分配方案》;听取了干部公示情况汇报。

【第16次常委(扩大)会议】 2011年8月17日,市委常委、区委书记吴万俊主持召开。会议传达学习了《中共固原市委、市人民政府关于进一步加强招商引资工作的意见》;传达学习了自治区民族团结进步创建暨"和谐寺观教堂"创建现场会议精神,研究审定了《原州区2011年开斋节、古尔邦节活动方案》、《原州区2011年"民族团结月"活动方案》;听取了闽宁协作联席会议筹备工作情况汇报;研究审定了《乡镇党委换届考察工作实施方案》;研究审定了《中共原州区第二次代表大会筹备工作领导小组建议名单》、《关于中共原州区第二次代表大会代表名额拟定和分配、指导性比例构成情况的说明》、《关于召开中国共产党固原市原州区第二次代表大会决议草案的说明》、《中国共产党固原市原州区第一届委员会第十八次全体会议关于召开中国共产党固原市原州区第二次代表大会的决议(草案)》。

【第17次常委会议】 2011年8月29日,市委常委、区委书记吴万俊主持召开。会议传达学习了中共中央、国务院转发《国家发展和改革委员会关于上半年经济形势和做好下半年经济工作的建议》的通知;听取了乡镇党委换届考察工作情况汇报,讨论审定了乡镇党委换届有关事宜;安排部署了几项重点工作。

【第18次常委会议】 2011年9月7日,市委常委、区委书记吴万俊主持召开。会议传达学习了刘云山同志在《从怎么看到怎么办》编写出版工作座谈会上的讲话《辩证全面地看 科学求实地办》;传达学习了王正伟在全区统筹城乡居民社会养老保险电视电话会议上的讲话;讨论了《原州区第二次党代表大会工作报告(讨论稿)》;研究了《原州区第二次党代表大会代表人选有关事宜》(略);研究了干部事宜。

【第19次常委会议】 2011年9月14日,市委常委、区委书记吴万俊主持召开。会议传达学习了张毅同志在自治区党委中心组学习会上的讲话精神;传达学习了自治区党委〔2011〕13号专题会议纪要;传达学习了自治区党委办公厅、人民政府办公厅关于深入学习《中共中央、国务院关于分类推进事业单位改革的指导意见》的通知;传达学习了自治区纪委、自治区党委组织部关于转发《江西省委、省委组织部关于胡健勇干扰换届严重违纪问题的通报》的通知;研究了选聘区委和乡镇党委换届工作监督员事宜;听取了干部公示情况汇报。

【第20次常委会议】 2011年9月21日，市委常委、区委书记吴万俊主持召开。会议传达学习了《自治区党委办公厅关于学习贯彻刘云山同志来宁夏视察时重要讲话的通知》；传达学习了自治区纪委《关于印发陈绪国同志在自治区纪委监察厅2011年上半年工作汇报会上的讲话的通知》；听取了政府党组关于秋季农田水利基本建设和植树造林安排情况汇报；听取了生态移民督查情况汇报；听取了乡镇党委换届选举情况汇报；研究了区直机关、街道党(工)委和乡镇党委出席中共固原市原州区第二次代表大会代表有关事宜。

【第21次常委会议】 2011年9月29日，市委常委、区委书记吴万俊主持召开。会议传达学习了《中共宁夏回族自治区委员会关于进一步加强和改进非公有制经济组织党的建设工作的指导意见》；传达学习了自治区纪委等五厅局关于学习贯彻《农村基层干部廉洁履行职责若干规定(试行)》的意见；研究审定了《原州区2011年"重阳节"活动实施方案》；讨论了中共原州区第二次代表大会工作报告(讨论稿)；听取了区委组织部关于《区直部门、街道党(工)委出席中共固原市原州区第二次代表大会代表选举结果的情况汇报》；研究了区委组织部提交的《中共固原市原州区第二届委员会委员、候补委员和纪委委员候选人预备人选建议名单》。

【第22次常委会议】 2011年10月9日，市委常委、区委书记吴万俊主持召开。会议传达学习了《中共宁夏回族自治区委员会巡视工作办法(试行)》、自治区党委巡视工作办公室《关于开展县(市、区)巡视工作的通知》；讨论了中共原州区第二次代表大会工作报告(讨论稿)、纪律检查委员会工作报告(讨论稿)；研究了政府党组提交的《关于对2008~2010年连续三年考核优秀公务员给予奖励的报告》；研究审定了《中共原州区第二次代表大会筹备方案》；研究了区委组织部提交的中共原州区第二次代表大会有关事宜。

【第23次常委会议】 2011年10月18日，市委常委、区委书记吴万俊主持召开。会议传达学习了贺国强同志来宁夏视察时重要讲话精神；研究了区委宣传部提交的《关于命名原州区第十二批县(区)级文明单位、文明村居和推荐市级文明单位、文明乡镇、文明村居的报告》；研究了区委组织部提交的《原州区出席中共固原市第三次代表大会代表候选人推荐人选建议名单》。

【第24次常委会议】 2011年10月20日，市委常委、区委书记吴万俊主持召开。会议传达学习了中国共产党第十七届中央委员会第六次全体会议精神；研究审定了区委组织部提交的《原州区出席中共固原市第三次代表大会代表候选人预备人选建议名单》。

【第25次常委会议】 2011年11月3日，市委常委、区委书记吴万俊主持召开。会议传达学习了自治区水利工作会议精神；传达学习了自治区党委办公厅关于印发《区市县党政机关干部到县以下基层单位工作实施办法(试行)》的通知；听取了各重点工作督查组督查情况汇报；研究了《关于调整原州区委政法委员会组成人员的方案》、《关于调整原州区社会管理综合治理委员会组成人员的方案》；研究了干部事宜。

【第26次常委会议】 2011年11月24日，市委常委、区委书记吴万俊主持召开。会议传达学习了自治区党委政协工作会议精神；传达学习了自治区党委办公厅、人民政府办公厅印发《关于开展进一步营造风清气正的发展环境活动的实施意见》的通知；研究审定了《原州区2011年度工作目标管理考核方案》、《中共固原市原州区第二届委员会第二次全体会议筹备方案》；听取了政府党组关于招商引资土地出让情况和部分国有划拨土地及资产处置情况的汇报；研究了《原州区出席自治区第十一次党代会代表候选人初步人选推荐名单》；研究了补选原州区第一届人民代表大会代表事宜。

【第27次常委会议】 2011年12月1日，市委常委、区委书记吴万俊主持召开。会议传达学习了中共中央纪委办公厅《关于印发贺国强同志在反腐倡廉专项治理工作汇报会上的讲话的通知》；传达学习了周永康同志在全国加强和创新社会管理工作电视电话会议上的讲话精神；研究审定了《中共原州区委常委会议事决策规则》、《中共原州区委全委会议事决策规则》；

讨论了《中共原州区委2012年工作思路(讨论稿)》;听取了政府党组关于全区机关事业单位在职不在岗人员清理清查处理情况的汇报。

【第28次常委会议】 2011年12月14日,市委常委、区委书记吴万俊主持召开。会议传达学习了中央扶贫开发工作会议精神和自治区党委张毅在2011年自治区党委第37次常委(扩大)会议上的讲话精神;传达学习了全市农村基层组织建设经费保障机制推进会议精神;研究审定了《政府工作报告》和《原州区2011年国民经济和社会发展计划执行情况与2012年国民经济和社会发展计划草案的报告》、《原州区2011年全区财政预算执行情况和2012年全区财政预算草案的报告》及人大、政协、法院、检察院工作报告;研究了原州区一届人大五次会议和政协一届五次会议有关事宜;研究审定了《关于区委书记、副书记和常委工作分工方案》;研究审定了《全区乡镇(街道)、区直部门(单位)领导班子和领导干部年度考核工作方案》、《关于做好2011年度科级后备干部和预备干部民主推荐工作的意见》。

【第29次常委会议】 2011年12月28日,市委常委、区委书记吴万俊主持召开。会议传达学习了中央和自治区经济工作会议精神;传达学习了自治区党委十届十四次全体(扩大)会议、市第三次党代会、市委三届二次全体(扩大)会议精神;研究审定了《原州区2012年"两节"慰问方案》;研究审定了《原州区经济工作暨2011年度总结表彰大会方案》;研究部署了当前各项工作。

【第30次常委会议】 2011年12月30日,市委常委、区委书记吴万俊主持召开。会议传达学习了张毅书记在固原调研座谈会上的讲话精神;传达学习了自治区抽调机关干部到基层帮助工作视频会议精神,研究审定了《原州区抽调区直部门(单位)干部到基层帮助工作实施方案》;研究了《原州区关于自治区党委第二巡视组反馈问题及意见建议的整改方案》;研究了有关干部事宜。

区委办公室工作

【概况】 2011年,区委办围绕区委中心工作,充分发挥参谋助手、综合协调、信息处理、督促检查和运行保障作用,积极主动地为领导服务、为基层服务、为群众服务,大力推进精细化服务,着力加强机关各项建设,切实提升工作效率和服务质量,较好地发挥了职能作用,服务水平进一步提升。

【综合协调】 一是围绕经济发展方式转变和经济结构调整、统筹城乡发展、生态移民工程、文化建设、党的建设等重要课题深入开展调研,撰写了《关于对原州区马铃薯产业发展的思考》、《原州区加快城乡一体化进程 推进文化事业大发展大繁荣》等高质量的调研报告20余篇,为区委科学决策提供参考。二是把握当前工作重点、反映工作状况、体现领导意图,高标准、高质量地起草领导讲话、工作汇报、理论文章等各类文稿300余篇,100多万字。三是公文办理及时准确、管理规范,各类文件即收即办,制发区委文件65份、区委办文件166份,编发常委会议纪要和专题会议纪要27期,编发《县级领导一周工作安排》43期、《区委常委今日活动》210期。四是主动与自治区党委办公厅、市委办公室联络沟通,争取指导和支持,加强与区人大办、政府办、政协办的工作协调,互通情况,准确及时向乡镇(街道)、部门(单位)传达区委工作意图、政策措施和工作安排,使各方面都紧紧围绕区委中心工作同向运转,确保了区委"总揽全局、协调各方"作用的充分发挥和区委意图的完全实现。五是出色完成了区委换届工作和全市县域经济观摩会、区委全委会、全区领导干部大会、各类项目建设启动大会、区委领导调研、组团外出考察等重大活动的筹备、组织、实施和服务工作,特别是圆满完成了中央和自治区领导李长春、刘延东、张毅、王正伟等来原州区视察调研的服务保障工作。

【督促检查】 围绕区、市党委、政府和区委重大决策、全区12项重点工作和10件民生实事落实情况,以及"思想大解放、树立新形象",进一步营造风清气正发展环境活动等内容，认真抓好领导批办、交办事项的落实，不断改进督查方式，创新督查方法，丰富督查手段，充分发挥联合督查、部门督查、媒体督查的作用，一年来共开展专项督查30余次，上报《督查报告》12期，形成《督查通报》36期，确保了政令畅通。切实履行目标管理考核职责，修订完善了2011年度目标管理考核办法，制定了考核细则，较好地组织开展了全区目标管理考核工作。

【信息调研】 充分发挥党委信息主渠道作用，坚持及时、全面、准确原则，围绕区委重大决策、领导关注的重大议题和群众关心的热点难点问题，挖掘深度、提高精度、拓宽广度，进一步加大信息搜集、整理、采写和报送力度，严格信息考核奖罚，上报信息数量明显增多，质量明显提升。全年共报送信息1287期，被上级党委采用193期，信息报送量、采用量及累计质量系数均居全市首位。连续三年获自治区党委办公厅信息调研奖。

组织工作

【概况】 2011年，全区组织工作在区委的坚强领导和区、市党委组织部门的精心指导下，坚持以邓小平理论和“三个代表”重要思想为指导，深入贯彻落实科学发展观，贯彻落实党的十七大、十七届四中、五中、六中全会精神和各级组织工作会议精神，以推进创先争优活动为重点，着力加强基层组织建设，全面完成区乡党委换届，进一步深化干部人事制度改革，认真落实人才发展规划，较好的完成了各项工作任务。

【创先争优】 按照“推动科学发展、促进社会和谐、服务人民群众、加强基层组织”的总体要求，创新载体，主动融入，积极行动，引导和激励基层党组织和广大党员履职尽责创先争优。一是加强领导，创先争优活动合力增强。区委及全区各级党组织相继成立了创先争优活动领导小组，分层次制定了实施方案，召开了动员大会，对创先争优活动的开展进行了周密的安排部署。建立了书记抓、抓书记的工作机制，突出了各级党组织书记的主体责任。建立了创先争优活动联络员制度，实行月督查、月汇报，并通过观摩评比、现场推进等方式，加强面上指导，及时了解掌握活动进度，推动活动顺利进行。二是创新载体，创先争优活动特色鲜明。围绕区委“打造战斗堡垒、争当先锋模范、促进科学发展、建设和谐原州”的活动主题，精心设计并认真组织开展了以“比创新、比实干、比学习、比服务、比作风，看科学发展、看工作业绩、看能力素质、看惠民实效、看群众反映，争创先进党组织、争当优秀共产党员”为主要内容的“五比五看双争”活动载体，指导各基层党组织根据各自的工作性质和行业特点，完善明确了各自的活动主题和载体，丰富了全区创先争优活动内容。着力抓好承诺践诺、领导点评等重点环节，指导各基层党组织在重点工作推进中创先争优，党员立足本职岗位创先争优，将活动与中心工作有机结合，做到两不误两促进。三是注重宣传，创先争优活动氛围浓厚。充分利用电视、报纸、网络等媒体，大力宣传创先争优活动的目的意义和涌现出来的先进党组织和优秀共产党员先进事迹，在全社会营造了良好的创先争优氛围。活动开展以来，先后向自治区、固原市推荐宣传先进基层党组织5个、优秀共产党员10名；在区、市新闻媒体刊登报道有关创先争优活动新闻、专题160余条，刷写标语300余条，制作大型宣传牌13个，设立宣传橱窗80余个，悬挂横幅340多条，编发《原州区创先争优活动简报》110期，被区、市采用转发8期。

【连心工程】 围绕推动科学发展、促进社会和谐、服务人民群众、加强基层组织这一目标，在城乡基层党组织和党员中创新开展“连心工程”，即城乡（社区）党组织互“连”、党员互“连”、党群互“连”，以承诺践诺为主线，以服务群众为核心，以保障改善民生为重点，通过基层组织联创、发展大计联议、党群关系联促、民生实事联办，不断增强党员党性修养、转变干部作风、密切党群关系。全区110个城市机关、企事业单位党组织与187个农村（社区、医院、学校）党组织结对，2037名城市党员与3215名农村党员结对，2214名农村“双带”党员与2514名农村困难群众结对，截止目前机关党组织共投入资金907.21万元，完成承诺事项625件，机关党员和农村党员共完成承诺事项7032件。9月14日，自治区党委组织部在原州区成功召开了以“连心工程”为主要内容的全区基层党组织加强和创新社会管理工作现场会，将活动经验向全区推广。

【党建机制】 一是先后组织召开了全区组织工作会议、创先争优活动推进会、基层党建工作座谈会等会议，总结交流经验，研究解决问题，确保了党建工作的顺利开展。二是严格执行每月1次党建工作例会制度、月汇报季考评年考核等相关制度，并配套下发了一系列文件，专门就基层党建相关工作进行安排部署，用来督促党建各项工作任务的落实。三是结合重点工作和产业发展，坚持把统筹城乡党建一体化发展与创先争优活动有机结合起来，根据行业、山川不同特点，指导创建了各具特色的党建示范点，做到经济建设和各项社会事业的成效显现在哪里，党建工作的典型就培育树立在那里。

【民主政治建设】 进一步推广完善村级“民主议政日”、“五牙子章”民主理财制度，制定下发了《关于在全区村级组织中深化拓展“民主议政日”活动的通知》，农村各基层党组织把村级“民主议政日”活动作为加强基层民主政治建设、融合党群干群关系的有效途径，引导党员群众积极参与经济发展、管理村级事务、监督村“两委”班子，充分发挥好基层党组织的战斗堡垒和共产党员的先锋模范作用，助推村级经济发展和群众致富增收。积极推行基层党务公开，全面向全区基层党员和群众公开党务工作，着力推进基层党务公开工作常态化、制度化、规范化，形成了党务公开和其他公开互为补充、协调推进的运行机制。

【基层党建】 在农村，以抓好村党组织带头人队伍建设、整顿软弱涣散村党组织为重点，围绕加强新农村建设和生态移民村党组织建设，深入开展“四联双定双评”、“评星定格”、“产业链上党旗红”等载体活动，积极开展农村党员创业行动，培养党员产业带头人，基层党组织的战斗堡垒作用和党员的先锋模范作用在发展农村经济中得以充分发挥。在对全区11个乡镇的193个村党组织进行深入摸底调查、征求意见的基础上，分类确定了18个后进村党组织，印发了《关于在创先争优活动中进一步加强后进村党组织整顿建设工作的实施方案》，并逐村分析后进原因，对18个后进村党组织分类诊治，确保整顿一个，见效一个，巩固一个。在机关，围绕中心工作，落实“提升效能、岗位建功、干部下基层、结对共建”四项行动，大力开展学习型、创新型、服务型、文明型、和谐型、廉洁型的“六型机关”创建活动，全面推进机关党的思想、组织、作风、制度和反腐倡廉建设，使全区机关效能进一步增强、干部素质进一步提高、作风进一步改进、形象进一步提升。在社区，以“三有一化”为抓手，以“创建星级”社区为载体，认真开展思想工作联做、公益事业联办、文体活动联谊、生活环境联创、社区服务联抓的“党建五联”活动，先后为辖区居民解决热点难点问题286件，调解民事纠纷137起，组织各类文化活动55场次。在学校，全面开展“四比三优两满意”活动，重新调整学校党组织设置方式和管理方式，进一步理顺了中小学党组织管理体制，扎实做好在青年教师和学生中培养和发展党员工作，不断加强和改进学校党建工作。在非公有制经济组织和社会组织，在加强县级领导干部包抓非公有制企业和社会组织联系点的同时，坚持向非公有制经济组织和社会组织选派党建工作指导员，采取“一人多企”的方式，向全区62家非公有制企业选派了9名机关党员担任党建工作指导员。通过优化组织设置、强化组织功能、创新活动方式、增强组织活力，非公有制经济组织和社会组织党组织覆盖率和党建工作水平不断提升。

【建党90周年活动】 制定下发了《原州区庆祝建党90周年系列活动实施方案》，筹备召开了原州区庆祝建党90周年大会，对全区32个优秀基层党组织、43名优秀共产党员、25名优秀党务工作者进行了表彰奖励。筹资23万元走访慰问了离退休党员干部、部分先进模范党员和生活困难党员。组织100余名党员干部代表在青石嘴战斗纪念碑前进行了庄严宣誓。在《新原州》报、原州新闻网、原州党建网等媒体开辟“党旗飘飘”（先进基层党组织）和“时代先锋”（优秀共产党员)两个专栏,对先进基层党组织和优秀共产党员进行集中宣传报道。

【远程教育】 积极创新工作载体，大力开展学用活动,实现工作重心由“建”向“管、学、用”的转移。一是会同科技、电信等部门技术人员深入终端站点进行指导检查,维修更换了一批老化设备,保证站点良好运行,为学习创先争优活动典型、建党90周年收看“党史直播课堂”等系列大型活动的开展提供了保障。二是联合科技、教育等部门抽调业务骨干不定期深入各村级站点举办培训班,上半年,累计开展各类培训720场(次),培训党员干部群众23000人(次),远程教育站点的功能进一步加强。三是采取拍摄专题片等形式宣传报道我区党建工作的好经验、好做法、好典型,上半年在宁夏卫视、固原电视台等媒体宣传报道原州区基层党组织和党员创先争优的先进典型和成功经验6期,其中,以原州区开展的城乡联动双诺整推活动为主题拍摄的专题片《党旗辉映在希望的热土上》,被自治区党委组织部推荐参展中组部组织的电教片观摩评比活动。2011年,被自治区农村党员干部现代远程教育领导协调小组表彰为全区党员干部现代远程教育工作先进县(市、区)。

【干部队伍建设】 一是认真做好领导班子调整配备工作。按照区委的统一部署和要求,根据《党政领导干部选拔任用工作条例》的规定和干部交流的有关要求,围绕区委、政府确定的12项重点工程和10项民生实事等工作需要,先后对区直部门单位、乡镇领导班子进行了调整充实。2011年，先后调整任免干部138人,其中,提拔干部46人,平职交流92人。通过调整配备,进一步优化了领导班子结构,促进了各项重点工作的落实。二是进一步深化干部人事制度改革。根据《中国共产党地方委员会工作条例(试行)》、《干部任用工作条例》、《党的地方委员会全体会议对下一级党委、政府领导班子正职拟任人选和推荐人选表决办法》等,结合我区实际,制定出台了《中共固原市原州区委全委会票决乡镇(街道)、部门(单位)党政正职办法》。对新任用(提名)的19名乡镇(街道)、部门(单位)党政正职在区委全委会、常委会上进行了票决。三是认真抓好干部监督和干部教育培训。继续抓好对领导干部任期经济责任审计、收入申报、重大事项报告、“一把手”季度汇报、领导干部外出请假报告等经常性的管理工作,强化领导干部的自律意识。委托审计部门对19名乡镇(街道)、部门(单位)“一把手”进行了任中和离任审计。根据《党政领导干部任职试用期暂行规定》,对21名试用期干部的履职情况进行考核。按照上级业务主管部门要求，对党群部门参照管理的43名同志进行了参照公务员法管理重新登记。按照自治区党委组织部门和行业主管部门的要求，2011年,共选派7名县(处)级、46名科级领导干部外出参加各类学习培训。四是全面落实人才发展规划。按照党管人才的原则和区委“人才强区”战略的要求,提请区委、政府研究制定《原州区中长期人才发展规划纲要(2010~2020年)》,认真履行组织部门牵头抓总的职责,组织开展“五联三服务”、“基层之光”、“专家服务团”等活动,选派42名专业技术人员开展“三送、三帮、三评”活动。依托原州区冷凉蔬菜农村实用人才培养基地，对农村实用人才进行多渠道、多层次、全方位培养。截止目前,已在全区开展各类培训班34期，培训科技带头人24名，致富能手150名,科技示范户1065户,农村实用人才1111人次。充分发挥了人才服务全区经济建设、服务基层、服务农民群众的作用。

【换届工作】 按照区、市党委的有关要求,把区乡党委换届作为全年组织工作的重中之重，认真谋划,及早安排,有序推进。先后成立了区乡党委换届工作领导小组、指导协调小组,召开了动员会议,换届工作程序,制定下发了《原州区委换届工作实施方案》和《原州区乡镇党委换届工作实施方案》，对换届工作进行了全面部署。同时,充分利用电视、报纸、网络等媒体,对换届工作政策规定特别是“5个严禁、17个不准和5个一律”的纪律要求进行深入广泛的宣传,增强了贯彻执行换届纪律、做好换届工作的自觉性,为成功换届营造了风清气正的环境。9月18日至20日,全区11个乡镇党委顺利完成换届选举工作任务。10月25日至27日召开中共固原市原州区第二次代表大会，成功选举产生了中共固原市原州区第二届委员会和第二届纪律检查委员会，区、乡党委换届工作顺利完成。

【自身建设】 抓载体，促落实。一是创先争优活动扎实推进，制定了部内创先争优公开承诺展板，公布了各科(室)公开承诺24项，在各科(室)、组工干部之间开展“五比五提高”载体活动，营造了立足岗位“创先争优”的良好氛围。二是认真实施“连心工程”，在全区率先签订结对共建《承诺责任书》，认真组织填写了《结对入户情况登记册》，明确承诺内容、履诺措施、完成时限，建立了结对党员定期回访登记档案，全力以赴做好帮扶工作。三是深入开展向杨善洲、陈瑞祥、李林森等先进模范学习活动，组织开展“到组织部来为什么、留什么、比什么”学习讨论活动，进一步强化了组工干部党性修养。

抓机制，促规范。一是制定完善了《原州区委组织部后勤管理制度》、《原州区委组织部信息工作制度》等相关制度，推进组织工作规范化，不断增强组织部门的亲和力和凝聚力。二是继续坚持“三个一”学习制度，全体干部爱学习、勤学习、善学习的意识不断增强，知识水平和业务素质得到提高。三是全面推行廉政风险防范管理工作，全体干部立足各自的岗位特点认真查找廉政风险点，并一一制定相应的有效防范措施，形成预防腐败工作的长效机制。四是继续推行组织工作定期通报制度，向全区离退休老干部全面通报了创先争优、基层组织建设、干部任免等社会广泛关注的组织工作。

抓宣传，促提升。一是强化信息调研，加大组织工作宣传力度，充分利用报纸、杂志等，加大对组织工作的宣传力度，今年，在《宁夏党建研究》刊登调研文章2篇，在宁夏组工信息、宁夏党建网、固原党建网等区、市媒体发布组织工作信息36篇，组织工作的透明度得到加强。二是进一步加强部机关信息化建设，建立完善大组工网信息平台，及时下载、发布组织工作最新动态，实现了组织部门内部信息的快速高效传递。三是进一步提高组织工作短信平台利用率，截止目前，共发送组织工作相关手机短信3014条，重点宣传了区、乡党委换届相关的纪律要求和创先争优活动的进展情况。

宣传工作

【概况】 2011年，在区委、政府的坚强领导和人大、政协的大力支持下，在各乡镇、街道、各部门、单位的积极配合下，宣传思想文化工作高举旗帜、把握方向、服务大局、守土有责、开拓创新，各项工作取得了新的更大成效。为打造统筹城乡示范区、产业聚集核心区、生态文明先行区、民族团结和谐区的奋斗目标提供有力的思想保证、精神动力、舆论支持和文化条件。先后获自治区党报党刊发行先进单位、新华社宁夏分社通联工作先进集体等荣誉。

【学习型党组织建设】 加强各级党组织中心组、干部理论学习，先后举办领导干部专题学习班3期，理论大讲堂12期，干部理论考试2次，“百场万人”理论下基层大宣讲活动65场，读书演讲比赛14次，学习型党组织建设扎实有效推进。

【新闻舆论宣传】 加大对生态移民、小城镇建设、招商引资、现代节水高效农业、少生快富、原州区第二次党代会和“两会”等重点工作的宣传报道力度。改进《新原州报》，开办今日原州网、原州手机报和原州新闻电子平台。接待中央驻宁新闻联合会、西部24家电视台等大型采访团5个，接待各级媒体记者500多人次，媒体宣传报道原州区稿件3000多篇(条)，编辑出版了《2011年新闻原州》，取得了很好的宣传效果。

【群众性文化活动】 在人民广场举办广场文化展演35场，组织建党90周年红歌大赛，组织“三下乡”、“四进社区”、“清凉夏日”等广场文艺演出100余场。在全自治区率先启动2012年“三下乡”活动，举办原州区首届农民文艺汇演，参演农民230多人。被各级新闻媒体誉为2011年最有价值的农村文化大餐。

【队伍建设】 从讲政治、强素质、提能力做起，使每个干部都要达到“能说、会写、出精品”，宣传干部素质有了整体提升。2011年获自治区党报党刊发行先进单位、新华社宁夏分社通联工作先进集体等荣誉。

（杨宏伟）

统战工作

【概况】 中共固原市原州区委统一战线工作部是区委主管统一战线工作的职能部门，是区委在统战工作方面的参谋和助手。

【专题调研】 根据区、市党委统战部调研要求，区委统战部及时组织召开会议，先后对原州区近年来民族团结工作开展情况和城市民族工作、如何应对统战领域突发事件、原州区基督教现状、原州区解决工商业者生活困难情况等课题进行了认真研究部署，明确了调研重点，分解了调研任务，积极开展了调研工作，形成调研报告9篇。

【统战宣传】 以"解放思想，树新形象，促进民族大团结、大发展"为主题，深入开展了民族理论政策学习活动，各乡镇（街道）、部门（单位）利用各种学习载体，把民族宗教政策法规作为重点内容之一进行学习。广泛开展了"民族大团结促进原州大发展"宣传教育活动。对三营镇团结村、孙家河村等民族团结进步先进典型在宁夏卫视和固原电视台进行宣传报道；城区各部门（单位）于9月10日在主要街道悬挂横幅23条，各乡镇、街道也在主要街道、路口、宗教场所悬挂横幅30多幅，办黑板报40多期；南关街道办事处开展了"民族团结月"广场文化展演活动，为观众献上了精彩的民族团结文艺节目。向自治区党委统战部、固原市委统战部报送统战信息52期。

【统战民族宗教工作】 一是扎实开展了一次"两创建、两争做"活动。创建了一批民族团结进步示范村、示范社区、示范机关、示范学校、示范企业和"和谐宗教场所"，并以创建活动促原州区经济社会发展。二是集中开展了一次清真食品市场专项整治活动。以开斋节、国庆节和中阿经贸论坛为契机，通过对我区清真食品市场的专项整治，进一步规范了经营秩序。三是认真开展了一次为少数民族办实事、办好事活动，共有43个部门（单位）和14个乡镇、街道参加了活动，为民族地区基础设施建设、扶贫济困、技能培训等做了大量卓有成效的工作，投入资金约500万元。四是制订了《原州区2011年度开斋节、古尔邦节活动方案》，在"开斋节"前夕，区委、人大、政府、政协四大机关领导带队分四组对辖区重点清真寺和部分伊斯兰教界上层人士及人大、政协离退休回族老干部进行了慰问。五是开展依法整治基督教私设聚会点工作，成立了由区委、政府分管统战宗教工作领导为组长，统战、公安、宗教等部门负责同志为成员的原州区开展依法治理基督教私设聚会点专项工作领导小组及工作办公室，结合实际，制定了《关于开展依法治理基督教私设聚会点专项工作的实施方案》，抽调专人对辖区内的基督教整体情况进行了调查摸底，制定出了《原州区依法治理基督教私设聚会点专项工作具体整治方案》。六是根据自治区宗教局下达的朝觐指标和收费标准，严格按照宁夏穆斯林朝觐网上报名顺序已确定名单，制定了《统接统送方案》，共有107名朝觐人员赴沙特朝觐。

【经济统战工作】 完成招商签约项目一个，总投资7500万元。该项目占地60亩，总投资7500万元，年生产电动车30万辆。各项准备工作在统战部工作人员的协调下，征地工作已结束，施工设计图纸已完成，生产设备已定制好，可望在2012年初投产。组织开展民营企业招聘周活动。共计18家民营企业及中介公司共提供包括餐厅服务员、超市营业员、药品化验员、会计、文秘等40多个就业工种360个就业岗位，启动仪式当天有115人与用人单位达成了初步就业意向，签定培训协议55人。举行原州区工商联会员企业资助特困大学生现场会，有9家会员企业共捐助资金6.6万元，资助2011年高考中取得优异成绩的特困大学生30人。召开原州区工商联二届二次执委会议。

【无党派及民主党派工作】 一是积极引导民主党派、无党派人士学习观摩活动。8月25日，组织民主党派、无党派人士和非公经济代表人士观摩学习原州区重点亮点工作和民生工程实施情况。二是拓宽参政议政和建言献策的渠道，将政治引导与参政议政实践相结合,鼓励和支持无党派人士结合实际情况对原州区委的各项工作建言献策、民主监督。进一步加强党外干部选拔任用工作和党外人士参政议政。区委把党外干部的培养选拔作为干部工作的一项重要内容,列入议事日程,通盘考虑,对各行各业涌现的优秀党外干部能重点培养,优先使用。目前,全区党外科级干部 15 名,党外人大代表 84 人,政协委员 121 人。三是制定《无党派人士政治引导长效机制工作制度》。

政研工作

【概况】 2011 年,政研室以区委、政府 12 项重点工作和 10 件民生实事为重点确定调研题目, 完成重要调研报告 28 篇,积极邀请区、市党委政研室来原州区开展调研活动,形成关于原州区重点亮点工作的调研报告。编写了《2011 原州生态移民大行动》、《原州新思想新形象》2 本书,《宁夏日报》、《共产党人》 杂志办了 6 个专版,反响和效果很好。承担了区委"思想大解放、树立新形象"活动办公室工作,创造性地设计了一系列活动,确保了活动效果,编印了《思想大解放树立新形象活动学习读本》、《原州新思想新形象》,受到了市委主要领导的充分肯定。同时,政研室充分发挥区委新农村建设领导小组办公室职能作用,牵头着力抓好 10 个新农村中心示范村建设, 采取各种方式把原州区广大干部群众建设新农村的艰苦过程、 建设的成效不间断地向区、市进行反映宣传,使原州区荣获了自治区党委、政府"新农村建设先进集体"。在自身建设中,政研室站在打造区委"思想库"的高度,以创先争优、创建学习型党组织为动力,从强化素质、苦练基本功做起,人人给任务、个个压担子,让每个干部都能拉得出、用得上、出精品。使政研室自身建设富有成效。

【荣誉】 被自治区党委政研室、市委政研室评为"先进集体";被市委、政府评为市级"文明单位";被区委、政府授予"先进集体""创新奖"等荣誉称号。

机构编制

【概况】 原州区机构编制委员会办公室为原州区机构编制委员会的常设办事机构,既是原州区委的工作机构,又是原州区人民政府的工作机构,列入区委序列管理,内设综合股、机构编制股、监督检查股、工资基金管理股,事业单位管理局。

【工作调研】 在自治区的统一安排部署下,组织人员深入全区各部门,对各事业单位的职责配置及履职情况,事业单位机构编制执行情况,事业单位机构编制管理制度及落实情况,事业单位运行情况等方面进行了调研。通过调研,基本掌握了事业单位的职责履行情况和结构编制执行情况,为开展事业单位评估制定工作方案奠定了基础。

【中小学机构编制管理】 为合理配置原州区教育资源,优化中小学教师队伍结构,在重新核定中小学教职工的编制基础上,经多次调研论证,根据区编委会研究决定撤销学校 22 所,改制学校 4 所,同时对中小学编制进行了调整。

【事业单位清理规范】 按照自治区党委办公厅、人民政府办公厅《关于开展事业单位清理规范工作的通知》(宁党办〔2011〕45 号),研究部署事业单位清理规范工作,与事业单位评估工作衔接进行,统一部署,同步推进,根据事业单位评估情况,对事业单位在职责配置及履行、机构编制执行、机构编制管理制度落实、事业单位运行四个方面存在的问题进行梳理,重点在"整合"上下功夫,整理、提出事业单位机构编制事项的清理规范意见。

【机构编制审批】 严格执行机构编制"三个一"审批制度、预审制度和编委会工作规则,出台了《关于进一步加强和完善机构编制管理, 严肃机构编制纪律的意见》,对机构设立、撤销、合并或者变更规格、名称等事项,严格按照机构编制《条例》规定程序逐级上报, 并及时将审批文件报自治区机构编制部门备案。严格按照规定程序,坚持在编制限额内发放"控编单",严格控制超编进人和人员逆向流动,每季度将"控编单"发放情况及时报纪检(监察)部门。进一步管住、管活、管好机构编制,确保全区无超总量使用编制现象发生,逐步实现机构编制管理的科学化、规范化。

【工资基金审批】 进一步建立健全了工资基金审批台账,做到了工资基金管理科学化、准确化。与人事、财政部门积极配合,坚持逐月按时审核工资基金,保证了人员工资的按月及时发放。同时,督促各部门(单位)及时转移调任和调整人员的工资关系,理顺了因人员变动造成的人事关系与工资关系不相统一的矛盾。

【实名制管理】 对凡领导任职、人事调配、自然减员各机关事业单位人员编制发生变化的,及时进行调整和核减,真正做到了人员和编制的动态管理;同时,组织人员集中时间重新审核各机关单位在职人员名单,进一步完善单位人员基本情况档案库,做到帐、册、库相一致,克服了编制与人员脱节、人员超编混编的现象,预防吃"空饷"问题的发生。

【事业单位登记管理】 按照《事业单位登记管理实施细则》的规定,制定了《行政许可和流程示意图》、《行政执法依据目录》等,重新明确了《事业单位登记管理局职责》、《事业单位登记管理局行政执法岗位责任制度》,明确受理人、核准人、发证人和档案管理人员职责,做到依规办事。对登记年检事项,严格审核把关,对于已不符合法人条件的予以清理,进行注销登记,并收缴法人证书及印章。采取预约服务、上门服务、重点督办等方法,按时完成了年检工作任务。

【荣誉】 事业单位登记管理局被自治区编办评为先进单位。

老干部工作

【概况】 2011年,原州区委老干部局在区委、政府的正确领导下,按照全区老干部工作会议的要求,认真落实老干部政治、生活待遇,促进机关作风转变,切实从政治上尊重老干部,思想上关心老干部,生活上照顾老干部,进一步提升了老干部工作水平。

【思想政治建设】 除继续坚持集体学习制度外,采取送学上门、座谈讨论等多种方式扩大老干部学习普及面。为保证学有资料,区委组织部、老干部局为离休干部征订了《党建文汇》、《中国老年报》、《老年文汇报》、《医疗健康》等各类报刊20余种。特别是为进一步加强离退休干部的思想政治工作,强化教育管理,要求工作人员采取"三访",沟通与老干部之间的感情,为老干部工作注入活力。一是对有思想包袱的老干部进行回访,帮其解决现实困难,想法设法解开他们的思想疙瘩;二是对身体状况差,行动不便的老干部进行走访,帮助其克服学习上的困难,交流谈心,及时把相关政策和区委政府的重大决策向他们传达;三是对身体较好的老干部采取不定期查访,督其积极参加政治学习,交流思想情况,了解思想动向和要求,做到老有所教,确保思想稳定。

【活动引导】 建党90周年来临之际,组织老干部到彭阳、隆德、六盘山考察参观,使老干部进一步了解新中国成立60年来地巨大变化和改革开放30年地丰硕成果。同时为隆重纪念建党90周年,来临之际,局党委对先进党支部和优秀共产党员进行表彰奖励,同时还开展了党史知识竞赛等系列活动,激发全局各党支部和共产党员在推进原州区科学发展的进程中积极创先争优,发挥好战斗堡垒作用和先锋模范作用。

【走访慰问】 上门走访慰问是老干部工作的重中之中,通过上门家访详细了解每一位离休老干部的健康状况、家庭情况、思想动态,及时掌握好老干部工作的重点。为隆重纪念建党90周年,"七一"来临之际,老干部局积极做好"七一"老党员慰问工作,陪同区委、政府领导慰问老党员4名,局领导、干部职工上门慰问60年党龄和离休老党员56名,为老干部送去了党和政府的温暖。重阳节区四大机关主要领导、分管领导、老干部局领导分两组走访慰问了部分离退休老干部,局全体干部、职工带上鲜花和礼品上门看望了老同志,同时举办重阳节座谈会、组织离退休老干部及老年书画爱好者进行现场书画交流,和老同志一起共庆自己的节日。随着老干部年龄增大,住院频繁,把探望、慰问住院老干部纳入重要工作日程，及时把区委、政府对老同志的关心送进病房、送到家中。先后到市、区医院慰问、探望老干部18人次。

【做好善后】 2011年先后有6名离休干部因病逝世。为充分体现区委政府对离休干部的尊重和关心，老干部局在进行慰问的同时，积极协助老干部生前单位处理善后事宜，及时化解家属的疑虑与纠纷。

【协调督办】 推行了干部包片联系老干部首问责任制，实行谁接待谁督办、谁分管谁负责的责任追究制。对领导批办件及老干部信访件，做到及时办理、回复、反馈。“七一”前协调人事、财政等部门，落实宁组通〔2011〕60号文件精神，为离休干部增补发放了一个月工资共计23万余元，解决了“双高期”离休干部的特殊困难。同时积极协调人事、财政、市社保局等部门落实相关政策，为离休老干部增加护理费，由原来的每人每月200元调整为每人每月800元；解决因企业改制生活费没有着落的企业离休干部遗孀问题，为14名老干部局遗孀增补发放生活费共计14万余元，使他们感受到党和政府的温暖和关怀。

【信息采集】 按照自治区党委组织部、老干部局关于加强退休干部管理工作的文件要求，对全区2348名退休干部做了详细的信息采集和录入工作，为退休干部规范化管理奠定了坚实的基础。

【发挥老干部作用】 按照“自愿量力、就近就地、面向基层、面向群众”的原则，努力搭建老干部关心下一代服务平台，积极组织和引导老干部为加快我区经济社会发展发挥参谋作用，为构建和谐社会献出一份爱心。20多名“五老人员”组成的“学党史、颂党恩、跟党走主题教育活动”宣讲团，奔走于各学校、社区之间开展青少年爱国主义教育讲座8场次。

【亲情服务活动】 结合开展创先争优活动，向老干部印发“亲情服务卡”，设立亲情联系电话、亲情联系信箱，及时了解掌握老干部情况，及时为他们解决实际困难和问题。与区人民医院协调，设立了老干部门诊室，开设了老干部病区，实行“一站式服务”。今年共走访老干部106人次，为困难老干部和老干部遗属解决生活实际困难16件，并为2名90岁老干部送去了贺卡、鲜花和生日蛋糕。

【履诺践诺活动】 结合老干部进入“双高期”的实际和需求，严格按照创先争优的方法步骤，积极开展履诺践诺活动，6月下旬组织老干部参观彭阳、隆德、六盘山旅游景点；“七一”前夕评选出1个先进党支部和5名优秀共产党员，并进行了表彰奖励；同时探索老干部“四就近”管理服务工作，在组织老干部集中活动、学习的基础上，逐步开展老干部社区“四就近”服务创建活动，受到老同志的好评。

档案管理

【概况】 原州区档案局(馆)属区委直属正科全额拨款事业单位，主管全区档案事业，主要履行档案保管和利用职能，下设办公室、档案业务指导股、档案管理股、现行文件利用中心，核定编制13名。

【档案查阅利用】 全年共接待查阅利用者1900余人次，调卷22000余卷次，档案查准率均在85%以上，为群众办理养老保险、解决纠纷、工龄证明、工作查考等提供了大量原始凭证。

【档案业务指导】 先后对纪检委、总工会、史志办、粮食局、财政局、宣传部、寨科乡等单位进行业务指导，共指导整理档案2629卷。及时指导整理已撤销的官厅乡近五年的档案资料52卷，并移交进馆。

【档案接收与征集】 以两办名义印发了《关于做好档案移交接收工作的通知》，对接收到期档案的范围、时限、标准做了具体的要求，并首次要求各立档单位报送已公开现行文件纸质资料的同时，一并报送电子版。全年共接收文书档案1900卷，已公开现行文件25000件，电子文件45盘，并及时登记、编目上架，确保管理规范有序。现行文件的收集，为下一步广大人民群众的查阅需求提供了便利，为加大政府信息公开力度打下了坚实的基础。

直接参与重大活动的档案资料收集，加大征集力度，不断丰富档案馆馆藏。2011年，先后收集了移民搬迁、农资城开工、须弥山博物馆落成仪式等重大活动及区委和乡镇换届等重要会议有保存价值的照片150

张，收集固原一中120周年校庆资料1套（书籍4本、画册2本），其他名人档案、国家重点档案的征集还在进一步筹划当中。

【档案安全】 落实档案“十防”要求，对库房和重点部位实行24小时监控，2011年购置的3套恒温恒湿设备（包括测控仪、除湿机、活仕加湿器）7月份已正式投入使用，使库房的温度得到了有效调控，一定程度上延长了档案寿命，此外及时更换了10台手提式干粉灭火器，加强了档案库房消防安全。

【口述档案的征集】 在建党90周年来临之际，我局（馆）工作人员来到头营镇杨郎村万家堡子万延祯老人家，听万老讲述其父赫光烈士生平事迹、发生在赫光故居万家堡子惊心动魄的历史事件和万老80年代寻找父亲的点点滴滴，并录音录像制作光盘，建立口述历史档案，即丰富了馆藏，又弥补了单纯文字档案的缺陷，为征集档案开辟了新渠道。同时征集了赫光妻子画像一幅、平定战役光盘一张、《平定县志》1册、《中国共产党平定县历史纪事》1册。

【韩练成将军档案资料征集摸底工作】 自申报韩练成将军档案资料征集为国家重点档案抢救和保护项目以来，我们多措并举，力求“早、快、细”，及时捕捉线索，为征集工作打好前奏。通过初步的调查摸底，现有照片、书籍资料、书信、实物及证书约300件有待征集进馆。

固原市原州区纪律检查委员会

【概况】 2011年，原州区纪委监察局紧紧围绕区委、政府中心工作，深入贯彻落实上级纪委全会精神，认真履行纪检监察职能。创新实施开展了纪检监察工作“六抓六促”实现“六新”目标活动，并以推进制度建设为抓手，认真实施纪检监察为民工程，加强惩防体系建设，加强对保增长、保民生、保稳定等一系列重大决策部署的监督检查，加强领导干部党性修养和作风建设，严肃查处违纪违法案件，认真开展进一步营造风清气正发展环境活动，坚决纠正损害群众利益的不正之风，严格落实党风廉政建设责任制，全面完成了各项工作目标任务。全区党风廉政建设和反腐败工作取得了明显效果，为推动原州区科学发展、和谐发展和跨越式发展提供了坚强保障。2011年被自治区纪委评为全区纪检监察系统先进集体和全区纪检监察宣传教育先进集体。

【廉政建设】 落实党风廉政建设责任制。按照“党委统一领导，党政齐抓共管，纪委组织协调，部门各负其责，依靠群众支持和参与”的反腐败领导体制和工作机制，将党风廉政建设与经济、业务等工作同部署、同落实。年初，分别组织召开了原州区纪委一届七次全体会议和区政府廉政工作会议，制定下发了《2011年原州区党风廉政建设和反腐败任务分工》，将全年工作任务细化分解为17大项116小项，确定了26个牵头部门（单位）、45个参与单位，并层层签订责任书，明确任务，落实责任，形成上下贯通、纵横相接的责任体系，确保各项任务落到实处。为切实做好2011年的纪检监察工作，突出重点，形成亮点，在对纪检监察工作进行全面安排部署的同时，制定下发了《关于做好2011年纪检监察重点亮点工作的通知》，确定了2011纪检监察10项重点和8项亮点工作，明确了责任领导和责任室，并认真组织实施。

【党风廉政宣传教育】 制定下发《2011年全区纪检监察宣传教育工作安排》，对反腐倡廉宣传教育工作任务进行了细化、安排。利用中心组学习，将勤政廉政学习教育列入党委（党组）中心组学习的重要内容，纳入干部培训计划，采取举办领导干部廉洁从政教育培训班、党政主要负责同志带头讲廉政党课等形式，使反腐倡廉教育全面开展。对全区村党支部书记、大学生村官进行了两次集中廉政知识培训，参训人员230余人。举办各类廉政培训44场次，参训人员5000余人次。结合庆祝建党90周年，筹办了原州区首届廉政文化“六进”作品展演活动，组织全区党员干部职工和群众观看由自治区纪委监察厅、文化厅和宁夏话剧团共同策划编排的大型节目“塞上清风”，积极向自治区纪委申报了“赫光纪念馆”廉政教育基地。

【干部作风建设】 建立健全了领导干部廉政档案，实行跟踪监督，动态管理。全区副科级以上领导干部基本情况、家庭情况、经济情况、配偶及子女从业情况、任期经济审计情况、述职述廉、民主评廉等情况记入档案，并将有告诫谈话等组织处理的记录材料和党纪、政纪处分材料一并装入档案，作为区委任用干部的参考条件。严格落实“三项报告制度”和“三项谈话制度”，全区400多名副科级以上领导干部进行了述职述廉，申报了个人收入、报告了个人重大事项；纪委领导与下级党政负责人谈话10人(次)、诫勉谈话11人(次)，对科级领导干部任前廉政谈话138人(次)。

【源头治腐工作】 廉政风险防范管理。对廉政风险防范管理和勤政廉政承诺制工作进行了专题研究，再学习、再动员、再部署。各乡镇(街道)、部门(单位)建立健全了由党政主要领导负总责，主管领导具体抓的领导体制和工作机制，2011年，全区共查找风险点13423个，制定防控措施14556条，编制工作流程图270余幅。同时将党员干部勤政廉政承诺制工作与全区开展的“创先争优”活动相结合，在2010年底考评的基础上于第一季度完成了公开承诺。

【严格“三公”消费】 制定下发了《关于加强对党政机关权力运行监督管理的意见》，对重大事项集体决策、财务审签管理、公务接待、公车管理等做出了明确规定，督促各级党政组织和领导干部严格遵守执行，坚决反对铺张浪费、大手大脚，带头抵制享乐主义和奢靡之风，确保把有限的财力和资源用在发展经济和改善民生上，把主要精力集中在推动工作上，扎扎实实做好各项工作。

【公务用车专项治理】 制定印发了《原州区党政机关公务用车问题专项治理工作实施方案》，对全区62家用车单位进行了自查和专项检查。

【监督检查】 加强对中小学校校安工程改造、医疗卫生、农村“三资管理”、教育大班额、生态移民、安全生产等工作进行了检查，就检查中发现的问题向区委、政府提出意见建议，确保了中央和自治区、固原市及我区强农惠民政策措施的坚决贯彻落实。认真开展工程建设领域突出问题专项治理工作，排查了2008~2011年工程项目419个，整改解决突出问题85个。对工程建设招投标和政府采购协同有关单位进行全程跟踪监督，参与监督工程建设招投标项目46个，节约投资约1500万元；参与监督政府采购45次，节约资金约511.6万元。加强对生态移民实施工程进行监督检查。提出了14项具体措施，每季度对监督检查进行实名通报，跟踪检查，对入住不符合条件的10户群众进行清退，对相关部门单位直接责任人进行了问责。根据审计报告，对10个部门单位经济责任人违纪违规问题，依据有关规定，进行了行政告诫、诫勉谈话和书面检查。

【机关效能建设】 制定印发了《原州区2011年创新提升机关效能建设工作意见》，建立健全了机关效能建设绩效考核考评制度、政务公开督查考核制度、机关效能投诉问责制度、政务和民生服务中心考核考评制度。对全区11个乡(镇)、3个街道办、52个部门(单位)及部分事业单位、村委会和居委会进行了5次机关效能建设和政务公开情况的监督检查，对督查中发现落实效能建设制度不力的10个部门(单位)进行了实名通报。对区政务服务中心及部分服务窗口进行了两次暗访，对乡镇民生服务中心工作开展情况多次进行网上实时督查，针对发现的问题限期整改。认真落实效能投诉处理，效能投诉中心共受理群众投诉案件7件，办结7件。

【农村基层党风廉政建设】 认真开展“勤廉为民”工程“五好”乡镇、村创建工作。年初对97个行政村进行了表彰命名，占总数的50.2%。现被市级以上命名的“五好”乡镇7个，示范村7个，牵头示范单位3个。推行“民主议政日”和“一线工作法”，着力解决群众反映强烈的突出问题。通过举行“民主议政日”活动，帮助群众解决实际问题1645件。通过推行一线工作法，帮助群众解决具体事项1291件。

【民生服务规范化建设】 协同相关部门对7个乡镇民生服务中心进行改扩建，进一步健全了区、乡镇、村、组四级民生服务网络。各便民服务中心和便民服务代理站设立便民服务电话145部，方便群众了解相关涉农政策。为进一步加强监督，提升服务质量，全区11个乡镇建立了便民服务电子监察网络，安装了监督电话。2011年，区行政服务中心共受理各类事项

44955件，其中行政许可和非行政许可事项29812件，提供各类信息咨询15143件；乡镇、街道民生服务中心受理服务事项125283件，办结124276件，提供各类信息咨询66936人次。

【提升“三务”公开水平】 在继续做好政务、村务公开工作的同时，2011年重点加强了党务公开工作，成立了专门的党务公开工作领导小组，下设办公室（设在组织部），按照全国党务公开工作电视电话会议精神，综合运用公开栏、显示屏、报刊等各种载体，全方位、多层次开展党务公开工作，保障党员的知情权、参与权和监督权。

健全村民监督委员会。根据自治区党委办公厅、政府办公厅文件要求，研究制定了《在全区农村建立村民监督委员会实施方案》，成立了村民监督委员会工作领导小组，组织落实工作。全区11个乡镇建立184个村民监督委员会，占原州区193个行政村的95%。

【为民工程】 建立抓纠风整治维护人民群众利益的长效机制，解决群众反映强烈的突出问题。会同民政、财政等相关部门抽查了5个乡镇、32个行政村，进农户60余户，对2011年粮食直补、救灾救济、新农合基金、家电下乡补贴、退耕还林（草）、“少生快富”奖励资金等强农惠民资金管理使用情况进行了检查，确保专项资金以“一卡通”全部足额发放到群众手中；会同教育、公安等部门对2011年全区4968名高考生源报名资格逐一进行排查核实，取消不符合报名资格考生23人；对中河、彭堡、头营和三营小城镇建设及环境整治中涉及200余户拆迁户进行现场跟踪检查，丈量核实了拆迁院落面积，现场纠正了个别乡镇的违规拆迁问题，确保了拆迁的顺利进行。

【政风行风评议】 积极开展“民主评议政风行风群众意见建议办理实名通报”活动，聘请特邀监察员、机关效能监督员和政风行风监督员30名，组织开展明察暗访和考核考评活动。深入开展民主评议政风行风活动，发放问卷测评表4122份（套），收回4122份（套），收回率为100%，通过民主评议征求到群众意见建议25条。原州区政府主要领导参与了2期由固原市广播电台和电视台主办的“政风行风热线”节目，走进直播间与群众对话解决问题，树立了政府形象。

【案件查办】 纪检监察信访举报工作。从制度建设入手，修订完善了委局机关《信访举报工作程序》、《办案人员纪律》等相关制度，规范了程序，明确了职责，形成了主要领导亲自抓，分管领导具体抓，相关科室经常抓的工作机制。2011年，区纪委监察局共受理信访举报44件，初核违纪线索16件，其中适当处理9件，失实5件，立案调查2件，给予党政纪处分13人（其中开除党籍11人、警告1人、严重警告1人），开除公职5人。

（洪永明）

群众团体

工　会

【概况】 原州区总工会是原州区具有社会团体法人资格的群众组织，是原州区境内的一级县级地方工会领导机关。主要职能是在社会、企业层面发挥“桥梁纽带”作用，协调劳动关系，发挥工会维护、建设、参与和教育四大职能。内设综合一室、综合二室、综合三室、职工维权帮扶中心，下设职工文化活动中心。

【基层工会组织建设】 原州区现有职业化工会干部20名，分别选派到乡镇、街道、工业园区开展工会工作。总工会坚持以“两个普遍”为指导，紧密结合原州区实际，不断创新工作思路，落实工作措施，坚持“哪里有职工，哪里就有工会”，着力做到“三个延伸”。一是向劳务派遣机构延伸。先后在11个乡镇劳务工作站、5个劳务经纪人组织、6个劳务派遣公司建立工会组织，把劳务工及时吸收到工会大家庭中来。二是向生态移民新村延伸。率先在头营镇利民、三和及三营镇团结村等3个生态移民村建立移民工会组织，通过开展技能培训、文体活动、走访慰问等措施使移民群众消除了隔阂、增进了感情，适应了新的生产生活方式。三是向街道店面商铺延伸。针对我区企业规模小、门类繁杂的实际，对沿街店面商铺比较集中的企业采取建立店员联合工会的形式，在去年建立南城路店员联合工会的基础上，2011年又建立固原最大的店员工会组织——商城店员联合工会，吸收会员1000多名。截至2011年12月31日，全区有各级工会组织415家，净增工会组织29家，完成区、市总工会下达任务的116%；有工会会员36421人，净增会员4695人，完成区、市下达任务的260%。（李婧 马森林）

【职工民主管理与民主监督】 集体合同。坚持三方配合、上下联动、典型引路，联合人社部门对全区集体合同和工资专项集体合同履行情况进行全面检查，深化工资集体协商要约行动，以清水河工业园区为示范，以近郊乡镇为重点，率先建立区域性联合职代会制度，推动工资集体协商向纵深发展。截至2011年12月31日，全区签订区域性工资专项集体合同的企业70家，覆盖职工3825人，单独签订工资专项集体合同的企业164家，覆盖职工7288人，工资集体协商合同签订率达95%以上，企业职工工资普遍提高14%~17%。申报命名自治区工资集体协商A级示范单位5家。

职工代表大会。建立健全以职工代表大会为基本形式的职工民主管理、民主监督制度。截止2011年12月31日，全区有326个基层工会建立了职代会(职工大会)制度，建制率达88.8%，涵盖单位979个，涵盖职工31231人。申报命名三星级职代会37家，申报三星级职代会13家、四星级职代会11家。

厂务公开。区厂务公开领导小组于2011年6月中旬召开原州区厂务(事务)公开民主管理工作现场经验交流会，通过自查、抽查、评审、总结等一系列措施，有力地推动了厂务公开民主管理工作向纵深发展。截至2011年12月31日，全区实行厂务公开的企事业单位318个，公开面达86.6%，涵盖单位994家，已申报命名自治区厂务公开A级示范单位2家。

（李婧 王永强）

【职工法律保障】 2011年在各基层工会分别建立工会劳动争议调解组织及工会劳动法律监督组织126个和148个，分别占应建数的89.6%和93%。2011年受理劳动争议案件64起，调解成功率100%。为及时掌握企业劳动关系运行情况，总工会与各企业基层工会建立信息反馈通报制度，对群体劳动争议和群体性上访，要求基层工会积极疏导将争议和矛盾处理在基层，处理在萌芽状态。总工会建立严格的信访接待制度，对职工群众的来信来访事宜做出热情接待和详细登记，及时协商调处。（李婧 海勇）

【职工维权帮扶】 坚持把困难职工维权帮扶工作作为第一责任，采取切实有效措施，全力开展帮扶救助工作。

信访接待。切实履行“第一知情人、第一报告人、第一监督人、第一责任人”的职责，一是严格按《信访条例》规定的程序和时间要求进行受理或答复，同时与原州区信访局、人社局、司法局等部门建立了横向协作机制，与本级工会和各系统(乡镇、街道)工会、基层工会建立起上下联动的机制，通过转办、直接办理等方法，做到件件有着落、事事有回音。二是制定了突发事件预警机制，建立了主席接待日工作制度，规范了工作人员用语和行为，并通过信访接待、法律援助和劳动争议调解及时调解各类矛盾。截止2011年12月31日接待来信来电来访职工群众60人次，当场答复来访来电咨询35人次，转交法律援助和劳动争议调解25人次,经调查了解生活救助30人次。

困难帮扶。一是全力建设帮扶平台。按照帮扶工作中心下移思路，在乡镇、街道、工业园区建立15个维权帮扶站，并向基层延伸，在5个主要社区建立维权帮扶站，同时依托帮扶中心主动与科技、劳动等单位配合，建立了集政策咨询、技术培训、网络教育为一体的网络信息服务中心，将全区5903户困难职工基本情况录入上网，实现动态管理。二是全力做好常规救助，开展“两节”送温暖及“三八”、“五一”、“六一”、建党90周年等系列慰问活动，采取临时救助和经常性救助相结合的办法，筹资73.5万元，对因特殊情况导致生活困难的职工、农民工、外地来本地务工人员、单亲女工子女、困难老党员，给予生活救助和大病救助1431人次。三是全力帮助困难学生。争取“金秋助学”资金13.6万元，发动工会干部职工和社会各界捐资9.5万元，资助66名困难职工和困难农民工子女顺利进入大学学习。先后多方筹资33.6万元，在固原五中设立2个“工会班”，资助112名困难职工（农民工）子女完成高中阶段的学业。（李婧 蓝岚）

【就业服务】 以“工字号”创业为抓手，扎实推进创业带动就业工作。与工商、劳动就业等有关部门积极配合，从政策、贷款、信息等不同方面支持创业就业工作。开展“春风行动”、“就业援助月”、“五一招聘会”、“民营企业招聘周”活动。建立就业信息中心，发布就业信息670条，达成就业协议446人，开展农民工、下岗失业人员培训2127人。先后建立二营大学生创业园、民族风情街、张易农民创业园等12个创业带动就业基地及大学生创业实习基地。在进元驾校、精英驾校、味园超市等地建立联合培训基地，为大学毕业生、务工人员及下岗失业人员搭建创业平台。截至2011年12月31日，累计发放小额贷款69.9万元，培育创业带头人46人，实现再就业546人，带动就业329人，取得明显社会效益。（李婧 魏固云）

法律援助。在帮扶中心大厅设立法律援助工作接待台，配备1间办公室，与原州区法律援助中心建立合作机制，聘请律师2名按时在帮扶中心坐班，认真受理和逐一答复来访的职工，法律咨询答复25人次，代写法律文书16件，提供法律援助25人次(件)，调解矛盾纠纷25起，帮助农民工讨回工资85万元，充分发挥出了工会法律援助的作用。

（李婧 姚媛）

【维护女职工合法权益和特殊利益】 把维护女工合法权益放在重要位置，加强女工组织建设，建立女工委员会206个，设立女职工委员131名，女职工组织覆盖率达83%；加强女工劳动保护，签订女工专项合同98份，覆盖企业165家，覆盖职工3654人，合同签订率达98%；加强女工素质提升，建立女工学校，培训女工1400人次，开展女职工“关爱行动”，增强了女职工的竞争意识和创新意识。（李婧 姜雪娇）

【创“双优”活动】 2011年总工会指导我区各系统工会和基层工会紧紧围绕“当好主力军、建功十二五”目标任务，以“创双优”为主线，以班组建设为重点，组织职工开展以劳动竞赛、合理化建议为主要内容的经济技术创新活动。全区共有353家企事业单位的2.67万职工参加了各级工会组织开展的“创双优”活动，分别占企业和职工统计总数的85%和86%；提出合理化建议889条，有463条被采纳，创经济效益150.4万元，劳动竞赛对经济社会发展的推动作用进一步显现出来。（李婧 宋享晏）

【劳模管理】 2011年5月对建国以来受全国及省部级表彰且仍在原州区工作生活的劳动模范（先进工作者）进行全面调查摸底，建立健全劳模档案，组织12位劳模（先进工作者）赴外地疗休养，在建党90周年之际慰问先进劳模党员17名，两节期间为37名劳模（先进工作者）发放慰问金。2011年4月27日原州区第六小学校长陈明被中华全国总工会授予全国五一劳动奖章。截至2011年12月31日，原州区有全国及省部级劳动模范（先进工作者）38名，其中：全国劳模（先进工作者）1名，省部级劳动模范（先进工作者）37名，在职劳模（先进工作者）12名，离退休劳模（先进工作者）26名。（李婧 宋享晏）

【职工教育与文体活动】 原州区总工会2011年编写上报信息及新闻线索130多条，被全总《工会信息》采用3条，区总《基层工会动态》采用7篇，《固原日报》、固原电视台、《新原州》等新闻媒体采用39条，区委宣传部采用8条，营造了良好的舆论氛围。争取区总专项资金，新建“职工书屋”示范点4个。目前，全区乡镇街道、村组社区、公司企业、居民小区的“职工书屋”累计达到368个，借阅职工5万多人，丰富了职工的精神生活。

2011年联合文体部门成功举办原州区职工体操大赛；组织张易、头营等有条件的乡镇开展农民篮球运动会8场次；按照纪检委安排，与区妇联、团委联合举办“廉政文化进企业”广场文艺汇演。组织企事业单位积极参加“工会知识竞赛”活动，上交竞赛答卷887份；组队参加全市职工主题演讲比赛，展示原州区职工精神风貌。组织乡镇街道群众、企事业单位职工积极观看话剧“工会主席”演出12场，举办全区职工书画摄影展，征集参展作品200多件，活跃了职工文化生活；积极开展红色电影展播月活动，从6月下旬开始，在人民广场连续播放红色电影40场次，从11月开始，在全区各移民村、移民点连续播放红色电影、科教片、工会法宣传片等12场次，激发了职工群众爱党爱国热情，加深了职工群众对工会的进一步认识。（李婧 景春霄）

共青团

【概况】 2011年，共青团原州区委以邓小平理论和“三个代表”重要思想为指导，在区、市团委的积极指导下，在原州区委政府的正确领导下，紧扣“党建带团建”工作格局，围绕党委、政府中心工作，认真履行共青团工作职责，积极服务青年群众，以加强青少年思想引领、促进青年就业创业和推进团的基层组织建设为重点，切实发挥共青团组织青年、引导青年、服务青年和维护青年合法权益的职能，努力促使原州区共青团工作再上新台阶。

【思想教育】 一是组织团员青年学习了党的十七届六全会、团十六大和自治区第十次团代会精神，自治区“两会”、固原第四次工作会议精神，及时传达学习胡锦涛“七一”讲话、十七届六中全会精神，原州区第二届党代会精神以及原州区委、政府领导重要讲话和重点工作安排；二是举办团干部培训班1期，在12所中学、14个乡镇街道、非公企业，发放分类青年思想引导光碟30套，指导各领域基层团的；三是四月五日清明节，联合宣传部、教育局在五中组织1000多名师生开展了“缅怀赫光革命先烈”爱国教育，团情知识竞赛活动；四是4月15日组织160多名团员青年学生参加团中央在固原长城梁举行的“保护母亲河，共植青年生态林”植树活动；五是组织开展“关爱进城务工农民工子女”行动，为他们送去爱心书包、文具盒等学习用品、生活用品和慰问金，共计2000多元，组织志愿者与困难农民工子女以“爱心结对”；六是开展党史进校园宣讲活动，邀请中国感恩教育青年演讲团讲师育青，先后在固原四中等学校开展党史进校园宣讲活动，通过向中小学生宣讲党的历史，培养各族青少年热爱党、热爱祖国、热爱社会主义的思想情感，引导广大青少年“学党史、知党情、跟党走”。

【青年创业就业】 一是开展活动促青春建功。引导农村团员开展争当农村创业致富带头人，企业团员争创青年文明号、争当岗位标兵、学生团员争当学习之星、机关团员争当青年岗位能手等，鼓励团结青年在各自岗位锻炼自己，建功立业。引导广大团员青年以创先争优为契机，比先进、学先进、争先进、创先进，牢固树立正确的人生观、价值观。二是积极支持青年就业创业。在河川乡寨洼村、开城镇大马庄、深沟等村举办新型青年农民培训3期600多人次，协调发放小额贷款50万元，支持创业青年30人，带动就业270人，为李治等农村、城市6名创业青年争取到YBC青年创业无息贷款30万元，带动青年就业34人。

【希望工程】 从宁夏青基会争取到希望幼儿园两所（杨郎幼儿园改建项目、原州区第三幼儿园改建项目）80万；希望小学两所（中河上店希望小学35万、炭山南坪可口可乐希望小学100万）135万，共计215万元，争取到电脑教室2个，电脑20台，快乐图书室1个2万元、快乐影院1个5万元，共20万元，为原州区13所完全小学和4所中学争取到“神华爱心书屋”17个，配备图书价值165万元（其中：中学每所20万元，小学每所5万元），为2所希望幼儿园配备价值9万余元的图书。帮助青年学生成长成材。

【捐资助学与圆梦大学行动】 一是积极开展中小学助学活动，在张易红庄中学举行网聚爱365助学金发放仪式，为97名中小学生发放助学金3万多元。二是争取到“一诺爱心”助学，为26名家庭贫困、品学兼优的中学生每人捐赠多功能学习机1台，为170名小学生每人捐赠语文新课标四库全书1本。三是积极开展资助贫困大学生圆梦大学行动。通过各种渠道，从自治区团委争取到黄河银行、国家电网、叶建敏香港爱心人士等助学金100多万，共资助贫困大学生273名，其中支持生态移民搬迁困难家庭学生49名，实现移民学生全覆盖。

【基层团建】 在三营孙家河村，头营大学生创业园，彭堡姚磨、西塬社区等建立团建示范点7个；在五中、北塬社区、南关中心路社区等建立青年活动中心3个。在非公领域和两新组织建团5个。在新疆、福建建立驻外团工委2个。在中心路社区建立了“青年之家”,河川小学和三小建立留守儿童关爱中心。

【连心工程】 多次深入结对村开城镇深沟村和大马庄村了解情况,并按照“五个一”的目标,根据两村的实际情况,研究确定承诺事项5件,结对农民党员5户。一是根据大马庄村发展实际,邀请原州区农牧局老师在两村分别开办新型青年农民培训班,为农户讲解种植、养殖方面的知识,提高农民科技致富的能力,共培训青年农民300多人。送青年科技书籍200册。二是帮助结对村在完成规范化建设的同时,筹措3000元资金对大马庄、深沟村党员活动室布设,铺设活动室内地板90多平米,通过摸底为接对的4户困难家庭资助贫苦大学生4名,每名4000元。三是“六一”期间,组织机关党员到结对村,与全校师生和家长一起庆祝“六一”儿童节。并为深沟小学送去爱心书包、文具盒等学习用品、生活用品和慰问金1000多元。四是在庆祝中国共产党成立90周年之际,到深沟村,与该村的大学生村官、包村干部、党员及群众代表共同庆祝“七一”建党节。对3名困难党员进行了慰问,送去了大米、被套等生活用品,为他们带去了节日的祝福。

妇 联

【概况】 原州区妇联现有干部职工5人,内设原州区妇儿工委办公室。2011年,原州区妇联坚持“党建带动妇建,妇建服务党建”原则,加强对各级妇女组织的协管与指导,取得明显成绩,被评为自治区三八红旗集体,获全区妇联系统效能目标管理考核二等奖、固原市实施两纲先进集体等荣誉。

【民生实事工程】 争取自治区妇联“六个一”工程项目资金26.6万元,完成帮扶村开城镇上青石村“六个一”工程项目;争取泉水改造工程款57万元,解决了上青石村8个自然村1813口人和1050头大家畜的饮水问题;争取蓝天春蕾大学生助学金3.6万元,资助24名女大学生;争取香港爱心人士何崇本捐助资金3.05万元,慰问25户贫困妇女。争取儿基会项目,为帮扶的开城上青石村、张易田堡村购买价值2万元图书。

【纪念“三八”国际劳动妇女节101周年活动】 举办了由全区副科级以上女干部、各乡镇、街道妇联主席、部门(单位)女工委主任、村、社区妇委会主任、女致富能手等人参加的以“美丽、健康、和谐——心理调适”为主题的现代女性大讲堂;举办了全区副科级以上女干部参加的以“展巾帼风采,促原州和谐发展”为主题的联谊会。

【妇女儿童发展纲要终期评估迎验工作】 围绕“两纲”实施过程中的重点难点问题,加强协调督查,制定评估方案,制作宣传展板及宣传材料,整理完善档案资料,扎实做好“两纲”监测评估的各项工作,顺利迎接了固原市、自治区对我区“两纲”终期评估验收工作。

【维护妇女儿童合法权益】 开展以“维权服务进万家、平安家庭促和谐”为主题的“三八”维权周活动,发放宣传材料2000多份;联合有关单位开展“提高妇女法律素质,深化平安家庭创建”法律宣传咨询进社区、进农村活动,发放宣传材料1500余份,解答各类咨询300余人次;联合法院深入彭堡镇硝沟村,以案说法,开展法律宣讲活动,发放法律知识画册1000多份;举行以“不让毒品进我家”为主题的宣传教育活动及“关爱儿童,反对拐卖”为主题的普法宣传活动。开通了12338热线电话,依托“妇女之家”建设,成立了县、乡、村三级妇女工作维权站,全年接待调处妇女来信来访130件,调处率达98%。

【未成年人健康成长及慰问活动】 开展了“童心向党歌飞扬”歌咏活动和以“真情颂党恩.欢乐庆盛世”为主题的庆“六一”比赛活动,并为西关小学送去500元慰问金;实施“争做合格父母、培养合格人才”工程,举办家长培训班2期,培训家长300多名;向区直各单位、各级妇联组织发出倡议,组织发动向贫困儿童捐赠衣物200多件;启动“消除婴幼儿贫血行动”项目,为10300名婴幼儿发放营养包。

【坚持“党建带妇建”,强化“强基固本”工程】 健全和完善6类妇女人才库，储备各类女性人才506人；开展妇联基层组织建设“三抓三创”活动，筹资5.5万元，对193个行政村和17个居委会的“妇女之家”全部挂牌，并对部分“妇女之家”室内进行规范布设，做到“四有三统一”；申报村级妇代会创收基地4个；初步在两新组织中成立妇委会，进一步扩展妇联在两新组织中的桥梁纽带作。

【推动城乡妇女创业就业】 举办农村种养殖实用技术、城乡妇女富余劳动力创业就业技能培训、城镇下岗失业妇女创业指导、家政服务等各种培训班17场次，培训妇女3700多人次，发放宣传资料2300余份，接受科技咨询妇女3200余人次；与人社局、工会等单位联合开展了“搭建就业对接平台，帮您尽早实现就业”为主题的春风送岗位活动，提供就业岗位90个，参与招聘会女性人数236人，达成就业意向人数314人。争取自治区妇联小额创业贴息贷款资金170万元，为102户妇女创业增收解决资金短缺的问题；争取自治区妇联农村妇女创业小额担保贷款资金3000万元，受益妇女684人。

【妇女岗位特色创先争优】 结合区委创先争优活动，在妇联系统开展双学双比、巾帼建功系列活动，活动推优出全国岗位建功先进集体1个，先进个人1名，全国五好文明家庭1户，自治区岗位建功先进集体2个，先进个人4名，“三八”红旗集体1个，红旗手2名，2名部门女干部获得自治区实施妇女儿童发展规划纲要先进工作者，创全国基层组织建设示范乡镇1个。

文 联

【概况】 2011年，在区委、政府的领导和区、市业务部门的精心指导下，原州区文联认真贯彻落实党的十七大，十七届三中、四中、五中、六中全会和自治区文联第七次代表大会精神，坚持文艺“二为”方向和“双百”方针，围绕培养文艺人才，繁荣文艺创作，配合中心工作等方面开展了工作。

【政治理论学习】 组织干部职工及文艺工作者深入学习有关的法律法规和党的文艺方针政策，提高思想理论水平，保证了马克思主义在文化艺术领域的指导地位，全面贯彻落实科学发展观，牢牢把握“高举旗帜、围绕大局、服务人民、改革创新”的总要求，自觉坚持“二为”方向、“双百”方针和“三贴近”原则，紧紧围绕“推动文艺繁荣、服务科学发展、促进社会和谐”的总体思路，坚持走先进文化的正确方向。

【文艺创作】 开展各类文艺交流活动8次，编印《原州》文艺期刊5期，为全区文艺工作者们搭建了学习、创作、交流的平台；努力挖掘原州历史文化，组织全区文艺工作者深入农村，通过现场体验、深入采访，了解原州文物、旅游、民间剪纸、花儿、民俗等方面的历史和现状，创作出了具有鲜明原州地域特色的文艺作品，取得了良好的成效；积极举办文学活动，推动本土诗歌艺术创作。4月，原州区作家协会副主席牛宏岐参加“柴达木”诗歌征文活动并获得三等奖，他编著的诗集《地面》由宁夏人民出版社出版发行；6月，原州区文联、作家协会联合举办了“轻叩大地之门——著名诗人、评论家走进西海固驻足原州”大型诗会，邀请全国著名诗人、评论家谢冕、洪子诚、吴思敏、林莽、刘福春、王明韵、黑丰等来到原州区，吸引甘肃、山东、河北等省市著名作家、诗人及宁夏作家、诗人100多人来原州区进行交流，与会诗人、作家先后到萧关文化园、须弥山等地开展了西海固文学走访活动，通过诗人的慧眼，以艺术的形式把一个深蕴内涵、充满活力的原州展现给外界。

【协会活动】 1月和11月分别组织书画家协会的中老年书画家们挥毫泼墨为群众义务书写春联，把美好的新年祝福及和谐之声送进寻常百姓家；4月7日，原州区文联与宁夏书法家协会联合举办原州区第十届书法篆刻动员会，宁夏书协驻会副主席李洪义出席会议并与原州区30多名书法会员进行了交流；4月份原州区画家沈克斌被中国美术家协会吸收为会员；5月份邀请《中国艺术报道》杂志编委、《艺术与拍卖》杂志副主编、文宝斋画院山水画专职画家张爱国先生，中国国画院西北画院副秘书长、文宝斋画院副院长、范阳山水画工作室专职画家孟轩女士来原州区进行了为期3天献艺、赐教等交流活动；组织摄影家协会，邀请区内外摄影家，从4月份开始深入原州区进行采风活动，创作、收集反映原州区经济社会发展成就的摄影作品700多篇幅，并成功举办了原州区2011年经济社会发展成果摄影展，有效地宣传了原州区；组织作家协会、摄影家协会会员深入三营镇团结村、黄铎堡村开展"走进大移民 感受新变化"文艺采风创作活动，创作出文艺作品及摄影作品近百篇幅；积极配合自治区、固原市美术家、音乐家协会等深入移民村开展采风交流活动3次。

【帮扶工作】 文联定点帮扶开城镇上青石村，及时成立了帮扶工作领导小组，进村入户调查摸底，掌握了村情，制定了帮扶计划，进一步明确了上青石村发展思路。在帮扶工作中力求多为群众办实事，为贫困户捐助资金1000元，给上青石村赠送《原州民间故事集》50本。

【"城乡联动双诺整推"活动】 按照区委的安排，文联与河川乡明川村党支部结对联建，通过深入该村摸底了解情况后，制定了"双诺"整推活动实施方案和帮扶计划，并作出公开承诺，建立了党员与困难户结对机制，每名党员结对联系2名农村党员，除开展科技、信息、物资等多种新式的帮扶活动外，为每户结对党员送去面粉1袋，为结对党支部资助活动经费500元。

残 联

【概况】 残联内设3个股室，即办公室、康复股和教育就业股。核定岗位9人。行政事业编制8个(其中领导职数2个，干部6个)。2011年残联工作在固原市残联系统年度考核中获一等奖；在自治区残联系统年度考核中获三等奖。

【康复需求调查】 调查康复需求对象9358人，占全区总人口的2.24%；普查确定疑似残疾人28500人，占总人口的7%；在张易镇盐泥村和寨科乡刘沟村开展残疾人状况监测，鉴定残疾人61人，占监测总人口的7.07%。

【康复建设】 一是根据社区建设的需求，成立5个社区康复站，配备康复器材5套；实施白内障复明手术258例；盲人定向行走训练15人；助视器发放16例；培训低视力儿童家长、聋儿家长、肢残康复训练共计35人；发放残疾人用品用具230件；对156名精神病患者实施免费服药或住院治疗。

【扶残助学】 救助高中阶段残疾学生20人，义务教育阶段学生90人，大中专残疾学生8人，共计资助118人，落实资助资金7.7万元。

【技能培训】 办培训班5期，培训残疾人373名，共安排城乡残疾人就业73人。

【惠民行动】 扶持残疾人发展种、养殖户120户。改造残疾人危房100户。

【民生保障】 使全区300名精神、智力等重度残疾人实施居家托养，14407名贫困残疾人享受低保，28954名农村残疾人参加医保，14671名残疾人参加养老保险。积极争取残疾人机动车辆燃油补贴资金34.7万元，受益残疾人达到1200人。

【残疾人组织建设】 在全区11个乡镇3个街道办事处均建立残联组织，设有兼职残联专干，在210个社区(村)居委会建立残协组织，社区(村)居委会建残协组织达95 %。

【证件办理】 办理残疾人证9895本，为残疾人享受特惠政策提供必要依据。

伊 协

【概况】 原州区伊斯兰教协会是伊斯兰教穆斯林的全区性爱国宗教团体。2011年伊协工作按照区委、政府确定的重点工作和民生实事，围绕中心，服务大局，始终把促进全区经济社会发展作为第一要务，把维护民族团结和社会稳定作为第一职责，积极开展各种工作。

【宣传培训学习】 一是以"巩固民族团结、推进科学发展、建设和谐富裕新原州"教育实践和"同心同行"主题教育活动为载体，分别召开了宗教人士参加的不同层次的主题教育实践活动，组织召开宗教人士学习座谈会3次，培训194人次，做到活动宣传氛围浓厚、学习培训有序。二是抓好宗教人士的外派学习培训。先后选派了24名伊斯兰教宗教人士赴宁夏社会主义学院和经学院学习，组织7名阿訇分别到银川、石嘴山、红寺堡等地考察生态移民生产生活情况。三是狠抓宗教人士乡级培训。各乡镇采取“三定”学习、以会代训、伊协干部实行包乡(镇)参加“三定”学习授课制度、采取专题讲座等形式举办宗教人士、寺管会主任学习培训班16场次，参训620多人次。输送17名有一定阿语基础的青年参加自治区民委举办的阿语商贸服务人才职能强化培训班。

【民族团结进步创建活动】 2011年1月8日，区统战、宗教部门召开“两创两争”表彰大会，对涌现出的受到自治区、固原市、原州区表彰奖励的50各和谐宗教场所和50名先进宗教人士披红带花，给予了荣誉。4名受表彰的先进个人和模范场所代表作了生动的交流发言。

【“民族团结月”活动】 以“解放思想，树新形象，促进民族大团结、大发展”为主题，利用各种学习载体，把民族宗教政策法规作为重点内容之一进行学习。广泛开展“民族大团结促进原州大发展”宣传教育活动。积极开展“两创建、两争做”活动。创建了一批民族团结并以创建活动促我区经济社会发展；集中开展了一次清真食品市场专项整治活动。以开斋节、国庆节和中阿经贸论坛为契机，通过对清真食品市场的专项整治，进一步规范了经营秩序。

【清真食品规范化管理】 一是开展集中培训2期132人次，指导企业培训从业人员630人。配合固原市于6月24日在新时代广场举行了新修订的《条例》“宣传月”启动仪式。从7月1日开始，宗教、工商、伊协等部门联合执法，10名清真食品义务监督员义务热情服务，对清真食品市场进行了专项整治活动。对大、小清真餐厅进行了全面的普查登记，并以各种节日和中阿经贸论坛为契机，对部分宾馆内设餐厅、超市等检查整顿。没收6家经营单位的非清真原料19箱，21袋，共217公斤，销毁1家非清真原料5袋，收回2家《清真食品准营证》，拆除5家清真门牌标识。

【朝觐服务管理】 积极配合宗教局做好朝觐人员接送工作，107名朝觐人员已安全朝觐归来。

【宗教场所建设与管理】 一是经申报审批，翻建了宗教场所7处。对移民村需新建的3处宗教场所，积极进行了申报。无乱翻滥建宗教活动场所、无分坊建寺现象发生。二是为新搬请的60名阿訇颁发了聘任证书。三是认真贯彻落实自治区五厅局联合下发的《关于进一步加强跨省区宗教活动管理的意见》(宁宗发〔2011〕11号)精神，严把事前申报审批关，对大型跨地区宗教活动，配合统战、民族宗教部门主要领导提前介入。

【自身建设】 一是加强效能建设。结合创先争优和“思想大解放、树立新形象”等活动，严格落实目标责任制、岗位责任制和党风廉政建设责任制，深化政务公开，全力打造“阳光政务”，有效解决了制度落实、干部作风、服务质量等方面存在的突出问题，加强了机关精神文明建设，树立了民族宗教干部队伍良好形象。二是提升业务素质。以学习型党组织建设为契机，狠抓政策、法律、法规、业务知识等方面的学习，提高伊协干部的行政能力、调研能力、创新能力和管理能力。

【“城乡联动双诺整推”活动】 我会6名在职党员与头营的陈庄、山岔结队村的8名党员进行了结对帮扶，“七一”期间，为头营的陈庄村和山岔村的党员送去慰问面粉36袋，折合人民币3300元。按时完成春、秋季植树任务，主动参与政府重点建设的协调工作。

科 协

【概况】 原州区科学技术协会（简称原州区科协）是原州区科技工作者的群众组织，是中共原州区委领导下的人民团体，是区委和政府联系科学技术工作者的纽带和桥梁，是发展科学技术事业的重要社会力量。原州区科协现设主席1名，副主席1名，编制5人，下设乡镇(街道)科协组织14个，各类专业学会8个，企业科协1个，农村专业技术协会及各类合作社57个，科普示范基地8个。

【科普示范县(区)创建】 一是加强组织领导。协调区委办、政府办先后调整了全民科学素质工作领导小组和创建全国科普示范县(区)工作领导小组,指导各乡镇(街道)成立了全民科学素质工作领导机构,全面加强了对科普工作的组织领导。二是完善创建机制。制定下发了《科普示范县(区)实施细则》、《考核标准》等一系列配套文件,建立健全县(区)级科普示范体系创建标准。三是加强示范体系建设。加大县(区)级科普带头人、科技示范户推荐评选力度,积极开展科普示范体系创建工作。2011年,共命名县级科普示范乡镇(街道)5个、村(社区)10个、学校3个;培育农村科技示范户380户,评选社区科普示范家庭146户。四是完善台账资料。严格对照科普示范县创建标准做好各类数据、文件资料收集整理工作查漏补缺。五是加强督促检查。积极协调成立了督查组,做好创建工作的督促检查,帮助解决各乡镇(街道)、有关部门(单位)在创建工作中存在的困难和问题,确保了创建工作质量。3月18日,检查验收组对原州区创建工作给予高度评价,并于5月份被中国科协命名为2011-2015年度全国科普示范县(区)。

【科普宣传】 以科普大篷车为主要宣传平台,以"三下乡"、"四进社区"活动为载体,充分利用科普宣传栏、专题片、互联网等形式开展科普宣传,大力营造良好的科普氛围。全年区科协共展出防震减灾、应急避险、灾害预防、节能环保等科普展板150块;发放农业种养知识资料3600余册(份),其中《果树栽培技术读本》1480册、《设施蔬菜种植技术读本》480册、《固原科普》200册、科普挂图200份、农业科技常识手册1240册;发放反邪教知识宣传资料1000余份。组织举办农民实用技术培训班15期,培训农民3850人次。全年共编发《原州科协信息》38期,被宁夏大众科技网、《新原州》等报刊、网站等媒体采用13篇次。制作了原州区创建全国科普示范县(区)专题片1部,在高速公路固原出口处矗立118平方米大型科普宣传牌1个,制作2.4×1.2m科普宣传展板13块,收到了很好的宣传效果;邀请农业部全国农技中心栽培首席专家张真和等7名专家在头营镇、三营镇等村举办了实用技术培训班,帮助农民提高实用技术水平。

【科普项目】 彭堡镇姚磨村冷凉蔬菜基地被中国科协、财政部命名为"全国科普示范基地";中国科协和华硕集团为彭堡镇姚磨村、头营马园村各捐赠3万元科普图书,建"华硕科普图书室"各1个。

【青少年科技活动】 联合区教育局、科技局在原州区第四中学举办了以"体验、创新、成长"为活动主题的原州区第一届青少年科技创新大赛,共征集参赛作品387件,并对4个先进集体、7名科普优秀辅导员、21名获奖学生进行了表彰奖励。在自治区、全国青少年科技创新大赛期间,原州区共报送参赛作品18件,其中3件作品获自治区奖励,1件作品获国家级二等奖。5月,邀请中国科学院老科学家科普报告团专家分别在原州区四中、三中、六中进行中学生专题科普知识讲座,全面提升了青少年科学素质。

【连心工程】 为结对帮扶村办理实事6件,为张易镇贺套村赠送联想电脑2台,解决科普宣传栏2个;为三营镇孙家河村、张易贺套村投入帮扶资金12000元,帮助建设了村级科普活动室,赠送科普书籍500多册,承诺事项全面兑现。为中河乡曹河村举办科技实用技术培训班2期,培训农民300多人,为村党员活动室捐赠科普图书500多册。

民主党派和工商联

民盟原州区总支

【概况】 2011年,民盟原州区总支的全体盟员在中共原州区委和民盟市委会的领导下,在区委统战部的精心指导下,求真务实,开拓进取,在思想政治建设、参政议政、组织队伍建设和岗位建功等方面发挥积极作用。

【思想建设】 总支根据盟员实际情况,坚持每季组织全体盟员召开一次组织生活会,重点学习邓小平理论,"三个代表"重要思想,中共十七大精神,使盟员更加坚信中国共产党是一个能够驾驭全局、领导全国人民实现第三步战略目标的先进的马克思主义政党,从而更加自觉地接受中国共产党的领导,始终坚持正确的政治方向。认真学习全国、区、市统战工作会议精神,民盟中央、区、市委有关会议精神及区"两会"的重要内容。领会精神实质,统一盟员思想,深刻理解"长期共存,互相监督,肝胆相照,荣辱与共"十六字方针的丰富内涵,做好盟的思想建设,增强盟员素质。关注全国和我区经济、社会、政治、文化各方面的发展情况,做到让每个盟员都了解党和国家重要工作和经济、社会各方面的发展和变化,为每位盟员参政参到点子上、议政议到实处,打下基础。

在中国共产党成立90周年和民盟成立70周年之际,总支号召全体盟员积极参与庆祝活动,撰写理论文章、创作书画作品,反映中国共产党90年来和民盟成立70年来艰辛而又光辉的历程,展望新时期多党合作的美好未来,赞美社会主义制度,讴歌中国共产党,歌颂中国共产党领导的多党合作和政治协商制度,展示广大盟员与时俱进、开拓创新的新的精神风貌。5月份民盟宁夏区委会召开庆祝民盟成立70周年庆祝大会,会上,总支和下属文教支部分别获得先进集体;1人获得先进个人;5人获得思想建设年知识竞赛先进个人;4人获得纪念民盟成立70周年征文活动奖。《宁夏盟讯》先后刊登了总支和盟员撰写的通讯报道、理论文章。从而宣传了原州盟员的风采,交流了经验,展示了工作。

【队伍建设】 根据《关于民主党派组织发展若干问题座谈会纪要》的精神和盟组织发展工作有关规定,结合本区实际情况、实事求是地坚持巩固与发展相结合。首先强化了领导班子建设,在班子中实行集体领导和分工负责制,同时强化团结协作精神,要求大家讲奉献,营造"团结、信任、民主、和谐"的氛围。在组织发展工作方面,重视新盟员的培养、培训及后备干部队伍的建设。现有24名盟员,具有高级职称的9人,在职副处级干部1名、科级干部2名。

【参政议政】 紧紧围绕以服务经济建设为中心,认真履行参政党的职能。积极参加中共原州区区委、区政府、区政协召开的各类座谈会,并就原州区经济建设、社会发展、政治稳定等重大问题建言献策,受到了有关部门的重视。担任市、区政协委员的盟员以高度的政治责任感和历史使命感,密切联系群众,开展调查研究。"两会"召开前,总支都召开专题会议,讨论提案内容,布置任务,按照"少而精、专而深、出精品、求实效"的原则,围绕政治、经济和社会发展中的一些重大问题献计献策。通过认真调研,在区两会上,提出了《关于加快土地流转,增加农民收入》被定为原州区政协主席督办案。向市政协和市委会提交调研报告1份,提案及素材4个。经过努力奋斗,1人被政协原州区委员会评为"优秀提案委员",得到表彰奖励。

【社会服务】 继续协助上级盟组织办好"农村烛光教育行动"基地,确保了"农村烛光教育行动"在我区顺利、持续开展。4月份对原州区286名中小学校长、幼儿园园长进行了培训,通过培训使他们人文素养与科学素养得到进一步升华,系统学习了新课程背景下学校管理新理念,学习了实施新课程所需的教育教学和学校管理知识和理论。从而完善了自身的知识结构。7月份上海教育专家来固原对原州区中小学中层干部、班主任教师进行了培训,四位专家分别从"对学校德育的认识"、"学生心理状况分析与教育"、"班主任与家长同行"、"教师职业倦怠现象与心理缓解" 等方面深入浅出的进行了讲解。参加此次培训的中层干部和班主任共有138人。8月份利用"农村烛光教育行动"这一平台,对95名特岗教师进行了为期5天的培训,通过培训,使特岗教师更进一步掌握了做一名称职的人民教师所具备的知识和技能。

民主促进会原州区支部

【概况】 中国民主促进会固原市原州区支部在原州区委统战部的正确领导下,在民进固原市委会的悉心指导下,以参政议政为主旨,以民主监督和支教支农为抓手,认真开展各项工作,齐心协力为实现原州区的繁荣富强而努力。

【送课下乡】 结合原州区教育局的教育布局调整,也使原州区教育局制定的“三校联动”和“基地校建设”更有成效,原州区支部组织了以四中为核心的“送课下乡”活动,选派六名骨干教师去三营中学研究同课异构教科研活动。通过此次活动,使得“城乡联动”的教学模式更具有成效,受到师生一致好评。

【调研工作】 组织部分会员对原州区委政府实施的中小学营养早餐工程进行了调研。

【学习与培训】 为了使全体会员的“四种能力”得以提高,支部组织会员就“社会主义核心价值观体系”进行学习培训,通过学习,各位会员就新时期新形势下的人生价值观有了新的认识;选派骨干会员前往宁夏社院参加“暑期骨干会员培训”。通过培训,会员的组织意识和服务意识、团结意识、参政议政意识都有了明显的提高,也为民进的自身建设夯实了基础。

(苟俊杰)

工商联

【职能设置】 工商联是中国共产党领导的具有统战性、经济性、民间性的人民团体和民间商会。原州区工商业联合会是区委、区政府联系非公有制经济人士的桥梁和纽带,区政府管理非公有制经济的助手,单位核定编制5名,实有人员5名。二届会员代表大会推选专职会长(主席)1名,副会长(主席)1名,兼职副会长(主席)15名,秘书长1名,执委37人〈含会长(主席)、副会长(副主席)〉。共有会员459人,企业会员84家,这84家会员企业中,担任我会副会长的15人,担任自治区政协委员1名,市政协常委3名,市政协委员4名,区政协常委4名,委员10名。84家会员企业中已建立企业党组织的有11家。

【招商引资】 积极响应区委、政府的号召,充分发挥工商联的优势,将工作重点转移到招商引资工作上。2011年,完成招商签约项目1个,总投资7500万元。该项目占地60亩,总投资7500万元,年生产电动车30万辆。各项准备工作已结束,可望在2012年初投产。引进的项目两个,目前正在协调引进当中。

【调研工作】 按照自治区工商联的要求,对原州区民营企业进行了认真的调研,完成《原州区非公有制经济发展情况调研报告》和《联系中山北街社区创先争优活动调研报告》两份调研报告的撰写。填写2010年度全国工商联上规模民营企业调研表和全国工商联执常委会员企业数据库登记表,上报区委、政府及市、自治区工商联,为地方党委、政府制定相关政策提供了依据。协助自治区工商联做好非公有制企业(单位)人才资源状况调查表和非公有制单位用人情况及人力资源服务环境调查问卷。

【二届二次执委会议】 会上传达学习了中共中央总书记、国家主席胡锦涛的“七一”讲话精神,中共中央政治局常委、全国政协主席贾庆林和全国政协副主席、中央统战部部长杜青林在全国加强和改进工商联工作会议上的讲话精神,自治区党委书记张毅在发挥商会作用促进民营经济大发展座谈会上的讲话,自治区工商联八届五次执委会议精神。执委会听取并审议通过了蒋广秀主席作的题为《抢抓机遇迎接挑战推动我区工商联工作再上新台阶》的工作报告。固原市工商联副主席文俊林对原州区工商联的工作给予了充分肯定,原州区委常委、统战部部长何锟做了重要讲话。

【招聘活动】 组织开展了民营企业招聘周活动,参加本次招聘活动的18家民营企业及中介公司共提供包括餐厅服务员、超市营业员、药品化验员、会计、文秘等40多个就业工种360个就业岗位,启动仪式当天有115人与用人单位达成了初步就业意向。签定培训协议55人。

【捐资助学】 举办原州区工商联会员企业资助特困大学生现场会。共捐助资金6.6万元,资助2011年高考中取得优异成绩的特困大学生30人,深受社会各界的好评。

【光彩事业】 “六一”儿童节和教师节期间,会员企业福苑实业有限公司为彭堡镇曹洼小学捐助价值12000元的音响设备一套,送价值7000元的冬季烤火煤和学习用品,荣华实业有限公司为城关五小捐款10万元,味园商贸有限公司为一中捐款18万元;“七一”期间,会员企业福苑实业有限公司给原州区彭堡镇曹洼村党支部赠送价值1300元的红色书籍，看望了3名老党员，送去1000多元的慰问品，固原正祥供热集团有限公司慰问开城镇三十里铺村和公司老党员50人，送去慰问品达6000元，还在开城镇三十里铺村征地五亩，为本村盖党员活动室。“八一”期间，固原荣华实业有限公司慰问消防武警官兵，送去价值26000多元的慰问品和慰问金，为贸易公司困难经营户减免摊位费50余万元。2011年，光彩事业及社会公益事业资金累计达90万元以上。

【发展会员】 指导会员企业党、团、工会等组织建设，重视发展团体会员和个人会员，全年新发展团体会员2家，个体会员10名。给工商联注入了新鲜血液，壮大了会员队伍。

政权政协

固原市原州区人大常委会

重要会议

【原州区第一届人民代表大会第五次会议】 2010年12月24~26日在市人民会堂举行。应到代表208人，出席会议代表196人。会议听取区长张戈作的《固原市原州区人民政府工作报告》、区人大常委会主任陈兴源作的《固原市原州区人大常委会工作报告》、区人民法院副院长杨春荣作的《固原市原州区人民法院工作报告》、区人民检察院检察长马占明作的《固原市原州区人民检察院工作报告》，并通过了相应的决议。

（雷富仓）

【原州区第一届人大常委会第二十九次会议】 2011年2月21日举行。听取和审议区人民政府、区人大常委会执法检查组关于《宁夏回族自治区食品生产加工小作坊和食品摊贩管理办法》实施情况的汇报；区人民政府、区人大常委会执法检查组关于《宁夏回族自治区价格管理条例》实施情况的汇报；区人民政府关于农村社会新型养老保险和统筹城乡居民基本医疗保险工作的汇报；审议通过人大常委会主任会议和政府有关人事任命议案，接受了张立辞去区一届人大常委会委员的辞呈。 （雷富仓）

【原州区第一届人大常委会第三十次会议】 4月29日举行。听取和审议区人民政府关于医疗救助一站式服务和中心敬老院管理工作的汇报；区人民检察院关于查办和预防职务犯罪工作的汇报；区人大常委会执法检查组关于《宁夏回族自治区实施〈中华人民共和国残疾人保障法〉办法》实施情况的汇报；对区人民检察院关于查办和预防职务犯罪工作汇报进行了满意度测评，满意度为100%；审议通过了区人民法院提请的人事任免议案；补选李文章为固原市第二届人民代表大会代表。 （雷富仓）

【原州区第一届人大常委会第三十一次会议】 6月27日举行。会议听取和审议区人民政府关于节水灌溉工作的汇报；区人民政府关于法律援助和人民调解工作的汇报；区人民政府关于妇幼卫生“四免一救助”工作的汇报；区人大常委会执法检查组关于《宁夏回族自治区乡镇人民代表大会工作条例》实施情况的汇报；会议作出了区人大常委会《关于进一步加强法制宣传教育的决议》和《关于调整原州区部分乡镇行政区划的决议》。 （雷富仓）

【原州区第一届人大常委会第三十二次会议】 7月20日举行。区人大常委会主任陈兴源主持了会议。会议选举赵旭辉、李清伟为固原市第二届人民代表大会代表。区人大常委会主任陈兴源作了讲话。

【原州区第一届人大常委会第三十三次会议】 8月19日举行。会议听取和审议了区人民政府关于原州区2011年12项重点工作进展情况的汇报；区人民政府关于2011年上半年国民经济和社会发展计划执行情况的汇报；区人民政府关于2010年财政决算和2011年上半年财政预算执行情况的汇报和区人大常委会财政经济工作委员会关于2010年财政决算的审查汇报；区人民政府关于2010度年财政预算执行和其他财政收支工作的审计汇报；区人民法院关于刑事附带民事审判和执行工作的汇报;区人大常委会执法检查组关于《宁夏回族自治区劳动合同条例》贯彻实施情况的汇报;对区人民法院关于执行工作汇报进行了满意度测评,满意度均为100%;审议通过了区人大常委会《关于批准2010年原州区财政决算的决议》和《关于调整头营等乡镇本级人大代表名额的决定》;审议通过了人大常委会主任会议提交的人事免职议案。

(雷富仓)

【原州区第一届人大常委会第三十四次会议】 9月13日举行。区人大常委会主任陈兴源主持会议。会议决定任命何锟为原州区人民政府副区长;任命陈健为原州区人大常委会财政经济工作委员会主任;免去李志菊原州区人民政府副区长职务,魏国营原州区人大常委会财政经济工作委员会主任职务。区人大常委会主任陈兴源作了重要讲话。

【原州区第一届人大常委会第三十五次会议】 10月31日举行。会议听取和审议区人民政府关于2011年民生计划执行情况的汇报;区人民政府关于冷凉蔬菜基地建设及设施农业建设情况的汇报;区人民政府关于安全生产情况的汇报;区人民政府关于全区生态移民工作情况的汇报;区人民政府关于学前教育工作及城区"大班额"问题化解情况的汇报;对区人民政府关于学前教育工作及城区"大班额"问题化解情况的汇报进行了满意度测评,满意率为94.4%;表决通过了区人民法院提交的人事任命议案,依法任命了2名审判员。 (雷富仓)

【原州区第一届人大常委会第三十六次会议】 11月25日举行。区人大常委会主任陈兴源主持会议。会议审议通过了关于原州区第一届人民代表大会第五次会议召开的决定;审议通过了补选原州区第一届人民代表大会代表的决定;决定任命刘世贤为原州区人民政府副区长;免去叶宏伟原州区人民政府副区长职务;会议结束时,区人大常委会主任陈兴源就开好区一届五次人代会对常委会组成人员和大会各工作机构的工作人员提出了要求,并对新任命的区政府副区长刘世贤提出了几点希望和要求:一要牢记重托,不辱使命。二要重视学习,提高能力。三要勤政为民,真抓实干。四要严于律己,清正廉洁。

【原州区第一届人大常委会第三十七次会议】 12月16日举行。听取和审议了区人民政府关于招商引资工作的汇报;区人大常委会关于政府、法院、检察院贯彻执行《宁夏回族自治区刑事被害人困难救助条例》情况的汇报;区人民政府关于区一届人大四次会议代表议案和建议办理情况的汇报;区人民政府关于调整财政预算收支指标的汇报和区人大常委会财政经济工作委员会关于调整2011年财政预算的初审汇报,批准调整了2011年财政预算;区一届人大代表资格审查委员会关于区一届人大四次会议以来代表变动情况及补选代表的代表资格审查汇报;听取关于区一届人大五次会议筹备情况的汇报,审议区一届人大四次会议有关材料,决定区一届人大五次会议列席人员名单;表彰奖励区一届人大四次会议优秀议案、建议提案人和办理代表议案、建议的先进单位;补选了一名市二届人大代表。 (雷富仓)

人大办公室工作

【文字服务】 把提高文字服务水平作为办公室一项重要工作,把好草拟、审核关,力求公文符合政策、法律法规,领会文件精神,贯彻领导意图,切合实际情况,努力提高文字材料的思想性、理论性、政策性、可操作性,通过文字服务发挥了办公室的参谋助手作用。全年形成常委会文件28份、党组文件5份、办公室文件80份,还有常委会会刊6期、简讯近30期。

【"三会"服务】 人大及其常委会履行职权的方式主要是通过召开人大会议、常委会议、主任会议等各种会议的形式进行,会议多、材料多、程序多是人大工作的特点,因此,围绕"三会"办会办文是办公室工作的重要内容之一。在人员少,经费紧张,会议多、要求高的情况下,努力提高对工作的预见性,不断强化超前服务意识,抓早、抓紧、抓实,全年为原州区第一届人民代表大会第四次会议、9次常委会、18次主任会提供了完满的准备和会务工作服务,保证了会议的顺利进行。

【协调办事】 协调办事是办公室的重要工作内容和

提高工作效率和水平的重要环节。认真履行职责,充分发挥承上启下、协调内外、联系左右的重要职能,注意协调机关内部各机构以及工作人员之间的关系,协调人大机关与区委、政府、"两院"部门之间的关系,努力做好日常事务的统筹安排,理顺各方面的关系,调动各方面的积极性,形成工作合力,确保了常委会工作有序运转。

【调研工作】 在工作中,不断强化调研成果作为参谋服务的重要途径,围绕加强地方人大工作、文化市场管理、村卫生医疗体系建设、教育改革、工作评议等以及常委会听取审议事项、信访问题、人民群众关注的热点难点问题,开展了大量调研活动,掌握了第一手资料,及时提建议,积极应用调研成果为领导决策服务。一年来,先后形成各类调研材料12份,为常委会和主任会审议决策提供了依据。

【宣传及信访】 充分借助各种新闻媒体,拓展宣传渠道,加大宣传力度,发挥人大宣传阵地的作用,对常委会开展的各项活动进行报道,全方位、多层次、多角度地展现了原州区人大工作的全貌,深化了全社会对人大性质、地位和作用的认识,拉近了人大与群众之间的距离,弘扬了"民主与法制"的主旋律。信访工作坚持制度,专人办理,重大疑难案件及时提交主任会议研究,办公室与法工委督办,全年接待信访28人次,转办20件,做到无积压、不隐瞒,维护了信访人合法权益。 (雷富仓)

专委会工作

【法制委员会】 一是认真履行监督职责,努力提高监督实效。监督工作是宪法赋予人大常委会的一项重要工作,并先后对政府有关部门及"两院"的执法情况和工作情况进行了检查,为全委会审议提供了可靠依据。二是认真开展执法检查,促进法律法规贯彻实施。对《宁夏回族自治区劳动合同条例》的贯彻执行情况进行了执法检查,向常委会提出了合理的意见和建议。有力地提升了劳动合同签订率,维护了劳动者合法权益,使《条例》进一步得到落实。三是加强对民生保障工作的监督,推进了各项目标任务的落实。

对"一府两院"贯彻执行《宁夏回族自治区刑事被害人困难救助条例》和全区医疗救助一站式服务与中心敬老院及统筹城乡居民医疗保险工作进行了专项检查。针对存在的问题及困难向政府及有关部门提出了合理化的建议。"一府两院"及有关部门积极采纳,认真整改,取得了很好的效果。四是加强司法监督,促进司法公正。对法律援助工作、区人民法院的刑事附带民事审判和执行工作、区人民检察院查办和预防职务犯罪工作进行了检查,向人大常委会提出合理化建议,要求"两院"要以维护人民利益为根本,以维护社会和谐稳定为目标,进一步加强法律宣传,加大执行力度,加强队伍建设。加大查办和预防职务犯罪检查,创新工作机制,找准切入点,加大预防打击职务犯罪力度,切实维护广大人民群众的利益。(雷富仓)

【选举委员会】 一是指导乡镇人大工作。选举委员会就加强乡镇人大工作,开展代表活动的有关事项作出了指导性的安排意见,要求各乡镇人大主席团都要按照区人大常委会的工作安排意见,结合本乡镇的工作实际和乡镇人大所担负的工作职责,开展代表活动,以确保乡镇人大工作依法开展,有效进行。各乡镇人大主席团根据本乡镇的工作实际制定出了切实可行的年度工作计划,并组织本乡镇的人大代表,学习党的方针、政策和有关法律、法规,开展代表视察评议活动,督办乡镇人代会议代表议案、意见和建议,有力地促进了乡镇人大工作的健康发展。坚持邀请乡镇人大主席列席常委会会议,举办了乡镇人大副主席履职培训班,进一步促进了乡镇人大工作的有效开展。对乡镇人大工作进行经常性检查指导,提出意见建议,使乡镇人大工作趋于规范,工作水平有了新提高。二是代表联络工作。要求各乡镇人大主席团采取各种形式组织本乡镇人大代表学习贯彻党的十七届四中、五中、六中全会精神,学习《宪法》、《选举法》、《组织法》、《代表法》、《选举实施细则》、《乡镇人大工作条例》等,努力做到学法、懂法,依法办事,履行好自己的工作职责,代表们的履职水平逐步得到了提高。三是组织代表视察。

围绕人大常委会审议的有关议题和人民群众普遍关注的热点、难点问题,组织区人大代表开展专题视察调查和执法检查、评议，为人大代表在本辖区履行代表职责搞好服务。四是人大代表议案、意见建议督办工作。区一届人大四次会议共立人大代表议案1件，重点督办建议4件，意见和建议9条。选举委员会多次了解督促区政府办公室和代表议案、重点建议承办部门关于代表议案、重点建议的办理情况，并会同区政府办公室和议案承办部门，深入议案、重点建议办理现场进行督办、检查、听取情况介绍。通过组织人大委员、部分人大代表现场检查、验收，1件人大代表议案已办结，4件重点督办建议和9条建议得到圆满办结。（雷富仓）

【财经委员会】 法律监督：对全区贯彻实施《宁夏回族自治区价格管理条例》情况进行了执法检查，针对存在的问题向常委会提出了合理化建议和意见。对全区贯彻实施《宁夏回族自治区清真食品管理条例》情况进行了执法检查，向人大常委会提出了合理化建议。财政预、决算审查监督：一是对2010年度财政决算的审查工作。二是对2011年上半年财政预算执行情况的审查监督工作，提出了要严格预算编制和执行，要认真抓好审计意见的整改落实等建议。三是加大了对预算调整的审查监督力度。四是在区一届人大五次会议召开之前，对2011年预算执行情况和2012年预算草案着手进行了调查研究和有关资料收集及分析，为向大会财政经济审查委员会代拟初审意见和决议草案做了准备，以便大会召开时财政经济审查委员会和人民代表大会审查批准时参考和使用。（雷富仓）

【教科文卫委员会】 一是开展食品安全法执法检查。针对检查中存在的食品加工小作坊和食品摊贩经营者卫生意识较差，生产设备简陋，工艺简单，食品监管部门缺失等问题，向常委会提出合理化的建议。二是开展残疾人保障法执法检查。教科文卫委前往相关部门了解情况，收集数据，对残疾人经费保障、基层组织建设、残疾人培训就业以及政府为残疾人提供社会保障等问题等提出了合理化建议。三是开展妇幼卫生工作检查。对全区贯彻落实妇幼卫生“四免一救助”等工作实施情况进行检查。针对婚前医学检查和领结婚证场所分离，给办证群众带来不便，乡镇卫生院医疗设备短缺或现有医疗设备老化等问题，提出继续加大经费投入力度等解决问题的具体建议。四是开展学前教育及城区中小学“大班额”问题化解工作检查。针对我区教师队伍学科结构不平衡及老龄化、民办幼儿园条件差等问题向常委会提出了整改意见和建议。五是做好上级人大检查组来原州区的接待工作。（雷富仓）

原州区人民政府

综　述

【概况】 紧紧围绕“建设宁南山区统筹城乡示范区、产业聚集核心区、生态文明先行区、民族团结和谐区”奋斗目标，大力弘扬“不到长城非好汉”的六盘山精神，以12项重点工作和10件民生实事为抓手，加快转变发展方式，积极调整经济结构，统筹推进城乡发展，努力构建和谐社会，全面完成了区一届人大四次会议确定的各项目标任务。全年完成地区生产总值56.38亿元，增长18.0%；实现地方财政一般预算收入1.4967亿元，增长56.0%；完成全社会固定资产投资50.89亿元，增长31.5%；全社会消费品零售总额达到18.33亿元，增长17.8%；城镇居民人均可支配收入16311.1元，增长14.4%；农民人均纯收入4137.7元，增长16.7%。主要经济指标均保持了两位数增长，发展质量和经济增速实现了双提高。

【农村经济】 围绕建设“现代生态农业示范县(区)”目标，引进龙头企业参与产业开发，培育壮大特色优势产业，农业综合生产能力显著提高。完成农业增加值9.96亿元，增长4.7%。蔬菜种植规模迅速扩张，总面积达到18万亩。设施农业面积达到9万亩，成为宁南山区种植规模最大的冷凉蔬菜示范基地。农民人均蔬菜收入占纯收入的20%，成为农民增收的支柱产业。原州区被授予“中国(西部)冷凉蔬菜之乡”称号。种植牧草36.5万亩，补栏肉牛4.5万头。新建肉牛养殖示范村18个，累计达到83个。新建存栏200头以上肉牛养殖园区7个，肉牛饲养量达到20.5万头。新建10万只养鸡园区1个、2万只标准化养鸡场5个；新建组培室5000平方米，繁育原原种4000万粒，发展原种田3500亩，一级种薯田6.25万亩，带动全区种植优质马铃薯53万亩。建成中河、张易、三营3个万亩种薯示范基地，原州区被授予“中国马铃薯种薯之乡”称号；选用优良品种，推行有机栽培，强化科技支撑，新建甘沟、马店万亩枸杞园区2个，枸杞种植总面积达到7万亩，产值3亿元以上；全年培养劳务经纪人186名，开辟劳务基地15个，实现农村劳动力转移就业10万人，创收6.5亿元，农民人均转移就业收入占纯收入的46.8%，位居自治区前列。

【工业经济】 全年实现工业增加值7.21亿元，增长95%。开展清水河工业园区土地集约节约利用专项整治，完善配套设施建设，提高土地利用率，湖南三一重工集团等5家企业入驻园区。开工新建长城工业园和通用航空产业园，场地平整及供电、供水、道路等基础设施建设有序推进，“一区两园”工业发展格局初步形成。制定出台了《关于进一步加强招商引资工作的意见》，新能源、新材料、装备制造等一批新型业态填补了我区工业领域空白，工业经济结构发生了重大变化。全年招商引资到位资金9.6亿元，增长3.6倍。规模以上工业增加值增幅位居自治区第一。积极稳妥推进国有企业改制，万元GDP能耗下降3%。工业对经济增长贡献率达到46.6%，提升了36个百分点。工业经济拉动第二产业增加值首次超过第一产业。

【第三产业】 改造提升餐饮住宿、批发零售、交通运输等传统服务业，积极发展连锁经营、中介代理、物流配送等新型业态，实现第三产业增加值29.74亿元，增长10.6%。加快推进“万村千乡市场”、“现代农村市场体系”和“三新”工程建设，建成物流配送企业2家、“农家店”80个。马铃薯综合批发市场投入运营，效益逐步显现。全面落实“家电下乡”、“以旧换新”等惠民政策，兑现补贴资金1600多万元，带动销售1.1亿元。汽车、电脑等高端消费品进入千家万户，银行保险等金融业健康发展，存款余额87亿元、贷款余额67.9亿元，分别增长23.2%、22.1%。完成了须弥山博物馆及游客接待中心等基础设施建设。成功举办了宁夏六盘山（须弥山）山花旅游节，全年接待游客14.8万人，实现旅游社会收入680万元。

【基础设施建设】 抢抓国家新一轮西部大开发和宁南区域中心城市建设机遇，大力实施项目带动战略，城乡基础设施显著改善，城镇化率达到35%。全年落实各类项目143项，投资25.1亿元，较上年净增16亿元，项目数量、投资规模均创历史新高。

【生态移民】 认真实施《宁夏“十二五”中南部地区生态移民规划》，把生态移民作为最大的民生工程，整合各类资金1.8亿元，建成团结村、丰泽村等13个县内生态移民集中安置点，开创了“七个一”安置模式，搬迁移民1674户6874人，率先在自治区实现了“当年开工建设、当年搬迁入住、当年发展生产”目标。加强与永宁、农垦等5地对接协调，年内搬迁安置县外移民100户411人。

【创业就业】 扎实开展“六大创业行动”，新建创业园区2个，发放小额担保贷款2182万元，扶持创办小企业217个，培育小老板302人，创造新岗位1677个。认真实施各项就业工程，安置大学生就业163人，开发公益性岗位215个，新增城镇就业3053人。城镇登记失业率控制在4.1%以内。

【社会保障】 加大对城镇职工基本养老、失业、工伤、生育保险及住房公积金征缴清欠力度，“四险一金”覆盖面达到100%。建立加快统筹城乡医疗保险制度，城乡居民参保人数达到34.1万人。深入推进城乡低保扩面工作，1.2万名困难群众享受到最低生活保障。14万名困难群众得到救助。为29639名60岁以上老人发放了基础养老金，为2770名80岁以上老人发放了高龄津贴。

【自身建设】 围绕政府职能转变，继续把增强责任心、提高执行力作为提升政府效能、落实目标任务、解决突出问题的重要举措，贯彻于政府工作的全过程。进一步完善学习制度，加强规范性制度建设，机关作风进一步好转，政府科学决策、依法决策、民主决策水平明显提高。认真贯彻区委决策，主动向人大报告工作，定期向政协通报情况，自觉接受人大、政协监督，加强与民主党派、工商联、无党派人士和人民团体的联系，认真办理人大代表议案、建议和政协委员提案。加强机关效能建设，优化区政务服务中心和乡镇民生服务中心环境，规范办事程序，行政效率和服务质量明显提升。合理调整乡镇区划，撤并清河镇、官厅乡，成立官厅镇，新设立黄铎堡镇。开展城中村“村改居”

工作，鼓励引导有条件的农民进城当市民，不断推进城镇化进程。加强社会治安综合治理，强化社会治安防控体系建设，依法严厉打击各类违法犯罪活动，群众安全感明显增强。加快推进依法治区进程，“六五”普法宣传教育全面启动。建立完善领导干部定期接访和包案化解信访积案制度，积极推行“一站式接待、一揽子解决”新模式，严格落实安全生产责任制，加强对重点领域、重要行业、重大危险源、人员密集场所的安全检查和监控，强化事故隐患排查整治。深入开展食品药品安全集中整顿和专项整治，群众饮食用药安全得到保障。积极开展消防救援、防震减灾、医疗救护等应急演练活动，应对突发性安全事件能力进一步提升。全面落实党的民族宗教政策，依法加强宗教事务管理，严厉打击境内外非法宗教渗透，维护了现有宗教和谐稳定格局。

重要会议

【原州区政府第50次常务会议】 1月23日，区长张戈主持召开。会议传达学习了自治区主席王正伟在《原州信息》(第1342期)上的批示精神，宁夏长庆高级中学设立“小金库”案件的通报；听取了2008~2010年政府投资130万元以上项目审计情况汇报，春节期间开展文化活动安排和做好信访维稳、安全生产情况汇报，工业园区土地利用情况汇报，2010年公益性就业岗位实施情况汇报；研究了原州区国有林场整合暨邻区耕地退耕补偿，适度扩大农村居民最近生活保障范围，将退牧还草饲料粮结余资金用于草畜产业建设，有关单位购置公务车辆，增加原州民族艺术团演职人员，对三营(南城拐子)土地整理项目工程进行移交管护等事宜。

【原州区政府第51次常务会议】 1月26日，区长张戈主持召开区人民政府第51次常务会议，会议专题听取了各副区长分管2011年重点工作和民生实事安排及近期各项工作落实情况汇报。

【原州区政府第52次常务会议】 3月4日，区长张戈主持召开区人民政府第52次常务会议，会议传达学习了固原市维稳工作会议精神；研究了《原州区农村宅基地管理暂行办法》(讨论稿)，进一步加强人口和计划生育工作的意见(讨论稿)，原州区建设项目工程招投标及政府采购管理运行方案，原州区学前教育三年行动计划，原州区三营民族特色小城镇建设实施方案，清水河工业园区土地清理清查工作方案，进一步加强招商引资工作的意见，鸦儿沟、黄铎堡林场搬迁方案，开展乡镇民生服务中心规范化建设实施方案，原州区国有资产经营公司重组，关于整合资源完善信息服务体系建设实施方案，须弥山石窟景区管理运营实施方案等事宜。

【原州区政府第53次常务会议】 3月24日，区长张戈主持召开区人民政府第53次常务会议，会议研究了《原州区中长期人才发展规划纲要（2010-2020)》(征求意见稿)，第三步规范公务员津贴补贴增资情况，加快转变服务业发展方式的实施方案，将2010年退牧还草饲料粮款用于草畜产业发展，三营民族特色小城镇建设补偿标准建议，审定规范性文件清理意见，基层国土资源所配备执法巡查车辆，解决耕地保护界碑制作埋设资金等事宜。

【原州区政府第54次常务会议】 4月9日，区长张戈主持召开区人民政府第54次常务会议，会议听取了区一届人大四次会议代表议案、意见、建议和政协一届四次会议委员提案办理进展情况汇报，“兴工强区”计划进展情况汇报；研究了2011年12项重点工作和10件民生实事实事方案，授予白志林见义勇为先进个人称号，原州区进一步做好防震减灾工作的意见，事业单位实施绩效工资有关问题等事宜。

【原州区政府第55次常务会议】 5月14日，区长张戈主持召开区人民政府第55次常务会议，会议传达学习了自治区、固原市政府廉政工作会议精神；听取了近期信访工作汇报，计划生育工作进展情况汇报，机关效能建设进展情况汇报，农村低保扩面工作情况汇报，农村社区建设情况汇报，企业改制工作进展情况汇报，清水河工业园区土地清理清查阶段工作汇报，南关村部分群众上访反映有关问题清理清查工作情况汇报；研究了原州区工程招投标(政府采购)运行管理办法(讨论稿)，规范农村土地承包经营权流转促进农业规模经营实施意见，原州区2011年退耕还林补助粮供应方案，原州区交通和乡镇建设局实施项目所需资金的请示和核拨须弥山招聘人员工资等事宜。

【原州区政府第56次常务会议】 5月28日，区长张戈主持召开区人民政府第56次常务会议，会议听取了听取了安全生产情况汇报；研究了原州区农村公路养护管理办法，原州区公开选聘社区工作者实施方案，对2010年度考核优秀和连续三年优秀公务员给予奖励，在原州区草原工作站增挂原州区草原监理中心牌子，为公安分局辅警员增加工资和办理社会保险，处置原州区科技局等搬迁单位房地产和有关单位购处置公务车辆等事宜。

【原州区政府第57次常务会议】 6月11日，区长张戈主持召开区人民政府第57次常务会议，会议传达学习了《固原市党政领导干部问责办法》、《中共固原市委关于进一步改进干部作风的十项规定》；安排部署了政府及政府所属部门进一步开展好“思想大解放，树立新形象”活动；研究了原州区“村改居”实施方案，原州区推行公务卡制度实施方案和原州区预算单位公务卡管理暂行办法。

【原州区政府第58次常务会议】 6月27日，区长张戈主持召开区人民政府第58次常务会议，会议传达学习了自治区党委政府《关于鼓励引导农民变市民进一步加快城镇化的若干意见》精神，自治区禁牧封育工作会议精神；听取了政府常务会议议定事项落实情况通报，2011年原州区高考情况汇报，上半年农民现金收入和固定资产投资完成情况汇报，企业改制工作进展情况汇报；研究了2011年原州区大学生资助方案，原州区非经营性政府投资建设项目代建制管理办法，原州区加强农村集体资金资产资源管理意见，开展第六个五年法制宣传教育深入推进依法治区进程的实施意见，原州区家具厂和彭堡供销社改制方案，进一步加强法制宣传教育决议（草案）的请示，加强生态移民区农村土地承包管理工作的请示，解决原州区国土资源局办公用房的请示，官厅镇、黄铎堡镇办公场所建设用地选址的请示，迁建原州区法院办公楼和审判法庭的请示，拟推荐表彰原州区“五五”普法先进集体和先进个人方案的请示，解决原州区清真保健食品厂改制遗留问题的请示。

【原州区政府第59次常务会议】 7月22日，区长张戈主持召开区人民政府第59次常务会议，会议学习了《中华人民共和国农村土地承包法》；听取了2011年项目争取和实施进展情况汇报，各类统计数据上报情况分析汇报，固原汇鑫园建材批发市场拖欠土地出让金有关情况汇报；研究了2011年农村中小学布局结构调整实施方案，原州区第二届农民工职业技能“大练兵大比武”活动暨职业技能竞赛实施方案，2011~2015年原州区城乡劳动力职业培训规划，三营民族特色小城镇建设土地出让的请示，拆迁第二幼儿园院内居民住宅楼的请示。

【原州区政府第60次常务会议】 8月25日，区长张戈主持召开区人民政府第60次常务会议，会议传达学习了固原市委、政府《关于进一步加强招商引资工作的意见》；听取了招商引资工作进展情况汇报，“村改居”进展情况汇报，家电下乡防骗补专项检查情况汇报；研究了原州区电子政务及网络监察系统建设方案，原州区生态移民区农村土地承包暂行管理办法，收取设施农业及马铃薯种薯基地建设农民自筹资金的请示，落实村医生活补助、婚前医学检查、鼠防高风险岗位工作人员待遇等政策的请示，迁建三营法庭的请示，审定追加财政支出的请示等事宜。

【原州区政府第61次常务会议】 8月30日，区长张戈主持召开区人民政府第61次常务会议，专题研究了企业改制有关事宜。

【原州区政府第62次常务会议】 9月30日，区长张戈主持召开区人民政府第62次常务会议，会议传达学习了《固原市招商引资重点项目领导包抓落实责任制办法》；听取了安全生产和信访工作情况汇报，“村改居”进展情况汇报，2012年拟争取项目准备情况汇报；研究了进一步深化政务公开加强政务服务工作实施方案，加快水利改革发展的实施意见，做好2012年高校毕业生就业工作实施方案，原州区粮食流通体制改革方案，恢复水务局差额及自收自支人员工资为财政全额拨款的请示和安排农业生产救灾资金使用等事宜。

【原州区政府第63次常务会议】 10月14日，区长张戈主持召开区人民政府第63次常务会议，会议听取了2011年12项重点工作和10件民生实事完成情况汇报,2011年各项经济指标完成情况汇报,2012年新增固定资产投资项目计划争取情况汇报,马铃薯销售情况汇报;研究了关于申报全国科技进步考核工作有关情况的请示。

【原州区政府第64次常务会议】 11月4日,区长张戈主持召开区人民政府第64次常务会议，会议传达学习了全国冬春农田水利基本建设电视电话会议和自治区水利工作会议精神,听取了全区机关事业单位在编不在岗人员清理清查情况汇报,黄铎堡镇三岔村部分群众上访有关问题的汇报；研究了原州区创建2011~2012年度全国科技进步先进县区实施方案,原州区公务用车问题专项治理工作整改方案,固原通用机械有限公司改制方案，原州区闲置校舍处理意见，建立原州区应急成品粮油储备等事宜；安排部署了2011年考核准备工作及2012年重点工作。

【原州区政府第65次常务会议】 11月12日，区长张戈主持召开区人民政府第65次常务会议，会议讨论了《政府工作报告(征求意见稿)》;听取了招商引资土地出让和国有划拨土地及资产处置情况汇报;研究了申报王拓为“见义勇为”英雄少年的请示和有关单位购置交通工具事宜。

【原州区政府第66次常务会议】 11月30日，政府区长张戈主持召开区人民政府第66次常务会议,会议传达学习了《关于切实做好当前安全生产工作的紧急通知》(固党办〔2011〕95号)文件精神,《自治区党委办公厅 人民政府办公厅印发〈关于开展进一步营造风清气正的发展环境活动的实施意见〉的通知》(宁党办〔2011〕64号)文件精神;听取了近期信访工作汇报;研究了原州区加强和创新社会管理任务项目及责任分工方案,炭山供销社、河川供销社改制方案,组建原州区南城拐子二级扬水灌区高效节水补灌工程建设项目法人的请示和提高民族艺术团演职人员工资待遇的请示;安排部署了全区近期安全生产工作。

【原州区政府第67次常务会议】 12月15日,区长张戈主持召开了区人民政府第67次常务会议，会议传达学习了中央扶贫开发会议精神;听取了安全生产工作情况、2011年审计工作整改情况汇报；研究了六盘山片区原州区区域发展与扶贫攻坚规划编制工作实施方案,原州区行政事业单位固定资产清查核实处理意见,原州区政府性债务管理办法,原州区加快发展家庭服务业促进就业实施方案。

【原州区政府第68次常务会议】 12月17日，区长张戈主持召开了区人民政府第68次常务会议，会议传达学习了自治区党委书记张毅在区党委第37次常委会上关于当前安全生产工作的重要指示,自治区主席王正伟关于做好安全生产工作的重要指示,自治区党委常委、政府常务副主席主持召开的自治区道路交通安全专题会议精神和12月17日下午固原市市长白尚成主持召开的市政府第92次常务(扩大)会议精神;专题部署了原州区安全生产工作。

政协原州区委员会

综 述

【民主监督】 常委会重点加强和改进了提案督办、调研视察、民主评议、社情民意工作,认真履行民主监督职能。一届四次会议以来,共收到委员提案53件,经审查立案19件,其中确定主席督办案2件。采取主席督办、重点督办、跟踪督办、联合督办、现场督办等多种形式，促进了提案的办理落实。提案办复率达100%。今年对交通、农牧、教育等提案办理先进单位和4名先进个人、6名优秀提案委员进行了表彰奖励;推荐54名政协委员担任教育、工商、法检等部门的特邀监督员、监察员、评议员。组织委员对全区法院、检察院等56个行业部门进行了行风评议和民主测评,促进了行业工作作风转变和工作效率提升;坚持把反映社情民意作为履职为民的重要渠道,以《政协通讯》、《建言》的形式及时反映群众关注的热点、难点、焦点问题,为区委、政府科学决策提供了依据。

【参政议政】 常委会紧紧围绕区委、政府确定的重点工作和民生实事,通过组织委员调研视察,各主席参加、列席上级政协、区委、政府及相关部门会议,认真履行了参政议政职能。常委会组织相关界别委员先后对我区残疾人工作、生态移民攻坚及危房改造工程、马铃薯种薯繁育基地建设、“少生快富”工程实施情况以及一届四次会议以来委员提案办理情况进行了专题视察，向区委、政府提交视察调研报告7份，提出意见建议28条；认真执行“区委政府领导牵头包抓、人大政协领导督查督办”的工作落实制度，积极参与区委、政府各阶段中心工作和各自联系的乡镇、部门、企业工作，认真开展生态移民、危房改造、小城镇建设、教育、卫生、社会治安综合治理、计划生育、设施农业、企业改制等重点工作的督查、验收、考核工作。

【统一战线】 牢牢把握团结和民主两大主题，多形式、多渠道、多领域开展合作与交流，共同营造良好的发展氛围。认真贯彻党的民族政策和宗教工作基本方针，充分发挥民族、宗教界委员的作用，围绕宗教与社会主义社会相适应、《宗教事务条例》贯彻落实等情况开展调研，为做好新形势下的民族、宗教工作献计献策；走访各民主党派、工商联、人民团体和政协参加单位，听取对全区经济社会发展、政协工作的意见和建议，畅通民主渠道，发扬民主作风，努力营造民主和谐、合作共事的政治氛围，增进了统一战线内部的团结。先后协调区委、政府及相关部门接待自治区、固原市政协16项调研、视察活动，确保了对我区贯彻落实《中共中央关于加强人民政协工作的意见》、农村文化建设、宁南山区雨养农业、移民迁出区宗教活动场所布局情况等专题调研视察活动的顺利进行。接待了惠农区、贺兰县政协考察团，《华兴时报》采风团、香港福建基金会访问团等来访工作，扩大了交流，增进了共识，宣传了原州。利用节假日、民族节日等对宗教人士、离退休老干部、困难群众进行慰问；协助政协委员陈云山为我区成功引进了邦德电动自行车生产项目，争取香港希望工程基金会投资35万元，援建了原州区三营镇港闽希望小学，争取自治区政协“兴华成才”助学金3.6万元，资助我区9名贫困大学生迈入了大学校门，争取香港贩商社团联合会捐款4.5万元资助我区15名贫困高中学生。

【自身建设】 常委会把加强自身建设摆在重要位置，不断夯实政协工作创新发展的基础。组织委员、机关干部职工认真学习党的大政方针政策、会议精神及重要讲话；为加强与委员的广泛联系，由政协各主席分别牵头，采取信函、电话联系、召开座谈会、上门走访等形式，详细了解委员工作、生活和履行职责情况。对工作成绩突出的政协委员以《政协委员风采》刊发他们的事迹，表彰奖励了16名政协常委、委员，激发了委员参政议政的积极性；各专委会加强与党政部门的联系与交流，互通情况、沟通信息。围绕政协的重点工作，积极主动联系委员、反映社情民意，为政协履行职能发挥了重要的基础性作用；从政协各参加单位、民主党派、工商联、人民团体聘请了信息宣传员，加强信息宣传工作。2011年，在《人民政协报》、《宁夏日报》等多家新闻媒体刊发稿件100余篇；进一步加强机关思想建设、制度建设、队伍建设和作风建设，扎实开展学习型机关创建、创先争优、“思想大解放、树立新形象”和进一步营造风清气正发展环境等活动，激发了干部的激情和单位的活力。

重要会议

【原州区政协一届五次会议】 原州区政协一届五次会议2011年12月24~26日在政府礼堂举行。会议由政协主席马彦明主持。受政协原州区第一届委员会常务委员委托，马彦明向大会作了报告，固原市委常务、原州区委书记吴万俊作了重要讲话，政协副主席张雪受常委会委托向大会作了一届四次会议以来提案工作报告。

【原州区政协一届二十六次常委会议】 2011年3月22日，原州区政协召开二十六次常委会议，会议传达学习了全国“两会”精神，听取了政府对全区生态移民工作及2011年移民工作情况，审议通过了《关于对全区残疾人工作开展情况的视察报告》和《关于对全区生态移民工作的视察报告》。

【原州区政协一届二十七次常委会议】 2011年5月31日，原州区政协召开一届二十七次常委会议。传达学习了市委书记李文章在全市领导干部专题学习班动员大会上的讲话和吴万俊同志在全区加强和创新社会管理工作会上的讲话；提交审议通过了政协相关委室干部免职决定。

【原州区政协一届二十八次常委会议】 2011年7月30日,原州区政协召开一届二十八次常委会议。会上,区委常委、政府常务副区长李占科通报了原州区政府2011年上半年全区重点工作开展情况;原州区人民法院院长黄如明、原州区人民检察院检察长马占明分别就法院和检察院2011年上半年工作开展情况进行了通报。会议由原州区政协副主席张雪主持。原州区政协主席马彦明做了重要讲话。会议指出,区政府、区人民法院和人民检察院的通报,为政协委员更好的了解全区经济社会发展运行情况,更好地履行职责、参政议政、发挥作用拓宽了知情问政的渠道。

【原州区政协一届二十九次常委会议】 2011年11月3日,原州区政协召开一届二十九次常委会议。会议按照《政协章程》对罗宏斌和马进忠进行了任命;传达学习了中共中央十七届六中全会精神;会议还先后审议通过了经济委员会《关于原州区2011年马铃薯种薯基地建设及一级种薯推广种植工作的视察报告》和科教文卫委《关于我区"少生快富"工程实施情况的视察报告》。

【原州区政协一届三十次常委会议】 2011年12月9日,原州区政协召开一届三十次常委会议。会上表彰了政协一届四次会议以来提案承办先进单位、先进个人、优秀提案委员;原州区政协优秀常委和委员及2011年度优秀工作者和信息宣传先进工作者,听取了区政府关于全区下半年重点工作开展情况的通报,听取了办公室对一届五次全委会议筹备情况的汇报,审定了全委会议议程、日程、委员编组名单、常委会工作报告、提案工作报告等材料,进行了有关人事任免。

【原州区政协一届三十一次常委会议】 2011年12月24日,原州区政协召开一届三十一次常委会议。会议听取了原州区政协一届五次会议各组讨论常委会两个工作报告及市委常委、区委书记吴万俊的讲话情况汇报,审查了固原市原州区政协一届五次会议委员提案。

【原州区政协一届三十二次常委会议】 2011年12月25日,原州区政协召开一届三十二次常委会议。会议听取了原州区政协一届五次会议各组讨论《政府工作报告》等情况的汇报,协商通过了原州区政协一届五次会议提案审查情况通报(草案)、原州区政协一届五次会议关于一届常委会工作报告的决议(草案)及原州区政协一届五次会议政治决议(草案)。

专门委员会工作

【提案委员会】 2011年,原州区政协提案委员会认真贯彻落实《政协固原市原州区委员会提案工作条例》,全面履行提案委员会职责,认真做好政协委员提案的收集、整理、转送提交工作。政协固原市原州区一届四次会议共收集整理委员提案53件,提交审查立案19件,转政府部门承办,经过办理,政协委员提案办复率100%。其中,主席督办案2件,转市政协会议提交提案15件。提案委员会跟踪了解提案办理情况,组织委员视察,定期不定期地督办催办。同时,办结了政协固原市原州区一届二次会议《关于修建农耕博物馆的提案》和固原市政协二届四次会议交办的《关于村级道路绿化的提案》等;根据2011年政协工作要点和主席会议安排,组织政协委员对政协固原市原州区一届四次政协会议委员19件提案办理落实情况进行了督办和视察,办结提案19件。原州区政协提案办理落实情况被自治区《华兴时报》、《固原日报》都进行了报道,报道篇目3篇,原州区政协通讯6篇。接待自治区、固原市政协新兴产业发展情况、招商引资发展情况等专题调研4次。

【经济委员会】 先后对农业界、经济界和工商联界委员60余人开展了走访活动,广泛听取委员们对我区经济发展和政协工作的意见建议。共征集到委员的各种意见建议20条,其中关于全区经济建设方面意见15条,关于政协工作方面的建议8条;组织部分政协委员对原州区马铃薯脱毒种薯基地建设及一级种薯推广种植情况进行了专题视察。委员们在平时调查了解的基础上,针对视察中发现存在的问题,提出了许多很好的意见建议。经过梳理,向区委、政府提交了视察报告,提出意见建议5条;先后配合原州区委、政府接待了自治区政协副主席袁汉民一行来原州区调研宁南山区雨养农业情况、市政协副主席姚启世一行调研原州区特色产业高效节水灌溉情况；协助原州区政协办公室组织机关干部职工捐资捐物，为对口扶贫的彭堡镇清水湾村贫困户送去面粉、衣物，积极实施“连心工程”，为彭堡镇石碑村、别庄村“劳务输出”家庭和“少生快富”户送去了慰问金，解决了分部群众的实际困难。

【科教文卫委员会】 开展“走访委员”活动，通过走访活动共收集建议意见 21 条；组织部分政协委员对原州区“少生快富”工程工作开展情况进行了专题视察，向区委、政府提交了视察报告，提出意见建议 4 条；先后配合原州区委、政府接待了自治区政协来原州区开展原州区学前教育发展情况、社会办旅游情况专题视察，固原市政协对原州区农村文化工作开展情况的调研、视察活动；组织召开了政协科教文卫委对口联系单位工作会议；参与指导原州区 2011 年教师招考面试。

【民族宗教群团委员会】 开展“走访委员”活动，走访民族宗教界别委员 35 人，共收集建议意见 30 条；组织部分委员分别开展全区残疾人工作开展情况专题视察、全区生态移民工作专题视察，向区委、政府提交调研报告两篇，提出了科学合理、操作性强的意见建议。先后配合原州区委、政府接待了自治区政协副主席张乐琴一行来原州区调研宗教场所迁出区布局情况及自治区调研组一行关于城乡公厕建设管理情况的视察活动。

行政管理

人力资源和社会保障

【概况】 原州区人力资源和社会保障局核定编制16人,现有工作人员14人。内设办公室、公务员管理股、创业就业股、工资福利股、专业技术管理股、劳动人事争议仲裁与劳动监察股共6个股室，下属单位2个:劳动就业服务局、社会保险经办服务中心。2011年,人力资源和社会保障工作按照自治区、固原市人力资源和社会保障工作会议精神,以民生为本、人才优先为主线,以创业就业、社会保障为重点,紧盯“扩就业保增长、重民生促增收”这一目标,积极争取项目资金,以改革创新精神破解工作中的重点、难点和薄弱环节。

【全民创业】 按照“把创业领域放到最宽、准入门槛降到最低、审批事项减到最少、政策扶持落到最实、服务潜力挖到最大”的要求,积极落实创业就业各项优惠政策,2011年,全区共培育和发展小老板302人,完成任务160人的188.8%;培养小企业217个,完成任务160个的135.6%;创造新就业岗位1677个,完成任务1600个的104.8%;新建彭堡硝沟养殖创业孵化园和固原新时代购物中心创业孵化园,拓展提升了二营大学生设施农业创业孵化园和六盘山挎土瓦塑创业孵化园，完成任务的200%;发放小额担保贷款2182万元,完成放贷任务1500万元的145.6%。实现城镇新增就业3053人,完成任务3000人的102%。其中城镇就业困难人员就业482人,完成任务300人的161%;公益性岗位安置215人,完成任务206人的104%;引导高校毕业生自主创业自谋职业73人，完成任务60人的121.7%;引导高校毕业生区外就业103人,完成任务100人的103%。登记在册的城镇失业人员1383人,登记失业率为4.1%,比下达任务4.2%下降了0.1个百分点;实现了零就业家庭“动态消零”。

【劳务产业】 把发展劳务产业作为富民强区的支柱产业来抓,通过抓组织领导,健全工作机制;抓宣传引导,营造良好氛围;抓网络建设,夯实工作基础;抓技能培训,提升劳动者素质;抓基地建设,打造转移就业品牌;抓市场运作,提高转移就业工作质量;抓管理服务,维护劳动者合法权益。七抓并举,使全区劳务产业呈现出了由劳务大区向劳务强区、政府组织型向市场运作型、数量型向质量型、体力型向技能型、流动型向稳定型、就业型向创业型的转变,走出了一条政府引导、专业化培训、市场化运作、规范化经营、一体化服务的转移就业新路子。截至2011年底,全区通过各种渠道共实现农村劳动力转移就业100104人，完成任务100000人的100%,其中转移就业稳定在6个月以上87662人,完成任务68254的128.4%,劳务中介组织及劳务经济人带领转移就业65120人，完成任务65000人的100.2%;实现工资收入6.51亿元,完成任务6.2亿元的105%，转移就业人员人均工资收入6500元，农民人均转移就业收入1985元，新增带领50人以上劳务经纪人15名，完成任务15名的100%;新发展组织500人以上的劳务中介组织1个,完善专业化劳务集团公司1家，分别完成任务1个的100%。新建劳务基地15个,完成任务15个的100%,

新建转移就业示范乡1个、示范村10个,分别完成任务的100%、250%。

【劳动力培训】 坚持职业院校培训与社会力量培训相结合,中长期培训与短平快培训相结合,岗前培训与创业意识培训相结合,技能培训与职业资格鉴定相结合,实用技术培训与树立原州劳务品牌相结合,转移培训与输出就业相结合,有效提升了城乡劳动力的职业技能水平。2011年,开展城乡劳动力职业技能培训3700人,完成任务3550人的104%。其中:举办农村劳动力转移就业专业技能培训41期培训2700人,取得职业技能鉴定证书的2250人;举办城镇失业人员职业技能培训18期培训1000人,鉴定858人。举办创业能力培训(SIYB)8期培训300人,其中:GYB培训150人,SYB培训125人,IYB培训25人,培训后自主创业86人,带动就业430人。开展生态移民思想观念转变培训12期1500人,生态移民职业技能培训13期824人,县内生态移民培训11期5500人。

【社会保障】 一是认真实施统筹城乡居民医疗保险和新农保试点工作。2011年度组织医保参保340185人,参保率为96.84%;组织新农保参保133359人,参保率达到88%,超出自治区规定的试点第一年参保率达到50%目标任务的38个百分点;同时精心测算,科学合理的提高了居民医保的补偿水平,将政策内费用报销比例不低于70%进行报销,区分一、二、三档参保类别,分别将住院最高报销限额调整到3万、8万、12万,有力地减轻了城乡居民就医经济负担。二是积极为参保患者核报销医疗费用。截至2011年底,区级社保经办机构共为30.2万人次报销医疗费用2704.21万元,其中门诊就诊29万人次,核销费用407.05万元;产妇住院分娩定额补助2741人162.12万元;住院报销9351人次2135.04万元,人均报销2283.2元。三是按时足额为60周岁老年人发放养老金。共为29639人发放基础养老金981.44万元。四是按照自治区有关文件要求,将原新农合管理中心更名为社会保险经办服务中心。五是成立了统筹城乡居民养老医疗保险协调工作领导小组,制定了《固原市原州区统筹城乡居民医疗保险参保登记费用征缴实施方案》,召开了原州区统筹城乡居民社会养老保险试点和基本医疗保险工作动员会,安排部署了2012年统筹城乡居民社会养老保险试点和基本医疗保险工作,与各乡镇签订了责任书。六是对各乡镇统筹城乡居民社会养老保险试点和基本医疗保险工作人员进行了业务培训,各乡镇积极部署,迅速动员。截止2011年底,统筹城乡居民基本医疗保险应参保328167人,实际参保120906人,参保率36.84%;统筹城乡居民养老保险应参保214522人,实际参保64919人,参保率30.26%。七是社会保障一卡通工程建设取得了阶段成果。截至2011年底完成了全区11个乡镇、3各街道办事处、3个县(区)级医疗机构、18个乡镇卫生院(社区卫生服务中心)网络扩容改造,对近35万城乡居民人员信息进行了比对,对比对完全正确的20余万城乡居民信息进行了上传和提交,力争在年内完成20万张社会保障一卡通制卡、发卡工作任务。

【人事人才】 一是制定了《原州区中长期人才发展规划纲要(2010~2020)》,明确了未来10年我区人才发展的总体部署、主要目标,确立了实施人才强区战略9大重点工程项目。二是认真开展公务员招录、考核、奖励及管理工作。配合上级业务主管部门按时完成原州区2011年公务员招录计划上报、报名审核、资格复审、面试、体检等工作,2011年原州区共招录公务员38名;对2010年度考核为优秀等次的152名公务员和参照公务员法管理事业单位工作人员进行嘉奖;对2008~2010连续三年考核优秀等次的27人给予记三等功奖励。三是事业单位人事制度改革和职称评聘深入推进。配合市人社局完成事业单位工作人员招录计划上报、报名审核及资格复审等工作,2011年我区共招录事业单位工作人员4名;职称评审工作坚持个人申报、社会评价、单位聘用、人社部门宏观管理的原则,严把"评审职数、材料、条件、程序"四关,推行"五公开、一公示"制度,对按管理权限审批及全国统考通过的32名专业技术人员的任职资格及时转发文件予以确认。推荐上报10个系列137人参评高级职称;8各系列183人参评中级职称;加强事业单位岗位设置和后续管理,聘任专技人员583名,兑现了工资待遇。按照《自治区专业技术人员继续教育条例》的要求,扎实开展事业单位专业技术人员《自我调适和心理健康》继续教育培训，共培训6283人；认真组织我区农村“实用人才”赴陕西杨凌培训14人，赴山东寿光培训16人，审核推荐到宁夏大学研修3人。四是认真开展“三支一扶”派遣和管理。对2009、2010年“三支一扶”高校毕业生加强管理，使其更好的服务原州区新农村建设；根据自治区有关文件精神，从服务期满考核优秀人员中选拔展期服务11名；2011年上级人社部门招募下派原州区“三支一扶”高校毕业生91人，事业单位培训实习10人，全部安排充实到乡镇、社区和事业单位。

【工资收入分配制度改革】 一是完成日常工资调整审批和退休人员工资及享受遗属生活费人员审批工作。2011年，共审批级别薪级变动增资6998人，职务职称晋升增资203人，事业单位岗位变动调资306人，调整岗位津贴171人，确定公务员试用期工资74人，确定退休人员工资74人，审批离退休干部护理费50人，享受遗嘱生活费33人。二是扎实做好事业单位绩效工资组织实施。对义务教育学校和公共卫生与基层医疗事业单位4453名工作人员，按人均300元兑现津贴补贴；对执行机关性津贴补贴的行政职能较强的事业单位共1159名在职人员和2259名离退休人员确定了工资待遇生活补贴；组织兑现了其他事业单位2465名工作人员绩效工资。三是认真做好财政供养人员工资和遗属生活费的核查。积极会同有关部门，根据各部门、乡镇(单位)人员调整和自然减员情况，及时核减财政供养人员工资及遗属生活费。

【劳动人事争议仲裁与劳动监察】 一是深入用人单位督促检查，提高劳动合同签订率和落实最低工作标准。制定下发了《原州区关于开展劳动合同签订“春暖行动”的通知》、《原州区关于执行最低工资标准的通知》等文件，通过日常巡查、书面审查、百项重点工程监控等方式，督促用人单位与劳动者依法签订劳动合同，2011年，全区各类用人单位共补签劳动合同2000余份，劳动合同签订率达90%，各用人单位、企业从今年5月份起执行750元最低工资标准，并按照《社会保险法》有关规定及时缴纳社会保险。二是积极开展劳动监察、劳动争议调解仲裁，维护劳动者合法权益。开展了清理整顿人力资源市场秩序、清理拖欠农民工工资、社会保险费征缴、劳动用工管理等一系列专项检查活动，确保了劳动合同制度的正确贯彻实施。2011年，检查各类用人单位65家，涉及劳动者4115人。共接受日常举报投诉104件，立案91件，结案91件，结案率100%，为劳动者追讨工资85万元，涉及劳动者577人。三是设立农民工工资应急周转金专户。根据自治区有关文件精神，我区及时建立了农民工工资应急周转金制度，协调财政部门拨付50万元周转金，在人社局设立应急周转金专户，以保障被欠薪农民工的基本生活，缓解矛盾纠纷，维护社会稳定。 (马保军)

【荣誉】 全民创业工作被考核为固原市委、市人民政府2011年度一等奖；人事人才工作被考核为固原市人社局2011年度一等奖。

社会救助和社会工作

【概况】 原州区民政局是原州区人民政府管理社会专项事务和公共服务的职能部门，负责全区救灾救济、双拥优抚、城乡低保、民间组织管理、区划地名、基层政权与社区建设、社会福利、社会捐赠、婚姻登记及老龄等事务。现有干部职工29人(行政编制11人，现有11人，事业编制14人，现有14人，参照公务员法管理编制3人，现有4人)。内设业务股(室)6个(局机关办公室、救灾救济股、基层政权和社区建设股、优抚安置股、社会事务和社会福利股、民间组织管理股)。下辖副科级事业单位1个(原州区老龄工作委员会办公室)和股级事业单位1个(原州区城乡居民最低生活保障和救助管理中心)。

(马晓虎 张学琴)

【救灾救济】 防救并举，救灾减灾工作扎实有效。向各乡镇、街道办事处先后转发了《关于开展2011年综合减灾示范社区创建活动的通知》、《关于下发自治区综合减灾示范社区标准(试行)的通知》、《关于加强城乡社区综合减灾工作的实施意见》和《关于下发自治区综合减灾示范社区标准(试行)的通知》，制定了《原州区2011年“防灾减灾日”活动实施方案》。面对自然灾害频发的特殊年份，适时启动旱灾应急救助Ⅲ级响应;下拨救灾资金1068万元,妥善安排受灾群众生活,使3.6万余人次得到救助;对区、乡、村三级240名灾害信息员进行培训和技能鉴定,增强了减灾能力。

（马晓虎　张学琴）

【城乡社会救助体系建设】 规范管理,推进城乡社会救助体系建设。实施城乡低保提标扩面,保障城乡低保对象67920人,较2010年增加20597人(其中农村扩面18458人,增幅73.6%);救助标准人均每月提高14元;全年发放城乡低保金8380万元。加强动态管理,清理清查低保对象2013人。调整了高龄老人津贴和城乡居民最低生活保障标准,做好生态移民受灾困难家庭社会保障和“寒冬送暖”工程工作,对生态移民当年搬迁入住的农村低保户、散居五保户、60岁以上的老年人实施取暖救助,发放救助资金16.35万元;其他搬迁户500元/户,发放取暖补贴70.45万元。根据“凡搬迁到生态移民区定居且家庭年人均收入低于1350元的困难群众全部纳入最低生活保障范围”的规定,将涉及4镇6个移民点的1323户5238人全部纳入农村低保。推行城乡医疗救助“一站式”服务,使城乡困难群众得到了及时、便捷的医疗救助,全年发放医疗救助金1490万元,救助6898人次。

（马晓虎　张学琴）

【优抚安置】 落实政策,双拥优抚安置工作不断加强。筹资16.5万元,开展优抚对象节日走访慰问活动。“八一”期间,举办了两场“庆祝建军84周年慰问演出”。为373名重点优抚对象进行免费体检、发放医疗救助金42万元,缓解他们的医疗难问题;发放临时价格补贴6.7万元,提高他们的生活水平。推荐64名历年城乡退役士兵到区内外公司就业。举办首届退伍士兵职业技能和职业教育培训班。（马晓虎　张学琴）

【基层政权和社区建设】 加强指导,城乡基层民主政治建设水平不断提高。村务公开和民主管理被自治区命名为示“范县(区)”,农村社区建设推进工作通过自治区验收;村务公开和民主管理“难点村”治理通过国家评估验收;完成新区街道办公楼工程建设;新建军民路和南寺巷2个社区服务中心,改建工农巷、清河路、和平门、北环路、西环路5个社区服务中心;创建“五星级”社区1个,“四星级”社区6个,“三星级”社区5个。城市社区服务体系建设进一步完善。

（马晓虎　张学琴）

【社会事务和社会福利】 2011年,全区有“五保”老人1013人,其中集中供养“五保”老人158人;孤儿595人,其中纯孤儿58人,事实无人抚养孤儿537人。发放“五保”供养金207万元,孤儿抚育金170万元。城区、杨郎、寨科三所中心敬老院被自治区民政厅评定为“五星级”、“四星级”、“三星级”敬老院。福利项目工作成效显著。组织全区54名家庭贫困的先心病、唇腭裂及疝气患儿赴西京医院、宁夏附院、西京口腔医院做康复手术。筛选符合条件的39名“五保”老人入住陶乐养老城。（马晓虎　张学琴）

【婚姻登记】 认真贯彻《中华人民共和国婚姻法》及《婚姻登记条例》,依法办理结婚登记2886对,离婚登记226对,合格率均为100%。

（赵旭慧　张学琴）

【社会组织管理】 社会组织管理工作,坚持“依法管理,统一登记,双重负责,稳步发展”的基本原则。共登记民办非企业单位5家,对17家社会组织进行了年检,参检率和年检合格率都达100%。4家农村专业经济协会被自治区评定为3A级以上示范性农村专业经济协会。（马晓莉　张学琴）

【区划调整】 实施“村改居”工作,使14个“城中村”村委会改为居委会,6630户18174人由村民转为居民。实施乡镇区划调整,撤并清河镇和官厅乡,设立官厅镇;将现三营镇的黄铎堡、农科、黄湾、白河、张家山、羊圈堡、北庄、南城、老庄、金堡、曹堡、何沟12个整建制村及头营镇西大路沿线的陈庄、山岔、穆滩、铁沟4个整建制村分别划出,组成设立的黄铎堡镇辖区。联合隆德县民政局对两县、区32.7公里边界进行了第二轮联检。（马晓虎　张学琴）

【老龄工作】 2011年60岁以上城乡老年人4.6万人,80岁以上高龄老人2770名,为城乡80岁以上高龄老人发放津贴216万元。60岁以上农村老年人人均月取领养老金为55元。新建了中心路、南塬社区等8家居家养老服务站,开展以家政服务、健康保健、精神慰藉等为主要内容的居家养老服务。重阳节组织开展了庆祝老人节书画交流活动和敬老爱老助老主题教育活动，我区有4人荣获全区“孝亲敬老之星”荣誉称号。免费办理老年优待证2300本。

（海正贵 张学琴）

人口和计划生育

【概况】 原州区人口和计划生育局是政府主管人口和计划生育工作的职能部门，内设办公室、政策法规信访股、计划统计股、计划生育督查队、财务后勤股、计划生育协会办公室6个职能股室。2011年原州区计划生育工作落实两项节育措施6351例，实施“少生快富”项目户1050例，42个“整村推进”村目标人群落实率达到94.8%，高出自治区目标值近10个百分点。人口出生率、自然增长率和出生政策符合率分别达到13.6‰、9.4‰和89.9%，三项约束性指标接近自治区平均水平。

【“少生快富”工程】 不断创新“少生快富”工程内涵，积极探索“少生快富”整村推进、整乡推进模式，坚持将“少生快富”工程与危房危窑改造、生态移民、新农村建设、扶贫开发相结合，捆绑项目，整体推进。通过对当年实施的“少生快富”项目户，在自治区统一奖励的标准上，每户增补奖励资金1000元；对“纯女户”免费办理“新农合”，发放营养补助费并对其子女初中升高中阶段降低10分录取等奖补政策，提高了群众参与“少生快富”工程的积极性。“少生快富”项目户人均纯收入高出当地人均纯收入20%以上。“整村推进”做法使“少生快富”这一民生工程得到有力深化，受到国家人口计生委和自治区党委、政府的充分肯定。自治区、固原市“少生快富”工程整村推进现场会在原州区召开，“硝沟模式”在全国交流，在全自治区推广，中央政策研究室刊物《学习与研究》刊载了题为《实施一个工程，破解两个难题》的文章，向全国介绍推广。

【流动人口管理】 认真落实《流动人口计划生育工作条例》，建立健全了统一管理、优质服务的流动人口管理体系，初步形成了党政领导统筹协调、各部门密切配合、流入地和流出地互动互补的“一盘棋”工作格局。组织人员对全区3.3万余名流动人口进行了拉网式清查，建立了信息数据库。大力推行流动人口计划生育“四从管理、八边措施、123服务”模式，促进了流动人口计划生育管理服务工作的规范化和科学化。流出人口办证率达92.72%，建档率达99.77%，流入人口持证率、验证率均达到90%以上。

【优质服务】 坚持“面向基层、深入乡村、上门服务、方便群众”的工作方针，从育龄妇女生育、节育、服务等方面实行全程监控，全面推进农村已婚育龄妇女生殖健康免费检查服务，深入开展“出生缺陷一级预防”工作。2011年开展“三查、两普、一关怀”优质服务10万余人次，实现了“方便群众、提高效率、确保效果、改善关系”的目标。

【依法行政】 坚持把解决群众群众反映的热点难点问题作为提升人口计生工作能力的一项主要工作，通过深入群众调研、认真查办各类信访案件、举办法律知识培训班等手段，扎实开展违反计划生育政策行为的清理清查，对查出的问题，该处罚的处罚，该采取组织措施的严格落实组织措施，进一步落实了国策，震慑了违法生育行为，同时化解了干群矛盾，提升了党在群众中的威信，群众对人口计生工作的整体满意度达到98.4%，原州区人口和计划生育局在自治区人口计生系统政风行风评议中名列第一。

【宣传教育】 把群众“欢迎不欢迎、满意不满意”作为评估宣传教育效果的重要指标，深入开展“婚育新风进万家”、“亲情计生万家行”等活动，为3万余户农村家庭制作了宣传画，制发计划生育宣传册5万余份，在彭堡、张易、三营等乡镇创建了人口计生文化长廊、人口文化大院、宣传一条街等，把优生优育、政策法规等宣传到群众家里，使群众对避孕节育、健康知识的知晓率达95%以上，促进了群众婚育观念的转变。

【信息化建设】 按照自治区全员人口宏观管理信息化建设工作的总体要求，认真抓好人口基础数据的采集、审核、录入、变更、上报、交换等重点工作。率先建立第一个人口计生信息管理中心，加强与统计、公安、卫生等部门配合，核实了基本数据，对漏录、错录数据进行认真核查校对，全员人口宏观管理信息化建设取得突出成效，被自治区提名申报国家全员人口信息采集机制创新试点。

（樊 俊）

民族宗教

【概况】 原州区民族宗教事务局是原州区人民政府组成部门，主要职能是代表政府从事民族宗教事务管理。内设办公室和清真食品管理办公室。2011年在区委、政府的正确领导和上级业务主管部门的精心指导下，深入贯彻落实科学发展观，认真贯彻中央、自治区、固原市民族宗教工作会议精神，以“民族团结进步”和“宗教和谐稳定”为主线，以开展民族团结进步创建活动为载体，按照区委、政府确定的12项重点工作和10件民生实事，围绕中心，服务大局，始终把促进全区经济社会发展作为第一要务，把维护民族团结和社会稳定作为第一职责，积极开展宣传培训、排查调处、创建典型等工作。

【宣传培训】 一是根据《原州区宗教界人士、寺管会成员五年培训规划(2008~2012年)》，进一步强化了对宗教人士的培训学习。同时以“巩固民族团结、推进科学发展、建设和谐富裕新原州”教育实践和“同心同行”主题教育活动为载体，分别召开了由宗教人士参加的不同层次的主题教育实践活动，组织召开各宗教人士学习座谈会3次，培训194人次，做到活动宣传氛围浓厚、学习培训有序。二是抓好宗教干部和宗教人士的外派学习培训。先后选派1名宗教干事和24名伊斯兰教宗教人士赴宁夏社会主义学院和经学院学习，组织7名阿訇分别到银川、石嘴山、红寺堡等地考察生态移民生产生活情况。三是狠抓乡级培训。各乡镇采取“三定”学习、以会代训、专题讲座等形式举办宗教人士、寺管会主任学习培训班16场次，参训620多人次。四是重视对民族技能人才的培养。积极为40名回族青年报名参加了市上举办的厨师培训班，帮助解决“招不到”和“就业难”的问题；输送17名有一定阿语基础的青年参加自治区民委举办的阿语商贸服务人才职能强化培训班，切实提高了我区阿语商贸服务人才职业能力。

【民族团结进步创建活动】 一是1月8日，区统战、宗教部门召开“两创两争”表彰大会，对涌现出的受到自治区、固原市、原州区表彰奖励的50名和谐宗教场所、50名先进宗教人士披红带花，给予荣誉。4名受表彰的先进个人和模范场所代表作了很好的交流发言。对今后“两创两争”工作进行了再安排、再部署。二是对民族团结进步创建活动进行了专题研究，成立了创建工作领导小组，印发了《中共原州区委 原州区人民政府关于在全区深入开展民族团结进步创建活动的意见》和《原州区2011年民族团结进步创建活动实施方案》，各乡镇(街道)、各部门(单位)也相应成立了领导小组，结合工作实际制定了创建工作方案,确定专人负责活动的开展。三是以开展“两创两争”为抓手，积极开展民族团结进步创建活动，创建了一批民族团结进步示范村、示范社区、示范机关、示范学校、示范企业和“和谐宗教场所”。各创建单位结合工作实际，确定了创建活动主题，通过整合项目资金，组织开展了群众喜欢参与、便于参与的活动，形成了齐抓共管、全民创建的生动格局。

【“民族团结月”活动】 以“解放思想，树新形象，促进民族大团结、大发展”为主题，在全区上下集中开展了“五个一”活动。一是深入开展了一次民族理论政策学习活动。各乡镇(街道)、部门(单位)利用各种学习载体，把民族宗教政策法规作为重点内容之一进行学习。二是广泛开展了一次“民族大团结促进原州大发展”宣传教育活动。对三营镇团结村、孙家河村等民族团结进步先进典型在宁夏卫视和固原电视台进行宣传报道；城区各部门(单位)于9月10日在主要街道悬挂横幅23条，各乡镇、街道也在主要街道、路口、宗教场所悬挂横幅30多幅，办黑板报40多期；南关街道办事处开展了“民族团结月”广场文化展演活动，为观众献上了精彩的民族团结文艺节目；伊正回药有限公司等5家民贸民品企业按照市上“五个一”的倡议，开展了各种富有成效的民族团结宣传教育活动。三是扎实开展了一次“两创建、两争做”活动。创建了一批民族团结进步示范村、示范社区、示范机关、示范学校、示范企业和“和谐宗教场所”，并以创建活动促我区经济社会发展。四是集中开展了一次清真食品市场专项整治活动。以开斋节、国庆节和中阿经贸论坛为契机，通过对我区清真食品市场的专项整治，进一步规范了经营秩序。五是认真开展了一次为少数民族办实事、办好事活动。共有43个部门(单位)和14个乡镇、街道参加了活动,为民族地区基础设施建设、扶贫济困、技能培训等做了大量卓有成效的工作,投入资金约500万元。

【清真食品规范化管理】 一是共开展集中培训2期132人次,指导企业培训从业人员630人。6月1日,会同市、区卫生、公安、工商等部门,开展了“食品安全宣传日”活动,制作展板3块,发放各种民族宗教方面宣传资料共计1000份。二是8月份接受固原市人大常委会执法检查组对《宁夏回族自治区清真食品管理条例》贯彻落实情况检查一次。检查组对我区近年来清真食品管理工作取得的成绩给予了充分肯定,同时对存在的问题进行了研究解决。四是配合固原市于6月24日在新时代广场举行了新修订的《条例》“宣传月”启动仪式。从7月1日开始,宗教、工商、伊协等部门联合执法,10名清真食品义务监督员义务热情服务,对我区清真食品市场进行了专项整治活动。对大、小清真餐厅进行了全面的普查登记,并以各种节日和中阿经贸论坛为契机,对部分宾馆内设餐厅、超市等检查整顿。没收6家经营单位的非清真原料19箱21袋,共217公斤,销毁一家非清真原料5袋,收回2家《清真食品准营证》,拆除5家清真门牌标识,收到了良好的社会效果。

【民族经济】 一是实施好2010年河川乡海坪村村级道路建设项目、寨科乡新淌村马铃薯基地建设项目、三营镇西梁巷道路建设项目、固原富民养殖合作社养羊建设项目、固原伊香清真食品生产有限公司技改扩建项目和三营镇孙家河蔬产销基地建设项目等6个少数民族发展资金项目,项目资金116.2万元全部到位,目前项目已全部施工结束并验收合格。二是积极向自治区民委争取2011年少数民族发展项目资金160万元,其中40万元捆绑到扶贫办整村推进建设,2011年下达的项目是:六盘山区肉羊品种改良和现代集约化养殖建设项目、彭堡镇肖沟村蛋鸡集约化养殖项目、中河乡中河村三四组村级道路建设项目、中河乡曹河村三四组村级道路建设项目、宁夏回药集团股份有限公司清真保健食品车间技术改造项目、原州区人民广场民族团结宣传LED显示屏建设项目等6个少数民族发展资金项目。三是帮助民贸民品企业享受优惠政策。联系财政、银行等部门,积极为宁夏伊正回药有限公司、圆通环保技术有限公司、固原通用机械有限公司等龙头企业、清真食品和穆斯林用品产业,争取到了国家贴息贷款的优惠政策,为我区民贸民品企业发展创造了有利条件。

【“两节”活动】制订了《原州区2011年度开斋节、古尔邦节活动方案》。在“开斋节”前夕,区委、人大、政府、政协四大机关领导带队分四组对辖区重点清真寺和部分伊斯兰教界上层人士及人大、政协离退休回族老干部进行了慰问。各乡镇、街道也分别开展了多种形式的慰问活动,送去了党和政府的关怀与温暖。

【专项整治】 一是成立由区委、政府分管统战宗教工作领导为组长,统战、公安、宗教等部门负责为成员的原州区开展依法治理基督教私设聚会点专项工作领导小组及工作办公室。二是结合实际,制定了《关于开展依法治理基督教私设聚会点专项工作的实施方案》,并以区委、政府两办文件下发各乡镇(街道)、相关部门(单位)。三是抽调专人对辖区内的基督教整体情况进行了调查摸底,制定出了《原州区依法治理基督教私设聚会点专项工作具体整治方案》。按照整治步骤,经整合后,将原来21处家庭聚会点合并为现在的12处,为我区基督教的规范管理奠定了良好的基础。

【朝觐管理】 根据自治区宗教局下达的朝觐指标和收费标准,严格按照宁夏穆斯林朝觐网上报名顺序已确定名单,制定了《统接统送方案》,107名朝觐人员已于10月18日起程飞赴沙特朝觐。

【宗教管理】 一是经申报审批,翻建了宗教场所7处。二是为新搬请的60名阿訇颁发了聘任证书。三是认真贯彻落实自治区五厅局联合下发的《关于进一步加强跨省区宗教活动管理的意见》精神,严把事前申报审批关,对大型跨地区宗教活动,统战、民族宗教部门主要领导提前介入,有关乡镇也派专人随行管理,协调服务。完成了兰州东川、平凉南台拱北及吉林、青海等地的大型跨省区宗教活动的管理工作,活动规范有序。对区内大型宗教活动,始终坚持“开好一个会议,制定一部活动程序册,印发一份《告广大教胞书》,

坚持一套管理制度”的“四个一”规范管理模式，使活动秩序井然。

信访工作

【概况】 2011年，信访工作围绕区委、政府中心工作，充分发挥信访部门的职能作用，不断加强和创新社会管理，认真开展矛盾纠纷排查化解、信访积案化解等工作，较好地完成了各项工作任务。共受理群众来信来访1009件(含上级转来40件)(人)次，上去年同期上升12%。其中：来信45件，比上年同期下降35%，来访191批964人次，比上年同期批数上升49%，人次上升16%。来访中集体访56批760次，分别占来访量的29%和79%，与上年同期相比批数上升81%，人次上升8%。在受理的群众来信来访中，求决类980件(人)次，揭发控告类13件(人)次，申诉类7件(人)次，建议类7件(人)次，其他类2件(人)次。

【领导接访】 印发《关于建立区委、政府领导信访接待日制度的通知》，确定每周二为区委领导接待日，每周四为政府领导接待日，并认真组织实施，对领导的接访时间、地点进行安排、公示。区委、政府主要领导率先垂范，带头接访，其他领导也切实履行职责。全年接待来访群众119批662人次，批阅信件22件，通过领导接待来访，一些突出信访问题得到了解决，筹集资金815.9万元，解决信访突出问题18件，信访形势趋于平稳。

【矛盾排查】 围绕社会矛盾出现新情况、新特点的实际，拓展思路，创新方法，按照区委、政府制定的《原州区信访联席会议制度》和《原州区信访工作责任制》，对矛盾纠纷按季逐月开展排查化解，特别是在重大节日、重大政治活动期间，加大排查力度，全年共排查出信访突出问题及重点矛盾纠纷52件，对排查出的信访突出问题及重点矛盾纠纷落实包案领导和责任单位，在全国“两会”召开前区委、政府主要领导亲自主持召开专题会议进行再安排再部署，逐件落实化解措施，要求限期化解。共化解武装警察生活待遇、医疗保险、城镇建设、环境整治、拆迁等信访突出问题37件。重大节庆期间我区未出现进京赴银上访的情况。

【“信访积案”化解】 在巩固历年“信访积案”化解成果的基础上，继续开展了“信访积案”化解工作，按照“五个一”的工作措施和“五包”责任制，加大对“骨头案”、“钉子案”化解力度，明确责任主体，落实包案领导和化解措施。全年排查14件，已化解7件，7件正在化解。

【信访网络建设】 把加强基层信访工作作为信访工作的另一重点来抓。坚持重心下移，关口前移，要求信访干部经常深入基层化解各类矛盾，检查指导乡镇、部门信访工作。督促乡镇、部门调整充实了组织领导，健全信访网络，畅通信访渠道。2011年底，全区有专(兼)职信访干部76人，兼职信访员215人，形成了一个纵向到底、横向到边的信访网络，使群众信访问题有人接待、有人调处的工作格局。

【信访事项督办】 按照“事要解决、案结事了”的工作要求，把办好信访案件，解决好群众反映的实际问题作为做好信访工作的关键来抓。对市以上交办的信访案件、区委、政府领导接待和批示的信访案件，作为信访立案进行督办，2011年立案的59件信访案件，通过下乡、电话等形式进行督办，已办结56件，办结率95%以上，使一些群众反映热点、难点问题得到了解决，赢得了群众的好评。例如：开城镇吴庄村村民反映的危窑危房改造中弄虚作假等问题，按照政府主要领导的批示，立案交由开城镇处理，开城镇及时进行了调查核实，并作了严肃处理，群众特别满意。

【非正常上访治理】 为了做好非正常上访人员稳控工作，完善工作机制，明确工作责任主体，严格工作措施，特别是对重复进京、长期滞留、多次非正常上访人员，由责任单位一把手亲自包案化解，对应解决而迟迟不采取措施解决的，严格按照信访责任制有关规定追究责任。同时，进一步加大政策法规宣传力度，把解决问题同法制教育有机结合起来，引导群众依法依规上访，自觉维护信访秩序。对缠访、闹访、扰乱社会公共秩序、妨害公共安全和社会管理的非正常上访人员，公安机关严格依法处理。通过做思想工作和解决实际问题，进京非正常上访得到了有效遏制，由上年进京上访人员5人，下降到2011年1人，下降了80%。

【信访信息编报】 高度重视信访信息的编报工作,把其作为领导掌握情况、干部了解情况的渠道来抓,对集体访和有重大影响的个体访以及不稳定因素以信访信息形式及时上报上级有关部门和领导,使其在第一时间了解信访情况、并安排部署工作,为解决信访问题提供第一手资料。2011 年共编写信访信息 10 期,信访简报5 期。

政务服务

【概况】 2011 年,原州区政务服务中心,以“创先争优”和“思想大解放、树立新形象”活动为契机,以“便民、高效、规范、廉洁”为服务宗旨,建设一流窗口,打造服务品牌,进一步创新机制、规范管理、优化服务、凝心聚力,在服务群众、服务企业、服务发展上做了大量的工作。24 个具有行政许可权的单位进中心办理事项 167 项,其中行政许可 148 项、非行政许可 19 项。2011 年中心累计受理行政审批事项和服务事项 57732 件,办结率为 100%,比上年同期增加 186.7%,平均日办件达 208 件。群众有效投诉为零。

【清理项目】 政务服务中心会同有关部门采取部门自查、重点清查、集中整改的方式,全面清理我区行政审批事项,建立健全各项规章制度,进一步规范审批管理和人员管理,有效促进了项目、人员、机制“三到位”。窗口单位由原来的 10 个增加到 24 个,进中心办理的行政许可和非行政许可事项由原来的 60 项增加到 148 项。各部门涉及的审批项目已全部录入系统;对保留的项目正在进行新一轮清理。

【简化审批】 在项目清理过程中,区政务服务中心按照“高效、便民、规范、廉洁”的原则,配合部门对项目整合归并,从每一个项目的每一个审批环节上增效挖潜,使项目流程更加合理、高效,并督促部门向窗口及首席代表授权。通过项目清理和流程再造,自元月份启动审批项目新系统,各类政务服务事项日办结率提高到 97.3%。

【创新机制】 在推行首席代表制上,制定下发了《关于实行行政审批窗口首席代表制度的通知》,普遍推行窗口首席代表制,进一步发挥窗口应有的作用,以本部门的名义履行行政审批职能,并对本部门的行政许可(审批)事项统一受理、统一协调、统一督办、统一收费、统一发证,切实解决窗口工作人员无权、少权直接办件问题,提升现场办结率。在行政审批和服务项目上,将部分行政审批和服务项目纳入中心统一管理,初步做到了“人员统一管理,服务项目统一受理,申报材料统一传递,费用统一收取,审批结果统一送达”的“五个统一”。

【高效服务】 一是推行亲情廉洁服务。如公安窗口和残联窗口,对年老体弱的办事群众多次送件上门,帮助解决问题。全年办件 18000 多件,没有发生争吵、投诉,没有拖延审批时间及刁难服务对象的现象。二是推行高效服务。窗口单位努力压缩审批时限,简化办事程序。如工商一分局窗口和残联窗口实行一审一核制后,缩短了办事时间,提高了办事效率,当场办结率 100%。三是推行延时预约服务。如民政局、计生局等窗口只要来人办事,不办结束不下班,需要上门年审的,一个电话,马上就到。四是推行无偿服务。如卫生局窗口、财政局窗口、交通局窗口、发改局窗口、农牧局窗口的同志在做好本职工作的同时,利用自己的空余时间为其他窗口的办事群众提供无偿服务。五是推行窗口单位双休日便民服务制度。为更好地服务经济社会发展和方便人民群众办事,原州区政务服务中心开展双休日便民服务,可通过电话预约、现场预约等方式,向原州区政务服务中心提出申请。

【规范管理】 修订和完善了《窗口工作目标管理考核实施细则》、《进一步加强窗口工作秩序的若干规定》,真正做到“靠制度管人、靠纪律约束人”,营造了和谐融洽、开放有序的良好氛围,全体工作人员遵章守纪意识显著增强。做到了服务有规范、工作有标准、考核有办法、奖惩有措施。在广泛征求窗口意见的基础上,按照《行政许可法》的要求,制定《行政许可事项办理暂行办法》、《实行并联审批的暂行规定》,对各部门进中心的审批项目告知内容、许可申请方式、初步审查事项、受理情况处理、依法收费、变更及撤销行政许可等环节进行了规范,对行政许可的举报和投诉制度进行了明确。

【形象工程】 在窗口工作人员中扎实开展 “创先争

优”和“思想大解放，树立新形象”活动，坚持做到在解放思想中查摆问题，在整改提高中解放思想，在服务实践中改正问题。加强思想政治工作，创新学习机制，健全学习制度，加强培训指导，增强服务意识，提高服务水平。大力开展争创“红旗窗口”和“党员示范岗”活动，创建窗口优化管理、优良道德、优质服务、优良秩序、优美环境，提升了中心的服务水平和整体形象。

【荣誉】 2011年被自治区人民政府办公厅评为“政务服务先进集体”；被自治区妇联评为“巾帼文明岗”。

法制建设

【概况】 2011政府法制工作在区委、政府的坚强领导下，坚持以邓小平理论和“三个代表”重要思想为指导，以科学发展观为统领，认真贯彻落实党的十七届五中、六中全会精神，紧紧围绕区委、政府的中心工作，以贯彻落实全国、全区依法行政工作会议精神和国务院《关于加强法治政府建设的意见》为契机，以推进依法行政、建设法治政府为目标，开拓创新、真抓实干，着力抓好政府依法行政、推行行政执法责任制、加强规范性文件审查、行政执法监督、行政复议、政务信息公开、法制宣传、法律顾问和机关自身建设等各项工作，充分发挥政府参谋、助手和法律顾问的作用，圆满完成了各项政府法制工作任务。

【创建法治政府】 一是继续抓好国务院《关于全面加强市县政府依法行政的决定》〔2008〕17号（下称《决定》）的贯彻落实，全面推进依法行政、建设法治政府工作。二是继续加大对《决定》和全区市县政府依法行政工作会议精神的学习和宣传。先后利用法制宣传日和集市贸易日，在城市各街道悬挂宣传标语并上街发放依法行政宣传材料5000余份，解答有关机关和人民群众的法律咨询80人次。三是进一步完善重大行政决策听取意见和合法性审查制度，积极参与全区重大行政决策的风险评估和法律评价，对制定、出台的相关政策及规范性文件，进行严格依法、依规审查，并向社会公开征求意见、广泛听取不同建议，在充分论证的基础上，依照程序提交政府常务会议集体讨论研究决定，使政府决策行为步入法制建设轨道，杜绝滥用权利和决策失误的现象发生。

【行政执法】 一是深化行政审批制度改革，不断优化政务环境，创新管理理念和审批监督方式，提高行政管理能力和服务水平，年初开展并对全区行政许可事项进行了新一轮的清理工作，经过严格审查的87件规范性文件中，继续执行的10件，修改后执行的10件，决定废止的67件，以政府文件予以公布。二是开展行政执法专项检查和执法案卷评查工作。6月份，在区人大、政协领导的带队下，先后对区卫生局、交通和乡镇建设局、农牧局等行政执法机关的行政执法情况和推行行政执法责任制进行了监督检查，对行政执法案卷进行了抽查、评查，有效地促进了全区推行行政执法责任制各项工作的落实，规范了行政执法机关依法行政。8月份，由政府法制办牵头，由区政府办公室、监察局、档案局等单位为成员的联合检查组，对全区行政执法部门的行政许可案卷进行抽查评查，对检查中发现的问题，及时督促相关单位，提出整改措施加以改进，不断提高行政执法水平。三是严格规范性文件备案审查制度，提高规范性文件的质量，根据《宁夏回族自治区规范性文件的制定和备案规定》和区法制办制定的《规范性文件的制定和备案办法》，严格审查程序，强化审查职能，做到有件必备、有备必审、有错必究，充分发挥规范性文件备案审查的功能和作用，集中开展了有关国有土地征地拆迁规范性文件清理和贯彻实施《中华人民共和国行政强制法》中全区规范性文件不符合行政强制法规定的清理工作。共审查修改各类规范性文件4件，通过政府常务研究并发布，全部报市人民政府备案。四是加强行政执法队伍建设。结合自治区今年修订制定的《宁夏回族自治区行政执法证件管理办法》的有利时机，加大规范行政执法行为，进一步加强行政执法证件管理，规范行政执法主体资格和行政执法人员持证上岗制度，做好行政执法证件的审验、申领和换发工作，完成了全区316名行政执法人员2011年度行政执法证件年度审验登记备案工作。

【行政复议】 一是创新审理方式，为当事人申请行政复议提供方便，最大限度地让公民、法人和其他组织学会利用行政复议渠道表达利益诉求,积极采用调解和化解的手段,解决行政纠纷和行政争议问题。二是积极配合有关乡镇、部门做好因土地权属、生态移民、征地拆迁等引发纠纷的调处化解工作。三是完善制度建设,重新修改完善了原州区行政复议个受理、审查、办结程序,极大地方便了公民、法人和其他组织的合法权益。全年受理审查行政复议案件2件,办结2件,办结率100%。

【政务和信息公开】 进一步提升政务服务工作水平,对政务服务中心进驻的24个单位,受理的148项行政许可和服务事项做到阳光透明审批,对申办对象要求委托的项目提供全程代办服务,实现了政务服务“无缝”覆盖。全年共受理各类行政审批和服务事项5.1万件,办结率达100%。全区政务服务中心现场会议在原州区成功召开。原州区政务“一站式”限时办结快捷服务经验做法得到了区、市各级领导的充分肯定,被区内多家媒体广泛报道。2011年11月29日《宁夏日报》就原州区政务服务中心“一站式”限时办结服务经验配发了评论员文章。政务服务中心被自治区妇联授予“巾帼文明岗”称号。同时积极加强与各部门(单位)的沟通协调,充分利用固定公开栏、公示牌、橱窗、文件、办事手册、宣传材料及电视、网络等形式施行阳光政务,确保政府信息的公开。

【法制宣传】 重点抓好政府法制信息和依法行政的宣传工作,切实提高法制信息和宣传队伍的能力和水平。全年共向区政府法制办报送法制信息8条,其中有2篇在《固原日报》上刊登。以政府法律顾问的名义替政府出庭应诉3起,均收到了较好的社会效果和法律效果。

军 事

人民武装

【概况】 2011年,原州区人武部认真贯彻两级军区和军分区党委的指示要求,坚持以科学发展观为指导,圆满地完成教育、训练、战备和后勤等各项工作任务,有力提升了人武部自身建设和民兵预备役全面质量。

【理论学习】 采取备课示教、竞争授课等形式担负了分区集中组织的主题教育第一、四课授课任务;认真组织"思想作风建设"专项教育、"十项整治"、执法执纪检查和庆祝建党90周年系列活动,制作了国防教育挂历和展板,组织国防教育进社区巡展,邀请分区领导为原州区领导干部作国防形势报告;全年在地市级以上刊物上稿55篇。 (赵敬)

【军事工作】 制定了《原州区民兵抗震救援分队组建方案》,整合了市、区两级专业人才资源,筹措资金30万元购买了18种1000余件应急救援器材,对24名民兵骨干进行了救援技能培训,使应急救援分队建设初具规模;派专人到乌鲁木齐农六师等地参观学习,先后动用民兵近400多人、车辆160多台次、投入经费20余万元,完成了兰州军区应急营战斗力评估考核任务,取得战区第二的好成绩;完成了今冬155名的新兵征集任务。 (杨立成)

【基层正规化建设】 在彭堡镇召开了基层武装部正规化建设现场会,先后投入10余万元对7个基层武装部进行正规化建设,圆满完成了交叉互检任务。

(杨立成)

【安全维稳】 认真开展了"学、训、整"和"三严"教育活动,9名职工参加了分区统一组织的管理教育整训,积极开展隐患排查,先后投入4.8万元,及时为部分办公室安装防盗门(栏),购置了存放移动硬盘保险柜,落实了兵器室"三人三锁",为两部小车安装了GPS定位系统,确保安全工作落到实处。

(杨立成)

【新营区迁建】 根据现有营房使用功能不全等实际,按照军区首长年初调研时的指示要求,积极协调区委、政府完成了新营区的立项、设计和主体施工任务。

(杨立成)

【扶贫活动】 在马饮河清真寺开展了政策宣传活动,为寺院送去了电视机等慰问品;在庙湾小学开展了"1+1"助学活动,参加了原州区生态移民工程建设;积极协调人事、民政等部门,完全依托劳务派遣公司成立了退伍军人就业服务指导中心,为缓解征兵难、就业难"两难问题"做出了积极的探索。

【年度征兵】 严格落实征兵有关规定,严密组织征兵工作。严格落实"四公开五公布"等制度,落实党委研究、集体定兵、择优定兵,不搞个人说了算。以确保新兵质量为核心,以廉洁征兵为重点,以制度建设为关键,以宣传发动为牵引,注重抓了新兵入伍前摸底调查和思想教育工作,及时组织人员深入基层采取一对一聊天、查看档案、摸底测验等形式,摸清了适龄青年入伍动机、文化程度、家庭社会成员和个人现实表现,对不符合要求的青年及时进行淘汰。 (杨立成)

【后勤建设】 一是抓了后勤战备建设。围绕民兵应急连担负的任务,认真修订完善各类后勤战备保障方案计划,投入近1万多元完成了民兵应急营各类保障物资的筹备和补充工作,达到设施齐全、规范统一。二是抓了经费管理使用。多种渠道向地方争取资金,在经费使用中,始终坚持党委理财和联审会签审批制度,坚持事务公开,坚决把行政事业费消耗和应酬接待费压缩下来,用于民兵工作。三是抓了规章制度落实。结合部里后勤管理工作实际,制定了《营产营具管理补充规定》、《战备物资管理补充规定》等制度,并制定了定期检查、定期讲评制度,使后勤每个层面、每个环节、每个人员、每项工作都有具体标准和责任,确保了人尽其责、物尽其用、财尽其效。 (蔺敏良)

【荣誉】 被宁夏军区表彰为“学生军训工作先进单位”,在分区新条令知识竞赛中取得“第二名”,人武部主官被军分区拟上报宁夏军区表彰为“一对好主官”。

消 防

【概况】 原州区公安消防大队编制89人,下辖原州区公安消防中队和原州区消防特勤中队两个执勤中队,大队设党委,由大队长、教导员、中队长、指导员和司务长5人组成,

【队伍建设】 根据原州区大、中队一体化管理实际,大队党委注重加强和充分发挥大队、中队两个支部一线战斗堡垒用,围绕建设一个团结协作、风正气顺、坚强有力、素质过硬的党委班子,围绕创建和谐警营这一主题,狠抓思想、组织、作风和廉政建设,班子把握大局、驾驭工作、服务发展的能力得到全面提升。一是围绕创建和谐警营这一主题,在科学发展观等理论成果应用转化指导实践上下功夫;二是狠抓组织规范化建设,在集体领导、实现科学民主决策上下功夫;三是狠抓作风建设,在班子团结协作、求真务实上下功夫;四是狠抓廉政建设,在树立廉洁高效、文明服务形象上下功夫。

【思想政治建设】 思想政治教育、业务理论学习工作统一部署,统一安排,制定统一的教学计划,大队教导员和中队指导员、大队长和中队长采取轮流教学的方式,结合教学计划,每周分别组织实施1~2次政治教育和业务理论学习,交流1次干部工作经验和心得体会。深入扎实地开展了“弘扬公安消防精神,忠诚履行职责使命”主题教育、建党90周年系列活动、群众性爱国主义教育和学习贯彻胡锦涛总书记“三句话”总要求集中学习等教育活动。坚持把思想教育做到基层、做到一线、做到官兵心坎上。教育活动开展过程中,结合“大走访”爱民实践活动、纪律作风教育整顿活动、“三抓三树”和“三争优”活动、警营文化建设、精神文明双拥创建、消防安全专项整治、“清剿火患”战役、打造公安消防铁军大练兵活动,不断丰富教育内容、拓展教育形式、创新教育方法。

【部队管理】 坚持以提高官兵整体素质和部队战斗力为标准,按照“勤务实战化”的练兵思路,每季度组织召开一次练兵分析会议,分析练兵形势、思路、任务和对策。对练兵内容进行了细化量化,严格考核与奖惩兑现,实现奖勤罚懒,激励带动,调动了官兵参与大练兵工作的积极性、主动性。坚持定期或不定期组织业务学习,先后开展班与班、干部与干部、骨干与骨干等多种形式的业务竞赛活动。开展了石油化工单位灭火救援准备工作调查摸底和测试演练,提高扑救疑难火灾的攻坚克难能力。成功处置了“11·29”粗苯槽车泄漏等重大事故,部队作战能力在实战中得到检验和提升。在全市消防部队第二届打造“六盘山”消防铁军比武竞赛活动中,大队取得了团体第二名的好成绩。“以预防各类违法违纪、行政责任事故和刑事案件”为主要内容,以落实中央军委《安全工作条例》、公安部“五条禁令”为重点,通过开展“安全无事故”活动,把各种不安全因素消灭在萌芽状态,确保部队的安全稳定。截止目前,共接警29起,出动29次(含增援),出动消防车35辆次,消防官兵233人次,抢救被困人员1人,疏散人员75人,抢救财产价值41.1万元。

【消防工作】 区委、政府将消防工作纳入国民经济和社会开展规划、政府目标责任考察系统,制定下发了《原州区深入开展“五大活动”实施方案》的通知。建立了联合执法、工作交流、信息共享工作机制,认真研判火灾形势,适时组织专项整治活动。先后组织开展了商场市场、建筑消防设施、建筑施工现场、消防产品等10余次联合检查和专项治理活动。紧紧围绕“五大活动”这个重点:一是圆满完成“元旦”、“春节”、“两会”、

“元宵节”、中央领导来宁等一系列消防安全保卫任务。二是大力推进消防安全大培训大宣传。先后举办消防安全培训班18次，培训2500余人，上街宣传12次，设立咨询点4个，悬挂横幅75条，展出大型展板50块次，发放各种消防常识材料15100余份，接待群众咨询1700余人次。三是大力开展内装修材料防火性能见证检验。已督促65家单位(场所)开展内装修材料防火性能见证检验工作，送检76批次。四是深入开展“五大活动”和“火患清剿”战役。并按照“五大活动”和其他各类消防安全专项治理工作方案要求，分门别类建立健全台账，对基本情况、单位消防设施情况以及存在的火灾隐患进行登记。五是深化社会单位“四个能力”建设。深入开展非人员密集场所达标验收活动，按照责任区域网格化的要求，将任务细化分解到大队人员和派出所，落实到每一名监督执法人员，分片包干，确保合格一家验收一家。六是着力夯实农村社区消防工作根基。构筑以乡镇综治办、公安派出所、行政村综合协管员有机组合的治消一体化的农村消防安全管理网络。进一步明确了村委会、居民委员会消防安全管理人及其职责，制定了防火安全公约，并组织开展群众性的消防工作。2011年原州区共发生火灾32起，直接财产损失19710元。比上年，火灾起数下降了27.27%，直接财产损失下降了33.25%。大队共检查单位(场所)1125家，发现火灾隐患462处，责令整改420处，下发《责令改正通知书》339份，办理消防行政处罚案件25起，罚款18.5万元，查封4家，“三停”3家。办理开业前消防安全检查49家。通过消防办事大厅系统备案建设工程53项（其中：消防设计备案30项，抽中11项；消防验收备案23项，抽中8项)。

【后勤建设】 加强对部队资金、资产的管理，严格票据申领、使用、注销、收缴登记工作，根据票据的用途、使用范围，正确、规范使用各种票据。牢固树立“过紧日子”的思想，每一笔经费开支都要经过反复研究，把钱用在刀刃上。积极拓宽财源，加强经费预算管理，合理安排经费支出，规范财务行为。破除“等、靠、要”的观念，积极主动向当地党委、政府请示报告，争取地方党政和有关部门的支持和理解。2011年内，原州区政府增加了大中队的业务经费，列入预算经费共计42万元，年内争取业务经费16.4万元（其中罚没返还11.9万元)。

（杨 博）

经济管理

宏观经济

【概况】 原州区发展和改革局为原州区人民政府的组成部门，是负责研究全区国民经济和社会发展规划，总量平衡，结构调整，宏观调控部门，承担着工业企业管理，协调经贸局、粮食局工作。其组织机构有：中共固原市原州区发展和改革局委员会、固原市原州区发展和改革局、固原市原州区经济动员办公室。机关内设1室5股1所。即：办公室、固定资产投资股、农业经济股、工业经济股、商流服务股、社会事业股和价格监督检查所。行政编制25人(价格监督检查所6人)，事业编制4人(价格监督检查所1人)。现有干部44人，其中：领导职数7人(局长1名，副局长5名，价格监督检查所所长1名)。2011年原州区发展和改革局围绕促进经济又快又好发展这一目标，抓好改革、发展两大中心任务，做好参谋、协调和管理"三大服务"，加强作风、效能、制度与和谐发展"四项建设"，建设学习、服务、创新、规范、高效的"五型机关"，突出"抓项目、兴产业、重协调、强服务、抓改革、促发展""六项重点工作"，取得明显成效。

【项目建设】 全年共落实各类项目143项，总投资25.1亿元，同比增长1.9倍，投资规模及效益创历年新高。1.生态移民工程。整合各类资金1.8亿元，建成团结村、丰泽村等13个县内生态移民集中安置点，开创了"七个一"安置模式，搬迁移民1674户6874人，率先在自治区实现了"当年开工建设、当年搬迁入住、当年发展生产"目标。加强与永宁、农垦等5地对接协调，年内搬迁安置县外移民100户411人。2.新农村建设。按照"一次规划、分期建设"的原则，全面实施三营民族特色小城镇改造，完成道路硬化、给排水管网铺设、河道整治绿化等配套工程，拆迁改造沿街房屋20万平方米。煤炭、农贸、活畜交易3个市场建成投入使用，物流、农资、家具3个市场完成征地和规划等前期工作，为打造宁南商埠重镇奠定了基础。完成杨郎、黄铎堡小城镇续建工程，小城镇辐射带动功能进一步提升。以中心村建设为突破口，认真实施水、电、路、气、房、环境"六到农家"工程，高质量完成开城吴庄等10个社区化新农村示范村建设。改造农村危房2100户，近万名困难群众迁入新居。大力实施农村环境连片整治示范项目和城乡环境综合整治，拆除建筑物3.7万平方米，粉饰亮化农村民居18万平方米，城乡面貌明显改观。3.农田水利建设。突出水利基础地位，认真做好"水"文章，组织开展大规模农田水利基本建设，充分利用地表水、合理开发地下水、科学调度扬黄水，全面推广喷灌、滴灌等现代节水灌溉技术，新建扬黄调蓄水池13座，调蓄能力达到410万立方米，极大地提高了扬黄水利用效率。建成甘沟、鸦儿沟等4个万亩高效节水农业示范园区，对9万亩设施农业园区进行了节水改造，节水灌溉面积达到13万亩，成为宁夏现代高效节水农业发展的示范引领。建成张易盐泥等农村人饮工程22处，有效解决了6.6万人饮水安全问题。综合治理大红沟、杨达沟等流域面积45.1平方公里。农田水利建设连续五年获得自治区"黄河杯"竞赛奖。4.林业生态建设。以打造"绿色原州"为目标，通过开展全民义务植树、项目配套绿化、林业部门重点绿化等活动,完成退耕还林补植补造10万亩、荒山荒沟造林2.4万亩、须弥山“一河两山”绿化5000亩、新建农田防护林带122条1500亩,绿化乡村道路310公里,启动实施禅塔山景区绿化工程,全年新增造林面积5.65万亩。加大禁牧封育力度,坚持造林与管护并举,强化全民绿化、护林、环保意识,将生态移民迁出区和林业重点工程纳入国营林场管护范围,新增林木管护面积65万亩,全区生态环境持续好转,初步形成了道路绿荫化、农田林网化、城镇园林化、乡村田园化的喜人局面。5.公共服务设施。进一步加快农村道路改造建设步伐,硬化乡村道路36条288公里,全区92%的行政村通上了沥青(水泥)路。中河至黄铎堡连接西山畔13个村的农村公路全线贯通,极大地方便了群众的生产生活。投资1.6亿元,新建改扩建七中、十一小、三幼等城乡学校25所,加固64所,全区86%的校舍达到了抗震设防安全标准,自治区“校安工程”现场会在我区举行。区医院医技综合楼、开城卫生院门诊楼及开城镇、炭山乡政府办公楼建成投入使用。疾控中心和卫生监督所业务综合楼,人武部、司法局等6家单位办公楼完成主体工程。新建改建乡镇民生服务中心和社区服务中心14个,创建“星级社区”8个,基层办公条件和服务环境进一步改善。积极参与宁南区域中心城市和大县城建设,全力配合市区道路管网改造、宋家巷拆迁改造等全市重点工程建设,完成人民广场水电路等后续工程,广场服务功能更趋完善。

【项目监督管理】 严格按照在建项目暂行管理办法,规范项目的计划、审批、管理、监督和检查等方面工作,对计划内项目严格按照建设程序进行管理。对上报项目由原州区发展和改革局组织专家论证可行后,上报自治区发展改革委员会。对自治区发展改革委员会下达的项目及时分解下达计划。对项目招投标进行监督,规范项目管理。对实施方案经审定批复后方可开工建设。同时,坚持争取项目和管理项目并重,督促项目单位严格执行项目建设程序,严格法人责任制、招标投标制、工程监理制、合同管理制等工程建设管理制度,严禁“三边”工程,防止“三超”现象,坚决杜绝“豆腐渣”工程。对项目资金使用进行跟踪审计,发现问题及时反馈、限期整改,确保项目资金正常使用。

【工业经济管理】 按照培育发展新兴产业,改造提升传统产业要求,倾力打造工业发展平台,全力抓好招商引资,着力理顺企业产权关系,工业对县域经济支撑作用明显增强。全年实现工业增加值9.09亿元,增长76.8%。园区建设迈出新步伐。开展清水河工业园区土地集约节约利用专项整治,完善配套设施建设,提高土地利用率,湖南三一重工集团等5家企业入驻园区。开工新建长城工业园和通用航空产业园,场地平整及供电、供水、道路等基础设施建设有序推进,“一区两园”工业发展格局初步形成,平台聚集效应进一步显现。招商引资实现新突破。制定出台了《关于进一步加强招商引资工作的意见》,全面落实招商引资目标责任制和县级领导包抓负责制,项目引进呈现多门类、宽领域的良好局面。新能源、新材料、装备制造等一批新型业态填补了原州区工业领域空白,工业经济结构发生了重大变化。农资城、邦德电动自行车、利隆钢构、通用飞机组装等项目落地建设。千头肉牛养殖,马铃薯、枸杞种植及深加工等7个农字号项目建成投产。凤凰国际飞行学院民航飞行员培训项目通过国家级运行资格审定,开始进行飞行员培训。宁夏发电集团10兆瓦光伏发电设备安装就绪,北京天润有限公司49.5兆瓦、浙江盾安集团48兆瓦2个风能项目获得核准。全年招商引资到位资金9.6亿元,增长3.6倍。在2011年宁洽会暨第二届中阿经贸论坛期间,原州区再次被自治区人民政府评为“投资贸易项目洽谈签约先进单位”。企业产能得到新提升。投资6150万元,完成雪洋粮油、伊正回药等5家重点企业技术改造,新培育上规模企业3家,规模以上工业增加值增幅位居自治区第一。积极稳妥推进国有企业改制,完成固原家具厂等10家企业改制任务,276名困难企业职工得到妥善安置,区属国有(集体)企业改制基本完成。狠抓节能减排,强化企业监管,万元GDP能耗下降3%。积极配合市政府加快推进固原盐化工循环经济扶贫示范区、原州区至王洼运煤铁路专线等重点项目建设。工业对经济增长贡献率达到46.6%,提升了36个百分点。工业经济拉动第二产业增加值首次超过第一产业。

国土资源

【概况】 2011 年,原州区国土资源局积极提供资源保障,做好用地服务,迎难而上,奋勇争先,务实苦干,土地管理和矿产资源管理工作取得了新成绩。

【耕地保护】 按照政府安排,督促乡(镇)与村、村与组、组与农户,层层签订 2011 年基本农田保护目标责任书,划定了基本农田保护区块,设立了界碑及擎天柱,从而确保了原州区基本农田面积不减少、等次不降低。截至 2011 年底,耕地保有量 155.47 万亩、基本农田面积 124.38 万亩、水浇地面积 17.7 万亩、补充耕地 1250 亩、耕地保护(基本农田)责任书签订到村 169 份、到户 62560 份,划定基本农田保护区块 6035 块,设立界碑 20 座及擎天柱 11 座,双立柱 4 座,做到了"面积、制度、责任、标志"四落实。

【经营性土地招拍挂】 深入贯彻国土资源法律法规,积极推进经营性用地使用权特别是工业用地使用权招拍挂出让制度。根据国土资源部《招标拍卖挂牌出让国有土地使用权规定》和固原市政府第 3 号令规定,严格实行集体决策和内部会审制度,确保工作公正、公开、透明。

【地籍管理】 原州区国土资源局严格按照法律规定,明确责任,严把关口,对权属来源清楚、界址明晰、符合土地法律法规的土地登记申请,根据土地登记规则,予以登记,颁发证书。2011 年,共办理国有土地使用证 8 本,他项权利证书 40 本。

【土地开发整理】三营南城拐子土地整理项目顺利实施完成,2011 年 11 月通过自治区国土资源厅终验。头营生态移民土地整理项目已着手开展初设,2012 年可全面实施。

【农村集体土地确权登记发证】 一是土地变更调查工作正在进行,年底将全面完成。二是生态移民土地权属处置方案编制完成,于 2011 年 11 月份已经区厅审定。

【矿政管理】 按照"有偿有序、供需平衡、结构优化、集约高效"的原则,根据矿产资源法律法规,积极引入市场机制培育矿业权市场,全面推行采矿权招拍挂出让制度,全年共报政府挂牌出让 15 宗;加强矿产资源补偿费的征管,深化矿产资源资产管理,实行承包到人分片包干。全年挂牌出让采矿权 15 宗,颁发采矿许可证 15 本,共征收采矿权价款 29.56 万元,上缴矿产资源补偿费 7.25 万元。认真开展全区矿山企业年度检查工作,按照"三率"指标的要求,重点对煤炭资源的回采率及矿山企业的生产经营、资源利用等情况进行检查,年检合格率达到 98%,促进了企业节约资源,避免了损失、浪费现象的发生,矿业秩序进一步好转。

【测绘】 原州区国土资源局按照区厅的统一部署,进一步加强原州区国土资源局测绘工作,在"8·29"测绘宣传日活动中,紧紧围绕"监测地理国情,服务科学发展"这一主题,展开了形式多样的宣传活动,收到了良好的效果。认真开展测量标志普查与维护工作,对原州区的 257 个测量标志进行了全面的普查、登记,并对保存完好的 36 个标志进行了托管,颁发了有关证件。 (供稿人:王香红)

审　计

【概况】 原州区审计局现设立办公室、经济责任审计室、法规股、行政事业审计股、固定资产投资审计股 5 个股室。人员编制 17 人,其中行政编制 15 人,工勤编制 2 人。具有大专以上文化程度 13 人,中级职称 9 人。审计监督范围覆盖 7 镇 4 乡 3 个办事处和 100 多个行政事业单位的经济活动。2011 年原州区审计工作坚持"依法审计、服务大局、围绕中心、突出重点、求真务实"的工作方针,不断加大审计执法力度,着力提高审计质量,在区域经济发展中充分发挥了"免疫系统"功能,确保了政府各类资金合理合法高效使用。全年完成审计项目 61 个,完成计划的 203%,其中经济责任审计 12 个,预算执行审计 11 个,专项审计调查 3 个,固定资产投资审计 28 个,财政财务收支审计 7 个。审计查出各类违规资金 4228.61 万元,核减工程造价 2130 万元。管理不规范资金 5487.69 万元,提出审计建议 90 条。被审计单位根据审计建议,积极出台规范性文件,健全了内控制度。2011 年,原州区审计局分别被自治区审计厅、固原市审计局评为“深化绩效审计年”活动先进单位；被自治区审计厅评为全区普通高中债务调查先进集体；被固原市审计局评为“提升绩效审计年“先进单位。固原体育场改造工程资金管理使用审计被区、市审计局评为优秀审计项目，1人被评为优秀审计标兵。

【预算执行审计】 紧紧围绕区委、政府的中心工作，以规范预算管理和提高财政资金使用效益为目标，以财务收支为主线、财政性资金为主要内容、财政预算执行为重点，组织开展了财政、国税、教育、科技等11个部门2010年度本级财政预算执行审计和部门财政预算执行审计，查出违规资金1789.56万元。预算执行审计从预算完成、政策执行、促进社会经济发展、民生改善等方面对取得的成绩和存在的问题进行深层次分析，为党委、政府经济决策建言献策，为人大常委会审议区级财政预算执行和其他财政收支情况提供了可靠依据。

【政府投资审计】 以促进区委、政府中心工作的有效开展和重点项目的实施，节省建设成本、维护建设资金安全、提高建设资金效益为目标，扩大审计规模，拓展审计范围，积极开展政府投资项目审计。对人民广场、杨郎小城镇建设、妇幼保健所、须弥山旅游线路等28个政府投资项目的规划、立项、资金管理使用、建设质量、工程结算、财务决算等重要事项全过程开展了审计监督，核减工程造价2130万元，核减率8.8%。有效规范了政府投资项目资金的管理和使用，确保工程质量、进度和效益。

【专项资金审计】 重点对农村低保资金、扶贫互助资金发放及使用情况等进行调查，积极实施政府性债务、农村公路建设、城市低保、“三免一补”资金管理与使用等专项审计调查，配合自治区审计厅进行全国普通高中债务调查、全区基层医疗卫生机构债务审计，促进国家宏观调控政策落实，促使财政惠农资金向安民、惠民和利民方向转变。

【经济责任审计】 从被审计单位的内部控制制度出发，从明晰单位主要领导经济职责入手，将乡镇(街道)和部门(单位)主要领导的离任审计和任中审计有效结合起来，对12个部门、乡镇15名主要负责人进行了任期和离任审计，查出违规资金1007.46万元，管理不规范资金1522.1万元。经审计处理，已清理结算资金1000多万元。加大任中审计力度，探索实施乡镇(街道)党委、政府主要领导同步审计模式，合理界定党政主要负责人经济责任，促使各级领导干部按照法定职责和程序正确行使经济发展权、决策权、管理权、政策执行权和监督权。

【民生工程审计】 把保障、推进校安工程建设和生态移民工作作为审计部门服务民生、服务发展、服务和谐社会建设的重要内容和全年审计工作的重点，积极组织力量开展审计：一是围绕“工期、造价、质量”控制情况，对“校安工程”开展跟踪审计，主要对四小、四中教学楼工程进行了审计，促使校安工程建设成为民心工程、阳光工程和放心工程。二是转变思路，关口前移，加强生态移民工程审计。把生态移民审计作为事关人民群众福祉的一项重大政治工程、民生工程和民心工程，由事后审计变为事前、事中监督，全程参与生态移民政策措施的制定、房屋建设、征地补偿、项目招投标、资金管理与使用等各个环节，充分发挥审计建设性作用，为我区生态移民工程的顺利实施提供了有力的保证。

【成果转化】 2011年原州区审计局切实加强审计成果的综合分析和开发利用，对审计中发现的违纪违规情况进行深入剖析，总结经验，评价效益，提交高质量、有深度的审计报告，为政府决策和管理提供参考，同时加大信息调研和宣传力度，借助舆论监督和行政监察促审计结果落实。全年共提交审计报告和信息160余篇，审计专报2期，其中被区委、政府领导批示9篇，被上级审计机关和新闻单位采用49篇。

【信息化建设】 为顺利推行计算机辅助审计AO系统和OA办公系统的应用，全年组织全体审计干部参加了审计厅OA系统应用视频培训会议，并组织局内擅长计算机审计的同志担任主讲，又集中培训了AO现场审计实施系统和OA办公系统的应用。现在局机关所有行政公文、业务文书、公告通知、被审计单位资料更新均通过OA系统完成，节约了行政运行成本，拓宽了绩效审计的思路，提高了绩效审计的能力与水平，促使绩效审计向更高层次迈进。

【绩效审计】 按照自治区审计厅的要求,开展"提升绩效审计年"活动,在项目安排上扩大绩效审计比重,从财政专项资金、政府投资项目、政府部门履责、政府政策绩效四个方面开展了绩效审计,把绩效审计贯穿于所有审计项目和项目实施全过程,重点揭露管理不善、决策失误造成严重损失浪费和国有资产流失,促使财政公共支出更加合理有效,提高资金使用效益。

统 计

【概况】 统计局有行政编制10人,其中:领导职数3人,后勤服务事业编制1人,有在岗职工12人。内设四股一室,分别是综合统计股、农村统计股、工交财贸股、能源统计股、办公室。负责全区经济社会发展情况统计,为区委、政府制定经济社会发展政策提供数字依据,向社会各界提供统计数据和宣传原州区经济社会发展情况的重要职责。

【统计服务】 一是为编制全区"十二五"规划和西部大开发10年规划提供科学翔实的统计数据,撰写了"十一五"期间原州区经济社会发展的重大成就;二是围绕全区经济社会发展中的热点、难点和焦点问题,为区委、政府领导进行宏观决策及社会各界提供详实统计数据资料;三是充分利用统计资源优势,积极面向社会公众提供统计咨询服务。

【从业资格培训】 一是加强领导,按照自治区统计局总体要求,部署安排辖区内统计从业资格认定考试培训工作。二是要求各统计专业及时做好被调查单位统计人员持证上岗情况摸底工作。三是向辖区内乡镇(街道)、机关、企事业单位下发文件。四是通过固原有线电视,利用一周时间以滚动字幕方式进行宣传。

【法制建设】 按照自治区、固原市局统计法制工作安排,全面规范了统计法制工作,做到有计划、有目标、有任务,逐步落实,稳步推进,以制度保障统计法制工作有条不紊的开展。

【文化建设】 在局机关中大力开展统计文化建设,用统计文化进一步凝聚人、团结人、教育人,开创了统计工作的新局面。在局机关开展了创先争优活动,创建了先进效能股室,开展了岗位技能练兵,进行了数据录入比赛等活动。

【"六普"及残疾人普查】 一是圆满完成了普查表光电录入和小区摸底表的录入工作;二是按时保质保量发布人口普查数据公报;三是积极撰写人口普查工作总结及技术业务总结;四是按时完成《户主姓名底册》录入及小区建筑物数字化核对工作。

【基层统计建设】 一是大力推进统计基础建设。二是通过提高政治教育、业务培训、行业的锻炼推进统计队伍建设;通过全区统计系统的创先争优活动,改进统计干部的工作风,提高了办事效率。

【党建活动】 一是以局党支部为核心,抓党建,促工作,深入开展"创先争优"和"统计作风建设年"及精神文明创建活动,深入推进机关党的建设;认真抓好"双诺整推"工作。二是与头营镇头营村党支部、张崖村党支部组建结对党员18对,公开承诺为结对党员每户送化肥2袋,为张崖村党支部投资3000元维修党员活动室,为村部周围硬化道路300米。

【献爱心活动】 为寨科乡刘沟村维修人畜饮水泉5眼;动员全体干部职工为区委大病困难人员捐款献爱心,共捐现金1500元。

物 价

【概况】 2011年,原州区价格工作围绕稳定价格总水平这一首要任务,突出价格监管重点,加大价格监督检查力度,创新工作方式,完善工作机制,增强价格监管的预见性、针对性、有效性,认真开展价格调研,解决群众关心的价格热点、难点问题,加强价格监测预警,加大价格监管和价格法律、法规宣传力度,迅速平息食盐抢购风波,畅通"12358"价格举报电话,有效遏制了价格过快上涨的势头,不断营造良好的价格环境。主要开展了农资、医疗、涉企、整治行业协会、中介组织、电价、银行收费、教育收费以及商业零售企业明码标价及反价格欺诈行为等价格收费专项检查,全年共查处价格违法案件6起,涉案金额1.5万元,全部收缴国库。

【节日市场检查】 一是向公众告知举报途径和举报

电话；二是加强市场价格巡查，制定了细致的工作方案，采取责任到人，每天组织检查人员对市场价格进行巡查，巡查的品种主要涉及与人民群众密切相关的食用油、粮食、肉、菜等，当市场上价格出现异常波动时，向经营单位和个人发出提醒书2000余份，告诫他们自觉遵守国家的价格政策和法规；三是坚持值守制度，随时受理各类价格举报。

【农资专项检查】 对全区的农资市场价格进行专项检查。检查组先后深入原州区供销社、银川丰禾种子公司固原分公司、固原庆丰商贸有限公司以及清河、开城、张易、三营等乡镇，对全区2家化肥批发商、9家零售经销商经营的二铵、尿素、碳铵、磷肥、复合（混）肥等主要化肥和农药、种子等三大类10余个品种的农资商品批零价格开展了检查。检查结果表明，农资市场秩序正常，货源充足，化肥价格有所上升，农药价格基本稳定，种子价格略有上扬。其中涨幅最大的为二铵和尿素，涨幅均达到了10%以上。通过检查，有个别商家存在未按规定明码标价或标识不全的情况，检查人员当场做了告诫处理。

【医药专项检查】 按照自治区物价局的统一部署，对辖区16个乡镇卫生院，11家医疗、卫生机构和近20家药店经销的药品价格和涉及的医疗收费做了全面检查，共查处违法案件6起，涉案金额1.5万元，罚没款全部上缴国库。

【食盐风波】 因日本发生大地震和核泄漏，受谣传影响，原州区部分超市和副食商店自3月17日10时开始出现集中排队抢购食用盐现象，个别经营者乘机抬高食盐价格，扰乱了市场价格秩序。原州区委、政府高度重视，价格监督检查所第一时间深入盐业公司及各大超市调查了解情况，加大市场巡查、检查频次和力度，维护食盐市场秩序，及时采取了一系列行之有效的措施，迅速平息了突入其来的食盐风波。具体做法一是发挥商业主渠道的作用，为打击不法商贩，18日停止向小商小贩和小门店供盐，食用盐经过大中型商场和指定的乡村销售网点源源不断供应居民和周边群众。二是严格执法，不断检查、巡查、监督，维护了正常的食盐价格秩序。三是加大宣传力度，张贴公告50余张，下发《稳定食用盐市场价格政策提醒告诫书》600余份，指导群众抵制谣言，理性消费，提醒商家守法经营，维护正常的市场秩序

【行业协会专项检查】 重点整治行业协会利用代行行政职能、垄断地位或指定服务地位强制收费或搭车收费的乱收费现象。此次专项检查共有25人次参加，采取同级检查的方式开展检查，加大了执法力度，取得了良好的效果。

【涉企收费检查】 结合收费年审重点抽查全区人劳、工商、土地、交通、电力、公安（消防）等近10个部门及所属单位的收费政策执行情况。

【电价检查】 根据自治区物价局《关于开展全区整顿规范电价秩序工作的通知》（宁价检发〔2011〕26号文件）精神，原州区价检所与固原市价检局联合开展了为期一周的电价执行情况检查。检查对象为城区供电局和三营供电局以及下辖的各乡镇电管站。检查采取自查自纠和重点检查相结合的方式进行。重点对辖区内电网企业（供电局）各分类电价政策的执行情况，特别是对扶持农业生产（深井灌溉、扬黄灌溉等）、化肥生产（地方中小化肥）、教育（学校）、社会福利事业（养老院、敬老院）优惠电价政策执行情况进行了检查。经过检查，辖区内各电网企业（供电局）及所属电管站能够严格执行自治区分类电价以及规定的优惠电价政策，无乱收费、乱加价情况。

【教育收费检查】 为认真贯彻落实中纪委第十七届六次全会和国务院第四次廉政工作会议及自治区相关会议关于继续深化治理教育乱收费工作的部署和要求，进一步规范我区教育收费行为，根据自治区物价局《关于开展全区教育收费专项检查的通知》（宁价检发〔2011〕134号）文件精神，我们对全区教育收费进行了安排部署。检查分为自查自纠、重点检查、处理整改三个阶段。

【商品房明码标价检查】 根据《自治区物价局关于开展全区商品房明码标价专项检查的通知》（宁价检发〔2011〕18号）文件精神，6月1日起，市、区价检局联合开展了为期一个月的商品房销售明码标价专项检查活动。市、区检查组深入市区房地产企业进行重点检查，共检查房地产企业21家。通过检查发现，大多数房地产企业均能够按照规定明码标价，做到了一套

一价,价格标识醒目、规范,同时,对极个别标价不规范的房地产企业做了当场批评、告诫处理。

【价格调控及价格管理】 2011年原州区市场物价呈较快上涨之势,1~10月价格指数累计上涨8.7%。其中以3月为例,全区居民消费价格总水平为109.8%,分别高于全国4.4个百分点和自治区2.2个百分点。在八大类商品中除交通通讯类价格指数下降外,其他均呈不同程度上涨的态势,上涨较快的有食品类、衣着类、居住类。具体来说:食品类价格大幅攀升,对居民消费价格指数(CPI)上涨拉动明显。面对如此严峻的形势,一是加强价格监测预警。重点监测了粮油、肉禽蛋、蔬菜、奶、液化气等生活必需品价格波动情况,在原来定期监测上报的重要商品、服务价格的基础上将与群众密切相关的农产品价格全部纳入监测目录,及时上报价格信息,引导生产消费。二是严格价格执法检查。开展了商品价格专项检查,对合谋涨价、串通涨价、变相涨价等扰乱市场秩序违法经营行为进行了严厉打击,先后共出动检查人员50余人次。三是建立市场价格调控联席会议制度。年初,建立了由发改、财政、商贸、农牧、民政、教育、交通建设、工商、粮食、统计、供销等部门和乡镇参加的市场价格调控联席会议制度,进一步明确职责,确保各项稳价措施落实到位。四是强化价格举报工作窗口形象。通过加强"12358"价格举报电话的值守工作,对受理的价格举报案件及时安排专人进行调查,对价格举报案件随办随结,并及时反馈当事人,提高了办案效率。五是实施了一系列价格监管措施:1. 在市区大原广场和六中对面设立"马路早市",减少了中间环节,方便了菜农,降低了菜价;2.在市区人口密集区域设立"农超对接蔬菜店"30个,以低于市场价格供应市民,有效地平抑市场菜价;3.按照自治区有关文件精神,确定中山超市(地下商场)、味园超市(民生购物广场)为政府定点限量限价销售点,每天投放牛羊等肉品共1500公斤,低于市场价格限量供应市民;4.从11月1日开始,对当地27种主要蔬菜采取最高限价和差率控制销售;5. 5~7月份,向62516名城乡低保对象、五保老人、优抚对象每人每月发放临时物价补贴40元,全区共计发放768万余元。

【价格服务】 1.开展农产品成本调查。在全区设立45个农产品成本调查点,对小麦、玉米、胡麻籽、枸杞、生猪、羊只、奶牛、陆地马铃薯和辣椒、设施黄瓜等13个品种的生产成本进行调查,定时上报国家,为国家制定粮食等农产品价格提供依据。2.开展价格认证工作。随着市场形成价格为主的价格机制的形成,物品价格的评估成为价格管理部门的一项新的工作任务,为司法机关办理的刑事、民事、经济、行政案件涉及的扣押、追缴、没收及纠纷财物等涉案物品的价格,按照"合法、客观、准确"的原则,开展价格评估认证,为执法、司法工作提供办案依据,同时也接受社会委托估价。2011年共办理价格评估案件近25起。评估金额共800万元。3.树立价格举报工作窗口形象,不断加强价格举报工作。一是加强"12358"价格举报电话的值守工作,二是对受理的价格举报案件及时安排专人负责调查,提高了办案效率。2011年共受理价格举报案件130余起,其中咨询案件近80起,药品价格的举报件占总举报件的15%。立案查处20余起,办结率100%。

【价格监测预警】 进一步加强对重要商品市场价格变动情况的监测,重点监测粮油、肉禽蛋、蔬菜、奶、液化气等生活必需品价格波动情况,2011年度共上报监测品种146个,报送信息190次9000余条,撰写固原监测12篇、分析预测6篇,为各级领导及时掌握市场动态做出决策提供了价格依据。

【荣誉】 获得"2011年度全区创建规范化价格监督检查机构先进单位"、"2011年度全区价格政策信息宣传工作先进单位"和"全国价格监督检查业务能手"、"全国农产品成本调查优秀个人"等集体和个人光荣称号。

工商行政管理

【概况】 固原市工商局原州一分局是在原固原县工商局基础上成立的,成立于2001年,有干部职工57人,公务员52人,事业编制人员5人,工勤人员1人。内设5个科室,下辖3个工商所(贸易中心工商所、中心路工商所、城关工商所)、1个经济检查队、2个协会，设一个党总支、四个党支部，有党员41人，拥有大专以上文化程度的干部51人。

【队伍建设】 扎实抓好“思想大解放，树立新形象”、“创先争优”、“讲党性、重品行、作表率、争优秀”专题教育活动及“五星级”工商所创建，邀请人大、政协委员、新闻媒体进行视察评议，认真听取他们对队伍建设的意见建议，及时加强整改。积极开展“书香机关”、“书香家庭”、“十佳”工商所长评比活动，加强干部的业务培训，不断夯实全局监管职能基础，提高了干部整体素质和服务水平。全年共组织各类培训和参观学习57次，参加人数386人次，报送各类信息612条，有力地宣传全局在行政执法、服务发展、消费维权各条战线上的风采。

【食品安全监管】 对辖区25户47辆食品配送车推行“五项制度”的监管。实现问题食品可追溯监管，增强食品配送主体食品安全自律意识，建立起源头可控、去向可查、问题可溯、责任可追的食品安全监管机制。开展创建食品安全示范店活动。全年新建立食品安全示范店40个，农村食品安全得到进一步规范和改善。继续推进食品电子监管。建立电子监管系统食品经营户59户。加强食品快速检测。全年共检测食品360个批次，重点加强了乳粉市场抽检，共抽送检婴幼儿乳粉4个批次。集中整治南河滩农贸市场。对41户食杂店进行了指导整改。开展清真食品市场整治。对15家商场超市统一制作清真食品标示，对未办理清真准营证的27家经营户下发了责令改正通知书和行政指导建议书，拆除不合格清真门头广告5个。

【监督检查】 强化对农资经营者落实农资商品监管“一账通”、信用分类监管等制度的监督检查，对3家农资经营企业经营的6个批次的化肥进行抽检。

【农民专业合作社登记】 抓住原州区产业结构调整主线，围绕重点产业，全力推动原州区农民专业合作社做大做强。全年累计登记注册农民专业合作社98户，注册资金7115.67万元，成员总数798人。今年登记农民专业合作社30户，合作社分支2户。注册资金2361.60万元，成员209人。

【商标战略】 共建立商标档案66户，未注册商标档案24户，注册商标42户（其中农产品商标12件，地理标志商标2件，集体商标4件，服务商标22件），“六盘山”马铃薯、“庆原春”面粉获得宁夏第七届著名商标。指导“秋菇”蘑菇、“六盘新智”果蔬、“余余”土豆片等13件商标申请了注册。

【信用体系建设】 指导新时代购物中心和贸易中心商场积极创建全区星级信用商品交易市场，不断加强软硬件的升级改造，加强了商标备案、消费投诉调解、商品质量检测信息等一系列基础工作，新时代购物中心被自治区政府认定为四星级市场，贸易中心被认定为三星级市场。开展“守合同、重信用”单位申报认定工作。新认定自治区级“守合同、重信用”企业10家，辖区累计有各级“守合同、重信用”企业28家。加强拍卖活动全程监管。严格审查拍卖资料，做好备案登记，保证拍卖活动合法有序进行。全年共进行拍卖登记7起，拍卖金额1088.86万元。

【专项整治】 全年共查处各类侵权案件51起，其中侵犯知识产权案件28起，制售假冒伪劣商品案件23起，涉案金额22.63万元，罚款3.6万元。没收非法广告6500余份，办理户外广告登记46件。开展无照经营专项整治，全年共查处无证无照经营563户。对辖区内70户市场中介组织开展综合治理，对7户无证无照经营户下发了责令改正通知书。对6户未及时参加年检的网吧下发责令改正通知，取缔3户黑游戏室。没收非法书籍301本。开展了虚假宣传、食盐市场、短信群发设备、快递市场、非法集资、成品油市场等专项整治。

【消费维权】 认真受理、流转、处理各类申诉、举报。“12315”中心共接收区、市局指挥中心转办消费者申诉、举报160件，办结率100%，立案查处7起，罚款4.84万元，为消费者挽回经济损失20余万元。继续推进12315“五进”工作。在电信、移动等5家经营规模大、消费投诉较为集中的行业建立了“快速通道”。

【打击传销】 全年共端掉传销窝点107个，劝返、遣散传销人员317人；移交公安机关3起8人；刑拘15人，逮捕2人。办理传销案件265件，罚款2.48万元，创建“无传销社区（村）”3个。

【服务经济发展】 共登记在册国有（集体）企业57户，注册资金4630万元；登记在册私营企业65户，注册资金 2437 万元，其中个人独资企业 59 户、合伙企业 6 户；登记在册个体工商户达 9394 户，注册资金 36059 万元，从业人员 22594 人。其中，2011 年新登记注册私营企业 1 户，分支 1 户。新登记个体工商户 1534 户，注册资金 10153.8 万元。全年共计发展小企业 24 户，小老板 53 人。

【文明创建】 进一步加强文明行业建设。以被重新命名 2011 年为自治区文明单位为契机，不断加强文明行业创建，积极开展行政效能监察，努力构建优质高效的服务机制。邀请驻固 8672 武警部队对分局全体干部职工进行了为期半个月的军姿训练；在中国人民解放军建军 83 周年之际，携带 5000 多元的慰问品，对驻固 8672 武警部队二营进行慰问。为张易乡扶贫点维修村道、修建党员活动室。号召会员“致富思源、富而思进”积极奉献社会，热心公益事业，组织为特困会员、贫困大学生捐款 3.6 万元。定期到敬老院和儿童福利院，为孤寡老人、智障残疾儿童提供义务服务，捐款捐物 3 万元。从基层分会中选拔优秀节目在建党 90 周年到来之际，举办了“红歌唱响六盘山”文艺晚会。 （何　方）

安全生产监督

【概况】 原州区安监局是 2003 年经原州区编委会同意将原州区安全生产委员会办公室更名为“原州区安全生产监督管理局”，为正科级事业单位。2009 年政府在新一轮机构改革中将安监局列为政府组成部门，现有工作人员 7 人，承担着原州区境内安全生产监管任务。

原州区境内现有矿山 43 家（煤矿 1 家、非煤矿山企业 42 家，其中采土 27 家、采砂 12 家、采石 3 家），危险化学品经营企业 34 家（其中加油站 28 家、氧气充装站 2 家、液化气充装站 2 家、油库 1 家，使用盐酸、氯化钠 1 家），烟花爆竹生产企业 1 家，烟花爆竹经销点 16 家。现有国道 1 条（G309 境内约 69 公里），省道 2 条（S101、S203 共约 120 公里），县乡道约 1736 公里，大型商场、宾馆、饭店 31 家，大型客运公司 3 家，出租车公司 8 家。

【安全生产】 2011 年，全区共发生各类事故 112 起，死亡 27 人，受伤 104 人，直接经济损失 79.66 万元，与去年同期相比事故起数下降 17.6%，死亡人数下降 12.9%，受伤人数下降 8.77%，直接经济损失上升 100.4%。实现了安全生产四项指标三降一升。其中：道路交通事故发生 77 起，死亡 25 人，受伤 104 人，直接经济损失 17.31 万元，与上年同期相比事故起数下降 15.4%，死亡人数下降 16.7%，受伤人数下降 8.8%，直接经济损失上升 2.97%；火灾事故发生 34 起，无人员伤亡，直接经济损失 2.35 万元，与上年同期相比事故起数下降 22.7%，直接经济损失下降 20.3%；工矿商贸无事故。其他事故 1 起，死亡 2 人，直接经济损失 60 万元。安全生产事故死亡人数（27 人）占市政府下达全年控制指标 31 人的 87.1%。

【监管体制】 进一步明确了政府监管责任和企业主体责任，政府部门实行“一岗双责”；并将安全管理领导小组由区、乡（镇）延伸到村一级，形成了区、乡（镇），村三级安全监管网络。

【安全执法】 全年开展安全执法检查 368 次，其中，煤矿、非煤矿山、危化品经营企业、烟花爆竹经销点检查覆盖面达 100%，对证照不全的 17 家矿山采取断电措施，责令办证；对 20 家无证加油站点、1 家非法使用储存液氯企业依法取缔。共查出隐患 523 条，整改 514 条，整改率 98.3%。

【宣传教育】 印发了《原州区农村交通安全协管员、农用车驾驶员集中教育培训方案》，在 11 个乡（镇）集中开展交通安全协管员、农用车驾驶员轮训工作，结合“安全生产月”活动，大力开展安全生产宣传教育，开展“送法进企业”和“安全知识竞赛”活动，共发放各类宣传材料 3 万余份，接待前来咨询群众 1 万余人，悬挂横幅 185 条，摆放展版 178 块，张贴安全生产宣传挂图 2000 余份。2011 年 8 月 20~22 日，举办了为期三天的全区安全生产培训班，有乡镇（街道）、部门及企业负责人、分管领导 234 人员参加。原州区安监局获得国家安全生产监督管理总局、中华全国总工会颁发的“落实企业安全生产主体责任知识竞赛活动优胜单位”奖。

【道路交通安全隐患专项整治】 投入资金 465.21 万

元,按期完成了11项26处县级督办的道路安全隐患整治。交警部门共出动警力14347次，警车3623辆次,处理各种交通违法行为7349起,扣车2877辆,扣证3624本,移动抓拍7312起,刑事拘留13人,行政拘留230人。通过采取强有力的路面查处措施,有效防治了境内超速、超载、超员、酒后驾驶、疲劳驾驶、农用车载人等严重交通违法行为，道路通行秩序明显改善。

【煤矿、非煤矿山安全监管】 全区共有非煤矿山43家,目前有30家换发办理了《安全生产许可证》,其余13家正在申请办理之中。安监、国土等部门联合行动,先后组织检查97次,发现隐患80条,已整改80条。对安全生产许可证过期的13家非煤矿山企业，责令停产整改。立案查处5家证照不全的企业。同时,借换发《安全生产许可证》之机,引导督促非煤矿山企业全面提升安全生产水平，认真开展安全生产标准化建设。切实提高了企业的生产安全意识。

【日常安全】 从年初开始,对全区34家危险化学品、16家烟花爆竹经销点、1家烟花爆竹生产企业经营企业,组织检查92次,发现隐患215条,下达整改指令书10份,督促整改211条,立案查处未按期整改的企业2家。

【人员密集场所消防安全管理】 联合公安、消防、工商等部门对人员密集场所的建筑设置和消防设备设施情况进行了重点检查,共出动检查人员4093人次,检查单位1862家，发现火灾隐患和消防违法行为1191处，已督促整改火灾隐患1077处，正在整改的114处,下发《责令改正通知书》526份,临时查封单位7家,责令"三停"单位6家,办理处罚案件33起,行政拘留2人,罚款20.3万元。

【"打非"专项行动】 联合公安、供电、工商和有关乡镇对辖区内证照不全的20家危险化学品企业（加油站)、12家硅砂厂、2家机砖厂、5家石料厂采取断电、查封设备等强制措施,坚决予以停产整顿,

【污水处理和有限空间作业的安全监管】 加强对污水处理、积污管网、垃圾处理场所、沼气池、化粪池等有限空间作业的监管。对全区1家煤矿、34家危化品经营企业、1家烟花生产企业和4家制药企业进行了全面检查,检查共发现隐患39条,下达责令整改指令书7份,已整改38条,整改率达97%。

【监管队伍建设】 建立健全监管监察人员初任（资格)培训、任职培训、业务培训、知识更新培训等制度。加强对监管监察人员法律法规、行政执法、专业理论、新知识新技术等方面的培训。监管监察人员必须先培训后上岗,系统学习了安全生产方针政策、法律法规及业务知识，有力地提高了安全监管执法能力和水平。

质量技术监督

【概况】 固原市质量技术监督局编制为28人（其中公务员编制25人，工勤编制3人)，现有人员28人(男24人、女4人),领导班子职数为一正三副,局机关内设8个科室和组织机构代码中心,外设原州区办公室,下管西吉、隆德、泾源、彭阳4县局和1个直属事业所(质检所)。

【创先争优】 坚持抓好公开承诺、领导点评这一重点环节，对全市质监系统5个基层党组织的56名党员干部均按要求做出了公开承诺,班子成员为各自分管的党员干部进行了客观、公正的点评,做到了全员参与,一个不漏,实现了全覆盖;开展"讲党性 强作风 作表率 争优秀"主题教育活动,组织党员干部广泛开展主题调研、走访活动;扎实开展"三亮、三创、三比、三评"活动;组建党员志愿者服务队,开展扶贫帮困等志愿服务活动;积极参加"文明固原"创建活动,组织开展"我为文明固原做一件好事"公开承诺,将公开承诺书公示,并将其落实情况纳入工作责任书。局党组开展廉政准则理论中心组学习扩大会,机关支部开展了庆祝建党90周年活动,参加全区质监系统"唱红歌 争当卫士"文艺汇演并获得优秀奖;积极开展扶贫帮困活动,全年市局共向扶贫点捐资2.3万元。

【"思想大解放,树立新形象"活动】 成立了"思想大解放,树立新形象"活动领导小组,制定了活动实施方案,5月28日召开了全市质监系统"思想大解放,树立新形象"活动动员大会。局机关干部职工每人写学习笔记2万字，结合自身工作实际撰写学习心得1篇,

召开座谈会2次，发放征求意见表200多份，组织专题辅导讲座1次。局党组成员分为四个调研小组，带队深入到辖区各企业、群众中进行调查研究，撰写了《固原市产品质量监督检查的现状和对策》等有指导价值的调研文章6篇。

【名牌战略】 年初，向固原市政府提出了关于加快推进固原市名牌战略工作的意见请示；对2008~2010年度的名牌战略推进工作进行全面总结、分析，提出对策和建议；制订了名牌产品培育计划，推荐8家企业8个产品争创宁夏名牌产品。配合宁夏电视台对参加2011年企业申报“宁夏名牌产品”电视展播公众投票活动的制作。对获名牌的企业和产品由固原市政府下发文件，一次性奖励获宁夏名牌产品的企业3万元，奖励获中国名牌产品的企业15万元。

【产品质量监督】 强化监督管理，大力抽查食品及相关产品，结合节假日的消费特点及突发性事件开展专项监督抽查。全年对647家生产企业的产品监督抽查864批次，合格率为96.7 %。比上年提高2.2个百分点，产品质量水平呈逐年上升趋势。

【专项整治】 制定并下发了《固原市质监系统严厉打击非法添加和滥用食品添加剂专项工作实施方案》，成立了专项工作领导小组，5月3日，召开全市质监系统打击非法添加和滥用食品添加剂专项整治工作动员会。组织99家食品生产企业负责人和150名食品添加剂专管员参加全市食品生产企业食品添加剂专管员培训班。规范了食品企业和小作坊添加剂使用台账记录，统一了“一公告、一承诺、两责任书”。和全市135家食品企业签订《食品生产企业食品添加剂使用承诺书》，并对在用食品添加剂进行了备案。整治期间，累计出动执法人员894人(次)，检查135家食品生产企业和800多家小作坊，发放公告900多张，没收非食品添加剂工业冰乙酸1吨，查获伪劣酱油375公斤、不合格食用油1吨，捣毁酱油勾兑窝点1家，停产整顿11家，立案查处17件，移送公安机关侦查1件。

【食品安全整治】 对春节、元旦、五一、中阿经贸论坛、十一等节日期间消费量大、安全隐患多以及与群众生活息息相关的小麦粉、食用油、酱油、食醋、白酒、饮料、肉制品、豆制品、糕点等食品为重点检查品种；以广大农村地区和城乡接合部等地方为重点检查区域；以规模较小、保证食品质量安全能力较差的小企业等作为重点检查对象。出动执法人员170人(次)，检查食品企业193家(次)，对12家存在问题的食品加工企业下发整改通知，对8家食品企业依法进行了查处。

【“地沟油”专项检查】 召开专题会议，明确目标、进度安排及工作内容，对获得食品生产许可证的食用油生产企业和小油坊进行为期一月的拉网式整治，共出动执法人员283人次，检查获证食用油生产企业4家，小油坊260家，抽检16个样品，尚未发现加工“地沟油”的情况。对原料进货记录、生产记录、成品入库和出库记录、检验记录、销售记录等不规范情况，责令其限期整改。

【食品小作坊准许生产监管】 贯彻《宁夏回族自治区食品生产加工小作坊和食品摊贩管理办法》，制定了《固原市2011年食品生产加工小作坊整治方案》，适度降低了发证条件，并为每户小作坊印发《食品生产加工小作坊须知》，签订产品质量承诺书，采用免费提供生产标准等办法，加大小作坊的扶持力度。深入全市每个乡镇、街道，动员小作坊改善生产条件，争取申证，经整改发证率大幅提高。采用摸清底数，建立档案、落实企业主体责任、加大巡查力度、严格执行回访制度、建立企业约谈机制等多措施加强获证小作坊的证后监管。全年共检查食品小作坊800多家。采用分批集中进行培训，受培训人员523人次。

【许可证发放】 全年共受理、审查、发放工业产品生产许可证12家、食品生产加工小作坊许可证419家。

【特种设备安全监察】 加强特种设备监察力度，成立特种设备专项检查工作领导小组，多次召开专门会议研究部署特种设备安全监察工作。主管领导亲自带队到企业到基层检查特种设备安全，落实安全责任。全年组织开展大型游乐设施、电梯等专项安全监察16次，对56家特种设备使用单位的84台特种设备进行检查，发现安全隐患74处，下达安全监察指令书21条，责令整改51项。联合固原市安全生产监督管理局、城市管理局、工商行政管理局下发了《关于对液化气瓶进行检验的通知》,对“两站”(气体充装站、检验站)整治,规范了气站充装行为,打击了二甲醚掺混液化气违法行为,共检验液化气瓶9264只,报废置换新瓶3282只,检验氧气瓶811只。落实特种设备使用单位安全主体责任制,举办了为期15天的场(厂)内机动车辆、起重机械作业人员培训班,培训120名管理人员和作业人员。制定《固原市特种设备事故部门应急救援预案》,成立固原市应急指挥中心特种设备办公室,举办了特种设备应急演练活动2次。通过专项整治与日常排查结合方法,提高设备的定检率,完成了全年工作目标要求,未出现特种设备安全主体责任事故。

【机动车辆检测机构监督检查】 3月,市质监局组织开展了对全市2家机动车辆检测机构的监督检查,共出动执法人员50多人次,检查12次。针对2条检测线检查中发现的11个问题下发责令整改通知书,并对检测人员进行为期5天的培训,共培训31人。同时,要求车辆检测机构对人工检验部分的检测情况,应根据新标准的要求打印在检验报告单上,要求检测系统软件必须具备防止修改数据、粘贴复制数据或曲线等影响检测数据真实性功能。必须统一使用自治区质监局制定的采用防伪手段、实行编码制度的机动车安全技术检验报告格式,并与检验机构签订《机动车安检机构检测线诚信承诺书》。

【“质量月”活动】 围绕抓“建设质量强国、共创美好生活”的主题,领导重视,积极行动,成立领导小组,下发通知和活动实施方案,联合市教育局、工信局、住建局、国资局、工商联、总工会、团市委、各新闻单位等部门举办“质量月”活动启动仪式,通过广播、电视、报刊、研讨会、知识竞赛、条幅和发放质量月宣传画等宣传形式,营造良好氛围,进一步增强全民的质量意识。活动期间组织40多家企业进行名优产品展示,接待咨询服务280人次,受理消费者投诉10人次,悬挂横幅50多条,制作展版80余块,发放宣传资料10000份,制作群发“质量月”宣传公益手机短信30000条。

【标准化工作】 积极开展第七批农业标准化示范区建设工作,组织实施了长城梁生态绿化造林、黄牛养殖、西芹栽培、花卉栽培、朝那乌鸡5个农业标准化示范区建设。组织6家企业开展了“标准化良好行为企业”和服务业标准化建设,申报洗染行业标准示范点1家,办理标准备案、登记复审13家。联合农业等相关部门举办农业标准化管理人员培训班,培训140人。

【“计量惠民”工程】 与辖区内商店、眼镜店、医院、加油站等40多家单位签订了计量诚信承诺书,强制检定计量器具610台。深入六盘山热电厂、固原南塬集中供热有限公司、固原正祥集团北塬供暖公司等重点用能企业,了解企业能源计量工作现状,对企业在能源计量管理工作中存在的问题和能源计量控制的薄弱环节提出整改意见,帮助企业建立能源计量器具管理档案,引导企业按照《能源计量器具配备通则》配备计量器具,重点耗能企业的计量器具检测率达100%。积极开展出租车运价结构调整后的计价器输入调试工作,共完成2000台出租车计价器的输入调试工作,占全市出租车总量的71%。举办计量管理人员培训班1期,培训人员80多名。开展“5·20”世界计量日宣传活动,张贴宣传画册,开展现场免费检测咨询服务活动。对淀粉、液化气、食盐、水泥、月饼等产品的定量包装进行抽查,被查率达99%。全年计量专项整治和认证监管工作9月份经区局考核组验收全部通过。

【打假制劣】 有计划、分阶段组织开展了农资、絮棉制品、成品油、“双打”专项整治活动,确保产品质量安全。共检查化肥生产企业4家,农贸市场5个,农资经销网点113家;对85家絮棉产品使用单位、70家加油站(点)抽检送样276批次;查获假冒防水卷材80卷,洗涤剂500公斤,假冒五粮液42瓶、五粮春54瓶,总货值5.8万元。

【12365热线】 按照“受理及时、反映快速、依法处理、服务到位”的宗旨,通过电话、传真、网上电子邮箱、来信、转办件及直接上门等多种形式共接企业、用户和消费者咨询289宗,全年共受理各类举报投诉案件42起,调解处理19起,立案23起,已结案21起。

【代码办理】 开展组织机构代码工作,与工商、税务、银行等部门主动配合,提高办证的覆盖率;加大宣传力度,做到办证须知、制度上墙,利用各种宣传日活动发放宣传手册、资料3000多份,营造良好的工作氛围。全年新办(换)证786家、年检1199家,电子档案扫描准确率98%。

【质监信息宣传】 制定了《信息调研宣传工作目标任务和奖励暂行规定》,全年全市共编发信息260期,在各级新闻媒体宣传报道30多篇(次),以新闻媒体为依托,全面报道质监工作,弘扬质监主旋律。借助"质量月"、"3·15""安全生产月"、"全国节能宣传周"等活动的开展,多角度、多层次、多形式地开展质监法制宣传,及时曝光制假售假案件,在全社会营造质量安全第一的法制意识。全年全市质监系统共组织法制宣传活动6场次,发放宣传资料6000多份,咨询服务群众1300多人次,制作法制宣传片2期。 (高玉玲)

招商引资

【概况】 核定编制6人,现有6人,其中:局长1人,副局长1人,副主任科员1人,科员2人,工勤人员1人。内设2个股室,分别为办公室、招商股。2011年,原州区把招商引资工作作为推动经济发展的"一把手"工程来抓,立足于全区经济发展大局,以"思想大解放、树立新形象"活动为契机,大力弘扬"不到长城非好汉的六盘山精神",进一步解放思想,创新理念,抢抓机遇,围绕特色优势资源和宁南区域中心城市建设,走出去,请进来,实施大招商、招大商战略。强化工作措施,打造招商平台,创新招商方式,创优发展环境,招商引资成效显著。全年共引进实施招商项目40个,项目总投资37.3亿元,实际到位资金9.6亿元。

【重点项目引进】 "农字号"项目4个:固原农资城项目,总投资2.1亿元,由宁夏金凯信置业有限公司投资,到位资金3200万元;三营万亩枸杞种植及深加工项目,总投资6000万元,由浙江建工房地产有限公司投资,到位资金3900万元;马铃薯种植销售基地项目,总投资3亿元,由晋悦(香港)有限公司投资,到位资金3800万元;肉牛养殖及深加工项目,总投资1.6亿元,由固原瑞森农牧有限公司投资,到位资金5400万元。亿元项目7个:陕西凤凰国际飞行学院有限责任公司投资1.5亿元的飞行员培训基地项目,到位资金1.5亿元;宁夏飞人圆翔投资有限公司投资16亿元的宁夏通用航空产业园项目,到位资金7200万元;宁夏发电集团投资1.6亿元的10MWP太阳能光伏发电项目,到位资金1.1亿元;陕西榆林利隆彩钢钢构有限公司投资1.5亿元的彩钢钢构保温材料项目,到位资金4600万元;晋悦(香港)有限公司投资3亿元的马铃薯种植销售基地项目,到位资金3800万元;固原瑞森农牧有限公司投资1.6亿元的肉牛养殖及深加工项目,到位资金5400万元;宁夏金凯信置业有限公司投资2.1亿元的固原农资城,到位资金3200万元。投资达3000万元以上、1亿元以下的重点项目有4个。山东邦德电动车有限公司投资7000万元的邦德电动自行车项目,到位资金3600万元;固原振宁新墙体材料有限公司投资4700万元的节能环保粉煤灰空心砖生产线项目,到位资金4700万元;固原科勤混凝土有限公司投资4500万元的科勤商品混凝土生产线,到位资金4500万元;固原银雪混凝土有限公司投资5000万元的商品混凝土项目,到位资金3000万元。

【政策措施】 区委、政府高度重视招商工作,把招商引资作为加快发展的"一把手"工程,加强领导,强化措施,实行主要领导亲自抓,分管领导具体抓,部门、乡镇合力抓的招商引资机制。对引进项目,实行一名县级领导负责、一个部门牵头,包抓推进落实,确保项目建设进度。区四套班子主要领导共同参与项目洽谈,参加招商节会,联络客商。区委、政府主要领导带队赴香港、北京、上海、深圳、福建、浙江、山东等地考察项目,开展有针对性的招商活动,宣传推介项目;分管领导多次带领招商小分队外出开展招商活动,督促签约项目落地建设。区委、政府定期召开专题会议研究部署招商引资工作,协调解决招商和项目实施过程中出现的问题。区委、政府专门制定下发了《关于进一步加强招商引资工作的意见》,给各单位下达了招商引资任务,签订了招商引资目标责任书,把招商工作纳入到各单位年度综合目标管理考核范围,促进"单一招商"向多部门"联合招商"转变,形成抓招商引资的"合力"。

【项目储备】 围绕原州区岩盐、煤炭、冷凉蔬菜、草畜、马铃薯、枸杞等优势产业,在充分调查研究的基础上,精心优选储备并推出一批科技含量高、产业链条长、发展前景好的优质项目,形成"策划一批、准备一批、建设一批、竣工一批”梯次推进和滚动发展的良性循环格局。编印《原州区招商项目册》和《原州区投资指南》各5000份,利用网络等各种招商平台,进行宣传对接。建立客商信息库,收录信息600余条。

【招商宣传】 充分利用媒体和节会进行广泛宣传,展示原州风土人情、投资环境、优势资源、优惠政策,在各类节会上发放宣传材料5000余份。及时更新原州区招商网站内容,制作了招商引资专题宣传片。原州区招商引资工作被各类新闻媒体宣传报道50余次,编发原州招商信息30期,营造了浓厚招商氛围。

【创新招商方式】 走出去、请进来,采取网上招商、节会招商、小分队招商、以商引商、委托代理招商等多种方式开展招商活动,项目资金引进取得实效。一是实施小分队招商。区委、政府主要领导分别带队组团外出招商,先后引进了宁夏通用航空产业服务基地建设项目、山东邦德电动车项目等。二是开展节会招商。组团多次参加各类经贸洽谈会,成功签约飞行员培训基地、固原农资城、马铃薯种植销售基地项目等。在2011年中阿经贸论坛项目签约仪式上,成功签约项目2个,总投资19.5亿元。三是利用项目推介会招商。成功举办项目推介会3次。2月28日,在福建省泉州市成功举办招商引资项目推介会,邀请福建企业家200余人参加了会议,共签订投资意向4个,协议引资13.2亿元。9月23日,在固原(莆田)经贸合作推介会暨项目签约仪式上,签约项目1个,总投资10亿元。9月25日,在固原(杭州)经贸合作推介会暨项目签约仪式上,签约项目2个,总投资1.25亿元。四是挖掘特色优势资源招商。紧紧围绕马铃薯、枸杞、冷凉蔬菜、草畜等特色优势资源,引进陕西大地公司投资3600万元的万亩马铃薯繁育基地、万亩枸杞种植及深加工基地、肉牛养殖及深加工项目等。五是发挥工业园区平台作用招商。按照固原清水河工业园区整体规划和项目落户要求,引进科勤商品混凝土生产线、进元驾校电子考场项目等。启动建设长城工业园、西北通用航空产业园,为招商项目搭建了平台。

【优化投资环境】 一是积极深入各类园区和企业开展调研督查活动。准确定位,找问题,查不足,提出对策建议,解决存在问题,打造招商平台,增强承载项目能力。二是落实各项优惠政策。区财政每年筹资3000万元,用于企业技改,各类园区道路、水电等基础设施建设。三是狠抓效能建设。全面推行服务承诺制、限时办结制、项目跟踪服务制等,形成“项目洽谈、项目审批、建设管理、投产后服务”的一条龙服务机制。对重大投资项目,开通绿色通道,“一事一议、特事特办”,实行“全程审批代理”服务。对落地项目每周通过电话沟通和实地了解掌握情况,排除一切干扰,保障项目顺利建设。建立银企对接机制,积极协调金融部门加大对企业的信贷支持。

【荣誉】 被宁夏回族自治区人民政府、固原市人民政府评为年度招商引资先进县(区);被自治区人民政府评为2011宁洽会暨第二届中阿经贸论坛投资贸易项目洽谈签约先进单位。

司法公安

政　法

【概况】 中共原州区委政法委员会（简称区委政法委），是区委领导政法工作的职能部门，内设办公室、综治治理督导协调室、队伍建设指导室、执法监督室。区编委会核定区委政法委编制9名。其中，行政编制8名，工勤人员1名（为事业编制）。2011年，原州区政法综治工作在区委、政府的正确领导和上级部门的精心指导下，紧紧围绕区委、政府中心工作，认真落实自治区、固原市政法工作会议精神，充分发挥职能作用，狠抓社会管理综合治理和"平安原州"创建，加强和创新社会管理工作，严厉打击各种违法犯罪，为全区经济又好又快发展创造了良好的社会治安环境。

【矛盾化解】 设立人民调解工作室，成立专门调委会，配备专职调解员，推进人民调解、行政调解、司法调解"三调联动"工作。对矛盾纠纷和信访突出问题实行逐件落实包案领导、责任部门、责任单位，限期化解制。开展"千件矛盾纠纷化解工程"和"法律服务大移民工程"等活动，引导群众以理性合法的方式表达利益诉求，进一步加强和改进了信访工作，规范了信访秩序。全年共排查矛盾纠纷5611件，化解5585件，化解率99.5%，化解历年涉法涉诉信访积案7件。

【反邪教】 对各类邪教组织和人员在摸底调查的基础上实行分类动态管理，建立邪教人员数据库。扎实开展"无邪教创建"和"家庭拒绝邪教"活动。采取对重点邪教人员实行帮教、"五进入"、"四纳入"等办法，严密防止"法轮功"等邪教组织的非法宣传和制造事端，对2011年4月8日首次发现的彭阳籍"门徒会"人员张某某行政拘留6天，并落实了异地管控。2011年，原州区国家安全人民防线工作被自治区国家安全人民防线领导小组评为先进县（区）。

【平安创建】 紧紧围绕西安世园会、庆祝纪念建党90周年、中阿经贸论坛、深圳大学生运动会等重要敏感节日期间维稳安保工作，组织开展了集中排查整治、打击非法传销和"两抢一盗"等专项行动。一是抓宣传：组织市、区及驻固单位采取设立咨询点、摆放展板、悬挂横幅、张贴宣传标语、散发宣传资料等形式，大力宣传综合治理和新一轮"平安原州"创建。二是抓创建：区综治委全面抓，成员单位重点抓，街道办事处条块抓，经市、区综治委考核验收，全区平安乡镇（街道）、平安村（社区）、平安单位的创建，均达到了80%的目标。三是抓防范：在强化人防、物防的同时，重点推行技防措施，对独门独院的大系统单位限期要求安装监控设施，城区有条件的188家单位和家属院安装了监控设施，防范措施进一步强化。四是抓整治：制定方案，紧盯影响稳定的重点、难点问题，开展对火车站周边，公办、民办学校及周边环境等重点部位的排查整治；强化对传销行为的打击力度，全年全区各类刑事案件均有下降，特别是八类主要案件下降了24.3%。全区共立刑事案件1549起，破获569起，社会治安环境明显好转。

【特殊人群管理】 全面落实房屋租赁、房屋承租人登记备案制度，建立“以证管人”、“以房管人”、“以业管人”三位一体的流动人口服务管理格局。组织对城区流动人口和出租房屋进行全面摸底调查和登记造册，该处理的处理、该教育的教育、该遣返的遣返。加强社区矫正人员、“法轮功”人员、吸毒人员、监外执行罪犯、刑释解教人员等重点人群的摸排，跟进管控帮教措施，每个社区都安排专人积极开展社区矫正工作。

【铁路护路】 多措并举，开展铁路线路专项整治行动，对辖区铁路沿线做到人员、地点、时间、原因“四清”。在开城、官厅等重点道口配专职人员，加大巡逻和处罚力度，有效地预防了人员上道现象，取得了明显的成效，确保了铁路运输安全通畅。2011年，原州区铁路护路工作被自治区铁路护路工作领导小组评为先进县区。

【队伍建设】 扎实开展“思想大解放、树立新形象”、“发扬传统、坚定信念、执法为民”主题教育实践，进一步营造风清气正的发展环境活动，不断强化政法队伍思想教育、党风廉政建设和执法能力建设。随机或有选择地派员列席审委会、检委会、有关执法工作业务会议、旁听庭审，加大日常执法监督工作力度，强化监督，规范执法行为。

检　察

【概况】 原州区检察院实有人数61人，其中政法专项编制57人，事业编制4人。检察长1名，副检察长2名，检委会专职委员2名，检察员35名，助理检察员1名，书记员11名，法警5名。全院干警大专以上学历51人，占83.6%。党员49人，占80.3%。少数民族干警17名，占27.9%。女干警11名，占18%。2011年受理公安机关提请批准逮捕案件163件260人，经审查批准逮捕141件200人，同比上升29.4%和19%；受理审查起诉、不起诉案件216件307人，提起公诉176件242人，同比上升24.8%和5.7%，对于严重刑事犯罪报送上级院审查起诉11件31人。初查各类职务犯罪案件线索26件，其中初查贪污贿赂犯罪案件线索21件，立案侦查9件12人(50万元以上大案1件)，为国家挽回经济损失42万余元；受理初查渎职侵权案件线索5件，立案侦查2件3人。

【刑事诉讼监督】 在城区内中山街等6个派出所设立了检察官监督办公室，并建立健全各项规章制度。在立案监督方面，对应当立案而不立案的，监督公安机关立案9件，对不应当立案而立案的，监督撤案3件；在侦查监督方面，共追加逮捕犯罪嫌疑人6人，纠正遗漏起诉同案犯罪嫌疑人11人，追加犯罪事实12起，发出纠正违法通知书27份；在刑事审判监督方面，依法提出刑事抗诉1件，发出纠正违法通知书4份。共提出量刑建议174件235人，其中法院采纳133件180人，促进量刑公开公正。

【民事审判和行政诉讼监督】 共受理民事行政申诉案件19件，依法向固原市检察院建议提请抗诉2件，向同级法院发出再审检察建议6件，法院裁定再审4件。坚持息诉与抗诉并重，认真细致地做好对不立案、不予抗诉案件的息诉服判工作。开展督促起诉10件，被督促单位已向法院起诉6件，法院均已审理判决。开展“民事执行监督专项”工作，共审查法院执行案件413件，针对执行案件中存在的问题向法院发出书面纠正违法意见书6份，检察建议1份。

【检察官监督办公室】 制定了《关于在公安派出所设立检察官监督办公室的实施意见》，1月份在原州区城区内中山街派出所、文化街派出所、开城派出所、清河派出所、学院路派出所、兴源路派出所等6个派出所设立了检察官监督办公室。工作开展以来共审查公安派出所办理的刑事案件89件，行政案件102件；提前介入9件，参与重大案件讨论12次。在审查过程中口头提出纠正意见10次，发出书面纠正违法意见书2件，发出检察建议10件；通过审查案卷，监督立案3件，建议撤案1件，追加逮捕犯罪嫌疑人3人。

【案件质量管理中心】 出台了《原州区检察院关于案件集中统一管理机制的实施意见》，设立了“案件质量管理中心”，制定了《工作制度》、《工作职责》等相关制度规范。案管中心的职能定位是“综合、管理、监督和评价”。案管中心自成立以来，共受理、录入、分流提请逮捕、起诉、控告申诉等各类案件346件,组织评查案件1276件。

【规范量刑建议】 "制定出台了《量刑建议实施办法》,全面推行量刑建议工作,提高了量刑建议的针对性、准确性、有效性和采纳率,对公诉案件提出的量刑建议,法院采纳率为95%。

【规范执法推进年】 以深入推进"规范执法推进年"活动为契机,充分发挥案管中心职能作用,积极构建了部门内部自查、业务部门互查和案管中心综合评查的常态监督检查体系。结合开展千件案件大回访活动,评查了2008年以来办理的各类案件1276件,进一步强化了检察干警公正、严格、细致、规范的执法理念。

【巡回检察工作】 全年共开展巡回检察168次,在巡回检察中初查职务犯罪案件线索6起,化解矛盾纠纷14起,其中处理和化解农村基层"两委"班子换届选举引发的集体矛盾纠纷8起,并成功调解了固原市工业园区内两企业因地界发生的矛盾纠纷。举办法律讲座2场次,散发宣传资料手册10000余份,开展法律咨询70余次,帮助解决群众生产生活中的难点问题5件。

【青少年维权检察工作联络站】 为充分发挥检察机关职能作用,加强对广大在校学生的法制教育和法律保护,切实维护青少年的合法权益不受侵害,原州区人民检察院在河川小学建立了青少年维权检察工作联络站。

【治安防控体系建设】 协助有关部门和基层组织加强对社区服刑人员的矫正帮教,全年回访监外执行人员153人。同时,对办案中发现的社会管理问题,及时向有关单位提出消除隐患、完善制度的检察建议22份,帮助建章立制,堵塞漏洞。

【队伍建设】 通过开展"发扬传统、坚定信念、执法为民"主题教育实践活动和"思想大解放、树立新形象"活动,引导干警深入查找宗旨意识、执法理念等方面存在的问题,加大整改力度,使大家牢固树立推动科学发展、促进社会和谐稳定的大局观,以人为本、执法为民的执法观,办案质量、效率、效果相统一的政绩观,监督者更要接受监督的权力观。围绕"团结、民主、和谐、务实"的目标强化班子建设。认真执行领导干部述职述廉、个人有关事项报告等制度,完善党组议事决策制度,认真落实集体领导下的分工负责制。领导班子科学决策、总揽全局、协调各方和解决自身问题的能力进一步增强。结合不同部门、不同岗位的工作性质和特点,广泛开展岗位练兵、业务竞赛活动。增加培训投入,全年共组织参加上级业务部门组织的业务素能培训48人次,1人通过全国司法考试。坚持从严治检的方针,认真落实党风廉政责任制,狠抓廉洁自律各项规定的落实,在全院推行院领导谈话诫勉、中层干部述职述廉以及岗位目标责任制度。加强社会主义核心价值观教育,深入推行检务督察制度,通过明察暗访等形式,对检察干警履行职责、遵章守纪、检风检容等情况进行监督检查,确保良好的检察队伍形象。 (冯霞叶)

审 判

【概况】 固原市原州区人民法院是国家审判机关,内设立案庭、民事审判第一庭、民事审判第二庭、刑事审判庭、行政审判庭、执行局、审判监督庭、办公室、政工科、纪检组、法警队11个职能部门,下设城郊、三营、寨科3个人民法庭。2011年共受理各类案件4775件。受理一审案件3210件,审结3149件,结案率为98.1%;受理执行案件1553件,标的额6203万元,执结1284件,执结率82.7%,执结标的额4993.4万元,标的执结率80.5%;受理再审案件12件,审结11件,结案率92%。

【刑事审判】 在刑事审判工作中,一是突出打击重点,依法严惩各种严重犯罪活动,特别是对侵害群众生命财产安全的暴力犯罪、多发性侵财犯罪,以及贪污贿赂犯罪、黑社会性质犯罪和毒品犯罪等,坚决依法打击,全力维护社会稳定。二是坚持宽严相济的刑事政策,对社会危害不大、主观恶性较轻,具有自首、立功等法定从宽情节以及轻微犯罪的初犯、偶犯,依法从宽处理,特别是对青少年犯罪,以"教育、感化、挽救"为主,注重适用缓刑、管制、单处罚金等非监禁刑罚，帮助他们回归社会，最大限度地减少社会对立面和不稳定因素。三是认真开展量刑规范化工作，将量刑的事实调查和量刑幅度的辩论作为独立环节纳入庭审活动，充分保障被告人和辩护人的量刑建议权；结合审判实践，积极探索扩大量刑规范化的案件类型和适用范围，实现了量刑的科学、公正与均衡。四是注重发挥司法调解功能，着力加强刑事附带民事案件的调解工作，有80%的案件得以调解处理并及时给付了赔偿款。五是积极开展刑事被害人困难救助工作。经积极引导被害人申请，实地调查走访和严格审核，共为5名被害人发放救助金27000元。六是通过回访帮教、法制宣传、社区矫正和司法建议等形式积极参与社会治安综合治理和平安创建活动，进一步丰富了社会管理创新的载体。

【民商事审判】 一是本着高效、便民的司法理念，充分发挥立案庭调解功能，研究制定了《关于速裁审理简单民商事案件的意见》和《关于开展诉前调解工作的若干意见》，着力开展诉前调解和速裁工作，注重诉调对接，简化诉讼程序，节约诉讼成本，特别是积极开展诉前调解和人民调解协议的司法确认工作，依法对41件纠纷通过诉前调解处理，对221件人民调解协议予以司法确认，便捷高效地化解了矛盾纠纷。二是依法妥善审理涉及民生问题的案件，切实维护群众的合法权益。依法审理民间借贷、建设工程承包、商品房买卖、房屋拆迁、农村土地经营权流转等合同纠纷，保护合法债权，维护市场交易安全；弘扬社会主义法治和家庭传统美德，依法妥善处理婚姻家庭、继承纠纷等案件，保障妇女、儿童、老人等弱势群体的权益，促进家庭和睦；认真审理侵犯人身、财产等权益的民事纠纷案件，切实保护国家、集体及公民个人的合法权益不受侵犯。三是积极探索和落实司法便民、利民、惠民的各项措施，加大对弱势群体的司法救助力度，确保困难群众打得起官司，共为259件案件当事人缓、减、免交诉讼费29.2万元(其中为原六盘山水泥厂216名职工诉讼案件缓交诉讼费23.3万元)。

【行政审判】 结合辖区行政案件特点，进一步整合各方资源，形成了党委领导、各方参与、信息互通、责任明确的行政案件综合化解新机制。一是建立立案前协调化解机制，在审查立案环节主动与地方党委、政府沟通联系，及时通报案件情况，优先启动协调化解机制加以解决。二是促使行政机关与相对人庭前对话，建立庭审前协调化解机制，快捷高效地化解行政纠纷。三是开展能动司法，构建行政争议源头预防机制。采取座谈交流、发送司法建议等方式，主动加强与行政机关的良性交流和互动。

【执行机制创新】 从执行机制创新抓起，进一步规范执行程序，提升执行工作水平。一是充实配足执行人员，不断增强执行队伍的战斗力，实行执行110处警模式，强化执行指挥中心和快速反应小组人员配置，提高执行工作的快速反应能力和执行时机的准确掌握能力。二是积极开展创"无执行积案法院"活动，着力减少执行积案，防止旧案沉淀增加的恶性循环。三是通过积极落实和完善执行联动机制，尝试对不履行生效法律文书确定义务的被执行人在行业准入、个人消费等方面进行限制，促使其自动履行义务，形成了解决"执行难"问题的合力。四是建立反规避执行工作机制，积极开展反规避执行专项活动，在变更或者追加被执行主体、被执行人信息共享等方面探索破解规避执行的相应反制措施，严厉打击抗拒执行的违法行为，着力营造良好的执行工作环境。

【涉诉信访】 高度重视矛盾纠纷排查和息诉稳控工作，加强涉诉信访力量配备，超前防范、延伸服务，继续采取横向联合沟通、下访等方式处置信访案件。研究制订了《关于进一步加强涉诉信访工作的实施意见》，强化院长接待制(AB岗)、全员接访制、案件承办人包办制等多项措施化解信访难题，畅通群众利益诉求表达渠道，实现了由"被动受访"到"开门接访"和"主动化访"的理念更新与角色转换。

【党建工作】 坚持"抓党建带队建促审判"的工作思路，牢固树立社会主义法治理念，积极探索新形势下党建工作的新途径和新方法，全面加强领导班子自身建设，进一步强化司法为民的宗旨意识。通过开展主题演讲比赛、向模范人物学习、传唱红歌、重走长征路、举办党史知识讲座、创建文明庭室、参与“连心工程”等文明创建活动，增强干警与群众的思想认同、感情认同，树立了人民法院和人民法官的良好形象。

【作风建设】 认真贯彻执行《法官行为规范》、《人民法院文明用语基本规范》等文件，严格规范干警的言行，让当事人感受到人民法院、人民法官的亲和力，进而提高法院工作在人民群众中的认可度、满意度；进一步畅通民意沟通渠道，虚心听取人民群众对人民法院工作的意见和建议，大力开展法官进企业、进农村、进社区、进学校等活动，密切人民法院与人民群众的血肉联系；扎实有效地开展各项主题教育实践活动，通过“人民法官为人民”和“三百活动”等，教育干警进一步增强群众观念，真正做到思想上尊重群众、感情上贴近群众、工作上依靠群众，以优良的司法作风赢得了人民群众对法院整体工作的认可。

【廉政建设】 全面贯彻落实全国、全区法院院长会议暨法院队伍建设工作会议精神，深入开展司法廉洁教育，通过组织干警赴红色教育基地接受革命传统教育、走进固原监狱聆听职务犯罪人员现身说法、观看警示教育片等，从正反两个方面教育干警廉洁司法，牢固树立“廉政是最大福利”的意识，筑牢干警拒腐防变的“防火墙”；将《廉政准则》、最高法院“五个严禁”、《人民法院工作人员处分条例》、“法官不得有的十三种行为”翻印成册成卡，人手一份，作为“高压线”和“护身符”，教育干警强化廉政意识，做到自律在心，他律在形；全面加强廉政风险防范管理，积极组织广大干警进行廉政风险点排查，对查找出的风险点按照风险发生的可能性大小、频率强弱、危害程度高低等因素，划分不同的风险等级，进行风险排序，实行分类、分级管理，狠抓落实，确保了公正廉洁执法。

【司法能力建设】 以建设“学习型”法院和培养“复合型”法官为目标，多举措提升法官综合素质，取得明显成效。教育干警深入基层，为群众排忧解难，做“平民法官”，在司法实践的第一线培养群众观念，增强群众感情，提高服务群众、能动司法的能力。积极筹措资金充实法官书架和阅览室，购置业务用书1000余册，尽可能地为干警提供宽松的学习环境。采取“走出去、请进来”的方式，强化学习，着力提升干警的理论素养和业务能力。积极组织干警参加上级法院各项业务培训，有针对性地邀请各方面的专家学者来院授课，共派出34人(次)参加业务培训学习，举办“理论大讲堂”7次。

【审判管理】 高度重视信息化应用，积极推进信息技术在排期开庭、审判流程、档案管理、质效评估等方面的运用，解决传统方式管不到、管不好的问题；全力推行审判执行人员全程网上办案，同步录入审执信息，制作电子卷宗，加强对审执环节的期限监督，避免案件久拖不决和超审限问题，确保审判工作的良性循环；按照高院“四个规范性”文件要求，以常规评查、专项评查和重点评查相结合的方式把好案件质量关，认真开展优秀裁判文书评比和“三优”(优秀合议庭、优秀审判长、优秀书记员)庭审观摩评比活动，大力营造“学先进、赶先进”的浓厚氛围，全面提高案件质量和效率。

【司法宣传】 牢固树立媒体意识就是公信意识、责任意识、监督意识、形象意识的理念，整合资源、集中力量，不断深化司法宣传工作。进一步丰富我院《原州法院》报刊的内容，创办了廉政专刊——《原上清风》，注重我院门户网站的更新，着力打造民意沟通的平台，架起了人民法院与人民群众交流的桥梁，切实保障网民特别是案件当事人的知情权、参与权、表达权和监督权。重视信息和宣传报道工作，撰写调研文章23篇、法院简报90期、情况反映4期。其中，2期情况反应被自治区高级法院院长批示，107条信息被市级以上媒体采用，较好地宣传了审判执行和队伍建设中的重点、亮点工作。

公 安

【概况】 固原市原州区公安分局共设国保、经侦、治安、刑侦、缉毒、巡警、户政、法制、通信与网络监察、办公室、政工、督查、消防等13个内设机构，有中山街、文化街、官亭镇、开城镇、头营镇、三营镇、张易镇、中河乡、彭堡镇、炭山乡、寨科乡、河川乡、学院路、草原、云雾山、交通16个建制派出所，其中草原、云雾山、交通为专业派出所。均为副科级岗位。局领导岗位设有局长、政委和3个副局长。全局有在职在编民警170人。

【维护稳定】 深度应用情报信息分析研判机制，提升了情报信息搜集、研判和预警能力，有力地保障了政治稳定，有效地指导了社会管理；严厉打击和严密防范邪教组织、非法宗教等捣乱破坏活动，维护和谐健康的宗教环境；妥善处置抢购食盐风波、出租车罢运等大型群体性事件7起，有力地维护了社会秩序；圆满完成各项安保任务97批次，多次被上级领导表扬肯定；创新发展了“五排查、五走访”矛盾纠纷排查化解长效机制，有效地维护了全区社会和谐稳定。

【打击犯罪】 深入持久地开展了一系列严打整治专项行动，打击锋芒直指影响人民群众生命财产安全的杀人、伤害及抢劫、抢夺、涉众型经济犯罪和“黄赌毒”社会丑恶现象。1~12月，共立刑事案件1440起，占全市刑事案件总量的49.9%，破刑事案件576起，破案数占全市51%，破案率达40%，高于全市平均水平。其中，八类案件发案数较去年下降14.7%。实现了命案全破的目标。全年受理治安案件1826起，占全市案件总量的58.6%，查处率达96.9%。全年抓获逃犯106名。深化禁吸铲种工作，完成了吸毒人员排查登记，查处了一批案件，收戒了一批吸毒人员，铲除了大量毒品原植物，全民禁毒工作长期有效开展。通过禁毒工作，实现了抢劫、抢夺案件同比分别下降31.3%、45%，毒品原植物零产量的可喜成绩。涉众型经济犯罪查破工作取得突破。破获特大销售伪劣商品案1起，案值230万元；收缴假币3.2万元；捣毁“黑作坊”1处。查获传销组织25个，捣毁传销窝点163个，据不完全统计，约70%的传销参与人员已自行返乡，原州区传销违法犯罪势头得到有效遏制。人口、行业、场所管理进一步规范，一大批治安突出问题和隐患得到及时治理和整改，利用游戏机赌博问题得到根治，高效地完成了大型生态移民搬迁和重点工程建设项目的秩序维护工作。

【公共安全】 不断强化公共安全管理，集中开展了“清剿火患”战役，深入开展治安突出问题专项整治行动，扎实开展劳动力市场秩序整治和铁路护路工作。在城区推行网格化巡逻机制，街头“两抢”案件明显下降，群众安全感明显提升；在农村地区不断延伸警务触角，群众性自防、联防组织得到加强。

【社会管理创新】 加强社会管理创新组织领导，鼓励基层单位实践创新。旅店、网吧“评星定级”管理模式成为全市亮点；“警民联系点” 有力拉近了警民关系，促进了警务工作。“四零”举措、“四到村”民意警务等11项做法被公安厅在内网转载报道。安保警卫、事故处置等工作多次受到上级领导表扬。开设了“平安原州”短信平台和网上公安局、网上派出所，服务群众渠道得到拓展，服务质量不断提升。深化科技信息应用，集中采集公安信息67万条，完成了警用地理信息采集任务，公安信息系统数据库不断丰富。群众来信来访得到及时受理，办结率达到98%。清网行动中，随着犯罪嫌疑人金正忠的落网，魏淑萍老人长达九年的上访案宣告终结。

【队伍建设】 深入开展政治建警、文化育警工作，积极构建和谐警营，扎实开展和谐警民关系建设。年内，市公安局帮助充实新警58名，基层一线警力短缺的问题得到有效缓解；扎实开展“发扬传统、坚定信念、执法为民”和“思想大解放，树立新形象”主题教育活动，民警政治本色进一步强化；基层党组织建设不断加强；投入7万余元访贫问苦、结对帮扶。从优待警措施不断加强，组织全体民警外出考察学习，既学到了知识，又缓解了心理压力，反映良好。

【执法规范化建设】 公安信息化建设不断向纵深拓展，警务保障工作更加规范高效。健全了执法环节监督机制，加强了执法场所规范建设。完成了所有派出所视频监控系统的安装，建成了两个标准化执法办案区建设，为公正、廉洁、文明、规范执法提供了必要的物质保障；加强了民警日常执法养成教育，执法行为规范化程度不断增强，公安执法公信力和整体形象实现了大提升。

【荣誉】 分局“清网”工作被公安厅授予“集体三等

功”，PGIS 信息采集工作被公安厅评为“全区信息采集先进单位”。国保大队被评为“全市反邪教先进集体”；治安大队先后被原州区安委会评为“2011 年度先进单位”，被国家人力资源部和公安部评为“整顿劳动力市场先进单位”，被自治区评为“全区铁路护路联防先进单位”；刑侦大队被公安厅评为“全区优秀基层单位”；缉毒大队被评为全区“蓝剑”专项行动先进集体；户政大队被原州区政府授予“红旗窗口”称号；消防大队被评为“全国消防工作先进单位”，取得全市消防监督执法岗位技能竞赛第一名的好成绩；中山街派出所“清剿火患”战役动员部署工作受到公安部通报表扬。全局近 40%的干警立功授奖或被各级评选为先进。 （马凯）

司法行政

【概况】 原州区司法局内设办公室、法制宣传教育、基层工作管理 3 个股室，并在各乡镇(街道办事处)设有司法所。2011 年全区司法行政工作在区委、政府的正确领导和上级司法行政部门的指导、关心下，以服从区委、政府的工作大局为首任，紧紧围绕社会矛盾化解、社会管理创新和公正廉洁执法三项重点工作，加强和创新社会管理，各项工作开展顺利，成效显著。

【“六五”普法】 7 月 7 日，经区委批准，人大审议通过，召开了全区“五五”普法总结表彰暨“六五”普法动员大会，认真总结了“五五”普法工作，并对工作成绩突出的 10 个先进集体和 20 名先进个人进行了表彰奖励。研究制定了《原州区“六五”普法规划》和《2011 年普法依法治区工作安排》，对全区“六五”普法工作进行了部署。

【法律服务大移民工程】 按照区委、政府移民工作的总体部署，结合司法厅提出的“法律服务大移民工程”工作要求，制定了《司法局“法律服务大移民工程”实施方案》，确定了五项工作措施配合移民工程的顺利实施。一是成立由 12 名律师组成的法律服务大移民工程顾问团，为移民工作中遇到的重点和难点问题提供法律意见书，做到依法决策、依法审批、依法管理、依法移民。6 月，抽调 4 名公证员，为头营镇三和村 73 户区内移民搬迁户现场免费办理了农村土地承包经营权委托流转协议公证。二是建立健全法律服务联动机制。以乡(镇)司法所为工作平台，实行法律服务对接机制，实现以司法所为中心的一站式法律服务。三是开展蹲点调研活动。结合“千件矛盾化解工程”，组成专题调研组开展调研活动，充分了解政府、移民的法律需求，找准工作的切入点，确定法律服务导向。四是成立讲师团，为区内移民安置点和拟搬迁村、组举办培训班，为每个村组培训一大批熟悉移民搬迁等法律政策明白人。五是深入开展法制宣传教育活动。把有关移民迁安工作的法律法规宣传教育纳入“六五”普法规划，有针对性地组织法制宣传活动，引导移民正确理解和把握移民法规、政策，自觉履行搬迁安置义务，提高移民搬迁工作的法治化管理水平。

【普法宣传教育】 围绕 2011 年基层党委换届工作，把宣传好《选举法》、《村民委员会组织法》等法律法规，作为保证全区换届选举工作顺利进行的保障性措施，与《民法》、《民事诉讼法》等涉及群众生产生活的法律法规共同作为普法宣传的重点内容，利用“综治宣传月”、“消费者权益保护日”等活动在城区开展大型普法宣传教育活动 13 场次，以“法律进乡村”“法律进社区”、“法律进宗教场所”活动为抓手，开展送法下乡活动 8 场次，法律进社区活动 20 场次。征订并散发《青少年法制教育读本》、《公民常用法律知识问答》、《农民工法律服务手册》普法教材 5 万余册，普法宣传资料 15000 余份，制作并展出普法宣传展板 30 余块，大力开展经常性的普法宣传教育工作。广大群众的法律意识普遍提高，整体推动了依法治区工作进程。

【社会矛盾化解】 一是抓人民调解组织建设。按照《人民调解法》和《人民调解工作若干规定》的要求，结合村级组织换届，调整充实了村级人民调解组织。加快行业性调委会建设步伐，与卫生部门联合建立了原州区医患纠纷人民调解委员会，聘任社会法律工作者和有关专业人士担任调解员，开展医患纠纷专项调解工作。在三营清真大寺和西关清真寺设立了调解室,聘任宗教人士和社会法律工作者担任调解员,协助化解宗教内部矛盾纠纷。在全区 14 个乡(镇、街道)、213 个村(居)民委员会建立人民调解委员会 227 个,形成了区乡村组四级调解网络,调解人员达 681 人。各种社会不稳定、不和谐因素在基层一线通过调解组织的扎实工作得以遏制和消除。二是抓人民调解员队伍素质提高。采取集中培训、以会代训、现场调解培训、下乡培训等多种方式提高人民调解员的业务能力。在各乡镇(街道)分别举办了人民调解员培训班,对全区681 名人民调解员进行了集中培训。三是抓宣传教育。共征订发放《人民调解员工作手册》240 本、《人民调解法宣传挂图》20 份、《人民调解法释义》20 本、人民调解员专用包 680 个。通过举办人民调解员培训班,发放宣传材料等方式,扩大了宣传面,提高了社会知晓率,引导广大群众更多地通过人民调解解决民间纠纷。四是抓社会矛盾纠纷调处。建立了“排查走在调解前,调解走在激化前,调解走在上访前,调解走在诉讼前”的“四前”调解工作新机制,坚持村(居)每半月排查一次矛盾纠纷,司法所每月开展一次矛盾纠纷排查化解分析预警,提高对热点、敏感问题的预知、判断和预防能力,从源头上大大减少了各类矛盾纠纷的产生,有效防止了群体性事件的发生和激化。截至 10 月,全区各级人民调解组织共排查调处民间矛盾纠纷 715 起,调解成功 686 起,调解成功率 96%。其中调解疑难复杂矛盾纠纷 213 起。司法所组织开展矛盾纠纷大排查 90 次,防止群体性上访 12 件 194 人次,防止群体性事件 9 件 181 人次,有效防止民转刑案件 2 件 4 人,未发生因矛盾纠纷调处不力或不及时而转化为刑事案件现象,有力地维护了基层社会稳定。

【安置帮教】 坚持走“帮教社会化、就业市场化、职责法制化、管理信息化”的安置帮教工作路子,认真落实“四定三包”工作责任制,逐级签订目标责任书,实行帮教承包、分类管理,将暴力犯罪刑释人员列为重点帮教对象;加强“刑释解教”人员信息化管理,提高管控质量;动员社会力量共同参与帮教安置工作,协调民政、教育、就业等部门,全面落实符合条件的“刑释解教”人员最低生活保障、就学、就业等优惠政策。2011 年,共接管刑满释放人员 103 名,落实帮教措施 89 人,有 62 人得到有效安置。

【社区矫正】 坚持依法、稳妥的原则和服务与管理并重的工作理念,积极探索创新社区矫正工作管理模式,从接收登记、教育培训、日常监管、公益劳动、建档管理五个环节入手,加强与公安、法院等部门的沟通,完善接收、管理、考核、解除矫正等制度,落实分类管理、心理矫治和帮困解难等措施,创新各职能部门之间的工作协作新机制,切实做好社区矫正试点工作,为社区矫正的全面开展积累经验,逐步推进社区矫正试点工作。目前,107 名(其中管制 7 人、缓刑 91 人、假释 5 人、暂予监外执行 3 人、剥夺政治权利 1 人)社区服刑人员情绪稳定,无一人重新犯罪。

【法律服务】 一是以律师行业警示教育为抓手,抓律师行业教育。把警示教育与规范律师代理敏感性案件、群体性事件案件结合起来,把开展创先争优活动与深入推进“中国特色社会主义法律工作者”主题教育实践活动相结合,在律师行业推行品牌战略,引领广大律师积极践行中国特色社会主义法律工作者职责使命,在深入推进三项重点工作中创先争优。二是规范整顿法律服务市场秩序。撤销了中山街道办事处法律服务所政府街法律服务接待站,按照司法厅将法律服务工作者撤出诉讼领域,逐步转向人民调解领域,从事专职调解工作的要求,把全区 10 名法律服务工作以聘任的方式分别安置到驻法院调解室等三个行业调解会。全区律师共办理各类案件 402 件(民事案件 358,刑事代理案件 21 件,刑事辩护 33 件),担任法律顾问 15 家。坚持律师参与解决涉法涉诉信访案件制度,组织律师配合信访部门接待上访群众,充分发挥律师法律专业优势直接解决或引导通过合法、正常渠道解决争议。全年接待上访群众 3 批 56 人,通过引导当事人采取正常合法渠道形式解决了矛盾。公证处则围绕服务“三农”、服务城市建设,共建和谐的目标,进一步完善工作制度,强化工作措施,不断拓展公证业务领域,收到了很好的社会效果。全年,共办理各类公证事项 1280 件(其中涉外公证 210 件,公证援助

83件)。

【法律援助】 一是充分利用现有资源,不断加强和壮大队伍,建立了较为完善的法律援助网络。全区2个律师事务所、5个法律服务所、1个公证处有法律援助专职律师4名,社会执业律师30名,法律工作者10名,公证员5名,经整合分别配置到14个乡镇(街道)和妇联、残联、工会、团委18个法律援助工作站。落实目标责任制,将案件量化到人,纳入目标考核;实行公示制,将法律援助的条件、范围、办理流程、服务承诺、投诉电话等进行公示;简化程序、畅通渠道,最大限度地方便群众,提升了法律援助工作力度。二是定期组织律师、公证和司法所工作人员利用各类法制宣传日和乡镇集日开展上街集中宣传。2011年共开展宣传8场次,制作发放宣传单5000余份、法律援助联系卡2400张,提高了法律援助知晓率;进一步降低门槛,扩大法律援助覆盖面,努力维护社会贫弱群体的合法权益。将案件质量和办案补贴挂钩,严格审核,规范管理,专款专用,着力提高案件的质量和援助资金的使用率。截止10月中旬,共受理法律援助案件245件,受援人数达285人,结案177件。为当事人挽回经济损失约126万元,为受援人减轻经济负担约43万元。全年受理法律援助案件同比增加了26%。受援人满意度达到100%。

原州区妇联

领导班子研究工作

原州区妇联现有干部职工5人，内设原州区妇儿工委办公室。近年来，争取农村妇女创业小额担保贷款、整合LPAC项目等各类项目资金共3645.6万元。争取各类救助金19.26万元，改善了妇女儿童发展和生存环境。积极开展“三八”维权周活动，发放宣传材料4500多份。开通了12338热线电话，依托“妇女之家”建设，成立了县、乡、村三级妇女工作维权站。进一步加强“妇女之家”的规范管理和村（社区）级妇代会工作。建立村妇代会创收基地4个。在“两新”组织中组建妇女组织，扩展妇联的桥梁纽带作用。2011年度被评为自治区三八红旗集体、全区妇联系统考核二等奖、固原市实施两纲先进集体。

小额贷款扶持种植能手

“两癌”救助资金发放

小额贷款支持妇女创业

举办农村妇女趣味运动会

扶持的养殖专业户

原州区科学技术局

领导班子

原州区科学技术局是原州区人民政府主管全区科学技术工作的行政职能部门，内设办公室、农村科技股、工业信息与社会发展股、知识产权与培训股4个职能股(室)。

2011年，原州区科技工作紧紧围绕区委、政府的中心工作，积极开展科技创新，加速成果转化，引进推广先进适用技术30项，科技对经济增长贡献率达到44%。争取到国家、自治区级项目14项，国拨经费434.5万元，完成区委、政府下达300万元任务的144.8%。创建4个自治区级现代农业示范基地技术服务团，创业基地10个，专业合作组织5个。引进新品种120个，推广新技术20余项。信息化实现了“电话会议、短信群发、新农村村务管理”三项新功能。生态移民新村实现科技特派员创业服务、技术培训、信息服务和新品种、新技术推广应用“四个全覆盖”。培训科技带头人50名、科技示范户2000户、科技致富能手300人、农民6500人次。专利申请量25件，授权量26件，位居全市第一。被中国特产之乡推荐暨宣传活动组织委员会授予原州区“中国(西部)冷凉蔬菜之乡”和“中国马铃薯种薯之乡”称号；被中国技术市场协会授予“三农科技服务金桥奖先进集体”；被自治区党委农村工作领导小组授予“农业科技进步先进集体”；被自治区党委宣传部、科技厅、科协评为“科普先进集体”；三营设施农业科技示范园区、宁夏天启薯业分别被自治区科技厅认定为“自治区科普教育基地”。科技局获“市级文明单位”称号，被原州区委评为“先进基层党组织”。

大拱棚生菜提早示范

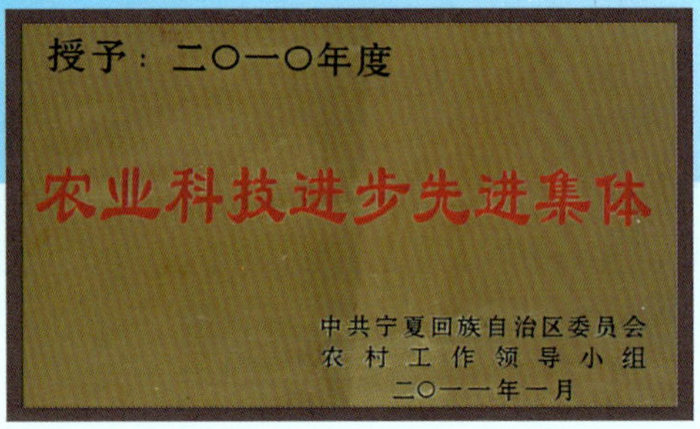

马铃薯原原种繁育

"中国(西部)冷凉蔬菜之乡"授牌仪式

工厂化温室育苗

科技人员培训

果树技术创新中心桃延后生产

宁南山区设施农业科技示范基地

科技特派员创业基地产品无公害认证

冷凉蔬菜高效节水示范基地

原州区人口与计划生育局

全区“少生快富”整村推进观摩会

自治区副主席姚爱兴调研计划生育工作

原州区人口和计划生育局是政府主抓人口与计划生育工作的职能部门，全区现有已婚育龄妇女86582人，其中少数民族已婚育龄妇女41225人，占47.6%。自探索实施“少生快富”工程12年以来，全区累计实施“少生快富”工程11090户，在政策范围内，少生了1万余人，人口出生率和自然增长率分别由2000年的19‰和13.9‰下降到2011年的13.6‰和9.4‰，出生人口政策符合率由2000年的80%上升到2011年的89.8%。

尤其在全国率先推行“少生快富”工程后，先后出台了多项优先优惠政策，完善计划生育利益导向机制，扎实开展“少生快富”示范户创建和扩面试点，人口和计划生育工作取得了显著成效。2006年，原州区被国家人口计生委、财政部授予全国实施“少生快富”工程先进县，计生局被国家人口计生委、人事部授予全国人口和计划生育系统先进集体，区计划生育服务站被国家人口计生委授予全国人口和计划生育科技工作先进集体；2009年，原州区成功跨入了“自治区人口和计划生育优质服务先进县”行列，2010、2011连续两年在自治区人口和计划生育目标管理责任制考核中名列前茅，连续多年在全市人口和计划生育目标管理责任制考核中位居首位。

2010年，原州区试行少数民族“两孩半”生育做法，在此基础上探索实施“少生快富”整村推进模式，并在彭堡镇硝沟村试点。2011年6月和2月，自治区、固原市分别在原州区召开“少生快富”工程整村推进现场会，将原州区探索实施的“少生快富”整村推进模式向全区推广；2011年9月，原州区在全国人口计生与扶贫开发相结合工作会上做了大会交流，中央政策研究室刊物《学习与研究》刊载了题为《实施一个工程，破解两个难题》的文章，向全国介绍推广。

计生服务宣传进村庄

“少生快富”工程整村推进座谈会

计生宣传电子触摸屏

“少生快富”整村推进现场会

流动人口享受居民化计生服务

宣传避孕药具知识

原州区扶贫扬黄灌溉管理局

原州区扶贫扬黄灌溉管理局是政府直属事业单位，内设五个股室，下设一个基层单位，在职职工41人，其中，高级职称5人，中级职称16人。其主要工作职责是做好扬黄灌区的规划设计和项目建设工作；根据区委、政府对灌区的产业政策，制定适合原州区实际情况的扬黄灌区灌溉制度，制定用水计划，为原州区扬黄灌区工农业生产提供稳定、可靠的水源保证；做好扬黄灌区人畜饮水管理，确保人畜饮水安全；制定并上报扬黄灌区水利工程防汛预案，做好灌区防汛工作。近年来，先后完成了十一泵站以后高效节水灌溉和人畜饮水、三营鸦儿沟万亩种薯基地、南城拐子二级扬水、杨庄万亩番茄基地、杨郎万亩马铃薯基地及各移民新村供水工程等一批民生水利项目，从根本上解决了扬黄灌区6.65万人的饮水安全问题，确保了扬黄灌区13.6万亩农田灌溉，为扬黄灌区农业经济发展发挥了巨大作用。

大型高效节水灌溉喷灌区

高效节水滴灌区

群众参加节水灌溉培训

设施农业调蓄池

扬水主管道

黄河之水天上来

原州区文化体育旅游局

举办职工书画摄影展

原州区文体旅游局系原州区政府职能部门，内设办公室、社会文化股、文物与旅游股、体育股。现辖文化馆、区文管所、农村广播影视公共服务中心、须弥山石窟文物管理所四个副科级事业单位和图书馆、体育活动中心两个股级事业单位。现有干部职工135人。2010年，新组建了原州区民族艺术团，承担着全区文化、体育、文物、旅游工作的管理、组织和实施。

长期以来，文化体育文物旅游工作始终以“贴近生活、贴近实际、贴近群众”为目标，坚持“二为”方向，贯彻“双百”方针，为全区经济社会协调、可持续发展提供思想保证、精神动力和智力支持。每年组织元旦、春节、“五一”、“十一”、“清凉夏日”等广场文化活动80多场次，组织文化下乡，进社区演出40多场次，开展商业性演出15场次，指导农村、社区73支自乐班演出800多场次，图书馆年接待读者70000多人次，12个数字电影放映队年放映电影2700多场次，每年组织举办各类大型体育赛事5~8次，极大地丰富了广大人民群众的精神文化生活。图书馆建成原州区文化信息资源共享中心，在11个乡镇建成了文化信息资源共享服务点。农村广播影视公共服务中心共发放安装卫星地面接收系统81800面。11个乡镇综合文化站，有从业人员43人。村级文化活动室193个，形成了区、乡、村三级文化组织机构和服务网络，并能积极开展各类文化活动，丰富了广大人民群众的文化生活。

为演出团队配备设备

参加建党90周年红歌赛

参加原州“花儿”比赛

文体系统代表队获奖后合影

举办非物质文化遗产保护成果展

原州区扶贫办公室

干部集体学习常抓不懈

原州区扶贫开发办公室是原州区人民政府直属正科级行政单位，内设 5 个股室：综合股、社会扶贫股、农田建设股、劳务培训股、项目股。在编人数 22 人，主要实施以生态移民、整村推进、产业扶贫、“双到”工程、社会扶贫、互助资金为重点的扶贫开发工作。

近年来，以大力发展农业生产力为抓手，以壮大农村经济为核心，以强化农村基础设施为重点，以提高农民收入为目标，着力解决农民群众出行难、饮水难、看病难、上学难、住房难的“五难”和产业发展受阻、居住环境脏乱、增收渠道不宽的“三大”问题。招商引资争取外援项目，整合资金，整村推进，扶持移民发展后续产业，为全区生态移民顺利完成做了大量的基础性工作。通过项目的扶持带动，农村基础设施有了明显的改善，农民生产生活水平稳步提升。

互助资金项目调研

在各级党委、政府的正确领导和扶贫办一班人的共同努力下，扶贫开发工作取得了显著成绩。2011 年，先后被自治区、固原市授予原州区扶贫开发先进县；2010、2011 年被自治区授予整村推进扶贫开发先进单位和组织社会扶贫先进单位；2011 年被自治区授予扶贫开发培训先进单位和互助资金扶贫先进单位；2011 年被确定为市级文明单位，并多次受到区委、政府的嘉奖。

丰泽移民村

资助贫困大学生

慰问困难群众

推广种植一级马铃薯

扶持农户舍施养殖

机修农田

铁道部援建的火车头中学

中河乡政府

领导班子研究工作

中河乡距市区5公里，辖11个行政村，64个自然村，总人口28984人，其中回族人口23477人，占81%。区域面积201.3平方公里，年均气温5.8℃，年均降雨量约400毫米，干旱、冰雹等灾害性天气较多。2011年农民人均纯收入达到3520元。

中河乡地理位置优越，交通便利。309国道、福银高速公路、西大路贯穿东西南北，固原支线机场建址高坡村。大银城遗址历经千年沧桑，雄亘依然。境内资源丰富，已探明的矿产资源岩盐、硅砂、芒硝储量可观。粮油作物有小麦、玉米、土豆、胡麻、葵花、扁豆等10多种，主要特产有蔬菜、马铃薯等，冷凉蔬菜产业享誉区内外。

近年来，在区委、政府的坚强领导下，中河乡大力弘扬“不到长城非好汉”的六盘山精神，培育壮大设施农业、草畜、马铃薯、劳务等支柱产业，着力发展二、三产业，加快推进生态建设、基础设施建设和扶贫开发，积极发展社会事业，不断加强政治文明、精神文明和党的建设，着力提高农村经济实力与和谐社会建设水平，全乡经济社会保持了持续快速健康发展的良好势头。

乡村道路绿化

中河万亩马铃薯种薯繁育基地

高坡大拱棚蔬菜

万亩供港蔬菜基地

庙湾设施农业园区

农村环境亮化

河川乡政府

河川乡地处固原市原州区城东南部24公里处，乡政府驻河川乡明川村。全乡辖10个村委会64个自然村，3296户，16003人，其中回族人口8483人，占人口总比例的53%。全乡国土面积202.5平方公里，有可耕地约50000亩，其中水浇地1000亩。2011年全乡农民人均有粮976公斤，农民人均纯收入4086元。

近年来，在区委、政府的正确领导下，以"生态立乡、草畜强乡、林果兴乡、劳务富民"的总体思路统领全乡工作，抓落实、求创新、推亮点，全力调整种植业结构，转变经济增长方式，加快环境改善和生态恢复步伐，推进"生态河川"建设，全乡农村经济稳步发展，基础设施建设有效改善，社会事业全面进步，社会管理创新加强，政府效能全面提升。

2009年以来连续被原州区评为劳务输出、计划生育工作先进乡镇，2010-2011年连续被原州区评为草畜产业和生态移民先进乡镇。2009年通过了自治区人民政府计划生育优质服务"四星级"达标验收，同年底又通过了市级"教育强乡"创建验收；2010年被评为市级民族团结先进乡镇；2011年被评为市级文明乡镇。

乡内移民新村

红梅杏种植

退耕还林成效显著

秋覆膜推广

优质肉牛喂养

早酥梨丰收

固原嘉泰薯业储运有限公司

总经理　赵东

固原嘉泰薯业储运有限公司成立于 2005 年，是一家民营企业，注册资金 300 万元，占地面积 170 亩。公司位于固原火车站南侧，西邻市区清河路。公司成立之初，将经营建设的重点放在物流和马铃薯综合批发市场建设上。在各级党委和政府职能部门的大力支持下，公司按照“统一规划、分期实施、政府扶持、企业投资、市场运作”的建设原则，经过五年的筹备和建设，共建成交易大棚 7600 平方米，营业房 130 间 5536 平方米，建成预冷库 4000 平方米，硬化场地 50000 平方米(交易场、停车场、道路)，建成信息办公楼 1600 平方米，铺设市场主干道长 390 米、宽 22 米，铺设人行道长 390 米、宽 8 米，建成铁路专用线 1 公里，完成大门、汽车秤、垃圾中转站、公厕、给排水及供电等附属设施，累计总投资 8310 万元。

公司的主要业务有：农副产品保鲜储藏，年储藏量为 8000～10000 吨。铁路物资装卸业务，铁路物资种类为马铃薯、木材、钢材、煤炭、沥青等，年吞吐量达到 20 万吨以上。农副产品市场批发业务，主要经营瓜果菜、马铃薯及其粉制品等，年交易量达到 15～18 万吨。

本公司的经营活动促进了当地马铃薯产业、设施农业的健康、快速发展，为农民增收和地方经济繁荣做出了积极的贡献。2009 年公司被评为固原市农业产业化重点龙头企业，2011 年被评为自治区农业产业化重点龙头企业。

公司管理团队

蔬菜批发

各级领导来公司检查指导工作

水果小商贩在这里淘金

水果贩运商生意兴隆

核算中心人员为客户办理结算手续

贮藏批发库房

大型贮藏棚

马铃薯外运专用铁路站台

固原福苑实业有限公司

自治区党委常委、副主席刘慧来公司检查指导工作

福苑公司前身是原固原地区外贸清真餐厅，1993 年由创始人张志福和妻子承包，经过多年的苦心经营，于 2002 年 6 月注册成立固原福苑实业有限公司，注册资金 1000 万元。营业面积 20000 多平方米，资产 4500 万元，员工 500 多人，是目前固原市唯一一家五星级旅游餐饮企业。

公司自成立以来，坚持“以人为本、诚信经营”的宗旨，致力于“弘扬清真餐饮文化，打造清真餐饮品牌”，挖掘和创新了许多清真菜品。公司不断提升品质，满足顾客的多层次需求，以豪华优美的环境，高质稳定的菜肴，迅速快捷的服务赢得了顾客，成为深受山城人民欢迎的中高档次餐饮场所。2005、2007、2011 年分别参加全国清真烹饪比赛取得了优异的成绩。公司先后获得了“中华餐饮名店”、“全国餐饮业优秀企业”、“宁夏诚信企业”、“宁夏文明非公有制企业”等近百项荣誉称号。

公司始终发扬“团结拼搏、自强不息、百折不挠、勇攀高峰”的精神，注重企业文化建设，不断深化企业改革，促进了企业健康、快速、稳定发展。公司设立党支部、工青妇组织，为员工购买养老、医疗、工伤、失业、生育等保险，并经常听取员工的意见建议，努力解决员工的实际困难，不断提高员工福利待遇，开展丰富的文体活动。现在员工平均工资、奖金达到 2200 多元。公司不断加强团队建设，凝聚团队力量，采取内训、外派等方式培训员工，每年培训费达 50 万元以上。10 年来公司多方探索和实践各种社会公益活动，在捐资助学、抗震救灾、帮贫济困等方面集资捐助达 150 余万元。通过开展形式多样的活动，为公司树立了良好的形象。

张志福总经理

白玫副总经理荣获上海巨海公司演讲班冠军

获奖员工与公司领导合影

张志福总经理荣获全国诚信道德模范提名奖归来，原自治区党委常委、宣传部部长杨春光在火车站迎接

春节联欢晚会

春节慰问看望困难员工家庭

捐资助学

能够容纳800人就餐的多功能宴会大厅

福苑公司室外夜景

原州区文化馆

年轻有为的领导班子

原州区文化馆隶属于原州区文化体育旅游局，国家二级文化馆，副科级文化事业单位。现有编制 26 人，在职干部职工 24 人，其中男 9 人，女 15 人，中共党员 6 人；大专学历以上 17 人；初级职称 7 人，中级职称 9 人，高级专业技术职称 8 人；民族艺术团招聘演职人员 20 人，其中男 4 人，女 16 人，全部为大专以上学历。原州区文化馆承担着组织与辅导全区群众文化活动，承办重大群众性的节庆演出、展览，组织群众文艺创作，培训各类艺术人才，收集整理和保护民族民间文化遗产，开展社会公共文化服务和对外文化交流等一系列工作。

在全体文化馆干部职工的努力下，连续在四届宁夏回族自治区群众文化专业岗位技能大赛中，获得各级各类金奖 7 个、银奖 11 个、铜奖 7 个、优秀奖 11 个；2007 年被授予“宁夏文化工作先进集体”、2008 年被授予原州区文化体育旅游系统先进单位、2010 年被授予原州区文化体育旅游系统先进单位、2010 年被授予宁夏第二届西部旅游博览会优秀组织奖。

非物质文化遗产成果展出

民族艺术团慰问驻军演出

现场辅导农村文艺演出

秦腔业余大奖赛

连心工程结对帮扶

非物质文化遗产保护工程丛书

文化大院演出

农业与农村经济

农牧业

【概况】 原州区农牧局是原州区人民政府主管全区种植业、畜牧业、农村经济、农村能源、防雹增雨、农业执法、农业机械化及农机安全生产的职能部门。内设办公室、农业、畜牧、市场信息、农业综合执法、财务审计、乡镇企业7个股室。有局属单位33个,其中区级单位12个,乡镇农业服务中心10个,乡镇兽医站11个。下属企业单位2个。

2011年原州区落实农作物播种面积171.91万亩(包括复种面积),其中粮食作物95.9万亩(夏粮20万亩,秋粮75.9万亩),经济作物42万亩,饲草34万亩。粮食总产量达到2.47亿公斤,同比分别增长10.6%。全区畜禽饲养总量达到185万个羊单位,其中:肉牛饲养量20.5万头,存栏12.4万头,出栏8.1万头;肉羊饲养量60万只,存栏26.5万只,出栏33.5万只;猪饲养总量15.5万头,存栏5.2万头,年内出栏10.3万头;家禽饲养总量170万只,存栏64万只,出栏106万只。肉、蛋、奶产量分别达到27425.5吨、3920.3吨、3382.5吨。全年农业实现增加值9.66亿元,同比增长12.7%;农民人均纯收入达到4131元,同比增长16.5%。

【旱作节水农业】 按照"高产高效、节水生态"的可持续发展要求,采取以点带面、区域连片,技术示范、整体推进措施,建成覆膜种植示范点63个,带动全区完成旱作节水农业34.6万亩,其中秋覆膜21.6万亩,早春覆膜3万亩,一膜两季10万亩。种植作物以玉米、马铃薯、向日葵为主。

【冷凉蔬菜产业】 充分利用原州区气候冷凉资源优势,通过实施"政府引动、政策调动、科技驱动、市场牵动、龙头带动"五动战略,大力发展以设施农业为主的冷凉蔬菜产业,建成出口特色蔬菜基地1万亩,种植露地冷凉蔬菜8万亩,发展设施蔬菜9万亩,使全区蔬菜种植面积达18万亩。重点新扩建了金堡等5个日光温室园区,新建了头营利民、三营金堡等8个大中拱棚园区,带动发展大中拱棚1.31万亩,使设施农业总面积达到9万亩,成为宁南山区设施农业面积最大的县(区);建成了中河万亩供港蔬菜基地和彭堡闫堡、头营徐河、马园3个3000亩芹菜示范基地,其中中河万亩供港蔬菜基地生产技术通过欧美认证,产品打入国际市场。2011年7月,原州区被中国特产之乡推荐暨宣传活动组织委员会授予"中国(西部)冷凉蔬菜之乡"称号。

【马铃薯产业】 围绕建设"国家级马铃薯种薯繁育县(区)"的目标,立足自然资源优势,在稳定面积的基础上,以马铃薯三级繁育体系建设为抓手,新建马铃薯组培室5000平方米,使原州区马铃薯原原种繁育能力达到1亿粒,原原种繁育能力增长3倍;繁育原原种4492万粒,完成任务112%;按照统一供种,集中种植的原则,在张易镇、三营镇、中河乡建设原种基地3500亩;按照"标准化生产、规模化经营、一条龙服务"的发展思路和"一乡一代、一村一品"的要求,建成中河、张易、三营3个万亩一级种薯基地,实施高效节水和全程机械化作业,带动全区种植一级种薯田6.2万亩。全区马铃薯种植面积达53万亩,总产量66.7万吨。

【草畜产业】 围绕打造“宁夏清真牛羊肉基地县(区)”的目标,按照以牛为主、多畜并举、扩大总量、提升质量的发展思路,大力推广品种改良、饲草加工调制及标准化饲养技术,通过项目倾斜、以奖代补、项目到户、科技支撑等措施,扶持发展养殖园区(场)9个(其中千头肉牛养殖园区1个,500头以上园区2个,10万只养鸡园区1个,2万只养鸡场5个),建设肉牛养殖示范村19个(其中高效肉牛养殖示范村10个);新建标准化圈棚2400栋,青贮池2.96万立方米,调制饲草4.94万吨,完成黄牛冷配改良2.61万头;种植一年生牧草29.3万亩,补播改良多年生牧草7.2万亩。加强加工和流通体系建设,培育了岳林、新月等一批清真肉类企业,加快了草畜产业由初级种养向精深加工方向发展,产业效益进一步提高。

【特色产业】 全面落实具有抗灾避灾和市场竞争力的特色优势农产品瓜菜、油料、玉米种植的各项优惠政策,重点实施蔬菜、葵花“南移”战略,开展品种优化布局、轮作倒茬、病虫害防治、无公害生产等技术培训、实地指导,全区种植特色作物46.9万亩,其中葵花12万亩、胡麻12万亩、玉米15.4万亩、小杂粮7.5万亩。

【农牧业项目】 牢固树立“抓发展必须抓项目”的思路,紧盯自治区农业产业发展规划,狠抓项目争取及引进工作,共争取到各类农牧业项目29个,总投资30378万元,其中国家投资13819万元,实际到位资金10436万元。同时,加大招商引资力度,引进宁夏金凯信置业有限公司、瑞森农牧责任有限公司等农牧企业6个,建设固原农资城、头营千头肉牛养殖场等重点工程,总投资82900万元,已到位资金9140万元。

【动物疫病防控】 树立“动物防疫无小事”意识,做到工作安排部署到位,组织领导到位,防控经费到位,防疫宣传到位,完善了重大动物疫情应急预案和乡村动物防疫体系建设,保证了畜牧业健康发展和动物源性食品卫生安全。共免疫接种口蹄疫44.279万头(只)/次,免疫接种禽流感110.973万羽/次,免疫接种猪蓝耳病5.46万头/次,免疫接种鸡新城疫110.973万羽/次,免疫接种猪瘟5.504万头/次;全年佩戴畜禽标识23.5556万枚,免疫密度及畜禽标识佩戴率均达到100%。全年未发生重大动物疫情。完成抗体水平监测3811头(只、羽)份,病原学监测3029(只、羽)份,全面完成自治区、固原市下达的检测任务。

【农村能源】 按照“巩固成果、优化结构、建管并重、强化服务、综合利用、提高水平”的总体思路,突出抓好“建、管、用”三个环节,修缮“户用沼气”571座,示范推广太阳灶6000台、太阳能热水器800台、节柴灶1220台、采暖炉115台,实现了太阳能利用、省柴节能炕灶升级换代和生物质能开发利用新突破。

【土地流转】 按照“依法、自愿、有偿”的原则,结合我区马铃薯种薯产业、草畜产业及设施农业等特色优势主导产业发展,积极引导农户开展土地流转工作,有力地推动了我区农村土地承包经营权规范流转。今年全区新增流转土地面积4.4万亩,其中规模化流转土地3.3万亩,使全区流转土地面积累计达到13.45万亩,占承包地的13.5%。

【农机化水平】 认真落实农机补贴政策,完成各类农机具补贴资金766.942万元,购置各类农机具1961台,使全区农业机械总动力达到36万千瓦,同比增长10%。完成机耕面积110万亩,机播94万亩,机收47万亩,全区主要农作物耕、种、收综合机械化作业水平达到52%,同比增长6%。

【农民培训】 结合“巩固退耕还林成果农村能源和后续产业及农民就业创业转移技能培训项目”和“基层农技推广体系改革与建设示范县项目”实施,围绕原州区特色优势主导产业,采取集中培训与实地指导相结合办法,共举办各类培训班379场(次),发放各类培训资料16000余册,培训农民48700人次。

【农技推广】 重点推广植物保护技术、测土配方施肥技术、病虫害防治技术、“一膜两季”栽培技术、节本增效技术、马铃薯机械化作业、饲草调制、综合养殖技术和标准化生产技术等,形成了良种良法到田,技术要领到人。全年引进、试验、推广农作物良种118个,开展测土配方55.2万亩。同时,结合自治区粮油高产创建活动,按照“五统一”技术要求,在全区建设马铃薯、油料、玉米万亩示范片6个,其中张易镇马铃薯万亩示范片为农业部整乡制推进试点。

【农业综合执法】 积极与工商、公安、质监等有关部门协作，围绕全区农资监管、农机生产、兽药饲料生产经营、动物卫生监督等重点区域，采取集中督查和长期检查相结合方式，加大查处力度，严厉打击不法经营行为。全年共出动农业执法人员 975 人(次)，共检查生产经营单位 748 个（次），检查农作物种子共 111.05 万公斤，查获未经备案种子 300 公斤，查收各类过期农药 38 公斤；检查上市活畜 126.5 万头(匹)，禽类 116.8 万羽，各类肉品 2461.2 吨，查处违法案件 36 起，全部结案；检查各类农业机械 906 台，纠正各类违法、违章行为为 88 起。坚持“安全第一、预防为主”的方针，围绕食品安全、生产安全、防雹增雨作业安全、农机安全等工作重点，强化法律和安全知识培训，加强基础设施建设，执行劳动保护规定，推进安全生产再上台阶，没有发生安全生产事故。

【荣誉】 原州区获中国特产之乡推荐暨宣传活动组织委员会授予“中国(西部)冷凉蔬菜之乡”称号。原州区获国家特色产品认证委员会授予“国家级马铃薯种薯繁育县(区)”称号。获全区设施农业建设先进县三等奖；获全区马铃薯脱毒薯三级繁育推广体系建设先进县二等奖。农培中心(农广校)获自治区农牧厅“十一五”期间全区农广校体系先进集体。农牧局获自治区农牧厅农产品质量安全监管工作先进单位。获自治区农牧厅 2010 年度全区畜牧业工作先进县。农牧局获自治区 2009~2010 年度全区农业信息工作先进集体。种子管理站获自治区农牧厅 2010 年度全区“种子执法年活动”区域试验、农作物优势品种展示示范园区建设工作先进单位。农经站获 2010 年度全区农经工作先进单位。

林　业

【概况】 原州区林业局主要职责是协助政府制定全区林业发展规划和年度计划，组织指导国有、集体、个人开展林业生产经营活动；宣传、贯彻执行各类林业法律、法规，依法保护和管理森林资源，查处破坏各类森林资源和野生动物资源的案件；负责全区林业科技推广、森林防火、林木检疫、森林病虫害防治、森林资源调查、造林检查验收、林业统计和森林资源档案管理工作。局机关下设办公室、综合业务股、财务审计股、林业技术推广服务中心、林业总场、林木检疫站、林政执法大队 7 个办事机构。有 16 个基层国有林场，其中 10 个封山育林场，6 个“工资田”改革林场。

2011 年全面完成退耕还林补植补造、北部农田林网、新农村及移民新村庄点绿化、乡村道路绿化、镇区绿化、经济林建设、荒山荒沟治理等林业生态建设工程，完成退耕还林补植补造 10 万亩，绿化道路 310 公里，营造林 10.95 万亩，其中人工造林 5.65 万亩，占自治区下达任务 4.5 万亩的 124%；封山育林 5.3 万亩，占自治区下达任务 4 万亩的 133%。全年四旁植树 117 万株，占下达任务 70 万株的 167%。全民义务植树尽责率 100%。全年林业生产总值达 5.1 亿元，比上年增长 21%。完成项目 8 个，完成项目总投资 6163 万元，占原州区下达任务 3000 万元的 205%。

【重点林业生态工程】 一是北部农田林网建设扎实开展。以福银高速公路为轴线，在高速公路两侧新建农田防护林带 121 条，折合面积 1528 亩，共栽植新疆杨、刺槐、柳树等大苗 7.3 万株。二是高标准建成了须弥山景区绿色长廊，扩大景区绿化范围。完成须弥山河道及两侧山体绿化 5000 亩，完成蝉塔山绿化工程，须弥山博物馆至石窑子 5.6 公里道路两侧及周边荒山荒沟绿化 5000 亩。三是完成三营小城镇绿化，对银平公路三营辅线两侧 30 米范围内进行造林绿化，绿化长度 12 公里，造林 810 亩，栽植胸径大于 5 厘米的柳树、新疆杨、刺槐和云杉等各类大苗 7.3 万株；完成移民新村庄点绿化及乡村道路绿化 310 公里，折合面积 2248 亩，共栽植柳树、新疆杨、刺槐等大苗 21.18 万株，其中春季完成 200 公里，秋季新栽 110 公里，并对春季栽植的进行了补植补造。四是在河川乡骆驼河村推广早酥梨高产示范园 500 亩，在头营镇徐河村和河川乡上黄村建成红梅杏优质高产示范园 400 亩；以三营镇甘沟村为中心发展有机枸杞 1 万亩；以头营镇马店村为中心，发展绿色无公害枸杞 1 万亩。五是完成福银高速公路、须弥山沿线绿化带补植补栽，栽植云杉、樟河柳等大苗 6 万株。六是动员群众完成退耕还林补植补造 10 万亩，占全年任务的 100%。2003 年退耕地顺利通过国家阶段性验收，面积核实率、保存合格率均为100%；夏季调拨柠条籽种50吨下发到各乡镇，雨季抢墒补种柠条8.2万亩；秋季重点对明年接受国家阶段性验收的2004年度4.1万亩退耕地进行补植补造，完成补植各类苗木9.4万亩。七是荒山沟治理成效显著。在全区各乡镇及国有林场完成荒山造林2.1万亩，完成封山育林5.3万亩。

【业务工作】 一是育苗工作。全年完成育苗8100亩，出圃各类苗木1500余万株。二是中幼林抚育。完成中幼林抚育70万亩，完成中央财政森林抚育补贴试点1万亩。三是贫困国有林场基础设施改造项目。维修林区道路70公里。四是加强林政执法。查处林政案件2起；办理行政审批4起，办理林权证1143本，变更林权证10本；协助自治区林业勘查设计院完成固原至王洼煤矿铁路原州区段征占用林地的外业调查工作。五是加强林木有害生物防治，完成人工捕打鼢鼠6.1万只，占下达任务的102%；完成落叶松叶蜂防治面积0.88万亩；完成苗圃产地检疫1380亩，签证21份，检疫各类苗木690万株，完成调运检疫办证177份，签发检疫要求书11份。六是强化了护林防火工作，全年未发生重大森林火灾。七是坚持依法治林，加大林木管护和林区内封山禁牧工作。八是深入开展林业技术服务活动。积极开展抗旱造林技术培训，组织群众对早酥梨、枸杞园开展节水灌溉、除草、修剪、松土工作；对重点绿化工程加强业务技术指导，采取树盘覆膜、套袋、埋土等抗旱措施，覆膜42万张，护顶36万株。同时扎实开展病虫害监测预报和综合防治，发放防鼠药物剂500公斤、叶蜂烟剂1000公斤，防鼠弓箭、捕鼠夹400(套)，生根保水剂50袋。

【技术指导】 加强技术指导工作是提高林业建设质量的根本保障。在各项林业重点工程的实施中，一是把加强技术指导，狠抓造林质量贯穿于工作的始终，签订责任书，对责任、时限、奖罚等进行明确要求。二是严格苗木采购，苗木一律通过政府招标采购，做到苗木采购的公开、公正和公平。在苗木验收过程中，一律由林业局项目验收办公室工作人员把关，严把“起苗、运苗、收苗、假植、供苗”五个关口，做到不符合质量标准的一律不予接收，坚决杜绝收购劣质苗、人情苗、关系苗，有效保证了种苗质量和造林质量。三是坚持“科学规划、适地适树、质量第一”的原则，抽调技术人员，实行包村、包片、包路段制，严把“整地、苗木、栽植、浇水、抚育”五大关口，加强技术指导，确保工程建设质量。

【检查验收】 强化造林绿化检查验收工作，是林业生态建设取得实效的有效措施。春季造林是林业生产的关键时期，原州区成立由组织、纪检、林业等部门参加的林业生态建设和封山禁牧督查组，深入各造林现场对造林绿化、禁牧封育、森林防火、林业案件查处等工作进行全面检查督导，严格检查考核，实行造林绩效与干部使用挂钩，分别对重点工程和重要工作完成情况进行抽查和核查验收，并及时通报结果，督促整改问题，确保了林业建设任务的落实，提高了林业建设的质量和成效。

【基层组织建设】 一是狠抓责任落实，强化制度建设，健全考核机制。实行党员“一岗双责制”，建立健全党建联系点制度，坚持对基层党支部每季度考评一次。修改完善《林业局干部管理制度》等各项规章制度。制定出台《林业局新闻宣传道奖励细则》和《技术人员科技承包细则》。二是强化学习培训，提升党员干部队伍素质。认真坚持党委中心组学习制度、干部“周一”学习制度、党员“三会一课”等制度。对全局500名干部职工进行了理论、业务培训。领导讲党课9次，开展理论大讲堂4次。三是加强党风廉政建设，从源头上预防腐败。查找单位廉政风险点28条，个人岗位风险点117条，提出防范措施32条，并长期坚持。四是深化“连心工程”活动内容，推进城乡组织联建共创。与头营镇马店村，三营镇甘沟村、羊圈堡村，河川乡上黄村、黄河村党支部结对联建，承诺事项22件，党员结对162对。共办理实事22件，投入资金309.54万元。五是深入推进创先争优和“思想大解放、树立新形象”活动。修改完善争创载体，公开承诺事项10件，全部完成。开展点评3次，做到了全覆盖，突出活动实效。同时梳理上报专题建议3条。六是加强宣传工作，营造浓厚舆论氛围。在《中国绿色时报》、《宁夏日报》、《固原日报》、《新原州报》、宁夏林业信息网等宣传媒体刊登新闻稿件150篇，编发信息简报67期，及时宣传报道在林业生态建设中取得的好经验、好做法及先进人物和事迹。

【荣誉】 被自治区绿化委评为2011年度天然林保护工程先进集体。被原州区区委、政府评为2011年度林业生态建设二等奖。2011年6月被原州区委评为先进基层党组织。被原州区委、政府评为2011年度“少生快富”工程项目帮扶先进单位。

扶贫开发

【概况】 2011年,原州区扶贫工作认真贯彻落实中央和自治区新一轮扶贫开发方针政策,抢抓机遇,周密部署,有力地推进了扶贫开发工作的发展。全年整合投入各类扶贫资金9949.91万元,实施了以生态移民、整村推进、产业扶贫、“双到”工程、社会扶贫、互助资金为重点的扶贫开发工程,全面完成了年初确定的目标任务。

【生态移民】生态移民是区委、政府2011年确定的10件民生实事之一,全年为县内7个生态移民安置点平整建房和生产用地4238.5亩,整修村道18公里,拆迁旧房屋63户131栋,清理拉运垃圾3.4万方;举办农业生产实用技术培训和劳务移民培训6期2351人次,扶持移民发展后续产业,为全区生态移民顺利完成做了大量的基础性工作。

【整村推进】 深入开展调查研究,规划编制出《原州区“十二五”扶贫开发规划》和《原州区“十二五”整村推进扶贫开发规划》,选定70个村纳入自治区“十二五”整村推进扶贫规划,并组织制定了第一批30个村的扶贫规划。2011年,共整合投入各类资金9478.67万元,其中:扶贫专项资金1730万元,社会帮扶资金1709.79万元,整合部门资金5840.88万元。完成基本农田建设1.01万亩,整修村级砂砾道路112公里,打水窖1800眼,建集雨场18万平方米,实施危房改造154户,推广优质马铃薯1.5万亩,建繁育基地3000亩,实施秋覆膜6.26万亩,建大小日光温室1169栋,建高标准圈舍747栋,投放基础母牛956头,扶持肖沟村新建蛋鸡养殖园区1处,带动30户贫困户发展养鸡6万只,扶持石庄村、石湾村40户贫困户发展生态养鸡3.6万只,扶持小马庄村贫困户15户发展菌草产业,投放太阳能灶1437台、太阳能热水器800台,新建和维修4个村党员活动室,实施“少生快富”工程172户,开展农民生产实用技术培训3547人。

【惠民工程】 互助资金项目自2006年实施以来,目前项目村已发展到98个村,受益农户12600余户,互助资金总量达到5300万元。2011年,争取自治区互助资金项目720万元,新增项目村32个,完成年初计划任务的114%,实现了生态移民村和重点贫困村全覆盖,为项目村农户发展产业提供了资金保障。

【农田基础建设】 一是以建设口粮型、生态型、效益型的基本农田,修订、完善了《原州区旱作基本农田建设管理办法》,建立了以乡(镇)为实施主体的口粮田建设项目工作机制和公开招标、公示公告、阳光操作等项目实施程序,为继续有效实施旱作基本农田建设奠定了基础。全年新修高标准旱作基本农田1.68万亩,使水土流失得到有效遏制,粮食单产亩均提高40%以上,受益群众4289户20058人,有效改善了群众的基本生产生活条件。二是全面完成区委、政府确定的万亩马铃薯、万亩番茄、万亩枸杞基地建设和航空产业园土地平整工作。

【社会帮扶】 2011年,社会帮扶工作,加强与福建省丰泽区、铁道部的联系,并组织乡村干部主动到区、市、县各帮扶单位对接,确定思路、选定帮扶项目等各种有效措施,社会帮扶工作效果明显,共争取到社会帮扶资金3502.91万元。实施帮扶项目24个,为贫困村办实事300余件,解决热点、难点问题132件,扶持帮助3000户贫困户发展种养殖业。千方百计为贫困村、贫困户找出路,谋发展。

【扶贫到户】 按照自治区扶贫办的工作要求,制定了《原州区两项制度有效衔接项目实施方案》,在全区11个乡镇选定了10个贫困村先行试点,惠及贫困人口2375户10346人。根据各村发展现状和贫困户农户发展意愿,采取“一村一策、一户一业、项目到户、责任到人”的扶贫措施。主要实施了100名贫困大学生资助项目,800户的养殖扶持项目,720户互助资金配股项目,510户马铃薯一级种薯推广项目。通过“双到”扶贫措施的有效落实,帮助贫困户确立产业,理清发展路子,增强了致富信心。

【组织领导】 为了加强对扶贫开发工作的领导,年初组织召开了全区扶贫开发工作会议,对扶贫开发领导小组做了调整,安排部署扶贫开发工作,进一步明确各成员单位职责。各乡镇也都相应的成立了组织机构。同时采取县级干部包乡、部门包村、干部联系包户的"三包"责任制,实行工作目标责任追究制,建立了扶贫开发工作长效机制,有力促进了扶贫开发工作。

【扶贫开发规划】 按照区委、政府的工作部署,在扶贫项目的安排上,紧密结合各乡各村实际,尊重群众意愿,认真开展调研,帮助制定切实可行的村级发展规划和年度工作计划,确定扶持项目,争取并整合项目资金,确保了扶贫开发规划的科学性和可操作性。

【保障措施】 成立扶贫项目管理领导小组,从扶贫项目的选择、申报、立项到组织实施、检查验收,每一个环节,将监督检查作为一项制度贯穿于全过程。不断完善资金管理制度,对专项扶贫资金设立专户储存、专账管理,建立项目法人制、报帐审批制、工程招投标制、合同管理制、质量监管制、审计监督制、公示公告等管理制度,做到了建设资金专款专用。在具体项目资金使用上,严格按照项目建设实施意见,进行审定、批复检查验收等程序,严格项目监督检查和审计,杜绝项目资金截留、挤占、挪用、转移等情况的发生,确保了扶贫专项资金发挥出最大的效益。

水务建设

【概况】 原州区水务局是原州区政府的职能部门,承担着水利建设的中长期规划、农田水利建设、小流域治理、水库工程建设、节水灌溉、农村人畜饮水、防汛抗旱、水利工程管理、水资源管理等工作。下设16个股队,9个水管所,7个乡镇水利工作站。

【项目争取】 在水库除险加固、重点县(区)建设、农村安全饮水、中小河道治理、灌区节水改造、高效节水灌溉、巩固退耕还林成果基本口粮田项目、小流域综合治理、山洪灾害防治、生态移民等方面共争取项目31项,累计争取资金2.12亿元,较上年增资31%。

(张会军 刘世栋)

【节水灌溉】 三营镇甘沟村万亩高效节水灌溉工程完成土地整理5000亩,建成8万立方米蓄水池1座;铺设各类干支管道42公里,完成滴管带安装1730公里;架设高压线路1.5公里;安装给水栓590套;发展有机枸杞0.5万亩。沈家河水库灌区节水改造配套工程完成斗农渠砌护36条23.27公里,砌护改造10.4公里,配套渠系建筑物3560座,恢复灌溉面积0.83万亩,改善灌溉面积0.57万亩。以高速公路为轴线,在三营镇甘沟、黄铎堡镇白河,头营镇马庄、南屯、杨郎等村完成土地整治5万亩。完成冬至河库井灌区各类渠道砌护37.38公里,管道铺设81.35公里,安装滴管带1475公里,配套温棚、拱棚及日光温室供水设施2120栋;完成南城拐子扬黄灌区地埋管道铺设10.04公里,安装滴灌管390公里,配套各类建筑物3200座。累计完成配套高效节水面积1.4万亩。铺埋干支管道47.51公里,地面支管7.6公里,安装滴灌带280公里,发展节灌面积0.425万亩。头营镇马店枸杞滴灌:配套机井14眼,埋设干支管28.64公里,安装滴灌带909公里,给水装置460套,配套滴灌面积0.41万亩。完成陶庄、姚磨、黄堡等8处设施农业供水工程,解决了1476座大中拱棚及日光温棚设施农业供水问题。

(唐福荣 刘世栋)

【农村饮水安全】 张易镇盐泥、中河乡黄沟等8处饮水安全工程及自来水入户工程,已全部竣工并交付使用。累计铺设干支管道459.4公里,安装进户龙头及水表2214套,完成投资1226.35万元,工程有效解决了18234人的饮水安全问题。张易、开城镇下青石等3处饮水安全及张易镇王套等9处自来水入户工程,已全部开工建设,工程建成后可有效解决48872人的饮水安全问题;头营镇大疙瘩等11处生态移民供水工程已全部建设完成,完成铺设干支管道40.96公里,入户1538户。 (刘静书 刘世栋)

【除险加固】 蒋口、杨郎南门两座水库除险加固工程,完成土方8.48万立方米,浆砌石1100立方米,砼浇筑4243立方米,钢筋制安80.86吨。

(张会军 刘世栋)

【水土保持】 大红沟、杨达沟及马渠项目区流域综合治理工程全部完成,累计完成水土流域治理面积26.8

平方公里，新修田间道路65公里；巩固退耕还林成果基本口粮田建设，新增旱作基本农田2.75万亩，修建道路42公里；开展的东沟、黄湾等4座骨干坝除险加固改造工程建设，已全部完成了加固改造维修任务，共完成土方2.44万立方米，石方360立方米，砼718立方米，完成投资98万元。（杨德川 刘世栋）

【防汛工作】 汛前编制和修订完成了寺口子、沈家河、冬至河三座中型水库《汛期调度运行计划及防汛抢险应急预案》和《原州区小型水库防汛抢险应急预案》，开展了汛前大检查，筹措资金13.4万元维修了影响度汛的水毁工程；汛前调整和落实了防汛工作领导小组，落实了指挥部及各成员单位职责，明确了行政责任人、技术责任人和岗位责任人；组建专业抢险队伍1支100人，各库坝抢险队伍54支1520人，备足了防汛物资，确保各类库坝安全度汛。

【抗旱工作】 累计完成灌溉面积9.8万亩（其中：扬黄灌溉1.5万亩，水库灌溉1.2万亩，机井灌溉6.3万亩，截、引、提等其他灌溉0.8万亩）。维修各类人畜饮水水源和供水管道20处16.3公里，淘泉、淘井460处，维修水窖2100眼。为缺水学校、机关、企事业单位、敬老院和饮水困难群众拉水910车次4540立方米。利用流动机泵提灌浇地2400亩，发放旱地龙4吨，缓解了干旱片区群众饮水困难。（张小平 刘世栋）

【水库移民后期扶持】 实施了马园道路硬化等6项工程，硬化道路2.92公里，使移民区基础设施建设、生活条件进一步改善，实现了"政策兑现，社会稳定"的目标。同时完成了《大中型水库移民项目第二个五年（2011~2015年）规划》、《库区和移民安置区基础设施建设和经济发展规划》的上报、审核等工作。

（郭廷荣 刘世栋）

【水行政执法】 充分利用"世界水日，中国水周"等宣传日，面向社会广泛、深入、持久地宣传水法规知识，发放宣传材料2.5万余份，悬挂横幅18条，张贴宣传标语700余条，制作宣传展板36块，散发宣传画400张，宣传册6000册，出动宣传人员60人次；采取定点、定片巡查执法的方法，加强对重点河道等水工程的管理；及时依法打击各类违法行为，疏通整治河道8.6公里，恢复清水河、大营河采砂坑22处，清理河道垃圾1.3万方，砂丘3.6万方，消除隐患12处，调处水事纠纷43起；办理取水许可证23套，河道采砂证4套，查处水事案件23起，依法收取水资源费15.5万元。（马国忠 刘世栋）

【水利普查】 成立了原州区水利普查领导小组，对各项工作进行了安排部署，加强了组织领导；购置了一批水利普查定位仪、办公设备，为水利普查工作顺利开展提供了保障；积极组织开展了各阶段水利普查人员培训工作，明确了专职人员及各单位协调配合职责；认真完成了各类清查表的填报、审核、检查、终审工作，确保普查对象不重不漏，共生成2450个清查目录，并通过成果抽查验收；完成了各个专项数据录入处理工作，并通过机审等环节；组织开展了分专项详审、跨专业联审、专家选审工作；通过电视台、《固原日报》等新闻媒体做好水利普查各个阶段的宣传报道工作，营造了良好的舆论宣传氛围。

（赵玉俊 刘世栋）

【党的建设】 制定下发了《水务局2011年基层党建工作安排》，与各支部签订了任务书，对无职党员设岗定责，进一步加强党组织建设，增强党组织的凝聚力和战斗力，为更好地完成今年的各项工作任务夯实了基础；制定了党员干部职工政治理论业务学习计划，以中心组学习为龙头，以局领导班子学习为重点，带动促进各支部、各股队加强理论学习；针对党员干部队伍和业务职能实际，按照"创先争优"、"机关党的建设年"、"以人为本，执政为民"、"讲党性、重品行、做表率"等各项活动的具体要求，以创建活动为载体，采取灵活多样的形式，认真开展了"创先争优"、"思想大解放，树立新形象"、"双诺整推"、"建设优质工程、打造精品工程、服务人民群众、创建一流业绩"、"爱岗敬业、奉献水利、争当模范"及先进单位、效能股室等载体活动。通过开展多项活动，丰富了党建活动内容，促使干部职工在具体工作中积极创先争优，取得了明显效果。（唐福荣 刘世栋）

扶贫扬黄灌溉

【概况】 原州区扶贫扬黄灌溉管理局隶属原州区政府，为正科级全额拨款两事业单位，全局共有编制37人，其中，局机关编制16人，下属一个股级法人事业单位，即寺口子灌溉管理所。原州区扶贫扬黄灌溉管理局主要职责是：扬黄灌区水利项目建设；扬黄灌区灌溉管理；扬黄灌区人畜饮水管理。

【高效节水灌溉项目】 项目于2010年9月开工，于2011年4月竣工投入使用，采用土地流转、集约经营方式，建成25万方调蓄水池1座，配套干支管70.5公里，滴灌带450万米，发展滴灌面积0.6万亩，完成投资1350万元。

【设施农业供水工程】 建成原州区四期生态移民设施农业供水工程，建成10万方蓄水池一座，铺设管道30.3公里，引水渠道410米，安装节制闸2座，解决生态移民村176座日光温棚和360座拱棚供水，同时为团结村304户、丰泽村207户庭院经济铺设19公里管道，解决移民庭院经济用水。该项目2011年6月份开工建设，10月底全部完工。在头营镇陶庄村境内建6万方蓄水池一座，以保障南屯枸杞园区用水，于年底完工，供水工程共完成投资696万元。

【人畜饮水工程】 全面完成固海扩灌十一泵站以后人畜饮水工程，完成入户通水10113户，该项目的建成解决了原州区北川三营、头营、彭堡三个乡镇49个行政村，6.56万人的饮水问题。该项目分两期实施，于2009年开工建设，铺设各类管道553.8公里，2011年进行完善工作和部分入户工程，整体工程全面完成。

【番茄基地】 杨庄万亩番茄基地项目，涉及头营、黄铎堡两镇5个行政村，采用滴灌方式，建设万亩番茄基地，项目建成20万方蓄水池1座，安装铺设田间地下管道108公里，铺设地面滴灌带9580公里，概算投资2700余万元。该项目2011年9月开工建设，2011年底完成地下管道铺设、加压泵站及供电线路架设等主体工程，整体项目2012年春季全部竣工并投入使用。

【马铃薯基地】 杨郎万亩马铃薯基地项目规划面积1.4万亩，建设加压泵房2座，铺设地下管道98公里，地面滴灌带1260公里，项目于2011年9月开工建设，当年底完成地下管道铺设、加压泵站及供电线路架设等主体工程，整体项目2012年春季全部竣工并投入使用。

【引黄灌溉】 2011年共计调度黄河水775万方，寺口子水库水200万方，其中，完成春灌1.1万亩，夏秋灌3.5万亩，设施农业调蓄池投水140万方，保障了扬黄灌区4万亩农田、800余栋日光温棚、900余栋拱棚设施农业的灌溉，为扬黄灌区粮食丰收、农民增收奠定了坚实的基础。同时，利用扬黄灌区畅通的渠系将扬黄水、水库水、机井水有效结合，发挥各种水资源的综合效率。

农业综合开发

【概况】 2011年农发项目立足三农，实行土地治理与主导产业有机结合，充分利用现有水资源条件，发展以喷灌、滴灌为主的高效节水型马铃薯种薯繁育、冷凉蔬菜、特色经济、设施农业等基地建设。在马铃薯种薯繁育、冷凉蔬菜等基地，创新机制，率先实行土地流转，实行“公司+基地+市场+农户”的产业化运作模式。引进六盘山薯业、天启薯业、丰禾薯业、大地薯业、晋悦薯业等企业。实行集约化经营，规模化生产。

【重点工程】 2011年，完成土地治理面积2.35万亩，其中：中河高坡项目区中低产田改造1.5万亩，发展冷凉蔬菜基地建设。安装大型指针式喷灌机10台，卷盘式喷灌机4台，新打机井14眼，修复配套机井17眼。配套输变电线路26公里，埋设管道39.39公里。渠系建筑物1398座，修建马铃薯种薯贮藏窖2100平方米，机耕路25公里。购置大型马铃薯收获机2台，中耕机2台，起垄机1台，新植防护林300亩，植树1.6万株。实现了从播种、施肥、喷药、灌水、收获全程机械化作业，达到节省劳力80%以上。三营鸦儿沟项目区：改造中低产田0.85万亩，新建20万立方米调蓄池1座，埋设PVC管道46公里，铺设地面支管27公里，毛管3690公里，渠系建筑物456座，架设输变电线路12公里，新修生产道路20公里，平整土地1000亩，建马铃薯种薯贮藏窖4200平方米。安装指针式喷灌圈3台,发展喷灌0.35万亩,滴灌0.5万亩。购置马铃薯机械2台(套),配套农机具6台(套),种植原种夏波蒂、紫花白1000亩,一级种庄薯3号、陇薯3号5000亩。建立科技示范基地1000亩,培训农民1000人(次),推广了节水灌溉、土壤改良、机械耕作、配方施肥、病虫害防治、保鲜储藏等技术。建立了技术先进、布局合理、质量可控、效益明显、辐射带动强的种薯繁育基地。

【土地流转】 在自愿平等互利的基础上,由企业租赁土地,通过土地的有序合理流转,打破了一家一户以家庭为主的小农经济单元,实现了种薯繁育的规模化和集约化,有效提高资源利用率。亩产值由1000元/亩提高到2500元/亩,土地产出率提高2.5倍,实现了农业增产、企业增效、农民增收。

【多元投入】 以农业综合开发土地治理项目为主,整合项目资金,吸收民营资本,共同参与基地建设。整合农业、水利项目资金1028万元,修建20万方调蓄水池一座;补贴原原种800万粒,原种、一级种繁育2.3万亩,一级种化肥补贴2万亩。吸收民营资本,进行原原种工厂化基础设施建设、种薯繁育,吸收民营资本8700万元,建设原原种繁育组培室、温、网室、购置增仪器设备等,建设原种基地及一级种薯繁育基地。

【节水技术】 根据自然资源状况,充分利用地表水、合理开发地下水、高效利用扬黄水,大力推广以喷、滴灌等方式为主的现代节灌技术,实现了水资源的高效利用。据测定,传统沟灌生产马铃薯亩用水240立方,采用喷、滴灌亩用水90立方,喷、滴灌与传统沟灌相比,亩节水150立方,水生产效益提高了3.35倍。

（杨晓珍）

农经管理

【土地流转】 研究制定出台《原州区规范农村土地承包经营权流转促进农业规模经营实施意见》,明确提出"十二五"期间土地流转的目标,并制定了相关优惠政策,鼓励和推动我区农村土地承包经营权流转,促进农业经营规模化。2011年原州区新增流转土地面积4.4万亩,(其中:规模土地流转面积3.3万亩),先后建立三营鸦儿沟万亩马铃薯种薯基地1个,甘沟万亩枸杞基地1个,别庄等千亩马铃薯种薯基地2个,闫堡等千亩以上蔬菜基地2个,杨郎等千亩以上牧草基地2个,马园等百亩以上饲草基地4个。全区流转土地面积累计达到13.45万亩(其中:出租11.41万亩,互换664亩,转包1.88万亩,转让913亩),占承包地的13.5%,涉及农户数10878户,占总户数的16.9%。指导签订规范标准统一土地流转合同8660份。

【"三资"管理】 在村级财务管理17项工作制度的基础上,制定完善了14项农村集体"三资"管理制度,出台《原州区加强农村集体资金资产资源管理的实施意见》,不断提高村级"三资"管理规范化水平;会同监察、财政等部门组成村级财务移接交工作小组,对全区11个乡镇89名离任村干部开展财务移接交工作,共签订各类移交清单534份;同时为全区195个行政村统一订制了"三帐两簿",逐村将村集体资金、资产、资源登记入账,确保村集体资产安全完整。2011年,全区农村集体经济资产总额达到3650.6万元,其中流动资产60.2万元,固定资产3158.93万元;资源性资产13.44万亩;村集体负债307.56万元;村集体收入34万元。按照《固原市区城中村"村改居"实施方案》要求,对清河镇和开城镇的14个行政村、1个村民小组进行了"三资"清理及财务审计,通过查阅会计凭证和账簿、清点核实固定资产、调查取证、向村民公开审计结果等程序认真开展工作,共审计核实现金及银行存款228331.3元,固定资产3726266.38元,应收款项116454.2元,资源性资产43855.19亩。依法查出问题39条,提出审计意见36条,为我区"村改居"工作的顺利进行奠定了基础。

【惠农补贴】 2011年全区共发放各种惠农资金21554.9万元,比上年增加10264.23万元,增长90.9%。其中农资综合补贴3152.89万元,粮食直补60.48万元,退耕还林补贴5054.66万元,良种补贴385万元,农机补贴800万元,其他补贴11740.37万元。

【公益性建设】 积极配合财政部门做好"一事一议"筹资筹劳建设农村小型公益事业项目工作,全年共完成“一事一议”筹资筹劳项目1484.19万元，其中筹劳17.65万个，财政奖补867.19万元，所筹资金主要用于村级道路、水利等公益性建设。

【专业合作经济组织】 严格按照自治区《农民专业合作社规范》和《农民专业合作社示范社创建标准》，对原州区农民专业合作社进行规范化管理，从其组织机构、制度建设、经营服务等方面进行规范和管理，在全自治区率先推行《原州区农民专业合作社社员一本通》。2011年原州区新增农民专业合作组织60家，使全区农民专业合作组织总量达到130家，成员总数达到6167户，非成员农户35051户，资产总额8266万元，注册商标12家，通过无公害农产品产地认证4个，农产品认证的17个。4月，农牧、财政、工商等部门对全区农民专业合作社创建活动进行评审，原州区级示范社达到15家，规范社达到10家。通过逐级推荐评审，确定市级示范社7家，自治区级示范社4家。在开展示范社创建活动的基础上，在原州区乃至固原市树立了“石羊模式”这一农民合作社的典型，辐射带动全区农民专业合作社的快速、规范、健康发展。

【农经统计调查监测】 主要抓了农经统计工作，切实提高统计工作的质量与效率。在头营镇马园、徐河，三营镇孙家河村等地设立调查点，对设施蔬菜、露地冷凉蔬菜、草畜产业、马铃薯等四项内容进行专题调查分析，撰写专题调研报告4篇。按照自治区统一安排部署，认真实施了2010年基层农业科技服务体系改革和建设项目，共落实农业服务体系建设资金84.68万元，为全区7个乡镇部分基层站所配备了科技服务车10辆，并为11个乡镇农经办公室配备了软、硬件基础设施；同时，积极争取到2011年基层农业科技服务体系改革和建设项目资金64.07万元。

农业技术推广

【马铃薯产业】 2011年原州区马铃薯种植面积53万亩(其中：脱毒薯种植面积30万亩，平均亩产1580公斤，总产47.4万吨)，完成计划任务的106%，平均单产1260公斤/亩，总产量66.7万吨，总产值达到5.02亿元。其中：引进5家企业投资建设马铃薯种薯生产基地，建成张易、三营、中河3个集中连片万亩种薯示范基地。繁育原原种4095.7万粒，完成计划任务的102.4%；种植原种3500亩，生产原种7397.5吨，完成计划任务的116.7%；种植一级种6.2万亩，生产一级种12.67万吨，完成计划任务的103.3%；种植商品薯46.45万亩，生产商品薯56.53万吨。

利用自治区农发资金支持的“中低产田改造”项目，对中河乡中河、庙湾、丰堡，三营镇鸦儿沟、新三营等村建立了以喷灌、滴灌为主要设施的高效节水现代马铃薯生产基地，通过全程机械化作业、病虫草害程序化防控、水肥一体化管理，平均亩产达到2200公斤以上，实现了现代化马铃薯的生产管理。

【蔬菜产业】 大力推广蔬菜先进实用新技术、新品种，全区共推广蔬菜18万亩，总产蔬菜57794.4万公斤，总产值70759.59万元，其中设施种植总面积达到8.1万亩(日光温室1.8万亩，大中拱棚6.3万亩)，设施瓜菜总产量27948万公斤(日光温室总产10584万公斤，大中拱棚17400万公斤)，完成总产值38210.18万元，占全区瓜菜总产值的54%，实现设施农业净产值29328万元，农民人均设施农业纯收入达到896.9万元。

重点完成了三营镇孙家河村等3个日光温室园区和三营镇鸦儿沟等8个大中拱棚园区的新扩建工作，建设面积分别为2056亩和6840亩，目前已全部投入生产。对中河乡中河村万亩供港蔬菜基地建设进行了技术指导工作，完成面积12000亩，总产蔬菜2500万公斤，总产值2250万元。全区推广穴盘苗8000万株(工厂化育苗6200万株)，有力地推动了我区蔬菜产业发展。

【特色优势产业】 重点实施蔬菜、葵花“南移”战略，开展品种优化布局、轮作倒茬、病虫害防治、无公害生产等技术培训与技术指导，全区种植特色作物46.4万亩，总产值49281.39万元。其中：葵花12万亩，总产2760万公斤，总产值17737.6万元；胡麻12万亩，总产1440万公斤，总产值10080万元；玉米15.4万亩，总产7533.68万公斤，总产值14916.69万元；小杂粮7万亩，总产1645万公斤，总产值6547.1万元。

【旱作节水农业】 推广旱作节水农业35万亩，其中：

秋季覆膜16万(全覆膜12万亩,半覆膜4万亩)、早春覆膜9万亩、一膜两季及留膜留茬面积10万亩。种植玉米10.3万亩、马铃薯7.5万亩、向日葵7.5万亩、瓜菜6.7万亩。通过示范推广先进实用新技术、新品种,实现产值3.32亿元,新增产值4800元。

在彭堡镇别庄村建设秋季覆膜示范区1个,面积1.02万亩,种植作物为玉米,亩均产量618.4公斤,亩均产值1174.96元,总产值1198.4万元。

【测土配方施肥】 2011年推广测土配方施肥面积55.2万亩,配方肥施用面积24万亩,测土配方施肥示范区9.22万亩,测土配方计算机指导施肥3300亩,实施田间试验17个,野外调查及采集土样及植株样243个,培训区、乡、村技术人员及农民51000人次,发放技术资料和配方施肥建议卡各5万多份。通过项目实施,亩节本增效33.9元,共增收节支1871.28万元,减少了肥料浪费,改善了农业生态环境,取得了显著的经济、社会和生态效益。

【植保工作】 针对小麦条锈病、小麦白粉病、小麦黄矮病、白菜软腐病、小麦蚜虫、粘虫、黑绒金龟甲、小地老虎、玉米蚜虫和马铃薯晚疫病、马铃薯早疫病等主要病虫害认真开展系统测报,有效控制了危害,挽回了重大经济损失。今年全区农作物播种面积176.4万亩,病虫草鼠害发生面积663.8万亩次,防治面积434.3万亩次,挽回粮食损失36257.7吨,挽回油料损失4493吨,挽回其他损失6875.8吨。

【马铃薯高产创建】 建立马铃薯万亩示范片4个,面积131500亩。其中张易镇农业部整乡建制高产创建100200亩,平均亩产2544.36公斤(亩产指标2000公斤),较原州区平均亩产(1500公斤/亩)增产1044.36公斤,增长69.6%;三营镇鸦儿沟高产创建示范基地10033亩,平均亩产1622.89公斤(亩产指标1000公斤),增产122.89公斤,增长8.2%;官厅镇共和、张洪高产创建示范基地10310亩,平均亩产1777.26公斤(亩产指标1500公斤),增产277.26公斤,增长18.5%;中河乡中河、高坡、丰堡村面积10273亩,平均亩产1560.45公斤(亩产指标1500公斤),增产60.45公斤,增长4.03%。建设核心攻关点20个,即:张易镇马铃薯整乡建制高产创建核心区5个,面积501.3亩,平均亩产3043.2公斤(亩产指标2500公斤),增产1543.2公斤,增长102.9%;中河乡核心攻关点5个,面积700亩,平均亩产2090.63公斤(亩产指标2000公斤),增产590.63公斤,增长39.4%;官厅镇核心攻关点5个,面积657亩,平均亩产2110.62公斤(亩产指标2000公斤),增产610.62公斤,增长40.7%;三营镇核心攻关点5个,面积631亩,平均亩产2393.18公斤(亩产指标1500公斤),增产893.18公斤,增长59.5%。

【玉米高产创建】 建立彭堡镇玉米万亩示范片1个,面积11934亩,平均亩产611.6公斤(亩产指标600公斤),较原州区平均亩产(500公斤/亩)增产111.6公斤,增长22.3%,总产量达到7298.8万吨,总产值1386.8万元,新增产值253万元。其中建立核心攻关点5个,面积546.1亩,平均亩产715.47公斤(亩产指标700公斤),增产215.47公斤,增长43.1%。

【葵花高产创建】 建立三营镇葵花万亩示范片1个,面积1.1万亩,平均亩产236.3公斤(亩产指标200公斤),较原州区平均亩产(230公斤/亩)增产6.3公斤,增产2.74%,总产量达到2599.3万吨,总产值1559.58万元,新增产值41.58万元。其中建立核心攻关点5个,面积583亩,平均亩产255公斤(亩产指标250公斤),增产10.86%。

【测土配方项目试验】 在全区建立测土配方施肥试验17个,其中:设施蔬菜温室土壤培肥试验2个,即:马园园区设施黄瓜老温室土壤培肥试验、马园园区设施黄瓜建新温室土壤培肥试验;单因子肥效试验5个,即:彭堡镇别庄村覆膜玉米氮、磷肥单因子肥效试验、彭堡镇闫堡示范园区露地西芹氮、磷、钾肥单因子肥效试验;校正试验10个,即:开城镇覆膜玉米配方肥校正试验、三营镇曹堡村覆膜玉米配方肥校正试验、张易镇陈沟村马铃薯配方肥校正试验、三营镇鸦儿沟村马铃薯配方肥校正试验、彭堡镇闫堡村露地西芹配方肥校正试验、头营镇徐河村露地西芹配方肥校正试验、头营镇胡大堡村向日葵配方肥校正试验、三营镇曹堡村向日葵配方肥校正试验、头营镇胡大堡村胡麻配方肥校正试验、彭堡镇闫堡村胡麻配方肥校正试验。

【设施农业标准园创建】 设施农业标准园创建工作在二营现代设施农业园区进行，主要进行新品种展示、新技术展示和标准化生产技术展示。其中：展示新品种3个，品种分别为番茄品种艾佳89、甜瓜品种NO.1、西葫芦品种冬玉，示范面积3栋6亩；新技术展示3个，分别为有机无土栽培技术示范、秸秆生物反应堆技术示范和滴灌水肥一体化灌溉技术示范，示范面积3栋6亩；标准化生产技术展示10项，分别为集约化无土育苗、防雾滴耐老化功能棚膜、电动卷帘机、滑轮放风、遮阳网、滴灌及测土配方施肥技术、防虫网和黄篮板粘虫、夏季高温闷棚和硫黄熏蒸消毒、热风炉应用、反光幕张挂等，示范面积4栋8亩。通过试验观测，表现良好，得到了相关领导和专家的充分肯定。

【种植业结构调整示范建设】 种植业结构调整耕作制度与改革140亩，集中展示：全膜覆盖种植玉米套种大豆面积48亩；全膜覆盖种植玉米套种马铃薯面积5亩；全膜覆盖种植向日葵套种大豆面积40亩；全膜覆盖种植向日葵套种马铃薯面积10亩；全膜覆盖双垄沟播种植马铃薯套大豆面积12亩；机械化播种马铃薯套种大豆示范面积25亩。示范结果表明：通过示范区的建立，玉米、向日葵、马铃薯产量分别提高12%、20%、25%以上，水分生产率提高18%~20%，土地利用率当量比达到1.36，经济效益提高28%，纯收益提高260元以上。

【西芹新品种引进试验与示范】 在彭堡镇闫堡村建设西芹新品种示范基地1030亩，品种为文图拉、法国皇后，示范推广喷灌、滴灌450亩。园区全部采用机械统防统治技术、穴盘育苗移栽、特土配方施肥、增施有机肥等技术，取得了良好的示范效果，平均亩产6500公斤，亩均产值3950元，带动姚磨、吴磨里沟等发展西芹3080亩，最高产值6500元，平均产值3500元；完成西芹新品种引进与筛选试验1项，共引进西芹新品种19个，其中进口品种8个，国产品种11个，面积20亩。试验筛选出了意大利欧洲之春、法国雅芹、皇冠和根芹1号等4个品种，其优点是产量高、品质优、抗病虫害，适宜在原州区推广。

【旱作节水农业试验】 试验研究9项10个，面积15亩。即：旱地玉米全膜双垄覆盖集雨沟播技术效益研究、旱地马铃薯全膜双垄覆盖集雨沟播技术效益研究、旱玉米全膜覆盖双垄沟播技术密度试验、马铃薯双垄全膜覆盖沟播技术密度试验、全膜覆盖双垄沟播栽培条件下玉米品种比较试验、全膜覆盖双垄沟播栽培条件下马铃薯品种比较试验、全膜覆盖双垄沟播不同灌水时间和不同灌水量试验、地玉米全膜覆盖“一膜两年用”免耕栽培模式效益研究(定位研究)、全膜覆盖沟播栽培条件下大豆品种筛选试验。

【旱作节水示范基地建设】 地膜覆盖保墒节水技术与玉米高产挖潜技术集成、地膜覆盖+集雨补灌技术、玉米高产肥水精量管理技术、秋季不同覆膜方式玉米高产挖潜技术集成共计60亩。示范结果为：玉米平均单产647.3公斤，增产幅度达到38%，实现总产3.8838万公斤，实现总产值6.991万元。其中：地膜覆盖保墒节水技术与玉米高产挖潜技术集成平均亩产614.7公斤；地膜覆盖+集雨有限补灌技术平均亩产653.4公斤；密植高产水肥高效调控技术研究与技术集成平均亩产达到720公斤；秋季不同覆膜方式玉米高产挖潜技术集成技术平均亩产625.5公斤；早春(顶凌)全膜覆盖双垄沟播技术平均亩产628.8公斤；播期全膜覆盖双垄沟播技术平均亩产580.4公斤；秋季半膜技术术平均亩产520公斤；早春(顶凌)半膜技术平均亩产520公斤；播期半膜技术平均亩产496.7公斤。秋季和早春全膜覆盖产量基本接近较播期全膜增产7.8%，较不同覆膜时期半膜覆盖平均增产22.1%。

【旱作区免耕作物种植】 一膜两季免耕后作种植玉米、向日葵、谷子、大豆四种作物，总面积105亩。其中玉米50亩、向日葵20亩、糜谷30亩、大豆5亩。示范结果为：玉米平均单产515.7公斤，平均亩产值1046.87元，亩节本175元；向日葵平均单产296.4公斤，平均亩产值1778.4元，亩节本175元；谷子平均单产333.9公斤，平均亩产值868.14元，亩节本75元，亩节本增效281.58元；大豆平均单产164.8公斤，平均亩产值824元，亩节本75元，亩节本增效399元。

【马铃薯新品种引进与示范】 在官厅镇大堡村建立种薯示范展示园区1个，展示品种71个，面积70.4亩。其中中国农科院品种31个，宁夏地方品种11个，周边地区品种26个，中国农科院品种产量表现好的是02158-188亩产2752公斤,D519亩产2400公斤,D575亩产2368；宁夏地方品种表现好的是宁薯8号亩产3104公斤,GY07-16亩产2560公斤,宁薯12号亩产1952公斤;周边地区品种表现好的是青薯9号,亩产2368公斤；国外品种表现好的是费乌瑞它亩产1376公斤，其次是大西洋亩产1216公斤和夏波蒂1088公斤。

【冬小麦条锈病药剂防治筛选试验】 在清河镇大堡村布设了冬小麦秋苗条锈病药剂防治筛选试验。试验处理防治效果差异显著,12.5%氟环唑悬浮剂40克/亩对小麦条锈病有着较好的防效和速效性,持效期达30天以上,且对小麦生产安全性好,可在今后的生产当中进行大面积推广应用。

畜牧技术推广

【饲养总量】 2011年全区肉牛饲养量20.5万头,存栏12.4万头,出栏8.1万头;肉羊饲养量60万只,存栏26.5万只,出栏33.5万只;猪饲养总量15.5万头,存栏5.2万头,年内出栏10.3万头;家禽饲养总量171万只,存栏64万只,出栏107万只;肉、蛋、奶产量分别达到27425.5吨、3920.3吨、3382.5吨。

【品种改良】 黄牛品种改良工作。2011年引进西门塔尔、利木赞、安格斯等良种肉牛冻精6.5万支,改良黄牛2.61万头,完成计划任务数的100.4%。绵羊改良工作。引进特克赛尔、道赛特肉用种公羊49只,滩羊种公羊1000只,投放到中河、开城、张易、官厅等乡镇养羊大户及重点户,对当地母羊进行杂交改良,最大限度地发挥种公羊的改良作用，年内改良羊只41470只。

【饲草调制】 年内建成养殖圈棚3308栋,其中,34.2平方米圈棚1247栋,50平方米圈棚642栋,56平方米及以上1419栋；新建“三贮一化”池33530立方米,基础设施的不断完善,为我区草畜产业的发展打下良好的基础。购置乳酸菌25公斤,饲料酶4000公斤,调制饲草59770.3立方米;先后在石羊村、杨忠堡村利用包膜青贮苜蓿3000包约21万公斤,同时利用青贮池青贮苜蓿200立方米。饲草调制数量打破历年纪录,调制后的饲草不仅提高了利用率,也很好地解决了季节性饲草料供应不平衡问题。

【肉牛养殖】 中南部设施养殖示范村建设。依托中部干旱带和南部山区设施养殖建设项目新建设示范村13个,重点从标准化棚圈、三贮一化池建设、饲草调制、基础母牛选育登记和后备母牛保护等方面扶持建设。示范村总农户4795户,19146口人，其中养牛户3125户,占总农户的65.2%;肉牛饲养量15269头,存栏10843头,养牛户户均存栏3.47头,其中基础母牛存栏5832头,存栏比例达到53.8%;基础母牛存栏5头及以上的规模户116户,存栏牛891头。年内新建圈棚986栋,“三贮一化”池5703.1立方米,调制饲草9579.8立方米,入户率100%。示范村新增良种基础母牛3480头。

【规模化养殖】 肉牛养殖园区、场及大户。新建瑞森千头牛场1个,腾西、昊利源500头肉牛园区2个,君宏、科宏200头以上养殖场2个。发展良种基础母牛饲养户和育肥牛大户共计530户,其中:5头以上的基础母牛户453户,存栏牛2407头;10头以上的基础母牛户31户，存栏牛491头；30头以上的基础母牛户20户，存栏牛1355头;20头以上的育肥牛大户13户,存栏牛400头;50头以上的育肥牛大户8户,存栏牛475头;100头以上的育肥牛大户5户,存栏牛885头。肉羊养殖贩运合作社、养殖场。培育发展肉羊养殖贩运合作社、养殖场22个,涌现出了一批牛羊贩运经济人、贩运大户,拓宽当地牛羊市场销售渠道。目前肉羊养殖贩运合作社、养殖场存栏羊7772只，出栏羊120561只,肉羊养殖实现净利润364.68万元,建有标准化棚圈16594平方米(折合50平方米棚圈332栋),青贮池680立方米。养鸡场(园区)、大户。扶持培育三营新月公司10万只肉鸡养殖园区1个，建设彭堡硝沟养鸡园区、三营联众养鸡专业合作社(肉鸡养殖)、开城镇羊坊呱呱蛋合作社、开城二十里铺永新养鸡合作社、圣大养鸡专业合作社5个2万只标准化养鸡场。

【生鲜乳质量监管】 一是年内对基本符合条件的三家生鲜乳收购站,报原州区农牧局核发了生鲜乳收购许可证。二是规范生鲜乳收购秩序,完善生鲜乳收购站日常检查、不定期巡查、监督抽查等监管制度,坚决打击各类非法添加行为,共计出动监督人员240人次,督查生鲜乳收购站80站次,检查生鲜乳运输车31车次,检查生鲜乳2600吨左右,为各奶站印发生鲜乳收购、检测、销售等记录80本,共发放宣传材料1050余份,集中培训奶站管理人员和奶农4次,共培训养殖420人次。

农机技术推广

【农机总量】 截至2011年底,全区农业机械总动力达到36.05万千瓦,新增3.37万千瓦,增长10.31%。拖拉机拥有量达到10464台,新增763台,增长7.87%,其中大中型拖拉机572台,新增219台,增长62.04%,小型拖拉机9892台,新增544台,增长5.82%,配套农机具达到2.11万台(件),农机具配套比为1:2.02。

【作业面积】 截至2011年底,全年完成机耕面积110万亩(其中机深翻45万亩),同比持平;机播94万亩(其中小麦18万亩、马铃薯20万亩、玉米9万亩、其他47万亩),较上年增加23.1万亩,同比增长32.58%;完成机收面积47万亩(其中小麦10万亩、马铃薯25万亩、玉米5万亩、牧草收获7万亩),较上年增加11.5万亩,同比增长32.39%。全区主要农作物耕、种、收综合机械化作业水平达到53.3%,比上年增长7.3个百分点。

【农机经营】 2011年,原州区新成立农机作业服务公司1家。截至年底,全区共拥有农机专业服务组织10家,其中农机专业合作社5家,农机作业服务公司5家。农机服务组织资产总额1218万元,拥有各种农机具438台(套),直接服务农户5000多户,服务面积近26万亩,年创收650万元。

【农机推广】 在巩固三个示范园区的基础上,2011年建设马铃薯农机化示范园区7个,其中:部级主要农作物农机化示范园区1个,实施马铃薯生产机械化面积1300亩;区(县)共建马铃薯全程机械化示范园区1个,实施示范面积8000亩;区(县)共建马铃薯小型机具示范园区1个,示范面积7000亩;自建农机与农艺相结合示范园区1个,核心区示范面积3500亩。建设玉米农机化示范园区1个,实施玉米全程机械化作业面积1000亩。建设保护性耕作示范园区2个,建设面积3000亩。各示范园区关键环节机械化作业水平达到100%。

【农机免费管理】 2011年,全区纳入牌证管理的拖拉机10340台,入户率95%,持证驾驶员7069人,持证率68%。完成农机免费管理入户挂牌2707台,培训考证2811人,检验各类拖拉机4007台,拖拉机检验率38.6%。全年共开展农机安全检查148次,检查各类农业机械906台,纠正各类违法、违章行为88起,查处车次16次,处罚人次16人,排查隐患11起。农机安全生产实现全年无事故。

【购机补贴】 2011年,自治区下达原州区农机补贴资金747万元(含2010年提前预支30万元),原州区累计完成补贴资金766.942万元,其中补贴动力机具1569台,马铃薯机具112台,玉米联合收割机12台,秸秆机具268台。全年完成补贴任务107%。

草原管理

【草原生态保护补助】 根据自治区人民政府办公厅《自治区人民政府办公厅转发关于建立和落实草原生态保护补助奖励机制实施方案的通知》(宁政办发〔2011〕143号)文件要求,完成了草原生态补偿工作。

【人工种草】 2011年,区委、政府下达全区11个乡镇一年生禾草种植任务26万亩,多年生牧草种植任务5万亩,实际完成种植多年生牧草5.2万亩,占下达任务104%。其中开城镇大马庄村、彭堡镇石碑村两个2000亩规模种植点和三营镇农科村、张易镇上马泉村、寨科乡北淌村三个500亩种植点,种植一年生禾草26.2万亩,占下达任务的100.8%。

【草原鼠虫病害防治和防火】 根据宁农(草)发〔2011〕26号文件《关于开展2011年草原鼠害监测与防治工作的通知》,自治区下达我区草原灭鼠任务10万亩。原州区草原工作站于4月9~16日进行大面积鼠害防治;4月24日后进行鼠害防治后效果监测工作，在鼠害发生的重点区域设三个点进行灭鼠，分别为：三营镇西台村 2 万亩，官厅乡前洼梁 4 万亩，寨科乡刘沟村 4 万亩。根据样方调查，地上鼠的平均灭鼠率约为 90%，地下鼠的平均灭鼠率为 85%。草原病虫害防治在自治区植保所和自治区草原站技术人员的指导下，于 8 月 1~3 日在官厅乡官厅村召开了“牧草病虫害综合防治技术示范”及“草原蝗虫防治新技术示范”现场会，通过新技术示范、推广应用，使牧草病虫害减少到最小程度。

【草原法规宣传】 根据自治区草原监理中心的要求，原州区草原工作站结合普法宣传月对宣传草原法律法规工作进行再动员、再部署、再落实，共出动宣传车 25 次，印发《宁夏回族自治区草原管理条例》2000 份，印发《草原防火宣传材料》、《禁种铲毒知识宣传材料》3000 余份，张贴《原州区人民政府关于草原围栏管护的通告》300 份。同时在公路两侧和群众聚集及醒目位置刷写固定标语 50 条，在固原市区、三营、寨科等重点乡镇悬挂横幅 12 条，使社会各界和广大群众对《草原法》、《草原防火条例》及《宁夏回族自治区草原管理条例》有了进一步的了解，有效地提高了广大群众保护草原、建设草原的法律意识。

【草原执法】 查处未经审核审批私自占用草原 500 多亩，经查处收缴草原植被恢复费 16 万元，严肃查处了官厅镇水泉村村民马文安、马存福、穆德龙、马彦会 4 户村民在本村董家淌非法种植大麻 26 块 76.8 亩，总株数约 123 万株和中河乡红沟村村民余长福非法种植大麻 25.2 亩，总株数约 35 万株的重大案件。

【农民培训】 根据农牧局《关于做好 2009 年原州区巩固退耕还林成果农民就业创业技能培训项目的通知》（原农牧发〔2010〕239 号）文件安排，原州区草原工作站承担牧草栽培技术与病虫害防治培训任务，2011 年在黄铎堡曹堡村、三营海淌村等举办培训班 7 期，培训学员 700 人 1400 人次，完成了培训任务的 101.4%。培训内容为苜蓿草产品的调制加工与调制，紫花苜蓿栽培技术，优质禾本科牧草栽培技术，苜蓿病虫害预测预报及防治技术，农田及草原鼠害综合防治技术，青贮饲料与秸秆加工利用技术 6 个课目。

【监测工作】 原州区草原工作站固定 4 名技术骨干定期开展草原鼠情监测、苜蓿病虫害监测、草原动态监测工作。监测结果：主要害鼠的平均种群密度分别为甘肃鼢鼠 42 只/公顷，草原黄鼠 15 只/公顷。

动物卫生监督与疾病预防控制

【法制宣传】 为进一步贯彻落实《中华人民共和国动物防疫法》，先后组织了 4 次法律法规宣传活动，发放动物防疫法律法规宣传材料 5000 余份，接受广大市民咨询服务 1000 余人次，出动宣传车 12 余次。

【产地检疫】 2011 年共计完成畜禽产地检疫 89.4254 万头（只/匹），其中牛 0.8282 万头，羊 4.6986 万只，猪 1.0749 万头，禽 82.8049 万羽，马属动物 0.0188 万匹；

【屠宰检疫】 屠宰检疫畜禽 97.5293 万头、只（羽），其中猪 1.1754 万头，羊 3.961 万只，家禽 82.3929 万羽，检出病害肉品 2.154 吨，并作相应无害化处理。

【产品质量安全监管】 2011 年共督查上市活畜 126.4654 万头（匹），禽类 116.80 万羽，督查各类肉品 2461.16 吨，查验经卡运载畜禽及其产品车辆 223 车（次），皮张 10 万余张；发放动物防疫合格证 12 个，签订责任书 60 份。通过签定责任书，有力地促进了动物检疫工作，规范了经营者行为；2011 年查处违法案件 46 起，其中简易程序 30 起，一般程序 16 起，对当事人均依法、依规给予了处罚，严厉打击了违法行为。

【业务报表报送及票证使用管理】 2011 年上半年发放《产地检疫合格证明》142 本，《动物产品检疫合格证明》201 本，《出县境动物检疫合格证明》5 本，《出境动物产品检疫合格证明》35 本，《动物及动物产品运载工具消毒证明》18 本。下半年发放《动物检疫合格证明》322 本（其中动物 A 证 22 本，动物 B 证 201 本，动物产品 A 证 13 本，动物产品 B 证 86 本）。

【免疫抗体水平监测】 2011 年，按照自治区动物疾控中心下达原州区禽流感 600 羽份、鸡新城疫 600 羽份、猪瘟 300 头份、口蹄疫 900 头份任务要求，年底已超额完成了各项监测任务。禽流感免疫抗体水平监测。运用国家标准（GB/T18936-2003）血凝（HA）和血凝抑制（HI）试验，共监测禽流感 H5N1-Re-4 抗体血样 900 羽份，其中：月监测 90 羽份、集中监测 600 羽份、定点监测 210 羽份。新城疫免疫抗体监测。运用国家标准(GB/T16550-2008)血凝(HA)和血凝抑制(HI)试验,共监测鸡新城疫免疫抗体血样 900 羽份,其中:月监测 90 羽份、集中监测 600 羽份、定点监测 210 羽份。口蹄疫免疫抗体水平监测。运用正向间接血凝试验和 LB-ELISA 试验共监测牛、羊、猪 O 型口蹄疫免疫抗体血样 2011 头份(牛 655、羊 650、猪 706),其中:月监测 600 头份(牛 220、羊 220、猪 160),集中监测 1411 头份(牛 435、羊 430、猪 546)。猪瘟免疫抗体水平监测。采用正向间接血凝试验,共监测猪瘟免疫抗体血样 706 份,其中:月监测 160 头份,集中监测 546 头份。

【病原学监测】 重大动物疫病病原学监测。完成自治区动物疾控中心在全区范围内重大动物疫病免疫抗体监测和病原学监测的采样送检工作,共送检血样 390 头份,其中:牛血清 80 头份、羊血清 80 头份、猪血清 170 头份、禽血清 60 羽份;禽咽/泻殖腔棉拭子 230 份、猪鼻拭子 160 份;完成市动物疾控中心在全市范围内季度重大动物疫病免疫抗体监测和病原学监测的采样送检任务,共送检血清 320 头份,其中:牛、羊、猪、禽各 80 头份。鲁氏杆菌病监测。按照国家标准(GB/T18646-2002),运用虎红平板凝集反应试验,结合试管凝集反应试验共监测牛、羊、猪血样 1371 头份,其中:黄牛 161 头份、奶牛 748 头份、绵羊 158 只、种公猪 124 头、种公羊 180 只,检测结果全部为阴性。奶牛结核病监测。截止 2011 年 9 月底,原州区所辖 11 个乡镇共存栏奶牛 1071 头,其中:1 月龄以下犊牛 323 头,应检测奶牛 748 头,实际检测奶牛 748 头,占全部应检测奶牛的 100%。

按照国家标准(GB/T18645—2002),运用结核菌素皮内变态反应检测奶牛 748 头,结果全部为阴性。马鼻疽监测工作。2011 年自治区下达原州区马鼻疽监测任务是 100 匹,10 月上旬我中心选派专业技术人员在辖区范围内开展马鼻疽监测工作,通过深入农户进行临床检查,走访群众,查阅历年马鼻疽防疫监测资料和鼻疽点眼试验等方法,共监测马鼻疽 100 匹,结果全部为阴性,没有发现鼻疽临床疑似病例。

马传染性贫血病监测工作。2011 年自治区下达原州区马传染性贫血病监测任务是 100 匹,我区运用琼脂扩散试验共监测马属动物血样 100 份,结果全部为阴性。

【流行病学调查】 定点流行病学调查:按照国家疫情测报站的要求,结合原州区实际,将开城、张易、炭山 3 乡镇作为 2011 年定点流行病学调查区域,调查国家疫情测报站规定的 17 种重大动物疫病流行情况。共调查养殖户 2257 户(次),调查猪 5344 头(次)、羊 6243 只(次)、牛 2980 头(次)、鸡 49988(次)。在调查区域内没有发现规定的 17 种重大动物疫病疑似病例。常规流行病学调查:2011 年共调查养殖户 4646 户,调查猪 57371 头、羊 6375 只、牛 2345 头、鸡 85342 只。走访调查养殖户 893 户,调查猪 6970 头、牛 2456 头、羊 4913 只、鸡 118400 只。

从调查情况看,没有发现口蹄疫、高致病性禽流感等重大动物疫病疑似病例。常见多发病,如仔猪黄、白痢、猪传染性胃肠炎、鸡非典型性新城疫、鸡大肠杆菌病、牛羊疥癣病等常见传染病和寄生虫病时有发生,由于养殖户对常见病认识到位,防治措施得当,没有引起流行。

【专项流行病学调查】 一是牲畜布病流行病学调查。2011 年共调查养殖户 167 户,调查奶牛 925 头、黄牛 1294 头、绵羊 3155 只,结合 2011 年春季免疫抗体水平集中监测对全区 11 个乡镇采集的牛血清 161 份、羊血清 158 份进行布病血清学试验调查。二是畜间炭疽流行病学调查。重点调查了 3 个乡镇,3 个行政村,调查走访疫区周围养殖户 75 户,调查牛 1183 头、羊 2080 只、猪 380 头、狐狸 500 只。

从调查情况看,近 4 年来炭疽疫情在我区没有再发生,分析原因有两点:一是当时疫情处置及时、果断、彻底,没有留下疫源;二是各级政府及兽医防控部门对炭疽病重视及防控措施到位。但炭疽疫情发生的潜在危险仍然存在。

【兽医实验室】 实验室共检测牛、羊、猪、禽免疫抗体血样 4517 份,布病血清学监测血样 1371 份,牛结核病 748 头,马属动物血样 200 匹(份),诊断送检病料 33 份,涉及的疫病有猪肺疫、禽霍乱、牛附红细胞体病、仔猪黄、白痢、球虫病等,并将《检验报告书》以正、副本的形式发送给养殖户和存档,同时建立了一套完整的检测工作流程和样品接收流程,规范了原始记录、检验报告的填写、审核和签发制度,按照质量体系文件的要求进一步加强了实验室档案管理工作。

【动物疫情测报】 在辖区11个乡镇设立动物疫情测报点,各乡(镇)兽医站站长为动物疫情报告员,坚持动物疫情月报制,并定期对各疫情测报点工作进行监督检查,半年进行一次考核。截止11月份共收集原始动物疫情报表、流行病学调查报表、畜禽防疫统计报表、动物死亡调查报表300份,上报其他各类监测报表60份,为上级业务部门和国家动物疫情测报站提供了真实、可靠的疫情、监测数据。

【专业技术培训】 共培训人员544人(次),同时对196名村级动物防疫员进行了集中培训,使动物防疫体系人员的整体业务水平得到了提高。

农村实用技术培训

【继续教育培训】 原州区农业实用技术培训中心一年共举办12期专业技术人员继续教育公需课培训班,共培训1694人,参加培训的专业技术人员涉及农、林、水、牧、财政、民政、文化、交通、司法、乡镇、街道办事处等单位在职专业技术人员。随后举办了5期专业课培训班,共培训农、林、水、牧等单位的专业技术人员679人。全年累计培训专业技术人员2373人,超额完成了计划任务的7倍多。

【农民就业创业技能培训】 按照2010年巩固退耕还林成果农民就业创业技能培训要求,原州区农业实用技术培训中心及时组织人员深入全区11个退耕乡镇的18个行政村和退耕户移民村,共举办了25期培训班,培训农民5820人次,涉及10个专业,全面完成了培训任务。

【阳光工程培训】 按照《2011年宁夏农村劳动力转移阳光工程培训工作实施方案》的要求,围绕农业农村重大工程项目,以移民新村为重点,先后在8个乡镇的14个行政村举办了25期培训班,涉及11个专业,共培训农民1950人,其中移民727人。

【生态移民安置区实用技术培训】 为确保生态移民尽快适应新的生产生活环境,提升移民群众开展农业生产和就业创业能力,原州区农业实用技术培训中心积极按照原州区发改局《关于中部干旱带生态移民原州区县内生态移民安置区移民实用技术培训实施方案的批复》要求,积极组织人员在三营镇团结村,头营镇三和村、利民村、杨郎村,黄铎堡镇陈庄村和彭堡镇闫堡村等移民安置区开展培训,共举办培训班21期,培训移民1738人。

【教师资源库建设】 为了从深度和广度上搞好农村实用技术培训工作,原州区农业实用技术培训中心着力加强教师资源库建设,通过筛选,聘请了不同层次的教师,专业涉及农、林、牧、水利、建筑、交通、文化、企业管理、社会科学等,已纳入教师库管理的教师共75名。

【教学实验田建设】 为进一步提高教学人员的实操教学能力,原州区农业实用技术培训中心组织教师职工开垦了单位的空闲地,种植了各类蔬菜瓜果,初步完成了教学实验田的建设,为总结蔬菜种植技术提供了实操场所。教职工们通过田间种植管理、定期观察记录等,使得理论知识有效的与实践操作相结合,提升了教职工的教学水平和能力。

防雹增雨

【防雹工作】 防雹工作从5月1日开始至9月30日结束,历时153天。所辖区域共有14门"三七"高炮,4部火箭发射装置,高炮保护区农作物播种面积为170.91万亩。从4月份开始,按照原州区农牧局的工作安排,本着"一年四季不放松,每次过程不放过"的思想,对"人影"工作进行了全面部署,并向全区发布了防雹增雨作业安全通告。防雹期间,根据下属各炮点申请,共向市人影办申请作业时间123次,批准53次,批准率43.1%,由于六盘山机场的建成,批准率较上年略有下降。

5~9月,原州区共出现强对流性天气过程15次,出现降雹天气2次,第一次降雹在7月27日,发生在彭堡,第二次降雹在8月28日,发生在河川,降雹程度较轻,对农作物没有造成大面积危害。全年高炮防雹作业49次,消耗人雨弹649枚,有效地保护了粮食安全生产和生态环境建设。

【增雨工作】 2011年我区主要气候特点是:气温偏高,降水较常年偏少,由于春季降水稀少,气温偏高,春夏期间大部分地区干旱较为严重。汛期天气复杂,局地强对流性天气较多。干旱、暴雨、冰雹、雷电等气象灾害发生频繁,尤其春夏连旱和冰雹天气给农业生产和群众生产生活造成严重影响。前半年旱情特别严重,土壤墒情差,对农作物生长十分不利,造成水资源短缺,人畜饮水困难。为了应对这一严峻考验,我站本着不放过每一次过程天气的思想,昼夜关注天气情况,抓住一切有利时机,积极实施人工火箭增雨增雪作业。全年共实施增雨(雪)作业36次,发射火箭增雨弹96枚,在火箭影响区,增雨效果明显,有效地缓解了我区严重的旱情。

农村能源

【沼气池修缮】 2011年修缮沼气571座。完成修缮工作任务的100%,点火使用率达到99%。起到了示范带动和推广效果,帮助移民区住户解决了炊事用能问题。

【农村太阳能热水器示范推广】 2011年巩固退耕还林成果农村能源太阳能热水器任务示范推广800台。5月30日800台太阳能热水器全部安装到户,完成任务的100%。

【太阳灶示范推广】 2011年在原州区示范推广太阳灶6000台(2010~2011年太阳灶示范推广项目6000台),完成任务的100%。

【采暖炉项目实施】 2011年巩固退耕还林成果农村能源太阳灶。根据原州区发改局对巩固退耕还林成果农村能源太阳灶项目建设方案变更为采暖炉项目,11月底前115台采暖炉全部安装到户。

【节柴灶项目实施】 2011年完成了1220台成型节柴灶项目。

种子管理

【农资市场监管】 2011年,积极开展农产品质量安全整治,加强种子农资生产经营主体整顿、企业诚信制度建设、种子农资市场产品质量抽检,加大案件查处,种子农资市场经营秩序得到了进一步规范。全年出动执法人员275人次,共检查农资生产经营单位28家,检查农作物种子共111.05万公斤,其中:马铃薯70万公斤,春小麦2万公斤,杂交玉米14万公斤,胡麻6万公斤,葵花1万公斤,牧草5万公斤,秋杂3万公斤,蔬菜种子0.05万公斤;抽检各类蔬菜种子20批次,查获未经备案种子300公斤、未审先推品种(辽单656、蒙单8号等)20公斤,种子价值0.5万元;集中培训农资经营户1次,开展"放心农资下乡进村"宣传活动3次,发放明白纸、真假农资鉴别方法等宣传材料0.3万份。通过全面清理整顿检查,2011年春季种子市场种子储备充足,价格稳定,种子质量能够达到要求。

【农作物新品种试验、示范】 2011年引进玉米、葵花、胡麻、小杂粮等作物新品种125个,在彭堡镇别庄村,三营镇赵寺村、曹堡村设立多项新品种引进筛选试验,各项试验已完成任务。在张易、彭堡、三营等镇建立胡麻、葵花连片集中的生产性示范基地近1万多亩。各基地示范效果良好。

【小杂粮新品种示范园区】 在彭堡镇别庄村,建成由自治区安排我站的"原州区小杂粮新品种展示示范园区"项目。园区核心区占地60亩,分综合试验区、展示区、示范基地三个部分。其中综合试验区25亩,开展了48个品种的宁夏油用型向日葵杂交种区域试验2组、宁夏食用型向日葵杂交种区域试验2组、宁夏油用型向日葵杂交种生产示范1组。同时开展了豆类、糜谷、荞莜麦、胡麻、葵花、玉米、冬小麦等10种作物55个品种的10组引种筛选试验。小面积示范胡麻、莜麦、谷子、芸豆、豌豆、糜子、荞麦、玉米和食用型向日葵杂交种、油用型向日葵杂交种10类作物22个品种,面积35亩。同时在原州区清河镇大堡村的原州区大堡试验场,建成马铃薯新品种展示、示范"百薯园"300多亩,其中展示品种71个,面积近100亩。

【产油大县示范基地建设】 2011年,固原市原州区种子管理站在三乡(镇)8个村共落实了1个万亩胡麻示范点,两个千亩食用葵示范点,示范推广LD5009杂交食用葵新品种0.37万亩、宁亚11号等胡麻新品种0.8万亩，其中：三营镇赵寺村生产示范基地，示范推广LD5009杂交食用葵新品种2000亩；彭堡镇闫堡村生产示范基地，示范推广LD5009杂交食用葵新品种1700亩；张易镇上滩村、张易村、毛庄村、贺套村、王套村和田堡村示范基地，示范推广宁亚11号等胡麻新品种共8000亩。共完成1000人次的农户培训任务。增产增收效果。各示范基地经测产，三营镇赵寺村生产示范基地平均亩产215公斤，超目标亩产15公斤，总产食用葵43万公斤，实现总产值137.6万元，三营镇曹堡村生产示范基地平均亩产210公斤，超目标亩产10公斤，总产食用葵21万公斤，实现总产值137.6万元。LD5009食用葵较当地三道眉食用葵平均增产50公斤，亩增收320元，为种植户增产增收96万元。张易镇上滩村、张易村、毛庄村、贺套村、王套村和田堡村胡麻示范基地平均亩产124公斤，超目标亩产4公斤，总产胡麻124万公斤，实现总产值694.4万元，较当地胡麻大田平均增产20公斤，亩增收112元，为种植户增产增收112万元。示范基地油料种植达到了预期目标和效果。

【技术集成应用】 通过示范基地建设，新品种、新技术得到集成推广。示范基地主推品种覆盖率达到100%，比上年提高9.8~27个百分点。测土配方施肥面积达到1.3万亩，占示范基地总面积的100%，比上年提高30个百分点。各示范基地全部实现了病虫害专业化防治和统防统治。一膜两季、沟种垄植等食用葵栽培技术和膜侧胡麻栽培技术得到推广应用，在示范基地推广一膜两季食用葵栽培300亩，沟种垄植食用葵栽培300亩，膜侧胡麻栽培50亩，都收到良好的示范效果。

【辐射带动作用】 示范基地带动作用明显，有力地促进了全区新品种的推广进度，为2011年油料大面积生产提供了种源和技术模式，具有良好的社会辐射带动效果。“2011年原州区粮油高产创建活动”项目建设。一是在三营镇建设向日葵万亩示范片1个，面积11000亩，其中赵寺村2580亩、甘沟村2560亩、金堡村2310亩、农科村2060亩、曹堡村1550亩。二是建设核心攻关点5个，其中赵寺村122亩、甘沟村116亩、金堡村125亩、农科村112亩、曹堡村108亩。三是按照统一整地播种、统一技术培训的要求，结合示范区实际情况，因地制宜选择优良新品种进行集中展示。采用的品种全部是自治区审定通过的优质高产品种，并把高产创建活动与良种补贴相结合，确保推介品种大范围集中展示，使良种覆盖率达到100%以上。四是以百亩攻关、千亩展示、万亩示范的高产创建模式，突出创建层次，通过推广优良品种和高产栽培技术，加强病虫害防治等措施来确保示范区内油料作物实现优质、高产、稳产、高效的目标。通过高产示范展示区的建设，辐射带动全区油料生产科技推广。

【测产统计】 百亩核心攻关点平均亩产284.5公斤，预计亩实产241.8公斤，最高亩产可达289公斤；万亩示范片平均亩产238.8公斤，预计亩实产203公斤。达到创建产量目标。

工业经济

电力供应

【概况】 安全生产连续累计 4416 天，售电量完成 34493.6697 万千瓦时，有损线损率完成 13.35%，销售收入完成 23208.3724 万元，电费回收率 100%。未发生干部员工违法违纪事件，未发生影响企业和职工队伍稳定事件。按照固原供电局“品牌带动、定点超越”总体工作思路，结合工作实际，开展了农电“三同”工作法、开城标准化供电所创建和客户大厅“原州亮电”三大品牌的建设，有力地促进了工作绩效提升，企业和谐健康发展。

【完善制度】 完善了《城区供电局城网生产值班(抢修)管理制度》、《城区供电局 2011 年城网运行方式和事故处理预案》、《城区供电局农电“三同”工作管理办法》、《城区供电局劳动考勤管理补充规定》和《城区供电局“查窃堵漏”专项活动实施方案》等 9 个基础性文件。规范了业务招待费和生产办公费审批和报销制度，增强了费用支出的计划性和可控性。对许多工作陋习进行了纠正，强化了劳动考勤管理，营造了积极向上的办公环境。

【城市配网和农网建设】 完成城市配网各类专项工程 25 项，完成计划费用 452.99 万元；完成农网改造升级工程 47 项和 13 个生态移民点的通电工程，完成计划费用 864 万元；完成 31801 户居民及一般工商业用户用电信息采集建设，完成 268 户专变用户用电信息采集建设，完成 693 户公网变用户用电信息采集建设，改造后台区实现了全部用户关联，平均采集成功率 80%以上，完成计划资金 8641595.84 元。

【营销服务】 行风政风评议第六次蝉联原州区第一名。在百人百天“查窃堵漏”专项行动中，群策群力，攻坚克难，超额完成了固原供电局线损指标任务。认真落实新“三个十条”和供电服务“十项新举措”大力开展“建功勋、创十佳”为民服务创先争优活动，取得了较好成绩，营业大厅被评为宁夏电力公司“建功勋、创十佳”为民服务创先争优活动“十佳城市供电营业厅”；石油小区被评为宁夏电力公司“建功勋、创十佳”为民服务创先争优活动“十佳标准化供电小区”；开城供电所被评为宁夏电力公司“建功勋、创十佳”为民服务创先争优活动“十佳农村标准化供电所”；肖丽同志被评为宁夏电力公司“建功勋、创十佳”为民服务创先争优活动“十佳优质服务标兵”；王兴礼同志被评为宁夏电力公司“建功勋、创十佳”为民服务创先争优活动“十佳优秀农电工”。实施多元化缴费，通过不懈努力，客户“十分钟”缴费圈框架在原州城区基本建成。流动售电车的投入运营，受到中老年客户地热烈欢迎，为我们的人性化服务增光添彩。深化“三指定”专项治理，有效防范了电力监管风险。圆满完成了中央和自治区领导来固视察、地方重要政治经济活动、节假日及高中考的保电任务。大力支持地方招商引资和重点工程建设。

【农电管理】 农电“三同”工作法初显成效，各供电所标准化管理已成常态，11 名农电工通过公开竞聘的方式走上了供电所领导岗位，52 人通过了农电工技能鉴定。大力开展供电所标准化、农网线路及台区标准化建设，排查治理县级供电企业突出矛盾和问题，顺利通过了班组标准化建设和星级供电所评定验收。开城供电所率先在固原局完成了“国网公司标准化示范供电所”创建。

工业园区建设

【概况】 2011年，园区管委会紧紧围绕“工业强区”战略和年初确定的各项目标任务，转变工作思路，创新工作方式，园区招商引资成效明显，投资环境不断改善，闲置资源有效利用，经济平稳较快发展。全年累计完成工业总产值5.1亿元，工业增加值2亿元，同比增长25%和42%，实现销售收入4.5亿元，同比增长26%；实现利税3500万元，同比增长17%。

【理论学习】 坚持把理论学习作为武装广大党员干部思想的关键环节来抓，认真落实中心组学习制度，坚持“二五”集中学习、重要内容专题学习和业余时间个人自学相结合，认真学习党的路线、方针、政策及上级党委和政府的决策部署。2011年，园区党总支中心组集中学习32次，举办园区干部职工专题辅导15次，讨论交流15次，每个干部职工个人自学笔记字数2万字以上。通过学习，党员干部的理想信念更加坚定，工作能力更加提高，真正把理论学习转化为推动园区快速发展的动力。

【完善机制】 一是狠抓自身建设，树立窗口意识。按照机关效能建设的要求，管委会从制度建设入手，进一步修改完善各项规章制度。制作了管委会政务公开、财务公开栏，设立了监督台，公布了监督电话，公开了办事流程。坚持工作绩效考评制度，用制度规范干部行为，干部职工工作主动性和服务意识有了明显的增强。二是认真落实“一站式”服务制度，帮企业排忧解难。继续完善管委会干部职工“联企帮企”工作制度，管委会10名干部职工与76家企业进行“帮联”，加强对重点企业的经济运行监测和协调服务。

【规范管理】 修改完善了《固原清水河工业园区管理办法》和《固原清水河工业园区管理制度》，从项目准入、规划、建设、土地利用等八个方面进行了规范，坚持用制度管事、管人。管委会定期不定期组织检查，对有背与管理制度的行为及时进行了纠正，特别是每逢重大节日和企业生产旺季都要组织对园区进行综合整治。全年共查处违章建筑6起，破坏设施事件5起，车辆违规行驶30起，拆除有碍观瞻的房屋127平方米，对312国道旁企业院内外存在的脏、乱、差现象进行了集中整治。安排专人对园区公共区域卫生进行清扫保洁，与企业签订了“门前三包”责任书、安全生产责任书，加大平常安全生产工作检查力度，督促企业建立健全了安全生产的各项规章制度，纠正了部分企业存在的安全隐患。对损坏的10盏路灯进行了维修。通过制度的建立和落实，营造了良好的投资创业环境，吸引了一批客商来园洽谈投资。

【招商模式】 根据国家产业政策和自治区节能减排政策要求，结合园区实际，在充分调研论证的基础上，建立了园区招商引资项目库，制定了园区招商引资方案，落实招商引资责任。共引进项目13个，计划投资2.7亿元，实际完成投资14900万元，实际投资率达到55.2%，完成全年招商1.5亿元任务的180%。其中：投资1000万元的建筑保温材料、钢结构生产项目，投资500万元的汽配销售及汽车修理项目，投资400万的粉煤灰生产项目，投资1000万的电子考场项目，投资4000万的科勤混凝土生产项目，投资500万的白酒加工项目，投资600万沥青拌合站项目等7个新上项目目前已完成全部投资，开始生产运营；投资500万的汽车改装及加气站项目，投资4000万的清真保健品加工技改项目，投资3000万的汽车4S店项目，投资6000万元的湖南三一重工集团有限公司重型机械及零部件再制造项目，投资500万元的精英驾校综合办公楼在建项目，投资5000万元的银雪混凝土项目正在进行基础建设，2012年可投入生产运营。在引进的13个项目中湖南三一重工集团有限公司重型机械及零部件再制造项目、固原正通汽车销售服务公司新建汽车4S店项目被区委、政府列入重点招商项目。

【提升知名度】 为了提升园区知名度，让更多的客商了解园区，投资2万元在园区沿银平公路设置了大型宣传广告牌2幅，安装灯箱广告160幅，制作园区宣传册2000本，宣传展板10块；利用“安全生产月”、“科技宣传周”等组织园区企业上街宣传；在各种报刊、网站发表园区招商引资、工作动态类宣传报道8篇;印发园区工作信息17期;接待各类考察、观摩、调研团队21批(次),进一步宣传园区,推介项目,使园区的知名度得到提升。

【基层组织建设】 园区党工委进一步加强对园区瑜丰公司党支部、进元驾校党支部、精英驾校党支部、雪洋粮油党支部、源通环保党支部、管委会机关党支部等6个支部组织领导。建立健全了党组织的各项制度,开展经常性的党课教育、警示教育、组织生活会,使党员队伍真正成为企业的骨干力量。园区6个党支部认真开展"思想大解放、树立新形象"学习大讨论活动,帮助企业积极破解发展难题,促进企业又好又快发展。广泛深入开展反腐倡廉和廉政文化进企业工作。及时发现项目申报审批等方面的不规范行为,及时防止了违规违纪问题的发生。申报成立了源通环保技术公司工会、雪洋粮油公司工会、进元驾校工会等11家企业工会组织。为了充实管委会职工之家,在区总工会的大力支持下,投资2万余元购买了书柜、图书以及娱乐器材,各工会组织结合各自实际,经常开展形式多样的文化娱乐活动和技能培训,凝聚人心,激发干部职工的工作热情,创造拴心留人的环境。

【"城乡联动双诺整推"和定点帮扶】 按照"五个一"的要求,为开城镇二十里铺村和张易镇南湾村分别制定了2011年工作规划,组织党员集中宣传党的支农惠农政策,为"双诺整推"联系村在园区企业安排了40个就业岗位,筹集3万余元为两个村铺设砂石路面村道3公里;为定点帮扶村部分困难群众发放1吨面粉,使群众倍感党和政府的温暖。

财政税务

财　政

【概况】 原州区财政局属原州区人民政府管理财政收支,实施财政监督,参与全区国民经济运行调控的职能部门,为市属二级财政。全局现有干部职工69人,其中:科级干部5名,副科级非领导职务1名,一般干部60人。下属1个副科级单位,即会计核算中心;局机关内设11个股室(中心),即办公室、预算(综合)股、行财股、农财股、社保股、经建(企业)股、监察股、信息中心、国库支付中心、农业综合开发办公室和政府采购中心。2011年,全区财政总收入完成20.52亿元,同比增长35.5%。其中:地方财政一般预算收入完成14967万元,同比增长51%。全区财政总支出19.15亿元,同比增长32.4%,其中一般预算支出188089万元,同比增长33%。

【收入征管】 定期召开财税联席会议,及时解决收入中遇到的困难和问题;向税务部门随时通报税源情况,努力做到应收尽收;开展各项税收专项检查,堵塞征管漏洞。全年一般预算收入完成14967万元,超收3467万元,同比增长51%,其中税收收入完成10475万元,同比增长42%。严格执行"收支两条线"政策,不断完善"票款分离、罚缴分离"收缴程序,对罚没收入和行政性收费采取"一站式"收费管理,切实做到应收尽收、应缴尽缴。非税收入完成4492万元,为年度预算的187%,同比增长102%。加强基金收入征管,增强财政发展后劲。全年基金收入完成14万元。

【惠民政策】 通过"一卡通"直接向3.6万农户兑付退耕还林、退牧还草、粮食直补、良种补贴等各类财政补贴资金8513万元,户均2365元,人均现金收入216元,使39.4万农民群众真真切切地享受到党和政府政策带来的实惠。积极落实家电下乡惠民政策,全年销售家电38379台(件),销售金额9211万元,财政补贴资金1393万元,分别是上年的1.6倍、2倍和2.4倍,补贴兑付率96%,较上年提高了16.4个百分点。销售摩托车2063万元,财政补贴225万元,分别是上年的1.5倍和1.3倍,扩大了消费,减轻了农民负担,体现了党和政府的关怀。

【争项目争资金】 全年共向上级申报各类支农、教育卫生、革命老区、基层政权和小城镇建设等投资性项目87个,申报资金总额8.48亿元,批复、到位资金3亿元。

【优化支出结构】 充分发挥财政分配职能,推动结构调整,保民生、促重点,将新增财力向困难群众倾斜、向农村倾斜、向基层倾斜、向社会事业倾斜,保障了各项事业发展的需求。筹措拨付资金19965万元保重点,其中:2200万元用于长城梁工业园区及清水河园区基础建设、新节能材料生产线征地基础设施建设,为招商引资项目落户原州区搭建平台;7300万元实施了三营镇镇区改造;397万元解决杨郎小城镇建设缺口问题;2300万元完善9个乡镇采暖、上下水及淋浴室建设,新建了开城镇、官厅镇、炭山乡和黄铎堡镇政府办公楼及附属设施;800万元新建9个乡镇民生服务中心,其中开城镇、张易镇等7个已建成投入使用;400

万元支持新农村建设;4800万元保障生态移民建设;1768万元用于各乡镇环境整治、农村公路建设、农民工应急周转金、征地拆迁补偿、高速公路两侧环境整治房屋拆迁补偿等项目建设,全面改善农村基础设施条件提供保障。筹措拨付20613万元保民生,确保了优抚对象、退职民警和21686户城乡低保人员按时领取了低保金和各种生活补贴,28万参保农民按规定享受到最基本的医疗保障,1146名失业人员按规定及时领到失业金,落实全区行政事业单位干部职工、离退休人员的基本医疗、大病医疗政策,解决了部分灾民因灾造成的生活困难等。筹措拨付39367万元促发展,其中:38567万元用于春节文化活动、山花旅游节、文物保护、文化体育器材和公益电影放映设备配备、体育场改造、须弥山旅游线路绿化、农耕博物馆布展等;16860万元用于保障义务教育阶段公用经费和学生教科书、教辅资料免费发放,7184名义务教育和普通高中家庭经济困难学生享受到生活费补助和助学金,城乡45734名住校学生享受营养早餐,配套解决校舍安全工程、四中新增建设用地、一幼和二幼续建、民族幼儿园迁建及设备购置和乡级幼儿园建设等所需资金。筹措拨付资金100万元用于科技富民强县和科技特派员创业及信息化建设;筹措拨付资金700万元用于卫生综合楼建设和"少生快富"及计划生育家庭奖励、计划生育免费基本技术服务、流动人口管理、村计生专干补助。

【服务"三农"】 借助项目支撑,促进农业增效农民增收。筹措资金1850万元实施了三营鸦儿沟、头营南源土地治理—中低产田改造项目,改造中低产田1.2万亩,再建了一个基础设施完善、配套齐全、全机械化作业的万亩马铃薯种薯繁育基地。巩固完善了中河1.2万亩喷灌节水示范基地建设,建设7500平方米马铃薯储藏窖三座,完成马铃薯三级种薯繁育体系小循环,实现种薯繁育程序化生产,争取中部设施农业建设资金920万元,新发展日光温室0.6万亩,使设施农业提质增效;申报中央现代农业资金和中部干旱南部山区养殖资金1862万元,实施饲草调制、优良基础母畜扩繁和黄牛冷配改良工程,新建15个肉牛养殖示范村、6个养殖园区,建设标准化棚圈1660栋、"三贮一化"池4.5万立方米,改良黄牛5240头。筹措资金307万元对红庄和驼巷两个行政村20平方公里的流域进行治理;申报冷凉蔬菜项目8万亩,重点支持了6镇1乡30个行政村无公害冷凉型露地蔬菜基地建设。

【财政改革】 将所有预算单位全部纳入部门预算管理,建立电子信息化预算编制基础信息库和项目库;启用了统一的部门预算软件,编制了较为规范的综合部门预算,编制面达到100%;会计集中核算单位达到82个,开展代征税款业务,代征税款390万元,挽回流失税收87.5万元;积极推行公务卡消费制度;国库集中支付实现网络封闭运行,全年通过国库集中支付财政资金8.5亿元;全年完成政府采购预算金额11241万元,合同成交额10199万元,节约资金1042万元,资金节约率达10%,创历史新高。

【国有资产管理】 严格执行《原州区行政事业单位国有资产管理办法》、《原州区行政事业单位国有资产核实办法》、《关于进一步规范全区行政事业单位国有资产处置程序的通知》。对全区出租出借国有固定资产实行统一收缴管理,重新签订了出租合同,收缴上缴国库租金90万元;对全区163个预算单位8.1亿元国有固定资产进行全面核实。同时,对全区党政机关和行政事业单位的公务用车进行专项治理,调处车辆43辆,解决遗留问题39起。

【财政监督管理】 对全区524名具有会计从业资格人员开展了继续教育培训和从业资格考试登记报名工作,重新建立健全会计人员信息档案、会计资格考试档案、会计日常管理档案,进一步规范了会计基础工作。组成5个检查组,先后对基层政权建设、"小金库"、家电下乡、征地拆迁和财政专户等专项资金进行了检查,收缴骗补资金11万元,核减征地拆迁费61万元。规范了财政财务收支行为,确保了财政资金安全、高效运行。

【连心工程】 实施"连心工程"。筹措资金120万元,帮助彭堡镇姚磨村建1000亩西芹基地1个,修建并绿化1.8公里生产路,解决党员活动室取暖和活动场所绿化;帮助里沟村整修沙石化道路4公里,解决群众出行难问题,解决价值1.7万元群众文化娱乐设备

(包括戏剧服装、乐器、音响),丰富群众文化生活;帮助三营镇黄铎堡村配套党员活动室桌椅20套;组织慰问三个结对村困难党员15名。向结对困难党员送去价值2000元的慰问品57份和价值11400元的优质化肥114袋5700公斤,义务劳动58个工作日,帮助群众解决生活中困难12件,帮助贷款8.2万元,捐助资金3600元。

【信息宣传】 撰写财政调研报告110篇,编发《财政信息》13期75条、《财政简报》34期、《财政专题简报》150期。向自治区财政厅、区委办和政府办上报信息160多条。被《宁夏财政信息》、《宁夏日报》、《固原日报》、《新原州报》和各类专题简报等刊物登载60篇,扩大了财政影响,树立了财政形象,优化了理财环境。

【荣誉】 2011年3月,被自治区财政厅评为“全区财政系统干部教育培训工作先进单位”;2011年6月,被中国科协、财政部评为“2011年全国科普惠农兴村先进单位(农村科普示范基地)”;2011年7月,被自治区财政厅评为”全区财政系统干部教育培训工作先进单位”;2011年12月,被固原市财政局评为“2011年度县区财政目标考核先进集体(一等奖)”。

(沈志明)

税 务

【概况】 原州区国税局承担着辖区国、地税征收管理和社保费征收工作,负责残疾人就业保障金等6项行政性收费代征工作。内设10个职能科室,下设2个基层分局、1个直属单位和1个事业单位,在职干部职工123人。承担着9228户(其中企业1351户,个体工商户7877户)纳税人的税收征管工作,辖区的重点税源主要分布在房地产、建筑、金融、电信、电力、烟草以及餐饮等行业。

【税收收入】 2011年,累计入库各项收入68481.9万元,同比增长24%,增收13197.6万元。其中税收收入入库41825.7万元,完成年度计划的140.35%,同比增长56.41%,增收15083.8万元,税收增收规模首次突破亿元。税收收入中:中央级收入入库8683.9万元,同比增长40.95%,增收2523万元;自治区级入库4197.79万元,同比增长52.16%,增收1438.99万元;市级收入入库18468.2万元,同比增长74.61%,增收7891.2万元;县(区)级收入首次跨入南部山区税收收入亿元县(区)行列,入库10475.82万元,同比增长44.59%,增收3230.62万元,完成年度计划的115.12%。组织征收社保基金26656.2万元。

【依法治税】 严格执行税收政策,大力开展税收执法检查,对29类过错指标,67人(次)过错责任人进行了责任追究和经济惩戒;开展代开普通发票专项检查和增值税一般纳税人认定、税收减免等执法专项督查,抽查代开发票747份,审批纳税人减免税事项203户(次);开展疑点信息数据核查,对1231条疑点信息数据和发票验旧疑点信息进行逐一核对检查,查补税款及收滞纳金6.5万元;开展打击发票违法犯罪活动,对违法使用发票的16户业主进行查处,入库罚款0.48万元;对26户企业进行了专项检查,查补入库税款及罚款、滞纳金183万元。

【优惠政策】 贯彻落实一系列税收优惠政策,2011年为116户享受税收优惠的企业减免增值税2176万元,营业税1010万元,企业所得税3190万元,房产税、城镇土地使用税及其他各税306.3万元;对达不到起征点的个体户及下岗再就业人员共4611户给予税收优惠337.7万元;全年累计兑现各类政策性减免7019.6万元,有力地支持了企业和地方经济发展。

【税收宣传】 开展了第二十个以“税收、发展、民生”为主题的税收宣传月活动。积极实施“六五”普法规划。采用印制宣传资料、悬挂横幅、编发12366短信、进清真寺讲税法、制作动漫宣传片等多种宣传方式,普及法制宣传,提高纳税意识。“五五”普法工作被评为自治区级法制宣传教育先进集体,“与税同行”动漫税收宣传项目被自治区国税局评为优秀宣传项目。

【征收管理】 按照以户籍管理为基础,以纳税评估为抓手,积极开展基础税源摸底调查和双定户典型调查,管细重点户、管好基本户、管住流动户。登记率、滞纳金加收率、处罚率、入库率均达到100%,申报率达到99%以上,全年未发生新欠税款。坚持“以票控税、网络比对、税源监控、综合管理”十六字方针,加强增值税防伪税控系统和专用发票及其他抵扣凭证的管理，将 130 户一般纳税人纳入增值税防伪税控管理系统；对 830 户企业的年度企业所得税进行了汇算清缴，汇算面达 100%，入库企业所得税 1718.3 万元，增长 60.3%；对辖区内电力等 11 个重点行业中，年收入在 12 万元以上的个人所得税纳税人进行调查和信息采集，个人所得税入库 3665.8 万元，同比增长 34.6%。加强与社保、工会、残疾人联合会的联系协作，逐步推行税费同征同管，2010 年征收社保费 26656.2 万元、工会经费 378.62 万元、残疾人保障金 38.9 万元，为改善民生提供了有力的保障。

【纳税服务】 明确人员岗位职责，实行目标绩效管理考核；开展“优质服务标兵”评选活动；建立纳税服务志愿队；积极落实纳税辅导员和导税员制度；开通了绿色税收通道；开展网上办税，提供个性化服务；开展纳税人纳税信用等级评定工作，评定 A 级纳税人 4 户，B 级纳税人 1116 户；实现了执法与服务的有机结合，纳税服务效能进一步提升。

【队伍建设】 落实民主集中制，执行集体议事规则；落实党组中心组学习制度；加强税务文化建设，承办了“月明中秋”诗歌朗诵会，参加了“颂歌献给党”红歌大赛，取得了固原市和原州区两个第一的好成绩；开展以“法治分局、效能分局、和谐分局、活力分局、廉洁分局”为主要内容的优秀税务分局创建活动，全年共有 11 个集体或项目，9 名个人获得自治区和固原市国税及党政机关的表彰奖励；关心群众生活，了解群众疾苦，共走访慰问离退休老干部、生病住院干部及家属 54 人(次)，送去各种慰问金、补助金 31000 元；认真落实“三会一课”制度及“五个一”要求，使党建工作有声有色，一个支部被上级评为“五个好”党支部，4 人评为市级优秀党员，1 人评为优秀党务工作者。以落实党风廉政建设制度，提高廉洁从税意识为抓手，将党风廉政建设目标责任和政风行风建设落实到每个岗位和每一个人，形成“一把手”负总责、一级抓一级、一级对一级负责的层级负责工作机制。

【保障服务】 进一步落实县(区)局机关工作规范，加大督查督办工作力度，从落实上级局工作部署、党组决策事项着手，狠抓机关各项工作制度的落实。以“保中心、保吃饭、保运转”为目标，大力压缩行政经费支出，发挥财务工作的保障机制，加大对基层办公设备的更新力度，美化绿化基层分局环境，按期将三营税务分局搬入新办公场所。落实综合治理、保密保卫及车辆安全等各项政事务的规范管理，促进了和谐税务机关建设。

(郭文臣)

金融保险

固原银监分局

【概况】 2011年,固原银监分局全面贯彻落实宁夏银监局各项工作会议精神,深入贯彻落实科学发展观,坚持改革创新、坚守风险底线,以有保有控调结构为主攻方向,以严格落实贷款新规为主要抓手,以清理、防范政府融资平台贷款为重点,更加注重形势研判增强前瞻性,更加注重风险管理增强主动性,更加注重科学监管增强针对性,着力提升监管方式的有效性,着力引导银行业把握和科学使用新方法,确保了银行业的安全稳健运行,推动了地方经济的又好又快发展。

【辖区银行业运行情况】 截至2011年10月末,固原银监分局辖区共有银行业金融机构142个,从业人员1776人。各项存款余额150.52亿元,比年初增加16.68亿元,增长12.46%;各项贷款余额104.93亿元,比年初增加21.28亿元,增长25.44%。不良贷款余额和占比分别为2.12亿元和2.02%,绝对额较年初增加3031.65万元,不良率为2.02%,较年初减少0.15个百分点,较去年同期减少0.68个百分点。实现账面利润3.65亿元,同比增加0.98亿元,同比增长36.7%。总体呈现存贷款增长较快、不良贷款上升、无案件发生的特点。

【合理掌控信贷投放】 一是在控制好风险的前提下,引导银行业金融机构大力加强对小企业、个体工商户、农户的金融服务。二是按照“绿色信贷”的原则,引导银行业金融机构积极支持发展低碳经济,加大对符合国家节能减排和环保要求的企业和项目的支持力度。三是引导银行业金融机构在符合贷款条件的情况下,继续支持居民自住型住房消费,支持保障性住房建设。四是要求各机构全面落实宏观调控政策,合理安排信贷投放规模,增强信贷支持经济发展的均衡性和可持续性,确保信贷投放平稳增长。

【防范重点领域风险】 一是加强房地产贷款风险防控。分局继续把房地产信贷业务作为现场检查重点,督导各银行业金融机构加强个人按揭贷款业务“三查”,严格落实二套房首付比例,与借款人“面谈、面签”和“抵押在先、放款在后”制度,促进固原市房地产市场健康运行。二是加强流动性风险管理。督促各银行业机构加强资产负债管理,加强现金流预测和限额管理;重点指导农村中小金融机构开展了流动性压力测试,加强流动性风险评估预警和日常监测分析,有效防控流动性风险。截至10月末,全辖农村中小金融机构流动性比例达到45.08%,同比上升19.04个百分点。三是努力做好集中度风险防控。高度重视贷款集中度风险的管理与控制,在摸清底数的基础上,严格控制单一客户贷款集中度、单一集团客户授信集中度和全部关联度的最低监管要求;加强风险提示和窗口指导,完善监管手段,切实防范、化解集中度风险;重点督促辖内农村中小金融机构全面压缩超集中度比例授信,对贷款集中度已超出或接近监管最低指标要求的机构，采取约见谈话、下发监管通报、限期整改、将整改落实情况与市场准入挂钩等措施，有效控制贷款集中度风险。四是积极做好案防和安保工作。认真贯彻落实银监会、宁夏银监局案件防控工作要求，通过突查、抽查，及时发现、纠正、处理各种违法违规行为，保持案防工作的高压态势。针对“中阿经贸论坛”期间和国庆节前安全保卫工作的总体要求，深入辖内各银行业金融机构，就案件防控、安全保卫、枪弹管理、守库值班、护送押运、电子监控、自助设备运行管理等方面进行再次实地检查与督导，及时发现并整改人防、物防和技防建设中存在的漏洞与安全隐患，提高银行员工的安全防范和整体安全防范能力，筑实银行业安全保卫防线。继续保持了全年“零发案”。

【金融服务功能建设】 一是贯彻落实中小企业贷款“六项机制”，引导银行业金融机构给予中小企业信贷支持。引导银行业金融机构转变经营理念，支持小企业发展，涉及农林牧渔业、餐饮业、商贸流通等诸多行业，推动了地方龙头企业发展、县域城镇建设、城市的路网改造及污水处理、水源地涵养林、城市周围生态林工程、农村路网改造及农田基本建设等。9月末，固原市银行业金融机构小企业贷款余额11.88亿元，比年初增加1.78亿元，增长17.62%，增量高于去年同期增量0.14亿元。二是进一步加强“三农”金融服务。积极配合地方政府及有关部门引导和推进银行业机构在农村创新金融服务形式，延伸金融服务触角，扩大金融辐射半径，搭建新型农村金融服务体系，营造良好的农村金融环境。持续推进农村金融产品和服务创新。大力推广农户小额信用贷款、联保贷款和青年创业贷款。引导银行业金融机构在可持续前提下，加大涉农信贷投放力度，鼓励农村中小农村金融机构加大对粮食、农副产品生产、农业产业化龙头企业等涉农贷款和地方重点项目、优质企业的信贷支持。截至9月末，固原市银行业金融机构涉农贷款余额56.9亿元，比年初增加10.73亿元，增长23.24%，增速高于辖内全部贷款平均增速4.85个百分点。其中农村信用社涉农贷款余额38.04亿元，占全辖涉农贷款的66.86%，比年初增加5.77亿元，增长17.88%。

【监管能力建设】 一是做深做实统计信息和非现场监管。发挥非现场监管功能，强化监管措施执行力。加强对银行业金融机构信贷投放和监管指标的分析，动态监测、调控信贷投放速度和节奏。今年针对新规贯彻、新增平台贷款风险问题等共约见银行业金融机构高管人员谈话4次，帮助其分析原因，采取措施，防化风险，确保货币信贷调控政策和监管要求得到贯彻落实。进一步夯实监管统计工作基础，提高统计数据质量。加强与被监管机构的交流互动，加大对被监机构统计人员的培训力度，增强其责任心，全面提高统计信息的质量。二是加强行政许可审批事项，提高市场准入监管效率和质量。截至2011年10月末，共受理审批机构准入、变更营业场所申请8项，受理、审核高管人员任职资格申请22人；组织高管任职资格考试24人次，通过采取任前谈话与任前考试、专业知识与监管知识相结合的方式对高管人员任职资格进行全方位、多维度审核，严把准入关口。三是进一步提高现场检查质效。按照宁夏银监局2011年现场检查计划及分局现场检查计划，突出分类监管、差别监管，提高现场检查的针对性和有效性。截至10月末，共开展了现场检查项目14个，向被检查单位提出整改意见和建议46条，确保了现场检查的连续性、针对性和有效性。

中国人民银行固原市中心支行

【概况】 2011年，固原市各金融机构认真贯彻执行稳健的货币政策，保持固原市社会融资规模合理增长，综合运用各种货币政策工具，加快推进信贷机构调整优化，不断放宽信贷投放，全力支持和保障地方经济的快速发展。全年辖区经济增长较快，金融运行稳健良好，信贷增长适度，与实体经济需求契合度提高，机构不断优化，年初确定的宏观预期目标基本实现。截至2011年末，固原市全金融机构人民币各项存款余额1820876万元，比年初增加335177万元，增长22.56%；各项贷款余额1059606万元，比年初增加223092万元，增长26.67%；外汇存款余额135万美元，比年初增加92万美元。

【支持地方经济发展】 先后制定并经市政府印发《固原市金融支持“三农”发展的指导意见》、《固原市农村信贷担保体系建设的指导意见》等，引导辖区各行（社）在保持信贷增长连续性和稳定性的同时，更加注重协调均衡发展，更加注重信贷结构调整优化，更加注重支持“三农”、重点项目、小企业和县域经济发展，更加注重维护金融稳定运行。人民银行固原市中心支行连续第三年被固原市委、政府表彰为“金融系统支持地方经济发展先进单位”。

【货币政策工具】 将固原市11家小额贷款公司均纳入利率监测范围。积极探索建立固原市民生金融发展协调机制，大力开展小额担保贷款、助学贷款、民贸民品利率优惠贷款等民生金融服务，促进实现包容性增长。实施新增存款一定比例用于当地贷款的考核，推动金融机构加大了对县域经济的支持力度。充分发挥货币政策工具的效用，用好用活用足支农再贷款，提高了支农再贷款使用效率，有效缓解了农民贷款难问题。2011年末，固原市支农再贷款余额14.53亿元，同比增长42.17%，累计发放支农再贷款52.16亿元，同比增长104.3%。

【中小企业金融服务年】 积极组织开展“中小企业金融服务年”活动，建立了企业信息重点项目推介库，通过召开政银企合作座谈会、银企合作推进会、项目推介会等多种形式，努力搭建银政企交流合作平台，满足了固原市中小企业发展的合理信贷需求。2011年末，固原市中小微企业贷款余额29亿元，比上年同期增加了8.03亿元，增长了42.67%。

【金融生态环境建设】 深入推进金融生态环境建设，科学指导和推进固原市金融生态环境建设的检查、考核和评比工作，初步形成了政府主导、人民银行推动、金融机构和社会各界共同参与的金融生态环境建设长效机制。认真执行《固原市县（区）信用农户、信用村、信用乡（镇）评定暂行办法》，加快完善农户电子信用档案信息系统和信用评价体系，努力改善固原市农村信用环境。截至2011年12月末，全辖共考评信用乡镇21个、信用村281个、信用农户29526户，已形成了“县—乡—镇—村”四位一体的农村信用工程建设体系。

【营造风清气正金融服务环境】 及时制定《人行固原市中心支行关于进一步营造灵活便捷服务发展的金融环境活动实施方案》，全面启动融消费者权益保护工作，强化质量效率观念、综合服务观念和便民惠民观念，引导各金融机构进一步强化服务意识，创新服务手段，规范服务行为，提高工作效率，努力为固原市经济社会发展提供良好的金融服务环境。积极开展农村支付环境建设试点，重点加强金融机构空白乡镇的金融服务工作，加大设立“三农”金融服务点，安装布放金融机具和电子自助产品，提高借记卡、贷记卡、惠农卡等支付工具在农村地区的使用面和履盖面，最大限度地满足农村居民和商户的金融服务需求。截止2011年末，固原市已累计建立特约商户110户，布放ATM机80台，POS机113台，电话POS122台，发放借记卡400464张，贷记卡11535张，惠农卡45000张。科学调度发行基金，确保市场现金供应。积极推广存取款预约登记管理系统，采取“以投促回、新促旧退”、向无库县优先投放已清分券和原封券等手段，切实提高了辖区流通中人民币的整洁度。通过小额支付系统成功将59.28万元家电下乡补贴资金直接拨付至收款人账户，有效缩短了资金在途时间，实现了涉农补贴资金从国库到补贴对象之间的点对点支付。

【内部管理】 认真落实党风廉政建设责任制，明确了班子成员党风廉政建设责任分工，构建起了一把手亲自抓、党委成员分头抓、部门和支行负责人具体抓的党风廉政建设责任制落实体系。并不断加大责任追究力度，把党风廉政建设责任制作为考核领导班子和领导干部政绩的主要依据，列入年度班子和干部考核之中。进一步完善文明单位创建工作考评机制，加大文明单位创建力度，为更好地履行职责提供持久、强大的动力。2011年，人民银行固原市中心支行被中央文明委表彰为全国文明单位。严格落实综合治理、安全管理与安全生产责任制，坚持“属地管理”原则，自觉接受当地综治组织指导、协调和管理，认真做好社会治安综合治理工作，实现了安全保卫无案件、无事故。

人民银行固原市中心支行被原州区综治委表彰为“平安单位”和“综合治理先进集体”。认真做好法律事务工作，增强干部职工法制意识，提高依法行政能力。人民银行固原市中心支行被评为自治区“五五”普法先进集体。 （张明春）

中国农业银行固原支行

【概况】 固原农行辖属9个网点，其中城市网点8个，乡镇网点1个，内设综合管理部、运营财会部、客户部、资产处置经营部4个部门，在岗员工147人。2011年固原农行以“扩量提质、固本强基”为指导思想，以战略目标引领业务发展，努力提高核心竞争力，不断加快经营结构调整步伐，夯实管理基础，各项业务保持良好发展态势。截至12月末，各项存款余额16.14亿元，较年初增加1.67亿元，全年投放贷款4.8亿元，各项贷款余额6.41亿元，较年初增加1.16亿元，实现拨备前利润3578万元，同比增盈1249万元。安全生产实现了全年无事故、无案件的目标。

【支持地方经济】 投放项目建设及住房消费贷款2.6亿元，支持宁南区域中心城市建设。推出“中小企业简式快速贷款”金融产品，与宁夏担保集团、宁夏农业投资综合公司等大型担保机构签订担保业务合作协议，有效缓解了部分中小企业贷款无抵押担保的窘困局面，为小微企业及个体工商户发放贷款为4800万元，较上年同期多投放1100万元。

【服务“三农”】 全年累计发放三农贷款1.9亿元，增幅36.3%，累计向1.9万户农户发放“惠农卡”，授信总额达到2.9亿元，辐射原州区农户总户数的30%。并在乡镇布防ATM机、转账电话等，方便农户农副产品交易结算需求。

【文化建设】 以建党90周年和农行成立60周年为契机，开展“学规定、强素质、作表率”活动，教育引导全行干部员工养成良好的思想作风、工作作风和生活作风。持续深入开展创先争优活动，扎实推进企业文化核心理念深植工作，不断提升全行金融服务能力和服务质量。

中国建设银行固原支行

【概况】 2011年，固原建行紧跟国家经济金融大政方针，顺应发展形势，及时调整工作思路，以“规范而稳健的发展、严密而精细的管理”为宗旨，以抓管理、打基础，调结构为重点，经全行上下的共同努力，确保了各项业务平稳健康发展。2011年末个人存款新增7884.11万元，日均新增3434万元，余额达138963.34万元。实现税前利润9605.88万元，较上年多增925.63万元，增长率达到11%。全年中高端客户新增3113户，其中对公高端客户新增155户，对公客户总数系统内列全区第二位，个人AUM万元以上客户新增2958户。

【内部管理】 在“三零一无”管理目标的稳步推进下，在全行上下的高度重视下，内部管理水平得到了进一步提升，经营更为规范。一是业务差错率明显下降，较去年下降了万分之0.21，多个网点实现了全年七个月以上无差错的良好成绩；二是服务质量得到了稳步提升，在全区各类服务质量检查考核中，连续两年处于全区中上水平；三是安全生产意识明显增强，全年未发生任何安全责任事故。

【文化立行】 按照培养“友善、谦虚、宽容、尊重”的文化氛围要求，一是千方百计保证员工的利益和收入；二是将关爱员工落到实处，强调和要求各级干部一定要善待员工，爱护员工，多关心他们的困难，解决他们的问题，让员工要有幸福感和归属感；三是更加重视员工的思想政治工作，先后组织召开了两次支部书记会议，通过人员交流和调整，进一步加强了支部的力量，提高了各支部的战斗能力和解决问题的能力。

宁夏银行固原支行

【存款】 截至11月底各项存款余额50700万元，较年初增加17000万元，完成总行下达任务的85%,其中：储蓄存款余额22700万元，较年初增加5900万元，对公存款余额23500万元，较年初增加8900万元，保证金存款1400万元，较年初减少600万元。

【贷款】 截至11月底各项贷款余额26800万元，较年初增6100万元，增幅22.7%，其中：公司类贷款余额12425万元，较年初增加1591万元，增幅14.6%；个人贷款余额14399万元，较年初增加4593万元，增幅46.8%。

【不良贷款及收息】 截至11月底正常类贷款24500万元，占91.4%，不良贷款2300万元（政府融资平台贷款）占8.6%，收息率达到100%。

【收入及利润】 截止11月底完成各项收入1885万元，实现利润510万元，完成总行利润指标的107%。

【中间业务】截至11月底共发放借记卡2750张，完成总行任务的130%；贷记卡316张，完成总行任务的105.3%，POS机81台，实现收入9万元。

【安全保卫】 进一步健全和完善内控机制，安全运行情况良好，全年无事故、案件发生。

固原市农村信用合作联社

【概况】 2011年，固原市联社在黄河农村商业银行的正确领导下，在人民银行和银监部门的悉心指导和帮助下，坚持以“互促双赢、提高水平”战略思想谋发展，以心系“三农”为己任，以突出“组织存款、信贷支农、清非攻坚、经营效益、内部管理”为重点，坚持常规性工作经常抓，阶段性工作集中抓，具体工作专人抓，紧迫工作分头抓，难点工作突击抓，重点工作齐心抓，经过一年的努力，各项经营指标取得了新提高，资产实力明显增强，支农效果显著提升。

【经营指标】 各项业务稳健发展。存款持续较快增长，余额达到23.04亿元，较年初净增5.8亿元，增长33.83%。存款增量和存量均居全辖金融机构之首；贷款规模稳步增长，余额达到20.76亿元，较年初净增5.1亿元，增长了32.81%，其中：涉农贷款余额17.75亿元，较年初增加3.35亿元，涉农贷款占各项贷款余额的85%。经营效益逐步提升。2011年度实现总收入2.9亿元，同比增加9689万元，其中贷款利息收入2.07亿元，同比增加3578万元；各项支出1.85亿元，实现利润总额1.12亿元，同比增盈1688万元。不良贷款持续“双降”。2011年末，不良贷款余额4501万元，比年初下降887万元，降幅12.89%，不良贷款比例为2.17%，比年初下降1.28个百分点。资本实力进一步提高。2011年末，按银监部门非现场监管考核口径计算，资本充足率为14.5%，核心资本充足率为14.5%，分别比年初增加1.43个百分点。抗风险能力稳步提高。2011年末，贷款损失准备金余额9232万元，拨备覆盖率达205%，存贷比（剔除支农再贷款）66.65%。中间业务和新兴业务有效拓展。2011年实现中间业务实现收入179万元，同比增长34万元，增幅23.45%，完成年度计划的119%。

【“三农”信贷投放】 2011年围绕农村经济发展思路，不断加大信贷投放，力争新增涉农贷款增幅高于贷款平均增幅。信贷投向注重向“三农”、中小企业和当地政府重点项目倾斜，全年累计投放贷款30.99亿元。做到“四个有效对接”，即：与全辖实施的“农民增收工程”有效对接；与“信用村、新用户”建设有效对接；与农村个体经营户、农村专业合作互助社有效对接；与涉农龙头企业、中小私营企业发展有效对接。确保实现全辖农民增收目标。

【信用工程建设】 全面开展信用调查，建立完善信用档案。积极争取各级政府的参与支持，扎实开展信用户、信用村、信用乡镇和诚信企业评定活动。

【农村信贷服务】 一是继续做优做强农户小额信用贷款业务，抓好扩面增量工作。乡镇网点普遍设立农户小额贷款专柜，建立小额农贷“绿色通道”，方便农民信贷需求。二是发挥“富农卡“功能齐全、方便快捷的优势，在信用等级评定基础上，将其与小额农贷结合推广，不断优化小额农贷服务环境，努力将小额农贷打造成一大优势品牌。

【支持中小企业发展】 全年共投放2.48亿元，重点支持48户中小企业发展。围绕农业产业化，进一步加大对涉农龙头企业的支持力度。积极推广“龙头企业+基地农户+农信社”的主体支农模式，营造“大龙头、大基地、大市场”的产业化经营格局，通过龙头企业带动产供销，促进农民增收和农业产业化发展。同时，充分发挥机制灵活的优势，不断完善对中小企业的信贷服务，在符合国家产业结构调整政策、落实抵押贷款手续、确保资金安全前提下，尽力满足中小企业贷款需求。

【全民创业】 一是通过优惠利率等扶持政策进一步推进下岗失业人员小额担保贷款，为全民创业提供有力的资金保障，鼓励和支持下岗失业人员二次创业，2011年累计发放全民创业贷款8760万元，支持创业人数1600多人，确保贷款发挥助农、促农、富农实效。全年共发放妇女创业贷款107笔，累计金额120万元；发放下岗失业贷款2071笔，金额14022万元。较好地满足了客户融资需求。二是根据区、市政府移民搬迁政策和生态移民工程统一部署，积极探索相适应的信贷品种，建立健全长效信贷服务机制，确保生态移民工程得到有力的信贷支持。全年共投入生态移民贷款265户658万元，确保移民“搬得出，稳得住”。

【存款业务】 按照“扩总量、调结构、求效益”的工作思路，全力抓好存款组织工作。一是深入开展“增公存、促发展”营销竞赛活动。发挥便捷的业务网络和网点优势，利用“一卡通”的强大功能，积极拓宽代理财政、涉农、教育、医保等资金渠道；抓住当前项目建设和招商引资集中的机遇，从班子成员抓起，主动争取征地、拆迁补偿款及相关配套建设资金在信用社开户结算。二是扎实做好服务工作，使信用社成为客户资金融通主渠道，拉动存款增长。三是大力拓展卡业务。全方位宣传“富农卡”、电话自助终端及网上银行等电子产品，着力提高卡均余额和卡业务交易量。四是全方位提升服务水平。开展“文明优质服务月”活动，强力推进网点服务规范，全面增强网点吸储功能。五是完善存款考核办法，强化增量激励考核，努力提高点均、人均业务量，促进社际之间存款均衡发展。

【信贷资金营销】 继续贯彻国家货币政策，全面实施资金营销战略。一是根据贷款发放、管理、收回及创利情况实施考核奖惩，建立权责对等的营销激励约束机制。二是加强信贷资金营运管理，克服因季节性因素带来的资金闲置，变以往的“鼓肚子”发展为“滚动式”发展，努力做到贷款常放常收。三是拓宽资金运用渠道，借助黄河银行资金营运平台，加强富余资金的集中营运，优化资产多元化配置，提高资产收益率。四是实施差别利率管理，将贷款利率作为吸引优质客户、降低资产风险的有效手段，对一些诚信企业、黄金客户依据抵押担保、信用状况、还款能力等因素灵活定价贷款利率。

【拓展中间业务】 在发展主营业务的同时，积极拓宽收入来源。一是继续扩大代理保险业务规模，做好财政涉农补贴资金的代理发放，巩固和发展现有中间业务。二是加快业务创新，培植新的收入增长点。积极发展特约商户，增加POS机、电话自助终端布设；按照布局科学、促进业务的原则，在城区繁华街道增设ATM机；上下联动，全方位运作，积极加强与电信、电力、烟草等有关部门的沟通联系，努力在开展同业合作上谋求突破，拉动存款和中间业务收入同步增长。

【不良贷款清收】 对不良贷款的管理考核按照“锁定基数、双线考核、反弹追责、注重实效”的原则，将存量不良贷款余额锁定，作为考核基数，分别下达净降计划。把不良贷款任务完成和真实性作为经营目标责任制考核、社主任年度履职考核的重要内容。在此基础上，对不良贷款持续反弹的社，严格追究主任的管理及赔偿责任。深入开展不良贷款清收攻坚活动。一是制定不良贷款攻坚活动实施方案。建立组织机构，提出攻坚目标，落实任务，加大考核，调动一切力量力促不良贷款“双降”。二是加大攻坚力度，实现重点突破。始终把清收不良贷款作为经营工作的重中之重，作为“一把手工程”来抓。基层社主任负责本单位清降进度，按月通报清收进度。对工作推动不力、清降进度缓慢的社主任进行诫勉谈话。三是强化不良贷款问责清收。借助公、检、法，把清理党政机关及工作人员拖欠和担保的贷款作为“清降”突破口，努力推动不良贷款清收工作取得实质性进展。四是拓宽清收思路，创新清收方式。全年累计共收回不良贷款3526万元。

【信贷管理】 一是认真贯彻国家的宏观调控政策，明确细分重点支持、一般支持、谨慎支持和限制淘汰行业，加强信贷投向管理。二是以强化履职追责为重点，明确贷款责任人责任，彻底杜绝贷前调查弄虚作假、贷时审查流于形式、贷后检查敷衍了事、贷款责任划分不清、担保抵押手续不全、信贷资料缺失、台账建立不完善、逆程序操作等违规问题。三是继续执行“先评级、再授信、后用信”规定，加强客户信用风险管理，落实贷款抵押手续，严格大额贷款的审查发放。四是严格执行贷款合同面签制度，并纳入信贷档案管理，防止冒名贷款发生。

【自身建设】 坚持以“抓合规、控风险、促发展”为主线，全面推进合规文化建设活动。努力打造“人人合规”、“事事合规”的良好合规文化，确保各项业务持续稳健发展。一是扎实开展了教育培训，组织员工认真学习《金融机构案件风险防控实务》等办法、文件，引导全体干部员工狠抓理论学习，苦练业务技能，争做岗位能手和业务标兵，进一步提高全员合规操作意识和合规操作水平，杜绝违规违章行为和风险隐患，把合规文化的精髓渗透进规范化服务工作。二是畅通了违规行为举报渠道，设立违规行为举报电话，有效发挥监督机制作用，杜绝违规行为。三是按照精细化管理要求，针对信贷、财会、资金管理等重点业务领域，组织开展信贷业务“回头看”、风险检查等活动，从大处着眼、小处着手，切实加强各项合规风险管理工作，提升合规风险管理活动水平。

中国工商银行固原支行

【概况】 2011年，固原支行认真贯彻落实分行发展战略和决策部署，牢固树立科学的银行发展观，调整结构，改进服务，活化管理，努力克服负债业务大幅波动带来的不利影响，有效契合固原区域经济发展脉络，紧紧把握住“危”中之“机”，稳中求进，同时注重统筹兼顾、协调推进，不断强化风险管理和内部控制，促进了各项业务的健康可持续发展。经营利润多年来首次实现千万元大关，盈利能力持续增强。

【经营指标】 经营效益和经营规模稳步提升。截至12月末，实现净利润1519万元，同比增加764万元。实现中间业务收入343万元，同比增加38万元。10年来的公司信贷业务缺项首获消弭，新营销公司客户6户，其中已办理网贷通1户，发放贷款300万元，并通过小企业融资推介会的开展，社会影响显著提升。年末信贷资产余额55162.25万元，其中公司贷款余额41300万元，个人贷款余额13862.25万元。不良贷款余额和不良率为70万元、0.12%，分别较年初下降30万元和0.06个百分点，实现双降。负债业务竞争基础逐步夯实。12月末，两项存款余额71104万元，较年初增加11726万元，其中：储蓄存款余额34421万元，较年初增加1815万元；对公存款余额36683万元，较年初增加9911万元。全年累计发放个人贷款2924万元，较年初净增501万元，10月份新开办个人经营贷款、个人小额贷款业务，并实现个人经营贷款零突破，发放贷款440万元，累计销售各类理财产品4883万元，累计办理借记卡10712张，累计办理信用卡1617张。

【风险控制】 结合“创建平安品牌支行”、“内控筑造平台、合规创造价值”和“守规矩、治风险、防案件”等活动的深入推进，对照9个案防风险点，着力开展了对关键岗位、重点环节、操作流程的自查自纠，抓规范、消隐患，风险管理的过程控制得到进一步强化。尤其是内控评价指标同比大幅度改善。实现了无服务投诉事件、无安全事故、无案件“三无”目标。

【服务工作】 随着新的物理网点的设立，以及自助银行布局选点的预期宣传，社会影响广泛，工商银行的品牌形象在固原正焕发新的生机；同时，电子银行、银行卡等渠道的强力推行，服务能力正逐步增强。另外，分层次服务和分类营销机制的逐步推进，以及员工队伍的整合、充实、强化，服务效率稳步提升，社会美誉度有所提高。

【文化建设】 助推各项业务快速发展。围绕《中国工商银行企业文化手册》，采取部门组织学习、班前班后学习、工会组织考试等方式，要求全体员工重点掌握“工于至诚、行以致远”的企业文化核心价值理念，做到人人皆知、人人皆懂。因地制宜开展员工喜闻乐见、健康向上的群众性文艺活动，组织青海湖拓展训练、登山、投篮、象棋、跳棋、扑克、谜语等比赛及“青年志愿者服务日”等活动，展示员工才艺，陶冶员工情操，培育和谐理念，增强凝聚力和向心力，提升固原支行的软实力。

中国农业发展银行固原市支行

【概况】 2011 年末，各项贷款余额为 50510 万元，突破建行以来 5 亿元大关。1~12 月，累计发放各类贷款 23125 万元，增幅为 42.45%。其中：地方储备粮轮换贷款 2725 万元；粮食收购贷款 400 万元；农村基础设施建设中长期贷款 20000 万元；利润持续增长，年底实现账面盈余 1247 万元，增长率同比增加 16.7%。

【经营指标】 年末，各项经营考核指标逐步提升：1.不良贷款余额 0 万元；2.不良贷款比例 0%；3.资产利润率 7.93%，同比上升 5.1 个百分点；4. 收入成本率 23.99%，同比上升 6.17 个百分点；5.人均利润 46.19 万元，同比增加 4.67 万元；6.各项存款余额 27587 万元，人均存款 1315 万元，同比增加 144 万元；7. 中间业务收入 47.49 万元，人均中间业务收入 1.6 万元，同比增加 1 万元。

中国人寿保险股份有限公司固原分公司

【概况】 中国人寿保险股份有限公司固原分公司内设五个部门，分别是综合管理部、客服服务中心、个险销售部、银行保险部、团险销售部，下设三营农村营销服务部。现有在编员工 27 人，客户经理 14 人，营销员 110 人。

【业务发展】 截止 2011 年 12 月 31 号，总保费规模实现 5252 万元，首年期交保费收入 847 万元，趸交保费收入 1220 万元，实现续期业务保费收入 2811 万元，实现短期险业务保费收入 374 万元，综合赔付率为 49 %。三个销售渠道紧抓新产品上市的契机，较好地完成了中国人寿保险股份有限公司宁夏分公司下达的各项任务指标，受到了宁夏分公司的表彰和奖励。一年来，个险渠道采用多种方式，不断完善销售队伍日常管理体系，规范了各层级的日常作业标准，加大增员力度，解决了部分大学生和社会闲散人员的就业问题。团险渠道加大了学生险、小额借贷业务、农村计划生育保险和建工险开拓力度，超额完成全年任务。银行保险部不断加强“种子网点”建设和队伍建设步伐，大力推广“511”工作模式，全面超额完成宁夏分公司下达的各项任务目标，保持了业务和队伍的双稳定。

【经营管理】 2011 年，是公司深化经营管理体系改革的重要一年，是公司全面实施专业化经营的完整年。一是建立了以业绩为导向的薪酬体系和纵向量化考评体系；二是分渠道经营，按渠道分配资源，明确预算责任，在一定程度上完善了责、权、利关系，使费用为销售做了充分的保障，及时用到了销售的第一环节，有效调动渠道业务发展的积极性，增强渠道及各相关部门的预算管控意识。

【党建工作】 一是围绕庆祝建党 90 周年和创先争优两大活动主题，参加了原州区金融系统的红歌比赛；二是加大党支部的学习频率，充实学习内容；三是认真做好工会、共青团工作，开展多种形式的员工业余文体活动，营造了和谐向上的内部发展氛围。

（刘　文）

中国人民财产保险股份有限公司固原分公司

【概况】 中国人民财产保险股份有限公司固原分公司（简称人保财险固原分公司），位于固原市文化街，创建于 1983 年，已有 29 年的发展历程。公司现有员工35 人，其中在编人员 8 人、签订地方版劳动合同 9 人、派遣劳动合同 18 人。设置部门：办公室/综合部、业务发展部、理赔服务部和三营营业部四个部门,根据业务发展和管理需要公司内设部门7个:即营业管理部1个、营销团队6个。经营产品:主要经营财产损失保险、机动车辆保险、责任保险、信用保险,意外伤害保险、短期健康保险,保证保险人民币或外币保险业务;与上述业务相关的再保险业务;各类财产保险,意外伤害保险,短期健康保险及其再保险的服务与咨询业务;代理保险机构办理有关业务;法律法规规定或保险监管机构批准的其它业务;代理中国人民人寿保险股份有限公司开发的人寿保险、健康保险和意外伤害保险等产品。

【保险业务】 2011年,实现保费收入6751.7万元,较上年同期增长930.4万元,增长15.98%。2011年,赔款支出为3166.69万元;全年未决赔案675起,估损金额为2047.48万元。其他指标:营业费用、效能指标等均在核定的指标之内;综合赔付率、利润率均完成了上级公司下达的指标。监测性指标:年内没有发生任何经济、政治、刑事违法违纪案件,公司保持持续健康发展。

【支农惠农工程】 由公司主管领导带队,抓好农村网店"部、站、点",选拔优秀专(兼)职农险干部及协保员人才。加强培训,确保培训质量,提升农村销售和服务人员的专业化技能,提高农村区域保费增长点和保险覆盖面,旨在提高农民朋友抵御风险的能力。

【创新服务意识,拓宽服务领域】 建立健全服务标准化体系,强化客户界面基本礼仪的标准化,包括着装礼仪、行为礼仪、语言礼仪、电话礼仪等;在服务流程上,从承保、销售到理赔,缩短业务流程的时效,提高服务效能;建立健全服务监督机制,从不同层面切实规范、改进员工的服务行为,向社会公开承诺,接受社会监督,提升人保的社会知名度和美誉度。

【关爱员工,构建和谐公司】 一是做好员工思想教育工作,加大员工再培训力度,提高展业技能、销售能力、服务能力,正确引导员工爱岗敬业,忠诚人保,扎实严谨地工作,大公无私地奉献,通过礼仪服务培训和普法教育使员工在实际工作中牢固树立"诚信做保险,真情送服务",树立良好的行为表现;二是切实落实员工关爱工程,尊重员工的首创精神,开展形式多样的建功立业活动,将连续三年为公司作出贡献的优秀员工、展业精英、客服先进个人的事迹永载公司史册;三是完善营销激励机制,努力建设和谐公司。真正做到感情留人、待遇留人,从而使进入公司的员工有归属感,通过激励机制及培训机制使员工尽快成长为有用之才,从而达到优化公司内部用人结构、构建和谐企业的目标,使全员共享公司改革发展的成果。

(肖 芬)

商业贸易

经贸管理

【概况】 原州区经贸局担负着原州区工业行业规划、经济运行调节、商贸物流国有(集体)企业改制和中小企业、民营经济的宏观管理及指导工作,规范企业行为。2011年完成区属工业总产值12.8亿元,增加值3.95亿元,同比增长28%和29.4%,分别完成目标任务的106.7%和108.4%;第三产业实现增加值29.4亿元,同比增长15%,完成目标任务的111.4%。治理整顿了5家不达标污染企业,发放节能灯泡5万只,与各企业签订了目标责任并采取了相关措施,使全区万元GDP能耗下降3%,完成了任务的100%。

【项目工作】 积极向自治区发改、经信、商务等厅局申报备选项目47个、支持项目38个。截止目前,共争取各类资金1060万元。其中:固原三鼎马铃薯制品、天隆生物科技等6家企业已批复申请国补资金700万元,区商务厅给屠宰熟食加工、外贸企业补助金80万元,市工信局给"五优一新"切块资金90万元,市财政局切块资金190万元。天隆生物、新月养殖等3家规模企业培育工作全面完成。

【技术改造】 宁夏天隆生物、固原雪洋粮油、博江煤业、源通环保4家技改项目已完成投资5551万元,完成任务的2.7倍。

【企业改制】 彭堡供销社、家具厂等10家改制企业全面完成任务。

【商贸服务】 向农户印发家电下乡宣传资料2.5万份,发展家电下乡销售网点106家,签订直补协议的网点47家,销售家电下乡产品29601台(件),实现销售额7007.14万元,已补贴资金1047.08万元,受益农户29601户;汽车、摩托车2407辆,实现销售金额1536.45万元,兑现补贴资金168.75万元,受益农户2407户。与财政局一道抽调8名干部分两个组历时3个月对全区460多户家电下乡调查、整顿骗补行为,有效地规范了家电下乡市场,登记备案家电以旧换新销售企业2家,销售家电以旧换新产品906台(件),垫付家电以旧换新补贴资金24.92万元。完成69家酒类批发零售备案登记,对未经QS认证的酒类商品开展专项治理行动2次,规范了酒类市场运行秩序。对全区50家加油站进行规范管理,关停8家不合格加油站,十二五新规加油站18家,12家加油站已完成选址。对涉农企业、专业合作社、种养大户等农产品流通主体企业89名负责信息工作者进行商务信息服务业务培训,使他们初步掌握了新农村商务网上平台注册、发布供求信息、实用农技信息查询及农产品网上购销对接等技能。共发布信息42条,成交额达204万元。

粮油供应

【概况】 原州区粮食局作为政府职能部门,对区域粮食流通安全负总责。具体负责本区域粮食供求平衡、粮食流通市场建设和粮食产业化发展;加强全社会粮情监测和统计工作,加强国有粮食企业资产监管;建立成品粮油应急储备体系，制定应急预案；做好政策性粮源组织、粮食供应；加强粮食流通市场监督检查；强化加工环节粮食质量安全和卫生监管；推进“放心粮油”工程建设等。内设“三股、两室、一公司”，属参公事业单位。

【市场监管】 坚持依法管粮，积极营造竞争有序的市场环境。一是做好《粮食收购资格许可证》审批和年检工作，把资格审批和后续管理紧密结合，加强对持证粮食经营户的跟踪管理，依法审批《粮食收购资格许可证》8家，办理《粮食收购资格许可证》年检45户；二是认真做好社会粮食流通统计工作，按期编制统计报表并及时上报企业信息，及时完成2010年社会粮油供需平衡调查任务；三是加强退耕还林补助粮质量监督和放心粮油市场检查，开展监督检查4次，涉及退耕补助粮4800吨、放心粮油店13家，使退耕还林补助粮质量达标，放心粮油店经营规范；四是加强社会粮食流通市场监督检查工作，开展综合和专项检查工作7次、出动执法检查工作人员22人次、检查粮食经营户81家次，依法促进我区粮食流通市场有序经营；五是开展粮食加工环节的质量检验和监督检查工作，共计抽检3批次、监测加工企业原粮和成品粮1000吨，深入贯彻国家食品安全的相关规定，坚决打击禁用和滥用食品添加剂的行为。

【退耕补助粮供应】 全区2011年应供补助粮折供面粉为4800吨。供应过程中，购销企业严把面粉质量关，每200吨面粉为一个抽检批次，对原粮和面粉样品检验存档。全面履行服务承诺，提供优质服务，使供应面粉质量好，供应工作进度快，群众普遍反映好。被自治区粮食局评选为“2011年退耕还林粮食供应先进单位”。同时，配合审计部门做好2010年度全区退耕粮资金的自查和审计，确保了专项资金规范使用。

【体制改革】 根据《自治区党委办公厅、人民政府办公厅印发〈关于进一步深化粮食流通体制改革促进现代粮食流通业发展的意见〉的通知》（宁党办〔2010〕87号）文件精神和自治区、固原市深化粮食流通体制改革动员会议精神，召开企业负责人座谈会4次、职工意见会6场118人次，征求粮食企业改革的意见、建议。为了摸清家底，及时开展了粮食企业清产核资和资产评估工作。会同有关部门、单位完成改制企业粮食清真保健食品厂的资产移交工作。

【农户科学储粮项目】 农户科学储粮项目是自治区人民政府列入到2011年10项民生计划30件为民办实事之一。全面推进农户科学储粮示范工程，能够减少农户储粮损失5.4%，是促进农业增效、农户增收、农业发展的大事。全年安排我区农户科学储粮项目的标准化小粮仓1000套，总价值42万余元。在4个乡镇8个村1000农户落实完成任务指标，并建立档案，加强后续服务和管理。

【粮食安全】 结合全区粮情实际，以项目争取为抓手，以提高应急保障能力为中心，着力构建粮食安全。一是拟定和上报《原州区粮食应急预案》，及时建议建立全区应急成品粮储备；制定了原州区粮食局地震应急预案，组建了应急抢险队；国有放心粮油配送中心被评为自治区“放心粮油店”和市粮食局确定为应急供应企业，进一步为低保户、残疾人等做好厂价直销供应，共供应粮油162吨，让利2万余元。二是认真开展节约粮食反对浪费活动，加大“科技宣传周”主题宣传，组织全区粮食购销企业从购、销、存各环节严格抓好节约粮食工作。三是为保障全区粮油食品安全和促进我区小杂粮产业化发展，申报了“成品粮油物流中心”和“清真养生有机小杂粮深加工”新建项目。

【安全保卫】 储粮安全是粮食工作的基础，健全责任制是确保储粮安全的重要保证。全局不断强化责任意识，树立安全效益理念，认真落实安全保粮责任制，完善粮情监测、定期报告和督促检查制度，进一步推进安全储粮规范化建设，开展仓储工作达标活动，实施春季储粮安全普查和粮食库存检查工作各1次，检查货位35个、各类储粮2.2万吨，使储粮粮情稳定、质量完好、数量真实，社会粮食仓储管理工作取得了实效。

供销合作

【概况】 原州区供销合作社联合社是全区供销合作社系统的主管部门。全系统在岗工作人员72人。其中：联社机关工作人员12人，财政拨款6人，无编制。2011年，围绕全区12项重点工作和10件民生实事，攻坚克难，踏实工作，取得了销售增长，收购增加，资产负债率下降，经营微利的较好成绩。完成商品销售收入 3837 万元，收购农副产品及废旧物资 468 万元，资产负债率为 110%，经营实现利润 3.6 万元，完成 5 个企业的改制任务。

坚持“以农为本，为农服务”的经营宗旨，广开经营渠道，发挥点多面广的网络优势，全年组织购进化肥 9489 吨、农膜 35 吨、农药 3 吨、中小农具 1.86 万件、种子 26 万元，投放农村市场，有效地支持了我区农业生产的发展。

【实施“新网工程”】 2011 年争取到位 2 个“以奖代补”的“新网工程”建设项目资金 111 万元，与“宁夏新合作农村物流发展有限公司”共同投资 50 万元，创办了“固原新合作农村物流有限公司”；对 10 个乡级农家店进行了提升改造，建成了具有一定经营规范和辐射带动作用的乡级“直营店”。投资 152 万元，购置了清水河工业园区占地 12 亩，集办公、库房为一体的房地产一处，设立了“农业生产资料配送中心”1 个。畜产废品公司下岗职工投资 50 万元，在三里铺军民路租建小规模“再生资源回收利用中心”1 个，年收购废品 260 万元。

【招商引资】 利用华盛宾馆租赁经营平台，吸引浙江籍老板余德秋一次性投资 490 万元，对文化街 191 号华盛宾馆进行了全面升级改造，提升了宾馆服务功能；利用稼丰农资物流有限公司平台，引来宁夏中农金合农业生产资料有限公司投资 150 万元；利用“新网工程”网络建设平台，吸引开发商与系统职工共同投资 374 万元，新建了彭堡供销社经营门市部和仓储设施。

【专业合作社】 注重发挥供销合作社合作与联合作用，与本区具有一定生产经营实力的大户联姻，创办了“原州区彭堡镇姚磨村瑞丰蔬菜产销农民专业合作社”，争取农发项目 1 个，带动周边农户 2100 户，年创产值 850 万元；又与张易镇红庄村养猪专业户，投资 150 万元，创办“原州区裕丰生猪养殖专业合作社”。

【开发改制】 继续按照“因地制宜，一企一策，成熟一个改制一个，巩固一个，寻求新的发展契机”的改制思路，攻坚克难，勇于实践。对人口稳定，经济持续发展，市场购买力较强，具有开发利用价值的彭堡供销社，利用土地资源，鼓励职工与开发商共同投资 374 万元，新建了二层半框架结构门市部 25 间，一次性安置职工 25 名。

对因撤乡并镇，人口外移，购买力下降，不具备开发利用价值的寨科、中河、炭山、河川等社，采取收回资产，统一管理，用现金形式实施企业改制，安置职工 51 名。

【职工安置】 在社经营十分困难的情况下，联社多方筹资 4.8 万元，慰问系统 94 名困难职工；用改制资金 36.6 万元，一次性安置改制企业遗属 27 名和为 51 名退休人员补办了医保手续；发放 3000 元慰问金，慰问了系统 5 名特困党员和 1 名 96 岁高龄的老党员；协助 44 名职工，一次性补交拖欠养老金 49.6 万元。

（王继宗）

烟草专卖

【概况】 固原市烟草专卖局、宁夏回族自治区烟草公司固原市公司成立于 1986 年 1 月，负责固原地区烟草专卖监督管理和烟草制品经营工作。内设办公室（法规科）、人事政工科（监察科）、专卖监督管理科（内部专卖管理监督科、稽查支队）、财务管理科、审计派驻办、安全保卫科、卷烟营销中心、卷烟物流配送中心、信息中心、督察考评中心，原州区卷烟市场管理部。

【卷烟销售】 2011 年，累计实现卷烟销量 33254 箱，同比增长 6.9%；实现销售收入 42071 万元，同比增长 16.5%；实现税利 8386 万元，同比增长 18.9%，其中，上缴国家各类税金 5257 万元，同比增长 14.88%。

【专卖管理】 卷烟打假。2011 年先后破获了“1·30”、“4·07”、“4·18”、“4·21”、“4·25”、“10·25” 6 起 5 万元以上的假烟网络案件，其中，“4·25”网络案件，查获各类假烟 260 多万支、各类假酒 198 瓶，案值达 248 万元，被自治区烟草专卖局、自治区公安厅列入挂牌督办的案件，被公安、司法机关刑事拘留 5 人，批捕 4 人，取保候审 1 人。

【市场监管】 把专项行动与日常检查、重点整顿与常规管理、打击处理与宣传教育结合起来，年内利用“3·15”等各类节日，在城乡开展高频次、大规模的法制宣传教育及咨询活动，并在各节日期间开展了卷烟市场专项整治。2011 年，共查获各类卷烟违法案件 112 起，查获各类违法卷烟 199.56 万支，非法生产的烟草制品 139.62 万支，罚没款 4.12 万元，被公安、司法机关拘留 14 人，取保候审 1 人，判刑 2 人；集中销毁假烟 82.83 万支，标值达 47.49 万元。 （张 梅）

盐业管理

【概况】 固原市盐业管理局（公司）成立于 1999 年 3 月，隶属于宁夏回族自治区盐业管理局（公司），是固原市盐业主管部门，负责全市盐业行政管理、盐政执法和食盐专营工作，担负着辖区内盐产品的供应和消除碘缺乏病的重任。公司性质为国有企业，局司一套班子、两块牌子、职能分开、合署办公。内设盐政办、财务科、办公室、营销一办（盐品经营）、营销二办（非盐商品经营）、宁盐连锁直营店，下属隆德盐业分公司。截止 2011 年底，公司在册职工 40 人，其中在岗 27 人。公司地址位于原州区南关路 61 号，占地面积 2140.83 平方米。

【商品销售】 2011 年，固原市盐业公司共销售各类盐品 3235.71 吨，较上年 3042.4 吨增销 193.31 吨，增幅 6.35%。盐产品销售总额 645.57 万元，比上年 529.61 万元增销 115.96 万元；非盐商品销售总额 124.94 万元，比上年 13.6 万元增销 111.34 万元。商品销售总额完成 770.51 万元，比上年 543.21 万元增加 227.3 万元。

【市场管理】 针对固原食盐市场形势的变化，2011 年公司把市场管理工作作为重点，在做好日常监管的同时，根据国家县级消除碘缺乏病考核验收领导小组的工作部署，积极配合相关部门，加大市场管理力度，集中安排市场检查，做到查漏补缺，规范市场，完成了迎接国家县级消除碘缺乏病考核验收工作。

【调整盐品结构】 2011 年是食盐品种结构调整的关键之年，落实食盐品种结构调整工作部署，加大食盐市场管理和宣传引导力度，合理安排计划和积极组织购进，提高配送能力和改善服务态度，及时掌握市场动态和客户需求，适时调整销售策略和供应品种，绿色食盐在固原、隆德两地全面上市，占食盐销售总量的 63.87%，全面完成了食盐品种结构调整目标任务，食盐品种结构调整工作成效显著，提升了“中盐”品牌形象和市场竞争力。 （姬彩云、牛巧珍）

交通信息

公 路

【概况】 行政编制 13 人,科级 3 人,副科级 3 人,一般干部 7 人。设有办公室、计划股、财审股、交战办、村镇中心、环保中心、工程站。下辖单位公路段(事业)、鸿翔公路工程公司(企业)、预制厂(企业)。

【农村公路建设】 全年共争取并建成油路项目 25 条 266 公里,完成总投资 1.2 亿元,进一步改善提升了全区 31 个行政村 140 个自然村近 10 万农民群众的出行条件,有力地促进了县域经济的发展和城乡交通一体化进程,使全区 92%的行政村通了硬化路,到 2012 年可实现所有行政村通硬化路的目标。被自治区交通厅授予"全区农村公路建设先进单位"。

【公路养护】 按照公路养护工作要求,根据《宁夏回族自治区农村公路养护管理办法》、《固原市农村公路养护管理办法》对《原州区农村公路养护管理办法》进行修订,使《办法》更加符合当前公路养护管理工作的需要。实行模拟法人管理模式,在公路养护工作中推行企业化管理。加大村委会和村民个人承包养护乡村公路力度,将我区境内农村公路 62 条 391.68 公里承包给村委会和村民个人,调动村民参与农村公路养护管理的积极性。

【安全隐患排查】 认真开展道路安全隐患排查处治及自然灾害道路抢修工作。对我区境内的农村公路进行全面排查,共排查出安全隐患 1306 处,其中对市、县安全部门督办的 11 项 26 处进行集中整治,共处治路面沉陷 1369 平方米、新建涵洞 28 米/3 道、维修涵洞 2 道、砼边沟 960 米、新设警示桩 1056 根、路面标线 1400 平方米、安装警告标志 32 块、设减速带 50 米/6 处。

【公路绿化】 加快公路绿化美化步伐,继续创建文明美化路段,利用春季植树时节,对县道固将、潘西公路种花 48 公里,固西、固将、潘寨、隆张公路宜林路段新栽植路树 50.6 公里。

【公路病害预防】 积极处置公路病害,全年共处治坑槽 11680 平方米、沉陷 1460 平方米、翻浆 9350 平方米、沥青路面灌缝 958 平方米、疏通边沟 78260 米,清理塌方 21290 立方米,维修(浆砌片石、混凝土)边沟 8780 米、维修片石挡土墙 385 立方米/90 米,新建固西公路 K23+500 处涵洞 1-1.5 米/1 道、流槽 40 米(双波纹管);处治水毁路基土方 9840 立方米,拉铺防滑砂 2460 立方米,使用融雪剂 5 吨,安装警告标志 89 块,补栽警示桩 1850 根,百米桩 630 块,里程碑 32 块,公路沿线附属设施刷白,确保了管养农村公路的安全畅通,使全区农村公路的列养率达到 100%,县道优良率达到 60.63%,乡道优良率达到 38.10%,村道优良率达到 28.25%。

【超限超载治理】 在重点乡村道和绕行逃费路段两端出入口设置限载牌 12 处,限宽墩 50 个,移动式限宽点 3 个,并雇佣专人昼夜看护,严堵大型超限超载车辆绕行乡村道路。坚持流动治超与设卡堵截相结合的方式开展车辆超限超载治理,有效遏制车货总重 20 吨以上的车辆驶入农村公路。今年,公安、交警、路政、运管等部门治超工作人员，共出动2560人次，上路检测治理车辆1729辆，使车辆的超限超载率稳定控制在5%以内，有效遏制了车辆超限超载的势头，减轻了超限超载车辆对农村公路的损害。

邮　政

【概况】 2011年，认真贯彻落实全市经济工作会议精神和全区邮政工作会议精神，以科学发展观为指引，以“三年跳起发展再添一亿”为总体目标，按照全局工作会议要求，紧抓地方经济社会快速发展的历史机遇，坚持改革促发展，创新增效益，全力以赴保增长，企业发展步伐不断加快，经营收入稳步增长，员工收益进一步提高，企业精神更加深入人心，和谐发展氛围更加浓厚，企业综合实力得到进一步提升。截止12月底，全市业务总收入累计完成3588.8万元，完成区公司下达年计划的93%。

【“管理服务提升年”活动】 通过狠抓窗口服务、劳动纪律、文明卫生和通信质量管理，促使管理服务上新台阶。先后出台并完善了《固原市邮政局管理服务处罚办法》、《固原市邮政局车辆管理办法》等一系列考核办法。同时，为加强农村支局所管理，强化农村网点服务功能，优化农村投递网络，召开了农村局所标准化建设现场观摩会，以农村局所标准化建设为抓手，严格落实“三有”和“三到底”要求，不断提升全市农村邮政服务水平，拓展业务领域，实现企业效益和社会效益的双赢。

【“三新”工程】 全市邮政建成“三新”农家店231处、配送中心2处，依托配送中心和农家店开展了化肥、种子、农药等农资产品，以及日用百货等商品的配送服务，初步建成了覆盖全市农村地区，促进农民增收、农业发展、农村繁荣的商品配送网络，极大地方便了农民的生产、生活，平抑了旺季农资产品价格。

【金融信贷】 截至12月底，全市邮政累计发放小额质押贷款3293.61万元，累计发放小额信用贷款8982.6万元，两项贷款累计达到12276.21万元。累计向农户代发“少生快富”资金600多万元，有力地服务和支持了农村经济发展。

【创新工作】 积极推进中国扶贫基金会、中央电视台联合发起的2011年“爱心包裹”项目革命老区及贫困地区百万学生“六一”关爱行动，周密组织，向地方政府积极汇报工作，确保了项目的顺利推进，目前捐款数已达7.07万元，为文化固原增添了“传播爱心，无私奉献”的新内涵。在第七届宁夏六盘山(须弥山)山花旅游节上，成功开发了《须弥山石窟》个性化邮票，成为地方馈赠区内外来宾，全面宣传固原历史地理、经济社会的极富文化内涵的礼品。

【职工教育】 举办了邮政营业、储蓄、投递和分拣分发岗位“金、银、铜”牌技能考试和管理人员理财培训。通过考试，进一步提高了全市邮政生产人员的业务素质和操作技能，为企业打造了技术过硬、能力过硬的优秀员工，在全局范围内掀起了“比学习、比技能、比服务”的新高潮。在全局管理人员中举办了金融理财业务培训和党员干部理论知识培训，取得了较好的成绩。

民运航空

【概况】 固原六盘山机场于2007年9月30日在国务院、中央军委批准下正式立项。该项目于2007年10月开工建设，历时2年多时间建成完工，并于2010年6月26日正式通航。机场位于固原城区西北方向的彭堡镇石碑村(直线距离10公里，公路距离13公里)。建设用地为2878亩：其中，航站区总建筑面积为10000平方米，航站楼面积3500平方米，站前广场及停车场面积约5500平方米，综合办公楼1795平方米，中心变、水泵房、垃圾分拣1307平方米，消防救援中心1850平方米，综合服务楼975平方米，机务场务用房300平方米，业务油库315平方米。飞行区等级为4C，跑道长2800米，宽45米，跑道主降方向设置I类精密近进系统一套，机位3个(2C1B)，可供波音737和空客320系列以下飞机使用。

【班次】 固原六盘山机场目前主要有固原—银川、固原—西安的往返航线，每天一班，同时推出西安、银川中转全国各大主要城市航班服务，真正方便旅游出行。并结合固原当地的旅游资源，面向社会推出六盘山红色旅游。

【作用意义】 固原六盘山机场的运营大大改变了固原地区交通运输业、物流业和社会经济发展的现状。宁夏也随之成为我国省区机场分布密度相对较高的区域。六盘山机场作为旅游扶贫机场,它的建设给固原地区带来了人流、物流、信息流,使生产要素得以充分发挥,同时也正促进着固原旅游业,乃至经济的发展。

铁路运输

【概况】 固原车务段位于宁夏回族自治区固原市境内,管辖宝中线北起宁夏宣和车站,南至甘肃崇信车站,营运里程319.53公里,主要承担着客、货运及接发列车组织工作任务。段管辖5条专用线(固原车站2条、平凉南车站2条、新李车站1条)。车站全部采用6502继电集中联锁设备,64D继电半自动闭塞设备。

【安全生产】 截止2011年12月31日,段实现无一般C类及以上行车事故2466天,无一般D类行车事故470天;实现无轻伤及以上人身事故599天。

【经营管理】 全年旅客发送量、装车、货物发送量、卸车分别完成123.3万人、20490车、129.7万吨、84515车,分别完成年预算的88%、134%、136%和131%;客运收入、货运收入、行包收入、保价收入分别完成8073.3万元、12130.4万元、94.7万元、197.2万元,分别完成年预算的92%、139%、95%和131%。运输总收入完成26531.8万元,完成年预算的117%,较上年同期增加了26%,再创历史新高。

电 信

【基础设施建设】 2011年,共完成固定资产投资6000万元,超额完成了区电信公司下达的投资计划。其中:组织实施了CDMA网络优化工程,新建CDMA基站27个,升级EVDO基站27个,3G信号覆盖全市所有乡镇及主要村庄。组织实施了"光进铜退"工程,拆除电缆1.17万线对公里,新增窄带容量4688线、宽带容量2184线,将光纤及宽带节点尽可能向用户端延伸,在全市16个新建小区实施光纤到楼入户工程。组织实施了宽带扩容工程,新增宽带端口容量6922线,满足了全市广大群众的宽带需要,并在国庆前夕,对全市1M及1M以下低速宽带用户进行了免费提速。在原州区新建光交8个,新建光缆1462.48芯公里,使得全市城域网网络结构布局更加合理,满足政企客户互联网接入的需求。

【信息化建设】 全力实施信息化建设工作,利用网络、业务和产品优势,建设了固原市数字医院项目、固原平安城市项目、泾源应急指挥系统、泾源彭阳教育信息化项目、原州区信息化示范点项目、固原市路灯监控等重点项目,有力助推了固原市经济发展和信息化进程。全力支持生态移民工程,为广大移民专门开放了"移民卡"业务,设立了54个农村电话微机缴费网点,方便农村用户的缴费,解决移民通信贵、通信难的问题。开通固原生态移民热线2922000,免费开通移民信息网,方便移民政策和信息的发布。在40个移民点及小康村进行无线WLAN宽带接入建设,建设AP 105个,可解决4000多用户的上网需求。

【通信保障】 在努力改善服务、做好电信经营发展的同时,积极跟踪、响应固原市重点建设项目的通信需求和保障,完成了固原市公安局电路和110指挥中心电路搬迁、全市医保"全区一卡通"网络的改造割接、固原机场三营方向第二路由的割接工作,圆满完成了2011年高考电路保障、中组部视频会议保障等专项通信保障任务。

【综合治理】 认真落实社会治安治理责任制,以落实安全生产责任制为核心,逐级签订了《安全生产责任书》,进一步健全和完善了安全责任体系,加强对通信枢纽的安全管理。开展第十个"安全生产月"宣传活动,认真执行《中央企业安全生产禁令》,强化员工安全防范意识和技能教育,安全生产责任制得到有效落实,全年未发生任何安全事故。认真贯彻固原市"六五"普法精神,启动"六五"普法工作。配合市政部门实施城市绿化、靓化工程,对公司办公楼楼体进行了亮化。全力支持市政建设,对中山街、政府街等8条严管街的电信杆路及缆线全部拆除、入地。全面完成了政府下达的植树造林、道路清扫等任务。 (马济)

移动通信

【经营状况】 全年运营收入超计划完成2.3%,同比增长率全区排名第一;修订了新的社会渠道积分管理办法,明确了渠道一体化运营能力标准和贡献度衡量标准。以中国移动企业文化为先导,以6S法则及精细化管理工具应用为主要内容的卓越厅店建设初见成效。扎实推进客户导向服务管理体系建设,全年客户满意度第三方测评位列全区第一名;集团客户驻地服务和集团客户经理素质提升"飞鹰计划"执行效果明显;构建了由首席客户经理、专职客户经理和支撑团队共同协作的集团客户"1+1+1"服务模型,使集团客户售前、售中、售后服务得到有效保障。完成固原市纪检委、隆德县电子政务等无线数字城市建设项目,"企业建站+农政通+集团专线+农信通+铁通固话"的农村信息化建设新模式初步形成。

【工作落实】 圆满完成GSM16期扩容工程基站建设和本地网九期光缆线路及传输设备扩容工程,网络覆盖进一步改善。完成"固原市城区基站信号越区覆盖控制"、"固原市区定点扫频"、"固原市区网格DT测试"及"固原高速公路及铁路DT测试优化"等专项工作,全市无线环境、无线信号越区覆盖、公路、铁路弱覆盖及用户感知均有较大的改善。完成"红、橙、黄、蓝防灾害应急预案"的修订工作,网络安全水平和应急通信能力不断增强。

【基础设施建设】 制定了年度工作战略地图,为各项工作有序开展提供了依据。大力推进低成本高效益运营,企业预算项目化管理、年度营销梯次计划及营销策划下沉策略执行效果良好。建立了KPI、敬业度、贡献度三维一体的员工绩效考核体系和营业人员计件计量工资考核管理办法,增强了绩效管理的针对性和有效性;创先争优成绩突出,多项创新课题受到自治区通信行业协会和区公司表彰奖励。安全生产不断加强,全年未发生一起安全生产事故。

【精神文明建设】 围绕"为民服务创先争优"积极开展了创先争优活动点评、"亮出身份,公开承诺"、"我身边的共产党员"演讲和征文等主题活动,全体党员的党性意识和服务意识进一步增强。精神文明建设取得新成果,组织开展了社会主义核心价值体系建设"宣传普及年"活动和"继承优良传统,弘扬时代精神"为主题的公民道德建设学习宣传活动,工会组织开展的员工"EAP健康援助计划"讲座和"面对全业务转型,我们应该成为怎样的员工"思想大讨论活动,为分公司各项工作的有序开展营造了良好的氛围。

城乡建设

城市管理

【基础设施】 一是实施街巷及人行道改造建设。实施西关路、和平街、文化街3条人行道改造及东风巷、利民路等11条街巷硬化，改造和硬化总面积8.37万平方米，全长5828.99米，并配套铺设4条巷道排水管道1030米，安装7条巷道路灯40盏。二是实施市区绿化工程建设。完成了古雁路、古雁山庄入口及清水河西岸绿化。三是实施路灯安装工程。新建改建27条街巷859套路灯(其中：新建路灯416套，改建路灯227套，安装LED节能路灯216套)；市区道路改造动迁路灯247套；建设路灯监控中心，安装路灯远程终端监控机等。四是实施环卫基础设施建设。新建垃圾中转站1座，垃圾中转站带公厕4座，企业配建公厕8座，改造二类标准公厕19座，安装街道果皮箱300个。

【市容市貌综合整治】 市委、政府“两办”印发《实施方案》各单位贯彻实施，明确了办结时限和责任单位。并确定政府路、文化路等6条“严管街”，萧关路、东海街等9条“重点整治街”，城管、原州区政府、试验区管委会、交警等单位紧密配合、协同作战，开展治理脏、乱、差专项行动。2011年，共整治乱停乱放2600余次，乱泼乱倒1800余次，清理占道经营9400余次，取缔占道灯箱牌匾500个，清理沿街晒挂行为5000余次；共拆除旧门头牌匾2000户1.8万平方米，新设置门头牌匾1000户5000平方米，清理乱贴乱画10万余条，修补破损路面3万余平方米，清理疏通污水井和雨水井150座，清理擅自悬挂横幅条幅3360余条，清淘市区29条街巷的下水管道，共清理淤积物280余吨，基本消除了市区街道“臭”的现象。楼体亮化美化、公园广场管理、环境卫生清扫保洁等工作正常开展。9月26日起，又联合公安(交警)等部门，集中时间对市区环境进行了全面的综合整治。通过持续整治，市区脏、乱、差现象明显改观。

【街巷清理】 建立层层检查督促机制，对市区54条285万平方米街巷坚持全天候清扫保洁。完成了全市居民生活垃圾5万吨的收集、清运任务，垃圾无害化处理率达到100%，清除城中村及城乡接合部、卫生死角、散点垃圾，共出动人员2000余人(次)，车辆1000余次，清运垃圾8000余吨，同时增设垃圾桶20多个。完成了市区中山北街延伸段等14条道路136.6万平方米社会有偿服务监督管理，环境作业运行良好。同时在重大节日期间，出动清洁工4000多人次，车辆200余车次，清理垃圾300余吨。对市区9座垃圾中转站、50座公厕、770个果皮箱和垃圾桶维护保养，确保正常运行；对公厕标识、指示牌进行统一规范。建立渗沥液安全日检查制度，建立《生活垃圾填埋场渗沥液安全隐患应急预案》，采取定时回喷和吸污车抽水喷洒渗滤液缓解污染环境隐患；医废处置中心设备正在调试当中。 (罗淑琳)

园林城市创建

【创建机制】 市委、政府扎实推进创建自治区级园林城市工作，成立了由政府主要领导任组长，四大机关分管领导任副组长，原州区政府、城管、住建、财政、发改、林业等21个单位主要负责人为成员的创建自治区园林城市工作领导小组。领导小组下设一室七组：即办公室、绿化建设组、经费保障组、市政建设组、生态建设组、宣传报道组、综合督导组、技术指导组。市人民政府制定印发了《固原市创建自治区园林城市工作实施方案》，市委办、政府办印发了《关于做好创建自治区园林城市工作的通知》，明确了190项具体工作任务，将创建自治区园林城市工作纳入年度考核。市政府专题召开了全市创园工作动员会。

【创建宣传】 《固原日报》开设《共创园林城市 共建文明城市》栏目，刊登创园方面的消息、通讯、图片、评论等稿件130余篇(幅)。市文广局分别在电台《固原新闻》、电视台《固原新闻联播》节目中开设“创建自治区园林城市”专栏，制作《魅力固原》等专题片，共播出创园方面新闻60多条，市创园办编发《创园简报》210余期。

【城市绿化】 编制完成了《固原市城市绿地系统规划》，建立城市绿色生态环境圈，建设宁南区域中心城市。全面加快公共绿地建设步伐。高起点规划新城区，高品味设计老城区，着力构建较完善的公共绿地体系。主要建设了古雁岭、中心公园、九龙山半岛公园、怡景广场等大型公园绿地。大力加强道路特色绿化建设，基本形成了步步见绿、路路有景、景随步换、触景生情的城市道路绿化新格局。精心组织实施滨河及防护林绿化。在城市建成区周边以清水河景观绿化带为重点，实施了清水河景观综合整治工程，完成城乡大环境绿化2.13万亩，精心打造长城梁绿化工程，使其成为全市生态建设的新亮点。加快长城梁绿化一期工程建设步伐，完成造林绿化3800亩，栽植苗木27.6万株。长城梁绿化一期工程累计完成高标准造林绿化1.4万亩，栽植苗木176万株,新修道路34.5公里。

【居住区绿化】 在规划审批时，严格执行“新建居住小区绿化面积占总用地面积的30%以上，旧居住区改造，绿化面积不少于总用地面积的25%的标准”，全面开展居住区绿化达标活动和创建“园林式小区”活动。同时还对市区内各新建单位的庭院绿化严格把关，按照绿化面积不低于40%的标准，保证绿化达标；对沿街单位进行拆墙透绿，实现绿化资源的全社会共享。市区76家单位(小区)进行了绿化，临街单位围栏垂直绿化栽植爬山虎1万余株，单位庭院绿化新栽各类苗木3万余株，35家单位(小区)达到“园林式单位(小区)”标准。在单位和小区破硬建绿、见缝插绿足够挖潜的基础上，实施易地绿化种植单位40多家，种植国槐、旱柳、云杉、油松等10000余棵。2011年单位庭院绿化和易地绿化(不含新建单位和小区)社会投入绿化资金200万元以上。

【绿化管理养护】 坚持一手抓绿化工程建设，一手抓绿化管理养护，进一步巩固和提高绿化建设成果。制定了《固原市城市绿线管理办法》等规范性配套文件，制定、完善了养护规范、养护标准和考核细则，注重长效管理，加强指导监督。成立了专业的绿化管理队伍和绿化养护队伍，加强巡查道路绿化和公共绿化。加强对绿化养护管理的考核，并按照“五定”要求和养护单位、管护人签订目标责任书，将考核结果与管护单位、管护人的经济效益挂钩，强化了养护管理责任。强化绿化执法管理。进一步规范申请占用绿地、砍伐树木的审批工作，严肃查处，坚决杜绝擅自侵占、破坏城市绿地和擅自砍伐城市树木的行为。年内市区近2万人次参加了义务植树活动，义务植树尽责率达80%以上。 (李兴民)

城市供水

【运行管理】 按照自治区人民政府和水利厅的要求，4月26日宁夏水务投资集团和固原市政府签订了合作推进固原水务一体化框架协议。4月27日公司筹备工作小组立即开展工作，经过半个月时间，完成了固原市供水排水总公司、固原市水务局、原州区水务局和原州区灌溉局所属部分水利设施的接收工作，顺利完成人员、资产移交，为固原水务一体化和城乡供水一体化工作迈出了坚实的步伐。

【城乡供水】 2011年持续干旱造成的城乡供水严重不足，在自治区水利厅和水投集团的领导和大力支持下，紧紧依靠当地政府及水行政主管部门，多措并举，积极应对，有效缓解了城乡供水困难。一是采取了快速有效的应对措施，理顺供水运行机制，化解供求矛盾。成立供水运行调度机构，加强水源地和城市供水系统的合理调配和统一管理，开源节流；加大协调力度，和固原市政府、市水务局及泾源县政府有关领导，多次深入现场协调，加大供水截引点调水力度；组建水源协调和巡查小组积极和水源地当地政府沟通协调，白天让水于当地灌溉，夜晚引水入库，实行错峰配水，有效缓解了与当地用水户的争水矛盾；组建管网巡护机构，对市区管网进行24小时全方位巡视，最大限度地减少水量的漏损率。二是采取了成效显著的工程措施，增加引水量。及时对年久失修的张易引水工程进行了抢修，日增来水量2000立方米；按照自治区政府和自治区防办的要求，加班加点20天，完成了彭堡水源地一眼新机井的配套并网工程，架设供电线路1150米，敷设供水管线1.5公里，日新增城市供水2000立方米；及时对东山坡引水工程各截引点的水毁、淤积问题进行抢修和维护，畅通引水渠道，有效增加来水量。紧急维修城市备用水源地供水设施，加大供水负荷，全力以赴保障城市用水。启动紧急供水预案，采取果断措施压减工业、高耗水和绿化等非居民用水水量，全力保证居民生产生活用水。经过大量艰苦细致的工作，有效解决了固原城乡供水的困难局面。

【水质改善】 在一手抓城乡供水水量保障的同时，积极着手固原城市水质改善工作。从7月初开始，在集团公司的大力支持下，公司多措并举，解决长期困扰固原城市供水水质安全这一难题。一是选派水质化验人员去宁东水务公司、成都等地学习水质化验与运用技术，对现有水质监测人员进行强化培训，提高业务技能；二是对水源地各截引点的沉沙池进行清淤降浊，并对输水管线进行清污冲洗，从源头上提高了水质；三是对水厂净水工艺的反应池、絮凝沉淀池、过滤池及滤料进行彻底清洗，提高了净水处理能力；四是制定降浊处理方案，购置净水药剂，混凝试验搅拌仪等水处理设备，进行原水烧杯试验，并邀请同济大学水处理专家现场把脉指导。经过不懈的技术攻关和反复试验，精准了加药计量，科学合理地投加药剂，调整了净水工艺等一系列措施，使原来年平均出厂水浊度从5.3NTU降至现在的1.0NTU以下，水质各项指标基本达到了国家生活饮用水标准规定。

【维修改造】 为确保城乡供水主水源地的供水安全运行。先后完成东山坡输水管线维修及各截引点清淤，贺家湾水库背坡排水，彭堡水源地管网、供电线路维护、设备更换，一水厂维修改造等工程。为保证居民用水安全，公司先后对中山街西四巷、后壕巷用户支管道及计生局家属院等用户表井进行了维修和改造，保证了城市老旧街区居民安全用水。

村镇建设与管理

【小城镇建设】 三营小城镇建设按照“一次规划、分期建设”的原则，今年已完成全部工程量的70%。具体完成情况为：基础设施建设完成10公里给排水工程，完成须弥山延伸段、化坪梁路等14条8.6公里；完成须弥山延伸段、第三商业街、新三营街人行道硬化工程，其余人行道于2012年6月底完工；完成须弥山延伸段、市场北路、第三商业街路灯安装工程，其余路段于2012年6月底前安装完毕。沿街房屋改造工程完成第一商业街、第三商业街、政府街房屋改造，其余街道新建及改造计划2012年6月底前完成。环境整治工程完成须弥山路及银平路复线两侧栽植30米宽幅绿化带工程，三个广场建设及新修道路两侧行道树计划2012年6月底完成。完成了沿银平路三营镇区段、须弥山路两侧粉刷量化约19万平方米，7座牌楼今年完成了3座，其余牌楼于2012年6月底前竣工。市场建设工程建成煤炭、活畜交易市场；完成了原农贸市场改扩建工程；物流配送中心开工建设，计划2012年6月底全部竣工；汽配物流、农资、家具、农副产品贸易市场正在征地拆迁及施工图设计，计划2012年10月底完成。还完成了人民广场续建工程，杨郎、寨科小城镇的续建工程，使人民广场和杨郎、寨科小城镇的基础设施更加完善，功能更加齐全。

【危房危窑改造】 2011年自治区住房和城乡建设厅下达原州区危房改造任务2100户(其中生态移民700户、危房改造800户、旧房维修改造任务600户)。积极与各乡镇联系，对危房改造户进行调查摸底确认，及时将任务分解到各乡镇，并督促各乡镇规范标准，确保质量，按期完工；采取公开招标的方式保质保量地完成了600户旧房维修改造工程；筹集资金对100户特困家庭实施全额救助。使1万多人喜迁新居。

【宋家巷拆迁改造】 该工程从2008年4月开始，历时3年多，积极配合市人民政府进行了宋家巷一期和二期的拆迁改造工程，其中，一期拆迁643户，占地283亩，回迁78户；二期拆迁1130户，占地400亩，协议回迁994户。现一期建成住宅楼180000平方米，入住800户，二期计划建设住宅和商品房380000平方米，目前正在建设中。使原本街巷狭窄，供排水不畅，住户凌乱，脏、乱、差严重的宋家巷成为基础设施齐全，服务功能提升，固原市民主要的居住区和经商活动区之一。

【村镇建设】 一是继续坚持以规划为龙头，对已完成规划及控制性规划的11个乡镇，加强规划控制管理，狠抓了规划红线控制，体现了规划的严肃性。二是以办理“一书三证”（选址意见书、建设用地规划许可证、建设工程规划许可证、施工许可证）、“一书二证”（选址意见书、乡村建设许可证、施工许可证）为突破口，规范村镇规划建设管理行为，全年共审核办理选址意见书20本，乡村建设规划许可证14本，建设用地规划许可证6本，建设工程规划许可证7本，施工许可证15本。三是和乡镇密切配合，加大了违章建筑查处力度，严肃查处了违法、违规、违章建筑。全年共拆除官厅镇、三营镇、开城镇、彭堡镇、中河乡等5个乡镇违法建筑及有碍观瞻建筑181户22700平方米，有效规范了建设行为。四是对各乡镇的建筑市场进行了集中检查，对未办理施工许可证的单位下发了停工整改通知，责令其限期整改并补办了有关手续。

【环境美化建设】 2011年将高速公路和银平公路两侧及三营镇区外围的环境整治和粉刷亮化工作作为城乡环境综合整治的重点工作来抓，经过全区上下共同努力，初步达到了绿化、亮化、净化、美化的效果，极大地改善了原州区的旅游投资环境，提升了原州区农村的整体形象。一是克服各种困难和阻力，对高速公路两侧300米范围内5户以下的119户零散户进行了统一拆除，在大庄点集中安置。拆迁三营镇区外围及银平公路两侧住户违章和有碍观瞻建筑122户15310平方米。二是仿明清建筑风格，对高速公路、银平公路、须弥山旅游线路两侧16万平方米的房屋和2万米的围墙进行了粉刷亮化和戴帽。三是争取到官厅镇郑磨等9个村，头营镇利民村，三营镇三营等11个村，开城镇开城等4个村四个农村环境连片整治示范项目。建垃圾中转站5座、垃圾池1000个、垃圾箱800个，配套垃圾清运车31辆、垃圾中转车5辆，对建筑垃圾、生活垃圾、杂草堆放、圈舍厕所等进行了统一清理和规范。2011年，我区的城乡环境综合整治和农村环境连片治理工作成效显著，深受区、市领导肯定，市委书记李文章在《固原快报》第25期《原州区城乡环境综合整治措施实，工作细、进展快、成效显》上批示，“希望原州区进一步搞好城乡环境整治，抓紧行动，在全市带个好头”，并且作为全市县域经济的观摩点予以示范推广。

科教文卫

科技服务

【概况】 原州区科学技术局是原州区人民政府主管全区科学技术工作的行政职能部门之一，内设办公室、农村科技股、工业信息与社会发展股、知识产权与培训股4个职能股(室)。核定行政编制11名,后勤服务事业编制3名。领导职数:局长1名,副局长2名。2011年,原州区科技工作深入贯彻落实科学发展观,紧紧围绕区委、政府的中心工作,以服务于全区经济发展大局为出发点,狠抓项目(基地)建设,大力发展设施农业和优势产业,大力推进科技特派员创业行动、科技入户及农村信息化工程,积极开展科技创新,加速成果转化,引进推广先进适用技术30项,科技对经济增长贡献率达到44%,充分发挥科技进步对全区经济社会发展的促进和支撑作用。荣获“全国科普示范(县)区”和“三农科技服务金桥奖”。

【项目建设】 2011年,争取到国家、自治区级新建、续建项目14项,申请项目资金901万元,已到位434.5万元,完成区委、政府下达任务(300万元)的144.8%。

【马铃薯种植研究】 国家科技支撑计划项目,总投资676万元，开展了马铃薯专用品种不同区域栽培模式试验研究,引进马铃薯新品种9个,建新品种种薯繁育基地3430亩,亩产2000公斤,产值3000元以上;马铃薯早疫病药剂防治试验示范500亩，技术推广面积2000亩;马铃薯轮作倒茬旱作节水技术示范800亩。六盘山薯业有限公司注册的“六盘山”牌马铃薯种薯、鲜薯获得第十一届中国国际粮油产品及设备技术展览会金奖。2011年10月原州区被中国特产之乡推荐暨宣传活动组织委员会授予“中国马铃薯种薯之乡”。

【芹菜喷灌技术】 2011年,实施了千亩有机芹菜喷灌技术示范基地建设,引进红杆芹菜、根芹、白杆芹菜、小香芹等国内外名特优芹菜新品种20个，在彭堡镇闫堡村建立有机芹菜核心示范区1000亩，建立节水喷灌技术示范300亩,测土配方试验示范30亩。通过示范,亩产量平均达到7吨,亩产值达到7000元。科技特派员创业基地中河万亩供港蔬菜基地生产技术程序通过欧美认证,产品首次打入国际市场。2011年8月原州区被中国特产之乡推荐暨宣传活动组织委员会授予“中国(西部)冷凉蔬菜之乡”称号。

【优质肉牛饲料配制与高效饲养技术集成示范】 2010年11月列入自治区富民强县计划项目,科技厅安排资金15万元。开展了利用地方饲料资源配置肉牛饲养技术及优质肉牛生产模式集成示范,建立以青贮葵花盘等为原料的肉牛健康养殖多元化饲料养殖模式,选购(西门塔尔杂种牛)同一品种,同一月龄,体重在300±2公斤的15头公牛,分不同试验组采用不同的饲料配方,在同一饲养管理条件下试验,经过4个月的短期强度肥育后进行屠宰,经过检验分析,平均日增重1230克,比通常养殖日增重64%。

【枸杞优良品种选育及规范化种植技术研究与示范项目】 该项目为国家科技支撑项目，计划2年完成，即:2010年1月~2011年12月，申请专项经费100万元，已到位资金70万元。引进宁杞7号、0616等枸杞新品种试验示范100亩；枸杞节水灌溉示范基地500亩，比大田漫灌节水60%，节水效果显著，新建枸杞规范化种植示范基地1500亩，改造老枸杞园区1000亩，经过一年的试验对比，亩增产干果5公斤，价格比一般枸杞市场价高4元/公斤，亩增收400元，提高了产品质量和效益。

【基地建设】 相继建成了闫堡设施果树园区、三营设施园区、大堡育苗中心三个科技试验示范基地，总投资500万元，引进桃、李、杏和葡萄优良品种16个，开展了葡萄、桃设施化管理延后栽培管理技术研究攻关，并获得成功。设施延后栽培延后上市20天，平均亩产量2000公斤，亩产值6万元；完成了三营园区166栋日光温室种植任务，利用自动化连栋育苗温室共育各类蔬菜苗200万株；对育苗中心4000平方米二栋5联动育苗温室进行维修改造，实现了育苗自动化控制，年育苗规模达到1200万株，为原州区蔬菜出口基地育洋葱苗600万株。建成了5栋大拱棚2125平方米、3栋新材料育苗日光温室1800平方米，提升原州区整体育苗规模。首次开展了酵母水解液马铃薯高效营养素栽培技术示范，示范面积10亩，平均亩产3303公斤，增产21%，亩增加收入756元。

【工业科技】 为了推进工业强区战略的实施，培育企业技术创新能力，确定了6家科技型中小企业，组织企业申报自治区、国家科技项目，申报国家科技型中小企业创新基金项目2项，申报资金240万元。原州区科技计划项目立项2个，扶持项目资金8万元。支持固原圣火源工贸有限公司开展自主研发，研制出农村户用新能源快速烘干机。组织企业参加第二届宁陕蒙甘技术交易洽谈会，帮助企业扩大对外交流合作。

【知识产权管理】 贯彻落实《宁夏回族自治区知识产权战略纲要》，制定出台了《原州区关于鼓励专利发明创造的奖励办法》，使原州区知识产权工作取得了实质性突破。2011年专利申请量25件，授权量26件，在全市位居第一。

【技术合作】 积极推进我区与西北农林科技大学、西北水保所、宁夏大学、宁夏农科院、固原市农科所等科研院所的科技合作，开展产学研合作，搭建专业技术平台。加强我区与兄弟市县的科技合作交流。

【科技特派员创业行动】 2010年，认真贯彻《原州区深入开展科技特派员创业行动实施方案》、严格执行《原州区科技特派员考核细则》，对科技特派员实行严进宽出，动态管理。科技特派员发展到282人，其中法人科技特派员32家、信息科技特派员195人。组织下派21名科技特派员进入生态移民新村进行带动引领移民创业。创建4个自治区级现代农业示范基地技术服务团，建立创业基地10个，成立专业合作组织5个。科技特派员共投入资金6700万元，引进新品种120个，推广新技术20余项，带动示范户4210户，示范面积21500亩，辐射带动各类受益户25000户，受益农民人均增收400元。

【新农村信息化】 信息服务体系建设被原州区委、政府确定为2011年10件民生实事之一，按照“整合资源、完善机制、提升效能、整体推进”的原则，投资30多万元开发信息服务系统模块、数据库管理系统，初步形成了信息化“3+3”服务新模式，即在巩固原有全区信息化服务“党员现代远程教育、文化资源共享、科技信息服务”三项服务功能的基础上，又实现了“电话会议、短信群发、新农村村务管理”三项新功能。通过195个信息服务点和30个农业科技110服务站发布信息1000多条，对外销售农产品3000多吨，实现产值600多万元。

【科技支撑生态移民】 制定出台了《原州区生态移民新村发展科技支撑方案》，从加强技术培训，创建技术信息平台，鼓励科技特派员开展技术承包，良种良法引进示范等技术措施入手，加强对生态移民工作的科技支撑。扶持移民发展庭院养殖和设施温棚种植，培育主导产业，使全区生态移民新村基本实现科技特派员创业服务、技术培训、信息服务和新品种、新技术推广应用“四个全覆盖”。

【科普宣传培训】 围绕“携手建设创新型原州”这一主题，以“培养新农民、服务新农村”为宗旨，共举办各类实用技术培训班 75 期，培训科技带头人 50 名、科技示范户 2000 户、科技致富能手 300 人、农民 6500 人次。组织大型科普宣传活动 15 场次，编印《日光温室、拱棚建造及主要蔬菜栽培技术》10000 多份，展出宣传展板 160 块，发放资料 5.8 万余份，现场接受群众咨询 1200 人次。先后被自治区党委宣传部、科技厅、科协评为“科普先进集体”，被中国技术市场协会授予“三农科技服务金桥奖”先进集体。原州区三营设施农业科技示范园区、宁夏天启薯业分别被自治区科技厅认定为“自治区科普教育基地”。

【机关效能建设】 以争创“市级文明单位”和“五个好”党支部为目标，建设“学习型”机关，扎实推进“连心工程”，强化机关反腐倡廉建设，落实党风廉政建设责任制，扎实推进机关自身建设和党的建设。

（马　炜）

防震减灾

【概况】 2011 年，防震减灾工作以紧紧围绕服务于经济建设这条主线，切实加强地震监测预报、地震灾害预防和紧急救援三大工作体系建设，按照抓预案、建队伍、抓演练、促保障的工作思路，确保了各项目标任务的顺利完成，地震局内设办公室、震情监测、震害防御(应急救援)3 个股室。

【掌握动态】 2011 年根据震情形势和地震断裂带避让标识牌设立了 20 个地震宏观观测点。为充分发挥地震宏观观测在地震监测预报工作中的重要作用，地震局对 20 个地震宏观观测员、11 名防震减灾助理员和 15 名灾情速报员进行了行业培训，使他们更进一步了解掌握辨别宏观异常，上报异常信息，为群测群防工作打下了坚实的基础。在单位内部强化 24 小时值班制度，每周对宏观异常实行零报告。

【依法管理】 规范建设工程抗震设防管理执法监督体系，2011 年为 12 项建设工程项目办理了《抗震设防要求确认书》，给 15 家建设单位下发了《关于开展地震安全性评价工作的通知》。同时，在地震重点监视防御区和地震活动断层区涉及的各行政村配备 1 名防震减灾义务联络员，开展了“地震安全农居工程”宣传活动。协助交通建设和乡镇对县内生态移民点、危窑危房户进行了选址搬迁、排查摸底。

【强化宣传】 一是利用活动抓宣传。在“5·12”防震减灾日、“12·16”海原地震纪念日和“12·4”法治宣传日开展了一系列宣传活动。二是利用媒体抓宣传。在固原电视台及中山街电信电子大屏幕上播放防震减灾电视片和防震减灾知识 20 场次。

【开展演练】 为全面加强广大民众对防灾减灾的认识，提高全民抗震避险能力，5 月 12 日，全区乡镇、所有部门、企事业单位、学校、医院等，进行了一次广泛具有实战性的地震应急避险和疏散演练活动。同时，对原州区四中、三小防震减灾工作进行现场指导培训，开展应急演练等。10 月份，经自治区科技、地震部门全面考核验收，原州区四中被列为自治区防震减灾科普示范学校。

【完善预案】 2011 年原州区被自治区确定为重点防御区后，地震局结合实际，再次印发了《原州区地震应急预案》和《原州区地震应急工作程序》，对应急指挥机构、措施和程序都作了明确的规定，为提升我区地震应急工作水平，组成地震应急预案调研组，检查了各乡镇、各部门(单位)应急预案，开展了地震应急物资和能力的调查摸备案工作。

【完善机制】 为加强对防震减灾工作的组织领导，及时调整防震减灾领导机构，与 17 个部门和 11 个乡镇、3 个街道办事处签订《防震减灾目标责任书》，细化目标，明确职责，落实措施，多次召开防震减灾领导小组成员单位(扩大)会议,安排布置我区防震减灾工作,使防震减灾各项工作在组织机构上得到保证。

【荣誉】 被固原市政府评为防震减灾先进集体,被自治区防震减灾领导小组评为先进单位。在原州区政府二组15个单位年终考核中名列第8名。

气象服务

【概况】 2011年气温偏高,降水偏少,日照不足。年平均气温7.2℃,月最高气温出现在7月份,月最低气温出现在1月份(日最高气温32.1℃,最低气温-21.1℃)。年降水量达369.7mm。全年降水时空性分布不均匀,春、夏两季降水偏少,出现间歇性轻度干旱,秋季降水偏多,农田土壤蓄墒较足,底墒较好。冬季普降瑞雪,农田有积雪覆盖,有利于农田增墒保墒以及冬小麦安全越冬。总之,2011年气象条件对农业生产利多弊少,气温适宜,降水适时,作物生长关键时期内,基本都能得到有效降水及时的补充。

【气象灾害】 2011年原州区出现了降雪、降温、大风、暴雨、冰雹、干旱等气象灾害,尤其春、夏期间局地出现的突发性冰雹、暴雨天气使农业生产遭受了严重损失。

教　育

【概况】 教育局机关内设4个行政股室、4个事业股室。行政股室:办公室、人事股、教育股、计财股;事业股室:督导室、教育考试中心、师资培训中心、教学研究室。负责贯彻执行中央和自治区、市、区有关教育工作的方针、政策、法规,研究提出全区教育事业发展战略;制定全区教育事业发展规划和年度工作计划,并组织、指导、实施;推进全区教育体制、办学体制、学校内部管理体制改革,管理全区的基础教育、职业教育布局调整和规划工作;指导学校教育教学工作及教学研究;负责教育督导和评估工作;负责管理全区大中专、中小学招生工作。2011年底,全区共有各级各类学校246所(含市直学校),其中:完全中学2所,高级中学2所,初级中学9所(含民办2所),九年一贯制4所,完小124所,初小48所,幼儿园55所(含民办37所),特殊教育中心1所,职业技术学院1所。另有教学点13所。高中教学班191个,初中教学班413个,小学教学班1305个,幼儿园教学班269个,特殊教育教学班16个。各级各类学校在校学生105902人,在校学生中:小学生50017人,初中生24630人,高中生12406人,幼儿园在园儿童9425人,特殊教育在校生218人,职业教育在校学生9206人。

全区中小学共有教职工4963人,其中专任教师4812人。小学有教职工2525人,专任教师2510人,学历合格率为100%;中学有教职工2438人,专任教师2302人,学历合格率为97.6%。中小学教师任职资格率均为100%。另外,幼儿园有教职工280人,特殊教育有教职工92人,职业教育有教职工201人(专人教师154人)。

全区中小学校舍总面积537444平方米,其中:中学校舍面积323666平方米,生均8.7平方米;小学校舍面积213778平方米,生均4.3平方米。

【教育体制改革】 实施义务教育阶段学校教师绩效工资制度。认真落实自治区高中招生制度改革,将公办重点高中招生计划按50%比例分配到每所初中,提高了初中升学率。建立初中学生综合能力评价制度,提高了初中学生的综合实践能力。 (王国强)

【小学教育】 全区有九年一贯制学校4所,完小122所,初小48所,另有教学点13个,小学生45479人,小学专任教师2418人。适龄儿童入学率100%,15周岁人口完成率99.9 %,小学毕业率100%。

(王国强)

【中学教育】 全区有完中1所,初中7所,九年一贯制学校4所,初中生18447人,高中生1999人,中学专任教师1478人。适龄少年入学率99.3%,17周岁人口完成率92.6%,青壮年非文盲率达99%,初中学生

毕业率 99.9%。（王国强）

【特殊教育】 全区有残疾少年儿童 53 人，入学人数 49 人,残疾少年儿童入学率 92%。（王国强）

【学前教育】 有各类幼儿园 56 所，其中公办幼儿园 18 所(市区 4 所、乡镇中心幼儿园 11 所、村级幼儿园 3 所),民办幼儿园 38 所(其中农村 7 所),农村小学附设学前班 80 个。在园(班)幼儿 11161 名,学前一年幼儿入园(班)率 85.3%,学前三年入园率 66.8%。筹措资金 2300 万元,迁建、扩建和新建工程城区 3 所幼儿园,占地面积 14826 平方米，建筑面积 9367 平方米。投资 100 多万元,为幼儿园配备了教学设备。利用生态移民搬迁工程、自治区幼儿园建设补助等项目资金,筹资 652.9 万元,新建杨郎、大疙瘩、鸦儿沟 3 所村级幼儿园。（安国强）

【民族教育】 加快发展民族教育,争取同仁回小进入自治区"百标"工程,采取高中招生对少数民族学生照顾加分、设立民族班等办法,提高民族学生普及程度。回族适龄儿童、少年入学率分别达到 99.9%、98.8%,回族 15、17 周岁人口完成率分别达到 99.8%、89.5%。（薛国平）

【职业教育】 现有各级各类职业教育机构 210 个(含市直机构),其中:职业技术学院 1 所,农村劳动力转移培训工程办公室 1 个，劳动就业培训中心 1 个,农机中专学校 1 所,教育培训中心 1 个,农村劳动力转移培训办公室 1 个，乡镇农民文化技术学校 1 所,村级农民文化技术学校 194 所。举办各类劳动技能培训班 48 期,培训农民工 8650 人,举办农民实用技术 226 期,培训农民工 8630 人。培训各类在岗人员 6530 人、下岗职工 320 人,转移就业 276 人,就业率达 86.2%。（窦建新）

【民办教育】 有各类民办教育机构 55 所（含市直 5 所），其中原州区管辖的幼儿园 38 所，在园幼儿数 5611 人,教职员工 355 人;各种培训机构 12 所,年培训 2176 人,教师 102 人。（安国强）

【成人教育】 全区举办扫盲班 191 期,参加脱盲巩固学习的人数 596 人次,验收脱盲 576 人。开展教师全员培训,培训 3980 人。参加电大函授学习 330 人,自学考试 886 人，培训公务员 301 人，计算机培训 240 人,专业技术等级培训 2700 人。借助实施"百万农民培训工程"、"阳光工程",以农业、畜牧业为主,在农村开展各类实用技术培训 263 期,培训人员 2830 人次,脱科盲 2610 人。（窦建新）

【素质教育】 组织开展了"学党史、知党情、跟党走"主题教育、红歌大赛、中华传统美德教育、感恩教育、"四好少年"评选等活动,涌现出市级三好学生 67 名、优秀学生干部 20 名。全面实施《学生体质健康标准》,开展了全区第五届篮球运动会、校园集体舞等活动。加强艺术教育,开展了"真情颂党恩、欢歌庆盛世"暨第七届"小三手"比赛、庆祝建党 90 周年广场文艺、首届科技创新大赛等活动,促进学生全面发展。（王国强）

【普高教育】 开展普及高中阶段教育,高中阶段毛入学率、初中巩固率、初中毕业生升学率分别达到 93.8%、98.4%、96.8%。普及高中阶段教育工作于 2011 年 11 月通过了自治区政府验收。（薛国平）

【布局调整】 采取"撤、留、扩、合、迁"五字策略,调整撤并农村中小学、教学点 25 所(撤并 13 所,改制 12 所),进一步扩大了教育规模,优化了资源配置。（薛国平）

【教师培训】 实施"国培计划"——中西部农村骨干教师远程培训,培训 808 人;开展"新课程、新理念、新方法"特岗教师培训,培训特岗教师 115 人;选派中小学教研员、骨干教师 31 人参加教育厅举办的教师继续教育全员岗位培训一级培训。举办原州区中小学校长、幼儿园园长、幼儿教师培训班,培训校(园)长 93 人,幼儿教师 105 人。举办原州区中小学中层干部、班主任培训班,培训人员 69 人。5 月 23 日~27 日,中国和联合国儿童基金会技术启迪智慧项目"应用移动设备优化小学语文学科教学"教师培训班在原州举行,培训人员 60 人。（段宜家）

【教学管理】 2011年3月11日，启动实施原州区开展“提高片区教学质量，促进城乡均衡发展”暨“基础教育提升质量年”活动，开展名师与帮扶学校教师结对子活动、城乡联动及片区互动大教研活动；建立11所学科基地校，开展基地教研活动226场次；举办原州区第十届优质课评比暨优质教学设计评选活动，小学组评选优质课99节，中学组评选优质课111节。评选一等奖69名、二等奖91名、三等奖43名。

（魏毅）

【校舍建设】 争取中小学校舍安全工程、二期农村初中寄宿制改造工程、农村义务教育薄弱学校改造工程等项目，总投资1.6亿元，改造校舍面积140045平方米。其中投资12740万元，新建、改扩建七中、十一小、头营中学、三营一小、三幼等中小学、幼儿园31所，面积75038平方米，投资3275万元，加固五中、七中、十一小等中小学64所，面积65007平方米。

（陈广东）

【社会捐资办学】 争取青少年发展基金会项目、明德小学建设项目、铁道部帮扶项目3个，投资719万元，新建寨科小学、炭山乡南坪小学、杨郎幼儿园等校舍7065平方米。 （陈广东）

【教育经费】 全区中小学、幼儿园教育经费累计投入5.11亿元，与2010年相比增加43个百分点。

（孔令升）

【教师队伍】 2011年全区有中小学教职工3693人，其中专任教师3654人，专任教师中：研究生3人，大学本科生1387人，专科1407人，中专784人。高级职称243人，中级1934人，初级1449人。

中学有专任教师1325人，研究生2人，本科923人，专科355人，中专44人。高级职称236人，中级549人，初级519人。

小学有专任教师2329人，研究生1人，本科464人，专科1052人，中专740人。高级职称7人，中级1385人，初级930人。 （梁克明）

【学生资助】 争取普通高中国家助学、燕保助学金、中央专项彩票公益金助学金等资金180.68万元，资助高中学生2923名。争取宋庆龄基金会资助金4.2万元，资助初中学生70名。丰泽区人民政府为原州区2011年一年级新生捐赠10000个小学生书包。争取陈逢干、金秋助学、铁道部等17个项目资金209.49万元，资助2011年录取大学生731人（农村689人，城市低保42人），受理并签订生源地贷款合同4315人，贷款总金额2238.7万元，实现了高考录取原州区籍农村户口和城市低保家庭大学生资助全覆盖。

（安国强）

【营养改善计划】 2011年5月27日，中共中央政治局委员、国务委员刘延东来原州区视察工作时，决定率先在宁夏试点实施“农村义务教育学生营养改善计划”工程。2011年秋季，原州区在张易镇中心小学、三营镇鸦儿沟小学、寨科乡阳井沟教学点3所学校进行试点，涉及学生1350人。 （杨永强）

文体旅游

【概况】 原州区文体旅游局系原州区政府职能部门，内设三股一室，即办公室、社会文化股、文物与旅游股、体育股。现辖文化馆、区文管所、农村广播影视公共服务中心、须弥山石窟文物管理所4个副科级事业单位和图书馆、体育活动中心2个股级事业单位。现有干部职工135人，其中行政人员15人。

【群众文化】 先后协助、联络区内外10个演出团体在我区演出78场。组织文化下乡、进社区演出81场次。组织各种广场文化演出40场次。抽调群文专业技术人员11人次先后深入农村、社区、企事业单位开展社火、社戏的编排辅导，指导编排社火11台。组织了元宵节社火大赛。举办了庆元宵花灯展和焰火晚会。先后指导中山街办事处、头营、寨科等乡镇的10个行政村自乐班编排社戏20余台，演出436场次。指导中山街道办事处10个文艺演出团体演出560多场次。组织编排文艺节目、举办迎新年晚会、宁夏六盘山（须弥山)山花旅游节等文化宣传演出6场。9月28日举办了原州区第五届业余秦腔大赛，比赛历时6天,演出12场,300多名秦腔爱好者参赛。

【旅游】 以4月13日举办宁夏第七届六盘山（须弥山）山花旅游节和6月16日举办的须弥山博物馆开馆仪式为契机，在宁夏卫视、固原电视台、《宁夏日报》、《固原日报》、《新消息报》、《中国旅游报》等报刊和新闻媒体加强宣传,赴西安、银川、兰州开展旅游推介3次,散发宣传折页、张贴画10000多份。2011年以来,共接待区内外游客14.6万人(次),直接门票收入65万元。

【非物质文化】 2011年4月27日主办了“原州区非物质文化成果展”,展出45天,观众达1.2万人次。结合“思想大解放,树立新形象”活动,于6月11日第六个世界文化遗产日,在清河镇高红村六盘山抟土瓦塑基地举办了“文化遗产与美好生活”为主题的文化遗产日宣传活动,进一步提高了广大群众对文化遗产的认识、关注参与和保护意识。

【文化惠民】 一是积极争取自治区财政资金,为2个办事处,50个农村、社区自乐班(演出团体)配备了演出音箱、乐器、服装道具等文化设备。二是在2010年新建农家书屋58家的基础上,2011年争取自治区新闻出版局资金335万元,在我区134个行政村新建农家书屋135家。其中,每个书屋配书柜4个,图书1339种1517册,光盘79种189张。实现了我区农家书屋建设全覆盖。三是深入实施全民健身工程,争取自治区财政资金为全区193个行政村配备了篮球、羽毛球、棋类等体育活动器材。

体 育

【概况】 2011年,原州区体育工作在上级业务主管部门和社会各界的大力支持下，坚持以邓小平理论和“三个代表”重要思想为指导,认真贯彻党的十七届六中全会精神，坚持以科学发展观统领体育事业发展全局，充分发挥体育工作在构建社会主义和谐社会中的积极作用,勇于创新,求真务实,推进全区体育事业全面、健康、协调发展,努力开创原州区体育工作新局面。

【群众体育】 元月份举办了全民健身启动仪式及环城越野比赛活动,原州区来自区直机关各单位、部门干部职工共500余人参加了这次比赛,活跃了职工的文体生活，展示了原州区干部职工良好的精神风貌,推动了各单位精神文明建设的开展。2月,原州区文化体育局、体育活动中心在中河乡中河村举办原州区“百乡千村农民体育活动月”决赛阶段比赛。5月,原州区体育活动中心协助原州公安分局举办“五一”警体运动会。6月份，原州区体育活动中心协助固原市门协、原州区门协举办庆祝建党90周年、庆贺塑料球场落成门球邀请赛。7月份,完成了“雪炭工程”项目上报和5个乡镇灯光球场的选址任务。7月中旬举办了原州区第九套广播体操培训班，来自区直部门20个单位的人员参加了培训。8月8日,由原州区委、政府主办,原州区文体旅游局、原州区总工会、原州区体育活动中心承办了第九套大众广播体操比赛。

【竞技体育】 结合原州区竞技体育工作现状,原州区体育活动中心克服各种困难、多方筹措资金,2011年开设了田径和女子篮球两个项目。并创新业余体校训练思路，采用外聘教练员和在各中学代训的方式,解决了无场地、教练员短缺的问题,基本实现了良性循环,走出了一条业余训练的新路子,并抓好各项目的选材,培养后备体育人才。田径队在参加自治区青少年比赛中获得金牌2枚、银牌5枚、铜牌5枚。

【体育宣传】 体育宣传工作年内活动做到凡有活动必须报道。2011年共在《固原日报》发布体育运动配文图片5幅,各类消息5篇次;在《新原州》发布各类消息5篇次;固原电视台报道3次;固原市政府网1次;原州网视窗发布消息3次。并发布了区体育中心创办的《原州体育信息》10期,作为宣传原州体育工作的一个窗口,为体育工作营造了良好的宣传氛围。

【体育产业】 推动体育产业化是市场经济的必然趋势，既可以充分发挥体育中心的“窗口”和“龙头”作用，发挥现有体育设施作用，瞄准全民健身和体育消费的大市场，充分调动社会各界力量，搞好体育经营，走体育市场化、社会化之路。2011年共组织冠名“体彩杯”各类运动会1次，积极宣传体育彩票。全区大型的健身（乒乓球、瑜伽、女子健身）俱乐部实现收入近40万元，60多家棋牌娱乐室实现收入30多万元，10多家体育用品专卖店实现收入50多万元，体育彩票有51家销售点。

文 化

【概况】 原州区文化馆是国家二级文化馆，始建于新中国成立初期，副科级文化事业单位。承办重大群众性节庆演出、展览，组织群众文艺创作，培训各类艺术人才，收集整理和保护非物质文化遗产，开展社会公共文化服务和对外文化交流等一系列职能。现有干部职工24人，其中正高级职称2人，副高级职称6人，中级职称8人，初级职称8人。2011年，文化馆组织全区11个乡镇、3个街道办事处文艺骨干在舞蹈、声乐、戏曲、摄影等方面进行辅导和培训；组织举办了第四届业余秦腔大赛、全区首届农民文艺汇演等品牌文化活动。2011年全区有1500多名业余文艺爱好者接受了专业的文艺辅导，举办文艺培训班27期，送戏下乡演出累计120场，受益群众达到3万多人。全区呈现城乡文化“两头热”。

【机制改革】 实行城乡文化辅导员工作联动机制，有专业的辅导员进行专业辅导，没有专业的辅导员进行组织策划；完善绩效考核制度，按照年初签订的责任书制定绩效工资发放标准，按月考核按月发放；高标准完成全区文化系统“互检互学”工作组对文化馆工作的全面检查和指导；

【民族艺术】 全年创排各类符合时代要求，反映地方风情的文艺文艺节目120个，其中有原州区区歌《原州之歌》、情景剧《情系移民》、《好人白志林》，舞蹈《牛背摇篮》，《牧羊哥哥上了山》、《牡丹银屏》、《阳光计生路》等；组织开展文化下乡、进社区公益性演出和承接全区重大节庆演出150场次，赴西安、银川和市内各县参加各类商业演出25场次，年创收8万元。

【文化服务】 一是根据各部门工作情况制定年初工作计划和安排，责任到人；二是根据现有人员情况，调整和加强乡镇、社区文化辅导部工作人员，加大乡镇、社区文化输出能力；三是整合现有场馆，逐步实现阅览室、排练厅、展室、画室、活动室以及户外场所全部免费开放 ；四是根据年初签订的工作责任书，每月对各部门工作人员进行绩效考核，每月兑现；五是做好辅导基地的联络工作，已经建立的辅导培训基地有4个，分别是少儿艺术培训基地、老中青管弦乐队、社区辅导基地、乡镇文化辅导基地等。创作培训演出部积极利用专业老师的优势，开展了多项文化活动。

【“非遗”保护】 列入原州区级名录共有20项、市级名录共4项、自治区级名录1项；被确定为原州区级“非遗”代表性传承人20人 、自治区级“非遗”代表性传承人3人、国家级“非遗”代表性传承人1人。正式出版原州区非物质文化遗产保护工程系列丛书5本《原州民歌》、《原州非遗图释》、《原州民间信仰》、《原州民间旅游》、《原州民间故事》；积极收集民间戏曲、民间剪纸资料准备出版第二套非遗保护丛书；成立原州区非物质文化遗产展室，常年展出区内 “非遗”产品，

文物管理

【概况】 原州区文物管理所管理各级重点文物保护单位27处（其中国家级3处、自治区级8处、区（县）级16处），依法对辖区各级重点文物保护单位划定保护范围，作出标志说明，建立记录档案。收藏文物2752件，馆藏一级文物2件，二级文物44件，三级文

物 425 件。

【保护规划】 委托中国历史建筑研究院编制了《开城遗址保护总体规划》。

【保护项目】 结合过店街改造工程,经过多方协调努力,由城建局牵头,河北省保定市文物管理所编制《固原财神楼文物保护工程修缮设计方案》,东海公司出资 100 余万元,对固原财神楼进行了修复保护。

【城隍庙权属】 在原州区文体局、粮食局等主管部门和监察局、财政局等部门的主持下,2011 年 6 月 16 日,固原市原州区清真食品厂向原州区文物管理所移交了城隍庙的土地使用权及三座大殿和地上附属建筑的所有权。

【第三次全国文物普查】 深入全区各乡镇、城区,走访知情人员 411 人次,拍摄照片 3697 幅,绘制图纸 743 幅,采集实物标本 295 件。调查登记不可移动文物点 367 处,后经国家文物局统计,确定原州区最终普查登记不可移动文物 364 处,其中新发现 199 处,复查 165 处。普查乡镇行政村和自然村踏查率分别达到 100%和 98%。分布类型分别为古遗址 274 处,古墓葬 54 处,古建筑 7 处,石窟寺及石刻 6 处,近现代重要史迹及代表性建筑 23 处。

固原市原州区第三次全国文物普查
不可移动文物类别构成示意图
(364 处)

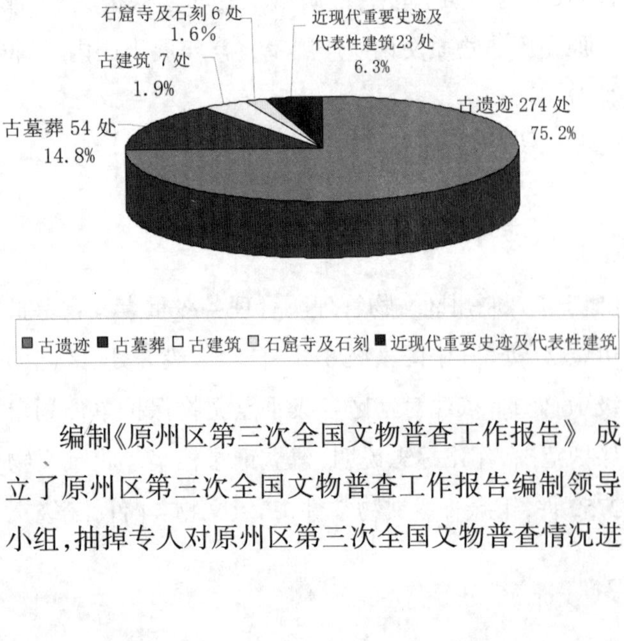

编制《原州区第三次全国文物普查工作报告》 成立了原州区第三次全国文物普查工作报告编制领导小组,抽掉专人对原州区第三次全国文物普查情况进行了认真总结,编制完成了《原州区第三次全国文物普查工作报告》。报告从普查工作背景、普查工作情况、普查成果、普查中的文物保护、普查中的宣传、表彰奖励以及体会和建议等方面全面阐述了原州区第三次全国文物普查工作的过程和成果。

固原市原州区第三次全国文物普查
新发现不可移动文物类别构成示意图
(总数 364 处,新发现 199 处,占 54.2%)

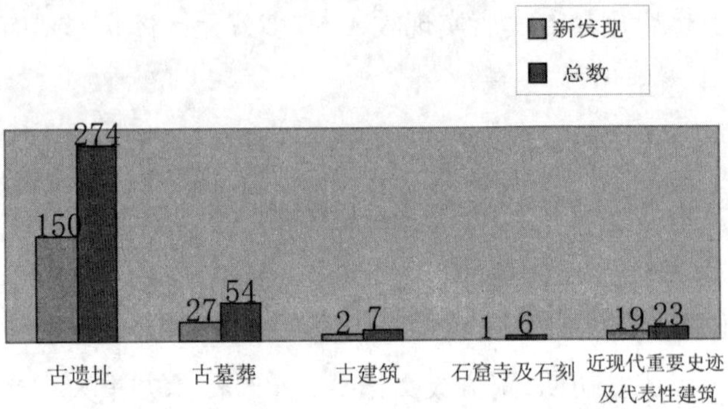

【西北农耕博物馆内装布展 】 完成了总投资 3000 多万元、主展馆面积 3200 平方米的内装布展工作。展馆分为序厅、尾厅和原始社会农耕文化厅、先秦时期农耕文化厅、秦汉至隋唐时期农耕文化厅、宋元明清时期农耕文化厅、近现代农耕文化厅七个部分。

图书管理

【概况】 原州区图书馆属区直科级事业单位。位于固原市人民街 120 号。目前,原州区图书馆已发展成为一座综合性县级公共图书馆,全馆占地面积 2194 平方米,建筑面积 1272 平方米,有 6 个对外服务窗口,设有编目室、阅览室、借书处、资料室、电子阅览室、农村流动图书室等业务机构。藏书已达 26.2 万册,有阅览座位 40 个,年接待读者 4.2 万人次,年借阅图资 6.4 万册次。1990 年被自治区文化厅授予“文明图书馆”称号;1998 年在第二次全国市县级公共图书馆评估定级中被定为“一级图书馆”;2009 在第四次全国市县级公共图书馆评估定级中被定为“三级图书馆”。2011 年共计接待读者 65497 人次,借阅图资 73846 册次。订报23种33份,订杂志75种77份。

【馆藏资源】 原州区图书馆现藏书26.2万册,其中图书19万册,报刊资料7万册。有古籍线装书4534册,地方文献1880册。中文工具书1780册。现建有总书库、报刊资料库和书籍特藏书库、中文工具书库,以及农村图书流通书库。总书库是主要藏书地方,按照中图法分类排架,在收藏的22大类图书中,文学类图书较多,以后又把藏书结构调整为以农林类、科技类和文学类为主。为了便于检索,总书库建有4套卡片式目录,即公务分类、读者分类、题名目录、笔画目录。报刊资料库主要收藏历年装订的杂志、报刊和收集的地方文献,以及中文社科类工具书。其中收藏有1917年的《大公报》和1956年蜡纸手写刻印的《固原日报》,1957年的《固原周报》,20世纪50年代的《人民日报》、《宁夏日报》等,这些资料在固原境内非常少,极其珍贵,编有书本式《地方文献目录》。古籍特书库主要收藏线装图书,这是重点收藏和保护的图书。1986年对古籍图书进行了全面整理,按照四库分类法顺序编排上架。在清理过程中,发现部分残本封面写有“留”字等字样。如《寒支二集》卷一封面有“共六本留一本,其它的烧掉,66,8,29”字样。在十年动乱中,一部分古籍被焚烧,这是造成现存古籍残缺不全的主要原因。1987年4月份编成了《固原县图书馆馆藏古籍目录》,该目录中共著录馆藏古籍书433种,其中明刻本19种,清刻本185种,民国刊本28种,建国后新刊本7种,复印本142种,无刻出年月的51种。以版本年限为主要标准初步确定有39本善本书,2004年12月又对古籍书进行了初步鉴定,发现所藏《周易函书》、《酉阳杂俎》、《前汉书》、《后汉书》、《明代固原州志》、《重修固原城碑记》等古籍书。2010年全国古籍普查宁夏古籍普查组初步普查时发现,有四部(《天圣明道本国语二十一卷》清同治已巳刻本;《后汉书一百三十卷》明崇祯十六年汲古阁刻本;《陈书三十六卷》明万历至清康熙;《北史一百卷》明刻明清选修本)可以列为《国家珍贵古籍名录》推荐名单中。

【读者服务】 一是原州区文化信息资源共享工程支中心每年对各乡(镇)和村基层服务点的负责人进行不少于两次的集中培训,并利用“三下乡”等时机对个别服务点进行适时的、有针对性的培训,使他们系统掌握文化信息资源共享工程设备的操作使用方法以及信息的搜集、整理、下载和传播的基本技能。二是充分利用村委会文化活动室建立培训点,下载、复制各种信息资料,开展多点培训,使广大农民就近、直观地接受科学致富、普法教育等信息教育。三是针对当地主导产业,有针对性地下载刻录、自制农科新技术,科普新技术及法律常识等方面的光盘和资料直接发放到农民手中进行普及学习。四是利用集市日赶集的人多,传播面广的优势,在组织发放各种资料、光盘的同时,安排种养科教片、电影等进行播放。

农村广播影视

【电影播放】 全年共放映农村数字电影2854场。广场、社区和农林牧场农村数字电影放映510场。

【“户户通”工程】 一是完成2011年10370户20户以下盲点自然村广播电视户户通设备的安装和网上注册工作,并实施了500户MMDS电视信号进农户和广播电视直播卫星接收信号双模结合的实验。二是完成团结村306户试点双模接收广播电视信号的安装任务。

【城市影院】 实现了电影设备数字化。全年共放映电影620场(次);接待各种会议20场(次);接待歌舞演出团体23个。

须弥山石窟旅游管理

【概述】 全年共接待游客14.6万人次(其中:接待两次节庆活动和农历四月初八庙会人数为5.5万人次;接待上级考察团队2万人次;免费接待军人团体、老年人、残疾人人数为1.8万人次),直接门票收入89万元,与去年同期相比分别增长14%和25%,取得了一定的经济效益和较好的社会效益。

【景区管理】 从创建文明旅游服务着手,以提高景区员工素质为突破口,统一着装,挂牌上岗。建立健全了景区服务人员上岗公示制度、学习制度、工作考核制度等15项工作制度,从员工的言行举止到服务的每一个环节都进行了严格规范,要求接待人员微笑服务,尊重每一位游客。同时,建立健全了有利于景区发展和提高员工积极性的工作机制,强化了岗位职责,倡导文明服务,公开了监督投诉电话,赢得了游客及社会各界对景区工作的好评。较好地完成了各级党政领导、机关和各有关业务部门对须弥山景区的考察调研接待任务。全年旅游接待工作秩序井然,通畅有序,没有发生一例旅游安全责任事故,没有出现一例旅游投诉事件。

【宣传推介】 一是成功举办系列文化节庆活动。先后举办"宁夏第七届六盘山(须弥山)山花旅游节"、"农历四月初八日文化庙会"和"须弥山博物馆开馆仪式"等节庆文化活动,不仅有效传承和发扬了须弥山的传统文化,极大地丰富了市民和游客的文化生活,而且打造了良好的旅游文化品牌,提高了须弥山景区知名度,促进了原州区旅游业的发展。二是继续抓好以电视台、同程网和《中国旅游报》等全国性媒体为重点的电视、报刊、网络三大媒体宣传,在《宁夏日报》、《固原日报》、《新原州报》等报刊留出一期专版进行宣传报道;制作大型广告宣传牌11块,重新制作喷绘版面15块和旅游宣传橱窗1个;利用节假日和节庆活动,发放宣传册页、张贴画5万多份进行宣传。三是进一步加大市场促销力度。一手抓省内市场。景区营销人员先后赴银川、中卫、吴忠、石嘴山等地走访当地旅行社,通过了解客户需求、发放宣传资料、洽谈合作事宜,进一步巩固了省内旅游市场。一手抓省外市场。全力开拓省外旅游市场。积极参与国家、省、市组织的旅游交易会、展示会,全年共参加各类旅游博览会、交易会、旅游展8次,发放宣传单、张贴画、DVD光盘等宣传资料5万余份,在银川、西安两地召开旅游宣传推介会,特别是在西安召开固原市原州区须弥山文化旅游推介会,原州区政府区长张戈亲自带队,与区委、人大、政协等分管领导一道分赴各地进行旅游宣传促销,发放宣传册页、张贴画1.5万份,并与西安航空旅游组织人员进行接洽,取得良好的效果。取得了旅游宣传促销和精神文明建设双丰收。

【博物馆运营】 须弥山博物馆管理权移交后,原州区委、政府高度重视,责成须弥山石窟文物管理所实施管理职责。文管所积极组织人员快速熟悉业务,加强和规范博物馆内部管理工作,优化配置并合理利用资源,提升服务质量和服务水平。须弥山博物馆自开馆运营以来,以宏伟精制的建筑布展,良好整洁的参观环境,优质高效的服务接待得到了上级领导和同行的高度评价和肯定。

【旅游安全】 牢固树立"安全是文物旅游生命线"的思想,以"优美环境,优良秩序,不使每一位游客受委屈"为目标,专门成立了旅游安全和综合治理领导小组,扎实开展旅游安全生产及旅游市场秩序管理综合整治工作,建立健全了相关制度,签订安全责任承包书,层层落实安全责任,加强对景区旅游安全、文物保护、防火等检查督促工作。使景区从业人员安全生产意识进一步提高,景区旅游市场进一步规范,全年未发生一起安全责任事故,实现第十八个文物安全年,为游客创造了一个安全、有序、和谐的游览环境。

【申报国家级风景名胜区】 在原州区委、政府的高度重视和自治区住房和城乡建设厅的大力支持下,须弥山石窟景区积极申报国家级风景名胜区,已通过专家委员会和国务院评审。

卫　生

【概况】 原州区卫生局是区人民政府主管卫生工作的职能部门,主要承担原州区卫生工作的规划、管理、协调、服务和执法职责。内设机构有办公室、业务股、财务股和项目办公室。原州区卫生系统现有公立医疗卫生机构18所，其中：区直医疗卫生机构5所，即原州区医院、疾病预防控制中心、妇幼保健院、卫生监督所和精神康复医院，社区服务中心2所、乡镇卫生院11所；有民营医院5所；有社区村卫生室210个，有乡村医生226名。公立医疗卫生机构有各类人员642人，共设病床700张，每千人拥有医疗卫生专业技术人员2.4人，每千人拥有床位数1.56张。2011年，原州区卫生系统，围绕“保基本，强基层，建机制”的思路，以医改为推手，以民生为重点，以项目为支撑，精心部署，狠抓措施，整体推进，各项工作取得明显成效。共落实续建项目资金1100万元，完成了原州区医院综合楼等3项重点工程项目建设。共为农村50岁以上老年人免费进行健康体检70043人，进行适龄妇女宫颈癌筛查12067人，实施白内障患者复明手术187例，完成率分别为100.6%、120.6%和144%。认真落实“四免一救助”及国家重大卫生项目各项措施，共免费完成农村孕产妇住院分娩5886人，新生儿苯丙酮尿症和先天性甲状腺功能减低症筛查6207人，听力筛查5030人，免费救治苯丙酮尿症患儿5例、先天性甲状腺功能低下2例；免费婚前医学检查6896人；完成叶酸普服5909人；确诊并治疗活动性肺结核病人211例；完成孕产妇艾滋病、梅毒和乙肝检测分别为7330、4968、4828人；建设农村改水卫生厕所1520座，超额完成20座。建立居民健康档案33.25万份，基础免疫疫苗接种率98.25%，扩大免疫疫苗接种率95%以上，传染病报告发病率为267.39/10万，糖尿病规范管理率97.7%，高血压病规范管理率97.53%，居民碘盐使用率达到100%。妇幼保健管理收效明显，孕产妇系统管理率为95.5%，0~6岁儿童系统管理率82%。全年各类场所卫生监督覆盖率达到100%，违法行为查处率100%，食品卫生监督覆盖率100%。

【医疗服务】 进一步完善区、乡、村三级医疗卫生服务网络体系，全面落实基本医疗保障制度和国家基本药物制度。年末城镇职工医疗保险市本级参保人数3.67万人，完成目标任务（35640人）的103%；城乡居民参保人数34.02万人，参保率达96.84%。为30.2万人次报销医疗费用2704.21万元，其中门诊就诊29万人次，核销费用407.05万元；产妇住院分娩定额补助2741人162.12万元；住院报销9351人次2135.04万元，人均报销2283.2元。全区22所公立医疗卫生机构、210家村卫生室全部执行基本药物制度，2家县级医院基本药物使用均达90%以上，卫生院、社区卫生服务中心、村卫生室均达100%。加快推进公立医院改革，提高医疗服务水平。以区医院为试点，创新管理机制，各项改革措施逐步深入。一是转变用人和收入分配机制。建立了以劳动合同为基础的全员聘任制，合理确定全院人员工资水平，实行工资总额控制和绩效考核。二是加强医疗质量与用药管理。建立首诊、危重病人抢救、手术分级管理、新技术准入等16个核心制度，强化技术、病案、护理等管理措施，提高医疗质量。三是实行临床路径管理。开展“优质护理服务示范工程”，制订了《原州区人民医院开展临床路径管理试点工作实施方案》和《医院临床路径手册》，确定了13个科室15种疾病为试点病种，目前已进行了80例次的路径管理。四是加强医德医风建设。建立长效监督机制和院务公开制度建设，增加工作透明度，坚决抵制医疗不正之风。积极开展“三好一满意”活动，使服务质量、医德医风和群众满意度不断提高。

【疾病预防控制】 一是落实“健康宁夏全民行动”措施。制作展板110块、墙面喷绘8处、宣传栏20个、横幅60条，组织广场宣传活动6场次，发放教育读本6万余本、健康服务包3万个、健康教育处方12万余张，健康教育覆盖率达到100%，群众健康知识知晓率达到80%以上。二是加强健康档案管理。建立健康档案33.25万人，其中农民健康档案26.29万人，建档率76.69%，城镇居民建档69533人，建档率93.74%，高血压病规范管理7843人，规范管理率97.53%，糖尿病规范管理530人，规范管理率97.43%。三是开展农村65岁以上老人健康规范管理。共完成健康体检33265人，规范管理31443人，规范管理率94.52%。四是传染病监控措施得力。报告传染病17种1199例，报告发病率为267.93/10万，结核病病人发现率达

85%以上,治愈率达 85%以上,监测手足口病 244 例,采样 80 例,监测出疹性疾病 2 例,对 6 岁以下 243 名适龄儿童进行了麻疹疫苗查漏补种,全年麻疹发病率控制在 10/100 万以内。五是免疫规划整体推进。基础疫苗接种率达 98.21%,扩免疫苗接种率 95%以上,乙肝疫苗全程接种率达 99.80%,儿童脊髓灰质炎强化免疫第一阶段完成 49300 人。六是提高地方病防治水平。居民户食用盐监测合格率为 100%,8~12 周岁儿童氟斑牙检出率为 24.53%,共管理包虫病病人 251 人,发放犬驱虫药 45 万片。七是筛查精神疾病可疑患者 1023 例,诊断复核患者 515 例,确诊农村癫痫病 395 例,治疗 395 例。八是开展了各类人群艾滋病病毒抗体检测 17770 人,指导原州区人民医院开展 PITC 工作,受检人数达 2236 人次,干预各类人群 6087 人次。九是共登记报告肿瘤病例 153 例,其中新发肿瘤病例 85 例,死亡病例 68 例,占控制指标数的 2.5‰。

【妇幼保健】 一是妇幼保健管理指标顺利完成。住院分娩率为 99.7%,高危孕产妇筛查率 36 %,高危住院分娩率为 100%,3 岁以下儿童系统管理率 85%,7 岁以下儿童保健管理率为 82%,孕产妇保健管理率为 94.09%,新生儿死亡率为 5.6 ‰,婴儿死亡率为 8.4 ‰,5 岁以下儿童死亡率为 9.7‰,孕产妇死亡 1 例,孕产妇死亡率 14.77/10 万,无新生儿破伤风病例发生。二是扎实开展“四免一救助”项目。共完成农村孕产妇免费住院分娩 5886 人,补助 5485 人,补助率 95.6%。完成新生儿苯丙酮尿症和先天性甲状腺功能减低症筛查 6207 人,筛查率 75.25%,听力筛查 5030 人,筛查率 60.98%,筛查出并救治苯丙酮尿症患儿 5 例、先天性甲状腺功能低下 2 例。免费婚前医学检查 6896 人,婚检率为 93.5%。三是重大妇幼卫生项目有效实施。完成农村妇女宫颈癌筛查 13699 人,其中组织病理学检查人数 95 人,确诊患者 1 例。孕产妇艾滋病、梅毒和乙肝检测人数分别是 7330、4968、4828 人,其中乙肝检测阳性 193 人,完成叶酸普服 12420 人,普服率 97.55 %。

【卫生监督】 一是突出卫生监督协管工作。制定《原州区卫生监督协管服务指南》,规范监督协管标准和要求,重新聘任卫生系统 35 名卫生监督协管员和 224 名村级卫生检查信息员,增强卫生监督协管工作综合能力。二是加强食品卫生风险监测。配合市食品药品监督局对 3 家学校食堂,22 家餐馆的食用油、乳制品、盒饭、食用醋、火锅底料等进行采样抽检,合格率为 87%。三是加强重点职业病监测和专项调查。对存在职业危害因素的砖厂、采砂场、汽修厂等 28 家企业进行了摸底调查,发现接触危害因素人员 241 人,检查放射诊疗机构 7 家,完成了放射卫生重点监督。四是积极开展量化分级管理。突出对餐饮服务行业和公共场所卫生的监督和规范管理,共检查餐饮单位 1024 家,公共场所 524 家,其中餐饮业评定 A 级 5 家、B 级 4 家,其余均为 C 级,量化定级达到 100%,公共场所量化评定 A 级 3 家、B 级 1 家,其余均为 C 级,量化率达到 100%。五是严厉打击非法行医、非法采供血违法行为。共出动卫生执法人员 150 余人次、车辆 66 台次,监督检查医疗机构 92 家、美容院 10 户次、药店 10 户次,共查处违法案件 5 起,依法取缔游医 5 家,对 20 件器械进行了封存,没收药品 11 件,监督覆盖率达到 100%。对各医疗机构开展校验和消毒效果监测采样工作,共采样 555 份,合格率 97.66%。六是开展城乡饮用生活水监测。共采水样 41 份,其中水库水 3 份、深井水 16 份、浅井水 4 份、泉水 12 份、沟塘水 6 份,经检测均符合生活饮用水卫生要求。 (慕　强)

史志研究

【概况】 2011 年,原州区史志工作在区委、政府的正确领导和上级业务部门的精心指导下,坚持以科学发展观为统领,以"资政、存史、育人"为根本任务,围绕出成果、出精品的目标,突出重点,统筹兼顾,创新工作思路,强化工作措施,落实工作责任,党史和地方志各项工作稳步推进。结合工作实际,组织工作人员认真学习业务知识,深入研究各类志书及其编纂的方法,总结经验、吸取教训,同时坚持开门办史,充分利用评审会、专业培训、互联网、电话等载体经常与相关单位加强联系，交流经验，年内参加了自治区党史、史志专题培训3人次，参加各类评审会3次，到全国史志先进县彭阳县实地考察学习，坚持以会代训，以稿带训的方式，不断提高工作人员业务素质。

【党史工作】 进一步挖掘整理编撰社会主义时期的党史资料。把开展党史资料的征集工作作为一项重要的工作内容常抓不懈。经过全体干部共同努力，2011年编撰完成了《中共固原市原州区(固原县)历次代表大会简介》和《中共固原市原州区(固原县)历任书记、副书记及常委名录》。

积极探索党史宣传教育的新形式和新方法，利用网络、电视、报纸、刊物、发放宣传资料等多种形式开展党史宣传教育"六进"活动，不断增强党史宣传教育的感染力、说服力、影响力，使党史宣传教育取得显著成效。积极与外县市开展党史工作交流，先后与各市县党史部门交流史书资料百余本，向各种报刊杂志刊登稿件21篇，既向外界推介宣传了原州，又实现了史志资源的共享。

【史志宣传】 结合"5·18"地方志宣传日，通过悬挂横幅、张贴标语、制作光盘、发放资料、邀请专家举办史志知识专题讲座等形式广泛宣传国务院《地方志工作条例》及史志知识，通过学习宣传，提高了党政部门和社会公众对《地方志工作条例》的知晓率和认知度，促进了干部和公众学史、用史的积极性，在全社会形成关心支持地方志工作的新局面，全年共印发宣传单2000余份。同时，充分发挥史志资料优势，对来访人员、查史人员热情接待，提供史书、史料，积极做好咨询服务，开展咨询服务200余人次。

【史志资料收集】 广泛向各行各业征集我区历史文化资料及反应当代建设的新事物、新成就，丰富完善志鉴资料库。同时，利用《宁夏日报》、《固原日报》和《新原州》、《宁夏史志》等登载原州区各行各业的相关资料，还与区档案局、区委办和政府档案室积极联系，完成了《原州大事记》的编纂，以备修志之用。完成了自治区、固原市年鉴资料报送工作 。

【遗址普查】 做好革命历史遗址普查工作。深入青石、三营等地对革命历史遗迹进行普查调研，并对资料进行了搜集整理，刊登于《宁夏史志》、《共产党人》、《宁夏党史》、《固原日报》及《新原州》。

【帮扶结对】 继续深入开展包扶社区联系点工作，建立健全扶贫帮困的长效机制，确保帮扶工作经常化、制度化。按照原州区"城乡联动双诺整推"活动党员结对的要求，克服人员紧、工作任务重等实际困难，坚持局部利益服从整体利益，在人力物力上全力支持。多次深入帮扶点和结对户家中，走访了解情况，帮助他们出主意、想办法，解决生产、生活中难题，提高他们的生活质量和经济收入。

人 物

中国共产党固原市原州区第二次委员会常委简介

【吴万俊】 男，回族，1964年生，宁夏贺兰县人，1984年参加工作，1984年7月加入中国共产党，中央党校大学学历。

1982.08~1984.07 宁夏农业学校学习

1984.07~1987.07 贺兰县种子公司技术员

1987.07~1991.07 宁夏党校经济管理专业学习

1991.07~1995.02 贺兰县种子公司办公室主任

1995.02~1999.10 贺兰县委组织部副科级组织员、贺兰县委组织部副部长、知识分子工作办公室主任

1999.10~2001.12 贺兰县习岗镇党委书记

2001.12~2002.03 贺兰县委常委、政法委书记、习岗镇党委书记

2002.03~2003.01 贺兰县委常委、政法委书记

2003.01~2004.11 贺兰县副县长(2003.09~2006.07 中央党校研究生院在职研究生班经济专业学习)

2004.11~2006.10 贺兰县委常委、常务副县长

2006.10~2007.06 银川市兴庆区区委副书记

2007.06~2010.01 原州区委副书记、政府代区长、区长

2010.01~2011.06 原州区委书记

2011.06~ 固原市委常委、原州区委书记

【张戈】 男，1966年4月生，宁夏平罗县人，1988年参加工作，1995年加入中国共产党，大学学历。

1984.09~1988.07 宁夏大学数学系学习

1988.07~1993.07 惠农县下营子中学教师

1993.07~1994.08 惠农县焦化厂工作

1994.08~1995.08 惠农县法院文书、书记员（1994.09~1996.02 全国政法干部业余法律大学专业证书班学习）

1995.08~1998.02 惠农县政府办公室副主任

1998.02~2000.12 惠农县政府办公室主任

2000.12~2002.01 惠农县政府办公室主任、县志编纂委员会办公室主任

2002.01~2004.02 惠农县委常委、宣传部部长

2004.02~2004.06 中卫市广播电视局牵头人

2004.06~2007.03 中卫市广播电视局局长

2007.03~2010.01 中卫市发展和改革委员会主任

2010.01~2011.01 原州区委副书记、政府代区长

2011.01~ 原州区委副书记、政府区长

【房正纶】 男，1965年12月生，宁夏西吉县人，1982年参加工作，1987年8月加入中国共产党，宁夏党校研究生学历。

1979.09~1982.07 固原农校水利专业学习

1982.07~1983.01 西吉县水利水保局工程设计技术员

1983.01~1984.09 西吉县东坡水管所所长

1984.09~1985.12 西吉县水利水保局业务股股长

1985.12~1996.01 西吉县水保站站长（1997.08~1999.12 中央党校函授学院本科班行政管理专业学习）

1996.01~1998.03 西吉县水利水保局副局长

1998.03~2004.04 西吉县水利水保局局长

2004.04~2007.09 西吉县政府副县长
2007.09~2011.02 隆德县委常委、副县长
2011.02~ 原州区委副书记

【郭兆虎】 男,1962年5月生，宁夏海原县人,1981年7月参加工作,1994年9月加入中国共产党，在职大学学历。

1981.07~1984.09 海原县兴仁学区任教
1984.09~1986.07 宁夏教育学院中文系上学
1986.07~1989.08 海原县教师进修学校工作
1989.08~1990.08 海原县关庄乡工作
1990.08~1992.02 海原县司法局工作
1992.02~1996.08 海原县委农工部干部
1996.08~1997.11 海原县委农工部副部长（1993.05~1997.10 西北政法学院法律本科班自考学习毕业）
1997.11~1999.04 固原市工委办公室干部
1999.04~2000.01 固原市工委办公室正科级秘书
2000.01~2002.12 固原市工委办公室信息科科长
2002.12~2007.09 固原市委副秘书长
2007.09~ 原州区委常委、纪委书记

【刘世生】 男,1961年生，宁夏固原人,1982年参加工作,1986年6月加入中国共产党,在职大学学历。

1979.09~1982.07 固原卫生学校上学
1982.07~1983.10 固原地区六盘山林管局干部
1983.10~1993.02 固原地区公安处技术科干部（1985.09~1986.07 河南洛阳医学专科学校学习）
1993.02~1998.09 固原地区公安局技术科副科长(1992.09~1995.05 中国人民公安大学自考管理专业学习）
1998.09~2003.05 固原市公安局技术科科长
2003.05~2007.04 固原市公安局刑事侦查支队政委
2007.04~2009.05 固原市公安局刑事侦查支队支队长
2009.05~ 原州区委常委、政法委书记、原州公安分局局长

【李占科】 男,1964年生，宁夏彭阳县人,1983年参加工作,1987年6月加入中国共产党，宁夏党校大学学历。

1980.09~1983.07 固原农校牧医专业学习
1983.07~1983.10 参加固原县举办的乡镇换届普选工作
1983.10~1984.02 彭阳县交岔乡干部
1984.02~1986.08 彭阳县政府农牧科干部
1986.08~1989.07 宁夏重工业职工大学经济管理系学生
1989.07~1990.04 彭阳县政府畜牧科干部
1990.04~1993.07 彭阳县政府办公室干部
1993.07~1996.04 彭阳县政府办公室副主任
1996.04~1999.08 彭阳县彭阳乡党委书记（1997.04~1998.01 福建省龙海市东园镇挂职任副镇长）
1999.08~2001.09 彭阳县扶贫扬黄灌溉工程指挥部办公室党支部书记、主任
2001.09~2002.08 彭阳县农牧与科学技术局党总支副书记、局长
2002.08~2003.12 彭阳县农牧与科学技术局党委副书记、局长
2003.12~2004.04 彭阳县委办公室主任
2004.04~2006.01 彭阳县委常委、办公室主任
2006.01~2006.09 彭阳县委常委、政法委书记
2006.09~2007.09 彭阳县委常委(2004.09~2006.12 宁夏党校本科班经济管理专业学习）
2007.09~2009.10 彭阳县委常委、副县长
2009.10~ 原州区委常委、副区长

【马银轩】 男,1963年3月生，宁夏隆德县人,1983年参加工作,1986年5月加入中国共产党,大学学历。

1979.09~1983.07 宁夏农学院牧医系畜牧专业学习
1983.07~1986.03 隆德县农牧局干部
1986.03~1996.07 隆德县农牧局副局长
1996.07~1998.03 隆德县陈靳乡政府乡长
1998.03~1999.07 隆德县陈靳乡党委书记

1999.07~2002.11 隆德县委组织部副部长、机关党委书记

2002.11~2004.12 隆德县农牧与科技局局长

2004.12~2008.01 固原市纪委派驻经济管理部门联合纪检组组长

2008.01~2008.06 固原市纪委派驻经济管理部门联合纪检组组长、信访举报室主任

2008.06~ 原州区委常委、组织部部长

【何锟】 男,1963年12月生,天津南开人,1984年参加工作,1984年6月加入中国共产党,在职大学学历。

1981.09~1984.07 固原师专数学系上学

1984.07~1987.09 固原教师进修学校教师

1987.09~1989.07 宁夏教育学院数学系上学

1989.07~1996.05 固原县人大办公室干部

1996.05~1998.05 固原县人大科教文卫委副主任

1998.05~2003.05 固原县人大科教文卫委主任

2003.05~2007.05 固原市人大办公室接待科科长

2007.05~2007.09 固原市人大财政经济工作委员会副主任

2007.09~2011.09 原州区委常委、统战部部长

2011.09~ 原州区委常委、政府副区长

【马秀梅】 女,回族,1978年11月生,宁夏西吉人,1997年参加工作,1997年7月加入中国共产党,中央党校大学学历。

1994.09~1997.07 固原民族师范学习

1997.07~1999.09 西吉县西滩乡大岔小学教师

1999.09~2001.07 中央民族大学学习

2001.07~2003.05 西吉县团委工作

2003.05~2005.01 固原市团委工作

2005.01~2007.04 固原市团委办公室副主任

2007.04~2007.09 固原市团委学校部部长(2005.08~2007.12 中央党校函授学院法律专业本科班学习)

2007.09~2008.04 固原市团委副书记(正科级)

2008.04~2010.05 固原市团委副书记(正科级)、党组成员

2010.05~2011.09 固原市团委副书记、党组成员

2011.09~ 原州区委常委、统战部部长

【李学军】 男,1968年生,河北栾城人,1986年参加工作,1988年4月加入中国共产党,大学学历。

1986.11~1987.03 63教导师163团服役

1987.03~1990.09 步兵61师后勤部汽车营通讯员

1990.09~1992.04 步兵61师后勤部汽车一连任排长

1992.04~1994.04 步兵61师后勤部运油料科任副连职助理员

1994.04~1997.06 步兵61师后勤部汽车一连任连长

1997.06~1998.11 步兵61师侦查营任副营职军运助理员

1998.11~1999.11 步兵61师后勤部油料科任副营职助理员

1999.11~2003.01 步兵61师装甲团任后勤处长

2003.01~2007.02 步兵61师装备部任副部长

2007.02~2010.05 隆德县人武部政委

2010.05~2011.01 原州区人武部部长

2011.01~ 原州区委常委、人武部部长

【郑宜成】 男1964年3月生,原州区彭堡镇人,1985年参加工作,1995年加入中国共产党,在职大学学历。

1982.09~1985.07 固原师专中文系学习

1985.07~1991.08 固原县头营中学任教(1988.09~1990.07 宁夏教育学院汉语言文学本科班学习毕业)

1991.08~1996.01 固原县教育局干部

1996.01~1998.05 固原县委宣传部干部

1998.05~2003.01 原州区精神文明办公室副主任

2003.01~2007.09 原州区文联主席

2007.09~2011.09 原州区委办副主任、政研室主任

2011.09~ 原州区委常委、宣传部长、政研室主任

“全国五一劳动奖章”获得者

【陈明】 男，汉族，1967年3月生，宁夏海原县人，中共党员，大学学历，小学高级教师。1988年7月固原民族师范学校毕业，1988年8月参加工作，历任班主任、教研组长、教务主任、副校长、校长，现任原州区第六小学校长。曾荣获原州区教育局“优秀党务工作者”、原州区和固原市“优秀校长”、“宁夏贫困地区中小学教师师德建设先进个人”、自治区“第二届全区中小学幼儿园教研工作先进个人”、中国教育学会全国知识产权局“创新型校长”、“全国五一劳动奖章”。

从事教育教学和管理工作以来，他始终把学习当作一种责任、一种境界、一种追求。深入学习公共知识、教育教学和管理理论等内容，内化思考，学以致用，以自己的学识修养引领和打造学习型、创新型团队和书香校园。在工作中他率先垂范、求真务实、锐意创新，处处实践着他“关爱生命、关注未来、培养有素养的中国人”的育人理念，以“德育为首重养成，全面发展创特色”的办学理念，以润物细无声的人格魅力感染、感动着身边的人。多年来，他所任教的学科成绩优异，所管理的学校蓬勃发展。原州六小曾获原州区“小三手”比赛七连冠、“自治区文明单位”、“自治区党建工作示范点”、“全国艺术教育先进集体”、“全国优秀少先队集体”等各项荣誉。在教学改革中，在学校管理中他始终勤奋钻研、默默前行……

原州区第二届十大道德模范人物简介

敬业奉献模范

【王成吉】 男，49岁，汉族，原州区开城镇小马庄村柳沟小流域护林员。20年如一日，凭借坚韧不拔、吃苦耐劳的精神，治理了3700亩寸草难生的柳沟，使柳沟成为宁夏南部干旱山区小流域治理典型。管好林木的同时，他还发展多种经营，在沟里打大小塘坝11座，栽树200万株；在塘坝内种植苜蓿、芦苇，还育苗、投鱼苗、养鸭子；在林区内种植了大黄等中药材，林草覆盖率从5.6%提高到73%。科学地证实了“生态链”式的滚动发展，走出当前山区可持续发展的新趋势，专家估算他经营的柳沟，其生态、社会效益已逾千万。2005年他获得“中国十大民间环保优秀人物”；2006年获得“全国绿化劳模”和“地球奖”提名奖，受到党和国家领导人接见；2007年获得“中国环保优秀人物奖”；2010年获得“宁夏2009年度感动人物”和“第六届中华宝钢环境奖”。

【景贵荣】 男，47岁，汉族，中共党员，张易镇民政助理员。他深入22个村委会走访调查，规范完善了救灾款物分级发放制度；灾害发生时，穿梭于房子随时都有可能倒塌的现场，第一时间扑救火灾等，为群众排危解难；帮扶穷困弱势群体，维护老年人合法权益，想方设法为老年人谋福利；用爱感化上访人员，维护了社会稳定，得到党委、政府及主管部门肯定。2009年获得自治区民政厅“先进工作者”；2007年、2008年、2009年连续三年被考核为年度优秀，并受到区委的表彰，授予“优秀共产党员”称号。如今，他虽身患重病却一如既往地立足岗位，默默奉献。

【赵克学】 男,48岁,汉族,中共党员,农艺师,原州区科技局技术干部,从事农业技术工作30年,总结出“上黄经验”,为黄土高原综合治理和宁南山区农业经济发展树立了榜样,多次受到上级表彰和奖励。1992年,由他参加的“固原黄土丘陵区农业优化结构调控增产技术研究”获自治区人民政府三等奖;1996~1998年在官厅乡推广“窑窖农业技术体系试验示范”获自治区人民政府三等奖;1998年获国家科委“振华、王义锡科技扶贫奖励基金”服务奖。2007年以来他作为原州区首批科技特派员在三营示范园区实施“宁南山区设施农业节水高效技术研究开发与示范基地建设”项目,长期驻点在园区,和宁夏大学技术人员,围绕20栋科技示范棚开展了引进35个新品种及技术服务等工作,吸收创新设施蔬菜新技术5项,为发展节水、高产、高效、优质设施农业生产提供技术支撑。他恪尽职守、贡献突出,曾八次获原州区优秀公务员。

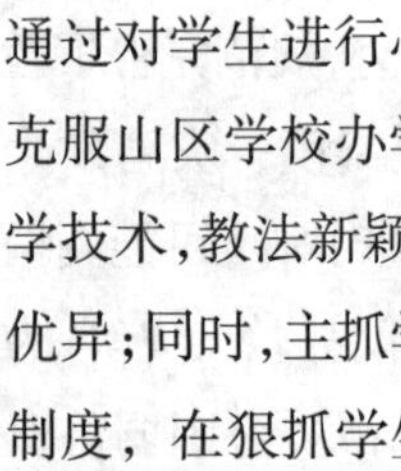

【杨秀花】 女,35岁,回族,中共党员,大学本科学历,中学一级教师,1995年参加工作,现任张易中学副校长职务。她扎根农村,从事山区教育工作,先后担任班主任10年,以爱育爱,坚持赏识教育,关爱农村留守儿童,不断创新教育方法,通过对学生进行心理健康教育,深受农村学生爱戴;克服山区学校办学条件限制,在教学中引进多媒体教学技术,教法新颖灵活,课堂氛围民主和谐,教学成绩优异;同时,主抓学校德育工作,建立健全班主任管理制度,在狠抓学生行为习惯养成工作上成绩卓著,并想方设法减少农村贫困学生辍学,为当地普及九年义务教育工作作出了不懈的努力。曾获固原市“优秀教师”、“全国优秀教师”、“全国教书育人十大楷模”提名奖等荣誉称号。

【樊俊】 男,31岁,汉族,中共党员,原州区计生局干部,对工作认真负责,不断进取,多年如一日,经常加班加点,任劳任怨,从不计较个人得失。为了让全区广大育龄群众能得到及时便捷的计生服务及政策法规知识,他付出了常人无法想象的艰辛,经常背着干粮、拿着宣传资料和调查表,一走就是十几天,风里来,雨里去,跑遍了全区220个行政村1138个村民小组,调查访问农户8万余户。每当面对群众的不理解时,他总是耐心、细致地讲解,直到群众满意为止,得到广大育龄群众及计生干部的高度评价,为我区人口和计划生育工作扎实开展采集到了第一手资料。2006年以来,连续四年被原州区委、政府评为全区人口和计划生育先进工作者。

【马彦平】 男,36岁,回族,中共党员,固原市原州区检察院公诉科干部,先后在刑事检察科、反贪污贿赂局、政工科、办公室、民事行政检察科和公诉科等部门工作。不论是做书记员,还是担任检察官,他都倾心检察,兢兢业业,严于律己。他在民行科工作中所办理的案件无一差错,提请抗诉上级院支持率70%,再审检察建议法院采纳率100%。2009年,马彦平参加国家司法考试获得通过,并结合检察工作实践先后撰写了《正确处理群众诉求,提高检察机关构建和谐社会的能力》、《检察机关贯彻宽严相济刑事司法政策理论探讨》等理论调研文章,多次被评为区、市优秀论文;在探索创新工作制度、工作机制方面作出了贡献,提升了检察机关的监督形象。他8次被评为原州区检察院先进工作者和优秀共产党员,三次获原州区“优秀青年”等光荣称号,2006年获固原市检察系统先进个人,2009年先后被评为原州区和固原市道德模范,2010年荣获全市检察系统“恪守检察职业道德、促进公正廉洁执法”先进个人称号。

诚实守信模范

【马恩亮】 男,48岁,回族,中共党员,固原通用机械有限公司总经理,党支部书记。自1998年被任命为固原通用机械有限公司总经理以来,他在企业处于半停产状况下,临危受命,勇于探索,带领全体员工经过多年的艰苦拼搏,使一个名不见经传的小企业,一跃成为宁夏农机制造行业颇具竞争优势和发展前景的生产厂家,固原市原州区的名星和龙头企业,2001~2007年连续七年在固原市原州区年度综合考核中被评为“先进工业企业”。马恩亮同志先后19次获得上级部门“先进工作者”等称号,2001年、2005年他被自治区授予“优秀青年企业家”和“自治区劳动模范”荣誉称号。2003年、2006年光荣当选为固原市第一、二届党员代表大会代表,2009年10月被中国农业机械流通协会授予“全国农机行业优质服务优秀经理”。

孝老爱亲模范

【薛吉满】 男,48岁,汉族,中共党员,原州区清河镇东峡村村主任,1980年薛吉满来到潘玉梅家当了上门女婿后,照顾78岁双目失明的岳母20多年,岳母住院期间,他孝敬岳母胜似亲生儿,在十里八乡传为佳话。2007年薛吉满以全票通过推选为该村村主任,他自己拿出5000元为村上修通了道路。女儿、女婿在他谆谆教诲下对老人也非常孝敬,夫妻恩爱,和睦相处,日子过得红红火火。2009年薛吉满获得原州区文明办、原州区妇联评选的十佳“好女婿”称号。

【庞虎】 男,31岁,回族,头营镇陈庄村三队农民,家中共有7口人,父母、妹妹及他一家四口,生活拮据。2004年为了给患风湿性心脏病的妹妹庞梅治病,他将家中的所有牲畜卖掉,倾其所有,四处借债,凑齐了在宁夏附属医院为妹妹做心脏手术的5万元费用。近几年来,他通过在外打工挣钱,节衣缩食还清了债款,还用不宽裕的积蓄实现了年过花甲的父母去麦加朝觐的心愿,孝心怔怔。随后不幸的是妹妹庞梅在婚后一年心脏病复发,急需去北京手术,他带着仅有的一点积蓄和向亲戚朋友所借的钱含泪离家赴京为妹妹做手术,共花费了22万元,其中17.5万元是高利贷借款,所幸的是妹妹术后逐渐康复。现在面对欠下的巨额贷款,他坚强承担,无怨无悔,因为他说为了家人的幸福而奋斗是一件快乐的事情。

见义勇为模范

【何万成】 男,47岁,回族,中共党员,原州区三营镇鸦儿沟村二组农民。这位普通的农民货车司机在千里之外的陌路,在戈壁滩的深夜寒风中,无私无畏、义无返顾地挽救了四位因车祸生命垂危的维吾尔族同胞生命。事后,他深缄其口,不事声张,直到千里来信,刘小河书记批示才被“侦破”!这是高尚的品德,这是凡人的义举,这是人性的光彩。这既是对宝贵生命的珍爱、道德情操的彰显,更是对民族团结的维护,是时代精神的火炬。

荣誉榜

先进集体

获市级以上表彰的先进单位名录

获奖单位	获奖称号	授予单位	时间
财政局	2011 年全国科普惠农兴村先进单位	中国科协、财政部	2011.6
安监局	获国家安监总局和全国总工会举办的2011 年落实企业安全生产主体责任知识竞赛优胜单位	国家安监总局	2011.6
安监局	2011 年安全生产单位	自治区人民政府	2011.6
科技局	“中国(西部)冷凉蔬菜之乡”称号	中国特产之乡推荐暨宣传活动组织委员会	2011.7
科技局	“中国马铃薯种薯之乡”称号	中国特产之乡推荐暨宣传活动组织委员	2011.10
科技局	“三农科技服务金桥奖先进集体”	中国技术市场协会	2011.3
财政局	全区财政系统干部教育培训工作先进单位	自治区财政厅	2011.3
财政局	扶贫开发定点帮扶先进单位	宁夏回族自治区扶贫开发领导小组	2011.4
财政局	全区财政系统干部教育培训工作先进单位	自治区财政厅	2011.7
教育局	全区学生资助工作先进集体	自治区教育厅	2011.2
教育局	国家学生体质健康标准测试数据上报工作先进单位	教育厅	2011.1
消防大队	消防产品监督管理工作先进大队	公安部消防局	2011.1
原州区总工会	“推动工资集体协商规范化建设”、“‘工字号’创业带动就业工作”	自治区总工会	2011.1
原州区总工会	全区“工字号”创业带动就业工作先进集体	自治区总工会	2011.12

续 表

获奖单位	获奖称号	授予单位	时间
原州区总工会	模范县级工会	自治区总工会	2011.12
水务局	全区水利工作先进集体	自治区水利厅	2012.1
水务局	自治区节水型社会建设先进集体	自治区节水型社会建设领导小组	2011.4
水务局	自治区大中型水库移民后期扶持项目先进集体	自治区大中型水库移民工作领导小组	2011.3
水务局	自治区农田水利基本建设“黄河杯”竞赛一等奖	自治区水利厅	2012.1
烟草局	2011~2014年度区级“文明单位”荣誉称号	宁夏回族自治区文明委	2011.1
烟草局	全区依法治理示范单位	宁夏回族自治区依法治区领导小组	2011.5
烟草局	普法“先进集体”	宁夏区烟草专卖局(公司)	2011.5
烟草局	2009~2010年度A级纳税信用单位	宁夏回族自治区国家税务局、地方税务局	2011.12
烟草局	2011年度全区烟草系统安全生产工作先进单位	宁夏区烟草专卖局(公司)	2011.12
工商一分局	“五五”普法先进单位	自治区依法治区领导小组	2011.7
工商一分局	全区先进社会组织	自治区民政厅	2011.6
工商一分局	“五星级”工商所	自治区工商局	2012.1
科技局	农业科技进步先进集体	自治区党委农村工作领导小组	2011.1
科技局	全区农村信息化工作先进集体	宁夏回族自治区科技厅	2011.2
水务局	自治区农田水利基本建设“黄河杯”竞赛一等奖	自治区水利厅	2012.1
科技局	科普工作先进集体	宁夏回族自治区自治区科技厅、宣传部、科协	2011.4
科技局	农业科技110(星火12396)先进单位	宁夏回族自治区农村科技发展中心	2011.12
消防大队	2011年全区安全工作先进单位	固原市政府	2011.3
计生局	2010年度人口和计划生育目标管理考核山区九县(区)第一名	自治区人民政府	2011.2
计生局	“少生快富”整村推进创新奖	自治区人民政府	2011.2
计生局	全区人口计生系统政风行风建设先进单位	自治区人口计生委	2011.3
计生局	五五普法先进单位	自治区依法治区领导小	2011.6
计生局	全区依法治理示范单位	自治区依法治区领导小组	2011.6
计生局	婚育文明县(区)		2011.12
财政局	社会治安综合治理工作先进单位	中共固原市委法制委员会、固原市社会治安综合治理委员	2011.1

续 表

财政局	固原市巾帼示范基地	固原市农村妇女“双学双比”活动协调小组、固原市妇女联合会	2011.2
原州区法院执行局	全市法院系统先进集体	固原市中级法院	2012.1
财政局	庆祝建党 90 周年红歌唱响“六盘山”大型歌会一等奖	固原市委、市人民政府	2011.6
财政局	2011 年度县区财政目标考核先进集体(一等奖)	固原市财政局	2011.12
教育局	全市教育系统先进集体	中共固原市委、市人民政府	2011.9
教育局	固原市招生委员会综合管理先进集体一等奖	固原市	2011.4
工商一分局	“依法治理”示范单位,	固原市依法治市领导小组	2011.8
安监局	固原市人民政府 2011 年安全生产工作先进单位	固原市人民政府	2011
科技局	市级文明单位	固原市精神文明建设指导委员会	2011.12
消防大队	消防监督执法岗位技能竞赛第一名	固原市支队	2011.6
消防大队	青年文明号	共青团固原市委	2011.4
计生局	人口和计划生育目标管理考核一等奖	固原市委、政府	2011.3
计生局	市级文明单位	固原市精神文明建设指导委员	2011.12
原州区总工会	2011 年度工会工作目标量化考核先进单位	固原市总工会	2011.3
原州区总工会	固原市工会班工作先进集体	固原市总工会	2011.8
官厅镇	第六次全国人口普查先进集体	固原市第六次人口普查领导小组	2011.11
官厅镇武装部	基层建设标兵单位	固原军分区	2011.1
张易镇	2010~2013 年度文明乡镇	固原市精神文明建设指导委员会	2011
张易镇	全区人口和计划生育四星级乡镇	宁夏回族自治区人民政府	2011.1
张易镇	平安乡镇	固原市社会治安综合治理委员会	2011.1
张易镇	全区依法治理示范单位	宁夏回族自治区依法治区领导小组	2011.6
张易镇	2006~2010 年法制宣传教育工作先进集体	固原市委、政府	2011.7
张易镇	宁夏第六次人口普查先进集体单位	宁夏第六次人口普查工作领导小组办公室	2011.9
原州区民政局	“五五”普法先进集体	宁夏回族自治区法治办	2011.6
原州区民政局	农村五保供养先进单位	宁夏回族自治区民政厅	2011.9
原州区民政局	文明行业创建先进单位	宁夏回族自治区民政厅	2011.12

续 表

原州区老龄办	敬老爱老助老为主题教育活动优秀组织者	宁夏回族自治区老龄办教育厅等厅局	2011.11
城区中心敬老院	文明行业创建先进窗口	宁夏回族自治区民政厅	2011.12
杨郎敬老院	民政系统行风建设示范单位	宁夏回族自治区民政厅	2011.9
杨郎敬老院	模范敬老院	宁夏回族自治区民政厅	2011.9
杨郎敬老院	四星级敬老院	宁夏回族自治区民政厅财政厅	2011.9
寨科敬老院	三星级敬老院	宁夏回族自治区民政厅财政厅	2011.9
原州区检察院	2011 年度全市检察调研工作优秀组织奖	固原市人民检察院	2012.1
原州区检察院	2011 年度基层检察院案件质量考评二等奖	固原市人民检察院	2012.1
原州区检察院	2011 年度基层检察院业务工作考核第三名	固原市人民检察院	2012.1
原州区检察院	信息化网络安全知识竞赛二等奖	固原市人民检察院	2011.11
民盟原州区总支	思想建设年先进集体	民盟宁夏区委会	2011.5
文教支部	先进基层组织	民盟宁夏区委会	2011.5

原州区党委、政府表彰的先进单位

一、2010 年度获奖乡镇(村)、部门(单位)、企业名单

综合奖(49.5 万元)

(一)2010 年度目标管理考核先进乡镇(4 个)

第一名:三营镇,奖励 5 万元;

第二名:张易镇,奖励 4 万元;

第三名:彭堡镇,奖励 3 万元;

第四名:清河镇,奖励 2 万元。

(二)2010 年度目标管理考核先进单位(18 个)

第一名:政研室、教育局、人社局、政法委,各奖励 3 万元;

第二名:宣传部、农牧局、计生局、公安分局,各奖励 2.5 万元;

第三名:纪检委、交通局、国土局,各奖励 2 万元;

第四名:区委办、财政局、北塬办,各奖励 1.5 万元;

第五名:组织部、扶贫办,各奖励 1 万元;

第六名:科协、民政局,各奖励 0.5 万元。

单项奖(61.5 万元)

(一)2010 年度农田水利建设先进乡镇(3 个)

一等奖:三营镇,奖励 2 万元;

二等奖:寨科乡,奖励 1.5 万元;

三等奖:张易镇,奖励 1 万元。

(二)2010 年度林业生态建设先进乡镇、部门(5 个)

一等奖:寨科乡,各奖励 2 万元;

二等奖:张易镇,各奖励 1.5 万元;

三等奖:三营镇、教育局、卫生局,各奖励 1 万元。

(三)2010 年度新农村建设先进乡镇(4 个)

一等奖:彭堡镇,奖励 2 万元;

二等奖:头营镇,奖励 1.5 万元;

三等奖:三营镇、开城镇,各奖励 1 万元。

(四)2010 年度设施农业建设先进乡镇(3 个)

一等奖:头营镇,奖励 2 万元;

二等奖:三营镇,奖励 1.5 万元;

三等奖:彭堡镇,奖励 1 万元。

(五)2010 年度生态移民暨危窑危房改造先进乡镇(单位)(7 个)

一等奖:头营镇、张易镇、官厅乡,各奖励 2 万元;

二等奖:彭堡镇、炭山乡、河川乡,各奖励 1.5 万元;

三等奖:发改局,奖励 1 万元。

(六)2010 年度马铃薯种薯繁育先进乡镇(单位)(3 个)

一等奖:中河乡,奖励 2 万元;

二等奖:张易镇,奖励 1.5 万元;

三等奖:财政局,奖励1万元。

(七)2010 年度争取项目资金先进单位(3 个)

一等奖:教育局,奖励 2 万元;

二等奖:水务局,奖励 1.5 元;

三等奖:扶贫办,奖励 1 万元。

(八)2010 年度工作创新先进单位(2 个)

计生局、政研室,各奖励 2 万元。

(九)突出贡献奖(8个)

1. 政研室、计生局、文体局、人社局,各奖励 2 万元;

2. 科技局、水务局、财政局、统计局,各奖励 1 万元。

(十)2010 年度发展农村经济先进村(8 个)

头营镇杨郎村、头营镇马园村、三营镇甘沟村、三营镇黄铎堡村、彭堡镇姚磨村、彭堡镇肖沟村、张易镇田堡村中河乡中河村,各奖励 5000 元。

2010 年度支持地方经济发展先进单位(10 个)

中国农业发展银行固原分行

固原市信用社合作联社

固原市公安局交警支队

固原市公安局交警支队直属一大队

固原市公安局交警支队直属二大队

国家统计局固原市调查队

固原市工商局原州一分局

固原市工商局原州二分局

固原市原州区国税局

固原市供电局城区分局

2010 年度优秀企业(7 家)

1. 2010 年产值过亿元企业(3 家)

固原雪洋粮油有限公司、固原瑜丰混凝土有限公司、宁夏固原胜金水泥有限公司。

2. 2010 年荣获自治区级著名商标企业(4 家)

固原市马铃薯(农产品)外运协会(六盘山)、固原雪洋粮油有限公司(庆原春)、宁夏原州酒业有限公司(六盘雪)、固原新月养殖有限公司(阿敏)。

二、全区先进基层党组织

全区先进基层党组织表彰对象名单(32 个)

开城镇党委

张易镇党委

彭堡镇党委

炭山乡党委

北塬街道党工委

教育局党委

农牧局党委

林业局党委

卫生局党委

头营镇马店村党支部

三营镇金堡村党支部

三营镇团结村党支部

清河镇郑磨村党支部

清河镇石庄村党支部

开城镇深沟村党支部

彭堡镇姚磨村党支部

张易镇田堡村党支部

中河乡中河村党支部

河川乡上黄村党支部

寨科乡东淌村党支部

官厅乡刘店村党支部

南关街道军民路社区党支部

新区街道西城路社区党支部

财政局党支部

人力资源和社会保障局党支部

科技局党支部

粮食局机关党支部

原州区水保站党支部

原州区公路段党支部

原州区第十小学党支部

公安分局刑侦大队党支部

固原精英驾校党支部

三、原州区2010年度人口和计划生育工作先进集体

人口和计划生育目标管理考核先进乡(镇、街道)(11个)

1. 一等奖:彭堡镇、官厅乡
(各颁发奖牌一块,奖金25000元)

2. 二等奖:张易镇、寨科乡
(各颁发奖牌一块,奖金20000元)

3. 三等奖:三营镇、河川乡、炭山乡
(各颁发奖牌一块,奖金15000元)

4. 进步奖:开城镇、清河镇、头营镇、中河乡
(奖金10000元)

人口和计划生育工作单项奖(7个)

1. 实施"少生快富"工程先进乡(镇):中河乡(颁发奖牌一块,奖金5000元)

2. 计划生育优质服务工作先进乡(镇):三营镇(颁发奖牌一块,奖金5000元)

3. 流动人口计划生育管理先进乡(镇、街道):南关街道办事处、北塬街道办事处、新区街道办事处(颁发奖牌一块,奖金5000元)

4. 计划生育宣传教育先进乡镇:彭堡镇(颁发奖牌一块,奖金5000元)

5. 全员人口宏观管理信息化建设先进乡镇:河川乡(颁发奖牌一块,奖金5000元)

"少生快富"项目捆绑实施先进单位(7个)

宣传部、财政局、民政局、农牧局、林业局、交通局、扶贫办(各颁发奖牌一块)

人口和计划生育先进村(居)委会(19个)

清河镇海堡村

清河镇程儿山村

开城镇和泉村

开城镇柯庄村

头营镇穆滩村

头营镇马园村

三营镇海淌村

三营镇北庄村

张易镇黄堡村

张易镇大店村

彭堡镇硝沟村

中河乡中河村

河川乡海坪村

寨科乡东淌村

炭山乡石湾村

官厅乡刘店村

南关街道办事处南寺巷居委会

北塬街道办事处北关路居委会

新区街道办事处靖朔门居委会

(各奖励2000元)

四、全区第二届农民工职业技能竞赛先进集体

先进集体(共9个)

团体第一名:官厅镇

团体第二名:张易镇

优秀组织奖:中河乡、三营镇、河川乡、开城镇、彭堡镇、福苑公司、光大劳务公司

五、2010年度政法综治工作先进乡镇(街道)先进集体

先进乡镇、街道(5个)

1. 社会治安综合治理目标管理责任书执行情况考核先进乡镇

第一名　张易镇　奖励2万元

第二名　炭山乡　奖励1.5万元

第三名　官厅乡　奖励1万元

2. 铁路护路联防工作考核先进乡镇

三营镇　奖励1万元

3. 社会治安综合治理目标管理责任书执行情况考核先进街道

新区街道办事处　奖励1万元

先进集体(20个)

原州区委办公室

原州区财政局

原州区总工会

北塬街道办事处

南关街道办事处
原州区人民法院立案庭
原州区人民检察院反贪污贿赂局
原州区司法局清河司法所
原州区第四小学
宁夏师范学院
中国人民银行固原市中心支行
宁夏公路管理局固原分局
固原市国家税务局
固原市人力资源和社会保障局
固原市人民政府机关事务管理局
固原市公安局原州区分局三营派出所
固原市公安局经济开发区分局兴原路派出所
银川铁路公安处固原车站派出所
新区街道办事处西塬社区
固原新时代购物中心有限公司
(以上先进集体各奖励 1000 元)

六、原州区教育工作先进集体

先进集体(22 个)

1. 尊师重教先进集体(7 个)
原州区财政局
原州区公安分局
原州区团委
中河乡人民政府
三营镇人民政府
寨科乡人民政府
西安绿洲房地产公司固原分公司

2. 教育教学工作先进学校(10 个)
原州区逸挥中学
原州区第五中学
原州区第六中学
原州区头营中学
原州区同仁回小
原州区第六小学
张易镇盐泥小学
头营镇杨郎小学
黄铎堡镇黄铎堡小学
中河乡中河小学

3. 教学质量先进单位(5 个)
(1)高考质量奖:原州区第五中学
(2)中考质量奖:原州区逸挥中学
原州区第五中学
原州区第六中学
(3)中考进步奖:原州区张易中学

七、第十二批原州区县级文明单位、文明村居、十星级文明户和重新确认文明单位名单

第十二批文明单位(13 个)

原州区国土资源局　原州区发改局
原州区安监局　原州区民政局
原州区卫生局　原州区文化体育旅游局
原州区影视中心　原州区草原工作站
头营镇石羊小学　固原红宝宾馆
固原公路管理分局青石嘴收费站
固原公路管理分局三营收费站　精英驾校

第十二批文明村居(14 个)

头营镇徐河村　三营镇团结村
彭堡镇别庄村　张易镇闫关村
开城镇吴庄村　官厅镇刘店村
黄铎堡镇黄铎堡村　中河乡高坡村
河川乡母家沟村　炭山乡石湾村
寨科乡东淌村　北塬街道中山北街社区
新区街道西城路社区　南关街道中心路社区

先进个人

获市级以上表彰的先进模范人物名录

获奖人	单　位	获奖称号	授予单位	时间
张启源		法院系统信息宣传先进个人	固原市中级人民法院	2012.1
李　闯		法院系统信息宣传先进个人	固原市中级人民法院	2012.1
王克权		法院系统先进工作者	固原市中级人民法院	2012.1
罗占武		法院系统先进工作者	固原市中级人民法院	2012.1
胡丽娜		法院系统先进工作者	固原市中级人民法院	2012.1
贺维功		法院系统个人	固原市中级人民法院	2012.1
尹　鹏		三等功	固原市中级人民法院	2012.1
马艳红		招商引资先进个人	宁夏回族自治区人民政府	2012.2
安　云		财政系统先进工作者	固原市财政局	2011.9
王　涛		财政系统先进工作者	固原市财政局	2011.12
陈建民		财政系统“抓落实、树形象”年活动先进个人	自治区财政厅	2011.3
沈志明		财政系统“五五”法制宣传教育先进个人	自治区财政厅	2011.12
沈志明		财政系统先进工作者	固原市财政局	2011.9
李志仁		农村五保供养工作先进个人	宁夏回族自治区民政厅	2011.12
余正明		农村五保供养工作先进个人	宁夏回族自治区民政厅	2011.12
马占明		检察机关优秀共产党员	固原市人民检察院	2011.7
黄占斌		政法综治先进个人	固原市委政法委	2011.1
马彦平		政法系统优秀共产党员	自治区党委政法委	2011.6
马彦平		检察机关优秀共产党员	固原市人民检察院	2011.7
马彦平		优秀共产党员	中共固原市委	2011.7
张家萍		优秀党务工作者	固原市人民检察院	2011.7
牛　赟		优秀盟员	民盟宁夏区委会	2011.5
郭宝军		民盟成立70周年知识竞赛二等奖	民盟宁夏区委会	2011.5
牛　赟		民盟成立70周年知识竞赛二等奖	民盟宁夏区委会	2011.5
韩若翔		民盟成立70周年知识竞赛三等奖	民盟宁夏区委会	2011.5
黄忠厚		民盟成立70周年知识竞赛优秀奖	民盟宁夏区委会	2011.5

续 表

获奖人	单 位	获奖称号	授予单位	时间
李 红		思想建设年知识竞赛二等奖	民盟宁夏区委会	2011.5
牛 赟		思想建设年知识竞赛三等奖	民盟宁夏区委会	2011.5
成 红		思想建设年知识竞赛三等奖	民盟宁夏区委会	2011.5
黄忠厚		思想建设年知识竞赛优秀奖	民盟宁夏区委会	2011.5
王固平		优秀盟员	民盟固原市委会	2011.5
王 军		优秀盟员	民盟固原市委会	2011.5
岳国军		“十一五”全区科技计划组织管理先进个人	自治区科技厅	2011.3
岳国军		2008~2010 年度科技特派员管理工作先进个人	自治区科技厅	2011.3
岳国军		2010 年度全区优秀科技局长。	自治区科技厅	2011.3
岳国军		“十一五”国家星火计划工作先进个人	国家科技部	2011.3
马尚金		自治区“9·10”教育奖章	自治区总工会	2011.9
陈 明		“五一劳动奖章”荣誉称号	全国总工会	2011.4
田春阳		“全国工会帮扶工作先进个人”“全区工会劳动争议调解工作先进个人”	全国总工会和自治区总工会	2012.12
王永强		非公企业法人数据库管理工作先进个人工会统计工作先进个人	自治区总工会	2012.12
李 峰		非公企业法人数据库管理工作先进个人工会统计工作先进个人。	自治区总工会	2012.12
薛光成		自治区水利工作先进个人	自治区水利厅	2012.1
王秀忠		自治区农田水利基本建设先进个人	自治区农田水利基础建设指挥部	2012.1

原州区党委、政府表彰的先进个人

一、全区优秀共产党员表彰对象名单(43 名)

夏德红(女) 头营镇徐河村党支部书记
杨鹏程 头营镇利民村党支部书记
何万云(回) 三营镇鸦儿沟村党支部书记
马进虎(回) 三营镇新三营村党支部书记
母文科(回) 清河镇阳洼村党支部书记
马廷秀(回) 清河镇政府干部
王 成 开城镇政府干部
海国宝(回) 开城镇上青石村党支部书记
郭正军 彭堡镇政府干部
马明福(回) 彭堡镇石碑村党支部书记
铁金昌(回) 张易镇黄堡村党支部书记
赵淳钊 张易镇毛庄村党支部书记
李忠杰(回) 中河乡丰堡村党支部书记
张世林 河川乡副乡长
强贵成(回) 寨科乡人大副主席

马汉清(回) 炭山乡新山村党支部书记
马维兰(女回) 官厅乡大岔村农民
黄　强 南关街道办事处干部
卢志萍(女) 北塬街道中山北街社区党支部书记
刘　娟(女) 新区街道西塬社区居委会副主任
郑宜成 区委办副主任、政研室主任
田春阳 总工会干部
白居金 老干部局第四党支部书记
高正荣(回) 发展和改革局党委副书记、局长
魏固宁(女) 区农业技术推广服务中心高级农艺师
郜军荣 农牧局动物卫生监督所干部
罗占文 林业局林政稽查大队职工
余会军 林业局红庄林场干部
何文章(回) 扬黄灌溉管理局副局长
赵志义 水务局干部
盛继刚 交通和乡镇建设局村镇规划发展中心干部
袁金彪(回) 原州区公路管理段职工
吴正儒 原州区第四中学校长
张慧琴(女) 原州区第二小学教师
吴进军 头营中学校长
杨登权(回) 三营镇鸦儿沟小学校长
刘彩云(女) 文体局图书馆职工
牛侃礼 区卫生监督所干部
闫　静 区医院骨科大夫
丁仁万 公安分局治安大队大队长
张献珍 商业总公司职工
马恩亮(回) 固原通用机械有限公司总经理
聂广进 固原进元驾校校长

二、全区优秀党务工作者表彰对象名单(25名)

刘晓军 头营镇党委副书记、纪委书记
陈昌平 三营镇组织干事
李孝仁 开城镇三十里铺村党支部书记
马少龙(回) 清河镇党委副书记、纪委书记
马志强(回) 彭堡镇党委副书记、纪委书记
郭　辉 张易镇党委副书记、纪委书记
宋　权 中河乡党委书记、人大主席
海杰山(回) 河川乡康沟村党支部书记
薛守财 寨科乡吕套村党支部书记
沙德文(回) 炭山乡石湾村党支部书记
马文军(回) 官厅乡党委副书记、纪委书记
于春林(回) 南关街道中心路社区党支部书记
虎淑梅(女) 北塬街道党工委副书记、纪委书记
贾旭林 新区街道党工委副书记、纪委书记
蔡东学 扶贫办党支部书记、副主任
张君禄(回) 经贸局党支部书记、局长
赵永钧 区畜牧技术推广服务中心党支部书记
穆宏剑 林业局机关党支部书记
唐福荣 水务局机关党支部书记
闫　涛 交通和乡镇建设局机关党支部书记
李国勤 原州区第六中学党支部书记、校长
马尚金 原州区彭堡中学党支部书记
杜志华(女) 区妇幼保健所党支部书记
胡学海 社会组织工委副书记
马生权(回) 公安分局三营派出所党支部书记

三、人口和计划生育先进工作者(22名)

安继海 彭堡镇党委书记
马汉清 官厅乡党委书记
马志强 彭堡镇副镇长
杜茂林 原官厅乡副乡长
唐建华 张易镇副镇长
马荣富 原寨科乡副乡长
申学庚 张易镇计生站站长
杨　文 河川乡计生站站长
马小军 寨科乡计生站站长
高志珍 清河镇计划生育专干
付彦平 头营镇计划生育专干
朱爱萍 中河乡计划生育专干
王　森 开城镇计划生育专干
杨汉林 炭山乡计划生育专干
康有奇 三营镇计划生育专干
潘银香 官厅乡计划生育专干
郭志贵 彭堡镇计划生育专干
段晓丽 北塬街道办事处计划生育专干
夏　星 新区街道办事处计划生育专干

杨春涛　南关街道办事处计划生育专干
张万忠　区人口计生局干部
郑　亮　区计生服务站技术服务人员
（各奖励 1000 元）

四、优秀村（居）计划生育专干（19 名）

海玉安　清河镇水泉村计生专干
田玉花　清河镇庙台村计生专干
金彩霞　开城镇郭庙村计生专干
司小霞　开城镇和泉村计生专干
周维海　头营镇徐河村计生专干
王明山　头营镇陈庄村计生专干
余海兰　三营镇黄铎堡村计生专干
王彦清　三营镇唐湾村计生专干
苏占虎　张易镇黄堡村计生专干
郭　礼　张易镇宋洼村计生专干
马正华　彭堡镇撒门村计生专干
马　虎　中河乡庙湾村计生专干
海玉瑞　河川乡上坪村计生专干
沙启礼　炭山乡炭山村村计生专干
王有录　寨科乡营畔村计生专干
金登智　官厅乡官厅村计生专干
马志玲　新区街道办事处西塬居委会计生专干
计金荣　北塬街道办事处北关路居委会计生专干
李晓娟　南关街道办事处中山南街居委会计生专干
（各奖励 500 元）

五、“少生快富”光荣户（16 户）

母克军　丁小琴　清河镇水泉村村民
毕生仁　罗社儿　清河镇东峡村村民
姜　平　麻丽琴　开城镇羊坊村村民
夏小宁　张红梅　开城镇青石峡庄村村民
黄书会　甘淑玲　头营镇杨郎村村民
马耀珍　马锁燕　头营镇石羊子村村民
苗永贵　马启花　三营镇黄湾村村民
魏　健　郭　蓉　三营镇黄铎堡村村民
马占清　马虎兰　张易镇闫关村村民
咸银成　周少花　张易镇马场村村民
郭兴会　魏巧霞　彭堡镇深庄村村民
马　军　丁玉琴　中河乡小沟村村民
王　波　张巧霞　河川乡骆驼河村村民
马成林　王志琴　炭山乡南坪村村民
杨启敏　马金花　寨科乡蔡川村村民
海贵平　丁汉梅　官厅乡官厅村村民
（每户奖励 500 元）

六、技术能手（50 名）

（一）建筑类（28 名）

1. 砌筑工：
一等奖：马学文（中河乡）
二等奖：禹存祥（中河乡）　古伟平（河川乡）
三等奖：王彦余（河川乡）　古兆应（河川乡）　李玉军（中河乡）

2. 抹灰工：
一等奖：杨生德（黄铎堡镇）
二等奖：何玉林（黄铎堡镇）　雷治甲（开城镇）
三等奖：黄福礼（中河乡）　王玉忠（中河乡）　罗晓峰（寨科乡）

3. 钢筋工：
一等奖：施天成（官厅镇）
二等奖：吴生银（官厅镇）　赵志军（张易镇）
三等奖：郑鹏伟（张易镇）　赵金平（张易镇）　刘存学（张易镇）

4. 电焊工：
一等奖：沙永峰（炭山乡）
二等奖：马永福（三营镇）　马永平（三营镇）　田再旺（彭堡镇）
三等奖：马应江（官厅镇）　韩进国（官厅镇）　刘振东（张易镇）　苏　平（官厅镇）　何生军（三营镇）　金　龙（中河乡）

（二）服务类（22 名）

1. 农家清真小吃制作：
一等奖：海　勇（河川乡）
二等奖：毛登银（三营镇）　李志泉（三营镇）
三等奖：杨生平（开城镇）　马明刚（彭堡镇）　马正虎（三营镇）

2. 餐厅服务：
一等奖：陈雪（固原福苑公司）

二等奖:张茜(固原福苑公司)
　　　李小霞(固原福苑公司)
三等奖:张勇慧(固原福苑公司)
　　　翟小莹(固原福苑公司)
　　　马婷婷(固原福苑公司)
3. 家政服务:
一等奖:李艳红(光大劳务公司)
二等奖:牛慧荣(光大劳务公司)
　　　尹淑红(光大劳务公司)
　　　张小梅(官厅镇)
三等奖:杨爱珍(光大劳务公司)
　　　刘红霞(光大劳务公司)
　　　王红娟(光大劳务公司)
　　　张晨霞(三营镇)
　　　钱翻云(彭堡镇)
　　　沈建平(彭堡镇)

七、2010年度政法综治工作先进个人名单(30名)

于金红　原州区开城镇人民政府镇长
王　磊　原州区三营镇党委副书记
范忠于　原州区司法局副局长
马富全　南关街道办事处武装部长
杜志忠　北塬街道办事处武装部长
薛正涛　新区街道办事处武装部长
韩鹏飞　原州区人民法院寨科法庭庭长
宋淑梅　原州区人民检察院控告申诉科科长
开有红　经济开发区公安分局治安大队大队长
蔡永鹏　经济开发区公安分局巡警大队教导员
李生旺　原州区公安分局中河派出所教导员
俞利平　市公安局交警支队直属二大队大队长
王晓棣　原州区公安分局学院路派出所副所长
张家传　原州区司法局头营司法所所长
杨建平　原州区司法局三营司法所所长
何尚军　原州区司法局炭山司法所所长
马耀珍　原州区司法局彭堡司法所所长
李玉贵　原州区司法局北塬街道司法所所长
海玉新　原州区司法局开城司法所所长
张志有　原州区司法局官厅司法所所长
安必顶　原州区司法局中河司法所所长
余明杰　原州区司法局河川司法所所长
高冠茹　北塬街道办事处文化巷社区居委会主任
张　银　原州区清河镇综治办副主任
苟秉祥　原州区张易镇综治专干
白文铉　原州区政法委干部
张宗江　原州区寨科乡综治专干
吴云霞　南关街道办事处南寺巷社区综治专干
王成龙　原州区公安分局文化街派出所治安民警
梁爱亲　原州区清河镇安全生产干事
(以上先进个人各奖励500元)

八、原州区教育工作先进个人、高考、中考前10名学生名单

(一)优秀校(园)长(10人)

康玉玺　原州区第五中学校长
蒋发忠　原州区杨郎中学校长
南　燕　原州区第九小学校长
高　龙　原州区第十小学校长
陈　武　官厅镇沙窝小学校长
白建国　张易镇张易小学校长
马　辉　三营镇中心小学校长
栾志平　河川乡中心小学校长
刘春华　原州区第一幼儿园园长
曹菊花　黄铎堡幼儿园园长

(二)优秀教师(60人)

李　红　原州区教育培训中心教师
蔡慧芬　原州区逸挥中学教师
贺红贞　原州区逸挥中学教师
王成强　原州区第四中学教师
司小林　原州区第四中学教师
苗志琴　原州区第四中学教师
张彩萍　原州区第五中学教师
鲁申武　原州区第五中学教师
李国林　原州区第五中学教师
李彩玲　原州区第六中学教师
蒙芸芸　原州区第六中学教师
张秀霞　原州区第六中学教师
卢勋铭　原州区张易中学教师
段晓斌　原州区彭堡学校教师

赵玉红 原州区彭堡学校教师
张廷宗 原州区三营中学教师
海正国 原州区三营中学教师
陈维平 原州区头营中学教师
何文天 原州区头营中学教师
杨德发 原州区杨郎中学教师
马晓红 原州区开城学校教师
樊希军 原州区中河中学教师
牛星明 原州区红庄学校教师
高素霞 原州区寨科学校教师
杜玉芳 原州区第二小学教师
田　云 原州区第二小学教师
罗雅丽 原州区同仁回小教师
单桂花 原州区第四小学教师
赵春霞 原州区第五小学教师
胡晓玲 原州区第五小学教师
张迪华 原州区第六小学教师
王慧琴 原州区第六小学教师
张文斌 原州区第六小学教师
马耀梅 原州区逸夫小学教师
何学芳 原州区逸夫小学教师
何晓霞 原州区第九小学教师
晁静宇 原州区第十小学教师
李天霞 原州区西关小学教师
魏春玲 原州区东郊小学教师
皮学珍 原州区第一幼儿园教师
杨　梅 原州区第二幼儿园教师
张　琼 原州区民族幼儿园教师
李　飞 官厅镇大堡小学教师
张耀斌 官厅镇高红小学教师
马惠军 开城镇深沟小学教师
穆永强 开城镇郭庙小学教师
马正荣 张易镇闫关小学教师
宋克峰 张易镇陈沟小学教师
马彦龙 彭堡镇臭水沟小学教师
马彩荣 彭堡镇姚磨小学教师
赵瑞霞 头营镇头营小学教师
李虎忠 头营镇大疙瘩小学教师
虎少祥 黄铎堡镇白河小学教师
王正虎 三营镇第一小学教师
杨桂花 中河乡上店小学教师
魏香萍 中河乡丰堡小学教师
杨桂霞 河川乡店河小学教师
金启鹏 官厅镇官厅小学教师
马建科 炭山乡炭山小学教师
马鹏飞 寨科乡幼儿园教师

(三)教学质量优秀奖(72人)

1. 高考优秀教师(12人)

马生莲 原州区第五中学教师
马万芳 原州区第五中学教师
计学兵 原州区第五中学教师
田凤高 原州区第五中学教师
李世培 原州区第五中学教师
黄选诚 原州区第五中学教师
梁志刚 原州区第五中学教师
顾正兵 原州区第五中学教师
姚有仓 原州区第五中学教师
曾　静 原州区第五中学教师
邱静涛 原州区第五中学教师
何存彬 原州区第五中学教师

2. 中考优秀教师(30人)

蔡慧芬 原州区逸挥中学教师
刘志霞 原州区逸挥中学教师
赵建明 原州区头营中学教师
田　青 原州区第六中学教师
王昭玉 原州区第六中学教师
贺红贞 原州区逸挥中学教师
李晓花 原州区逸挥中学教师
刘世旭 原州区第六中学教师
姚志刚 原州区第五中学教师
王金红 原州区头营中学教师
王晓红 原州区逸挥中学教师
吕　梅 原州区逸挥中学教师
苏义成 原州区第五中学教师
马文莲 原州区逸挥中学教师
安俊玲 原州区逸挥中学教师

张进东　原州区第六中学教师
刘克让　原州区第五中学教师
刘振江　原州区第五中学教师
王利军　原州区头营中学教师
王　翼　原州区逸挥中学教师
柴继宽　原州区逸挥中学教师
白月红　原州区逸挥中学教师
铁云霞　原州区第六中学教师
任雅玲　原州区第五中学教师
余桂莲　原州区第五中学教师
鲁东勇　原州区头营中学教师
曹小强　原州区头营中学教师
余芳龄　原州区头营中学教师
张素敏　原州区逸挥中学教师
赵爱萍　原州区第六中学教师

3. 小学质量监测优秀教师（30 人）

马玉琴　原州区逸夫小学教师
陈培馨　原州区第六小学教师
哈瑞贞　原州区逸夫小学教师
齐慧英　开城镇羊坊小学教师
武晓云　开城镇小马庄小学教师
李晓霞　原州区第五小学教师
裴伸芸　原州区第六小学教师
白　宁　原州区第五小学教师
祁秀琴　张易镇陈沟小学教师
高维明　官厅镇明庄小学教师
杨继琴　原州区逸夫小学教师
蒲　宏　原州区第六小学教师
马俊梅　原州区逸夫小学教师
吕世秀　开城镇三十里铺小学教师
惠治梅　官厅镇什里小学教师
马丽琴　原州区第五小学教师
王晓燕　原州区第五小学教师
徐　岩　原州区逸夫小学教师
胡进录　开城镇黑刺沟小学教师
褚　洁　原州区彭堡学校教师
张海珍　原州区第六小学教师
白雅丽　原州区第六小学教师
赵希瑞　原州区第六小学教师
王　彬　黄铎堡镇曹堡小学教师
顾均玲　黄铎堡镇金堡小学教师
魏淑芬　原州区第六小学教师
马冬琳　原州区第六小学教师
丁彩琴　原州区第六小学教师
卢源铭　张易镇张易小学教师
马　辉　张易镇三湾小学教师

九、高考、中考前十名学生（31 人）

1. 高考文科前十名

叶　颖　固原一中学生
马小棋　固原回中学生
叶　楠　固原一中学生
古小军　固原一中学生
杨　飏　固原一中学生
王　刚　固原一中学生
岳　青　原州区五中学生
安长慧　固原一中学生
梁逸含　固原一中学生
别腾飞　六盘山高级中学学生

2. 高考理科前十名（11 人）

苏雨茹　固原二中学生
杨　帆　固原一中学生
张琦伟　固原一中学生
宋　晶　固原一中学生
鲍　强　固原一中学生
贾　洁　固原一中学生
马　骏　固原一中学生
王润达　固原一中学生
樊晶煜　固原一中学生
哈　頔　固原一中学生
李晋博　固原一中学生

3. 中考前十名

程卫东　五原中学学生
杨博远　逸挥中学学生
赵　飞　弘文中学学生
徐涵予　五原中学学生
王　宁　五原中学学生

庞浩博　五原中学学生
马　嘉　逸挥中学学生
刘　静　逸挥中学学生
张　斐　弘文中学学生
海股文　逸挥中学学生

十、2008～2010 年连续三年考核优秀记三等功人员名单

邓志海　纪检委常委 执法监察室主任
褚广宏　纪检委办公室主任
王小军　原区委办秘书
刘喜荣　组织部办公室主任
樊振勇　原宣传部副部长
周建宇　政协经济委主任
张恭昌　财政局局长
安　云　财政局科员
马登斌　原宗教局科员
张孝林　农牧局局长
罗桂林　农牧局科员
黄贤明　农牧局科员
徐　璞　林业局局长
张玉峰　原交通局局长
岳国军　科技局局长
赵克学　科技局科员
周宇鹏　司法局科员
安必顶　司法局科员
方淑芸　司法局科员
黑学军　原检察院科员
师正兰　开城镇科员
李虎坪　原开城镇科员
曹广岳　头营镇科员
王　磊　原三营镇副书记
王永名　张易镇科员
马文军　原彭堡镇副书记
马荣福　原寨科乡副书记

十一、第十二批十星级文明户(53 户)

头营镇杨郎村谢广录　徐河村夏德红
马园村皮宗仁　双台村马吉祥
三营镇老三营村李成寿　新三营村金义贵
赵寺村武治平　马路村张有强
张易镇张易村叶长青　黄堡村沈剑
闫关村马兴虎　驼巷村王宝学
彭堡镇石碑村马明福　申庄村宗学礼
别庄村别建伟　姚磨村程广锦
开城镇深沟村海玉贵　吴庄村童志贵
吴庄村刘丽萍　峡口村刘秀杰
官厅镇什里村康彩红　什里村石雨田
官厅村海红录　东峡村薛吉满
黄铎堡镇黄铎堡村杜鹏云　金堡村汤效斌
老庄村马涛花　羊圈堡村高建录
中河乡中河村杨发贵　高坡村李玉生
油坊村海永龙　丰堡村李忠杰
河川乡明川村马生林　明川村马宝礼
寨洼村海军　上黄村姚桂霞
炭山乡炭山村海小东　石湾村白志林
红沟村海志军　南坪村丁鹏福
寨科乡北淌村母养国　新淌村杨志明
中川村周桂兰　蔡川村陈志明
北塬街道北关路社区郭峰　北关路社区杨淑萍
中山北街社区文成平　工农巷社区刘彩琴
南关街道南寺巷社区吴云霞　军民路社区张永强
新区街道西塬社区胡耀忠　靖朔门社区杨世华
西城路社区陈万仓

重要文献

文件目录

2011年度中共固原市原州区委发文目录

原党发〔2011〕	发文题目
1号	中共原州区委2011年工作要点
2号	中共原州区委、区人民政府关于表彰2010年度先进乡镇(村)部门(单位)、企业的决定
3号	关于表彰2010年度全区发展劳务产业和全民创业工作先进集体和先进个人的决定
4号	关于表彰2010年度人口和计划生育工作先进集体和先进个人的决定
5号	关于表彰2011年度政法综治工作先进乡镇(街道)先进集体和先进个人的决定
6号	关于推荐正处级领导干部考察人选的报告
7号	关于2011年实施12项重点工作及10件民生实事责任分工的通知
8号	关于成立乡镇党委换届工作指导协调小组的通知
9号	中共原州区委、区人民政府关于2011年新农村中心示范村建设的实施意见
10号	中共原州区委、区人民政府关于进一步加强招商引资工作的意见
11号	关于印发《2011年原州区党风廉政建设和反腐败主要任务分工》的通知
12号	中共原州区委关于开展向白志林同志学习活动的决定
13号	关于推荐正、副处级领导干部考察人选的报告
14号	关于进一步加强人口和计划生育工作的意见
15号	关于上报推荐区、市先进基层党组织、优秀共产党员和优秀党务工作者的报告
16号	关于加强对党政机关权力运行监督管理的意见
17号	关于办理吴万俊同志赴香港手续的请示
18号	关于原州区乡镇党政正职分设的请示
19号	中共原州区委、区人民政府关于在全区深入开展民族团结进步创建活动的意见
20号	关于印发《原州区中长期人才规划纲要(2010-2020年)》的通知
21号	中共原州区委关于深入开展"思想大解放,树立新形象"活动的实施意见

续 表

原党发〔2011〕	发文题目
22 号	关于调整推荐市级先进基层党组织和优秀共产党员的报告
23 号	原州区委、政府关于贯彻落实自治区党委办公厅人民政府办公厅《关于进一步加强禁牧封育工作的通知》精神情况的报告
24 号	关于印发《原州区委换届工作实施方案》的通知
25 号	关于印发《原州区乡镇党委换届工作实施方案》的通知
26 号	关于认真做好乡镇党委换届工作的通知
27 号	关于原州区部分乡镇党政正职实行"一肩挑"的请示
28 号	关于在全区四套班子开展廉政风险防范管理工作安排
29 号	中共原州区委员会关于表彰全区先进基层党组织优秀共产党员和优秀党务工作者的决定(组织部)
30 号	关于表彰全区"五五"普法先进集体和先进个人的决定
31 号	关于在全区中开展第六个五年法制宣传教育深入推进依法治区进程的实施意见
32 号	关于贯彻落实自治区《关于加强和创新社会管理的若干意见》的意见
33 号	关于招商引资重点项目包抓责任制的通知
34 号	关于撤销清河镇和官厅乡党委成立官厅镇和黄铎堡镇党委的通知
35 号	关于同意召开中国共产党头营镇第十三次代表大会的批复
36 号	关于同意召开中国共产党开城镇第十三次代表大会的批复
37 号	关于同意召开中国共产党张易镇第八次代表大会的批复
38 号	关于同意召开中国共产党三营镇第十二次代表大会的批复
39 号	关于同意召开中国共产党彭堡镇第十次代表大会的批复
40 号	关于同意召开中国共产党官厅镇第一次代表大会的批复
41 号	关于同意召开中国共产党黄铎堡镇第一次代表大会的批复
42 号	关于同意召开中国共产党中河乡第七次代表大会的批复
43 号	关于同意召开中国共产党寨科乡第十次代表大会的批复
44 号	关于同意召开中国共产党炭山乡第十一次代表大会的批复
45 号	关于同意召开中国共产党河川乡第十次代表大会的批复
46 号	关于召开原州区委领导班子和党员领导干部民主生活会的请示
47 号	关于推荐正、副处级领导干部考察人选的报告
48 号	关于召开中国共产党固原市原州区第二次代表大会的请示

续 表

原党发〔2011〕	发文题目
49号	关于表彰全区教育工作先进集体和先进个人的决定
50号	关于做好中国共产党原州区第二次代表大会代表选举的通知
51号	关于确定原州区委换届人选考察对象的报告
52号	关于中共固原市原州区委2011年度领导班子党员领导干部民主生活会情况的报告
53号	关于中共原州区委、纪委换届人事安排的请示
54号	关于推荐副区长考察人选的报告
55号	关于确定原州区出席中国共产党固原市第三次代表大会代表候选人预备人选情况的报告
56号	关于成立中国共产党第二次代表大会临时党党委、临时党支部的通知
57号	关于对邓志海等27名同志给予记三等功奖励的决定
58号	关于中共固原市原州区第二届委员会、常务委员会、书记、副书记和第二届纪律检查委员会、书记、副书记选举结果的报告
59号	关于选举产生原州区出席中共固原市第三次代表大会的情况报告
60号	中共固原市原州区委换届选举工作总结
61号	关于命名原州区第十二批县级文明单位、文明村级、十星文明户和重新确定文明单位的决定
62号	关于进一步加强和改进非公有制经济组织党的建设工作的实施意见
63号	关于原州区推荐固原市出席自治区第十一次党代会代表候选人初步人选的情况报告
64号	关于同意召开一届人大五次全会的批复
65号	关于认真学习宣传贯彻党的十七届六中全会精神的通知
66号	关于印发《中共原州区委常委会议议事决策规则》的通知
67号	关于印发《中共原州区委全委会议事决策规则》的通知
68号	关于推荐原州区出席党的十八大代表候选人初步人选的情况报告

2011 年度固原市原州区人民政府发文目录

主送机关	发文字号	发文题目	发文日期
自治区财政厅	1	关于将原州区列为第一批化解村级债务试点县(区)的请示	2011-1-6
自治区财政厅	2	关于将原州区列入自治区第二批开展乡镇民生服务中心规范化建设工作试点县(区)的请示	2011-1-6
自治区教育厅	3	关于将原州区七中、十三小列入“校安工程”建设项目的请示	2011-1-9
自治区教育厅	4	关于新建原州区三幼、四幼的请示	2011-1-9
市人民政府应急办	5	2010 年原州区突发公共事件应对工作总体评估	2011-1-17
自治区农牧厅	6	关于解决设施农业建设维修资金的请示	2011-1-17
各乡镇、街道、部门(单位)	7	关于崔明堂副区长工作分工的通知	2011-1-27
自治区教育厅	8	关于将原州区十三小列入“校安工程”建设项目的请示	2011-1-18
原州区国有资产有限公司	9	关于同意以应收帐款为建设项目贷款提供质押担保的批复	2011-1-25
市人民政府	10	关于解决皮鞋厂企业改制所需资金的请示	2011-1-25
市政府办公室	11	关于原州区 2009 年旱作节水农业示范项目建设落实情况的报告	2011-1-26
各乡镇、街道、部门(单位)	12	关于授予白志林同志“见义勇为”先进个人荣誉称号的决定	2011-4-10
各相关乡镇	13	关于印发原州区—西吉县第二轮行政区域界线联合检查工作实施方案的通知	2011-4-15
自治区住房和城乡建设厅	14	关于上报《原州区三营镇民族特色小城镇建设方案》的请示	2011-2-14
自治区发改委、林业局	15	关于将原州区列为国有林场改革试点县(区)的请示	2011-1-18
固原市政府	16	关于七中、十三小、四幼建设规模及布局规划的请示	2011-2-22
自治区校安办	17	关于上报七中、十三小建设方案的报告	2011-2-22
自治区教育厅	18	关于上报《原州区学前教育三年行动计划》的请示	2011-2-23
各乡镇、街道、部门(单位)	19	关于表彰 2010 年度安全生产先进单位和先进个人的决定	2011-3-4
各乡镇、街道、部门(单位)	20	关于下达 2011 年财政收支预算安排的通知	2011-3-4
各乡镇、街道、部门(单位)	21	关于申请无偿划拨原州区火车头小学扩建建设用地的请示	2011-3-10
各乡镇、街道、部门(单位)	22	关于印发《政府工作报告主要目标任务分解方案》的通知	2011-3-1

续 表

主送机关	发文字号	发文题目	发文日期
自治区住房和城乡建设厅	23	关于须弥山景区基础设施建设经费的请示	2011-3-10
中国科协	24	关于呈报《原州区创建2011-2015年度全国科普示范县(区)工作自查报告》的报告	2011-3-15
各乡镇、街道、部门(单位)	25	关于印发《原州区农村宅基地管理暂行办法》的通知	2011-3-22
固原市政府	26	关于上报原州区司法行政业务用房等建设项目用地规划的请示	2011-3-24
各乡镇、街道、部门(单位)	27	关于表彰2010年度全区消防工作先进单位和先进个人的决定	2011-3-24
固原市政府	28	关于原州区北塬街道北关路社区服务站建设项目选址的请示	2011-3-28
固原市政府	29	关于划拨原州区北塬街道社区服务中心建设用地的请示	2011-3-28
经贸局	30	关于《关于申请办理固原岳林清真肉食品有限公司牛羊定点屠宰许可证的请示》的批复	2011-3-30
各乡镇、街道、部门(单位)	31	关于转发《宁夏回族自治区生产经营单位安全生产主体责任规定》的通知	2011-4-1
固原市政府	32	关于追认白志林同志为革命烈士的请示	2011-4-8
固原市政府	33	关于授予白志林同志“见义勇为”模范的请示	2011-4-8
中国特产之乡推荐暨宣传活动组织委员会	34	关于申请中国冷凉蔬菜之乡的报告	2011-4-9
各乡镇、街道、部门(单位)	35	关于公布规范性文件清理结果的通知	2011-4-9
各乡镇、街道、部门(单位)	36	关于进一步做好防震减灾工作的意见	2011-4-9
固原市财政局	37	关于上报2010年度财政总决算的报告	2011-4-6
固原市政府	38	原州区关于深化少生快富工程推广硝沟模式实施方案	2011-4-12
自治区国土资源厅	39	关于解决博江炭山煤业公司煤炭资源接续有关问题的请示	2011-4-13
自治区审计厅	40	关于上报《固原市原州区地方政府性债务管理说明》的报告	2011-4-18
自治区审计厅	41	原州区政府对原州区政府性债务审计报告的意见	2011-4-20
固原市政府	42	关于增加基层警力和调整基层派出所设置的请示	2011-4-20
固原市政府	43	关于原州区少年宫土地处置的请示	2011-4-21
固原市政府	44	关于原州区种子公司改制涉及土地使用权处置的请示	2011-4-21
固原市政府	45	关于拨付长城梁生态工程用地退耕还林补助资金的请示	2011-4-22

续 表

主送机关	发文字号	发文题目	发文日期
宁夏同元交通资产管理有限公司	46	关于在福银高速公路K112+612.7米处控制区设置广告牌的请示	2011-5-12
自治区国资委	47	关于解决原州区企业改制职工安置资金的请示	2011-5-4
市政府办公室	48	关于上报《固原市城市总体规划》大纲修改意见的报告	2011-5-18
各乡镇、街道、部门(单位)	49	关于印发《原州区工程招投标(政府采购)运行管理办法》的通知	2011-5-27
各乡镇、街道、部门(单位)	50	关于印发《原州区地质灾害应急预案》的通知	2011-5-28
固原市政府	51	关于给予原州区西北通用航空产业园项目建设相关政策支持的请示	2011-6-2
固原市政府	52	关于办理山东邦德电动自行车有限公司固原分公司建设选址意见书的请示	2011-6-2
各乡镇、街道、部门(单位)	53	关于转发《自治区人民政府关于提高全区最低工资标准的通知》的通知	2011-6-3
固原市政府	54	关于对原州区创建全国计划生育优质服务先进县(区)工作进行评估验收的请示	2011-6-15
自治区人民政府	55	关于解决原州区企业改制职工拖欠社会保险费的报告	2011-6-22
自治区治沙退耕站	56	关于对新建原州区至王洼铁路工程占用退耕还林地进行异地变更造林的申请	2011-6-24
中国特产之乡推荐暨宣传活动组织委员会	57	关于申请中国养生小杂粮之乡的报告	2011-6-24
中国特产之乡推荐暨宣传活动组织委员会	58	关于申请中国马铃薯种薯繁育基地的报告	2011-6-24
固原市政府	59	关于对原州区科技局等搬迁单位土地资产进行处置的请示	2011-6-26
宁夏同元交通资产管理有限公司	60	关于在福银高速公路中河至三营段控制区设置广告牌的请示	2011-6-29
自治区体育局	61	关于将原州区新建体育场馆项目列入中国体育彩票“雪炭工程”援建项目的请示	2011-6-29
固原市政府	62	关于建设原州区长城工业园区的请示	2011-6-30
固原市政府	63	关于西安市绿洲房地产开发有限责任公司固原分公司延时开发原固原市党校情况的报告	2011-7-1
固原市政府	64	关于追还原州区部分改制企业土地出让金的请示	2011-7-4
固原市政府	65	关于申请市人民政府批转《固原市市区城中村“村改居”实施方案》的请示	2011-7-5
各乡镇、街道、部门(单位)	66	关于印发《固原市原州区推行公务卡制度实施方案》和《固原市原州区预算单位公务卡管理暂行办法》的通知	2011-7-5

续　表

主送机关	发文字号	发文题目	发文日期
自治区审计厅	67	关于上报原州区政府性债务审计中存在问题的处理及整改意见的报告	2011-7-19
固原市政府	68	关于上报原州区政府性债务审计中存在问题的处理及整改意见的报告	2011-7-19
自治区政府	69	关于原州区委、政府办公楼变现新建的请示	2011-7-21
固原市政府	70	关于划拨官厅镇新建办公场所建设用地的请示	2011-7-21
固原市政府	71	关于协调甘肃景园房地产开发公司等企业向原州区统计部门上报房地产统计报表的请示	2011-7-22
自治区校安办	72	关于上报2012年度中小学“校安工程”计划的请示	2011-7-21
固原市政府	73	关于原州区少年宫土地使用权出让的请示	2011-7-20
自治区发改委	74	关于要求增加原州区档案馆新馆建筑面积的申请报告	2011-7-29
有关部门	75	关于调整原州区国有资产经营公司领导班子成员的通知	2011-8-9
固原市政府	76	关于调整使用生态移民建设用地指标的请示	2011-8-16
固原市政府	77	关于转让国有土地使用权的请示	2011-8-16
各乡镇、街道、部门(单位)	78	关于印发《原州区农村公路养护管理办法》的通知	2011-9-4
自治区环保厅	79	关于上报《原州区彭堡镇彭堡等14个村2012年农村环境连片整治示范项目实施方案》的报告	2011-9-6
自治区环保厅	80	关于上报《原州区张易镇张易等9个村2012年农村环境连片整治示范项目实施方案》的报告	2011-9-6
自治区环保厅	81	关于上报《原州区河川乡明川等5个村2012年农村环境连片整治示范项目实施方案》的报告	2011-9-6
自治区环保厅	82	关于上报《原州区彭堡镇石碑村等6个村2012年农村环境连片整治示范项目实施方案》的报告	2011-9-6
自治区环保厅	83	关于上报《原州区中河乡中河村等8个村2012年农村环境连片整治示范项目实施方案》的报告	2011-9-6
国务院发展研究中心	84	关于对固原市原州区基础设施建设重点项目给予资金支持的请示	2011-9-6
自治区治沙退耕站	85	关于对固原强制隔离戒毒所建设占用原州区退耕地进行异地调整变更的请示	2011-9-7
各乡镇、街道、部门单位	86	关于调整副区长、区长助理工作分工的通知	2011-9-9
固原市原州区国有资产经营有限责任公司	87	关于固原市原州区国有资产经营有限责任公司注册资本的批复	2011-9-9
固原市政府	88	关于申报自治区级生态农业示范县(区)的报告	2011-9-13
有关部门	89	关于表彰全区第二届农民工职业技能竞赛先进集体和技术能手的决定	2011-9-14

续 表

主送机关	发文字号	发文题目	发文日期
有关部门	90	关于表彰全区2011年度统筹城乡居民医疗保险登记和费用征缴工作先进乡(镇)的决定	2011-9-15
各乡镇、街道、部门单位	91	关于开展2011年秋冬季农田水利基本建设大会战的通知	2011-9-15
自治区深化粮食流通体制改革领导小组办公室	92	关于上报《原州区关于进一步深化粮食流通体制改革促进现代粮食流通业发展的实施方案》的报告	2011-10-10
自治区广电局	93	关于上报原州区直播卫星公共服务“户户通”户数的报告	2011-10-10
自治区人民政府	94	关于申请解决原州区马铃薯收储补贴资金的请示	2011-10-19
自治区人民政府	95	关于解决原州区企业改制职工安置资金的请示	2011-10-20
自治区人民政府	96	关于解决固原长城工业园区基础设施建设项目资金的请示	2011-10-20
自治区人民政府	97	关于解决开城镇新建政府办公楼附属设施配套建设资金的请示	2011-10-20
各乡镇、街道、部门单位	98	关于转发《固原市人民政府关于确保市场物价基本稳定保障群众基本生活的通知》的通知	2011-10-20
自治区人民政府	99	关于解决原州区开城镇和泉村信心服务示范点建设资金的请示	2011-10-20
自治区人民政府	100	关于原州区部分重点项目建设先行用地的请示	2011-10-25
自治区人民政府	101	关于上报《原州区生态移民土地权属处置方案》的请示	2011-10-25
各乡镇、街道、部门(单位)	102	关于印发《原州区关于做好2011年高校毕业生就业工作实施方案》的通知	
自治区审计厅	103	关于公办普通高中债务审计专项调查报告征求意见稿的认定意见	2011-11-2
固原市政府	104	关于对原州区基本普及高中阶段教育进行评估验收的请示	
固原市政府	105	关于原州区种子公司土地使用权出让的请示	2011-11-9
固原市政府	106	关于解决原州区清真牛羊定点屠宰厂定点屠宰许可业务的请示	2011-11-10
自治区广电局	107	关于原州区调整农村直播卫星公共服务“户户通”户数的报告	2011-11-15
区人大常委会	108	关于调整2011年财政预算收支指标的报告	2011-11-24
自治区计生委	109	关于申报“少生快富”工程创新奖的请示	2011-11-25
固原市政府	110	关于解决原州区2011年劳务移民周转房的请示	2011-11-22
固原市政府	111	关于申请划拨原州区就业和社会保障服务中心建设用地的请示	2011-11-20
固原市生态移民领导小组办公室	112	原州区2011年生态移民建设项目监督检查整改情况报告	2011-11-30

续 表

主送机关	发文字号	发文题目	发文日期
自治区财政厅	113	关于呈报《原州区冷凉蔬菜标准化生产规划(2011-2013)》的报告	2011-11-31
自治区财政厅	114	关于呈报原州区2011年冷凉蔬菜标准化生产实施方案的报告	2011-11-31
自治区财政厅	115	关于呈报原州区2012年冷凉蔬菜标准化生产实施方案的报告	2011-11-31
固原市编办	116	关于增加原州区街道办事处事业编制的请示	2011-12-6
原州区水务局	117	关于组建原州区南城拐子二级扬黄灌区高效节水补灌工程项目法人的批复	2011-12-7
固原市政府	118	关于从土地出让收益中计提划拨农田水利建设基金的请示	2011-12-7
固原市人社局	119	原州区2011年劳务产业全民创业促进就业和完善社会保障体系工作自查报告	2011-1-29
自治区审计厅	120	关于自治区审计厅对我区清理化解基层医疗机构债务审计调查报告的意见	2011-12-12
自治区国土资源厅	121	关于解决宁夏博江炭山煤业有限公司煤炭资源接续有关问题的请示	2011-12-14
固原市农村环境连片整治示范工程领导小组	122	关于对原州区2010年农村环境连片整治示范项目进行验收的请示	2012-12-12
各乡镇、街道、部门单位	123	关于印发《原州区政府性债务管理办法》的通知	
自治区财政厅	124	关于解决"校安工程"项目学校附属工程建设经费的请示	2011-12-15
自治区财政厅	125	关于解决原州区企业改制职工拖欠社会保险费的请示	2011-12-15
各乡镇、街道、部门单位	126	关于加强行政调解工作的实施意见	2011-12-11
各乡镇、街道、部门单位	127	关于认真贯彻执行《中华人民共和国行政强制法》的通知	2011-12-11
各乡镇、街道、部门单位	128	关于调整副区长、区长助理工作分工的通知	2011-12-19
自治区人民政府	129	原州区西吉县第二轮县级行政区域界线联合检查工作情况的报告	2011-11-30
自治区招商局	130	原州区2011年招商引资工作自查报告	2011-12-23
自治区民政厅	131	关于申请设立原州区惠德慈善工业园区的请示	2011-12-28
自治区治沙退耕站	132	关于固原一中学明天文馆占用原州区退耕还林异地变更的申请	2011-12-31

文献选录

原州区中长期人才发展规划纲要
（2010~2020 年）

2011 年 5 月 16 日

为全面贯彻落实科学发展观，加快推进人才强区战略步伐，提高我区人才工作科学化水平，根据《宁夏回族自治区中长期人才发展规划纲要（2010-2020年）》和《固原市中长期人才发展规划纲要(2010-2020年)》，结合我区实际，制定本规划。

人才是指具有一定的专业知识或专门技能，进行创造性劳动并对社会作出贡献的人，是人力资源中能力和素质较高的劳动者。近年来，区委、政府高度重视人才工作，积极实施人才强区战略，党管人才工作新格局基本形成，人才发展的政策体系不断完善，重视人才的社会氛围日渐浓厚，人才资源促进经济社会又好又快发展的作用日益凸显。同时也应该看到，当前我区人才发展的总体水平与发达地区相比仍存在较大差距，与我区经济社会发展需要相比还存在许多不适应，主要表现在人才总量不足、整体素质不高、结构和布局不够合理，产业发展急需的紧缺人才严重匮乏，人才工作体制机制改革滞后，人才公共服务体系还很薄弱，人才资源开发投入不足，等等。

未来十年，是我区深入实施新一轮西部大开发战略、加快推进经济发展方式转变和产业结构调整的关键时期，也是我区实施人才强区战略、促进人才科学发展的重要机遇期。我们必须增强责任感、使命感和危机感，坚定不移地走人才强区之路，主动适应经济社会发展需要，科学规划、深化改革、重点突破、整体推进，不断开创人才辈出、人尽其才的新局面。

一、指导思想、主要目标和总体部署

（一）指导思想

以邓小平理论和“三个代表”重要思想为指导，坚持党管人才原则，牢固树立人才资源是第一资源的理念，坚持党管人才原则，坚持服务发展、人才优先、以用为本、创新机制、重点突破、整体开发的方针，大力实施人才强区战略，以用好用活人才为目的，以人才能力建设为核心，以人才结构调整为主线，着力创新人才工作机制，着力实施人才工程项目，着力优化人才发展环境，着力加强人才队伍建设，为推进我区经济发展方式转变和产业结构调整、实现跨越式发展提供坚强的人才保证和广泛的智力支持。

（二）主要目标

到 2020 年，我区人才发展的主要目标是：培养造就数量比较充足、结构渐趋合理、素质明显提升的人才队伍。全区重点领域的人才特别是高层次人才、急需紧缺人才有较大幅度增加，人才总量与经济社会发展相匹配，人才结构与经济结构调整相协调，人才素质与经济发展方式转变和产业结构调整相适应，人才发展环境得到明显改善，人才使用效能得到明显提高。

数量比较充足。人才资源总量从现在的 1.34 万人增加到 2.36 万人，增长 76%；人才资源占人力资源总量的比重提高到 10%。能源化工、高效农业、城市规划、生态环境、防灾减灾、现代物流及服务业、特色旅

游、交通运输、宣传文化、教育卫生、民族宗教、政法综治、农产品加工等各个领域的人才基本满足我区经济社会发展需要。

结构渐趋合理。党政领导中复合型人才数量明显增加;企业经营管理人才的专业知识不断更新;专业技术人才能够覆盖经济社会发展的主要领域;高技能人才、农村实用人才、社会工作人才的知识结构和专业结构得到优化。人才在行业、产业和不同所有制经济组织中的分布趋于合理;人才的年龄、学历、知识等结构形成梯次;少数民族人才和妇女人才比例明显提高。

素质明显提升。各类人才整体素质全面提升,主要劳动年龄人口受过高等教育的比例提高到4%左右,党政人才执政能力明显增强,专业技术人才队伍学历层次和专业职称不断提高,企业经营管理人才现代经营管理素质普遍提升,城乡新增劳动力接受正规职业教育和劳动预备制培训的比例逐年增加,农村实用人才现代科技水平普遍提高,社会工作人才职业化、专业化明显提升。

环境不断优化。引导全社会尊重劳动、尊重知识、尊重人才、尊重创造,建立健全符合各类人才特点、有利于各类人才发展的培养、引进、使用、评价、激励、保障机制。有效发挥市场配置人才的基础性作用,统筹推进各类人才协调发展。加强人才发展环境建设,加大资金投入,加强宣传引导,努力营造支持创业、激励创新、褒奖成功、宽容失败的良好氛围。

(三)总体部署

一是加强和改进党对人才工作的领导,完善党管人才工作格局,创新党管人才方式方法,为人才发展提供坚强的组织保证。二是实行人才投资优先,健全政府、社会、用人单位和个人多元化人才投入机制,加大人才发展投入,提高人才投资效益。三是加强人才资源能力建设,着眼于现有人才,着眼于产业发展,创新人才培养模式,注重思想道德建设,突出创新精神和创新能力培养,提升各类人才的整体素质。四是推动人才结构调整,有效发挥市场配置人才资源的基础性作用,促进人才结构与经济社会发展相协调。五是造就高素质人才队伍,突出培养创新型人才,重视培养应用型人才,积极引进领军型、复合型人才和重点领域急需紧缺人才,统筹抓好各类人才队伍建设。六是创新人才工作机制,完善人才发展政策。

推进人才发展,要统筹兼顾、分步实施。到2015年,制度建设和机制创新有较大突破,阶段性任务基本完成;到2020年,各项任务得到落实,各项目标全面实现。

二、统筹推进各类人才队伍建设

1. 党政人才

目标要求:按照加强党的执政能力建设和先进性建设要求,以提高领导水平和执政能力为核心,努力造就一支政治坚定、勇于创新、勤政廉洁、求真务实、奋发有为、善于推动科学发展的高素质党政人才队伍。到2020年,党政人才队伍中具有一次性大学本科及以上学历的达到50%以上,专业化水平明显提高,结构更加合理,总量从严控制。

全区人才发展主要指标

指标	单位	2010年	2015年	2020年
人才资源总量	万人	1.34	1.73	2.36
每万劳动力中研发人员	人年/万人	2.3	4.3	5.3
高技能人才占技能人才比例	%	10.7	17.1	24.1
主要劳动年龄人口受过高等教育比例	%	1.23	2.6	3.9
人力资本投资占全区生产总值比例	%	10.6	11.7	12.9
人才贡献率	%	8	12	19

注:2015和2020年为预测性指标。

主要措施:(1)深化干部教育培训改革。认真贯彻落实中央和自治区《2010–2020年干部教育培训改革纲要》,把干部教育培训工作纳入全区经济社会发展总体规划,构建理论教育、知识教育、党性教育和实践锻炼“四位一体”的干部教育培训体系。协助办好自治区、固原市处(科)级干部专题培训班。继续推行理论大讲堂、专题辅导和短期培训,积极开展异地培训、挂职培训和分段式培训。建立健全组织调训、在职自学、自主选学和在线学习制度。全面实行干部教育培训学分制管理,探索建立干部教育培训考核评价、激励约束和质量评估机制,加大不良学风整治力度。(2)深化干部人事制度改革。坚持德才兼备、以德为先用人标准,坚持正确的用人导向,深化党政干部选拔任用制度改革,提高干部工作科学化水平,促进优秀人才脱颖而出。规范干部选拔任用初始提名程序,提高选人用人公信度。重视培养选拔优秀年轻干部、少数民族干部、女干部和非中共党员干部。加大竞争性选拔干部力度,每年拿出一定数量的职位公开选拔,积极推行乡镇(街道)、部门(单位)之间干部特别是重要岗位干部交流轮岗。(3)加强干部日常监督管理。认真贯彻中央“一个意见、三个办法、四项监督制度”和自治区“四项配套制度”,严格执行区委关于从严管理干部、谈心谈话、函询问责、外出请假报告等制度规定,探索研究退居二线干部管理办法,加大治庸治懒力度。切实做好“一报告两评议”、经济责任审计、个人有关事项报告、信访举报查办等工作,完善干部监督联席会议、情况定期通报等制度,形成覆盖全面、渠道畅通、反馈及时的干部监督网络。

2. 企业经营管理人才

目标要求:按照提高企业现代经营管理水平和市场竞争力要求,以企业经营管理人才职业化、市场化、专业化建设为核心,以优秀企业家和职业经理人为重点,培养一支具有战略眼光、市场开拓精神、管理创新能力和社会责任感的优秀企业家及高素质经营管理人才队伍。企业经营管理人才总量到2015年达到2300人;到2020年达到2900人以上,努力培养一批优秀企业家。

主要措施:(1)建立健全适应产业结构优化升级、经济发展方式转变和产业结构调整需要的企业人才工作制度,促进企业人才工作向制度化、市场化、专业化迈进。(2)制定企业经营管理人才分类培训计划,依托区内外知名企业、高等院校和其他培训机构,有针对性地分类培养企业经营管理人才。建立中小企业信息服务平台,开设网上培训课堂。重视少数民族企业家队伍建设。(3)落实自治区关于大学生到中小企业见习就业补贴政策,积极引导企业吸纳培养人才,督促企业制定落实用人留人的优惠措施。(4)积极支持青年就业创业,继续实施中国青年创业国际计划(YBC)项目,面向社会征集创业成功、有社会责任感的企业家建立“YBC创业导师库”,开展创业能力培训。

3. 专业技术人才

目标要求:按照突出培养创新型人才、注重培养应用型人才要求,以提高专业水平和创新能力为核心,以高层次人才和急需紧缺人才为重点,打造一支服务基层、服务群众、服务发展的高素质专业技术人才队伍。专业技术人才总量到2015年达到8800人;到2020年达到9400人,高级、中级、初级专业技术人才比例更趋合理。少数民族专业技术人才数量不断增长、素质不断提高。

主要措施:(1)深入贯彻落实《宁夏回族自治区专业技术人员继续教育条例》,以需求为导向,建立和完善分类别、多渠道、重实效、充满生机活力的专业技术人才继续教育体系,加快实施专业技术人才知识更新工程,使专业技术人才接受继续教育的覆盖面达到100%。重点加大对工业设计、现代农业、城市规划、现代物流、特色旅游、电子商务、法律咨询、金融会计、食品安全等领域专业技术人才的培养开发力度。积极争取实施自治区“阿语人才”培养工程。(2)探索改进专业技术人才收入分配办法,努力改善专业技术人才特别是基层一线专业技术人才的工作生活条件。注重发挥退居二线或离退休专业技术人才作用。(3)做好国务院特殊津贴、自治区政府特殊津贴、新世纪“313”人才工程以及青年学科带头人的推荐、选拔、培养、服务工作。建立原州区科技专家库,每三年评选一批学术和技术带头人,对聘任的专家实行定期考核、动态管理,在职称评聘、教育培训和科研经费等方面予以倾斜扶持。(4)加大非公有制企业专业技术人才继续教育培训力度,鼓励其参加专业技术职称评审。建立非公有制企业专业技术人才库,做好入库人才跟踪服务工作。

4. 高技能人才

目标要求:按照推进工业化城镇化和产业结构优化升级要求,以技师和高级技师为重点,培养一支门类齐全、技艺精湛的高技能人才队伍。高技能人才总量到2015年达到300人;到2020年达到400人,其中技师和高级技师达到200人以上。

主要措施:(1)深入开展"农村劳动力转移职业技能培训工程"、"特别职业培训计划"、职业技能竞赛和岗位练兵活动。(2)针对重点行业、特色产业、现代服务业等组织实施技能人才培训项目,改进职业教育办学模式,推行校企合作、工学结合、定岗实习和订单式培养。免除中等职业学校农村家庭经济困难学生和涉农专业学生学费。

5. 农村实用人才

目标要求:按照建设社会主义新农村要求,以农村科技致富带头人和生产经营型人才为重点,建设一支推动农村经济社会发展、带领农民致富增收、数量充足稳定的农村实用人才队伍。农村实用人才总量到2015年达到2700人;到2020年达到5200人,每个村要有多名示范带动能力强的致富能手。

主要措施:(1)充分发挥农村现代远程教育网络、文化信息资源共享工程网络、各类农民教育培训项目、农业技术推广服务体系、各类职业学校等主渠道作用,构建和完善开放型、功能全、多元化的农村教育培训体系,开展大规模农村实用人才培训。(2)鼓励支持农村实用人才带头人牵头建立专业合作组织和专业技术协会,加快培养农业产业化急需的经营管理人员、农民专业合作组织带头人和农村经纪人。积极吸纳社会力量,不断拓宽培训渠道,重点培养一批县级种植养殖骨干型实用人才,乡级农村科技推广带头人,村级土专家、田秀才、致富能手和民间艺人等。(3)积极扶持农村实用人才创业兴业,在创业培训、项目审批、信贷发放、土地使用等方面给予扶助。推进农村实用人才评价和等级认定制度建设。加大对农村实用人才的表彰奖励和宣传力度,提高农村实用人才社会地位。

6. 社会工作人才

目标要求:按照构建社会主义和谐社会要求,以中高级社会工作人才为重点,培养造就一支职业化、专业化的社会工作人才队伍。社会工作人才总量到2015年达到1100人;到2020年达到1800人,争取有150名以上的社会工作人才取得国家初、中、高级职业水平资格证书。

主要措施:(1)研究制定加强社会工作人才队伍建设的实施意见及考核评价办法,加大对社会工作的宣传力度,营造有利于社会工作人才成长的良好环境。(2)加大对专(兼)职社会工作者职业道德和专业知识培训,提升社会工作人才综合服务能力。加强社会工作人才职业化管理,加大社会工作岗位开发设置。(3)继续实施"大学生进社区"计划,招录大学生充实到社区工作。突出特色,分类指导,加大社区义务工作者组织建设,招募自愿从事社会福利、社会救助、社会慈善、残障康复、优抚安置、医疗卫生、青少年服务、司法服务等方面的专业技术人才开展服务。建立社会工作者与志愿者队伍联动机制。

三、实施人才发展重点工程项目

1. 特色优势产业人才支撑工程。围绕打造宁夏"冷凉蔬菜之乡"目标,着力培养和引进发展特色产业所需要的创新型科技人才,尤其注重培养冷凉蔬菜、马铃薯产业等一线人才和年轻人才,力争每一个特色优势产业都能拥有一个创新型人才团队、一支专门经营管理技术人才和一大批高素质劳动者,形成人才引领产业、产业聚集人才的良性循环。到2020年,我区特色优势产业专业人才达到500人。在高质量打造宁夏"冷凉蔬菜之乡"目标的同时,争取更多的农村实用人才创新项目得到自治区的认定和扶持。通过项目带动和产业支撑,每年培训100名优秀农村实用人才,到2020年全区优秀农村实用人才达到1000名以上。

2. 重点领域急需紧缺人才培养工程。抢抓新一轮西部大开发战略机遇，积极争取国家和自治区重大人才工程项目，设计实施一批符合发展需求、体现地方特色的人才工程项目，拓展我区急需紧缺人才培养载体。坚持培养与引进相结合、区内与区外相结合，多形式地开展重点领域急需紧缺人才知识更新培训。到2020年，在能源化工、现代农业、商贸物流、城市规划、旅游开发、金融财会、生态环境等经济领域培养开发急需紧缺人才600人；在防灾减灾、宣传文化、教育卫生、民族宗教、政法综治等社会领域培养开发急需紧缺人才800人。

3. 各类培养基地建设工程。突出人才发展服务于经济社会科学发展这个主体，着力抓好以上级党校、高等院校等为主的党政人才培养基地，以农业科研、教育教学、医疗卫生等专业机构为主的专业技术人才培养基地，以经济开发区、工业园区等为主的企业经营管理人才培养基地，以职业院校、实训基地等为主的技能人才培养基地。依托基地支撑，创新培养模式，每年培训各类人才4000人次，到2020年培养造就拔尖青年英才400名以上。

4. 党政人才能力素质提升工程。探索项目化、专业化、外向化的干部教育培训新途径，采取培训研修、外出学习、挂职锻炼、学历教育等多种形式，大力提高党政人才能力素质。每年轮训公务员500人，外派培训干部80人。

5. 创新型人才培养工程。通过工程项目带动、产学研用结合、开展内引外联等形式，每年培养100名应用型专业技术人才，其中选派5名左右的中级以上职称青年专业技术人才参加"基层之光"计划，着力培养素质优良、业务过硬、扎根基层的青年骨干人才。到2020年，全区创新型专业技术人才新增1000名以上，培养一批生态农业专家、知名校长、"双师型"教师、医疗专家和学科带头人。

6. 文化艺术人才培养工程。以各种活动为载体，以社会、民间相关组织为平台，有重点地培养扶持和引进聚集一批在人文和社科领域具有一定影响的作家、艺术家、名编辑、名记者等。到2020年，培养业内和社会公认的名家名人20名以上。

7. 社会工作人才培养工程。通过研修、实习、短训、函授、自学考试等多种形式，每年重点培养20名以上社会工作人才。

8. 技能人才培养带动工程。加大对企事业单位技术工人、返乡农民工、城镇失业人员和新成长劳动力的培训力度，每年重点培养40名高级工、技师和高级技师。到2020年，培养5名高级技师、400名技师、800名高级工。

9. 未来人才储备工程。立足当前、着眼长远，以党政人才、企业经营管理人才、专业技术人才、农村实用人才为主体，每年选派20名左右的后备人才进行重点培养，其中少数民族和妇女后备人才要有一定比例。积极探索后备人才队伍建设的新途径新方法，确保后备人才队伍既有一定规模和数量，又具备相应的思想道德素质和实际工作能力。

四、创新完善人才发展体制机制

1. 党管人才领导体制。坚持党管人才原则，完善党委统一领导、组织部门牵头抓总、有关部门密切配合、社会力量广泛参与的人才工作格局。建立党委、政府人才工作目标责任制和区委常委会听取人才工作专项报告制度、党政领导班子成员联系专家制度、人才工作领导小组成员单位联系点制度，健全科学有效的决策机制、协调机制和落实机制，切实履行好管宏观、管政策、管协调、管服务的职责。克服人才管理中的行政化、"官本位"倾向，逐步探索取消学校、医院等事业单位的行政级别和行政化管理模式。

2. 人才培养开发机制。以加快经济发展方式转变和产业结构调整、构建和谐社会需求为导向，注重在实践中发现、培养、造就人才，构建人人能够成才、人人得到发展的人才培养开发机制。优先发展教育事业，加强农村义务教育，巩固提高"两基"成果，努力推进我区义务教育均衡发展；加快普及高中阶段教育，加强优质高中教育；大力发展职业教育，依托固原民族职业技术学院，建设原州区高水平技能人才培养基地；结合实施"百所回民中小学标准化建设工程"和少数民族高层次人才培养计划，大力发展民族教育事业；继续组织实施特岗教师计划和教师公开招聘工作。构建网格化、开放式、自主性的终身教育体系，有计划地组织各类人才通过进修研修、脱产学习、考察培训、挂职锻炼、出国深造等多种方式提高能力素质。

3. 人才评价发现机制。建立以岗位职责要求为基础，以品德、知识、能力和业绩为导向，科学化、社会化的人才评价发现机制，注重靠实践和贡献评价人才，坚持在基层和群众中发现人才。探索建立在重大工程项目、关键时刻表现、急难险重任务中识别和发现人才的机制。建立事业单位人员考核评价制度，完善专业技术人才职业准入、职业水平、职务聘任评价办法。逐步完善社会化职业技能鉴定、企业技能人才评价和专项职业能力考核办法，建立多元化的技能人才评价机制。

4. 人才选拔任用机制。探索各类人才选拔使用的新形式新方法，促进人岗相适、人尽其才，形成有利于各类人才脱颖而出、充分施展才华的选人用人机制。创新党政人才选拔任用机制，提高干部选拔任用工作的满意度和整治选人用人不正之风的满意度；完善干部到基层工作制度，建立来自基层一线党政干部培养选拔链；落实党政领导干部职务任期制，加快建立干部正常退出机制。创新专业技术人才选拔任用机制，深化事业单位人事制度改革，完善事业单位管理人员委任、聘任、选任等任用方式，推行事业单位公开招聘、竞聘上岗和合同管理制度。创新企业经营管理人才选拔任用机制，建立公开招聘、竞争上岗、市场配置和依法管理相结合的企业经营管理人员选拔任用制度。

5. 人才流动配置机制。建立政府宏观调控、市场主体公平竞争、中介组织提供服务、各类人才自主择业的人才流动配置机制。认真贯彻《宁夏回族自治区人才市场条例》，推进人才市场体系建设，完善市场服务功能，畅通人才流动渠道。加强对重点发展领域、重点开发地区、科研生产一线所需人才的宏观调控，促进人才结构调整，提高人才使用效能。加快人才公共服务体系和信息网络建设。

6. 人才激励保障机制。建立健全与工作业绩紧密结合、充分体现人才价值、有利于激发人才活力和维护人才合法权益的激励保障机制。推行事业单位岗位绩效工资制度，改革完善有利于调动专业技术人才积极性创造性的职称评聘制度。健全以政府奖励为导向、用人单位和社会力量奖励为主体的人才奖励体系，建立优秀人才奖励基金。完善以养老保险和医疗保险为重点的社会保障制度，支持用人单位为各类人才建立补充保险，扩大对农村、非公有制经济组织人才的社会保障覆盖面。完善劳动合同、人事争议仲裁等制度。

五、建立健全人才发展政策措施

1. 人才发展投入政策。建立健全人才发展优先投入政策，把人才工作纳入经济社会发展总体规划，完善区本级财政人才专项投入制度，各单位也要设立人才发展专项资金，保障重点人才工程项目的实施。探索建立人才开发与工程项目对接政策，在重大项目、重点工程、产业发展的建设资金中，专列人才培养开发经费项目。探索建立各方力量投资人才资源开发政策，重视依托工程项目吸引区内外力量参与我区人才发展，鼓励企业和社会组织设立不同的人才资助或发展基金，引导用人单位、社会和个人多渠道进行人才投入。到2020年，人力资本投入占全区生产总值的比例提高到12%左右。

2. 柔性引才激励政策。探索建立“不求所有、但求所用”的柔性引才政策，坚持招商引资与招才引智相结合，在住房、奖励、补助等方面制定优惠办法，通过挂职锻炼、兼职兼薪、项目合作、技术入股、委托经营等灵活多样的方式引进高层次人才和急需紧缺人才。探索建立用好原州区籍在外高层次人才资源政策，完善原州区籍在外高层次人才信息库，加强与他们的联系与协作，发挥好他们的优势和作用。

3. 人才流动引导政策。探索建立双向挂职、短期工作、项目合作等人才柔性流动政策，实施具有普遍约束力的公职人员到重点领域、基层一线、艰苦环境中锻炼的派遣和轮调制度。争取自治区在机关事业单位人员招考(聘)中对原州区给予倾斜，严格执行公开招考(聘)人员最低服务年限政策,鼓励各类人才扎根原州、服务基层。争取自治区增加原州区选拔高校毕业生到农村基层锻炼、"三支一扶"、青年志愿者、特岗教师、特岗医生、大学生村官等名额,扩大选派培养规模。对在农村基层和艰苦地区工作的优秀人才,在生活补助和职称评聘等方面实行倾斜政策。

4. 人才创业扶助政策。探索建立留住优秀人才、稳定现有人才政策,加快建立"事业留人、感情留人、待遇留人、环境留人"的激励机制,创建多元化创业服务网络,创造宽松的创业环境,最大限度地减少人才流失。探索建立创业扶助政策,提升创业园区和孵化基地的规模和档次,加强"大学生实习创业基地"建设,对有自主创业意愿和基础的人才提供政策、资金等扶持,吸引更多的大中专毕业生和返乡农民工创业兴业。

六、狠抓人才规划的组织实施

区人才工作领导小组要加强对实施人才规划的组织领导、统筹协调和宏观指导。区委组织部、区人才办要牵头制定落实人才规划任务的年度分工方案,建立健全监督、检查、指导、考核机制。区人才工作领导小组成员单位要编制衔接配套的专项规划和实施方案,做到目标明确、任务明确、措施明确,做到可操作、可监测、可评估。加强调查研究,及时协调解决人才规划实施中出现的新情况新问题。加大宣传力度,突出宣传中央和区、市党委、政府以及区委、政府关于人才发展的重大战略部署,宣传实施人才规划的重大意义、目标任务、政策措施和先进典型。健全工作机构,强化培训措施,不断提高人才工作者队伍的整体素质和业务水平,确保人才规划各项目标任务的实现。

名词解释:

1. 人才资源总量:指党政人才资源、企业经营管理人才资源、专业技术人才资源、高技能人才资源、农村实用人才资源和社会工作人才资源数量之和。

2. 党政人才:指公务员、参照公务员法管理的群团机关工作人员。

3. 企业经营管理人才:指在企业经营管理岗位上工作的人员,包括出资人代表、经营管理人员、党群工作者。

4. 专业技术人才:指具有专业技术职称和没有专业技术职称但在专业技术岗位上工作的人员。

5. 高技能人才:指在生产或服务等领域岗位一线的从业者中,具有精湛专业技能,关键环节发挥作用,能够解决生产操作难题的人员。包括取得高级技师、技师和高级技工职业资格及相应职级的人员。

6. 农村实用人才:指具有一定的知识或技能,能够起到示范和带头作用,为当地农业和农村经济发展作出积极贡献,并得到群众认可的农村劳动者,包括生产型人员、经营型人员、技能带动型人员、科技服务型人员、社会服务型人员。

7. 社会工作人才:是指经过社会工作或相关专业教育、取得社会工作职业资格、在特定机构登记注册的社会工作从业人员和暂未取得职业资格、暂未登记注册、但实际从事社会工作的人员,包括正式工作人员、聘用人员和志愿者(义工)。

8. 高技能人才占技能劳动者比例:指技能劳动者中高级技师、技师和高级工数量之和所占比例。技能人才指在生产或服务一线从事技能操作的人员,也称为技能劳动者。

9. 主要劳动人口受过高等教育的比例:指20~59岁人口中接受过大专及以上学历教育的人数所占比例。

10. 每万劳动力中研发人员:指每万劳动力中R&D(研究与试验发展)人员全时当量数。

11. 人力资本投资:人力资本是指以劳动者的质量或其拥有的技术、知识、工作能力所表现出来的资本。人力资本与物质资本两者共同构成国民财富。人力资本投资是指全社会教育支出、卫生支出和R&D(研究与试验发展)支出之和。

12. 人才贡献率:即人才资本贡献率。人才资本就是体现在人才本身和社会经济效益上以人才的数量、质量和知识水平、创新能力特别是创造性劳动成果及对人类较大贡献所表现出来的价值。人才资本对经济增长贡献率,是指人才资本作为经济运行中的核心投入要素,通过其自身形成的递增收益和产生的外部溢出效应,对经济总产出所作出的贡献份额,通俗地讲就是人才贡献率。

13. 人力资源总量:人力资源即劳动力资源,指劳动年龄人口。人力资源总量在我国统计实践中是指16岁及以上人口总数。

14. 人才资源占人力资源总量比例：指党政人才资源、企业经营管理人才资源、专业技术人才资源、高技能人才资源、农村实用人才资源和社会工作人才资源数量之和占人力资源总量的比例。

中共原州区委关于深入开展“思想大解放、树立新形象”活动的实施意见

（2011年5月21日）

为认真贯彻落实《中共固原市委关于开展“思想大解放，树立新形象”活动的实施意见》（固党发〔2011〕34号）精神，真正把思想统一到中央和区、市党委的决策部署上来，为推动原州区经济社会又好又快发展奠定坚实的思想基础，区委决定，在全区深入开展“思想大解放，树立新形象”活动。现提出如下实施意见：

一、深刻认识开展“思想大解放、树立新形象”活动重要意义

解放思想是马克思主义的灵魂和精髓，是党的思想路线的本质要求，是我们应对前进道路上各种新情况、新问题，不断开创新局面的一大法宝，是推动一切工作的“总阀门”。站在新的历史起点上，完成新阶段的各项目标任务，必须以继续解放思想为先导，在解放思想中统一思想，在解放思想中抢抓机遇，在解放思想中加快发展，在解放思想中勇于创新，在解放思想中改进作风，在解放思想中树立新形象，为实现科学发展、跨越发展提供强大精神动力和思想保证。

（一）开展“思想大解放、树立新形象”活动是深入贯彻落实党的十七大和自治区党委十届十一次、十二次全会精神的重大举措

党的十七大提出的一系列重大理论观点、重大战略思想、重大工作部署，自治区党委十届十一次、十二次全会对加快转变经济发展方式、加强和创新社会管理作出的重要工作部署，本身就是解放思想的产物。开展“思想大解放、树立新形象”活动，有助于我们更加全面准确深刻领会党的十七大精神，结合新的实践，创造性地贯彻落实好党的十七大和自治区党委十届十一次、十二次全会提出的各项战略任务，为实现“十二五”奋斗目标，打好生态移民攻坚战，奋力推进原州区科学发展、跨越发展夯实思想基础。

（二）开展“思想大解放、树立新形象”活动是继续推进改革开放伟大事业的强大动力

思想解放是社会变革的先导。没有解放思想，就不会有改革开放；改革开放的过程，必然是不断解放思想的过程。改革开放没有止境，解放思想不可能一劳永逸。当前，我区的发展仍然面临不少思想观念束缚和体制机制障碍。深入开展“思想大解放、树立新形象”活动，有利于抛弃经验主义和惯性思维，冲破一切阻碍改革开放的突出问题上，以新一轮思想大解放开创全区改革开放新局面。

（三）开展“思想大解放、树立新形象”活动是适应形势变化的客观需要

解放思想的本质要求是不断研究新情况、解决新问题。使思想和实际相符合、使主观和客观相统一。发展永无止境，解放思想也永无止境。进入新阶段，面对上下竞相发展和“标兵很多、追兵很少”的紧迫形势，深入开展“思想大解放，树立新形象”活动，有利于我们科学清醒地认清形势，进一步解放思想，创新发展思路，加快发展速度，提高发展质量。着力破除影响和制约经济社会快速发展的思想禁锢和体制机制障碍，从而实现经济社会又好又快发展。

（四）开展“思想大解放、树立新形象”活动是转变工作作风的当务之急

转变干部作风是经济发展的助推器，深入开展“思想大解放、树立新形象”活，有利于强化党员干部的宗旨意识和服务意识，一切为大局、为工作着想，工作中做到不越位、不缺位，不推诿、不扯皮。以党员干部特别是各级领导干部的思想大解放、作风大转变，促进经济社会大发展、大提速、大跨越。

二、指导思想、基本原则和目标任务

(一)指导思想

高举中国特色社会主义伟大旗帜，以邓小平理论和“三个代表”重要思想为指导，深入贯彻落实科学发展观，以解放思想为先导，以跨越发展为动力，以“思想大解放、树立新形象”为主题，以党政机关和科级以上领导干部为重点，以学习讨论和调查研究为主要形式，以解决存在问题为目的，着力转变不符合科学发展观的思想观念，着力破解发展难题，引导广大干部群众在新的历史起点上，敢于超越，一切唯实，大胆创新，树立科学发展、跨越发展的新形象，努力在解放思想上迈出新步伐，在推动科学发展上取得新进展，在促进社会和谐上见到新成效，在干部队伍建设上树立新形象。为实现原州区科学发展、跨越发展提供强大的精神动力和思想保证。

(二)基本原则

一要坚持围绕主题、把握重点。紧紧围绕“思想大解放、树立新形象”这个主题，既要解放思想、开动脑筋、广泛讨论、畅所欲言，又要在解放思想中统一思想，坚持发展第一要务不动摇。二要坚持干部带头、全民参与。各级领导干部要带头参加学习讨论，发挥表率作用。同时，发动广大党员及社会各界群众积极参与，形成“思想大解放、树立新形象”的强大声势和生动局面。三要坚持联系实际、分类指导。各乡镇(街道)、各部门(单位)要从工作实际和干部群众的思想实际出发，着力查找在思想观念、工作作风等方面影响科学发展的突出问题，有的放矢、务求实效。四要坚持循序渐进、确保质量。要按照区委的统一部署，分段推进，保证质量。各个阶段的活动内容可相互渗透贯通。各级党组织要加强对活动的检查指导，把好质量关。五要坚持统筹协调、科学安排。要统筹安排好活动与其他工作的关系，把活动与深入学习贯彻党的十七大和十七届五中全会、自治区党委十届十一次、十二次全会、市委二届九次全会、区委一届十三次全体会议精神结合起来，与区委的决策部署结合起来，与建党90周年庆祝活动结合起来，与区委、政府的中心工作结合起来，与加强各级领导班子建设和基层党组织建设结合起来。

(三)目标任务

一是要破除等靠依赖、无所作为的思想，树立奋发有为的新形象。当前，一些党员干部认为原州区先天不足、难有作为、等靠依赖的思想还没有彻底转变，困难面前束手无策、一筹莫展，竞争面前丧失信心、不战而退，机遇面前麻木不仁、无所作为。要通过这次活动，教育引导党员干部牢固树立奋发有为的新形象。纠正宁肯苦熬、不愿苦干，满足现状、无所作为的思想倾向，树立强烈的事业心和责任感，切实把思想认识统一到区为、政府的决策部署上来，抢抓机遇、大干快干，努力推动原州区科学发展、跨越发展。

二是要破除小成即满、温饱即安的思想，树立敢为人先的新形象。一些党员干部对面临的差距认识不够清醒、不够深刻，目标要求低点定位、甘居人后，工作标准降格降调、小步慢走，干事没劲头，工作没激情，落实没力度。要通过这次活动，教育引导党员干部牢固树立敢为人先的新形象，坚决克服惯性思维、传统思想定势的束缚，积极学习借鉴发达地区的先进理念和经验，善于用改革创新的办法谋划发展、解决难题、推进工作。树立时不我待的机遇意识和不进则退、慢进则退的危机意识，高起点定位、高标准规划、高效率推进每一项工作，敢与强的争、快的赛，争先进位，勇创一流，努力使原州区发展“西部有亮点、全区有影响、全市争先进”。

三是要破除封闭保守、夜郎自大的思想，树立开放包容的新形象。进入新时期新阶段，竞争日趋激烈，招商引资的难度越来越大，除了硬环境的差距外，一个重要的原因就是干部思想观念不新、发展软环境不好。教育引导党员干部牢固树立开放包容的新形象，用开放的眼光、包容的胸襟、合作的姿态、共赢的心态，全方位地推进大开放、大开发，用优惠的政策、良好的环境、高效的服务，吸引大企业、大项目，推动原州区经济社会大发展。

四是破除安于现状、墨守陈规的思想，树立勇于创新的新形象。在新的发展阶段，一些干部见事迟、反应慢、效率低，一推一动，工作按部就班，想问题、办事情凭老经验、靠老办法。工作缺少闯劲、冲劲和韧劲。要通过这次活动，教育引导党员干部牢固树立勇于创新的新形象，坚决摒弃劳而无功的常规办法、消除根深蒂固的陈规陋习、逆转习以为常的惯性思维，牢固树立强烈的时代责任意识，大力弘扬敢闯、敢试、敢冒、敢为天下先的精神，营造创新的活力、创新的氛围，用创新的成果引导思想的解放和观念的转变，促进全区各项工作的深入开展。

五是要破除官本位、太平官的思想，树立激情干事的新形象。当前，一些干部宗旨意识淡化，缺乏服务群众的激情，怕担风险、负责任，见好就上，见问题就推，见矛盾就绕，在其位不谋其政，错失机遇、贻误工作、阻碍发展。要通过这次活动，教育引导党员干部牢固树立激情干事的新形象，彻底从官本位思想解放出来，强化科学发展意识和执政为民意识，认真贯彻执行“五项要求”和“十项规定”，树立正确的用人导向，让求实、务实、落实成为广大干部的自觉行动。努力建设一支坚决贯彻执行党的路线方针政策，求真务实、开拓创新、勤政廉政、团结奋进，能够担当历史重任的干部队伍。

三、方法步骤

这次活动从2011年5月下旬开始到10月底结束，分三个阶段进行：

第一阶段：学习宣传阶段(5月下旬至6月底)。主要任务是抓好组织发动，加强宣传，营造思想大解放的强大舆论声势和良好社会氛围，为整个活动奠定思想基础。

1. 精心制定方案。各乡镇(街道)、各部门(单位)要在认真学习、深入调查研究的基础上，按照区委的统一部署，紧密结合各自实际，针对本乡镇(街道)、本部门(单位)存在的突出问题，认真研究制定活动方案，并于5月30日前报区委“思想大解放、树立新形象”活动领导小组办公室。

2. 广泛开展动员。各乡镇(街道)、各部门(单位)要在认真准备的基础上，层层召开动员大会，将区委的重大工作部署和固原市、原州区的会议精神传达到基层，使之家喻户晓，人人皆知，增强其参与活动的主动性和自觉性。

3. 认真组织学习。各乡镇(街道)、各部门(单位)要把“思想大解放、树立新形象”作为干部理论学习的重要内容，制定专门学习计划，安排专题学习讨论。领导干部要带头学习，带头联系思想实际，交流对“思想大解放、树立新形象”活动的认识，带头撰写体会文章。

4. 全面宣传发动。各乡镇(街道)、各部门(单位)都要通过报纸、广播、电视、网络等媒体和印发简报、张贴标语、悬挂横幅的形式，搞好全方位的宣传报道。在全区迅速营造开展“思想大解放、树立新形象”活动的浓厚氛围。

第二阶段：查摆问题阶段(7月至8月底)。主要任务是在加强学习、提高认识的基础上，围绕“思想大解放、树立新形象”，深入开展调查研究，查找不符合、不适应科学发展、跨越发展的思想问题和做法。

1. 认真查摆问题。各乡镇(街道)、各部门(单位)要在解放思想的基础上，通过多种形式深入查摆本乡镇(街道)、本部门(单位)在思想观念上存在的突出问题和工作中不适应科学发展的突出问题，深入剖析产生问题的思想根源。要通过采取设置意见箱、发放征求意见表、召开座谈会等形式广泛征求意见，向下级单位、党代表、人大代表、政协委员、群众代表等征求工作中存在的突出问题。力求把问题找准找全，对查摆的问题要列出清单，形成报告。

2. 组织集中讨论。各乡镇(街道)、各部门(单位)要在学习交流的基础上，结合本地本单位及干部群众的思想实际，结合当前重点工作，深入开展集中讨论，进一步提高认识、认清形势、理清思路，在统一思想中解放思想，为科学决策提出建议和意见，并归纳整理汇总，及时进行交流。

3. 开展专题调研。各乡镇(街道)、各部门(单位)要抓住影响本乡镇(街道)、本部门(单位)在加快发展中的突出矛盾和问题，列出专题，深入基层、深入群众、深入实际，开展调查研究，实行开门纳谏、问计于民,寻求推动大发展的思路、途径和措施,研究解决问题的对策。对调研成果形成报告,于8月10日前报区委"思想大解放、树立新形象"活动领导小组办公室。

第三阶段:整改提高阶段(9月至10月底)。主要任务是针对存在的问题,抓住关键,突出重点,认真整改,总结学习讨论和调研的成果,结合找出的差距和问题,研究制定整改措施,形成指导推动工作的方法、措施、政策、制度。

1. 制定整改措施。对查摆出来的问题和确需破解的难题,要理清思路,制定整改措施,明确整改重点,落实整改责任。

2. 推动工作。突出"思想大解放、树立新形象"这一主题,冲破加快发展的思想障碍,把活动成果落实到具体工作上,落实到从我做起上,落实到解决因循守旧等问题上,突破阻碍发展的体制机制,敢于突破常规,善于推陈出新,针对存在的问题和差距,制定科学发展的政策措施,集中进行整改,分清轻重缓急,尽快办好几件能让干部群众和社会各界为之振奋的实事和好事,以凸显开展"思想大解放、树立新形象"活动的实际成果。

3. 总结提高。认真总结"思想大解放、树立新形象"活动的成功做法和经验,培养和推出典型,使思想大解放活动的成果转化为促进工作的实际行动。区委组织召开"思想大解放、树立新形象"活动总结大会,进行全面总结,形成理论成果,建立长效机制。通过活动,切实提高各级领导干部领导科学发展、组织科学发展的实际能力,更好地推进原州区科学发展、跨越式发展。

四、加强组织领导确保活动扎实有效开展

各乡镇(街道)、各部门(单位)要把开展"思想大解放、树立新形象"活动作为一项重要的政治任务,高度重视,周密部署,抓好实施,确保取得实效。

一要成立组织机构、切实加强领导。各乡镇(街道)、各部门(单位)都要成立活动领导小组,一把手负总责、亲自抓,分管领导要具体抓,一级抓一级,一级带一级,层层抓落实。县级领导要以工作联系点为活动联系点。同时,要把各自分管的部门、行业作为活动的指导点,确保活动顺利进行。

二要做好宣传引导、营造浓厚氛围。宣传部要积极组织在固原日报、固原电视台、《新原州》等媒体开设原州区此项活动专栏、专题、专版,刊播一批评论、理论文章、学习体会、人物访谈等,报道各乡镇(街道)、各部门(单位)组织开展活动的情况,形成浓厚的舆论氛围。

三要加强督促检查、确保顺利开展。各级党组织要加强对"思想大解放、树立新形象"活动的指导和检查,全面掌握进展情况,督促各项工作落实。区委宣传部、督查室、政研室要认真履行职责,掌握进展情况,加大督查力度,及时发现问题,督促协调解决,确保活动取得实效。

各乡镇(街道)、各部门(单位)于2011年11月10日前将活动情况总结报告区委。

附:原州区委深入开展"思想大解放、树立新形象"活动宣传标语

原州区规范农村土地承包经营权流转促进农业规模经营实施意见

(2011年6月7日)

根据自治区党委办公厅、人民政府办公厅《关于加快农村土地承包经营权流转的意见》(宁党办〔2010〕6号)和原州区委、人民政府《关于农村土地经营权流转的实施意见》(固原党发〔2009〕21号)文件精神,结合我区实际,特制定如下实施意见:

一、指导思想、总体目标和基本原则

(一)指导思想

在坚持家庭联产承包责任制的基础上,以提

高土地资源合理有效配置、促进农业产业发展和农业增效、农民增收为目标，提高土地规模经营水平，全面推进我区现代农业发展和社会主义新农村建设。

（二）总体目标

力争到2015年全区土地流转率达到20%以上，其中农业规模经营(1000亩以上)率达到50%以上，土地集约程度和经营者的规模效益明显提高。

（三）基本原则

1. 坚持农村基本经营制度。保持现有土地承包关系稳定并长久不变，稳定承包权，搞活经营权。

2. 坚持“依法、自愿、有偿”。在充分尊重农民意愿的基础上开展农村土地流转，不得改变土地集体所有性质，不得改变土地用途，不得损害农民土地承包权益。

3. 坚持“因地制宜、分类指导”。积极鼓励农户采取出租、转包、互换、入股等方式流转。

4. 坚持有序流转、规模经营。积极引导种养专业大户、农业龙头企业、农民专业合作社等经营主体开展土地流转，促进土地集中流转，推进农业适度规模经营。

二、大力推进农村土地规范流转

（一）规范农村土地承包经营权流转服务平台建设

进一步发挥区、乡（镇）、村三级农村土地承包经营权流转服务机构的工作职责，区土地流转服务中心具体负责土地流转工作的指导签订合同、技术咨询服务和考核督查等工作；乡镇土地流转服务中心具体负责土地流转信息的收集、审核和发布，协调土地流转价格及资料归档等工作；村级土地流转服务站负责流转信息收集、上报，帮助做好合同签订等服务工作。

（二）进一步明确流转主体及其权利义务

1. 流出主体是家庭承包或其他方式承包的承包方。其权利义务是：依法自主决定承包土地是否流转；流转价款归承包方所有；可以出具土地流转委托书，自愿委托村级组织或中介组织流转其承包土地；监督受让方按国家产业政策从事农业生产经营。

2. 受让主体是具有农业经营能力的承包农户或其他允许从事农业生产经营的组织和个人。其权利义务是：根据市场需求合理调整农业产业结构，自主经营；在土地流转期间，遇统一规划用地需要，承包方依法收回承包土地时应服从，但受让方有权获得相应的补偿；按国家产业政策保持土地农业用途和土地复耕能力，不得改变农用土地用途。

（三）积极鼓励多种形式流转土地

承包方依法取得的农村土地承包经营权可以采取出租、转包、互换、股份合作、转让或者其他符合有关法律和国家政策规定的方式流转，发展多种形式的适度规模经营。其中，以转让方式流转的，经发包方同意，当事人应当变更承包关系。创新农村土地流转方式，大力倡导以农村土地承包经营权作价出资组建土地股份专业合作社，实行土地股份制经营。

（四）规范农村土地承包经营权流转程序

以出租、转包、互换、股份合作形式流转的，出让方与受让方协商一致后，在乡镇土地流转服务机构指导下签订书面流转合同。以互换方式流转的，及时办理承包合同和土地承包经营权证变更手续。以转让方式流转的，事先向发包方提出申请，需经村委会全体村民三分之二以上村民同意后方可转让。要加强对土地流转合同管理，签订自治区统一印制的书面流转合同，流转期限不得超过二轮承包剩余期限，乡镇土地流转服务机构要建立健全土地流转台账，并做好流转信息的收集、整理、归档和保管工作。

（五）加强流转后土地的监管

各乡镇负责本行政区域内的农村土地承包及承包合同管理，要加强土地流转期限和用地性质管理，防止流转土地转为非农用途，防止流转期限超过二轮承包期的剩余年限。

（六）妥善解决土地抛荒问题

对承包经营耕地的单位和个人连续两年弃耕抛荒且不愿流转的，发包方可依法终止承包合同，收回发包耕地；承包方无正当理由弃耕抛荒两年以上的，由乡镇给予警告，并不得享受政府有关支农补贴；对弃耕抛荒的耕地，发包方可依法组织种养大户、农民专业合作社等代为耕作，耕作收益归代耕者。

（七）完善土地承包和流转的纠纷调处机制

完善区农村土地承包纠纷仲裁机构建设，仲裁委员会要设立日常办事机构，聘用仲裁员，组建区级农村土地承包纠纷仲裁庭，依法开展农村土地承包经营权纠纷仲裁工作，妥善解决农村土地承包经营权流转纠纷，及时化解矛盾，切实保护土地流转双方当事人的合法权益，为农村土地流转营造良好的发展环境。

三、加大对土地流转和规模经营的扶持力度

（一）加大财政扶持力度

2011~2015 年，区财政每年统筹安排专项扶持资金，对当年新增连片规模流转耕地在 1000 亩以上、流转期限在 5 年以上的，按实际流转耕地面积一次性给予规模流转所在乡镇一定的奖励，并对建立规范化区、乡两级土地流转服务中心安排专项工作经费。

（二）加强农业基础设施建设

对集中连片达到一定规模（企业达到 2000 亩、农民专业合作社达到 1000 亩）规模经营的流转土地，在符合立项条件的前提下优先安排土地整理、特色农产品基地、农业综合开发、水利设施等相关农业建设项目，为发展规模经营奠定基础。

（三）不断完善社会保障机制

积极探索建立有效的农村社会保障机制，鼓励流转土地的农民参加新型农村社会养老保险，对迁入城镇有稳定职业和固定住所且土地已经流转出去的农民，可选择参加新农保，也可选择参加城镇职工基本养老保险。

（四）强化金融和保险政策支持

信用联社、农业银行等金融机构要把规模经营主体作为信贷支持“三农”的重点，对实力强、信誉好的规模经营主体，要优先安排所需的信用贷款，并享受利率优惠。完善政策性农业保险制度，逐步提高保险标准，增加保险品种，扩大农业规模经营主体投保率，降低规模经营生产的风险。

四、加强农村土地流转工作的组织领导

加快农村土地流转，促进农业规模经营的工作涉及面广、政策性强，关系到广大农户的切身利益和基层社会的稳定。各乡镇要加强对土地流转工作的领导，认真开展调查摸底，建立流转情况登记制度，落实专人负责流转情况登记以及流转资料的收集、整理、归档和管理工作。农牧部门要加大宣传力度，提高农民群众对加快土地流转、发展规模经营意义和作用的认识；并切实承担起土地流转指导、协调、服务职责，区财政局要协调支持土地流转补助资金的落实，区国土局要加强对流转土地用途的监管，坚决制止假借流转之名非法买卖土地行为，严禁借土地流转改变基本农田用途。区人劳、工商、金融等部门要根据各自职责，研究制定相应的措施和办法，积极指导、帮助和支持各乡镇开展土地流转的探索和试验，互相配合，形成合力，努力使我区土地流转、规模经营和农业产业发展迈上一个新的台阶。

原州区农村宅基地管理暂行办法

（2011 年 3 月 22 日）

第一条 为了规范和加强农村宅基地管理，合理利用土地资源，切实保护耕地，根据《中华人民共和国土地管理法》、《中华人民共和国城乡规划法》和《宁夏回族自治区土地管理条例》等法律、法规规定,结合本区实际,制定本办法。

第二条 本办法所称农村宅基地,是指农村村民合法使用或依法批准,用于建造住宅(包括附属用房和庭院等)的集体所有土地。

第三条 本办法适用于原州区行政区域内农村宅基地管理。

第四条 区国土资源部门主管本行政区域内农村宅基地的管理和监督工作。

乡(镇)人民政府负责本行政区域内农村宅基地的管理和监督工作。

第五条 宅基地管理坚持符合规划、保护耕地、依法用地、一户一宅、集中建设、禁止占用基本农田的原则,原有宅基地按新农村建设和村镇规划的要求,逐步向集中庄点迁移,实现集中统一、规范管理,不得新建零星分散宅基地。

第六条 农村村民建造住宅应当充分利用原有的宅基地、村内空闲地和荒地,严格控制占用耕地建造住宅,不得在基本农田保护区内建造住宅。

第七条 乡镇人民政府负责制定村庄建设规划,村民在旧宅基地内进行进行翻建或改建的,应当依法办理用地审批手续。必须经乡镇人民政府现场放线后方可进行建设。

第八条 乡镇人民政府在农村宅基地管理工作中,履行下列职责:

(一)贯彻执行国家土地管理的法律、法规和规章;

(二)组织实施乡(镇)土地利用总体规划;

(三)负责农村宅基地的选址、申报和计划指标的管理;

(四)对不符合规划,未经批准进行宅基地建设的查处;

(五)负责申办宅基地《建设用地批准书》;

(六)法律、法规规定的其他职责。

第九条 村民委员会要对本区域内宅基地建设进行检查和日常管理,发现违法用地及违法建筑物要及时向乡镇人民政府报告。

第十条 农村村民申请宅基地,必须符合乡(镇)土地利用总体规划。

第十一条 对生态移民和新建住宅后应当退回宅基地的,乡(镇)人民政府要采取措施,限期拆除。

第十二条 宅基地实行指标管理,乡(镇)人民政府应当于每年12月底前将下年度需用的农民宅基地计划报国土资源主管部门审核,涉及农用地转用的,按程序报自治区人民政府审批。

第十三条 农村村民新建住宅使用水浇地的,每户不得超过260平方米;使用平川旱作耕地的,每户不得超过400平方米;使用山坡地的,每户不得超过530平方米。

第十四条 宅基地申请的条件:

(一)年满22周岁的农村村民,因结婚等原因确需建设住宅的(包括男方到女方所在地落户的);

(二)因发生或御防自然灾害,实施村庄和集镇规划以及进行乡(镇)村公共设施和公益事业建设或因国家建设征用土地等原因需搬迁的;

(三)外来人口落户或为本集体经济组织成员,没有住宅需建设的;

(四)其他需建住宅的情形。

第十五条 农村村民申请宅基地程序:

(一)符合申请宅基地条件的村民,直接向本村委会提出申请,填写《农村宅基地审批表》,由村委会加注意见;

(二)村民将加注意见的《农村宅基地审批表》报本乡镇审核,乡镇国土所应在7日内派人进行选址,根据下达的用地指标,确定四址、面积、地类,加注意见后报区国土资源部门;

(三)区国土资源部门在收到乡镇审核表,应10日内与建设部门联合办公,对符合规定的,分别办理《选址意见书》、《建设工程规划许可证》、《建设用地批准书》,对不符合规定的,予以答复;

(四)住宅建成后申请乡镇国土资源所会同村委会进行检查验收,验收合格的,由乡镇出具验收证明,区国土资源部门办理《集体建设用地使用证》。

第十六条 有下列情形之一的,其宅基地申请不予批准：

（一）宅基地面积已达到本规定的标准再申请新宅基地的，但为实施村庄和集镇规划进行旧村改造的除外；

（二）出租、出卖或者以其他形式转让宅基地及其地上建筑物(缺房户合理调剂的除外)，或者将住宅改作他用，再申请宅基地的；

（三）以所有家庭成员作为一户申请宅基地并被批准后，不具备分户条件或不合理分户申请宅基地的；

（四）子女已立户且符合立户条件，其父母再单独申请宅基地的；

（五）拟实施旧村改造的区块或实施规划撤并的自然村，在原宅基地上建住宅的；

（六）对不需要居住的住房不拆除、所占宅基地不交回村集体的；

（七）其他不符合申请建房条件的。

第十七条 村民进行建设，乡镇应指派人员按照《建设工程规划许可证》的要求现场放线，建设必须符合《原州区村镇规划暂行办法》规定的要求。

第十八条 非本集体组织成员不得在本村申请宅基地建设住宅。

第十九条 农村宅基地管理作为耕地保护的主要内容纳入乡（镇）目标责任考核。

第二十条 乡镇人民政府要加强国土资源所建设，确保人员、职责到位。

第二十一条 对宅基地管理规范，耕地保护工作突出的乡（镇）将给予表彰奖励。

对宅基地管理混乱，违法建设屡禁不止乡镇，进行通报并追究相关责任人的责任；

对在宅基地审批过程中提供虚假材料，骗取批准的，追究相关责任人的责任。

第二十二条 国土资源部门要加大对乡镇国土资源所工作人员的政策法规和业务知识培训。

第二十三条 乡（镇）应在每个村确定一名宅基地管理监督员，实行监督举报制度。

第二十四条 对非法买卖土地进行建设的，严肃追究买卖双方当事人责任，构成犯罪的，移交司法机关依法追究刑事责任。

第二十五条 农村村民未经批准或者采取欺骗手段骗取批准，非法占用土地建住宅的，由区国土资源部门责令退还非法占用的土地，限期拆除在非法占用的土地上新建的房屋。

第二十六条 区国土资源部门对非法占用土地或者超过批准的面积多占土地建造住宅的，应当责令其停止建设；对拒不停止、继续施工的，拆除继续违法抢建部分的建筑物和其他设施，各乡（镇）人民政府和有关部门予以协助配合。

第二十七条 在乡、村庄规划区内未依法取得乡村建设规划许可证或者未按照乡村建设规划许可证的规定进行建设的，由乡镇人民政府责令停止建设、限期改正;逾期不改正的，依法拆除。

第二十八条 阻挠、干涉、妨碍工作人员依法执行公务的，依照《中华人民共和国治安管理处罚法》的有关规定予以处罚；构成犯罪的，移交司法机关依法追究刑事责任。

第二十九条 本办法自 2011 年 4 月 22 日起施行。

原州区学前教育三年行动计划

（2011 ~ 2013 年）

为全面贯彻落实《国家中长期教育改革和发展规划纲要（2010-2020 年）》、国务院《关于当前发展学前教育的若干意见》（国发〔2010〕41 号）及自治区党委、人民政府《关于印发〈宁夏中长期教育改革和发展规划纲要（2010-2020 年）〉的通知》（宁党发〔2010〕67 号）等文件精神，加快全区幼儿教育发展步伐，将大力发展学前教育作为贯彻落实教育规划纲要的突破口，作为推动教育事业科学发展的重要任务，作为建设社会主义和谐社会的重大民生工程，提升我区基础教育整体发展水平，特制定如下行动计划。

一、指导思想

以邓小平理论、“三个代表”重要思想和科学发展观为指导，抢抓自治区加快农村学前教育机制改革工作机遇，大力发展学前教育，初步建立以公办园为主体，社会力量办园为补充，布局结构合理，管理体制完善，师资队伍优化，保教质量良好的幼儿教育体系，基本满足适龄幼儿接受学前教育的需要，逐步形成符合全区幼教事业发展规律、充满生机和活力的幼儿教育体系。

二、基本原则

（一）科学布局的原则：综合考虑全区地理条件、人口分布、交通状况和原有校舍等因素，结合我区农村中小学布局结构调整情况，努力构建覆盖城乡、布局合理的学前教育公共服务体系，保障适龄儿童接受基本的、有质量的学前教育。

（二）必须坚持公益性和普惠性，坚持政府主导，社会参与，公办民办并举原则：从实际出发，为幼儿和家长提供方便就近、灵活多样、多种层次的学前教育服务；

（三）以人为本的原则：必须坚持科学育儿，遵循幼儿身心发展规律，促进幼儿健康快乐成长。

（四）适度规模的原则：列入规划的幼儿教育机构办园规模至少在三个班以上，并逐步进行标准化建设，预留发展空间。

三、目标任务

（一）总体目标

加大投资，加快发展学前教育，经过三年建设发展，形成以公办幼儿园为骨干和示范，以社会力量办幼儿园为补充，公办与民办相结合的幼教发展格局。到 2013 年，学前三年儿童受教育率达到 85%，学前一年儿童受教育率达到 100%。

（二）具体目标

1. 到 2011 年底，迁建一幼、二幼、三幼，改扩建十一所乡镇幼儿园，筹建杨郎幼儿园、四幼、六幼（市局筹建）；规范公立幼儿园的收费标准，配套实施设备；规范民办幼儿园的建设和办学行为；投资加快发展学前教育，使全区学前三年儿童受教育率达到 75%以上，学前一年适龄幼儿入园（班）率达到 85%以上。

2. 到 2012 年，新建五幼、九幼、十幼、十三幼、十四幼、彭堡杨忠堡幼儿园、南城拐子（南源、陈庄）幼儿园等十三所幼儿园，积极引进社会资金，兴办民办幼儿园、学前班 2~3 所。全区学前三年儿童受教育率达到 80%以上，幼儿一年入园率达到 95%以上。

3. 到 2013 年，新建七幼、八幼、十一幼、十二幼，在农村规模大的行政村新建幼儿园，规模小的行政村两个（或三个）村联办幼儿园，使全区学前三年儿童受教育率达到 85%以上，确保全区适龄幼儿都能接受学前一年教育。

四、具体措施

（一）扩大学前教育资源。积极争取项目支持，统筹安排，按规划统一建设公办幼儿园，积极争取国家校舍改造工程资金和其他财政性经费投入，利用农村中小学布局结构调整富余校舍进行改建幼儿园，改善幼儿园的办园条件，扩大办园规模，优化教育资源配置，提高办园质量，促进乡镇中心幼儿园的标准化、规范化、优质化发展，为儿童提供安全、健康、丰富的生活和活动环境。

1. 大力发展公办幼儿园，提供“广覆盖、保基本”的学前教育公共服务体系。把幼儿园建设纳入全区校舍建设总体规划中，在市区新建 3~5 所幼儿园，解决市区适龄幼儿入园难的问题。

2. 建设乡镇中心幼儿园。结合中小学布局调整，在每个乡镇新建或改建一所公办中心幼儿园，使其成为农村学前教育的示范引领。

3. 积极发展村级幼儿园。根据各行政村幼儿数量及所处地理位置，以大村独立办园，小村设分园或联合办园等方式，在南城拐子（南源、陈庄）新建两所幼儿园，确保所有的适龄幼儿都能接受学前教育。

4. 鼓励民办幼儿园发展。鼓励和支持企事业单位、社会团体和个人兴建幼儿园。为了保证适龄幼儿都能就近入学，城镇小区没有配套幼儿园的，要根据居住区规划和居住人口规模，按照国家有关规定配套建设幼儿园；新建小区配套幼儿园要与小区同步规划、同步建设、同步交付使用。按照《原州区委、政府关于切实加强中小学幼儿园安全管理实施方案》要求，对各民办幼儿园、学前班进行帮扶指导。继续实行民办幼儿园、学前班年检制度，对年检优秀的民办幼儿园给予奖励扶持。

（二）强化经费保障。将学前教育纳入经济和社会发展规划，纳入地方财政预算，多渠道筹措学前教育资金，设立学前教育专项经费，建立学前教育投入的畅销机制，增加学前教育的投入力度，做到学前教育投入与基础教育投入同步增长。广泛吸纳社会资金，鼓励民间资本投入，实现办园主体多元化。

（三）加强教师队伍建设。依据国家制定的编制标准和《教师资格条例》的有关规定，严格执行教师资格准入制度，严把教师入口关。大力推进幼儿园人事制度改革，按需设岗、公开招聘、补充幼儿教师。同时，要大力推进幼儿园人事制度改革，建立"能进能出"的用人机制，每年根据幼儿园建设发展的需要，适时的提出幼儿教师补充计划，在争取自治区下达幼儿教师编制的前提下，多方筹资，逐年聘用一定数量的幼教教师，配齐公办幼儿园教师队伍。加强幼儿教师队伍的培训力度，优化教师队伍结构，提高教师的素质和水平。

（四）完善管理机制。切实规范学前教育的办学行为，完善学前管理的长效机制，遵循幼儿成长规律和学前教育规律，坚持以游戏为基本活动，积极探索适合城市和农村学前教育发展的新方法和新途径。充分发挥公办幼儿园的示范辐射作用，开展城乡、公办民办幼儿园"手拉手"和"一帮一"等活动，切实提升农村幼儿园和民办幼儿园的管理水平和保教质量。严格按照物价部门的规定，规范公立幼儿园收费标准，切实减轻家长的经济负担。要采取切实措施对低收入家庭子女适当降低收费标准，确保他们享有接受幼儿教育的机会。

五、工作要求

（一）加强领导，落实责任。成立由区长为组长，区委、人大、政府、政协分管领导任副组长，财政、人事、编办、发改、教育、民政、卫生、建设等部门为成员的学前教育领导小组，全面负责幼儿园的规划建设，积极协调各有关部门做好园舍建设、设备添置、环境美化、人员调配等具体工作，大力推进，全面实施，确保全面完成目标任务。

（二）规范管理，提高质量。认真贯彻落实国务院《关于当前发展学前教育的若干意见》及教育部颁发的《幼儿园教育指导纲要（试行）》等文件精神，积极推进幼儿教育改革，进一步提高幼儿园的保教质量。关注个体差异，遵循幼儿身心发展的特点和规律，满足他们多方面发展的需要，注重幼儿素质和能力的培养，摆脱"保姆式"的教育模式，防止出现小学化倾向，促进幼儿在体、智、德、美、能等方面全面发展。建立社区和家长参与幼儿园管理和监督机制，促进社区、幼儿园、家长良性互动，充分利用幼儿园和社区的资源优势，面向家长开展多种形式的早期教育宣传、指导等服务，提高幼儿家庭教育质量。加强对幼儿园教育实验和科研的管理和指导，禁止在幼儿园从事违背教育规律的实验和活动

（三）宣传督导，创建示范。定期对公办以及民办幼儿园进行指导和审验，加大检查和监督力度，不断规范办学行为；要通过广泛的宣传，切实形成全社会重视，支持学前教育的良好社会氛围；加大示范园的建设力度，通过他们的经验，以点带面，促进其他单位学前教育工作迎头赶上，加快发展，推动全区幼儿教育事业的整体发展。

原州区第六小学

原州区第六小学始建于 1919 年，校园占地面积 13006 平方米，建筑面积 10500 平方米，教学班 47 个，在校学生 3305 名，教师 145 名。教师队伍中有特级教师 2 名，自治区骨干教师 5 名，市级骨干教师 22 名，原州区级骨干教师 47 名，属自治区“百标”学校。教学仪器达小学一类配置标准，功能室齐全。学校坚持“依法治校、以德立校、优师兴校、科研强校、特色亮校”的办学思路；倡导“关注未来、关爱生命”的教育理念；秉承“志存高远、创新超越”的工作作风；践行“精心育人，严谨施教”的教风；树立“勤思博学，文明守纪”的学风；努力把特色个性化教育融入校园文化建设的各个方面，成立合唱、舞美、美术、春蕾书法、春晓文学等 11 个校级社团，课本剧、诵读、刺绣、作文素描等 32 个班级社团，98%的学生参与到个性发展的社团中，为孩子们彰显个性、启迪童趣、放飞童真搭建了平台。真正把学校办成学生热爱的乐园，教师幸福工作的家园，社会满意家长放心的校园。近年来，学校先后荣获“全国艺术教育先进单位”，“全国工人先锋号”，“自治区精神文明单位”，“固原市教育教学先进集体”等 130 多项奖牌。2011 年 5 月校长陈明荣获全国“五一”劳动奖章。目前，教师们正在用实际行动感悟着赢得课堂才能赢得未来的哲理。

领导班子研究工作

五年级数学组获 2011 感动宁夏集体

社火表演

课间操

微机课堂教学

原州区人民医院

团结奋进的院领导班子

原州区人民医院始建于1959年，是一所集医疗、急救、预防保健、教学为一体的二级甲等综合性医院。承担着固原市城区及周边60多万群众的医疗保健任务。是宁夏师范学院的教学实习基地。医院现有职工505人，其中专业技术人员410人，高级职称67人（正高6人，副高61人），中级职称86人。目前设计床位450张，实际开放500张，门诊年接诊量约13万人次，住院患者1.5万人次，床位使用率达112%。

医院设骨科、普外科、泌尿外科、妇科、产科、眼科、手术室、神经内科、心内科、呼吸内科、消化内科、儿科、新生儿科、感染1科、感染2科、中西医结合科、急诊科等17个临床科室；放射室、检验科、128层CT室、B超室、心（脑）电图室、内窥镜室、病检室8个辅助科室及行政办公室、医教科、护理部、院感科、保健科、财务科、药械科、后勤科、保卫科9个职能科室。

医院目前拥有日立7080全自动生化分析仪、阿洛卡4000彩色超声诊断仪、柯达CR260自动成像系统扫描仪、GE164排东软双排螺旋CT机、白内障超声乳化仪、奥林巴斯前列腺电切镜、奥林巴斯腹腔镜、膀胱镜、宫颈LEEP刀、眼底激光治疗仪、电子胃镜、肠镜等大型国内外先进医疗设备。新购置的GEL5B型超声诊断仪、希森美康血球五分类技术仪、英诺华双通道血凝仪、西门子DR自动成像仪等先进医疗设备即将投入使用。

在国家“西部大开发”政策的带动下，医院及时抢抓机遇，为满足新型农村合作医疗工作，努力改善基础设施建设。于2006年投入使用的5000平方米的新住院大楼，2008年建成投入使用的总建筑面积5988平方米门诊综合楼，保证了新型农村合作医疗县级定点医院如期接纳住院患者工作的正常实施，大大缓解了人民群众看病难的问题。新医技住院综合楼，总建筑面积13086平方米，已于2011年6月投入使用。

为全面提高专业技术人员的医疗水平，近年以来，选派业务骨干120多人，到全国各大医院进修学习深造。自2001年我院与中国人民解放军附属上海长海医院结成对口帮扶医院，我院的眼科、骨科、妇产科、普外科成为原州区特色科室和重点科室。2010年我院与福建医科大学附属一院和协和医院结成了对口帮扶医院，使我院的耳鼻喉科、心内科、肿瘤外科和泌尿科的业务水平又上了一个新台阶。

近年来，在各级党政部门的正确领导下，在卫生主管部门的大力支持下，原州区人民医院院将以崭新的院容院貌、以一流的医疗技术，优质的服务质量，为全区60万回汉群众提供坚实的医疗健康保障。

医院门诊大楼

自治区党委常委、副主席刘慧来医院调研

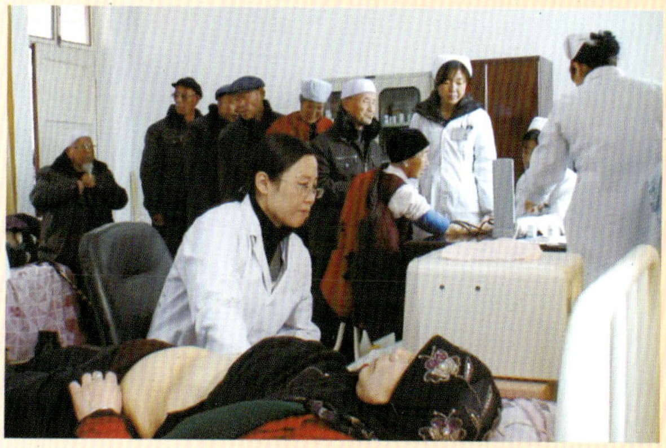

免费为敬老院老人体检

二级甲等医院专家组评估现场会

患者家属向医院赠送锦旗

综合楼揭牌仪式

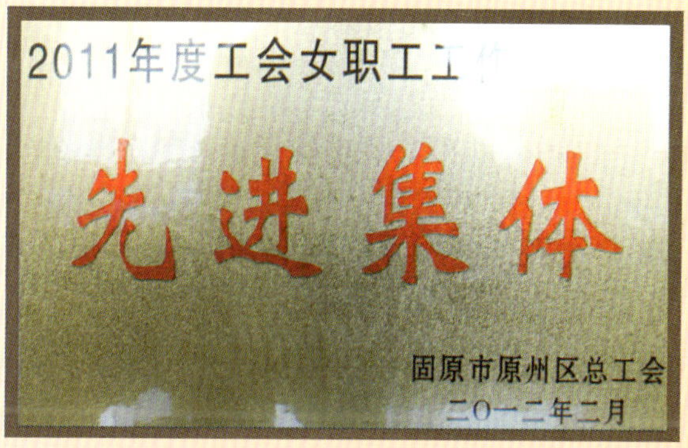

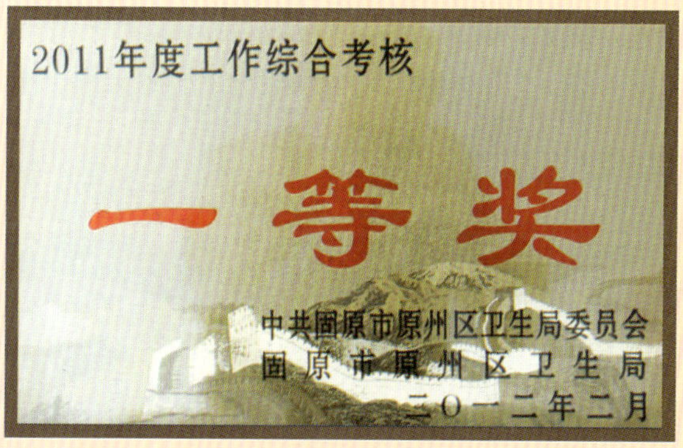

发展中的原州区妇幼保健院

院领导班子研究工作

原州区妇幼保健院始建于1973年，2011年1月迁建于市区南城西路，占地6.5亩，建筑面积2938.38平方米。设有妇产科、新生儿科、门诊、保健科、婚前检查科等9个科室。现有职工84人，其中专业技术人员61人，副主任以上职称16人，主治医师17人，大专以上学历67人。拥有500mAX光机、CR、全自动生化分析仪、5分类血球计数仪、尿成渣、全自动血凝分析仪、彩超、心电图机、呼吸机、全自动麻醉机、儿童体格测量仪、儿童智力分析仪等医疗设备。

原州区妇幼保健院始终坚持“以保健为中心，以保障生殖健康为目的，保健和临床相结合，面向群体，面向基层和预防为主”的妇幼保健工作方针。积极推动“一法两纲”的实施，加强妇幼卫生“六免一救助”民生项目的落实。全面开展妇女儿童保健管理，儿童智力及体格检测、健康教育宣传等妇幼保健工作。2011年原州区住院分娩母乳喂养率100%；7岁以下儿童保健管理率、3岁以下儿童系统管理率分别为82%、85%；新生儿死亡率、婴儿死亡率、5岁以下儿童死亡率分别为5.6‰、8.4‰、9.7‰。高危孕产妇筛查率达到35.62%，高危孕产妇管理率以及住院分娩率均为100%；产前保健覆盖率达到99.42%，孕产妇系统管理率为95.4%；新法接生率为100%；住院分娩率为99.6%，孕产妇死亡率14.77/10万。完成了重大公共卫生项目，其中宫颈癌免费检查完成12000人次，叶酸普服5909人。

近年来，保健院狠抓内部管理，提高医疗质量，加强基础建设，更新医疗设备，拓展业务范围，优化服务流程，服务能力不断提升，各项工作稳步推进。除开展正常分娩外，还能推行阴式子宫切除术、宫颈癌根治术、无痛人流及新式剖腹产等先进技术。新生儿科病房设施完善、功能齐全。对新生儿窒息、早产儿、新生儿黄疸等疾病能开展规范化治疗。在固原市独家开设婴儿洗浴和游泳中心，既方便婴幼儿洗浴，又为婴幼儿提供了全新的健康服务。2011年完成业务收入276.3万元，病人总数53849人。“六免一救助”惠民政策共免费婚前检查6896人；免费新生儿疾病筛查897人，免费听力筛查753人；农村孕产妇免费住院分娩977人；孕产妇艾滋病、梅毒、乙肝检测分别为2123人、1305人、1314人。

2010年在原州区“天使杯”医护知识竞赛中荣获二等奖，被原州区委评为先进基层党组织，在“创双优”活动中被原州区总工会评为先进集体；在综合目标考核中分别被固原市卫生局、原州区卫生局评为先进集体。2011年，医院被中华全国妇女联合会“巾帼建功”活动领导小组评为“巾帼文明岗”；被自治区卫生厅授予“四免一救助”工作先进集体；获得原州区“三八红旗集体”称号。被原州区评为先进集体。

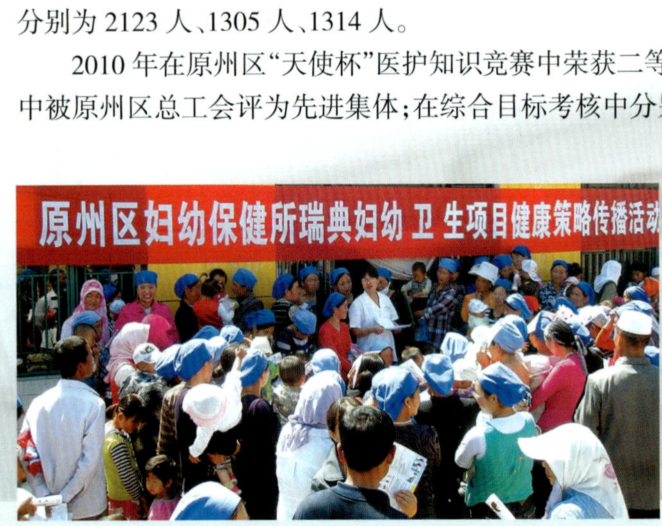

健康策略下乡宣传

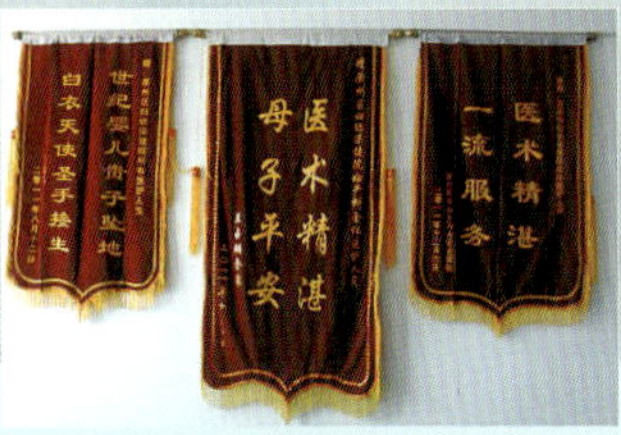

科室集体业务学习

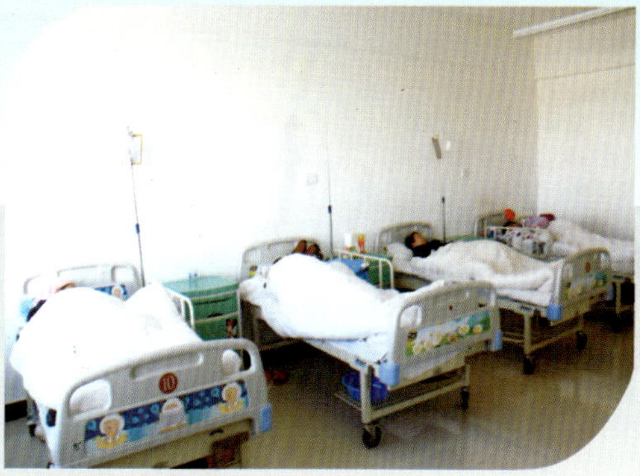

孕产妇住院病房

全院职工集体无偿献血

参加地震应急演练

职工文体活动

实现当驾驶员梦想的基地进元驾校

校长法人代表聂广进

学校领导班子

进元驾校是原驻固武警 8672 部队部队长聂广进转业后于 2007 年 6 月自主择业创办的一所拥有一类培训资质的学校。主要从事各类客货运输机动车驾驶员的驾驶技术培训、技术等级培训、从业资格培训、继续教育培训，承担驾驶员科目二(场地)考试。

学校有教职员工 64 人。其中安置退伍军人 14 人、下岗人员 24 人、农村劳动力 19 人、大学生 7 人。学校占地 4 万平方米，建筑面积 3000 平方米，训练场面积 36000 平方米，各型教学车辆 55 辆，其它教学设备、设施完善。固定资产 1300 万元，日培训能力 300 人。每年向社会输送合格驾驶员 1800 多人次。

校长聂广进先后被自治区党委、政府表彰为“为宁夏回族自治区建设作出突出贡献的 100 名英雄模范人物”和“诚实守信道德模范”，被中央文明办表彰为“‘中国好人榜’好人”、“全国模范军队转业干部”等。学校先后被自治区、固原市、原州区表彰为“优秀创业企业”、“诚信示范单位”、“宁夏驾培行业发展贡献单位”和“名驾校”，校党支部连续四年被原州区委评为“先进党支部”。

考试监控

模拟操作训练

现场指导

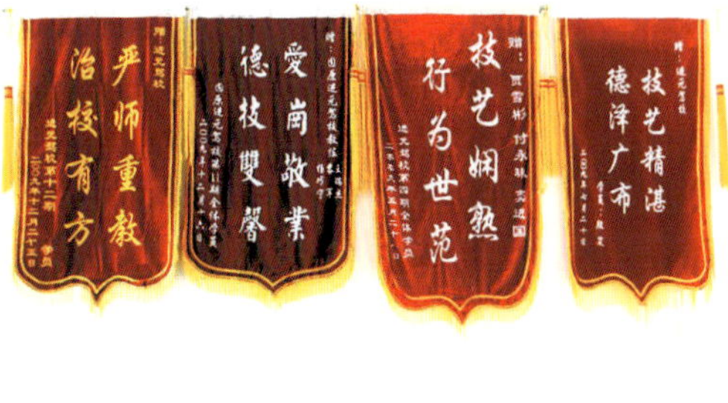

固原三鼎马铃薯制品有限公司

总经理　殷正财

公司位于原州区须弥山旅游胜地东10公里处，地处福银高速公路三营出口1公里处；占地面积70000平方米，总资产2100万元，是以马铃薯精淀粉加工为主的企业，兼营生产优质果品种植，栽培于一体的园艺厂一个。公司于2007年12月通过ISO9000国际质量管理体系认证，产品主要销往上海、北京、浙江、山西、河北等省市，主要应用于医药、食品、化工等行业，主营产品商标为“薯精华”。公司在淀粉废水治理工作方面已成为固原市万吨以上马铃薯淀粉加工企业的典范，利用淀粉废水实施冬季农田灌溉，开创了请“污”肥农田，买“废”夺丰收的先例。目前，年利用废水浇灌耕地500余亩，实施废水灌溉创收近万元，公司在做大做强企业的同时，年安置周边农民工就业200余人次，使3县12个乡镇2000余农户直接受益，淀粉生产的粉渣使周边近千户养殖户受益。2007年被固原市人民政府命名为第一批农业产业化重点龙头企业，2008年被自治区命名为宁夏乡镇企业及农产品加工业自治区级诚信企业。2009年被自治区人民政府命名为农业产业化自治区重点龙头企业。

参加自治区农博会公司产品展示

公司外景

精淀粉生产线

生产季节交售马铃薯的车队排起长龙

马铃薯精淀粉

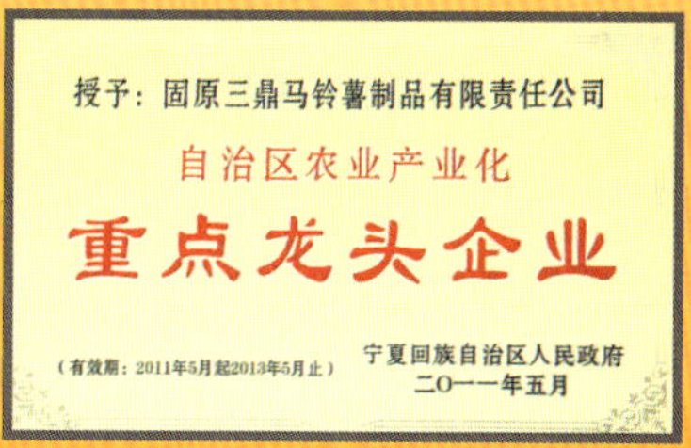

原州区第五中学

团结务实的领导班子

原州区第五中学是原州区所属唯一的一所完全中学。占地 130 亩，建筑面积 21500m²，学校现有 60 个教学班，在校学生 4100 名，现有教职工 243 名，其中特级教师 3 人，高级教师 53 人，中级教师 106 人，硕士研究生学历 3 人，本科学历 190 人。

学校在党支部和校务会的领导下，坚持分层管理，实现管理联动，走内涵发展的路子。重视安全工作，坚持德育为首，以教育教学为中心，加强师德建设和教师专业技能培训，促进教育教学质量不断提升。近年来，学校先后被评为全国和谐校园、自治区级“师德建设先进单位”、“校本培训先进集体”、“德育示范校”、“绿化先进单位”、“自治区文明单位”等；市级示范中学、普九先进单位、教学质量先进单位、普高先进单位等；连续八年为原州区教育系统考核先进单位。中考连续八年进入原州区前五名，高考 2009 年本科录取 187 人，2010 年二本录取达 225 人，2011 年二本录取达 260 人。

学生早餐营养工程

微机室

普九宣传活动

原州区第五小学

党建工作被区委组织部确定为观摩点

校长　马国良

原州五小始建于1976年，现设45个教学班，在校学生2700人，教职工135人。

在区委、政府的关心重视下2009～2011年先后投入专项资金1036万元，对学校进行了改扩建，并与师资培训中心整合，使校园面积由原来的9720平方米增加到21410平方米，校舍面积由原来的4200平方米增加到10183平方米，学校着力化解大班额，使班级平均人数由原来的99人减少到60人，给学生成长创造了宽松的空间，有利于大面积提高教育教学质量。

近年来以创建特色学校为契机，确立了“以人为本、德育为首、全面发展、彰显特色”的办学思想，树立“育人为本、教学为中心、健康第一、安全无小事”的意识，提出了“512345”的工作思路，坚持从严治校，规范管理，各项工作取得了长足的发展。先后被评为“固原市级示范校”、“固原市教育工作先进集体”、自治区级“语言文字工作先进单位”、自治区“9·10优秀教育奖状”、“全国青少年文明礼仪示范基地”、“自治区德育示范校”等多种荣誉称号。

领导班子研究工作

校园一隅

化解大班额

微机教学

原州区第四中学

校长吴正儒

原州四中始建于1985年，是一所全日制初级中学。2009年5月迁址到九龙山下。新校占地168亩，建筑总面积20704平方米，建有教学楼2栋，办公楼1栋，图书实验信息综合楼1栋，多功能厅1栋，学生宿舍楼2栋，400米标准塑胶操场一个，体育看台1座。理化生实验室、微机室、多媒体教室等配套齐全，图书室藏书74024本，阅览室有报刊杂志170类，有音乐、美术及形体训练室各1个。2011年学校成为自治区“百标”工程项目学校。

目前，学校有教学班52个，在校学生2828人，教职工194人，其中专任教师191人，合格率100%。有中学高级教师34人，一级教师68人。适龄少年入学率、17周岁完成率、初中毕业率均达100%，高中及职业中专升学率98.16%。

近年来，学校积极优化育人环境，深入推进素质教育，重德育，抓科研，抓管理，使教育教学质量不断提高，社会效益显著。先后被自治区总工会、教育厅授予“9·10教育奖状”，被自治区爱卫会评为“卫生先进集体”，被固原市委、政府授予“普九工作先进集体”、市级“文明单位”，被固原市教育局授予“校园文化建设示范校”，被原州区委、政府评为“教育教学工作先进集体”、“区级示范中学”等荣誉称号，学校党支部和团委也多次被上级部门评为“先进基层党组织”、“五四红旗团委”。

实验

救灾募捐宣传

教育厅郭虎厅长来校视察

九年义务教育法宣传

重走长征路，缅怀革命情

课堂教学

校园一隅

原州区第六中学

团结奋进的校领导班子

原州区第六中学是2003年借助铁道部“235”项目、“农村寄宿制学校建设工程”项目和自治区“百标”工程项目新建的一所设计标准适当超前的初级中学，2006年9月开始招生。

学校占地面积130亩，总建筑面积23400平方米，设有60个教学班，在校学生4180名，教职工199人，其中自治区级骨干教师6人，市区级骨干教师56人，中学特级教师1人，高级教师20人，中学一级教师81人。学校物理、化学、生物实验室、电子备课室、图书室、阅览室、音乐、美术教室和塑胶操场设施先进、一应俱全。

近年来，学校全面贯彻党的教育方针，秉承“自强弘毅，励学先行”的校训，坚持“以人为本、科学管理”的办学理念，按照“高起点的规划、高标准的建设、高水平的管理、高效益的回报”的发展思路，围绕提高质量求发展的工作重心，初步成长为一个团结协作、勇于改革、朝气蓬勃的集体。2011年中考中，600分以上人数达203人，较上年有了新的超越。学校荣获原州区、固原市教育教学先进集体、自治区语言文字规范化示范校、自治区第二届教研工作先进集体、自治区“创建学习型组织”先进班组、全区中小学党建工作先进集体、全区教育系统先进集体、连续四年年度考核先进单位等20多项荣誉。

学校编写的校本教材

参加自治区中学生舞蹈大赛

参加全国“希望杯”数学竞赛获奖学生和指导教师合影

古诗文诵读

学校兴趣小组做科技实验

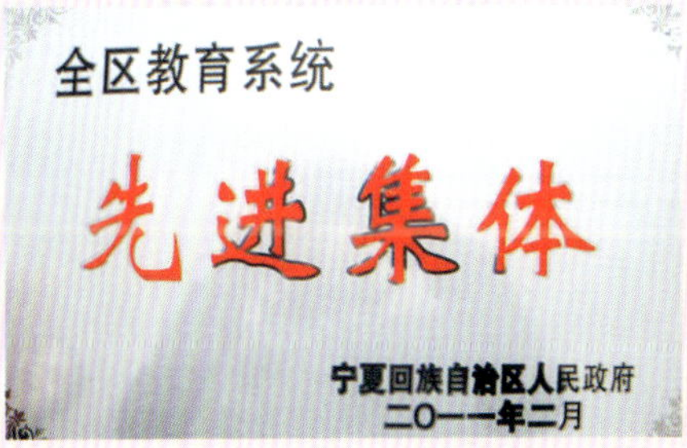

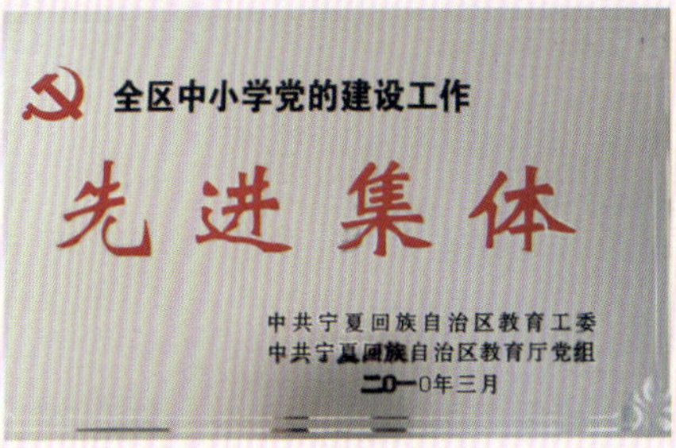

原州区图书馆

原州区图书馆是一座综合性县级图书馆，现有职工33名。内设办公编目室、资料室、成人借阅处、成人阅览室、儿童借阅处、全国文化信息资源共享工程服务中心和农村流动图书办公室等。全馆占地面积2194平方米，建筑面积1676平方米。现藏书总量26.2万册，其中图书19.2万册，报刊资料7万册(包括明清时期古籍线装书4545册，地方文献873册，中文工具书1173册)，馆藏资料尤其是明清时期的古籍线装书如《周易函书》、《御纂内则衍义》、《汉书》、《后汉书》等极为珍贵，尤其是《周易函书》很少流传，版本极其珍贵。在史料中还存有1917年的《大公报》，1956、1957年的《固原县报》、《固原周报》等，有很重要的历史价值和珍藏价值。2005年在图书馆设立了"全国文化信息资源共享工程"服务中心；2007年成立了三营镇基层服务点；2008年6月由国家文化部全国文化信息资源共享工程部投资54.5万元，原州区财政配套13.5万元，对原州区服务支中心进行了改扩建，建成了目前的电子阅览室并投入使用。年平均借阅图书7万多册次，接待读者7万对人次。2011年，全区193个行政村全部建立农家书屋，2012年5月图书馆荣获自治区农家书屋工程建设先进单位，有4名图书管理员和3个村级农家书屋分别获农家书屋建设先进个人、优秀管理员和优秀农家书屋。

图书馆荣获农家书屋工程建设先进集体

图书馆工作人员将图书编目整理上架

自治区图书专家鉴定古籍图书

农家书屋图书管理员在整理图书

中小学生假期在农家书屋读书学习

原州区体育活动中心

原州区体育活动中心的前身原州区体育活动管理中心。2006年，改名原州区体育活动中心。有工作人员6名，主要业务是：负责全区城乡群众体育活动的指导和培训；负责全区重大节庆体育活动的组织和实施；负责全区各种竞技体育的组织和参与；兼管原州区人民广场的保洁与管理工作。中心内设业余体校，项目有篮球、乒乓球、田径、跆拳道等，田径专职教练3名，篮球和跆拳道教练外聘。有农民体协、少数民族体协、老年体协、残疾人体协、象棋、信鸽、武术、门球、毽球、方棋、钓鱼、木球、柔力球等各种体育协会14个。2006年组队参加了自治区第十二届全运会共获得金牌1枚，银牌1枚，铜牌2枚，第四至六名7个。2010年组队参加了自治区第十三届全运会共获得了4金、1银、4铜、4个第四名、3个第五名和1个第六名的好成绩，原州区代表团和两名运动员分别获得体育道德风尚奖，受到各级政府的肯定。2006~2008年实施体育彩票捐赠的“篮球进村”共有行政村36个，捐赠的器材、硬化场地等总价值80多万元。2009~2011年实施体育彩票捐赠的“篮球进村”共行政村155个，乡镇灯光球场4个，捐赠的器材、硬化场地等总价值1000多万元。2005~2008年原州区体育活动中心被评为全国群众体育先进单位。3名同志受到国家体育总局表彰奖励。

人民广场全景

机关干部广播体操比赛

体育中心全体人员

组队参加首届六盘山登山活动

广场群众健身活动

农村广播影视公共服务中心

全体工作人员

原州区农村广播影视公共服务中心属原州区文化体育旅游局下属副科级事业单位。主要职责是:宣传贯彻执行国家和上级主管部门关于文化传播的各项工作方针、政策;负责农村数字电影放映工程的实施;负责放映设备以及放映设备的登记、审验、维护、管理和广播电视直播卫星公共服务工作;承担原州区影视业务的组织实施和管理,繁荣城市影视文化,承办业务主管部门的其他工作。

随着改革开放的不断深入扩大,各种娱乐形式的市场阵地受到严峻的挑战,面对挑战始终坚持“二为”方针,克服困难,巩固阵地,稳步发展,按照“一月一村放映一场电影”的要求,2011年在全区11个乡镇、3个街道办事处放映电影2764场,观众达47万人次。广场、社区放映电影520场,观众达10万人次。同时,全面扎实推进原州区直播卫星公共服务全覆盖,实施安装村村通地面直播卫星设备21380面,安装户户通地面直播卫星设备64138面,覆盖人口25.2万人,受到了广大群众的好评和上级领导的肯定。

2011年,获自治区广播电影电视局农村数字电影放映三等奖。在建党90周年全国农村数字经典电影放映活动中被中国电影发行放映协会评为先进单位。在全区直播卫星公共服务户户通工作中被自治区直播卫星公共服务领导小组评为先进集体。同年,被原州区精神文明建设工作委员会评为文明单位。

广场数字电影放映

全区第一个户户通工程在团结村实施

中心工作人员深入农户调试户户通信号

户户通设备安装现场培训

原州区青年秦腔艺术团

原州区青年秦腔艺术团成立于2011年11月26日，是当地唯一一家在工商、文化部门正式注册登记的演艺团体。目前，拥有专业艺术人员50多人，并特聘秦腔名家李爱琴、丁良生、邵秉德、李秀源等为该团艺术指导，精心打造秦腔本戏50多本、折子戏100多折，常年活跃在陕甘宁广大城乡演出市场。

团长王刚是一名秦腔迷，2007年他联系秦腔“四大名旦”齐爱云、柳萍、“四小名旦”袁丫丫、刘颖、梁少琴，须生名家泰斗丁良生、李发牢以及刘随社、张兰秦等人在固原市人民会堂成功举办了“固原市首届秦腔艺术节”。之后，又多次举办“平凉市秦腔名家大汇演”，到王洼煤矿慰问演出，参与各地民俗庙会演出等累计600多场次。2012年6月9日至11日，为庆祝固原建市10周年，他个人拿出自己多年从事演出的6万多元积蓄，在原州区电影演免费公演5场秦腔剧目，受到山城老百姓的交口称赞，其义举受到多家媒体的宣传报道。

接收平凉电视台记者采访

观众对演出报以热烈的掌声

举办大型公益演出

与秦腔名家李爱琴合影

白玉兰艺术节表演金奖获得者邵炳德

秦腔『四小名旦』小梅花金奖获得者晁花兰演唱《断桥》

原州区文物管理所

西北农耕博物馆

原州区文物管理所成立于1985年12月，为副科级事业单位，管理和保护辖区内不可移动文物和馆藏文物的安全。现有工作人员10名，其中男4人，女6人；大学学历4人，大专学历6人；副研究员2名，馆员5名。

现管理文物保护单位27处，不可移动文物364处，其中全国重点文物保护单位3处，自治区级文物保护单位13处，县级重点文物保护单位11处，收藏文物2752件，农耕器具1000余件，馆藏一级文物2件，二级文物43件，三级文物405件。

西北农耕博物馆于2012年4月20日建成开放，总投资3000多万元、主展馆面积3200平方米。展馆分为序厅、尾厅和原始社会农耕文化展厅、先秦时期农耕文化展厅、秦汉至隋唐时期农耕文化展厅、宋元明清时期农耕文化展厅、近现代农耕文化展厅七个部分。陈展大型浮雕3幅，神农氏、后稷站像各一尊，文物品具2000余件，大型彩绘场景9幅，农业生产场景复制2幅，农作物品种标本60种，涉农人物肖像20幅、大小展板200余块。

战国秦长城遗址

东岳山五龙碑

文澜阁修缮保护工程

西海子遗址

二十里铺拱北

固原古城墙绿化工程

观众参观西北农耕博物馆

馆藏部分珍贵文物

绿釉陶瓶·汉

剔花瓷罐·元

青铜鎏金摇钱树·汉

兽形陶尊·汉

鸡首壶·新石器

玉铲·新石器

金条饰件·元